U0895927

中国上市公司业绩评价报告

（2011）

中联研究院
中联智汇投资基金
中联资产评估集团有限公司
中勤万信会计师事务所
中联造价咨询有限公司
中联税务师事务所
中国上市公司业绩评价课题组

科学出版社
北京

内 容 简 介

2010年，在欧洲主权债务危机、美国经济存在二次探底担扰等并不乐观的经济环境背景下，中国经济依然领跑世界。课题组通过跟踪市场热点，对上市公司财务数据的系统分析，从而得出科学的评价结论。报告首先系统分析了上市公司运行的国际国内宏观经济背景，对全部A股上市公司（不含保险、信托）进行了综合评价，并依据评价成果，深入征询了各界专家的意见，并吸收公众投资者的建议，最终评选出中国资本市场最具权威、系统、科学的中联百强排名。课题组还深入煤炭、钢铁、有色金属、石油石化、机械等13个重点行业，进行了细致分析，所选行业覆盖了产业规划重点扶持行业和投资者关注的市场热点板块。

适合从事相关领域研究人员参考学习使用，也适用于对上市公司经营业绩感兴趣的人士阅读。

图书在版编目(CIP)数据

中国上市公司业绩评价报告. 2011/中联研究院编. —北京：科学出版社，2011.5

ISBN 978-7-03-031048-4

Ⅰ.①中… Ⅱ.①中… Ⅲ.①上市公司－经济评价－中国－2011 Ⅳ.①F279.246

中国版本图书馆CIP数据核字（2011）第086448号

责任编辑：王伟娟 / 责任校对：陈玉凤

责任印制：张克忠 / 封面设计：耕者设计工作室

科学出版社 出版

北京东黄城根北街16号

邮政编码：100717

http://www.sciencep.com

双青印刷厂 印刷

科学出版社发行 各地新华书店经销

*

2011年5月 第 一 版 开本：A4(890×1240)

2011年5月第一次印刷 印张：28

印数：1—8 000 字数：650 000

定价：98.00元

（如有印装质量问题，我社负责调换）

2011 中国上市公司业绩评价课题组成员

顾问：孟建民

组长：王子林　沈　莹

成员：廖家生　刘绍娓　孙庆红　徐文石
穆东升　范树奎　潘　明　邓艳芳
李朝林　鲁杰钢　唐章奇　刘　松
陈志红　金　阳　程　旭　吴晓光
王淑贤　李睿甲　夏方舟　吴　梅
田祥雨　刘　志　张志勇

目 录

第一章

中国上市公司业绩的宏观经济背景

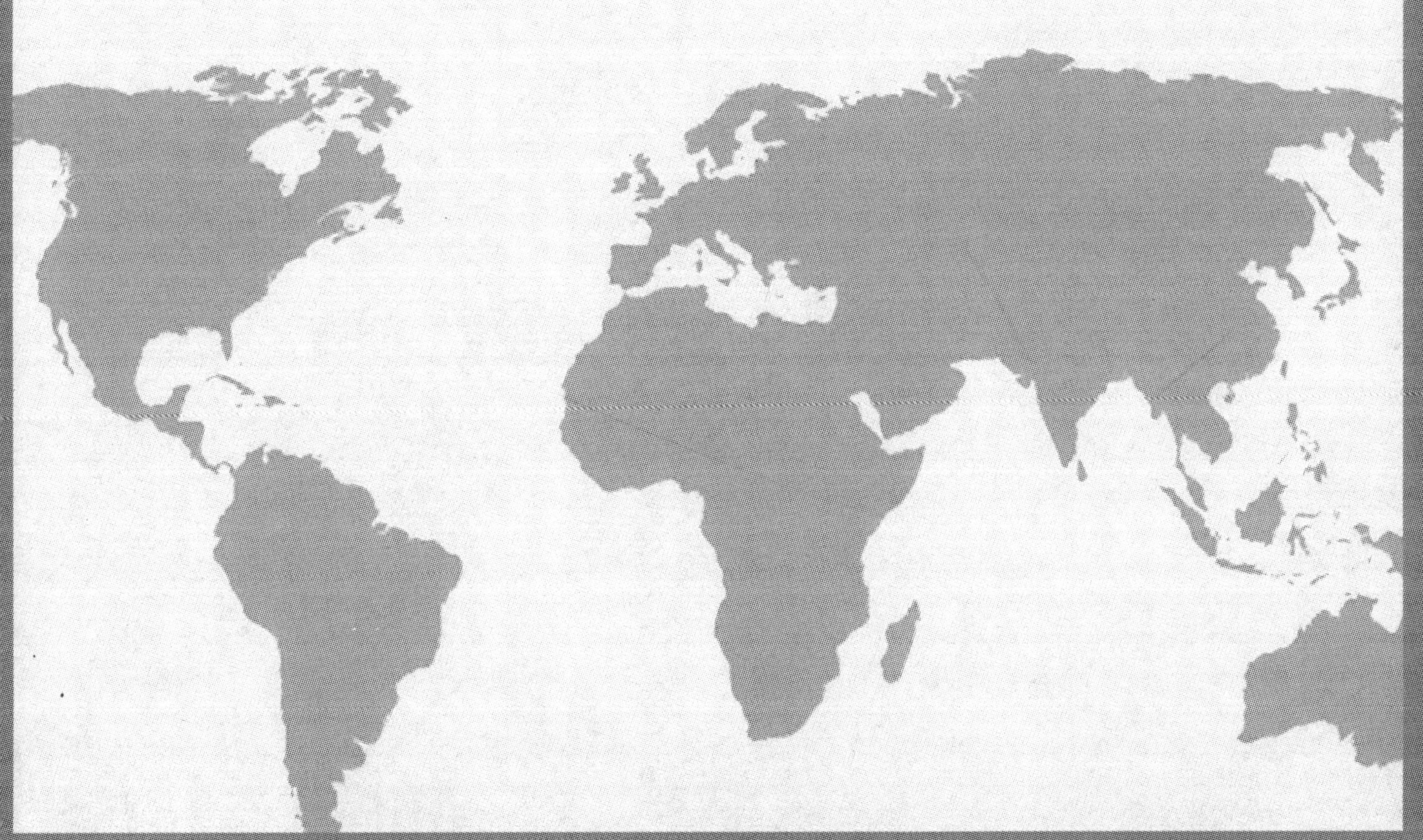

2010年，在欧洲主权债务危机、美国经济存在二次探底担忧等并不乐观的外部环境下，中国经济依然领跑世界，经济总量超过日本，成为世界第二大经济体和第一大出口国。2010年也是国内经济运行不平凡的一年，部分主要经济指标超出年初市场预期，如较快的经济增速，节节攀升的物价水平，强劲的出口表现；部分宏观政策推出具有历史性意义，如重启汇率体制改革、刺激政策逐步退出、严厉的房地产打压政策等。

一、中国经济形势分析

回顾2010年，我们可以看到2009年过度刺激后的急刹车以及经济转型成为关键词。在2010年初房地产泡沫快速升温、信贷投放失控的背景下，央行迅速提高准备金率，并加大了信贷投放管制；同时，财政方面，管理层放缓了4万亿元投资进度，经济增速从第一季度开始降温。伴随房地产泡沫继续积累，2010年第二季度国务院出台“国十条”，地产调控升级，经济预期恶化，并带动经济增速加速下滑。好在中国经济转型成效凸显，消费以及出口等内生性增长依旧强劲，支撑宏观经济在下半年实现软着陆。

（一）经济增长超预期，经济复苏势头趋稳

2010年中国实现GDP397 983亿元，同比增长10.3%。受宏观调控和基期因素影响，前三季度GDP增速呈前高后低的态势，前三季度分别增长11.9%、10.3%、9.6%。第四季度经济增速反弹，同比增长9.8%，增速高于市场预期中值的9.2%，中国经济增速趋于稳定。

按GDP增长的贡献率构成来看，2010年投资对经济增长的贡献下降到正常水平，而且净出口对经济增长的贡献由负转正，这表明经济增长质量更加健康。危机后中国政府适时出台了“四万亿”投资刺激计划，避免了经济的大幅回落，但也使经济增长过度依赖投资来实现，2010年投资对经济增长的贡献回落，表明经济已重回自主性增长的正常轨道，投资、消费、净出口对经济的推动更加平衡。

（二）通胀压力越来越大

1）居民消费价格涨幅持续攀升。2010年CPI同比上涨3.3%，比上年高4个百分点。

各季度涨幅持续攀升，同比涨幅分别为 2.2%、2.9%、3.5%和 4.7%。食品和居住类价格是推动 CPI 上行的主要因素。当年食品上涨 7.2%，拉动 CPI 上涨 2.4%，对 CPI 上涨的贡献率在 70%以上；居住上涨 4.5%，拉动 CPI 上涨 0.6%，对 CPI 上涨的贡献率在 18%左右。

2）生产价格上涨较快，工业企业生产成本上升，通胀压力加大。2010 年，工业品出厂价格（PPI）同比上涨 5.5%，比上年高 10.9 个百分点。各季度同比分别上涨 5.2%、6.8%、4.5%和 5.7%。原材料、燃料、动力购进价格（PPIRM）同比上涨 9.6%，比上年高 17.5 个百分点。各季度同比分别上涨 9.9%、11.7%、7.7%和 9.1%。生产成本上升幅度明显高于销售价格上升幅度，未来通胀压力加大。

2010 年的通胀形成机制是结构性、国际性和货币性三重因素的叠加。随着刘易斯拐点的到来，劳动力成本出现了明显的上升，劳动要素投入较高的蔬菜价格涨幅显著，食品类价格大幅上涨，物价结构性特征明显。本轮通胀又具有国际性。从越南、印度、巴西、韩国等新兴市场国家、资源国甚至到部分发达国家，均出现了不同程度的通胀，各国纷纷采取加息等货币手段来管控通胀。本轮通胀更具货币性，主因是国外的量化宽松，而国内高位的超额信贷供给是归因。

（三）刺激政策逐步退出，央行加息

金融危机以来，为帮助中国经济走出低谷，中国政府维持积极的财政政策和适度宽松的货币政策基调，带动中国经济走向复苏。2010 年以来，为稳定通货膨胀预期，抑制货币信贷快速增长，中国人民银行两次上调存贷款基准利率各 25 个基点，6 次上调金融机构存款准备金率。12 月的中央经济会议将宏观调控的基调定为“积极的财政政策和稳健的货币政策”，并代表持续了两年的经济刺激政策在逐步退出。

（四）民间投资开始回升，私营企业成为拉动经济复苏的重要力量

2010 年，以扣除国有、国有控股及外商投资的投资总量计算，民间投资增速已从 2009 年的 29.9%上升至 31.2%（见图 1-1）。私营企业工业增加值增速表现突出，并且成为拉动经济复苏的重要力量（见图 1-2）。

（五）重启有管理的浮动汇率，国际金融新秩序重新构建

2010 年，汇率改革取得了实质性的进展。受国际金融危机影响，人民币汇率改革一度停滞，人民币对美元汇率一度维持在 6.83 的水平。6 月 19 日，央行宣布在 2005 年汇改的基础上进一步推动人民币汇率形成机制改革，坚持以市场供求为基础，参考一篮子货币进行调节。2010 年 6 月 19 日至 2010 年末，人民币对美元汇率中间价升值 3%。

中国经济崛起，人民币逐渐与美元脱钩，一种新的国际金融秩序正在构建中，这是中国经济将要长期面临的一个转变。随着美联储 2010 年 11 月 3 日宣布重新实施量化宽松货币政策，全球货币纷争不断，全球对美元投了不信任票，很多货币主体试图与美元脱钩。这将是经历了金本位、美元本位后可能面临的一个重大改变。1944～1971 年全球货币体系是布雷

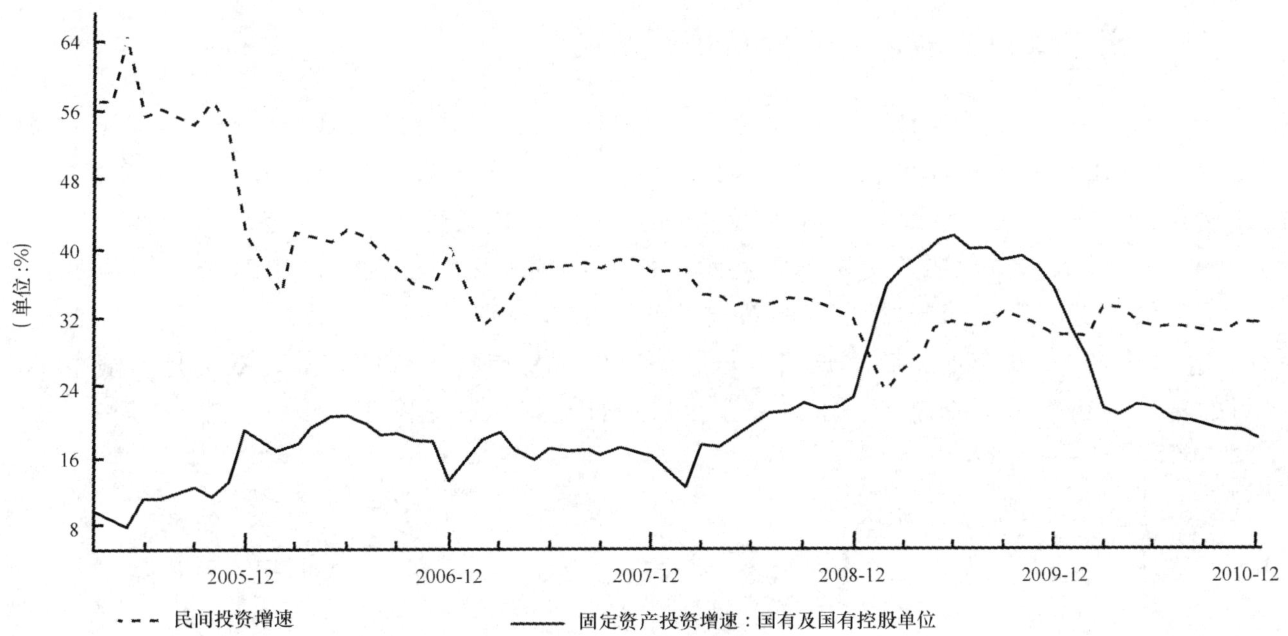

图 1-1 民间投资开始回升

数据来源：WIND。

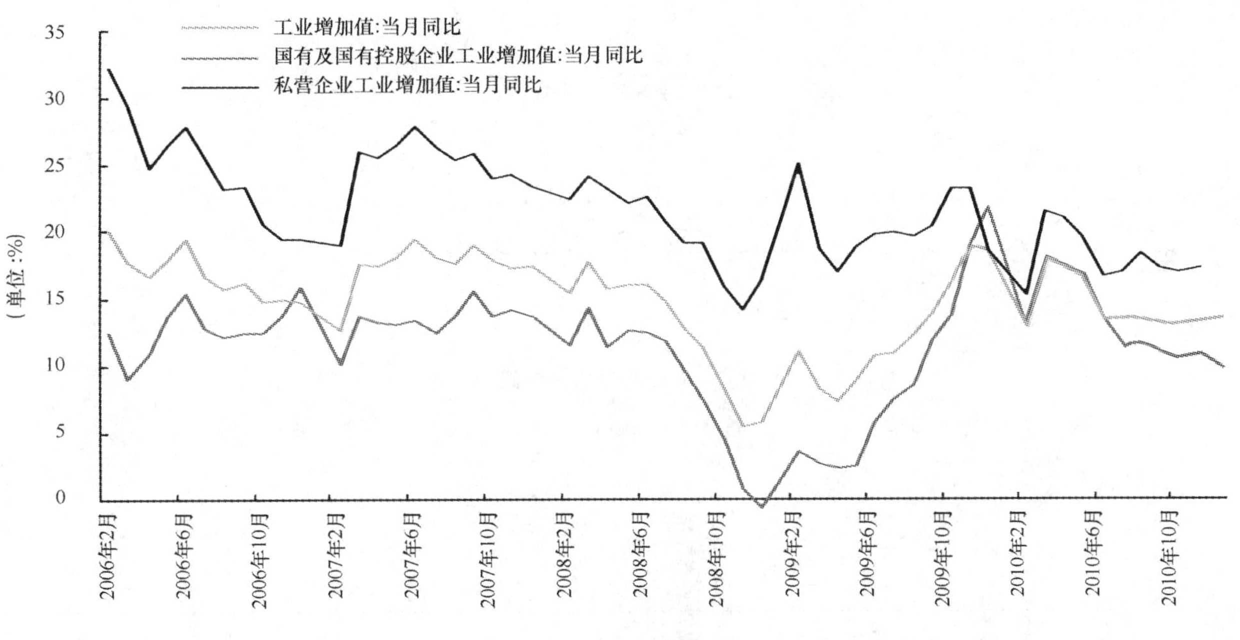

图 1-2 私营企业成为拉动经济复苏的重要力量

数据来源：WIND。

顿森林体系（金汇兑本位制），即美元与黄金挂钩。到 1971 年美国总统尼克松宣布解除美元与黄金挂钩的机制，随后建立了“美元本位制”的全球货币体系。时间进入 21 世纪，美元的不信任度在美联储实施 QE2 后得到加强，人民币正在逐步与美元脱钩。美国这种自贬美元价值的行为，也会逐步侵蚀其作为全球经济中心的地位，包括美元的储备货币身份。随着中国经济的崛起，中国将在国际金融新秩序中扮演重要角色。

（六）出口表现强劲，对外贸易快速恢复

2010 年，中国出口体现出了强大的活力和竞争力，外需对 GDP 增长已恢复正向贡献，较 2009 年净出口拖累 GDP 增长近 4 个百分点有明显改善（见图 1-4）。出口 15 779 亿美元，同比增长 31.3%，比上年高 47.3 个百分点；进口 13 948 亿美元，同比增长 38.7%，比上年高 49.9 个百分点；实现顺差 1 831 亿美元，比上年减少 126 亿美元。出口产品结构改善推动外贸持续复苏。2010 年，机电、高新技术产品出口分别增长 30.9%和 30.7%，分别比上年高 44.2 个和 40.0 个百分点。长期看，中国对外贸易市场结构中，美、欧仍是中国主要出口目的地，但份额呈下降趋势，出口多元化格局日益强化（见图 1-3）。

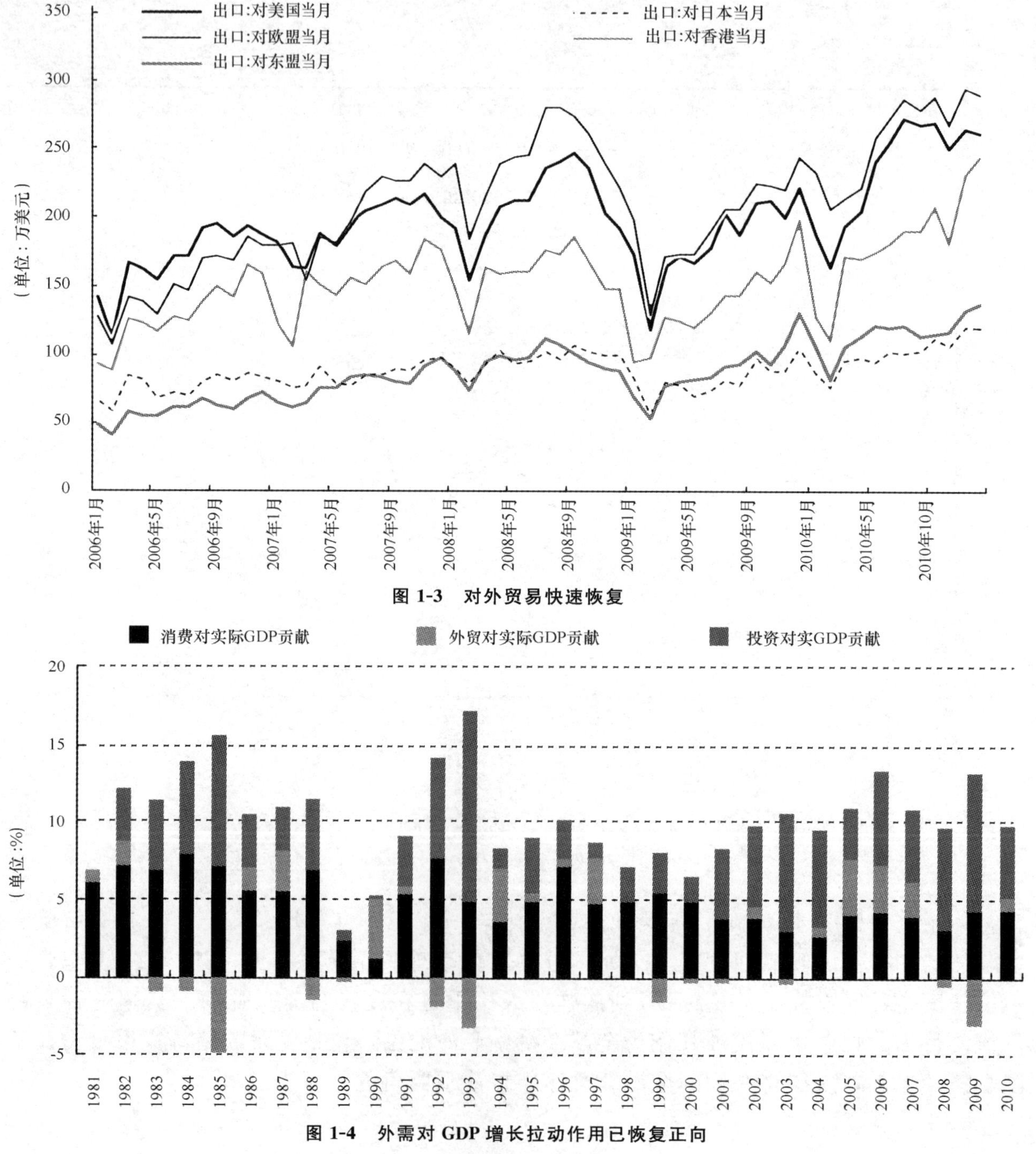

图 1-3 对外贸易快速恢复

图 1-4 外需对 GDP 增长拉动作用已恢复正向

数据来源：WIND。

2010年中国经济十大新闻

☆ 房地产调控力度不断加大。
☆ 中国推出股指期货和融资融券开启“做空”时代。
☆ 吉利收购沃尔沃。
☆ 上海世博会成功举办。
☆ 国务院发布鼓励和引导民间投资意见。
☆ 央行决定进一步推进人民币汇率形成机制改革。
☆ 富士康频现员工自杀事件，凸显民工权益保障困局。
☆ 国美电器控制权之争。
☆ 十七届五中全会审议通过“十二五”规划建议。
☆ 货币政策回归稳健。

二、中国证券市场震荡下滑转型预期引导市场分化

（一）大盘受宏观调控政策影响，震荡下滑

2010年，与中国经济的强劲走势形成强烈对比的是，中国证券市场震荡下滑，影响证券市场运行的主导因素是宏观政策的调整。第一季度超预期的退出政策导致市场震荡下跌；第二季度房地产调控政策的升级以及经济增速的明显回落使得股市受到重挫；随后在调结构、促转型的政策预期下，市场在战略新兴产业、区域经济发展、重组等热点概念板块的驱动下，市场基本完成底部确认，并走上缓慢的上升轨道，10月美国启动QE2，提升全球市场流动性预期，点燃10月“煤飞色舞”行情，金融、地产等行业也在人民币升值预期下强化其“货币”属性，引领大盘强劲上涨，轻松重上3 000点；第四季度的加息重启、准备金率创历史新高，政策着力点转向严控通胀将使得国内货币政策再次收紧，又一次触发年底大盘调整。2010年末，上证综合指数、深证成分指数分别收于2 808点和12 459点，分别比上年末下跌14.3%和9.1%。沪、深两市A股平均市盈率也都有所下降，分别从2009年年末的29倍和47倍回落到2010年末的22倍和45倍（见图1-5、图1-6）。相对于道琼斯工业指数9%的涨幅和恒生指数5%的涨幅，A股市场2010年表现明显弱于周边市场。

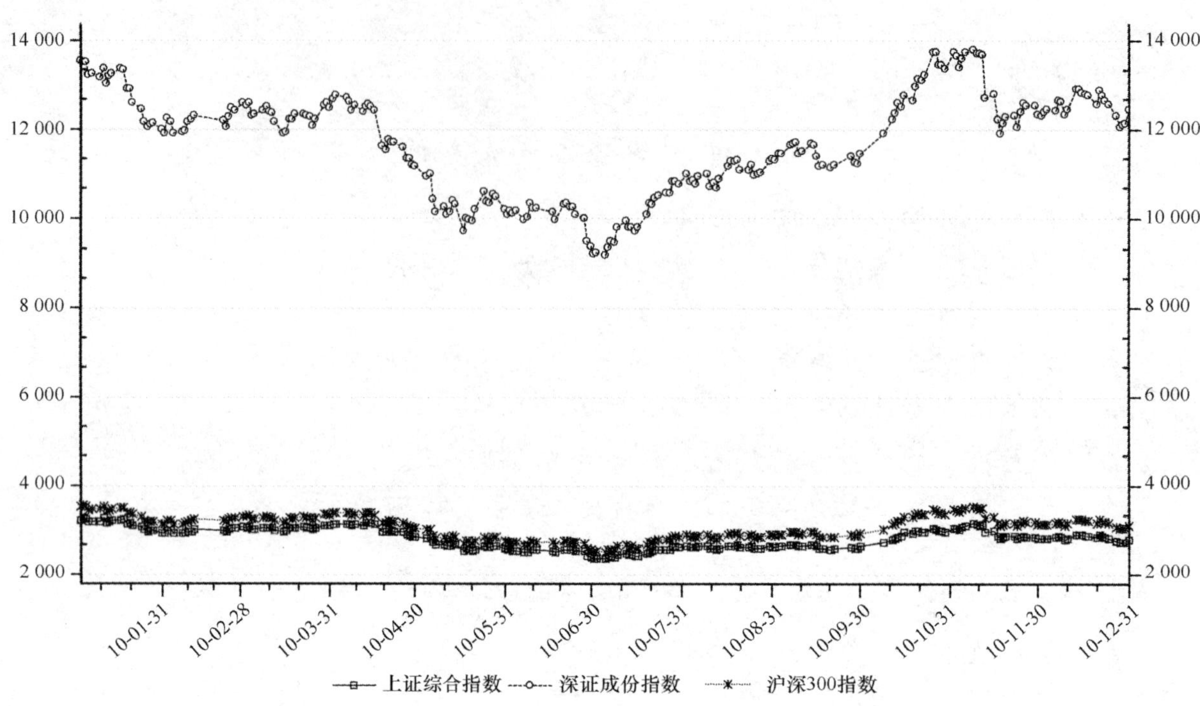

图 1-5　2010 年中国股市震荡下滑

数据来源：Wind 资讯。

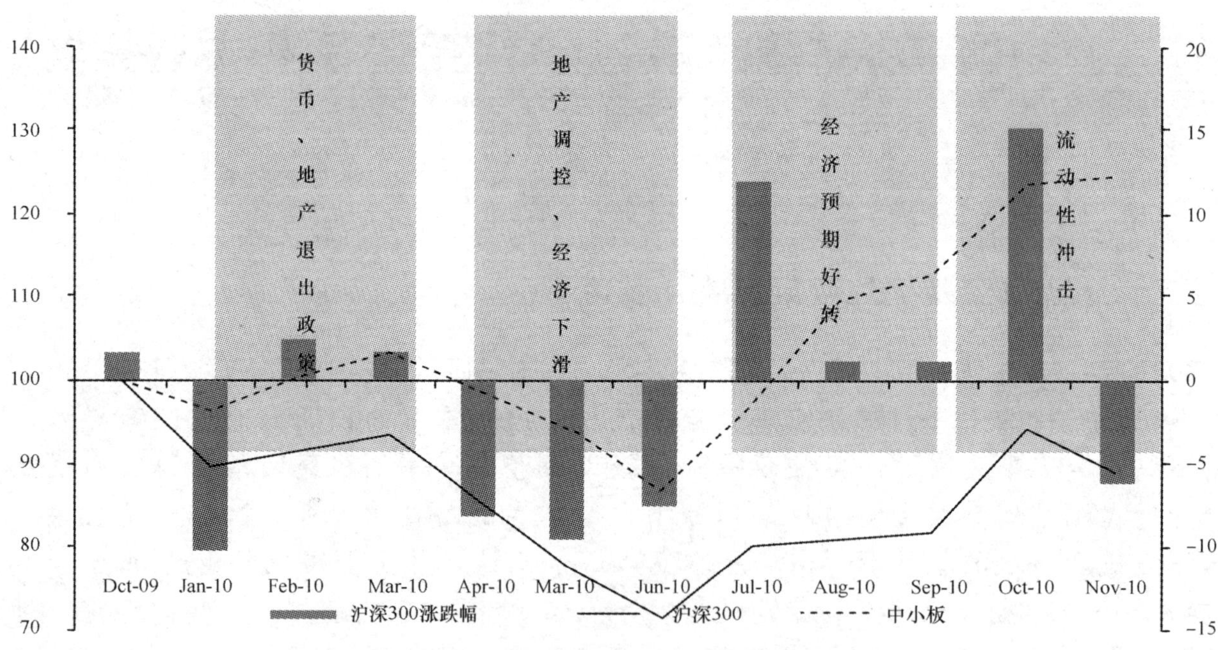

图 1-6　2010 年 A 股运行节奏与宏观经济大背景合拍

（二）转型预期引导市场分化

在 2010 年的中国 A 股证券市场上，显然中国经济转型已经成为市场最大的热点话题和关注中心。而中国政府也在众多重要政策和领导人发言中，提到了关于中国经济转型的问题。这一观点在 2010 年股票市场的板块走势与估值的分化中已经得到了淋漓尽致的体现。

其中，以消费医药科技为首的所谓代表未来经济转型方向的新产业板块的市盈率在30～40倍之间，市净率在4～8倍之间（根据Wind数据：可选消费品4.35倍、日常消费品7.33倍、医药保健7.79倍、信息技术6.06倍），达到甚至超过了其2007年时的最高水平。而代表传统经济增长核心的权重产业板块的市盈率在10～15倍之间，市净率在2至3倍之间（根据Wind数据：银行1.93倍、地产2.75倍、电信服务1.68倍、能源2.60倍），接近各自板块2008年最低水平。

三、2011年：外部压力，内部推动，中国经济转型中求发展

自2007年以来，全球经济经历了各种大的动荡，尽管在全球各国政府对经济采取了大量刺激和扶持政策后，全球经济增长逐渐得以恢复，但是由于很多深层次的矛盾还未得到解决，而且与此同时，一些短期政策所带来的副作用又开始逐渐显现。我们认为，在这种纷繁复杂的局面下，中国上市公司作为中国经济乃至世界经济中的一个有机组成部分，所面临的挑战与机遇也将体现出复杂性、全球性与新老问题并存且相互影响等特点，使2011年影响中国上市公司业绩的因素更加多元化，同样使得分析和判断其走势的难度有所增加。外部压力的加剧、内部政策的主动转型使得2011年中国经济将在转型中求发展。

（一）2011年国际环境复杂化

当前，国际金融危机导致的急剧动荡逐步缓解，但危机本身并没有结束，甚至可能出现反复。世界经济将缓慢复苏，但受政治、经济、安全等多种因素影响，不稳定、不确定因素仍然较多，复苏进程仍将艰难曲折。

1. 新兴经济体和发达经济体冷热失衡

从国际环境来看，全球发达经济体与新兴经济体在2008～2009年共度时艰的局面不复存在，经济增长差距拉大，利益冲突和政策分歧明显加大。2010年全球产出增长5.0%，其中美国、欧元区、日本、新兴与发展中经济体2010年的经济增长率分别为2.8%、1.8%、4.3%和7.1%。

以美国、欧洲为代表的老发达经济体复苏缓慢，财政可持续性堪忧，失业率居高不下，美国经济复苏在第四季度出现积极迹象，但欧元区和日本仍较疲弱。欧洲主权债务危机引发的恐慌，已从希腊、爱尔兰、葡萄牙等经济总量较小的国家快速蔓延到西班牙、意大利等经济总量在欧洲占比较大的国家。新兴经济体增长强劲，但面临的资本流入及通胀压力上升，部分国家逐步收紧了货币政策。

（1）美国经济复苏出现积极迹象，但前景仍不明朗。2010年美国GDP增速为2.9%，第一至第四季度分别为3.7%、1.7%、2.6%和3.2%。12月份美国失业率为9.4%，仍处于高位。通胀率低位徘徊，2010年CPI同比上涨1.5%，为近两年最低值；其中核心CPI

同比上涨0.8%，为数据统计以来最低值。贸易赤字及债务问题仍较严重。1～11月贸易赤字为4 587亿美元，同比增长35.8%。2010财年美国联邦赤字接近1.3万亿美元，略低于上年1.42万亿美元的战后最高水平，地方政府总负债高达2万亿美元。

(2) 主权债务危机拖累欧元区整体经济复苏，各成员国表现分化明显。2010年季度欧元区实际GDP环比分别增长0.4%、1.0%、0.3%和0.3%，全年增长1.7%。2010年，欧元区贸易顺差7亿欧元，比上年减少159亿欧元。欧元区就业形势继续恶化，失业率一直保持在9.9%以上的高位，10月失业率升至10.1%，创欧元区设立以来的最高水平，11～12月失业率小幅回落至10.0%。2010年，欧元区消费者调和物价指数（HICP）同比上升2.2%，突破欧央行2%的目标区间。

德国经济复苏远好于其他欧元区国家，2010年GDP增长3.6%，创1991年以来最快增速，失业率降至7.5%，成为带动欧元区复苏的主要动力。希腊、爱尔兰和西班牙等主权债务波及国家的经济则陷入负增长或零增长。2010年，希腊、爱尔兰因债务危机先后接受欧盟和IMF救助，葡萄牙、西班牙等欧元区重债国家也受到严重影响。法国、意大利、比利时、德国等国债收益率和CDS利差也一度大幅走高。

(3) 日本通货紧缩和就业状况无明显改善，增长动力减弱。2010年第三季度，日本GDP环比折年率为4.5%，好于预期。通货紧缩仍然存在，2010年核心CPI同比下降1%，连续第二年负增长，月度核心CPI指数连续第22个月出现同比下降。失业率仍然较高，全年平均失业率为5.1%，与上年持平。受全球需求增长放缓及日元升值的不利影响，出口及贸易顺差增幅持续下滑，第一至第四季度出口同比增速分别为43.3%、33.2%、17.8%和10.0%，外需对经济增长的贡献率下降。

(4) 新兴经济体复苏相对强劲，但面临发达经济体实行量化宽松货币政策带来的资本流入和通胀压力。2010年以来，受国内需求增长及大宗商品价格企稳回升影响，亚洲、拉美等地区的新兴及发展中经济体复苏强劲，成为拉动全球经济增长的主要动力。其中，中国GDP增长10.3%；印度GDP增长10.4%；巴西GDP增长7.5%，为25年来新高。据IMF预测，新兴亚洲和拉美及加勒比地区分别增长9.3%和5.9%；独联体和中东欧地区增长4.2%，其中，俄罗斯增长3.7%；非洲、中东地区新兴市场和发展中经济体经济增速也保持在4%左右。由于全球流动性持续过剩和发达经济体复苏乏力，套利资本大量流入经济增长相对强劲、利差较大的新兴经济体，加剧了新兴市场股票、房地产等资产价格的上涨压力及货币升值压力。资本流入还增大了新兴市场的输入性通胀压力，不少新兴经济体CPI涨幅已远远超过5%的温和通胀警戒线。2010年12月，印度、越南、俄罗斯、巴西、阿根廷等国家的CPI上涨幅度都超过6%，有的甚至超过了10%。

2. 国际金融市场呈现振荡态势

(1) 主要货币间汇率宽幅震荡。2010年，受欧洲主权债务危机等因素影响，美元汇率总体呈现先升后贬之后再回升的走势。12月31日，欧元兑美元、美元兑日元分别收于1.3377美元/欧元和81.15日元/美元，欧元对美元汇率较年初贬值6.6%，日元对美元汇率较年初升值14.5%。全年，美联储公布的美元广义贸易加权指数累计贬值2.4%。

(2) 国际货币市场利率大幅波动。伦敦同业拆借市场美元Libor先升后降。2010年上半年，美元Libor小幅走高，1年期Libor于5月25日升至年内高点1.22%。此后，受美国经济增速放缓、新一轮量化宽松的货币政策实施等因素影响，Libor开始震荡下行，12月31

日1年期Libor降至0.78%，比年初下降0.20个百分点；欧元区同业拆借利率Euribor受欧洲主权债务危机等因素影响震荡上升。截至2010年12月31日，1年期Euribor为1.51%，比年初上升0.26个百分点。

(3) 主要国债收益率大幅波动。2010年上半年，随着市场对希腊债务危机恶化以及全球经济复苏前景的担忧加剧，避险需求上升，主要国债收益率震荡走低。8月下旬欧洲主权债务危机影响逐步消退，且市场预期美联储将进一步放松货币政策，担忧流动性泛滥导致美元贬值，并加剧中长期通胀压力，大量资金流向收益率更高的股票和商品市场，投资者调整资产配置抬升了国债利率。美联储实施第二轮量化宽松政策以来，10年期美国国债收益率从11月3日的2.57%上涨近100个基点，30年期国债收益率也有所上升。截至12月31日，美国、欧元区和日本的10年期国债收益率分别收于3.36%、2.97%和1.12%，虽然较上年末分别下跌0.43个、0.41个和0.17个百分点，但较上季度末分别上升0.85个、0.71个和0.18个百分点。

(4) 主要股市震荡走高。2010年上半年，欧洲主权债务危机加大了全球经济复苏前景的不确定性，主要股市大幅震荡，5月上旬和6月下旬曾出现多个交易日连续暴跌。2010年第三季度，随着债务危机影响的逐步消退和美国通过金融监管改革法案、欧洲公布银行压力测试结果，欧美股市震荡回升。第四季度，受美联储出台第二轮量化宽松政策、经济数据有所好转、上市公司盈利水平改善等因素影响，美日股市震荡上扬。截至12月31日，道琼斯指数、纳斯达克指数和日经225指数分别收于11 578点、2 653点和10 229点，较上年末分别上涨11.0%、16.9%和下跌3.0%，其中道琼斯指数再创年内新高，已回升至2008年9月雷曼兄弟公司破产前的水平。受第二轮量化宽松政策和爱尔兰债务危机的双重影响，欧元区股指波动较大，STOXX50指数年末收于2 601点，分别较上年末和上季度末上涨0.85%和4.79%。

全球2010年主要并购及IPO案例

☆ 12月14日，中石化宣布，通过其全资子公司中石化集团国际石油勘探公司与美国西方石油（OXY）签署协议。以24.5亿美元收购OXY阿根廷子公司100%股份及其关联公司（合称OXY阿根廷）。

☆ 4月29日，惠普和Palm宣布，两家公司已经达成一项最终协议，惠普将以每股Palm普通股5.70美元的价格收购Palm，总价约为12亿美元，支付方式为现金。双方董事会都已经批准了这项交易。

☆ 必和必拓拟出资400亿美元收购加拿大的Potash公司，以求成为世界上最大的化肥生产商。

☆ 11月18日通用汽车终于回到了久违的华尔街，并带来了世界史上最大规模的首次公开募股（IPO）纪录。

☆ 7月15～16日中国四大国有商业银行上市的“收官之作”，“航母级”的中国农业银行于15日和16日分别在内地A股和香港H股成功挂牌上市，均表现平稳。

3. 全球货币政策分歧加大

2010年，经济复苏不均衡使各国货币政策呈明显差异。主要经济体央行继续通过低息和加大量化宽松政策等手段刺激经济增长，而部分增长强劲和通胀压力较大的国家则收紧了货币政策。

为促进经济和就业增长，美联储、欧央行、英格兰银行2010年继续将基准利率水平分别维持0～0.25%、1%和0.5%的水平不变。2010年11月3日，美联储宣布推出6000亿美元的第二轮量化宽松政策（QE2），旨在支持经济复苏并使通胀率回升至目标水平，并在此后表示资产购买规模可能超过6000亿美元。10月5日，日本银行时隔四年多重启零利率政策，宣布将银行间无担保隔夜拆借利率从现行的0.1%降至0～0.1%，并推出了总额5万亿日元的资产购买计划。12月7日，日本银行表示将为国内106家金融机构提供9 983亿日元贷款，以刺激银行业向实体经济放贷。欧央行在量化宽松政策方面相对谨慎。为应对主权债务危机，欧央行等先后与希腊、爱尔兰政府达成1 100亿欧元和850亿欧元的救助方案，并通过再融资操作、证券市场计划等措施向市场提供流动性支持。英格兰银行也继续将短期利率维持在0.5%，并维持2000亿英镑的资产购买规模不变。

部分经济复苏强劲、通胀压力较大的经济体逐步加快了货币政策正常化的步伐。印度、韩国、越南、智利、澳大利亚、瑞典等为抑制通胀相继提高利率。为阻止投机资本大量流入和汇率持续过快升值，部分新兴经济体加强了资本流入管制和外汇市场干预。巴西宣布调高外国投资者购买本国证券的金融交易税和国内银行外汇头寸的准备金要求，印度尼西亚央行宣布加强银行业短期外债限额管理，并逐步提高银行外汇资产准备金率，土耳其央行则通过实施差别存款准备金率和降息等手段抑制投机资本流入。

（二）中国的国际环境复杂化

1. 国际市场大宗商品价格加剧波动

2010年下半年，国际铜价约上涨60%，原油价格约上涨40%，国际黄金价格于2010年底达到1 400美元/盎司的历史高点。在极端天气频现及流动性泛滥的背景下，包括玉米、大豆、小麦在内的全球农产品价格也涨势迅猛。2010年9月，国际大宗商品CRB现货价格指数已超过历史最高水平。在发达经济体货币政策保持宽松状态、全球流动性过剩和地缘政治动荡的背景下，国际大宗商品价格有望进一步走高。高盛等较多机构预测2011年国际原油均价将突破100美元/桶，甚至可能触及125美元/桶。能源价格坚挺及自然灾害等因素将提升农业生产成本，加之国际市场对粮食需求逐步增加，国际粮食价格面临上涨压力。大宗商品价格上升推高了中国输入性通胀水平；而成本的上升和相对较弱的需求，也使得中国传统的钢铁、化工、通用机械等重化工产业的景气度持续低迷。

2. 全球流动性泛滥，热钱流入中国

新兴市场国家以其相对稳健的基本面和强劲的增长潜力吸引了大量资金快速流入。2010年流入新兴市场国家的私人资本相比2009年的5 810亿美元增加40%以上，达到8 250亿美元（国际金融协会，2010年11月）。新兴经济体输入型通胀压力已经逐步显现。中国外汇占款口径测算的热钱规模在2010年9月、10月份分别达到1200亿、2900亿元人民币，呈现加速流入态势（见图1-7），这加剧了人民币升值压力（见图1-8），并对中国的资产价

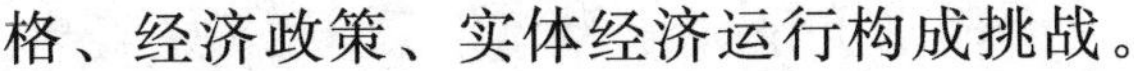
格、经济政策、实体经济运行构成挑战。

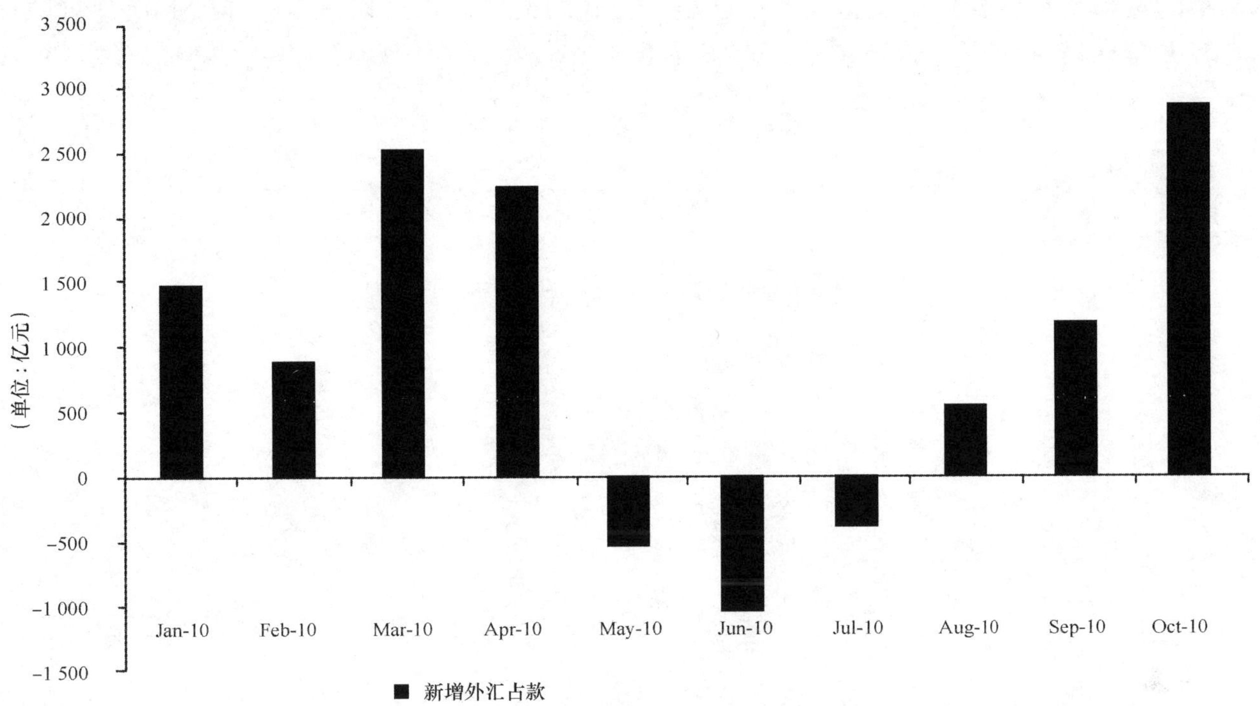

图 1-7 热钱加速流入中国

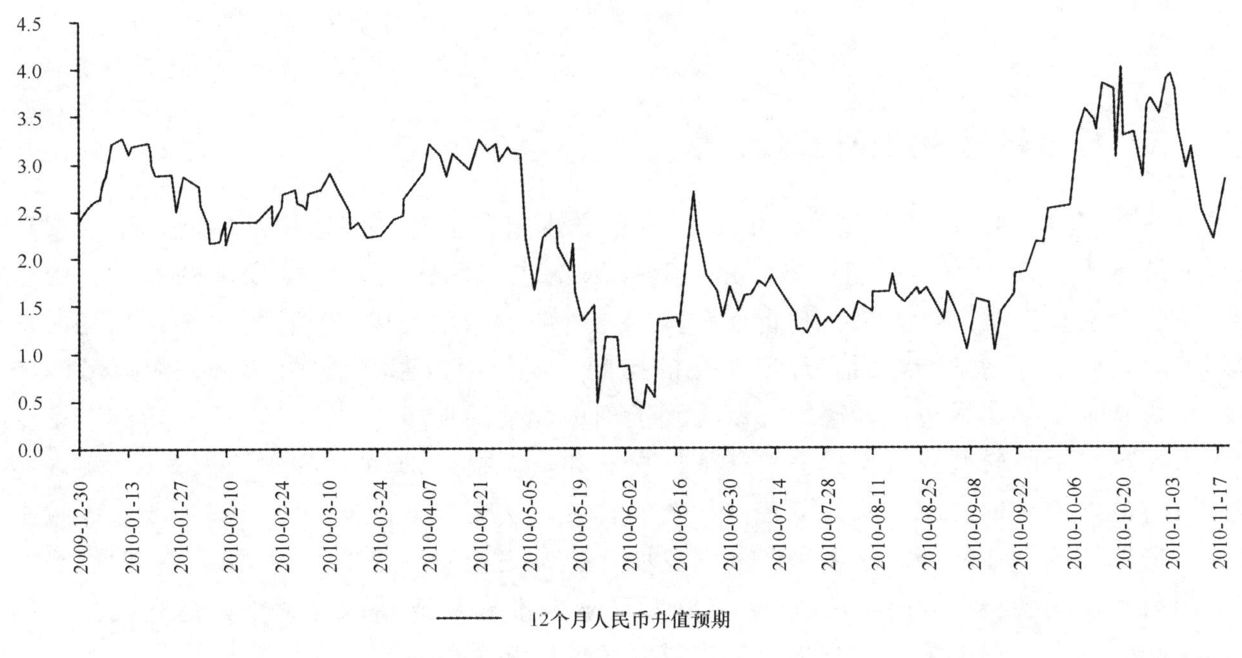

图 1-8 人民币升值预期大幅波动

3. 贸易纠纷持续升温

全球范围内的贸易摩擦有所上升，贸易争端不断。受金融危机影响，重商主义思想在欧美有所抬头。贸易保护形式更为多样化，规则博弈、汇率争端、环保壁垒成为 2010 年国际贸易摩擦的主要表现形式。根据 IMF 预测，未来两年美国贸易逆差占 GDP 比重将下降，而中国、德国、日本等为代表的出口国顺差规模将下降。美国奥巴马上台后提出“5 年内出口翻番”以及近期美国在国际上频繁提出对贸易余额占GDP比重量化限制等，无疑意味着未来几年内贸易格局的变迁，这将倒逼中国出口模式的改变。这一切显示，导致此次危机的全球经济失衡并没有随着全球经济的复苏而消失，相反，对中国的压力还在积累，转型迫在眉睫。

2011 年 10 大全球财经预言

☆ 预言一：美国股市牛市再起。
☆ 预言二：法国将引爆下一轮欧债危机。
☆ 预言三：从爱尔兰学到教训，根本不需要援助银行。
☆ 预言四：俄罗斯重返金砖行列。
☆ 预言五：英国劳埃德银行将分裂。
☆ 预言六：德国作风再度成为王道。
☆ 预言七：对另类投资依赖骤降。
☆ 预言八：全球创投业复苏。
☆ 预言九：苹果将感受反对浪潮。
☆ 预言十：电子贺卡将消失。

资料来源：bloomberg 财经专栏作家 Matthew Lynn。

（三）推动转型政策导向明朗

过去30年中国经历了从高度集中的计划经济体制向市场经济体制的转变，未来这种转变将继续推进。30年来，拉动中国经济快速增长的主要因素也面临着发展的上限。中国已经过了“刘易斯”拐点，人口红利将逐渐减少，所谓的“后发优势”已经不多，高耗能产业面临资源紧张、高污染产业面临环境恶化的拷问。所以，改革开放30年来，粗放型的经济发展模式基本走到了尽头，调整经济结构到了刻不容缓的地步。

为实现经济的转型，改变目前单纯依靠投资和资源投入推动经济增长的模式，实现经济增长动力从外需转向内需、从投资转向消费的转变，实现产业的升级和转移，政府在政策上势必要扶持传统产业的升级和新兴产业的发展，提升消费对经济增长的贡献。我们也确实可以看到政策推动转型的战略意图，“十二五”规划中推进经济结构的调整，建立资源节约和环境友好的社会，促进民生的改善，都将成为转型的显著特征。

1. 调低经济增长率，侧重经济转型

“十二五”规划草案拟定今后5年的年均经济增长率预期目标为7%，比“十一五”预期目标降低了0.5个百分点，也远低于11.2%的“十一五”实际年均增长速度。随着外部环境的变化、国内资源的约束以及劳动力成本提高的影响，预计未来中国潜在经济增长的中枢将逐渐下移，但未来5年内中国经济仍具备保持较快发展的动能。“十二五”规划降低经济发展目标，主要是“要把工作的重点放在提高经济增长的质量和效益上来，就是要把发展和所得到的成果用在民生上来”。预计“十二五”期间中国经济增长速度将保持在8%～9%。

2. 提高服务业在经济中的比重，经济结构转型

“十二五”规划提出要加快发展服务业，服务业增加值在国内生产总值中的比重提高4个百分点，由43%提高至47%，城镇化率从47.5%提高到51.5%。以服务业为主的第三产业的就业吸纳能力要远远超过工业部门，创造就业的核心是发展服务业，“十二五”规划确定未来5年要解决4 500万人的就业问题，因此，发展服务业，扩大就业，提高服务业在经济中的比重是应有之义。

3. 进一步扩大内需，提高消费率

近年来投资率长期居于高位，消费率持续下降，消费对经济增长贡献率偏低。数据显示，2001～2010年的年均投资率为54%，较前10年的平均水平提高了18个百分点；而同期年均消费率为41%，较前10年的平均水平下降了16个百分点。

“十二五”规划虽然没有将提高消费率定为约束性指标，但较“十一五”规划仍然有所突破，表现在首次提出“实现居民收入增长和经济发展同步、劳动报酬增长和劳动生产率提高同步，逐步提高居民收入在国民收入分配中的比重，提高劳动报酬在初次分配中的比重，加快形成合理的收入分配格局”；在居民收入增长的目标上，明确居民收入不低于经济增速，“城镇居民人均可支配收入和农村居民人均纯收入年均实际增长超过7%”，高于“十一五”规划5%的增长目标，从而为扩大内需，提高消费率，实现内外经济均衡提供了保障。

4. 在节能环保、民生方面强化约束性

“十一五”规划纲要共有23项主要指标，其中约束性指标9项，预期性指标14项。“十二五”规划共列了24项主要指标，其中约束性指标和预期性指标各12项。

“十二五”规划指标中，除了主要污染物排放总量等4项约束性环保指标外，还新增了非化石能源占一次性能源消费比重、单位国内生产总值能源和二氧化碳排放强度以及森林蓄积量3项约束性指标，并将单位国内生产总值能源消耗降低指标由“十一五”的预期性指标提升为约束性指标。

在民生方面，“十二五”规划新增九年义务教育巩固率达到93%、全国城镇保障性住房覆盖面达到20%左右为约束性指标，同时实现“城乡基本养老、基本医疗保障制度实现全覆盖，提高并稳定城乡三项基本医疗保险参保率，政策范围内的医保基金支付水平提高到70%以上”。节能环保、民生保障方面约束性指标的增加，强化了中央和各级政府的责任，使政府在推动经济增长时更加注重民生、环保等问题，有助于经济转型。

四、 2011 年中国上市公司业绩保持增长

在此大背景下，我们对于2011年中国证券市场的判断仍然乐观，中国证券市场仍将是一个牛市，上市公司业绩保持增长。

（一）政策环境：转型中发展

2011年，政策将在2010年的基础之上，坚持转型中发展，并对上市公司业绩形成政策支撑。

1. 积极的财政政策转向促消费、保民生方面

2008年底以4万亿元为代表的积极财政政策，帮助中国经济抵御国际金融危机的不利冲击，对于维持经济增长和就业起到了很大的作用。随着2009年经济由政府投资为主导的投资驱动型转变为自主性经济增长，2011年财政支持经济增长的力度将减小，财政政策将转向促进调节居民收入、扩大居民消费、保障民生、促进经济转型方面。

在调节居民收入方面，2011年引人瞩目的是将启动个税改革，包括提高个税起征点和调整级次级距等措施，以提高中低收入阶层的实际收入，提高居民的边际消费倾向；在保民生方面，其中中央财政用在与民生直接相关的教育、医疗、社保、住房保障等方面的支出安排超过1万亿元，比上年增长18.1%。

2. 继续实施稳中趋紧的货币政策

2011年中国将继续实施稳健的货币政策，保持合理的社会融资规模，广义货币增长目标为16%。预计未来几个月央行将继续实施稳中偏紧的货币政策，综合运用存款准备金率、利率等数量和价格工具，回收市场流动性。初步估计年内央行将上调存款准备金率2～3次，上调基准利率2次，以回笼货币，缓解通胀压力，管理通胀预期。在完善人民币汇率形成机制方面，预计人民币将继续升值，年内升值幅度在3%～5%之间，同时汇率的弹性进一步增强。

（二）经济面：内生性复苏持续

从经济的基本面来看，我们认为，2011年经济的主要基调是复苏，根据2011年政府工作报告制定的经济发展目标，GDP增长速度预计有所下降，但是经济增长的质量更高，并且对政策和经济系统的压力也较小，政策氛围更佳。

1. CPI 上涨 4%～4.5%

2011年，美国仍将继续实行量化宽松货币政策，支撑国际大宗商品价格继续高位运行，

输入性通胀压力较大，通胀形势依然十分严峻。另外，随着人口红利接近尾声，劳动力成本上升对通胀也起了推波助澜的作用，尤其经历民工荒、各种劳资矛盾激化以后，最低层社会劳动者对自身收入增长的诉求越来越强烈，这种由刘易斯拐点导致低端劳动力成本的持续上升，将系统性提升通胀的波动中枢。2011 年政府遏制价格上涨的力度会进一步加大，政策紧缩的担忧将继续困扰市场。随着宏观调控政策的逐步实施，以及翘尾因素影响的回落，预计 CPI 将在第二季度达到高点，其后逐步回落，全年涨幅达到 4%～4.5%（见图 1-9，图1-10）。

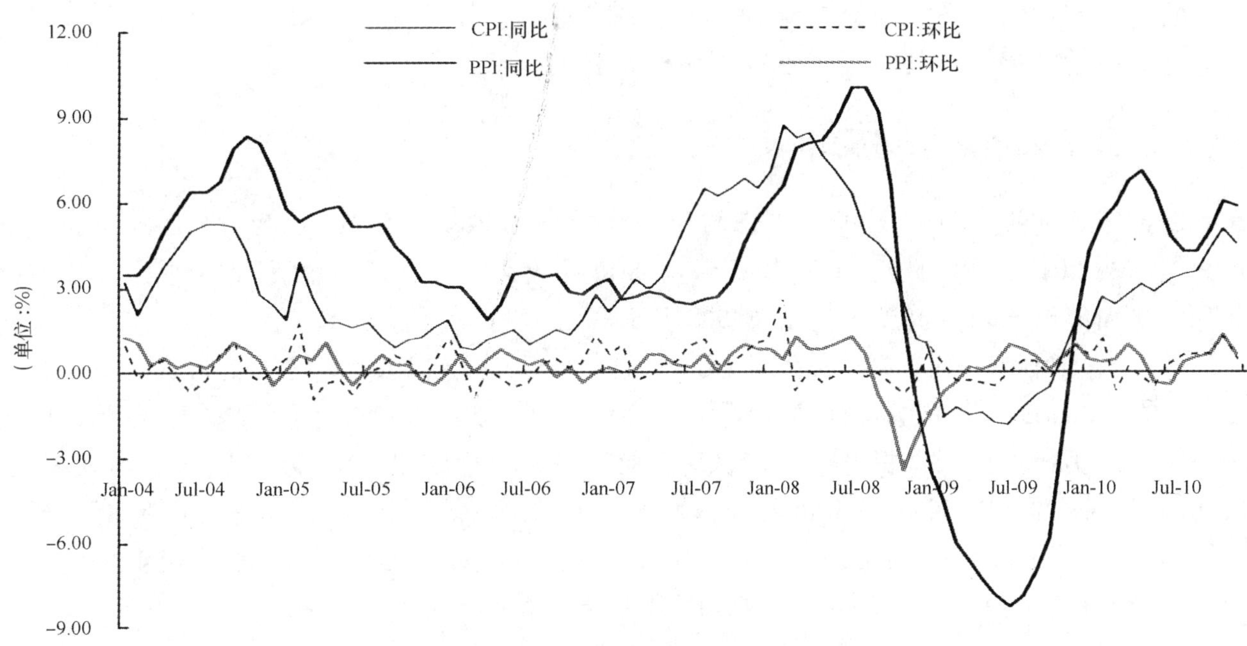

图 1-9 CPI 中新增因素继续攀升

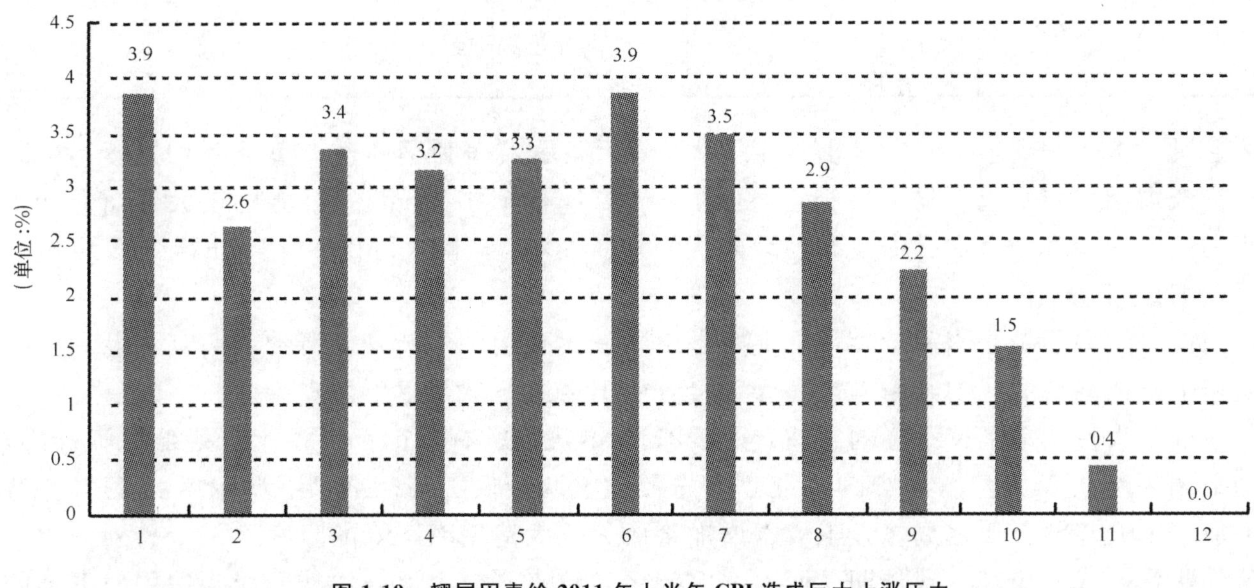

图 1-10 翘尾因素给 2011 年上半年 CPI 造成巨大上涨压力

2. 经济增长目标仍为 8%

2011 年政府的核心任务是保持物价稳定，但也不忽视经济增长目标。2011 年经济增速目标值仍然是8%，至此政府已连续7年将经济增长目标设在8%的水平。政府连续多年将经济增长目标设定在8%，体现了中央维持经济增长稳健性、连续性要求。中国仍然是发展中国家，很多问题要在发展中解决，因此，实现较快的经济增长必不可少。预计2011年中国经济增长呈前低后高趋势，全年经济增长保持在9%左右。

2011年是"十二五"规划的第一年，我们认为，大部分项目还处于布局规划的时期，实际投资不会立竿见影地增长，加上政治周期的叠加影响，政府大上项目的动力有限，主要还是以维持稳定为主，因此，2011年的经济增长不会大幅增加。纵观历史上各个五年计划，第一年的增速都相对不高，而第二年有一个加速的过程。因此我们不应对"十二五"开局之年增速抱过高的期望，但其布局的重点领域值得我们关注。

（三）上市公司业绩平稳增长

根据此宏观前提，我们预测上市公司业绩将保持平稳增长，盈利大约增长20%。值得关注的是，与2010年盈利增长受到基数影响前高后低不同，2011年盈利增速平稳，逐季略有上行，从而能够对市场起到一定的支撑作用。

2010年全部上市公司ROE水平为12.54%，处于仅次于2007年的历史第二高位（见表1-1），而本轮ROE上升的主要推动因素为三大费用（尤其是财务费用）的大幅降低，以及上市公司资产负债率的大幅提升。我们认为，低利率是推动这两个因素的根本原因，因此，如果利率显著回升，则2011年上市公司盈利增速可能面临较大回落。而如果政府能够长期维持低利率，则2011年市场盈利增速将可能维持较高水平。因此，2011年的宏观货币政策对于业绩的作用，可能在估值和盈利两大因素上产生叠加效应。

表1-1　　最近10年中国上市公司ROE

	2001年	2002年	2003年	2004年	2005年	2006年	2007年	2008年	2009年	2010年
扣取非经常性损益净资产收益率（%）	5.47	5.73	7.66	9.34	8.26	9.43	13.98	9.73	9.45	12.54

通过对2010年全部上市公司杜邦三因素分析显示，净利率和资产负债率均处于历史高位，资产周转率与历史平均水平相近，而由于2011年净利率下滑的可能性较大，而资产负债率和资产周转率缺乏上升的空间，因此我们判断2011年中国上市公司ROE会有所回调。

1. 净利率分析

当前净利率维持在当前较高水平主要是由于三大费用率不断降低所致，而其实毛利率一直处于下降的趋势。我们判断未来净利率会有所下滑主要基于以下两点。

（1）三大费用率继续下降的空间有限。2010年几乎所有省市都上调了月最低工资标准，平均上调幅度在24%左右，2011年北京率先再次上调最低工资标准，上调幅度为21%。劳动力成本上升趋势已成定局，人工成本增加将成为三大费用率下降的阻力之一。另外，货币政策的收紧已成为市场一致预期，而利率上调将导致借贷成本上升，从而成为费用率下降的又一阻力因素。

（2）毛利率可能将继续维持低位。从历史上看，毛利率的水平与通胀水平密切相关，从2004/2005年度和2007/2008年度这两个经济周期来看，通胀的增加通常会来带毛利率的下滑。2011 年由于人工成本和原材料成本压力，因此未来毛利率水平较难反弹向上。

2. 资产周转率分析

资产周转率主要受应收账款、存货和固定资产的综合作用。固定资产周转率比较稳定，而应收账款和存货的周转率受经济景气周期影响较大。从周期上看，经济和盈利均已在 2010 年一季度见顶回落，当前处于经济和盈利减速的阶段，2011 年可能会继续延续这一走势。但通过对上市公司库存和现金流的情况分析显示，当前的库存水平已经由 2010 年第二季度的高点下降，即使未来宏观经济增速回落可能使得需求不及预期，去库存的压力也并不大，因此不会对资产周转率带来较大冲击。

3. 资产负债率分析

企业的负债意愿通常与借贷成本密切关联，由于 2008～2009 年的低利率水平，企业的负债水平大幅提升。而在未来货币政策收紧的预期下，资金借贷成本将上升，从而降低企业贷款的意愿。但值得注意的是，由于当前仍处于实际利率为负的环境下，所以企业的借贷意愿并不会立刻消失，所以我们判断资产负债率将在未来的一段时间内处于高位，但继续上涨空间不大。

五、 追寻转型中业绩增长的亮点

2011 年是“十二五”开局之年，经济转型有望破局，消费升级、城镇化、保持“适当投资率”是促经济增长的重要驱动力，且投资这块蛋糕的切法会发生变化，如产能过剩行业的抑制和新兴战略产业的支持，并将催生新的业绩亮点。

（一）转型中业绩增长的亮点—消费升级

1. 收入分配政策调整推进消费持续升级

“十二五”时期中国将调整收入分配关系，提高居民收入在国民收入分配中的比重。从国际经验来看，日本在上世纪 60～70 年代实施了“国民收入倍增计划”，从实施的结果看，10 年内国民生产总值和国民收入的实际年平均增长率达到 11.6％和 11.5％，按照这一增速，在实施计划的第七年便实现了国民收入增长 1 倍。人均国民收入按市场价格计算，从 1960 年的 395 美元，增加到 1970 年的 1592 美元，10 年间实际工资平均增长 83％。日本通过“国民收入倍增计划”，改善了收入分配状况，奠定了日本后期经济增长的基础。中国目前与当时的日本处于相同的发展阶段，面临相似的问题。“十二五”将改变当前劳动报酬在初次分配中比重过低的情况，在增长中实现收入分配格局的调整，实现居民收入与经济发展同步、劳动报酬增长与生产效率提高同步，改革工会制度，提高劳动者在劳资对话中的话语权，促进劳动力流动，缩小行业间的收入差距，建立健全覆盖城乡居民的社会保障体系，推动城乡公共服务均等化，实现社会和谐。

“十二五”规划将促进消费作为经济结构调整的重要组成部分，“十二五”规划提出要促使经济增长由主要依靠投资和出口拉动向消费与投资、内需与外需协调拉动转变，未来五年，消费在经济增长中的定位将更加明确，“三驾马车”中，消费拉动首次居首，未来五年中国消费将进一步得到释放，考虑到中国经济与社会的阶梯形特征，消费增长将是在所有类别消费品全面升级基础上的增长，包括食品、饮料、服装等基础性消费品，家电、汽车等耐用消费品以及旅游、保险追求生活质量的消费子行业等。

2. 人口红利推动医疗护理、保险、汽车、电子消费脱颖而出

在消费普遍加速增长的背景下，可以从人口年龄结构来寻找业绩亮点。20 世纪 50 年代、60 年代、80 年代的三次人口生育高峰意味着三次人口红利，意味着其人群对应的消费品种能够脱颖而出。我们认为，“50”后的医疗护理、“60”后的医疗保险、“80”后的汽车和电子消费等需求将推动此类消费相关行业获得超越整体的增长速度。

（二）转型中业绩增长的亮点—新型城镇化

城镇化是房地产等相关行业发展的持久基础。中国的城镇化处于快速发展阶段。中国社会科学院 2010 年 7 月份发布的《中国城市发展报告》指出，1996～2005 年，中国每年新增城镇人口超过 2000 万；2006～2009 年，中国每年新增城镇人口约 1 500 万。2005 年中国城镇化率为 43%，“十一五”期间每年平均增长 0.9%，截至 2009 年底，中国城镇化率为 46.6%，城镇人口达到 6.22 亿。预计“十二五”结束后中国的城镇化率将达到 52%，到 2030 年，将达到 65%左右。

城镇化加速以及城乡二元化的打破将对房地产的发展产生巨大的推动作用。按照国际经验，当一个国家的城市化率达到 30%后，城市化就进入快速或较快发展时期，而当城市化率达到 70%以后，就进入相对稳定的时期。中国目前还有 20 多年的发展空间，房地产行业将保持较快发展规模，尤其是城镇化进程中的保障性住房受益的行业，2011 年的目标是 1 000 万套保障性住房，这将给城市基础设施包括供水、供电、煤气、上下水等公共服务行业和建材行业带来巨大的发展空间。

（三）转型中业绩增长的亮点——战略性新兴产业

1. 新兴产业政策 2011 年将逐步落实

（1）紧随未来 10 年中国经济增长的脉络，战略性新兴产业将成为中国上市公司业绩增长的亮点。

目前世界已经进入了以低碳、节能环保、新能源、生命科学、新兴信息技术、空间科学、海洋学等为主导的第四次产业技术革命时期，这些新兴产业将推动人类进入一个绿色发展的新阶段。

中国共产党第十七届中央委员会第五次全体会议，审议通过了《中共中央关于制定国民经济和社会发展第十二个五年规划的建议》，战略性新兴产业是“十二五”规划的重要内容。2010 年 10 月 18 日，发布了《国务院关于加快培育和发展战略性新兴产业的决定》。

该决定中就七大产业的重点发展方向进行了较为详细的阐述，成为未来战略性新兴产业发展的重要指导方向，将会对未来产业的发展产生直接和深远的影响。未来将围绕战略性新兴产业的发展，加强产业关键核心技术和前沿技术研究；强化企业技术创新能力建设；加快落实人才强国战略和知识产权战略；实施重大产业创新发展工程；建设产业创新支撑体系；推进重大科技成果产业化和产业集聚发展。

战略性新兴产业政策是影响未来中国 10 年经济发展的政策。而未来战略性新兴产业的增长速度、规模扩张速度远大于传统产业，从而不断提高在 GDP 中的比重（见图 1-11）。而新兴产业中也必将产生具有技术优势、快速增长的公司，这些公司的业绩表现也一定会大大超出传统产业中的企业。所以，紧随未来 10 年中国经济增长的脉络，战略性新兴产业将成为中国上市公司业绩增长的亮点。

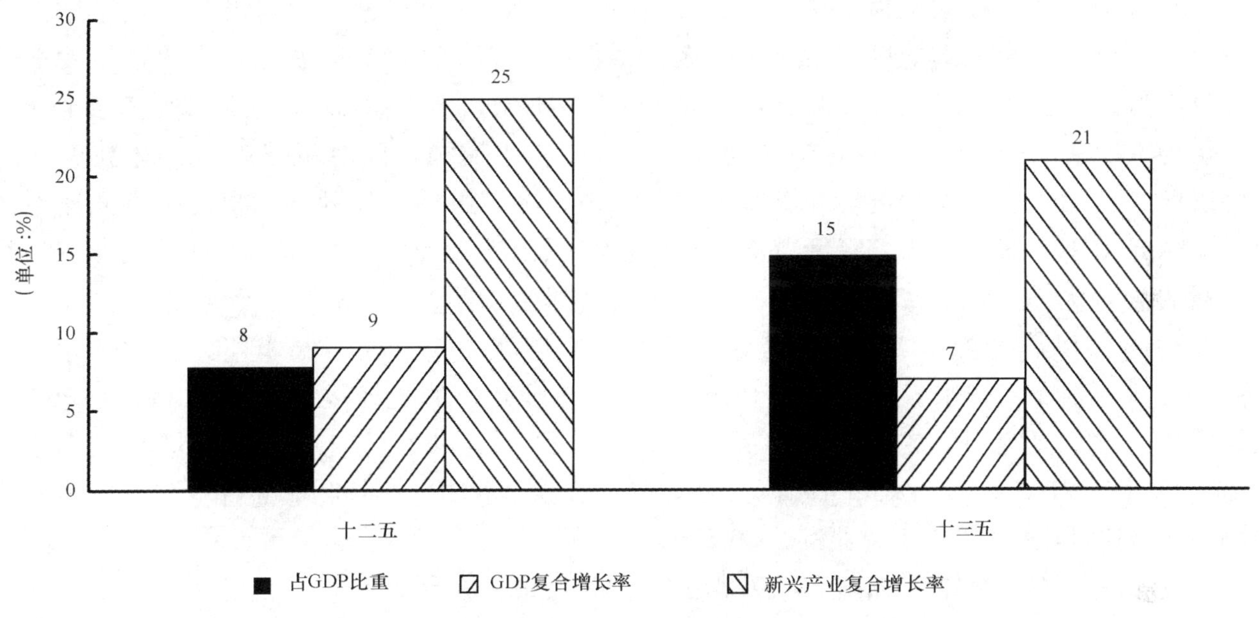

图 1-11 政策方向指明未来 10 年新兴产业的跨越式发展

（2）新兴产业将会出台一揽子支持政策。

从新兴产业所处发展阶段和推进的层次来看，预计到 2020 年，节能环保、新一代信息技术、生物、高端装备制造产业成为国民经济的支柱产业，新能源、新材料、新能源汽车产业成为国民经济的先导产业。

2011 年战略性新兴产业政策将进入实质性推进阶段，会出台一系列具体的支持政策和措施，这些政策可能包括所得税减免、产品补贴、增值税抵扣、政府优先采购、国家科研经费支持、吸引人才的政策、金融支持等。战略性新兴产业上市公司将大大受益，无论是企业长期业绩和短期市场表现，都会有所体现。

2. 战略性新兴产业细分领域亮点众多

中国新兴产业各板块由于所处的发展阶段不同，所处的国内、国际市场环境和产业链不同，成长性也有很大差异，而且不同新兴产业各细分领域未来的政策受益顺序也不同。我们依据国家政策支持的重点、各新兴产业发展的现状、行业未来竞争格局，认为以下新兴产业领域未来业绩将表现突出。

（1）聚光太阳能：优势明显，具备高增长潜力。

太阳能发电经历了第一代的晶体硅电池、第二代的薄膜电池，目前已发展到第三代的聚光太阳能。与前两代电池相比，聚光太阳能采用多结的III－V族化合物电池，主要技术特点是采用聚光光学系统，把阳光聚集到一个面积很小、光电转化效率很高的太阳能芯片上，太阳能芯片一般采用三结砷化镓聚光电池。

①发光效率高，优势明显。与晶硅和薄膜电池技术相比，三结砷化镓电池具有很多优点。首先，具有宽光谱吸收的特点，从而大大提高转换效率。目前的转换效率已达到40%，而硅太阳电池的转换效率相对仅有27%。其次，三结砷化镓聚光电池温度系数小，具有良好的耐热、耐辐射等特性，适合在高温下工作，已广泛应用于空间飞行器电源和其他高端市场，近年来随着聚光技术和跟踪技术的发展，产品应用范围逐步扩展，已开始应用于地面发电系统。此外，聚光太阳能以相对廉价的聚光器件替代昂贵的半导体材料，在大规模发电时可有效降低成本和生产能耗。经测算，1兆瓦的多结聚光太阳能电站，其所用的多结半导体材料仅为67克。用于电站系统，运营期间基本不消耗水资源，同时所使用的原材料95%以上可以回收利用，对环境的破坏和影响极小。未来，随着电池转换效率的提高和聚光比率的增加，聚光太阳能具备大幅度降低成本的空间，将在阳光充沛的地区和大中型并网发电站具有较强的竞争优势，将是太阳能发电的又一重要选择。

②2012年以后将会逐步大规模建设。聚光太阳能（CPV）处于起步期，全球聚光太阳能装机容量还很少，未来具备广阔的上升空间。来自EPRI的统计数据显示，2007～2009年全球每年新增聚光太阳能装机容量分别为2兆瓦、10兆瓦和2兆瓦，目前全球装机容量不到200兆瓦。CPV Consortium预计，2010年全球新增CPV装机容量可达到150兆瓦，2015年新增装机容量达到1.8兆瓦。

三安光电、东山精密、乾照光电等相关上市公司未来业绩看好。

（2）新型平板显示：厚积“薄”发，掀开显示新篇章。

新型平板显示技术是未来主流的显示技术，不仅受显示技术本身的影响，而且受触摸屏、LED背光、电子纸等技术的影响，将在各种技术的推动下获得巨大的发展空间。

①TFT－LCD：上游材料机遇显现。液晶显示是未来10年内显示领域的主流技术和产品，2015年TFT-LCD总产值有望超过1 300亿美元，占整个平板显示产业的91%。其中a-si（非晶硅）TFT-LCD仍将占据最大的份额，具有绝对优势。

TFT-LCD上游的材料和设备包括：玻璃基板、彩色滤光片、偏光片、液晶和其他材料，毛利率高达40%以上，国内企业纷纷介入上游材料行业，已经在玻璃基板、液晶、偏光片等环节取得了技术突破。在国家快速发展上游关键配套产品、尽快形成若干相对集中的平板显示产业链、积极培育一批关键配套件及材料制造的专业型配套企业的政策引导下，中国企业将打破上游材料主要控制在国外厂商手中的局面，发展空间巨大。

②触摸屏：触动未来，前景广阔。目前，触控技术已应用于PDA、智能型手机、电子书、平板电脑、自动提款机、游戏机、POS机等。由于智能手机出货量维持在高点，再加上Windows 7效应让计算机采用触控屏幕比重将逐年提升，触控屏的实际应用将越来越多，应用范围将越来越广，作为一项新近迅速勃兴的产业，触摸屏将有很大的上升空间。Display Search预计，全球触摸屏市场规模2009年为43亿美元，2015年将达到124亿美元。

目前，触摸屏上游关键的零件、元件与材料基本上掌握在日本、美国，以及中国台湾的企业手中。中国内地的莱宝高科、欧菲光、长信科技、南玻A等公司已介入触摸屏产业链，未来这些企业将分享触摸屏盛宴。

（3）物联网：进入实质性应用推广阶段。

2010年10月28日，中国国际物联网（传感网）博览会上，新华社发布《2009～2010中国物联网年度发展报告》，指出2009年中国物联网产业市场规模达1 716亿元，预计2015年达到7 500亿元，年复合增长率超过30%。

①RFID和二维码：物联网的基石，将率先受益。作为物联网的基础和底层设备，上游感知设备对物联网建设起到举足轻重的作用，将率先受益。从全球范围来看，二维码和RFID是应用最为广泛的标签技术，未来几乎所有的物品都将拥有一个二维码或者RFID标签，因此，RIFD和二维码将面临巨大的市场空间。

与发达国家相比，中国RFID技术和应用处于初期阶段，主要集中在基于低频和高频的非物流应用上，超高频段的大规模应用还处于起步阶段。未来，随着交通管理、银行卡EMV迁移、医疗管理、物流管理、电子票证、防伪等市场空间逐步打开和广泛应用，RFID将面临广阔的发展前景。Infox consulting预测，2009～2011年，中国RFID产业将以21.7%的年均增长率稳步发展，到2011年，产业规模将突破100亿元。

同时，二维码正在逐步取代一维条形码，由于成本方面的优势，未来将在零售、超市、政府部门、运输、物流、仓储、制造、医疗卫生等领域取得广泛应用。手机二维码是二维码技术在手机上的应用，包括条码凭证和电子回执，目前业务发展迅速，2007～2009年，中国手机二维码业务保持在200%以上的高增长率。

从上市公司情况来看，重点关注新大陆、远望谷、东信和平、长电科技、同方股份。

②智能交通：畅通无极限。物联网的下游应用几乎覆盖了各行各业，其中智能交通（ITS）目前技术较为成熟，将最先取得广泛应用。

智能交通系统能够有效地利用现有交通设施，减少交通负荷和环境污染，保证交通安全、提高运输效率。因而，日益受到各国重视，美国、日本、欧盟等国家或地区在这方面都取得了非常大的发展，IMS Research预计，2010年美国在智能交通系统的花费将达到14亿美元。中国智能交通起步较晚，但发展迅速。来自中国交通技术网的数据显示，2010年第一季度中国智能交通市场项目数量有634个，市场规模57亿元，其中城市智能交通市场项目数量有451个，市场规模17.1亿元，同比增长30.5%。

智能交通市场空间巨大，银江股份、川大智胜、赛为智能等上市公司业绩将充分受益。

（4）高端装备制造：步入制造强国必经之路。

2010年10月18日发布的《国务院关于加快培育和发展战略性新兴产业的决定》，对高端装备制造的范畴做出了明确的界定：以干支线飞机和通用飞机为主的航空装备、卫星及其应用产业、高铁及城市轨道交通装备、海洋工程装备、智能制造装备。

①通用航空——低空“解禁”在望，通航好戏开场。

与通用航空发达国家相比，中国通用航空整体发展严重落后，而发展最大瓶颈在于政策的制约，但这一约束将有望逐步消除。

2010年下半年，随着国务院、中央军委《关于深化中国低空空域管理改革的意见》的发布，低空开放正式提上决策议程。该改革意见总体目标为“通过5至10年的全面建设和深化改革”，总体目标的实现将分为试点（2011年）、推广（2011～2015年）和深化（2016～2010年）三个阶段，分层次、分步骤，以点促面推向全国。

我们认为未来10年中国通用航空发展分两大阶段：第一阶段，“十二五”期间处于市场铺垫和积累期：低空域开放首先需要机场、空管和航油等配套逐步完善；通用航空运营业务也将直接开展；由于细分市场较为成熟，外资品牌通航飞机在此期间将占据大半江山，国内与外资品牌合作的维修企业将直接获益。第二阶段：“十三五”期间，国产通用飞机制造商通过与外方合作逐步积累并逐步推出新品，国产航空制造将后来居上，并与国际接轨开始逐步走出国门。预计2010～2020年间中国通用航空飞机需求容量将达到1 500亿元，将会带动通航运营和维修—机场及空管配套—通用飞机总装—国产飞机核心部件制造等一系列产业的发展，通用航空及其带动的产业将形成1万亿元人民币以上的市场容量。

上市公司业绩亮点方面，从受益顺序来看，预计表现在与通航运营、维修、机场建设及航空器制造行业相关的海特高新、中信海直、威海广泰和哈飞股份。

②卫星及其应用产业：北斗导航步步为营。

“十二五”前期，中国将陆续发射十来颗北斗二代卫星，后期将开始北斗三代的组网，未来10年将是北斗二代和北斗三代组网的高峰期。我们认为在2010～2020年间，随着中国卫星发射提速卫星产业链将整体获益，其中卫星制造和发射行业受益最为直接。此外，中国卫星运营和应用也将迎来新的契机。其中，中国卫星导航已处于产业化转折的关键时期，2006年中国卫星导航产业总产值突破了百亿元，用户终端年产销量超过百万台、个人导航终端数量已超过车载导航终端数量，2010年中国导航产业的总产值达到500亿元。2008年美国卫星产业链的收入折合人民币已达万亿元，2020年后北斗卫星能够覆盖全球，届时中国卫星产业链的收入也有望能达到2008年美国卫星产业万亿元水平。随着“北斗二号”发射高峰的临近，我们认为卫星导航从运营、导航终端至应用系统，甚至电子导航地图行业将迎来飞速发展。

卫星制造和应用终端制造的中国卫星、华力创通、北斗星通、国腾电子、四维图新等上市公司将展现业绩亮点。

（5）智能电网：中国能源安全的坚强后盾。

目前中国已经提出了智能电网建设目标和总体规划。2011～2015年中国将进入智能电网的全面建设阶段，2016～2020年为引领提升阶段。从投资规划规模来看，第一阶段（2009～2010年）的电网总投资为5 510亿元，第二阶段（2011～2015年）（“十二五”期间）的电网总投资为15 000亿元；第三阶段（2016～2020年）（“十三五”期间）的电网总投资为14 000亿元。在智能化投资方面，“十二五”和“十三五”期间投资都为1 750亿元。其中，用电环节占智能化投资的比重最高，达到30.8%，主要是用电信息采集等项目的建设规模大。其次是配电环节占23.2%，变电环节占19.5%。

在智能电网方面，用电信息采集（智能电表、光纤到户）、电动汽车站、数字变电站、配电自动化、在线监测和无功补偿将首先受益；大容量储能、智能小区、智能建筑受益顺序靠后。上市公司业绩亮点将表现在科陆电子、国电南瑞、国电南自、许继电气、理工检测、荣信股份和思源电气上。特高压建设提速将使特变电工、天威保变、平高电气等相关设备厂商充分受益。

(6) 锂电池：整个产业正在蓄积能量。

目前主流的二次电池产品包括铅酸电池、镍镉电池、镍氢电池和锂电池。能量密度是影响电池性能最重要的指标。与铅酸电池、镍镉电池和镍氢电池相比较，锂电池的能量密度最高，优势明显。

锂电池的主要应用领域是便携式电子产品，占全球锂电池的92%。未来锂电池应用范围将扩展到新能源汽车和储能系统等领域，这也将推动锂电池行业实现飞跃。2009年全球锂电池市场规模达到70亿美元，全球HEV和PHEV锂电池市场规模约为13亿美元。预计到2020年全球动力汽车锂电池市场会增长到250亿美元，为目前便携式电子用锂电池市场的3倍。

目前中国已是锂电池生产大国，但并不是强国，在全球锂电池产业链中仍处于中低端。

锂电池产业链中上游的正极材料、电解液和隔膜是最核心的三种材料，占锂离子动力电池成本的70%以上，毛利率很高。正极材料对锂电池的性能有重要影响，占锂电池成本的40%。2009年全球正极材料的销量达到3.76万吨，而中国的正极材料销量占全球销量的47.87%，达到1.8万吨。预计2011年全球正极材料销量将达到5.68万吨，年复合增长率为22.9%。电解液中关键材料六氟磷酸锂约占电解液中成本的一半。根据Macquarie预测，六氟磷酸锂全球市场将从2008年的1.19亿美元增长到2020年的5.59亿美元，年复合增长率为7.6%。六氟磷酸锂行业技术壁垒较高，国内企业目前基本靠进口，进口替代潜力巨大。隔膜是锂电池关键材料中技术壁垒最高的一种高附加值材料，占锂电池成本的20%左右。2009年全球锂电池隔膜市场需求量超过2.8亿平方米，中国需求量为1.2亿平方米，而国内隔膜材料产能约为6 500万平方米，缺口较大，进口替代潜力巨大。

各新兴产业及细分领域现状及未来成长空间

细分领域	现状	未来	年增长率（%）	数据来源
聚光太阳能	2009年全球累计装机容量不足200兆瓦	2015年全球达1 800兆瓦	44.23	CPV Consortium
通用航空	2009年全国在册通用飞机数量907架份	2020年全国在册通用飞机逾10 000架份	30.50	民航局，中国航空协会
物联网	2009年国内市场规模达1 716亿元	2015年国内达7 500亿元	27.87	《2009～2010中国物联网年度发展报告》
云计算	2009年全球市场规模563亿美元	2013年全球达1 501亿美元	26.50	Gartner
LED	2010年全球LED产值达到82.5亿美元	2013年全球达161亿美元	25.00	DigiTimes
卫星	2008年卫星应用产业总产值约360亿元	2020年卫星应用总产值超过2 600亿元	25.00	《中国航天》，《关于促进卫星应用产业发展的若干意见》

续表

细分领域	现状	未来	年增长率（%）	数据来源
风电	2009 年国内累计装机容量 2 580.5 万千瓦	2020 年国内规划装机容量达 2.3 亿千瓦	22.00	中国可再生能源学会风能专业委员会，中国资源综合利用协会可再生能源专业委员会
核电	2010 年 7 月国内累计装机容量 858 万千瓦	国内 2015 年达 3 900 万千瓦，2020 年达 7 500 万千瓦	21.79	世界核能协会，国家能源局
触摸屏	2009 年全球市场规模 43 亿美元	2015 年全球达 124 亿美元	19.31	Display Search
电力电子	2007 年中国电力电子器件市场规模为 298.5 亿元	预计 2011 年将会增长到 1 680.4 亿元	19.10	赛迪顾问
太阳能	2009 年全球累计装机容量 22 千瓦	2014 年全球达 52 千瓦（国内规划 2015 年达 300 万千瓦，2020 年达 2 000 万千瓦）	18.23	EPIA
动力锂电池	2009 年全球动力锂电池市场规模 13 亿美元。	预计 2020 年增长到 250 亿美元。	15.90	波士顿咨询公司
液晶显示	2010 年全球产值达 879 亿美元	2015 年全球产值达 1 337 亿美元	8.75	Display Search
智能电网	2009～10 年智能电网总投资为 5 510 亿元	2011～2015 年智能电网总投资为 15 000 亿元	4.90	国家电网智能化规划总报告

资料来源：国信证券经济研究所。

第二章

中国上市公司业绩评价结果综述

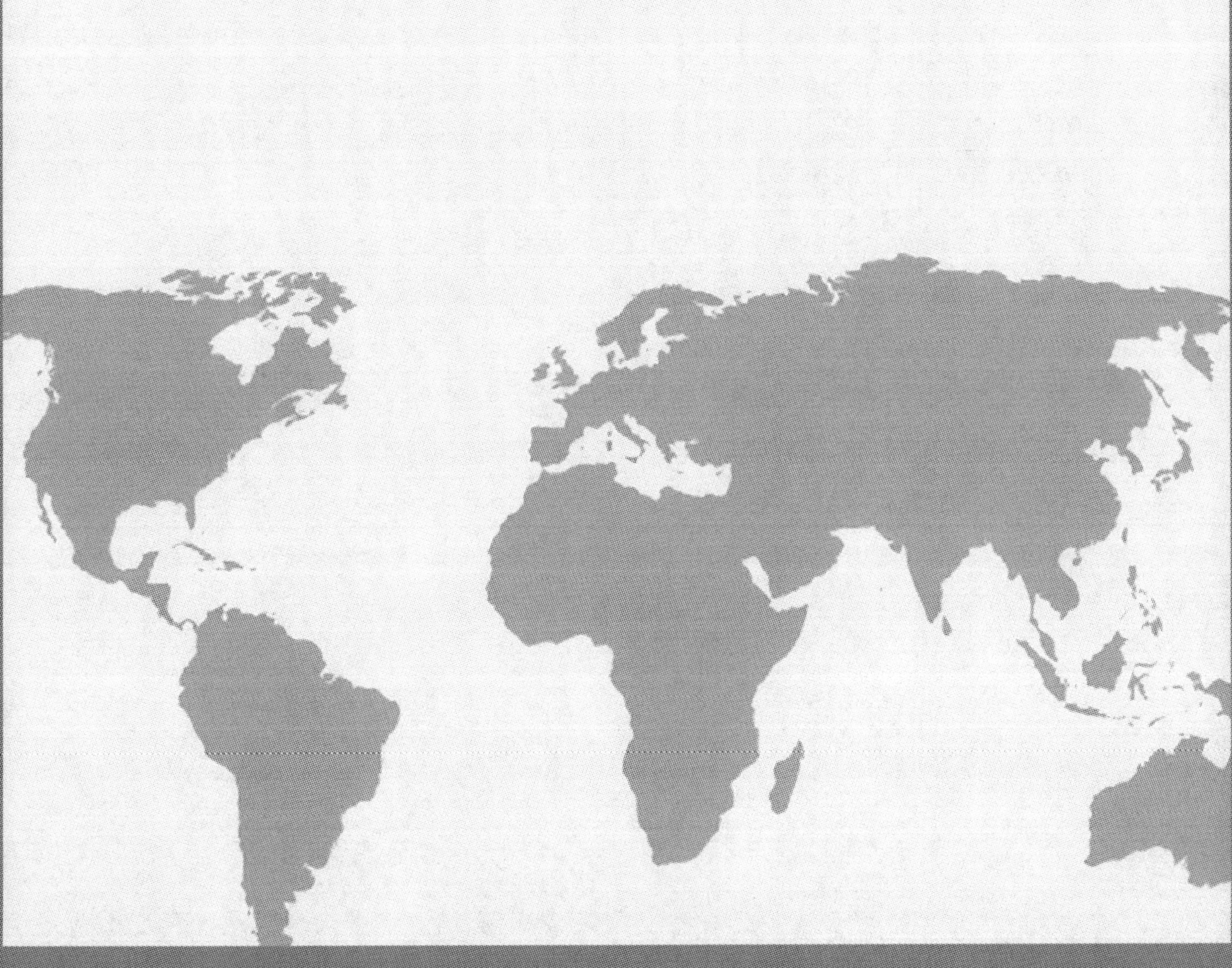

2010年中国经济政策是“防通胀，促消费，调结构”，经济保持了平稳较快的增长势头，工业生产强力反弹，国内需求强劲，出口快速增长，三驾马车动力协调性增强。

在这样的宏观背景下，证券市场迎来了创立20周年的庆典。20年来，中国证券市场从零起步，从小到大，从弱到强，从单一主板市场发展成为包括主板、中小板、创业板、三板多层次的资本市场，从而成为支撑中国经济发展、支撑中国崛起的顶梁柱。截至2010年末，上市公司突破2 000家，参与证券投资的活跃投资者人数超过8 000万，证券市值突破26万亿元，证券化率达到67%，在“神马都是浮云，唯有业绩是硬道理”的时代，本章通过深入剖析2010年上市公司财务效益、资产质量、偿债风险、发展能力和市场变现状况，来见证证券市场基石的业绩表现。

一、 中国上市公司业绩评价结果

按照中国上市公司业绩评价体系，本书以统一测算的评价标准为基准，运用功效系数法，同时考虑到上市公司的市场表现后，对2010年度中国上市公司业绩进行了评价，从整体来看，2 002户上市公司（不包括金融和B股，本文以下如无特指按此口径）的业绩在2010年出现了稳定上涨行情。2010年综合得分62.24分，与2009年综合得分61.26分有所上升。亏损比例继续下降，2010年的亏损面为5.69%，连续三年呈现下降趋势，因此2010年是上市公司的丰收年。

2010年上市公司的期末总资产为183 466亿元，而当年的GDP为397 983亿元，占当年GDP的46.10%。2010年上市公司共实现营业收入147 011亿元，同比增长37.70%，占当年GDP的36.94%，2010年实现净利润9 616亿元。

下面分别从财务效益状况、资产质量状况、偿债风险状况、发展能力状况和市场表现状况五个方面对评价结果逐一说明。

（一）财务效益状况

2010年上市公司的财务效益状况平均得分为21.99分，高于2009年的21.38分。评价财务效益状况的指标包括两个基本指标（扣除非经常性损益净资产收益率、总资产报酬率）和三个修正指标（营业利润率、盈利现金保障倍数和股本收益率）。财务效益状况各项指标年度变化情况如表 2-1 所示。

表 2-1　财务效益状况指标年度对比表

分析指标		2010 年上市公司平均值	2009 年上市公司平均值	增长率（%）
基本指标	净资产收益率（%）	12.54	9.45	32.70
	总资产报酬率（%）	8.09	6.8	18.97
修正指标	营业利润率（%）	7.7	7.07	8.91
	盈利现金保障倍数（倍）	1.24	2.09	−40.67
	股本收益率（%）	51.08	36.9	38.43
综合得分（分）		21.99	21.38	7.53

在各项财务效益状况指标中，2010 年净资产收益率、总资产报酬率和股本收益率比 2009 年大幅提高；2010 年营业利润率较 2009 年也有一定提高；2010 年盈利现金保障倍数较 2009 年盈有较大幅度降低，使得 2010 年整体财务效益状况略好于 2009 年整体财务效益状况。

采掘业上市公司实现利润总额 4 249 亿元，占上市公司全部实现利润总额的 35.35%，实现净利润 3 313 亿元，占上市公司全部实现净利润的 34.46%；2010 年行业财务效益相比 2009 年增长 2.6%，扣除非经常性损益净资产收益率、总资产报酬率和股本收益率都高于 2009 年，其中：扣除非经常性损益净资产收益率平均值为 17.1%，较 2009 年平均值 13.76%，增长 24.27%，远高于上市公司 12.54%的平均水平；该行业实现净利润为 3 313 亿元，比 2009 年的 2 441 亿元增加 35.72%。总资产报酬率 12.82%，高于上市公司的 8.09%，这说明 2010 年采掘业上市公司资产收益水平、业务收益水平高于 A 股全部上市公司水平。食品、饮料业上市公司财务效益状况平均得分为 27.37 分，高于上市公司平均得分 21.99 分。2010 年扣除非经常性损益净资产收益率、总资产报酬率、营业利润率和股本收益率等指标均高于 2009 年。这说明食品、饮料业在 2010 年全面复苏，投资收益回报十分乐观。建筑业 2010 年财务效益不容乐观，与 2009 年的情况相比较，建筑业上市公司总体上财务效益状况显著下降。

（二）资产质量状况

2010 年度上市公司的资产质量状况平均得分为 9.20 分，略低于 2009 年的 9.24 分。评价资产质量状况的指标包括两个基本指标（总资产周转率、流动资产周转率）和两个修正指标（应收账款周转率、存货周转率）。资产质量状况各项指标年度变化情况如表 2-2 所示。

表 2-2　资产质量状况指标年度对比

分析指标		2010 年上市公司平均值	2009 年上市公司平均值	增长率（%）
基本指标	总资产周转率（次）	0.88	0.78	12.82
	流动资产周转率（次）	1.93	1.82	6.04

续表

分析指标		2010 年上市公司平均值	2009 年上市公司平均值	增长率（%）
修正指标	存货周转率（次）	4.36	4.13	5.57
	应收账款周转率（次）	14.78	14.1	4.82
综合得分（分）		9.20	9.24	−0.43

从表 2-3 可以清晰地看出，虽然 2010 年受宏观经济利好影响，企业经营情况转好，资产质量上升势头明显。2010 年总资产周转率、流动资产周转率、应收账款周转率和存货周转率均比 2009 年有一定幅度增长。这说明 2010 年宏观经济已基本走出经济危机的影响，因此，2010 年企业经营风险有所降低。

从行业来看，资产质量状况表现较好的行业例如交通运输业和采掘业，得分分别为 12.47 分和 12.45 分，2010 年交通运输业存货周转率为 26.66 次，远远高于 2010 年上市公司平均存货周转率 4.36 次；采掘业的行业特点是应收账款周转率高，资金回收能力强，其应收账款周转率达到 39.29 次，明显高于 2010 年上市公司平均水平 14.78 次，这与其主要采用款到发货的结算方式密切相关。而房地产行业资产质量状况处于行业最差情况，2010 年房地产行业其他资产质量状况指标基本高于 2009 年，但房地产行业上市公司资产状况差异显著，其中 31 家资产质量得分均为满分 15 分，另有 60 家资产质量得分为 0。

从 2010 年上市公司质量状况得分来看，有 69 家公司质量指标得分为满分，占上市公司总数的 3.45%。

（三）偿债风险状况

2010 年度上市公司的偿债风险状况平均得分为 9.07 分，略高于 2009 年的 9.04 分。评价偿债风险状况的指标包括两个基本指标（资产负债率、获利倍数）和三个修正指标（现金流动负债比率、速动比率和带息负债比率）。偿债风险状况各项指标年度变化情况如表 2-3 所示。

表 2-3　　偿债风险状况比较

分析指标		2010 年上市公司平均值	2009 年上市公司平均值	增长率（%）
基本指标	资产负债率（%）	57.6	57.52	0.14
	获利倍数（倍）	9.32	7.21	29.26
修正指标	现金流动负债比率（%）	15.97	21.75	−26.57
	速动比率（%）	73.82	69.84	5.70
	带息负债比率（%）	45.08	45.98	−1.96
综合得分（分）		9.07	9.04	0.33

从表 2-5 可以看出，2010 年获利倍数和现金流动负债比率较 2009 年有较大幅度增长，但现金流动负债比率较 2009 年有较大幅度降低，这说明在经济危机影响下，多数中国上市公司为了企业发展，流动负债有所增加；但获利倍数的稳步回升，表明企业利润稳步回升。

在偿债风险控制方面，表现较好的行业有传播与文化产业、食品饮料和采掘业等。这些行业资产负债率均低于全市场平均资产负债率，其中传播与文化产业、食品饮料和采掘业已获利息倍数分别为22.61倍、29.18倍和24.84倍，明显高于全市场平均水平9.32倍，可以认为，以上行业的利润相对较高。建筑业资产负债率高达78.68%，整个行业的偿债风险随着资产负债率的上升持续加大，与2009年76.91%相比上升了2.3%。石油、化学、塑胶、塑料行业上市公司偿债风险状况平均得分为8.14分，低于上市公司平均得分9.07分，但与2009年相比较，石油、化学、塑胶、塑料行业上市公司偿债风险状况平均得分提高5.44%，这说明随着石油、化学、塑胶、塑料行业盈利情况日益好转，其相应偿债风险也随之有所下降。

（四）发展能力状况

2010年度上市公司的发展能力状况平均得分为12.98分，高于2009年的12.54分。评价发展能力状况的指标包括两个基本指标（营业收入增长率、资本扩张率）和四个修正指标（累计保留盈余率、三年营业收入增长率、营业利润增长率和总资产增长率）。2010年发展能力各项指标年度变化情况如表2-4所示。

表2-4 发展能力状况比较

分析指标		2010年上市公司平均值	2009年上市公司平均值	增长率（%）
基本指标	营业收入增长率（%）	37.7	3.85	879.22
	资本扩张率（%）	22.63	17.6	28.58
修正指标	累计保留盈余率（%）	38.94	35.83	8.68
	三年主营业务平均增长率（%）	19.5	14.99	30.09
	营业利润增长率（%）	22.95	51.83	−55.72
	总资产增长率（%）	47	22.53	108.61
综合得分（分）		12.98	12.54	3.51

上市公司的发展能力是公司能否持续稳定经营的一个重要方面，国民经济的稳定增长保证了总体营业收入的增长，受2010年中央经济政策利好推动，国内需求持续上升，国内各类企业业务增速提升，面对这一情况，营业收入增长率增长显著，从2009年的3.85%，大幅增长到2010年的37.7%，增幅达879.22%，与此同时，上市公司总资产增长率，从2009年的22.53%，大幅增长到2010年的47%，增幅达108.61%。

2010年交通运输设备制造业在发展能力方面各指标变化较大，营业收入增长率、资本扩张率、三年营业收入增长率、营业利润增长率和总资产增长率分别为60.38%、39.8%、30.06%、38.11%和112.32%，均比2010年上市公司平均值37.7%、22.63%、19.5%、22.95%和47%高。房地产行业上市公司发展能力状况指标平均得分为12.03分，低于全国所有上市公司12.98分的平均水平，行业的营业利润增长率为29.3%，远低于上市公司的平均值47%，可见，2010年以来政府房地产企业的调控效果显现。石油石化行业上市公司发展能力状况指标平均得分为13.03分，高于全国所有上市公司12.98分的平均水平，石油石化行业发展能力主要取决于营业增长，营业增长与国际油价相关性强，2010年国际油价上涨，是导致其增长能力上升的核心外部因素。电子行业2010年的营业利润增长率为473.23%，远高于上市公司平均水平，这与国家鼓励电子等高新产业的发展密切相关。2010年信息行业上市公司业绩仍在低位徘徊，整个信息行业的扩张步伐进一步放缓，成效尚未显现。

（五）市场表现状况

上市公司业绩评价的主旨在于倡导“业绩市”，从连续几年的研究中可以看出，股价与上市公司业绩之间的正相关关系趋于增强。上市公司业绩增长会明显推升股市，特别在景气周期的初期和中期阶段。如2006年开始出现明显的经济上升，GDP增幅超过12%，直到2008年才开始下降；股市则在2005年第四季度开始起步，一路上涨直到2008年第三季度才结束。

2010年度上市公司的市场表现状况平均得分为9分，低于2009年的9.06分。评价市场表现状况的指标包括市场投资回报率和股价波动率。

2009～2010年上市公司股价波动率分别为138.04%、94.83%，均体现了当年股价的大幅波动，2010年市场投资回报率为12.19%，远低于2009年市场投资回报率116.28%。由于受国家4万亿元经济刺激计划等众多利好影响，2009年大盘回升明显，2010年由于经济过热，物价上涨，政府调整银行存款准备金率和存贷款基准利率，导致大盘回落，市场投资回报率降低。

电子业市场表现状况以10.15分位居各行业前列，高于平均分13.11%，由于受三网融合、家电下乡和以旧换新等政策的刺激，2010年电子业营业利润增长率高达473.23%，电子行业的较快发展使得其市场回报率提高，再加上人们对电子行业的发展前景较为看好，使得电子业有较好的市场表现。在经济稳步回升的背景下，与国民经济休戚相关的周期性行业不如非周期性行业表现抢眼，受益于促内需经济政策，消费类市场率先调整增长。受国家一系列鼓励农业发展政策的影响，2010年农林牧渔业投资回报率高达28.11%，远高于上市公司平均投资回报率12.19%。2010年，机械制造行业上市公司盈利水平逐步好转，市场投资回报率为17.28%，远高于上市公司平均投资回报率12.19%。

2010年中国证券市场十大新闻

☆ 监管部门加大打击内幕交易力度；
☆ 股指期货合约上市；
☆ 货币政策从“适度宽松”回归“稳健”；
☆ 融资融券业务试点启动；
☆ 证监会启动新股发行后续改革；
☆ 中国证券市场迎来20岁生日；
☆ 中国农业银行上市并成为史上最大IPO；
☆ 上市商业银行将重返交易所债券市场；
☆ 双汇发展董事会决议遭遇众基金集体否决；
☆ 第一批具备资格的基金评价机构出炉。

2010 年国际财经十大新闻

☆ 欧债危机愈演愈烈，欧盟 7 500 亿欧元维稳；
☆ “深水地平线”原油泄漏，BP 制造墨西哥湾生态灾难；
☆ 美国出台最严厉金改法案，SEC 借力打击内幕交易；
☆ 《巴塞尔协议Ⅲ》新规出炉，资本充足率上调至 6%；
☆ 美联储抛出 QE2，发达经济体再启量化宽松；
☆ IMF 与世界银行改革获突破，中国份额增至第三位；
☆ 新兴经济体通胀难题待解，紧缩货币政策纷纷启动；
☆ 美股连创两年来新高，苹果市值超越微软；
☆ 大宗商品牛气冲天，黄金价格屡创新高；
☆ 全球 IPO 刷新历史纪录，港交所蝉联“融资王”。

二、 上市公司业绩评价结果的特点

2008 年席卷全球的金融危机影响是久远的，中国在危机中采取了适合中国的刺激经济政策，特别是政府投资的大量投入使得经济在 2009 年基本完成了筑底，发展态势明显好转。笔者立足本次业绩评价，采取比较分析方法，从国际到国内，从整体业绩、市场层次，到所属行业、公司性质等不同视角剖析这一年上市公司带来的惊喜与忧伤，并循着这些特点诠释现象背后的本质。

（一）通过指标看成长——国际企业绩效评价指标体系分析

中国企业国际化最重要的路径就是国际购并和海外的业务扩张。近年来，尤其是在加入 WTO 以后，中国企业大踏步走出去，大量的海外并购，业务国际化程度日益加深。据普华永道统计数据显示，中国海外并购交易在 2009 年下半年出现爆发式增长，交易笔数达到 101 宗，金额约 188 亿美元。据世界权威金融信息研究机构 Dealogic 统计，2009 年，中国公司的海外并购交易总额超过 460 亿美元，直逼 2008 年创下的历史最高纪录（500 亿美元）。就能源领域来说，中石化、中石油的大规模并购吸引世界眼球。上市公司，作为资本市场的参与主体，其走向国际化是中国股市国际化的必然，也是必需。实际上，中国的实际情况表明，中国上市公司无论从自身的业务、股权结构还是资本运作方面来看，国际化程度已经越来越深。

我们通过上市公司的净资产收益率、总资产报酬率、总资产周转率、应收账款周转率、资产负债率和资本保值增值率与国际企业绩效评价采用的指标作一对比分析。上述指标及数据如表 2-5 所示。

整体来看，中国上市公司的业绩表现超过国际企业绩效平均水平，这进一步说明中国上市公司的经营效率高涨。盈利能力平均比国际水平高出近 3 个百分点，资产质量状况中中国上市公司的应收账款周转率明显高于国际企业平均水平，在该指标带动下，资产质量整体比国际企业平均水平高 7%左右；偿债风险基本持平，由于财务效益状况好，对债权人保障应更强，该指标持平，说明中国上市公司的举债规模较大，在利息率维持较低的环境中，企业更多地希望利用财务杠杆创造价值；中国上市公司的发展能力略高于国际企业平均值，特别是资本保值增值率这一指标，有色和煤炭行业基本持有，其余行业均为中国上市公司业绩水平高于国际企业绩效平均值。

尽管中国是新兴市场，以技术和技能为核心的技术改进和创新能力提高是企业扩展的内在需求，多元化和国际化是常用手段，但是上市公司的成长和发展是值得肯定的，表现出了旺盛的盈利能力，这也说明中国在经济转型时期，上市公司的经营效率等也发生了变化，而且二者有机地实现了对接，互为验证。自从加入 WTO 后，中国的经济前景被普遍看好，国外的投资者对于投资中国有良好发展前景的公司很感兴趣。2002 年 3 月，中海油在美国成功发行 5 亿美元 10 年期全球债券时，就有外媒评价说，中海油的债券发售定价达到了美国蓝筹股公司水平。

（二）通过评价看业绩——评价结果特点分析

1. 总体业绩上涨超预期

2010 年，沪深两市各板块上市公司业绩保持平稳增长势头。2010 年评价 2002 家上市公司扣除非经常性损益净资产收益率达到了 12.54%，处于仅次于 2007 年的历史第二高位，近 10 年业绩评价的扣除非经常性损益净资产收益率如图 2-1 所示。

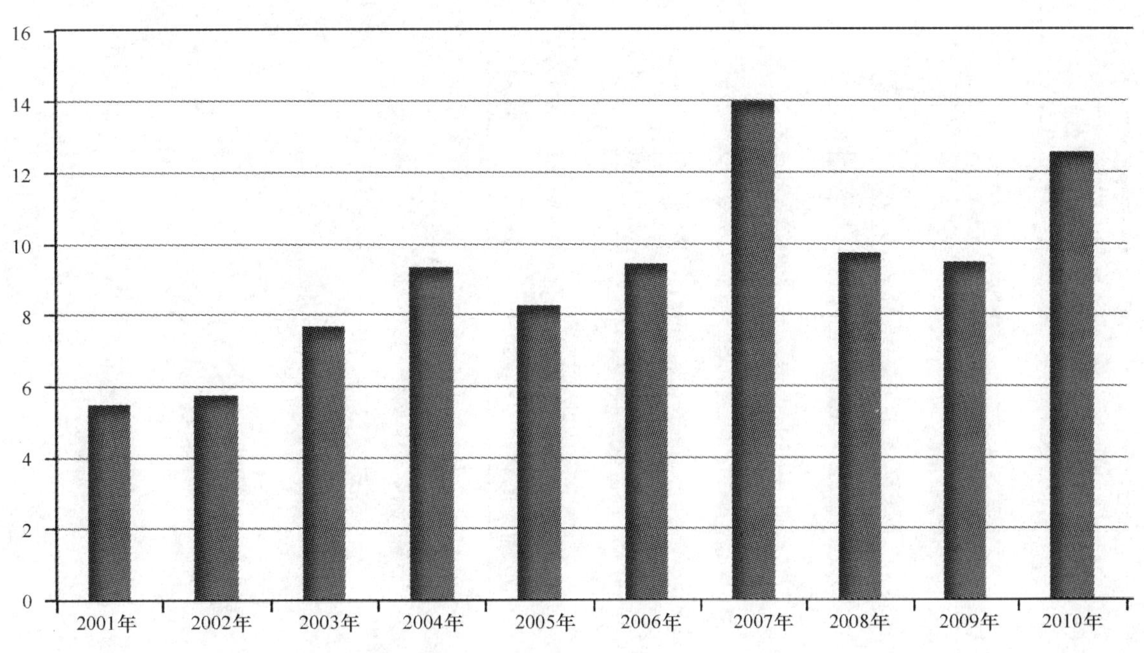

图 2-1　连续 10 年中国上市公司扣除非经营损益净资产收益率比较图

表 2-5　国内上市公司与国际企业绩效评价指标比较

行业	煤炭		钢铁		汽车		有色		建筑		商贸	
比较指标	国际平均值	2009 业绩评价均值	国际平均值	2009 业绩评价均值	国际平均值	010 业绩评价均值	国际平均值	2009 业绩评价均值	国际平均值	2009 业绩评价均值	国际平均值	2009 业绩评价均值
净资产收益率（%）	14.2	16.96	2.53	1.74	0.67	16.55	2.73	3.71	6.9	11.64	7.38	9.59
总资产报酬率（%）	8.12	13.73	2.22	2.55	1.22	8.11	2.39	4.14	3.87	4.77	4.95	6.31
盈余现金保障倍数（倍）	1.46	1.66	1.7	7.87	1.71	2.17	1.66	1.48	1.37	1.76	1.84	1.95
总资产周转率（次）	0.58	0.58	0.88	0.94	0.99	1.24	0.91	0.82	0.94	1.03	1.67	1.59
应收账款周转率（次）	8.72	18.98	5.33	52.22	4.96	19.41	4.71	28.09	3.19	7.36	9.63	49.12
流动资产周转率（次）	2.33	1.64	1.85	2.78	2.04	2.17	1.73	1.90	1.47	1.42	3.41	2.73
资产负债率（%）	58.61	43.00	58.21	61.21	62.64	61.40	53.57	53.60	64.9	73.59	62.49	64.38
已获利息倍数（倍）	5.4	27.16	1.94	1.88	0.8	17.09	2.08	3.00	4.9	7.52	4.93	8.96
速动比率（%）	95.26	137.55	83.05	39.38	89.53	86.82	97.68	62.61	116.17	88.09	81.4	66.18
现金流动负债比率（%）	52.71	64.86	19.54	15.14	19.24	23.48	19.33	7.51	9.59	8.53	23.22	12.83
带息负债比率（%）	41.55	54.11	53.52	55.26	43.05	18.33	52.69	66.25	33.11	28.00	37.88	29.84
销售（营业）增长率（%）	−0.18	15.78	−18.3	−16.46	−11.36	29.52	−20.41	−5.94	5.66	35.05	−2.65	9.69
资本保值增值率（%）	111.34	114.88	95.83	107.38	91.99	131.17	99.21	104.69	103.20	151.71	103.97	123.75

2010年宏观经济政策转型为上市公司业绩增长提供了有利基础，上市公司在2010年向社会交出了令人振奋的答卷，同时带来了新鲜的氛围和充足的信心。

在现代经济中，上市公司被作为调整经济结构、推动产业升级、带动经济发展的重要工具。从1991年中国证券交易所的开设，上市公司自此便承担着这样的使命，特别是在国企改革、资本市场发展中，上市公司横刀立马，为中国证券市场谱写了壮丽的诗篇。在转变经济增长方式中上市公司如何发挥作用是万众瞩目的话题，而在2010年上市公司在年报披露中已经做出了回答，2010年上市公司户均净利润达到了4.8亿元，比2009年增长了31%，上市公司的家底是非常厚实的；2 002家上市公司实现了14.70万亿元的营业收入，同比增长37.77%，盈利公司占评价范围公司总数的94.30%。上市公司整体盈利能力较2009年度大幅提高，为股东创造价值的同时，也为杠杆经营提供了强有力的保障，2010年上市公司总资产报酬率为8.09%，总资产周转率为0.88次/年。

2010年上市公司共实现归属母公司的净利润8 657亿元，经营活动产生的现金流量净额为1.19万亿元，盈利现金保障倍数评价为1.24倍。金融危机给出了一个至关重要的概念：盈利公司没钱花，一样会破产，因此，上市公司不仅追求纸面富贵，更应追求现金为王，两个抓手都要硬。

本次评价中的2 002家上市公司中有1 048家上市公司仅仅实现了纸面富贵，而有954家上市公司利润与现金流是匹配的，经营尊崇现金为王。

盈余现金保障倍数是用来评价公司盈利状况和现金流量状况的重要指标，近年各级国资委也将其用作对企业负责人业绩考核的关键评价指标，不过这也是纠结的难题。本次评价业绩排名前10位如表2-16所示。

表2-6　　业绩前10名公司核心指标表

序号	单位名称	盈利现金保障倍数	扣除非经常性损益净资产收益率（%）	带息负债比率（%）	营业利润增长率（%）
1	中国国航	1.58	31.33	59.94	238.56
2	上海汽车	1.09	34.58	12.21	220.31
3	洋河股份	1.67	36.90	0.01	84.90
4	青岛海尔	1.98	28.71	4.35	83.17
5	大秦铁路	1.62	19.41	59.14	56.48
6	齐翔腾达	0.81	26.17	—	118.28
7	潍柴动力	1.09	40.30	9.79	104.17
8	中文传媒	2.14	18.69	19.82	—
9	荣盛石化	0.98	45.11	55.93	112.94
10	江铃汽车	1.56	31.25	0.64	65.13
	上市公司平均值	1.24	12.54	45.08	47.00

由表2-11可以看出，业绩好的公司，扣除非经常性损益净资产收益率较高，营业利润增长率较高，而盈利现金保障倍数并不高，基本围绕在平均水平上。这说明企业经营策略集中在控制成本、增加销售和加大收账能力方面，并不能单纯追求现金为王。

2. 多层次板块特征凸显

多层次资本市场上市公司是目前中国不同规模、不同发展阶段以及不同行业、不同领域实体经济的典型代表，其板块业绩特点不仅反映了宏观经济变化对各类企业经营成果的影响，更体现出多层次资本市场对不同成长阶段、多样化自主创新企业的有力支持。2010 年沪深两市上市公司业绩评价呈现出显著的板块特征。

（1）深沪两市主板蓝筹公司业绩突出

沪市 794 户上市公司，2010 年占有资产 8.24 万亿元，享有归属于母公司的所有者权益 2.81 万亿元，实现净利润 3 511 亿元，占比 39.66%，拥有和控制着本次评价范围上市公司 44.93%的资产，享有 40.43%的权益价值，创造了 40.56%的利润，亏损面为 6.93%。

深市（不包括中小板）465 户上市公司，2010 年占有资产 3.43 万亿元，享有归属于母公司的所有者权益 1.16 万亿元，实现净利润 1 311 亿元，占比 23.22%的，拥有和控制着本次评价范围上市公司 18.70%的资产，享有 16.69%的权益价值，创造了 15.37%的利润，亏损面为 10.11%。

这样的业绩比历史同期的同比数据具有大幅度的提高，亏损面有所减弱，充分表明了主板蓝筹中流砥柱的作用。近三年深沪两市每股收益、扣除非经营性损益净资产收益率、总资产周转率、资产负债率、营业收入增长率比较如表 2-7 所示。

表 2-7　　2008～2010 年度深沪两市主要指标

项目	沪市			深市		
年份	2008 年	2009 年	2010 年	2008 年	2009 年	2010 年
扣除非经营性损益的净资产收益率（%）	5.66	8.99	11.7	6.18	7.49	10.67
总资产周转率（次）	0.96	0.80	0.92	0.81	0.76	0.84
资产负债率（%）	58.30	59.58	60.64	57.60	60.22	61.63
营业收入增长率（%）	18.54	—0.41	37.63	13.01	7.58	37.28

2008～2010 年连续三年，深沪两市的净资产收益率均成上升趋势，沪市连续三年年均增长率为 43.78%，深市连续三年年均增长率为 31.4%，可见深沪两市共同发展；总资产周转率基本持平；沪市的资产负债率略低于深市；沪市营业收入增长率有些波动，这与经济环境相关，沪市企业大部分为大盘蓝筹，有很多关系国计民生的大型企业，受国家宏观产业政策影响较大，深市营业收入三年稳步增长，年均增值率接近 70%。金融危机后深市企业转变思路，加快发展，2010 年末深沪两市的营业收入增长率已经同步。

2010 年，净利润排名前 20 位的公司合计实现净利润 4 330.54 亿元，占主板公司总体净利润的 79.55%，这就是典型的“二八现象”，20%的公司创造了 80%的收益。20 家公司均为大盘蓝筹公司，行业分布以石油石化、交通运输、煤炭为主，颇具代表性，基本涵盖了国民经济中的传统优势行业。

从市场表现来说，深沪主板市场在二级市场波动中表现出了良好的抗跌性能。自 2009 年 3 478 点以来，沪市一直是依靠下跌向市场发出抵抗的信号，主要问题就是沪市主要由权重股、基金重仓股和蓝筹股构成，盘子大，能够撼动的力量非常有限，因此往往能够将炒作拒之门外；深市在下跌时与沪市的表现相像，下跌后通常能够反弹，每次抵抗都具有反转的特征。所以本次评价中沪市的市场波动率为 101.34%，深市市场波动率为 100.24%，沪市的市场表现得分为 8.69 分，深市市场表现得分为 8.72 分，而两市与上市公司平均得分水平非常相当。这又从另一方面显示了大盘蓝筹股的护盘使者本色。

(2) 中小板绩优公司不断涌现

中小板市场就是相对于主板市场而言的，尽管流通数量小于主板，但是业绩并不逊色，从 2004 年 6 月 2 日首支中小板股票新合成发行以来到 2010 年末，纳入本次业绩评价的中小板上市公司共计 529 家，在证券市场中的地位不断增强，在二级市场中，中小板指数曾被誉为“霹雳先锋”，客观地说通过本次评价，在业绩上也表现出了“霹雳先锋”的特质。本次中小板的综合评价得分为 66.4 分，高于主板市场，低于创业板市场。

529 家上市公司实现归属于母公司净利润 747 亿元，户均实现利润 1.41 亿元，扣除非经常性损益净资产收益率达到了 13.59%，为主板、中小板、创业板三大板块之首。中小板公司的偿债风险状况和发展能力也很突出，2010 年带息负债比率仅为 38.98%，而中小板公司的资本扩张率为 71.24%，这又说明什么呢？为了探寻究竟，我们做一下 3 年的比较。近三年中小板带息负债比率和资本扩张率如图 2-2 所示。

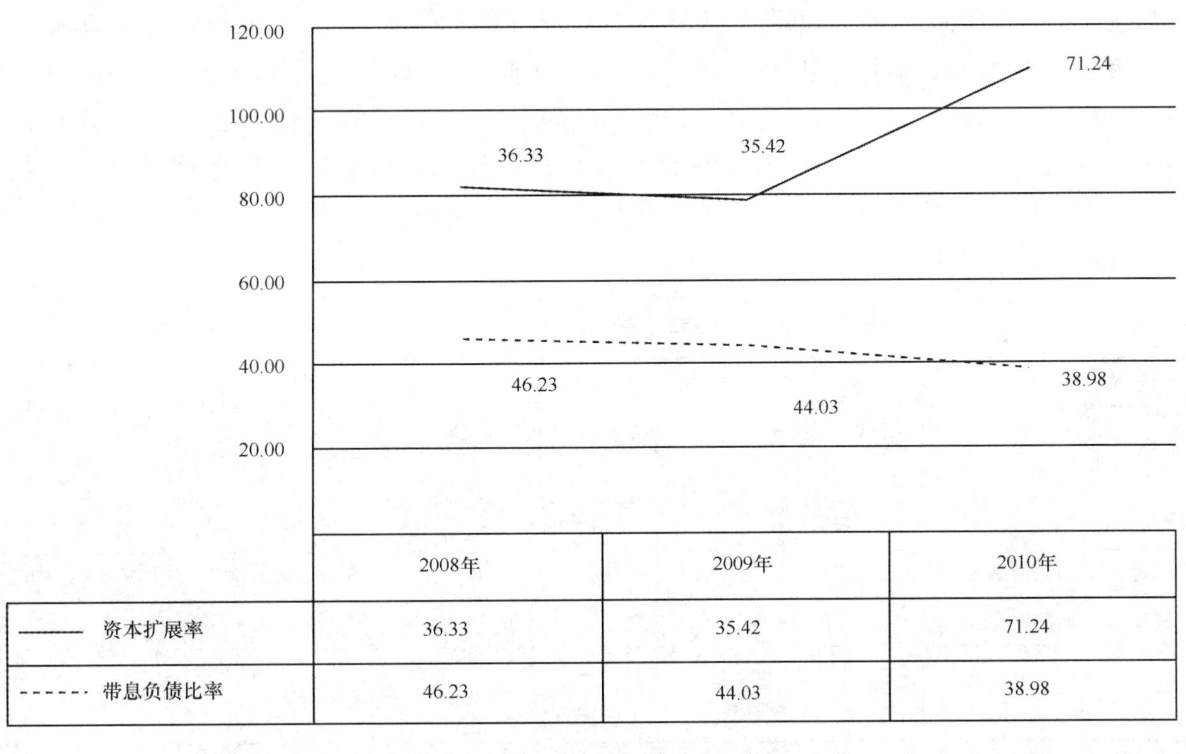

图 2-2 连续 10 年中国上市公司扣除非经营损益净资产收益率比较图

其实在中小板设立之初，并不受市场青睐。随着中小板行业结构日益完善，其新兴产业地位显赫。截至 2010 年 12 月 21 日，中小板 529 家公司已覆盖商业、资源、金融、房地产等重要类别，行业结构大幅完善，信息技术业地位不断上升，这反映出高成长的新兴产业在中小板所占比重较高。中小板设立 6 年多以来，机构投资者与中小板的互动不断加强。在 2004 年底基金仅持有中小板 14%的流通市值。随着中小板公司整体成长性的体现以及更多优秀公司加盟，基金对中小板投资力度不断加大，至 2010 年 12 月，基金已持有中小板 61.23%的流通市值，推动了中小板公司的价值实现。

随着中小板上市公司规模的逐步扩大，绩优公司也不断涌现，如2010年上市的海康威视（002415）、荣盛石化（002493），均跻身中小板净利润排名前10位，海宁皮城（002344）、齐翔腾达（002408）、广田股份（002482）等42家新上市公司增长势头迅猛，净利润增幅均在50%以上。与此同时，以苏宁电器（002024）、金风科技（002202）、露天煤业（002128）、荣盛发展（002146）、东华软件（002065）为代表的一批资深绩优公司也继续保持开拓进取的势头，净利润增幅连续三年保持在30%以上。2010年，中小板净利润排名前10名的公司在比较基数较大的前提下，平均净利润增幅达到48.60%，远高于中小板的平均业绩增幅。

（3）创业板出现地雷

2010年纳入评价范围的153家创业板上市公司，2010年初占有资产756.86亿元，年末占有资产1 756.56亿元，年户均占有资产8.21亿元，年末享有归属于母公司的所有者权益1 506.68亿元，实现净利润111.74亿元，以7.64%的数量占比，拥有和控制着本次评价范围上市公司0.96%的资产量，享有1.94%的权益价值，创造了1.29%的利润，经营全部盈利。

本次评价范围内的153家创业板上市公司均为2009年和2010年上市，扣除非经常性损益净资产收益率为10.32%，比上市公司评价水平低2个百分点；总资产周转率仅为0.53次/年，为各板块最低。创业板这样的业绩难以面对市场的期望。股神巴菲特的老师格雷厄姆有一句经典之言——短期来看，市场是个投票器；长期来看，市场是个称重机。在创业板上市公司股票以高市盈率发行后，高成长性如果难以为继的话，创业板就出现了泡沫，恐怕会引发创业板危机（见表2-8）。

表2-8　创业板与中小板及全部上市公司比较　　单位：万元

类别	创业板		中小板公司	全部上市公司
	2009年上市的公司	2010年上市的公司		
数量（户）	36	117	529	2 002
总市值	17 549 754.78	56 102 434.39	347 990 933.00	2 227 228 631.15
归属于母公司的所有者权益	2 848 316.50	12 105 564.91	66 740 098.26	695 163 229.43
归属于母公司的净利润	278 004.84	839 356.92	7 473 026.40	86 571 178.82
PB	6.16	4.63	5.21	3.20
PE	63.13	66.84	46.57	25.73

可见创业板目前正面临高估值的陷阱，估值越高，风险越大。创业板的PB平均为4.93倍，说明超募资金不少，使得上市后净资产暴增5倍。153家上市公司的速动比率高达601.07倍，带息负债比率为28.28%，为四个板块最低，现金流动负债比率为17.08%，为四个板块最高。如果这些超募资金运用得当或者用于并购，将会带来不菲的利润贡献，也可以拉升业绩，也可能因此而使业绩出现分化。

3. 行业比较兄弟有别

资本市场惯常以板块为分析对象，本次按申银的行业分类为基础，比较行业业绩情况如下图2-3所示。

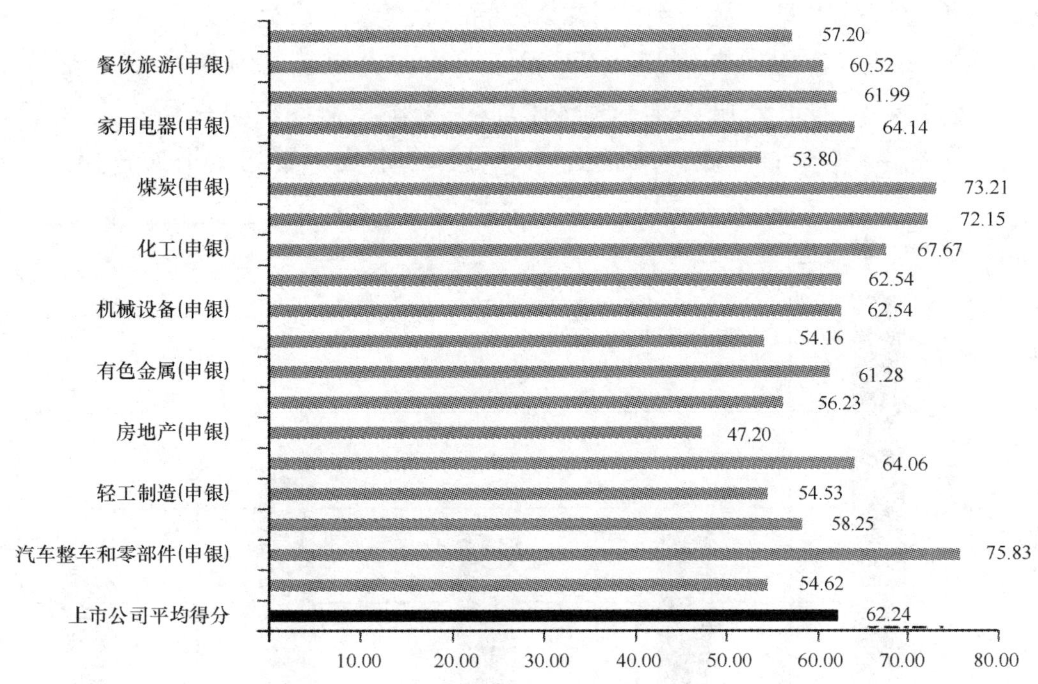

图 2-3　证监会行业分类扣除非经营性损益的净资产收益率比较

行业表现是受到宏观经济影响的，房地产行业是最为明显的。中国人有着浓厚的土地情结，在住房价格一涨再涨之后，终于激怒了信心，揭竿而起的宏观调控政策一波严过一波，更为严厉的调控政策预期将在 2011 年来到。这导致房地产行业在本次业绩评价中，得分最低。尽管房地产行业表现欠佳，但是仍不乏业绩公司，2010 年万科 A 实现净利润 88.4 亿元，在净利润排名中位列第 10 位，这样的业绩与万科公司的经营策略是相关的。

表现最好的是汽车整车和零部件行业。随着国民经济的增长，中国步入了中等收入行列，汽车作为代步工具进入了千万家庭，昔日的奢侈品变成了当今的必需品，于是成就了车企的业绩。进入本次评价前 10 名的上市公司中有两家车企，上海汽车排名第 2 倍，江铃汽车排名第 8 倍，成为业绩的领跑者。

煤炭和化工行业也有非常不错的业绩表现，煤炭行业居第二位，化工行业排在第三位。2010 年全国煤炭工业健康稳定运行，煤炭资源整合、煤炭企业兼并重组成效显著，煤炭企业管理水平不断提高，安全生产状况不断好转，运输条件不断改善，运输能力不断增加，煤炭进口渠道不断拓宽，煤炭产销量及进口煤炭数量均创历史新高，煤炭产品的保障供应能力不断增强，整个煤炭市场供求基本平衡，运行基本平稳，煤炭生产供应基本上满足了国民经济高速发展的需求，保障了煤炭供应，推动了煤炭行业及上市煤炭企业效益的稳定提高。2010 年，石油化工行业增长显著，化学工业经济总量超过美国，跃居世界首位，全行业规模以上企业 3.67 万家，实现总产值 8.88 万亿元，同比增长 34.1%，占全国规模工业总产值比重的 12.7%；2010 年，全行业完成固定投资 1.15 万亿元，同比增长 13.8%；进出口总额达 4 587.81 亿美元，同比增长 40.3%，其中，进口总额 3 244.61 亿美元，出口总额 1 343.2 亿美元，增长 35.7%。

4. 央企背景显优势

中国在市场经济中发展起来的国有资产管理体制是符合中国国情的，央企在改革中发展壮大，成为国民经济的中坚力量。纳入本次评价的284家上市公司，其中有263家盈利，有21家亏损。284家上市公司占有资产9.74万亿元，占上市公司全部资产量的53.09%，实现利润4 460亿元，占上市公司去全部利润的51.52%，累计盈余保留率为43.70%，比上市公司平均水平高4.76个百分点。央企上市公司与上市公司平均水平比较如图2-4所示。

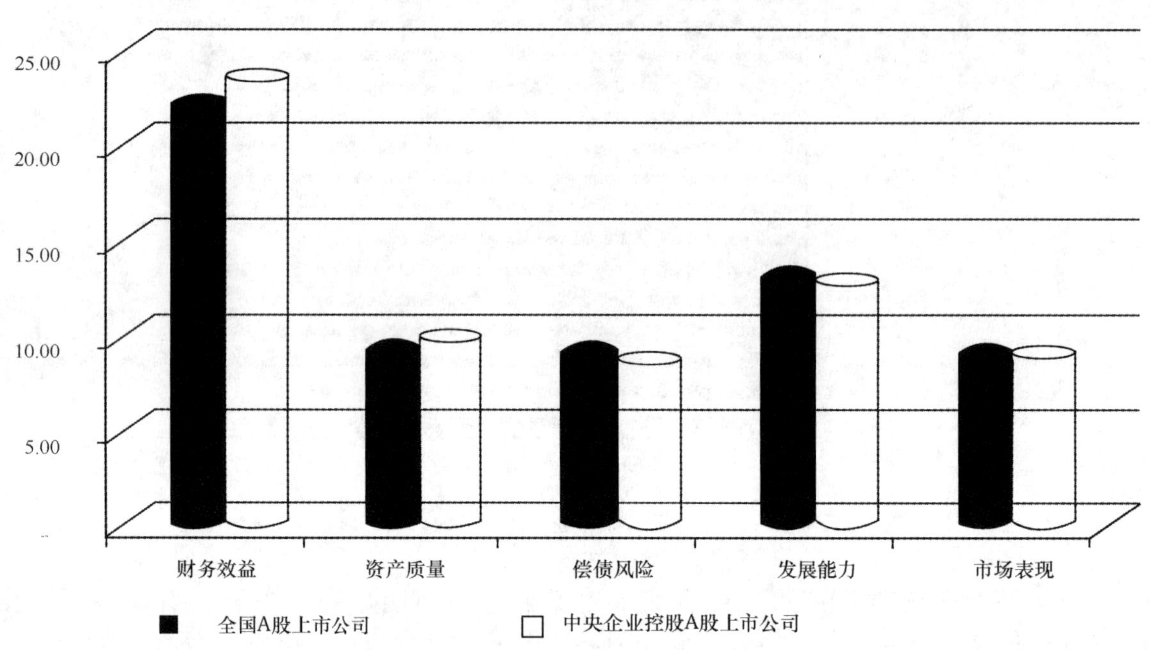

图2-4 央企上市公司与全部A股上市公司比较

原国资委主任李荣融在2009年底召开的央企负责人会议上就曾以《做大主业增实力科学发展上台阶》为题发表讲话，明确指出，突出主业，加快清理非主业是央企2010年的主要工作要求之一。央企坚持主业发展，上规模，重效益，2010年年报显示财务效益状况好于上市公司平均水平。284家央企上市公司扣除非经常损益的净资产收益率为12.98%；资产质量基本相当，略好一点。规模与利润的匹配是公司健康发展的关键，央企本就资产规模大，因此能够规模与利润效益同步发展，从而彰显了央企在管理、技术等方面的过人之处；偿债风险略低一点，央企上市公司的资产负债率为59.88%，比上市公司平均水平高2.28个百分点，央企上市公司的资产负债率属于正常水平。上市公司平均水平略低说明2010年发行上市的公司出现超募，使得资产负债率降低；发展能力持平，央企大部分已经是成熟行业，处于稳定增长期；市场表现略差，央企均为大盘蓝筹股，是资本市场稳定的基石。央企的业绩表明央企的身份和使命，是国民经济的支柱，是证券市场的中流砥柱。

5. 新兴产业业绩骄人

2010年战略性新兴产业政策的密集出台，表明中国政府加快经济结构转型、促进产业升级的坚定决心，战略新兴产业发展将步入跨越式发展阶段，因此本次业绩评价以中联样本200家新兴战略行业进行了评价，200家合计完成营业收入17 508.72亿元，占全部上市公司（2 002家口径）营业收入147 010.91亿元的11.91%；战略性新兴产业上市公司实现净利润1 621.69亿元，占全部上市公司实现利润9 615.58亿元的16.87%，充分显示了该类公司较强的盈利能力。新兴产业增加值将较目前增长1.67倍，10年后将较目前增长4倍。但若考虑到中国经济未来10年持续的增长和通胀影响，新兴产业未来实际的增速要远远高于这一数字。若按中国经济未来每年增长 8%计算，5 年后新兴产业增加值实际将较目前增长 2.92 倍，10 年后实际将较目前增长 9.79 倍。若再考虑到每年 3%的 CPI 增长，则 5 年和 10 年后新兴产业增加值实际分别将较目前增长 3.49 倍和 13.20 倍。可以推测，国务院为战略性新兴产业制定的发展目标意味着有关行业将实现“十年十倍”的增长，而其中，行业的龙头企业成长速度还会远远超越行业的平均增速，这将为投资者提供未来 10 年中国最具成长性的产业板块。

三、 透过现象看本质——拉升业绩因素追寻

（一）业绩增长源主营

经过评价，2 002 家上市公司 2009 年完成营业收入总计 147 010 亿元，相当于 2010 年中国 GDP 总量的 36.94%。实现营业收入同比增长 37.7%。与此同时，上市公司主营业务的增长更为明显,，报告期内 2 176 家公司对应数据为 26 205 亿元，有可比数据公司同比下滑 13.4%。2010 年，上市公司实现归属母公司的净利润 8 657 亿元，非经常性损益为 764 亿元，非经营性损益占比为 8.82%，户均扣除非经营性损益的净利润为 3.94 亿元，该指标同比 2009 年户均扣除非经营性损益的净利润 2.87 亿元的水平提高了 37 个百分点，非经营性损益下降了 3.85 个百分点。但经营性现金流出现一定下滑，2010 年盈利现金保障倍数同比 2009 年下降 40%。

近三年营业利润比较如图 2-5 所示。

近三年营业利润率基本稳定增长，为持续上涨的上市公司业绩提供最扎实的基础。新会计准则实施后，会计报表上不再显示主营业务情况，取而代之的是营业收入和营业利润，并且将投资收益囊括在营业收入内，这给评价上市公司主营带来了困难。

*ST 明科（600091）2010 年取得投资收益 1.22 亿元，其主营业务收入为 0.08 亿元，投资收益为主营业务收入的 15.25 倍；九龙山（600555）取得投资收益 1.17 亿元，其主营业务收入为 0.09 亿元，投资收益为其主营业务收入的 13 倍；*ST 科健（000035）取得投资收益 0.51 亿元，其主营业务收入为 0.05 亿元，投资收益为其主营业务收入的 10.2 倍；吉林敖东取得投资收益 11.17 亿元，而其主营业务收入为 11.13 亿元，投资收益基本与其主营业务收入持平。

投资收益最大的危险在于其不稳定性，多元化战略要求企业为规避风险，不能把所有的鸡蛋放在一个篮子里，但是专注和始终如一才是企业前进和发展的驱动力。

另外，2010 年通胀压力逐步凸显，上市公司在普遍面临原材料、人工等成本上涨压力的情况下，积极采取各项举措，实现毛利率稳中有升，同时注重合理控制费用，以提高利润

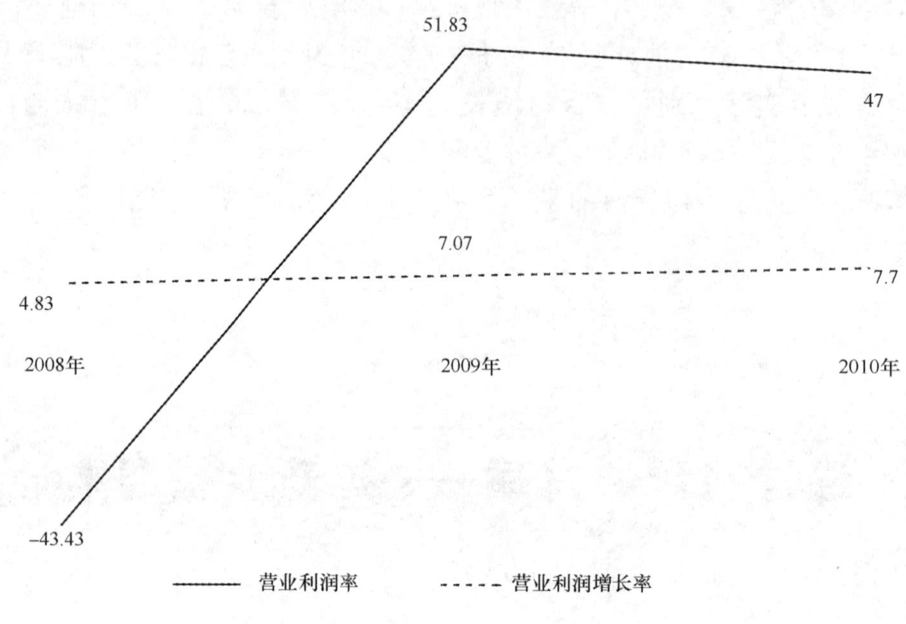

图 2-5 近三年营业利润及增值率趋势

率，确保企业价值最大化。

（二）存货备储量上涨

从 2005～2009 年的数据来看，上市公司平均存货水平具有明显的季节性特征。一般而言，上市公司的第四季度存货水平将明显下降，比如，2005～2009 年的上市公司四季度存货环比降幅分别为 25.50%、24.14%、32.84%、38.33%、17.83%，也就是说到了年末存货能够降低到第一至第个季度的最低水平。但在 2010 年第四季度，上市公司的平均存货水平较第三季度环比上涨 5.93%，2 002 家上市公司平均存货水平达 15.80 亿元，比年初持有存货户均 11.55 亿元增长 37%，成为整个会计年度平均存货水平最高的季度。

上市公司存货的主要构成为原材料、在产品与产成品。从存货结构看，2010 年上市公司平均存货水平增加的主要原因系原材料和产成品增长较快所致。数据显示，2010 年上市公司的平均原材料与产成品存货增加值分别为 0.55 亿元和 0.68 亿元，分别增长 44.49%和 52.37%，高于在产品存货资金占用额。从 2010 年第四季度看，原材料、产成品的环比增长率分别高达 193.08%、559.30%，远大于在产品的环比增长率 41.04%。这又证明 2010 年是上市公司丰收年，现金流很充裕，在年末就为来年的生产做储备；另一方面是宏观政策对存货持有量影响较大，我们通过以下行业分析来说明。

按照本次评价中采用的申银行业分类，黑色金属（申银）以年末户均占用存货 70 亿元居榜首；房地产（申银）紧随其次；户均保留存货 66.51 亿元，建筑建材（申银）以户均 50.34 亿元的水平排在第三；家用电器（申银）的户均存货持有量为 18.28 亿元；商业贸易（申银）其他的户均存货持有量为 15.33 亿元；其他 14 个行业的存货占用率均在 15 亿元以下。

家用电器（申银）和商业贸易（申银）这两个行业的存货水平是正常经营的需要，从 2008 年末到 2010 年末存货持有量存在上升趋势，存货跌价准备比例存在下降趋势（见表

2-9）。

表 2-9　家用电器（申银）和商业贸易（申银）存货比较

项目	2008 年	2009 年	2010 年
存货户均占有量（亿元）			
家用电器（申银）	122 399.95	153 836.65	182 813.37
商业贸易（申银）	83 794.02	114 411.56	153 274.12
存货跌价准备率（%）			
家用电器（申银）	6.40	4.96	3.67
商业贸易（申银）	4.02	1.53	0.98

黑色金属行业在 2010 年实现了全行业盈利，业绩比 2009 年大大增强，这主要得益于钢价在 2010 年的上涨以及产量的恢复。根据中钢协的数据显示，2010 年钢材全年市场均价上涨幅度约为 15.79%；2010 年全行业实现粗钢产量 6.27 亿吨，同比增长 10.36%。因此，该行业的存货持有大幅增长主要是原燃料的存货增长。如马钢股份 2010 年度存货高达 124.52 亿元，较年初增长近 40 个百分点，主要是由于年末库存原燃料数量增加，以及原燃料采购价格上涨所致。囤集居奇，在年末有了充裕的现金流之后大量购入原材料，完全是基于对铁矿石、焦煤等原燃料涨价的强烈预期。

房地产行业的存货持有水平与宏观政策是极其相关的，尽管近来成交价格有所上升，但成交量还是没有上去。更加严格的调控政策预期将要来临，高库存无疑会增加房地产企业的负担，这样导致的最直接后果就是现金流回笼很慢，而房地产实际上是资金推动型的行业，回笼速度慢很可能会直接引发导致资金链紧绷。现在银行收缩授信规模后，许多房地产企业的贷款途径依赖信托，信托融资收益率（利率）2010 年为 15%左右，现在已经达到 20%～25%，这样的市场利率下使得存货回笼显得遥远。

建筑材料行业也是受宏观经济影响的一个传统行业，随着经济回热，市场需求增添，建筑材料渐显增加趋势，同时迫于通胀压力，原材料价格上升预期加大，因此年末有积聚的企业增添原材料存货的储量纯属情理之中。

（三）并购重组出效益

中国资本市场经过 20 年的发展，大部分上市公司在产业面上渐趋成熟，根据生命周期理论，在成长期到成熟期过渡期间，企业不能单纯依靠扩大产量、提供市场份额来增加收入，而必须依靠提供技术，降低成本，以及研制和开发新产品来取得竞争优势，特别是完善价值链是获取并保持竞争优势的关键。并购重组恰是实现价值链、获得竞争优势的快捷途径。

2010 年，全部 A 股共有 19 家公司完成重大资产重组，通过增发实现整体上市，重组效果显现。19 家公司的平均总资产由上年同期的 61.74 亿元增至 146.07 亿元，增幅为 1.36 倍；平均营业收入由 88.69 亿元增至 170.71 亿元，增幅为 92.47%；平均归属于母公司的所有制权益由 18.44 亿增至 42.82 亿，增幅高达 1.32 倍；这 19 家公司 2010 年户均实现净利润为 8.38 亿元，比上市公司平均水平高出近 1 倍。

（四）私募股权助力狂

在最近的20年中，两个新概念“私募股权投资”和“风险投资”逐渐在中国被人们熟知，在近期它们更成为商界人士关注的重点。根据Wind金融终端显示的数据，2010年私募股权融资事件发生了860起，融资金额超过2 000亿元，这对上市公司是一个冲击。2008年11月10日，ST东源发布公告，宣布借壳失败。但是，这没有阻止PIPE（私募股权投资已上市公司股份）成为一场热潮，深创投、东方富海、达晨、联想、九鼎、软银赛富、鼎晖、弘毅、中信资本、新天域等，许多PE高手都将目标转向了二级市场。是股权投资退出的最佳选择。有研究表明，有国外私募股权参与的上市公司波动性加大，有国内私募股权投资参与的上市公司波动性小于国外私募股权参与的，没有私募股权投资参与的上市公司波动性较小。

2010年上市公司股价波动率为94.83%，2009年该指标为138.04%，2008年为269.39%，三年呈现下降趋势。随着私募股权模式的日渐成功，更多的监管和审查也随之而至，很多私募股权投资选择了上市模式。收购上市公司，或者被上市公司收购，正成为当前PE投资退出的两种主要方式。如果公司的利润水平能够超过1亿元，比较适合买壳，而在利润水平较低的情况下，则可以考虑卖给上市公司。这样的经营理念和动机给上市公司带来了很多挑战和压力，也会成为影响证券市场稳定的重要因素。

（五）宏观政策是外因

2010年的证券市场大盘是受宏观政策影响，震荡下滑。2 002家上市公司的业绩也是受宏观经济影响的。尽管创业板存在市场高估风险，但是整体来说，市价与业绩是强相关的，2 002家上市公司的PB为3.2倍，基本是正常的估值区间。

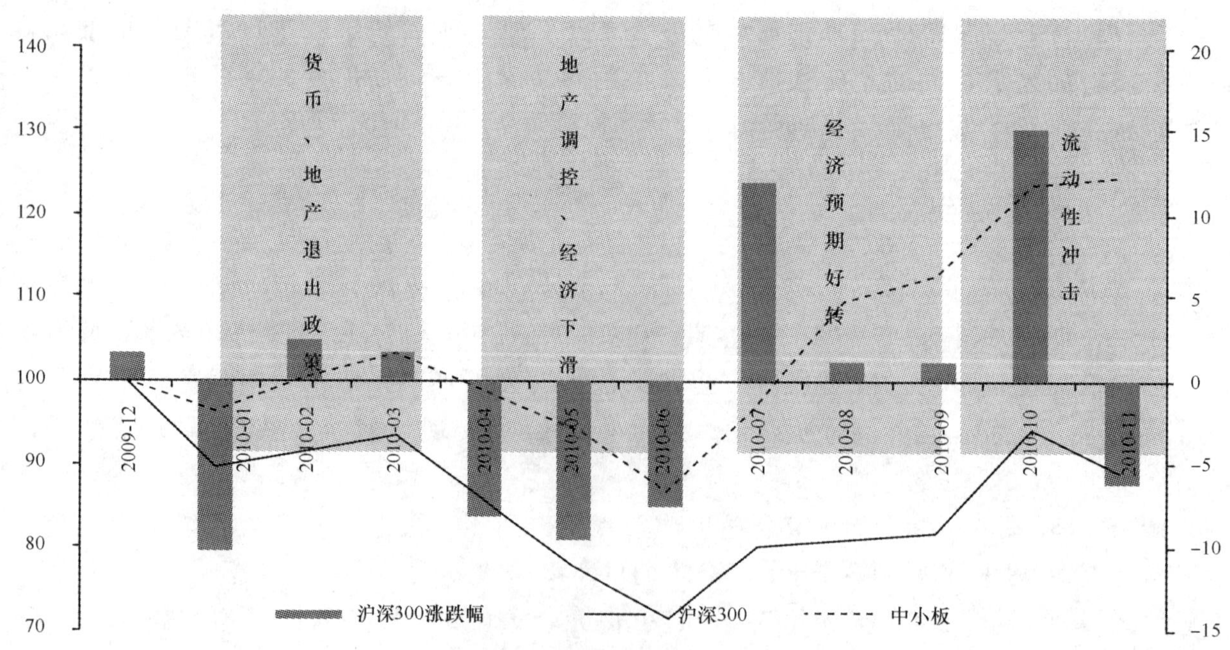

图2-6　宏观政策带来的上市公司市场表现

由图 2-6 可见，中国上市公司的业绩正是在宏观经济政策中变化的。上述几个原因背后的推手也正是宏观经济政策。实际上，上市公司对宏观经济有正向促进作用，因此，上市公司的业绩既反映宏观经济方向，也能促进宏观经济的发展。

第三章

2010年度“中联百强”上市公司

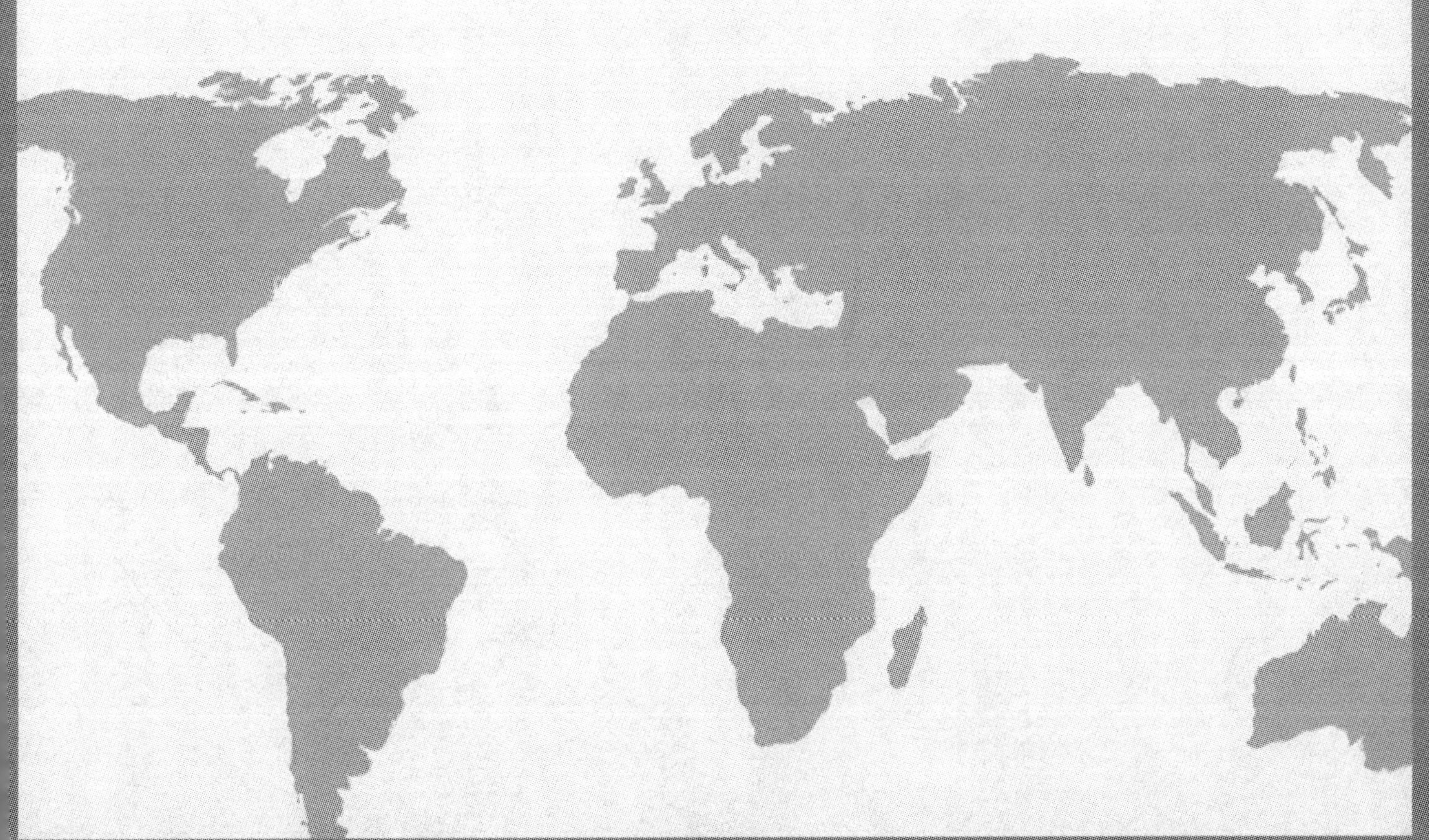

一、2010年度“中联百强”上市公司

按照中国上市公司业绩评价体系，我们以统一测算的评价标准为基准，运用功效系数法，对截至2011年4月30日公布年报的A股上市公司（不包括2010年以后上市和重大重组的公司）业绩进行了评价排序，最终得出了2010年度中联上市公司价值百强排行榜（简称“中联百强”）。其中中国国航以综合得分87.80分夺得冠军，上海汽车以0.90分之差屈居亚军，洋河股份、青岛海尔、大秦铁路、潍柴动力、建设银行、江铃汽车、兖州煤业、南方航空分列排行榜的第3～10名（见表3-1）。

表3-1 中联百强排行榜表

名次	股票代码	股票简称	综合得分（分）	名次	股票代码	股票简称	综合得分（分）
1	601111	中国国航	87.80	21	000012	南玻A	79.19
2	600104	上海汽车	86.90	22	002063	远光软件	79.15
3	002304	洋河股份	85.31	23	601857	中国石油	79.11
4	600690	青岛海尔	85.01	24	600030	中信证券	78.57
5	601006	大秦铁路	84.95	25	002202	金风科技	78.35
6	000338	潍柴动力	84.05	26	000528	柳工	78.11
7	601939	建设银行	83.70	27	600519	贵州茅台	77.73
8	000550	江铃汽车	83.24	28	600271	航天信息	77.67
9	600188	兖州煤业	83.11	29	600970	中材国际	77.61
10	600029	南方航空	82.50	30	002146	荣盛发展	77.59
11	601398	工商银行	82.39	31	600160	巨化股份	77.53
12	600348	国阳新能	82.07	32	000527	美的电器	77.50
13	600585	海螺水泥	81.91	33	002041	登海种业	77.46
14	000858	五粮液	81.86	34	600971	恒源煤电	77.45
15	000425	徐工机械	80.69	35	601899	紫金矿业	77.38
16	601166	兴业银行	80.46	36	600166	福田汽车	77.33
17	601699	潞安环能	80.24	37	600000	浦发银行	77.29
18	600741	华域汽车	79.78	38	600794	保税科技	77.21
19	002285	世联地产	79.42	39	600418	江淮汽车	77.11
20	002142	宁波银行	79.35	40	000983	西山煤电	77.08

续表

名次	股票代码	股票简称	综合得分（分）	名次	股票代码	股票简称	综合得分（分）
41	600115	东方航空	77.01	71	000625	长安汽车	74.11
42	600362	江西铜业	77.00	72	600880	博瑞传播	74.07
43	000536	华映科技	76.92	73	002081	金螳螂	73.99
44	000655	金岭矿业	76.82	74	000880	潍柴重机	73.98
45	000895	双汇发展	76.76	75	600111	包钢稀土	73.94
46	000157	中联重科	76.47	76	002024	苏宁电器	73.81
47	600600	青岛啤酒	76.1	77	000538	云南白药	73.73
48	600508	上海能源	75.92	78	600809	山西汾酒	73.71
49	600873	梅花集团	75.66	79	600028	中国石化	73.69
50	000800	一汽轿车	75.61	80	601088	中国神华	73.67
51	000680	山推股份	75.49	81	600036	招商银行	73.66
52	000581	威孚高科	75.48	82	000639	西王食品	73.65
53	601377	兴业证券	75.37	83	601001	大同煤业	73.64
54	601666	平煤股份	75.31	84	600216	浙江医药	73.09
55	002153	石基信息	75.22	85	000869	张裕 A	72.99
56	000671	阳光城	75.12	86	000933	神火股份	72.71
57	600750	江中药业	74.98	87	000708	大冶特钢	72.71
58	600871	S仪化	74.88	88	000401	冀东水泥	72.71
59	600547	山东黄金	74.84	89	000979	中弘地产	72.51
60	600763	通策医疗	74.82	90	600276	恒瑞医药	72.49
61	600395	盘江股份	74.70	91	000423	东阿阿胶	72.49
62	000596	古井贡酒	74.66	92	002050	三花股份	72.48
63	600563	法拉电子	74.65	93	002223	鱼跃医疗	72.38
64	000568	泸州老窖	74.64	94	601988	中国银行	72.28
65	000877	天山股份	74.61	95	000848	承德露露	72.26
66	600066	宇通客车	74.53	95	000848	承德露露	72.26
67	002294	信立泰	74.32	97	000651	格力电器	72.17
68	600369	西南证券	74.30	98	600375	星马汽车	72.11
69	600489	中金黄金	74.27	99	000039	中集集团	72.06
70	002273	水晶光电	74.15	100	002106	莱宝高科	72.05

天山股份：最大受益新疆政策，建产能拓业绩增长空间

☆ 2010年，公司实现营业收入57.04亿元，同比增长38.63%；营业利润为5.78亿元，同比增长81.18%；归属于母公司所有者的净利润为5.05亿元，同比增长43.98%；实现每股收益为1.39元。

☆ 天山股份是新疆地区水泥龙头企业，市场占有率达到43%左右。2011年水泥总产能达到1 938万吨。

☆ 需求旺盛全年业绩保持稳定增长。受益于新疆区域政策的倾斜，区域基础设施建设项目拉动水泥需求，2010年全年固定资产投资为2 809亿元，同比增长35.3%。旺盛的水泥需求，提升公司销量，公司全年销售水泥1 480万吨，同比增长21.21%。公司2010年全年的综合毛利率为28.9%，同比提升2.49个百分点。

☆ 大力拓产能占领市场，享政策优势。公司2010年9月计划建设7条水泥熟料生产线共计产能1 219万吨，2011年公司又计划通过公开增发不超过1.2亿股，建设3条水泥熟料生产线，共计产能480万吨。这些生产线陆续将在2012年和2013年投产，提升公司未来业绩增长空间，巩固公司区域水泥龙头地位，最大受益新疆政策带来的实惠。

☆ 延伸下游产业链条，发展混凝土业务。公司2011年规划建设混凝土生产线6条，共计年产能为220万立方米。建成后将增加公司利润2 240万元，既延伸了公司的产业链条，也拓展了业绩增长的新途径。

资料来源：天相投资顾问有限公司。

二、2010年度中联百强上市公司概述

2010年，面对极为复杂的国内外经济环境和极为严峻的各类自然灾害和各种重大挑战，与应对金融危机初期相比，中国经济增长的动力结构发生积极变化，形成了市场驱动的投资、消费和出口共同拉动经济增长的良好格局。同时，物价涨幅出现趋稳迹象，资产泡沫化风险降低，经济运行从应对危机的特殊状态向正常增长轨道的转变有了重要进展，2010年GDP增长10.3%，CPI上涨3.3%，受益于全年国民经济运行良好态势，上市公司整体业绩较2009年增长37.3%，平均每股收益创下0.4988元的历史新高，亏损面比例继续下降，

仅为5.38%。在此背景下，中联百强作为证券市场大舞台的绝对主角，也实现了超预期的增长，交出了高效益、高质量、高成长的漂亮答卷。从评价结果来看，2010年中联百强整体表现优异，平均综合得分为76.63分，比全部上市公司平均水平67.84分高出8.79分，高于平均水平12.98%。从财务数据来看，中联百强具有超越上市公司平均水平的业绩和成长性。业绩上，中联百强2010年度实现营业总收入66 529.59亿元，占上市公司营业总收入165 441.32亿元的40.21%；净利润9 599.73亿元，占上市公司净利润总额16 818.60亿元的57.08%。规模上，中联百强2010年度资产总额466 390.88亿元，占全部上市公司资产总额830 106.88亿元的56.18%；所有者权益总额51 652.35亿元，占全部上市所有者权益总额117 884.37亿元的43.82%。

（一）制造业、采掘业成为中联百强的主力军

按照中国上市公司业绩评价体系，全国上市公司共分为13个行业。2010年度中联百强中，制造业坐拥56个席位；采掘业占据了17个席位；传播、电力、综合类行业缺席百强。

制造业、采掘业的繁荣标示着中国的股市有着强大的物质基础，证券市场的蓬勃发展与国民经济的物质增长有着必然而紧密的联系。制造业以绝对优势连续几年入主百强，且占比逐年稳步增加，这与中国4万亿元投资拉动、区域振兴规划、行业振兴规划等经济政策实施息息相关。采掘业家数名列第二，目前主要包括煤碳，天然气等资源类企业，中国宏观经济的高速发展，拉动了资源需求，提升了采掘业发展速度（见图3-1）。

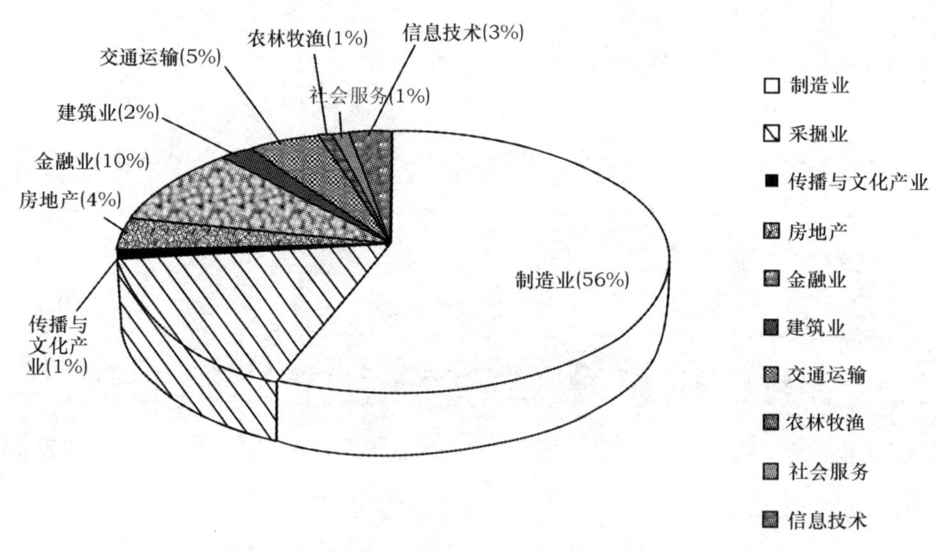

图3-1 2010年中联百强行业分布

（二）中联百强分布趋于集中化，东部和中部地区仍是中国经济的命脉

2010年中联百强分布于全国23个省、自治区和直辖市。东部地区中联百强企业达到66家，比上年增加五家，成为中联百强的主要集中地，在北京、广东、山东等几个省市表现的

尤为突出；西部地区中联百强数量为11家，比2009年减少7家；中部地区中联百强数量为22家，比2009年增加4家；东北地区发展形势不容乐观，百强的家数与2009年相比减少2家；值得注意的是，湖北、黑龙江、辽宁、海南、陕西、广西、青海、甘肃、宁夏等2010年无缘上市百强企业值得惋惜（见表3-2）。

表3-2　　2010年中联百强地域分布三年比较

区域	省市	2008	2009年	2010
东北	吉林省	2	1	1
	黑龙江省	1		
	辽宁省	2	2	
	小计	5	3	1
东部	北京	14	14	11
	福建省	4	3	7
	广东省	7	13	12
	江苏省	6	7	10
	山东省	8	11	12
	上海	9	5	5
	天津	3		
	河北省	3	5	3
	浙江省	11	2	6
	海南省		1	
	小计	65	61	66
西部	陕西省	2		
	广西壮族自治区		1	
	贵州省	3	2	2
	内蒙古自治区		3	1
	青海省	2		
	四川省	2	4	3
	云南省	1	1	1
	新疆	0	3	2
	重庆	1	2	1
	甘肃省		1	
	宁夏回族自治区	1	1	
	西藏自治区		1	1
	小计	12	18	11

续表

区域	省市	2008	2009 年	2010
中部	安徽省	5	3	7
	河南省	2	1	4
	湖北省	2		
	湖南省	2	5	1
	江西省		2	3
	山西省	7	7	7
	小计	18	18	22
合计	100	100	100	

在连续三年的中联百强榜单上，讲述着中国经济的发展态势：东部和中部地区仍是中国经济的命脉，东北老工业基地已经明显落后于全国（见图 3-2）。

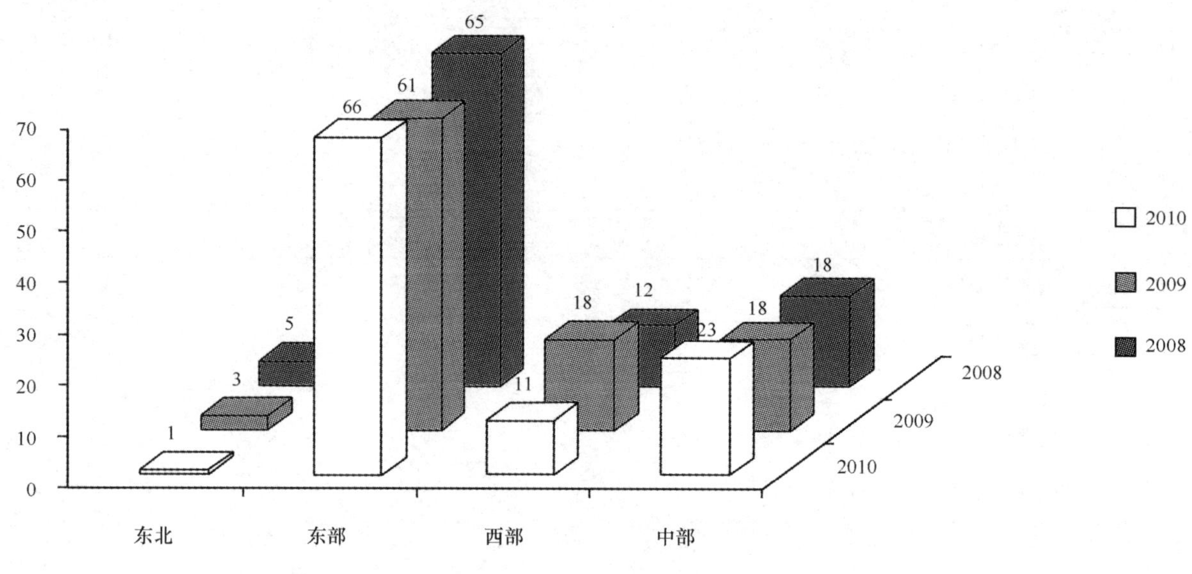

图 3-2 百强公司连续三年地域分布比较

（三）各板进入百强企业家数变化不大

2010 年上海主板百强增加 1 家，深证主板和中小板与上年持平，创业板企业在百强的家数减少一家。受益于 4 万亿元投资、十大产业振兴规划、创业板上市、低碳经济、区域经济开发等的实施，大盘蓝筹股利润稳定增长，带动上市公司 2010 年的业绩强劲增长，实现净利润同比增长近 37.3%（见图 3-3）。

（四）国企雄霸“中联百强”75 席，国有资本占据证券市场绝对主导地位

在 2010 年度中联百强中，国企 75 家入驻百强，其中：央企公司有 23 家，与 2009 年度相比增加了 8 家；地方国企 52 家。央企中国国航名列百强之首。国企在证券市场处于绝对主导地位。

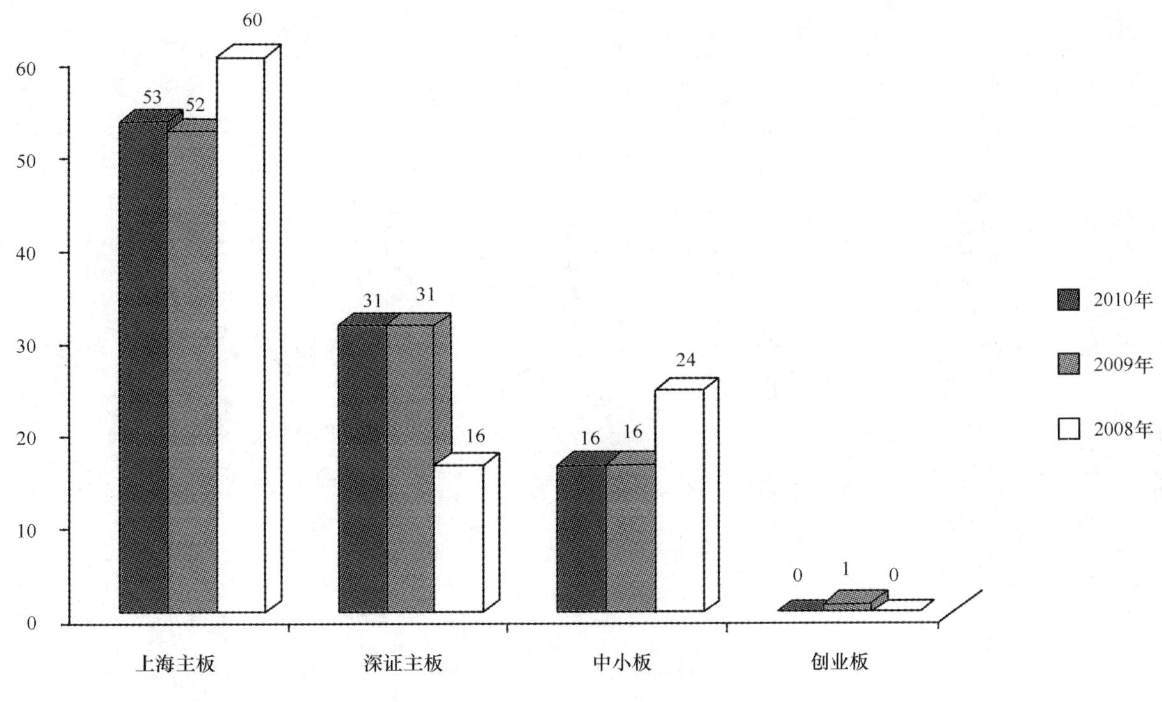

图 3-3 中联百强近三年分布

（五）2010 年度中联百强榜中榜——连续三年登榜公司

1. 表 3—3 显示 2008 年、2009 年、2010 年连续三年荣登"中联百强"的 28 家公司，其中煤炭开业采最多，共计 7 家。

2. 可持续发展能力最强的公司：远光软件、中信证券 2 家公司在百强中名次逐年提升。

3. 每股收益最高的公司：贵州茅台 2010 年每股收益 5.35 元。

4. 发展速度最快的公司：在百强公司排名中国建设银行由 2008 年的 81 名到 2010 年的 14 名，提升了 67 名。

5. 最具送红股实力的公司：2010 年末，贵州茅台每股留存收益 12.87 元。

表 3-3 连续三年荣登百强公司

排名	证券代码	简称	各年排名			近三年累计分红占比（%）	2010 年每股留存收益
			2010	2009	2008		
1	601939	建设银行	7	18	7	83.11	0.99
2	600188	兖州煤业	9	87	1	49.51	5.12
3	600348	国阳新能	12	5	15	41.85	1.54
4	600585	海螺水泥	13	56	44	27.95	4.95
5	000858	五粮液	14	7	81	60.25	3.52
6	601699	潞安环能	17	16	3	82.22	5.53
7	002142	宁波银行	20	11	29	58.70	1.45

续表

排名	证券代码	简称	各年排名			近三年累计分红占比（%）	2010年每股留存收益
			2010	2009	2008		
8	2063	远光软件	22	58	76	15.57	1.61
9	601857	中国石油	23	45	20	107.12	3.46
10	600030	中信证券	24	81	86	72.07	2.55
11	600519	贵州茅台	27	31	10	50.36	17.04
12	600271	航天信息	28	55	22	105.63	3.29
13	601899	紫金矿业	35	29	19	76.30	0.76
14	000983	西山煤电	40	49	2	60.34	2.35
15	000895	双汇发展	45	48	22	107.78	3.81
16	600508	上海能源	48	28	32	15.97	5.97
17	000800	一汽轿车	50	1	49	82.89	2.78
18	600547	山东黄金	59	71	37	20.48	1.73
19	600395	盘江股份	61	30	11	114.63	1.72
20	000568	泸州老窖	64	65	46	113.83	2.63
21	600880	博瑞传播	72	42	27	43.28	1.30
22	002024	苏宁电器	76	19	15	38.76	1.53
23	000538	云南白药	78	96	5	40.15	3.56
24	601088	中国神华	81	52	71	62.81	4.28
25	601001	大同煤业	84	15	16	48.77	2.16
26	600216	浙江医药	85	73	42	60.80	6.40
27	000869	张裕A	86	61	28	109.84	5.23
28	000651	格力电器	99	23	34	43.09	3.64

注：分红和留存收益数据来自wind。

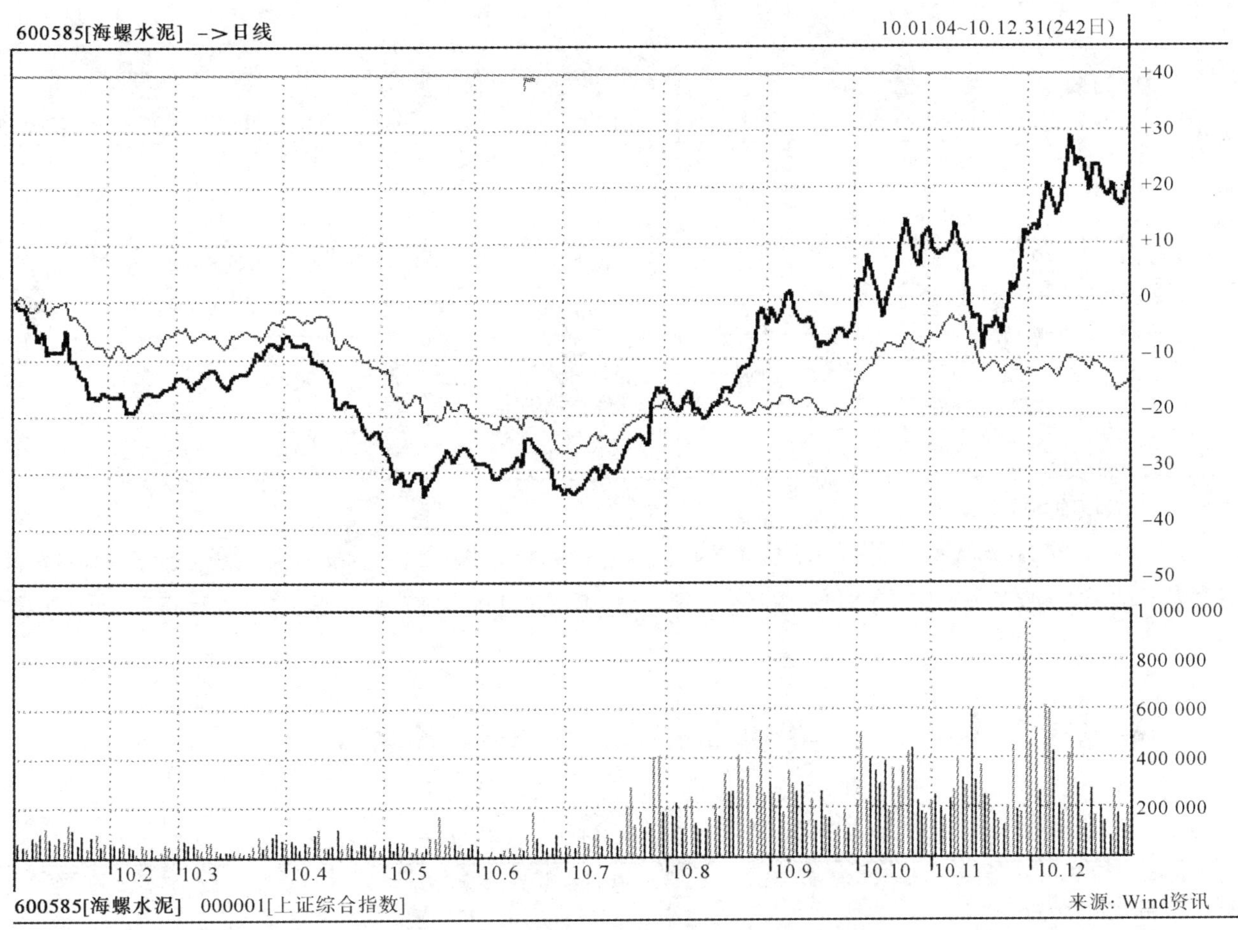

图 3-4 海螺水泥走势图与上证综合指数比较

三、 全部上市公司分类榜单

(一) 最具发展潜力公司——2010 年前 10 名公司

表 3-4 2010 年最具潜力公司排名前 10 名公司

排名	股票代码	股票名称	2010、2009 评价分数差（分）
1	600546	山煤国际	51.63
2	600754	锦江股份	45.31

续表

排名	股票代码	股票名称	2010、2009 评价分数差（分）
3	601866	中海集运	44.74
4	600252	中恒集团	44.24
5	600742	一汽富维	44.23
6	601099	太平洋	42.2
7	600125	铁龙物流	40.31
8	000780	平庄能源	40.19
9	600897	厦门空港	39.41
10	002035	华帝股份	38.51

注：不包括当年重组的 ST 公司。

表 3-4 为 2010 年业绩评价得分与 2009 年业绩评价得分相差前 10 名的公司。2010 年，在中国调结构、改变经济增长方式的背景下，这些公司仍保持较高速增长，具有较强的发展潜力。

（二）最给力的公司——2010 年现金分红前 10 名公司

表 3-5　　2010 年现金分红前 10 名公司

排名	股票代码	股票名称	2010 年度现金分红方案
1	600 519	贵州茅台	10 派 23，10 送 1
2	002399	海普瑞	10 派 20，10 转 10
3	300078	中瑞思创	10 派 15，10 转 15
4	002293	罗莱家纺	10 派 14.2
5	000869	张裕 A	10 派 14
6	300134	大富科技	10 派 12.3
7	300124	汇川技术	10 派 12，10 转 10
8	601558	华锐风电	10 派 10，10 送 10
9	601699	潞安环能	10 派 10，10 送 6，10 转 4
10	300074	华平股份	10 派 10，10 转 15

资料来源：网易财经。

表 3-5 为分红前 10 名的公司。现金分红较高，说明公司 2010 年经营净现金流比较好，公司营运资金较为宽裕，取得良好的收益不忘对投资者的回报；资本公积转增股本说明公司具有丰厚的资本公积扩张股本，增加了注册资本。

（三）业绩最牛公司——2010年基本每股收益前10名公司

表 3-6　　2010 年基本每股份收益前 10 名公司

排名	股票代码	股票名称	2010 年每股收益（元/股）
1	600519	贵州茅台	5.35
2	002304	洋河股份	4.90
3	000338	潍柴动力	4.07
4	600150	中国船舶	3.94
5	000030	*st 盛润	3.69
6	600948	伊泰 B 股	3.45
7	601166	兴业银行	3.28
8	000424	徐工机械	3.22
9	601588	华锐风电	3.17
10	002399	海普瑞	3.13

资料来源：上海证券报（截至 2010 年 4 月 30 日）。

表 3-6 为基本每股收益前 10 名的公司，这说明公司 2010 年盈利能力较强。

（四）业绩最差公司——2010年基本每股收益后10名公司

表 3-7　　2010 年基本每股收益后 10 名公司

排名	股票代码	股票名称	2010 年每股收益（元/股）
1	002113	*ST 天润	−2.884
2	000820	*ST 金城	−2.48
3	600678	*ST 金顶	−1.683
4	600792	*ST 马龙	−1.14
5	000932	华菱钢铁	−0.9657
6	000737	*ST 南风	−0.9317
7	0002019	鑫富药业	−0.8963
8	600452	涪陵电力	−0.89
9	600149	*ST 建通	−0.889
10	000587	S*ST 光明	−0.85

资料来源：wind 数据。

表 3-7 为每股收益后 10 名的公司。有些公司为近 2～3 年连续亏损，存在着退市风险。2010 年，这些公司盈利能力很差。

（五）最让投资者踏实公司——2010年股息率前10名公司

表 3-8　　2010年股息率前10名公司

排名	股票代码	股票名称	2010年股息率（%）
1	300078	中瑞思创	6.39
2	002444	巨星科技	5.96
3	000776	广发证券	5.68
4	600660	福耀玻璃	5.41
5	002399	海普瑞	5.08
6	600246	万通地产	4.57
7	001696	宗申动力	4.49
8	002028	思源电气	4.42
9	300119	瑞普生物	4.06
10	300074	华平股份	3.76

资料来源：wind数据，截至2010年5月3日。

表3-8为股息率前10名的公司。股息率是已分股息与股票价格之间的比率。2010年，公司的股息率较高，说明公司具有较高的投资价值。

（六）长线价值投资公司——2010年加权净资产收益率前10名公司

表 3-9　　2010年加权净资产收益率前10名公司

排名	股票代码	股票名称	加权净资产收益率（%）
1	300146	汤臣倍健	60.18
2	002493	荣盛石化	55.12
3	600031	三一重工	54.67
4	600876	洛阳玻璃	53.13
5	600970	中材国际	51.95
6	600223	鲁商置业	51.25
7	000425	徐工机械	51.18
8	000893	东凌粮油	47.75
9	000671	阳光城	45.32
10	000338	潍柴动力	44.91

资料来源：截至2010年12月31日上市的公司，以及剔除ST公司和当年重大重组的公司

表3-9为加权净资产收益率前10名的公司。这说明2010年公司经营业绩良好，净资产回报率较高，盈利能力较强。

四、2010年度创业板“特征榜”

（一）“三高”创业板，成长不见高

2010年年报显示，创业板上市公司利润增速低于主板与中小板。自2009年10月30日诞生以来，创业板上市公司“高股价、高市盈率、高募资”的“三高”问题饱受诟病。截至4月30日，创业板209家上市公司已经全部公布2010年年报及2011年第一季报，业绩增速较2009年相比整体放缓，净利润出现下滑甚至亏损，创业板令人瞩目的“高成长”概念已经受到冲击，备受争议的创业板，正在经历痛苦的蜕变。

（1）创业板疲态已现，利润增速低于主板与中小板。

目前，创业板上市公司已经达到209家。统计显示，2010年度，209家创业板公司实现平均营业收入4.09亿元，同比增长38.02%；实现归属母公司股东的净利润147.38亿元，同比增长31.08%（见图3-5）。

回顾2009年创业板上市首年，创业板公司净利润同比增长超过45%，跑赢中小板，显示出“高增长”的态势。然而，2010年年报显示，创业板疲态已现，利润增速低于主板与中小板，业绩增速整体放缓。2010年，创业板公司实现净利润约147.38亿元，同比增长31.08%。中小板上市公司实现净利润约831.37亿元，同比增长32.22%，主板上市公司净利润同比增幅为37.34%。

（2）“高送转”的利润分配方案，难以掩盖其业绩变脸。

从2010年年报的披露情况看，创业板最大的亮点在于其高送转预案，209家创业板公司中，宣布送股派股或分红的公司超过160家。然而，不少公司“高送转”的利润分配方案难以掩盖其业绩变脸的伤痛。根据第一季报统计数据，创业板上市公司业绩出现下滑甚至出现亏损，部分创业板公司所依赖的“高成长”基础已经受到冲击，创业板全部上市公司一季报实现平均营业收入1.01亿元，同比增长39.3%，平均净利润1 517万元，同比增长37.1%。其中：净利润同比出现下滑的公司共47家；有4家公司第一季度净利润出现亏损，其中，新宁物流是创业板首批上市公司之一，净利润亏损181.05万元，其余三家即国联水产在上年上市，通源石油和美亚柏科则于2010年才登陆创业板。

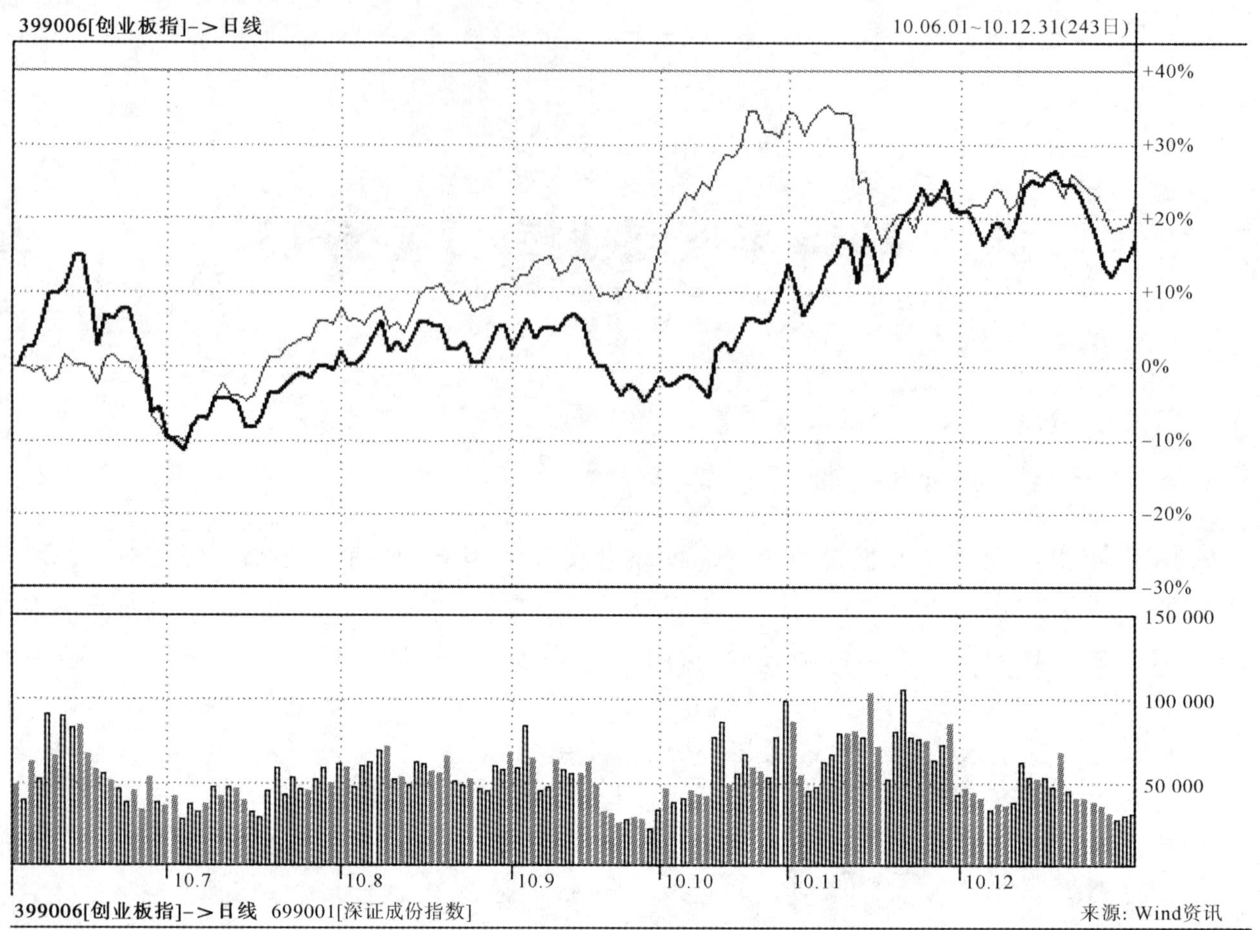

图 3-5 创业板指数和深圳成份指数比较

（二）创业板上市公司分类榜单

1. 最给力的公司——2010 年现金分红前 5 名公司（见表 3-10）

表 3-10　　2010 年现金分红前 5 名公司

排名	股票代码	股票名称	2010 年度现金分红方案
1	300078	中瑞思创	10 派 15，10 转 15
2	300134	大富科技	10 派 12.3
3	300124	汇川技术	10 派 12，10 转 10
4	300074	华平股份	10 派 10，10 转 15
5	300119	瑞普生物	10 派 10，10 转 10

资料来源：网易财经

2. 业绩最牛公司——2010 年基本每股收益前 5 名公司（见表 3-11）

表 3-11　　2010 年基本每股收益前 5 名公司

排名	股票代码	股票名称	2010 年每股收益（元/股）
1	300124	汇川技术	2.51
2	300146	汤臣倍健	2.25
3	300133	华策影视	2.15
4	300142	沃森生物	2.00
5	300134	大富科技	1.98

资料来源：wind 数据统计，截至 2010 年 12 月 31 日已上市的公司。

3. 最让投资者踏实公司——2010 年股息率前 5 名公司（见表 3-12）

表 3-12　　2010 年股息率前 5 名公司

排名	股票代码	股票名称	2010 年股息率（%）
1	300078	中瑞思创	6.24
2	300119	瑞普生物	3.99
3	300074	华平股份	3.76
4	300046	台基股份	2.75
5	300082	奥克股份	2.33

资料来源：wind 数据统计，截至 2010 年已上市，2011 年 5 月 4 日已实施分红的公司。

4. 长线价值投资公司——2010 年加权净资产收益率前 5 名公司（见表 3-13）

表 3-13　　2010 年加权净资产收益率前 5 名公司

排名	股票代码	股票名称	加权净资产收益率（%）
1	300146	汤臣倍健	60.18
2	300154	瑞凌股份	42.44
3	300145	南方泵业	36.72
4	300142	沃森生物	35.33
5	300134	大富科技	33.36

资料来源：wind 数据统计，截止 2010 年 12 月 31 日已上市的公司。

（五）业绩最差公司——2010 年基本每股收益后 5 名公司（见表 3-14）

表 3-14　　2010 年基本每股收益前 5 名公司

排名	股票代码	股票名称	2010 年每股收益（元/股）
1	300023	宝德股份	0.14
2	300013	新宁物流	0.19
3	300021	大禹节水	0.21
4	300017	网宿科技	0.25
5	300044	赛为智能	0.26

资料来源：wind 数据。

汇川技术受益于节能减排和制造业提升改造

2010年实现销售6.75亿元，同比增长122%；实现净利润2.2亿元，同比增长115%；公司分配方案为每10股派发现金12元；同时以资本公积金向全体股东每10股转增10股。

2011年第一季度收入利润实现翻番以上增长。公司实现营业收入2.08亿元，同比增长106.51%，实现营业利润0.76亿元，同比增长178.01%，实现净利润0.717亿元，同比增长160.25%。

公司以市场为导向实施多产品战略：公司专注于蓝海市场，瞄准了高端定位，毛利率将维持在高水平；公司专注于高端变频器和工业自动化应用领域，积极研发拓展高技术含量、高进入壁垒、高盈利能力的细分产品市场，同时避竞争激烈的“红海”。公司目前已经形成了变频、伺服技术、永磁同步电机等多个业务平台。产品覆盖装备制造业、节能环保、新能源三大领域。产品线的逐步扩张使得公司未来业绩增长的确定性增强。新业务（伺服，新能源）业务的爆发，将有望给公司带来超预期的表现。伺服和PLC仍然是2010年和2011年的主要增长来源。

布局新能源创造未来增长点：公司在2010年推出了两款新能源产品——新能源电动车电机控制器及风光柴蓄多向变换器。目前电动车控制器已经在3～4家整车企业试用，多向变换器也已经在某旅游岛应用。根据测算，电动车控制器2010年全球市场容量达100亿元以上，风光柴蓄多向变换器也将是未来分布式接入中离网系统的核心部件之一。向新能源领域的延伸体现了公司依托变频控制技术上的积淀寻求新增长点的战略思考。

受益于节能减排和高端装备制造的大政策环境，进口替代是行业大势所趋：公司的中低压变频器被广泛用于电机节能领域。同时制造业的转型与升级，又推动了对工业自动化特别是伺服系统（包括变频控制、PLC）的需求。

超募资金使用值得期待，已有计划成立香港公司和收购长春汇通。公司上年9月募集资金净额18.58亿元，超募15.65亿元，超募资金使用值得期待。公司已经计划用5 000万港币在香港设立分公司，着力于搭建国际化的服务和采购平台，拓展国际市场；使用2 000万元收购长春汇通电子公司，生产编码器，为伺服提供配套。公司对新能源、新产品的开发加大，超募资金的进一步使用值得期待。

资料来源：港澳资讯。

第四章

煤炭行业上市公司业绩评价

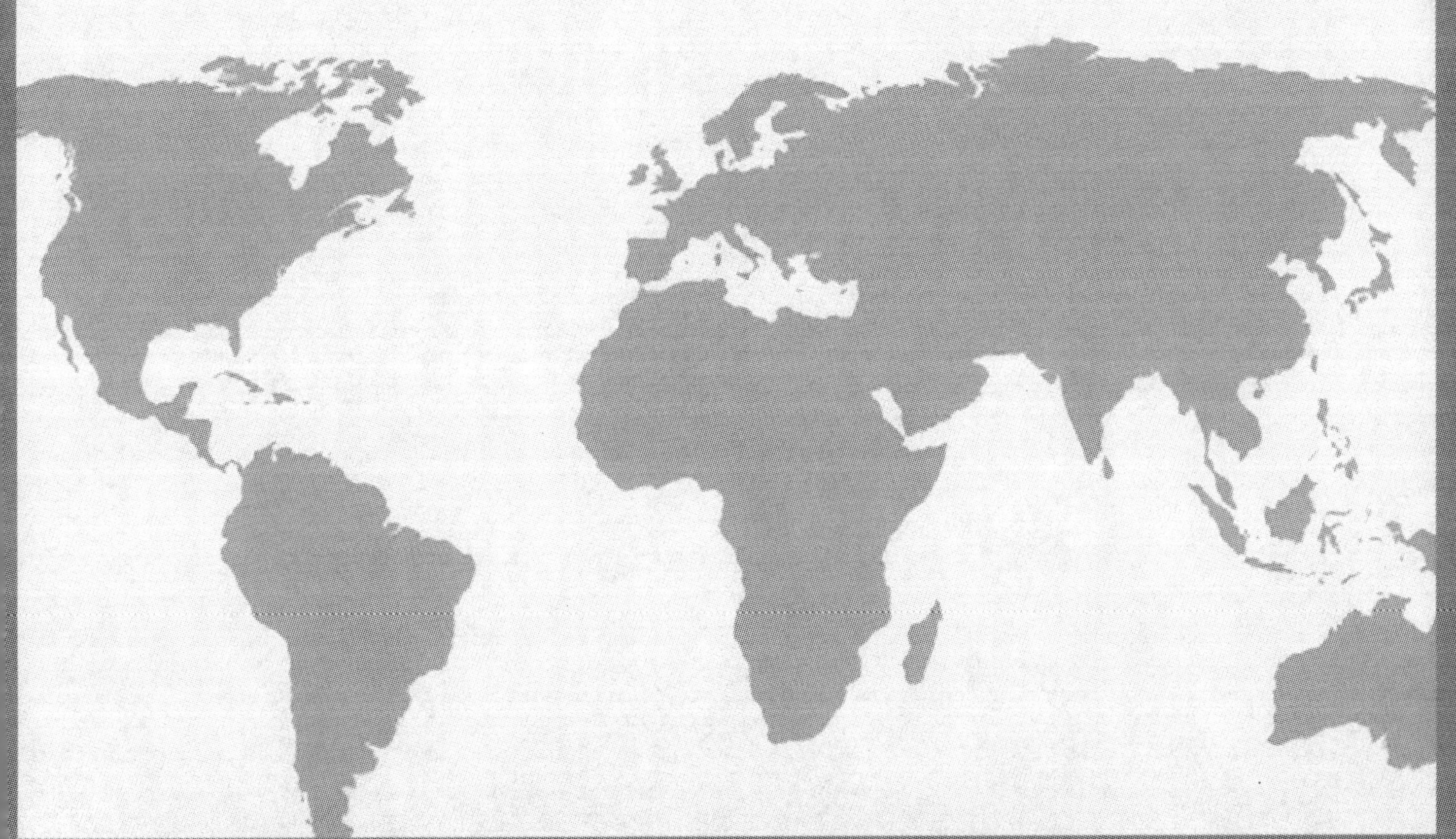

中国作为世界第一大煤炭生产国和消费国，煤炭资源丰富，分布广泛，富煤缺油少气的能源结构决定了煤炭在中国经济运行中的能源核心地位。目前煤炭在中国的能源消费结构中占70%，并在未来相当长的时间内仍是主要的消费能源。随着政府对煤炭行业整合重组力度的逐渐加大以及煤炭工业“十二五”规划的基本框架来看，大型煤炭企业对煤炭产量的增长以及对中小煤矿的兼并重组将成为煤矿资源整合的新方向，国内各主要产煤省份也纷纷开始对省内煤炭资源整合的煤改工作。

2010年，中国煤炭产销量及进口数量均创历史新高，在煤炭产销量大幅增加的基础上，煤炭价格也随之迅速上涨。展望2011年，随着中国经济稳定发展，煤电、钢铁、煤化等煤炭下游行业对煤炭的需求稳步增加，国家对煤炭兼并重组工作不断深入，淘汰落后产能和关闭小煤矿的力度加大，煤炭总体产能将受到一定影响，预计2011年全年煤炭价格同比2010年小幅上涨，煤炭行业业绩将有一定的增长。

一、 煤炭行业上市公司业绩评价结果

截至2010年末，煤炭行业上市公司共计33家；沪市为23家，深市为10家。在2010全年，上市的33家煤炭行业公司资产总额合计8 581.11亿元，所有者权益合计5 011.61亿元，其中归属母公司的所有者权益合计4 419.80亿元。2010年完成营业收入5 380.00亿元，比上年增长34.87%，实现净利润878.80亿元，比上年增长35.28%。与全国上市公司总额相比，总资产和净利润所占比例分别为4.68%和9.14%。

2010年，煤炭行业上市公司总体价值表现较为突出，综合分析煤炭行业上市公司价值得分为73.2分，评价分值居各行业第2名，高于上市公司平均分62.2分，比A股百强企业综合得分77.6分低4.4分。33家煤炭行业上市公司中，有12家进入2010年上市公司业绩评价综合得分的百强名单。业绩评价结果类型为“优秀”的有兖州煤业和国阳新能等21家；业绩为“良好”的有郑州煤电一家；业绩为“中”的有国际实业和煤气化两家；业绩为“低”的有四川圣达等4家；业绩为“差”的有大有能源等5家。

根据2010年综合评价结果显示，上市的煤炭企业中有兖州煤业一家进入十强；进入上市公司100强的煤炭企业则有12家（见表4-1）。

表 4-1　　2010 年度煤炭行业中联十强排行榜

名次	评价单位代码	股票代码	综合得分（分）	在全部上市公司中排名
1	600188	兖州煤业	83.1	9
2	600348	国阳新能	82.1	12
3	601699	潞安环能	80.2	17
4	600971	恒源煤电	77.5	34
5	000983	西山煤电	77.1	40
6	600508	上海能源	75.9	48
7	601666	平煤股份	75.3	54
8	600395	盘江股份	74.7	61
9	601088	中国神化	73.7	80
10	601001	大同煤业	73.6	83

下面分别从财务效益状况、资产质量状况、偿债风险状况、发展能力状况以及市场表现状况五个方面对煤炭行业上市公司进行具体分析。

（一）财务效益状况

表 4-2 反映了煤炭行业上市公司财务效益状况评价结果。从中显示出煤炭行业上市公司财务效益状况高于全国所有上市公司的平均水平；从基本指标上看，在全部 33 家煤炭行业上市公司中有兖州煤业、国阳新能、潞安环能、冀中能源、西山煤电、昊华能源、上海能源、平煤股份、盘江股份、中国神华、露天煤业、平庄能源和兰花科创 13 家公司获得满分。煤炭行业整体的财务效益基本指标较佳，资产收益率稳定。

煤炭行业的营业利润率和股本收益率等指标远远高于上市公司平均水平，同时，盈利现金保障倍数也略高于上市公司平均水平。较高的营业利润率和股本收益率体现了煤炭行业年盈利依然保持较高水平，这主要得益于煤价的企稳回升和需求的增加。

表 4-2　　煤炭行业财务效益状况比较

评价指标		2010 年上市公司平均值	2010 年上市行业值	2009 年行业值	增长率（%）
基本指标	扣除非经常性损益净资产收益率（%）	12.54	18.92	16.3	16.07
	总资产报酬率（%）	8.09	14.63	13.24	10.50
	得分（分）	21.27	35	35	0
修正指标	营业利润率（%）	7.7	21.04	21.4	−1.68
	盈利现金保障倍数	1.24	1.33	1.69	−21.30
	股本收益率（%）	51.08	127.82	100.86	26.73
综合得分（分）		21.99	29.68	29.86	−0.60

煤炭行业上市公司盈利能力仍十分突出，其中露天煤业、潞安环能的扣除非经常性损益净资产收益率和股本收益率尤为突出，国际实业在总资产报酬率、营业利润率上表现最佳，＊ST 山焦和＊ST 黑化的盈利现金保障倍数大幅度高于其他煤炭企业。煤炭行业上市公司整

体的财务效益状况较好，为2011年的行业的盈利发展打下一个良好的基础。

（二）资产质量状况

从综合得分来看，2010年煤炭行业上市公司资产质量状况高于全国所有上市公司平均水平。其中山煤国际获得了接近满分的成绩，为行业最高；上海能源的流动资产周转率为行业最高。煤炭行业上市公司的资产质量基本指标偏低，主要是因为煤炭企业资本扩张速度加快，限产现象较为突出。

从修正指标显示出的数值来看，煤炭行业总体得分高于上市公司平均值；应收账款周转率和存货周转率均高于市场平均值，这说明2010年煤炭行业的总体状况要好于上市公司平均水平。这主要是由于煤炭价格企稳回升，产量稳定所致（见表4-3）。

表4-3 煤炭行业资产质量状况比较

评价指标		2010年上市公司平均值	2010年上市行业值	2009年行业值	增长率（%）
基本指标	总资产周转率（次）	0.88	0.67	0.59	13.56
	流动资产周转率（次）	1.93	1.84	1.65	11.52
	得分（分）	9.4	8.54	8.26	3.39
修正指标	应收账款周转率（次）	14.78	23.47	18.33	28.04
	存货周转率（次）	4.36	12.06	11.82	2.03
综合得分（分）		9.2	11.11	10.57	5.11

与上年相比，2010年煤炭行业上市公司资产质量得分略高于2009年，主要是由于2010年煤炭行业整合力度进一步加大，煤炭生产将由无序竞争跨越到以大企业集团为主的有序竞争，生产技术水平、管理运营水平得到进一步提高。

根据业绩评价表，在煤炭上市公司中，山煤国际，上海能源和平煤股份的存货周转率以及流动资产周转率较高，从而，使得这几家公司的资产质量状况靠前，因此，体现出行业领头企业资产质量较高、企业运营稳定的特点。

（三）偿债风险状况

从表4-4中煤炭行业基本指标的分析可知，该行业上市公司偿债风险状况高于全国所有上市公司的平均水平；超过2010年煤炭行业上市公司平均分的有9家公司，分别是：盘江股份、昊华能源、平庄能源、大同煤业、大有能源、中煤能源、上海能源、靖远煤电和中国神华；＊ST山焦得分为0分。

从表4-4中煤炭行业修正指标来看，煤炭行业得分远高于上市公司平均值，与全部上市公司的平均值相比，煤炭行业偿债风险修正指标中速动比率，现金流动负债比率和带息负债比率均高于2010年上市公司平均水平，这说明煤炭行业偿债能力强于上市公司平均水平。

表 4-4　　煤炭行业偿债风险状况比较

评价指标		2010 年上市公司平均值	2010 年上市行业值	2009 年行业值	增长率（%）
基本指标	资产负债率（%）	57.6	41.6	43.51	－4.39
	已获利息倍数（倍）	9.32	30.14	24.64	22.32
	得分（分）	9.19	12.87	12.94	－0.54
修正指标	速动比率（%）	73.82	131.73	133.19	－1.09
	现金流动负债比率（%）	15.97	54.78	61.17	－10.45
	带息负债比率（%）	45.08	49.28	54.38	－9.38
综合得分（分）		9.07	11.47	11.88	－3.45

煤炭行业上市公司偿债风险的五个评价指标中，速动比率、现金流动负债比率、带息负债比率均低于 2009 年行业平均水平。

中国煤炭行业上市公司的资产负债率 41.6%，相比 2009 年煤炭行业资产负债率（43.51%）同比减少 4.39%。

（四）发展能力状况

从表 4-5 中可知，煤炭行业上市公司发展能力状况基本指标平均分低于全国所有上市公司平均水平；有 12 家公司超过 2010 年全国所有上市公司平均值，分别是兖州煤业、国阳新能、冀中能源、恒源煤电、西山煤电、昊华能源、神火股份、山煤国际、开滦股份、郑州煤电、国际实业和＊ST 山焦等；有 21 家低于平均水平，其中大有能源和太工天成得分为 0 分。这种得分结构使得煤炭行业更加趋向于通过整合、做大企业规模来提高企业发展能力。

从修正指标来看，煤炭行业得分略低于市场平均值，其中兖州煤业、国阳新能、潞安环能、冀中能源、恒源煤电、西山煤电、昊华能源、神火股份、国投新集、山煤国际、开滦股份、郑州煤电和国际实业煤业 13 家公司的发展能力评分较高，均高于上市公司平均水平，再次说明煤炭行业发展趋向整合和做大企业规模。

表 4-5　　煤炭行业发展能力状况

评价指标		2010 年上市公司平均值	2010 年上市行业值	2009 年行业值	增长率（%）
基本指标	营业收入增长率（%）	37.7	34.87	13.37	160.81
	资本扩张率（%）	22.63	19.07	15.62	22.09
	得分（分）	12.2	11.49	13.06	－12.02
修正指数	累计保留盈余率（%）	38.94	42.13	34.94	20.58
	三年营业收入增长率（%）	19.5	30.04	28.37	5.89
	总资产增长率（%）	22.95	14.84	24.53	－39.50
	营业利润增长率（%）	47	32.79	－4.06	－907.64
综合得分（分）		12.98	12.8	13.24	－3.32

（五）市场表现状况

从表 4-6 列示的 2010 年煤炭行业上市公司市场表现状况评价结果来看，煤炭行业上市公司市场表现状况平均得分低于全国所有上市公司得分；且 9 家公司超过 2010 年上市公司平均值水平，其中大有能源为满分。

表 4-6　　煤炭行业公司市场表现比较

评价指标	2010 年上市公司平均值	2010 年上市行业值	2009 年行业值	增长率（%）
市场投资回报率（%）	12.19	10.55	170.38	－93.81
股价波动率（%）	94.83	117.87	194.15	－39.29
得分（分）	9	8.15	9.84	－17.18

从分类指标看，煤炭行业市场投资回报率为 10.55%，低于上市公司平均水平 12.19%。股价波动率为 117.87%，远高于上市公司平均水平 94.83%。

市场表现得分表明了煤炭行业受煤炭价格企稳回升影响，激发了投资者的投资热情，表现为股价大幅波动。在经过 2010 年初持续低迷并于 7 月份达到年度低点后，随后在下游行业的复苏和对宏观经济的看好，激发了煤炭股的飙升并于 11 月份达到年度最高点（见图 4-1）。

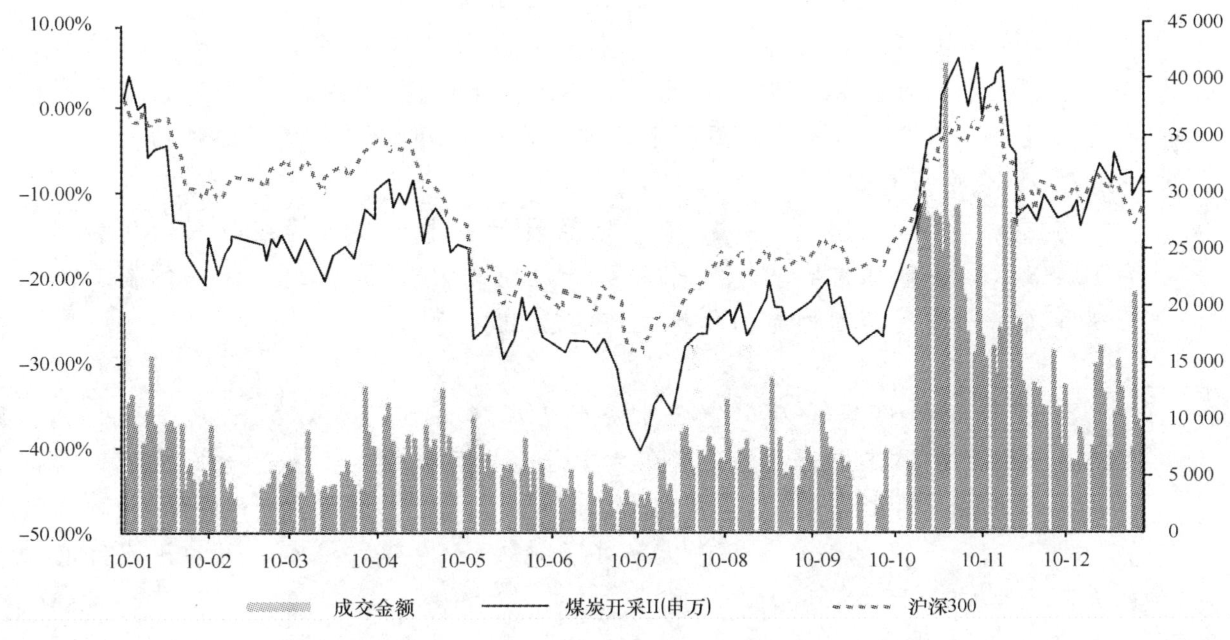

图 4-1　煤炭行业指数趋势图

资料链接

2009年中国煤炭行业国际对标

根据国资委编制的企业绩效评价国际标准值（2009），我们将中国煤炭行业上市公司年业绩评价结果和全球64家大型领先的煤炭企业进行了比较。中国煤炭行业上市公司在营业收入、资产总额、权益、营业利润等方面与全球64家大型领先煤炭企业相比，除营业利润率略低外，其他值均好于国际平均水平。其中，冀中能源、潞安环能、西山煤电、中国神化、兖州煤业等中国煤炭行业上市公司龙头，从营业收入、资产总额、权益、营业利润等规模上均超过全球64家大型领先煤炭企业平均值，跻身全球领先行列。

	中国煤炭行业上市公司平均值	全球64家大型煤炭企业平均值
营业收入（亿元）	131.68	83.00
资产总额（亿元）	246.56	162.52
权益（亿元）	139.29	76.59
资产负债率（%）	43.51	52.80
营业利润（亿元）	28.18	21.01
营业利润率（%）	21.40	25.30
经营现金流量（亿元）	36.54	20.87

（一）财务效益指标

2009年中国煤炭行业上市公司总资产报酬率为13.24%，与全球64家大型领先煤炭企业相比，可排入前40%行列。从营业利润率来看，上年全球煤炭企业营业利润率为25.3%同比增长4.3%，而中国2009年的煤炭行业上市公司营业利润为21.04%，与国际平均值相比处于后40%，属于较低值。

（二）资产质量状况

与国际煤炭行业相比，2009年中国煤炭行业上市公司的应收账款周转率为18.33次，表现非常突出，处于国际标准值前20%的行列，而总体资产周转率和流动资产周转率均为国际标准值的后20%行列。

（三）偿债风险状况

2009年全球64家煤炭领先企业资产负债率为52.8%，同比减少1.4%。相比于全球，中国煤炭行业资产负债率好于国际总体形势。根据国际标准评价体系，中国煤炭行业上市公司的资产负债率、已获利息倍数处于国际平均值的前20%行列，并且现金流动负债比率处于前40%行列，然而，速动比率和带息负债比率均处于后40%行列。

（四）发展能力状况

2009年同年全球64家煤炭领先企业营业收入为779亿美元同比增长为3.2%，而中国煤炭行业上市公司的营业收入增长率为13.37%，远高于国际水平，同时，中国煤炭行业上市公司营业利润增长率为—4.06%，低于全球煤炭企业值的23.9%，并且处于国际标准评分的后40%行列。

二、煤炭行业上市公司业绩影响因素分析

从煤炭行业来说，煤炭行业上市公司的业绩如何不仅与煤炭企业的资源赋存状况、企业管理水平、生产现代化程度有关，更与国家的国民经济发展政策、煤炭行业政策、煤炭市场供求情况、安全生产水平有直接关系（见图 4-2）。

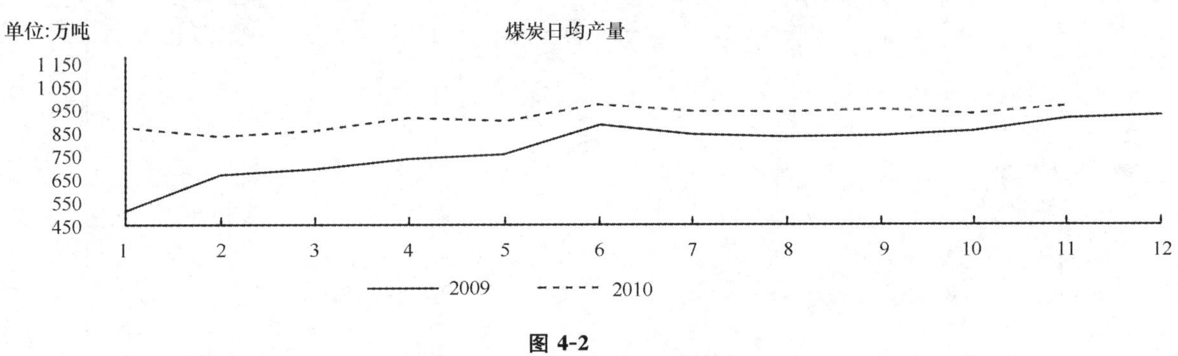

图 4-2

（一）2010 年煤炭市场运行平稳，推动上市公司效益的稳定提高

2010 年全国煤炭工业健康稳定运行，煤炭资源整合、煤炭企业兼并重组成效显著，煤炭企业管理水平不断提高，安全生产状况不断好转，运输条件不断改善，运输能力不断增加，煤炭进口渠道不断拓宽，煤炭产销量及进口煤炭数量均创历史新高，煤炭产品的保障供应能力不断增强，整个煤炭市场供求基本平衡，运行基本平稳，煤炭生产供应基本上满足了国民经济高速发展的需求，保障了煤炭供应，推动了煤炭行业及上市煤炭企业效益的稳定提高。

1. 煤炭供求基本平衡，局部出现供应紧张

从全国煤炭市场来看，煤炭的生产量、运输量和消费量基本上相当，全年煤炭市场供求呈现基本平衡、相对宽松、结构性过剩与区域阶段性偏紧并存的态势，煤炭经济运行质量稳步提高。以秦皇岛及周边地区煤炭市场为例，在整体上供求平衡的前提下，2010 年经历了煤炭市场价格“一波三折、三上三下”的市场波动。第一波是 2010 年 1 月初出现短暂的价格上涨，2 月份价格基本平稳，3 月份基本上都是处于煤炭价格下滑的通道；第二波是 3 月下旬到 5 月中旬煤炭价格上扬，5 月下旬到 9 月底煤炭价格下滑；第三波 9 月底秦皇岛煤炭市场再次回暖，煤炭价格较快上扬，11 月底煤炭价格到达高峰后开始下滑，经过两个月的持续攀升，煤炭价格攀升到新的高价位峰值，基本上和元月份的最高价位持平，11 月底煤炭价格开始下行直到年底。

2. 煤炭市场基本平稳，煤炭价格有所攀升

从全国煤炭市场来看，2010 年煤炭市场虽然出现了不同程度的局部性、阶段性、结构性的煤炭供应宽松或偏紧的情况，但从整体上来说，全年煤炭市场发展是比较平稳的，煤炭供求是基本平衡的。从全年的煤炭市场交易价格情况来看，和 2009 年相比大多数地区的煤炭生产成本都有了不同程度的增加，相同煤炭品种的市场交易价格都有不同程度的小幅上涨。煤炭价格的整体攀升，煤炭上市公司成为直接的最大受益者（见图 4-3）。

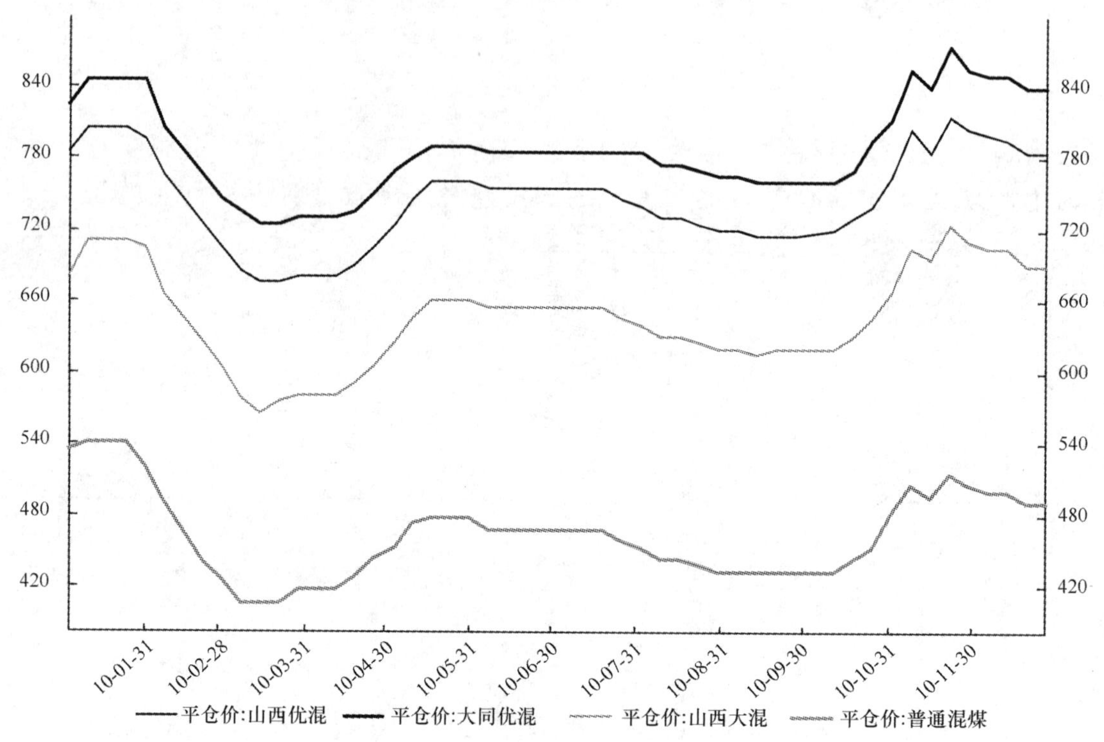

图 4-3

3. 进口煤炭数量大幅度增加，再创煤炭进口新纪录

2010 年全国煤炭呈现进口增长、出口减少的态势。煤炭进口快速增加。据海关总署统计，2010 年中国累计进口煤炭 16 483 万吨，同比增加了 3 900 万吨，增长了 31.0%。同期，中国累计出口煤炭 1 903 万吨，同比减少了 337 万吨，下降了 15.0%。当年，中国煤炭净进口总量达到 14 580 万吨，比 2009 年增加了 4 236 万吨，增长了 41.0%。，净进口量又创出了中国煤炭进口史上的最高纪录。煤炭进口量的不断增加，减缓了国内煤炭供不应求的矛盾，促进了煤炭价格的相对稳定（见图 4-4）。

4. 煤炭供求出现波动，华中等地区供应呈阶段性紧张

2010 年由于煤炭市场发展不平衡，受煤炭生产能力、煤炭产量、交通运输流向等因素影响，地处中部的河南、湖北省的煤炭供应比较紧张，煤炭价格较大幅度上扬。一些地区电煤供应频繁告急，电煤价格不断攀升。华东、华南、华中地区部分省份，本身产煤量有限，较为依赖外运煤，每当进入消费旺季，资源均会显得较为紧张，价格出现季节性上扬。局部地区的煤炭供应紧张，处于煤炭供应紧张地区的煤炭上市公司收益更大。

5. 煤炭运输保持较快增长，煤炭消费平稳增加

铁路煤炭运输快速增长，2010 年全国铁路煤炭发送量累计完成 199 887 万吨，同比增加

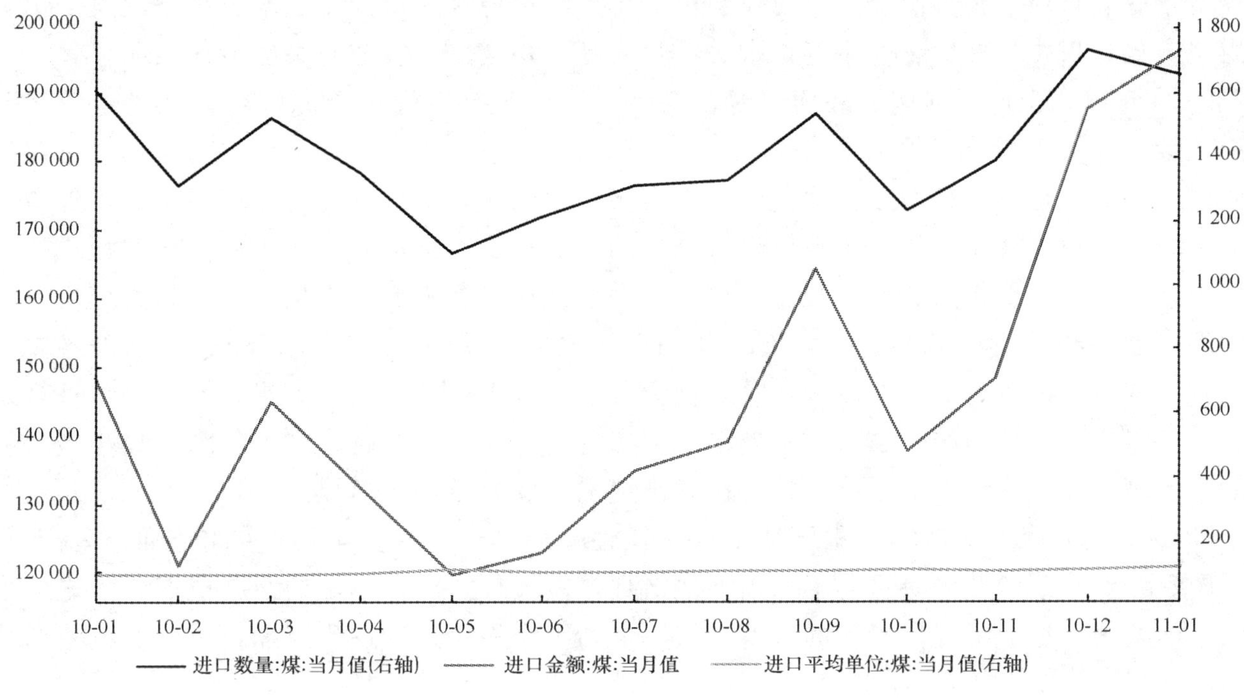

图 4-4

24 816 万吨、增长 14.2%。港口煤炭发运快速增长，2010 年全国主要港口累计完成煤炭发运 55 597 万吨，同比增加 9 839 万吨，增长了 21.5%。运输的通畅及运量的增加、运输成本的相对降低，为煤炭企业更好地开拓市场，更好地销售煤炭产品奠定了基础。

6. 煤炭消费保持平稳增长。

据国家统计局统计，在主要煤炭消费行业中，2010 年全国规模以上电厂累计完成火电发电量 33 253 亿千瓦时，同比增长 11.7%，全年供电标准煤耗 335 克/千瓦时，同比下降了 7 克/千瓦时；同期，全国规模以上企业累计完成粗钢产量 62 665 万吨、同比增长了 9.3%；累计完成水泥产量 186 796 万吨、同比增长 15.5%；累计完成平板玻璃产量 63 026 万重量箱、同比增长 10.9%。煤炭消耗行业的稳步发展，对煤炭产品的需求不断增加，成为煤炭市场活跃的直接支撑，也是推动煤炭上市企业经济效益稳步提高的重要保障。

（二）影响煤炭上市公司业绩的主要政策因素分析

中国煤炭行业及市场运行具有显著的三个特点，既政策市、市场市及安全市特点，这是影响煤炭上市公司效益最主要的因素。

1. 煤炭上市公司是国家实施新的行业政策的最大受益者，推动了上市煤炭企业经济效益的不断提高

几年来，煤炭上市公司的快速发展，得益于国家的行业支持政策。如果没有国家行业政策的支持，没有国家对国有大中型企业的行业支持和保护政策，煤炭上市公司的效益将可能会大幅度下滑。由于中国市场经济体制不太完善，中国的煤炭生产、运输、交易、消费等环节在基本上遵循市场经济规律的前提下，煤炭市场受到国家及地方政府的干预很多，国家宏

观经济、煤炭行业、地方政府政策对煤炭市场生产、供应和销售的影响较大，是政府干预下的煤炭市场，煤炭生产数量、市场供求关系、交易价格高低受行业政策影响比较明显。

2010 年以来山西、河南、陕西、内蒙等省区进一步推进煤炭资源整合、煤矿企业兼并重组政策，煤炭上市公司得到了快速发展。通过煤炭企业兼并重组，不仅提高了煤炭行业的集中度，同时，也通过行政手段达到了大型煤炭企业低成本扩张的目的，煤炭企业不仅做大了，市场竞争也弱化了，提高了上市煤炭公司的话语权。大批地方中小煤矿停产整顿或被兼并重组，中小煤矿的倒闭、停产和被重组，为大型煤矿发展腾出了市场和空间，为煤炭上市公司的效益不断提高奠定了基础。2010 年山西、内蒙、陕西、河南、贵州、山东等煤炭生产的省区都按照国家有关行业政策，对煤炭资源进一步进行整合，对煤炭企业进一步进行兼并重组，煤炭上市公司越做越大，管理水平越来越高，安全生产越来越有保障，煤炭生产供应能力越来越强，推动了上市公司的可持续快速发展和业绩的不断提升。

2010 年全国煤炭供应不同程度地出现阶段性、局部性、甚至全局性的供应偏紧，就是由于国家产业政策致使煤炭行业不同程度地出现产能过剩、产量不足的情况造成的。这一系列政策的实施，造成了煤炭产品的供不应求，推动了煤炭价格的逐步上扬，煤炭上市公司效益的不断提高。

国家对煤炭采取了限价政策，促进了煤炭市场在高价位相对稳定。为了稳定物价，推动国民经济的稳定健康发展，国家发改委针对 2010 年四季度的煤炭价格大幅度上涨的情况采取了限价政策，并且以“限价令”的方式要求“2011 年产运需衔接中，年度重点电煤合同价格维持上年水平不变，不得以任何形式变相涨价。”这有效地抑制了煤炭价格不断上涨的势头，为 2010 年底秦皇岛港等主要煤炭中转消费地区的煤炭价格小幅度下滑起到了保驾护航的作用，促进了煤炭市场的高价位相对稳定，避免了由于市场的剧烈动荡对上市公司的不利影响。如河南神火集团通过资源整合、煤炭企业兼并重组，在河南省内兼并重组收购了 20 多个小型煤矿，不仅煤炭资源增加了，煤炭产能提高了，在兼并煤矿地区的话语权也增强了，无疑将对提高公司的经济效益是一个有力的支撑。

2. 煤炭交易的市场化改革，推动了煤炭价格的合理上扬和经济效益的不断提高

多年来中国煤炭交易市场化程度不断提高，煤炭订货制度不断改革，供需双方逐步注重签订长期合同，加快了以全国煤炭交易中心为主体，以区域市场为补充，以网络技术为平台，有利于政府宏观调控、市场主体自主交易的现代化煤炭交易体系建设，煤炭交易价格“双轨制”基本上已经不复存在，市场化机制不断完善，市场化程度不断提高，从根本上实现了煤炭交易市场化。从煤炭订货制度来说，国家改变了煤炭供需双方集中衔接的做法，由企业在规定时间自主选择适当方式，分散进行衔接；政府部门和行业组织都不再规定企业的衔接方式，不再强制企业集中衔接，各方都在努力推进煤电价格形成机制改革，理顺煤电价格关系，促进协调发展，煤炭价格继续实行市场定价，由供需双方企业协商确定，坚持以质论价、优质优价等原则，进一步完善反映市场供求关系、资源稀缺程度和环境损害成本的煤炭价格形成机制。煤炭交易的市场化改革，使煤炭产品可以物有所值的确定煤炭价格，使煤炭交易可以按照市场供求关系卖个好价钱，促进了煤炭上市公司生产经营效益的不断提高。

3. 煤矿安全生产状况，直接影响煤炭上市企业的经济效益

煤矿生产，安全为天，中国的煤炭市场运行情况直接受到安全生产运行状况的影响，安全状况好，煤炭产量就增加，市场供应能力就增强，煤炭供应就充足，市场运行就比较稳定，价格就比较平稳；反之，如果发生了煤炭生产重大事故，国家就会阶段性加大煤矿安全管理和整改力度，煤炭产量就会减少，市场供应能力就会减弱，煤炭供应偏紧乃至紧张的局势就会形成，市场就会动荡，煤炭就会供不应求，交易价格就会上扬。日趋严厉的煤矿安全生产治理工作，是影响未来煤炭市场运行的重要因素之一，如果通过治理，煤矿安全生产局面持续好转，全国煤炭企业就可以稳定生产；如果煤矿安全生产局面没有好转，甚至发生煤矿生产事故，以及伴随的“城门失火，殃及鱼池”式的安全生产治理方式，致使大批中小煤矿停产整顿，大型煤矿则可以正常生产，造成局部地区煤炭资源紧张，煤炭价格上扬，这对正常生产的煤炭上市公司来说产品就可以卖个好价钱，效益会更好。据统计，一旦出现煤炭生产重大事故，一般接着而来的是煤炭供应紧张，煤炭价格上扬。

4. 煤炭上市公司的相对垄断程度不断提高，垄断经营催升煤炭经营业绩

2010 年中国煤炭行业的发展以煤矿整合为主、新建为辅，继续对中小煤矿实施整合改造，实现资源、资产、技术等生产要素的整合和重组，鼓励大型煤炭企业整合重组中上煤炭企业并和上下游产业融合，提高产业集中度。中国煤炭行业产业结构的调整，行业准入门槛的提升，抗风险能力的提高，相对垄断程度进一步强化，煤炭上市公司不仅相对垄断了资源，也相对垄断了煤炭生产、煤炭经营和煤炭市场，这有利于提升大型煤炭基地内的上市公司自身以及集团的实力和竞争优势，尤其给煤炭上市公司带来了通过兼并收购，做到外延扩张，迅速扩大产能，实现超常规快速发展的大好机遇。

5. 煤炭上市企业产量增加有利于上市煤炭公司业绩的攀升

通过资源整合、企业兼并重组后，煤炭上市企业的产能增加了，规模扩大了，煤炭产量都有了不同程度的提高，在煤炭价格整体上有所攀升，利润空间有所加大的情况下，随着煤炭产量的增加，煤炭上市公司的经济效益和社会效益都有了不同程度的提高。如神火股份新建的薛湖煤矿、梁北煤矿、泉店煤矿逐步都实现了达产、增产，煤炭产量较大幅度增加，经济效益大幅度提高。

三、 2011 年煤炭行业前景分析

2011 年是中国煤炭工业贯彻落实“十二五”发展规划的第一年，为了推动煤炭工业的可持续健康发展，中国将实施一些新的行业政策，这对整个煤炭市场的发展无疑将产生新的影响，中国煤炭市场将稳健发展，煤炭价格将会继续小幅度攀升。

（一）煤炭行业相关政策将推出，煤炭生产成本将攀升

2011 年及“十二五”期间，为了促进国民经济快速发展，加快低碳社会的建设，推动

煤炭资源地区的可持续健康发展，国家将结合实际颁布实施一些新的煤炭行业发展的政策。随着劳动力成本的加大，纸币贬值通货膨胀，煤炭企业兼并重组、煤炭资源整合、煤炭资源税征收、安全生产环境优化、低碳社会建设、矿区可持续发展等一系列政策的推出，煤炭产品的生产成本将不断攀升，这将成为煤炭价格适度上扬的有力支撑。

（二）2011年煤炭产量将会继续增加

为了节能减排，建设低碳经济社会，温家宝总理在哥本哈根气候变化大会上向全世界郑重宣布，到2020年中国单位GDP二氧化碳排放强度比2005年下降40%—45%。为此，要采取有效措施加大节能力度，提高传统能源清洁利用水平，加快推进水电和核电的开发建设，积极做好风能、太阳能、生物质能等可再生能源的转化利用，大力推进能源结构优化调整，统筹规划重点能源基地和跨区能源输送通道建设，促进能源资源优化配置。这样，清洁能源和非化石能源的快速增长，煤炭在一次能源消费中的比重可能会从2009年的70%以上下降到“十二五”末的63%左右。未来的煤炭消费占比将出现较大幅度下降，而天然气等清洁能源发展速度将得到快速提升。2011年煤炭产量将会受到约束，煤炭消耗比例将会有所下降，但是，随着经济的发展，能源需求的不断增加，作为中国第一大能源的煤炭需求、消费量也会不断增加，因此，为了满足经济发展需要，2011年中国的煤炭产量将会继续增加，预计煤炭产量将增加8%左右，总产量将达到35亿吨以上。

（三）2011年煤炭价格将会有所攀升

2011年煤炭价格将在2010年底高价位基础上保持相对稳定运行，全年的煤炭价格将随着季节性小幅度升降。预计2011年全国煤炭市场运行将相对比较平稳，波动幅度将会减弱，总体价位水平将高于2010年的平均价格水平，估计价格上涨幅度在3%以上。

（四）2011年煤炭进口有望继续增加

根据中国的煤炭产业政策，2011年中国煤炭将有望继续呈现煤炭产能过剩，产量相对不足的情况，煤炭出口将保持在低位水平，煤炭进口量将有望继续增加，进口总量将有望达到1.8亿吨左右。

（五）煤炭产能过剩有所加剧，煤炭企业市场压力加大

通过煤炭资源整合和煤炭企业兼并重组后，中国煤炭产能会较大幅度增加。在京召开的“2010年度煤炭经济分析座谈会”上中国煤炭运销协会理事长王战军在会上表示，2010年全国煤炭供应能力大幅提高，一些主要产煤省资源整合后产能大增，一大批现代化矿井陆续投产。2010年前11个月，山西、内蒙古、陕西、宁夏等产煤大省产量增长均在20%左右，市场将面临严重产能过剩与供大于求。国家能源局煤炭司司长方君实在“2010煤炭企业兼并重组峰会”上表示，“十二五”期间国家将继续推进煤炭企业兼并重组工作，鼓励煤炭企业之间进行跨区域、跨所有制形式的兼并重组，发展先进与淘汰落后并举。到“十二五”末，全国将建成亿吨级大型煤炭企业集团6～8个。同时从保障安全生产的角度，提高煤矿的准

入门槛，要求一般矿井的年产量规模不低于30万吨，国家重点规划的矿区规模不低于60万吨/年，而各主要产煤省份的矿区不低于120万吨，实现5 000万吨以上煤炭企业总产量占全国煤炭总产量65%以上的目标。煤炭企业兼并重组后，企业规模不断加大，现代化水平不断提高，生产能力不断攀升，煤炭产量不断增加，这样，煤炭行业的生产能力过剩将不可避免。一方面，随着管理水平的不断提高，现代化生产设备、开采手段的不断采用，煤炭生产能力的大幅度增加将不可避免；另一方面，由于低碳社会建设，煤炭产品在能源中的消费比例将不断下降，煤炭消耗量将相对减少。这样，煤炭产能过剩、市场需求减弱的矛盾将可能加剧，煤炭企业市场竞争的压力将不断增大。不过，由于煤炭企业的兼并重组，虽然产能有所过剩，为了保持煤炭行业本身的利益，控制由于供过于求给企业带来的竞争压力，处于相对垄断的煤炭企业，有可能适度控制煤炭产量，产量不足的问题仍将可能出现。

（六）煤炭供给区域性阶段性的偏紧仍将出现，有利于煤炭价格的攀升和煤炭企业经济效益的提高

受煤炭资源整合、煤炭企业兼并重组的影响，煤炭供应仍会出现局部地区、部分时段、部分煤种供应偏紧的状况，但总体上将呈现供需基本平衡。从煤种来看，优质动力煤可能会出现时段性、区域性、结构性的上涨和波动。预计正常情况下2011年动力煤价格将比2010年上涨5%左右，产能释放若低于预期，供给将处于偏紧状态。此外，由于煤炭资源的整合，企业兼并重组，大批民营及中小煤矿的关闭整顿、产能闲置，也可能使2011年的煤炭供给趋于平衡偏紧的格局。

（七）煤炭上市公司产业链的延伸，煤炭下游产业的拓展，煤炭产业链基地建设将推动煤炭企业效益提高

煤炭企业在做大做强煤炭主业的同时，按照国家产业政策，向下游非煤产业延伸，是煤炭上市公司的发展的必由之路。国家现在积极推进煤电路港一体化、煤电一体化、煤化工一体化、煤电铝一体化建设，支持煤炭企业联合建设大型坑口电厂，发展坑口煤矸石发电、热电联共、矿井疏干水综合利用的循环经济模式，实现煤炭就地使用、就地转化、就地增值，这为相关公司的非煤业务发展指明了方向，拓展了煤炭企业获取经济效益的新路子。例如兰花科创发展化肥业务，金牛能源发展建材业务，神火股份发展煤电、铝一体化产业等。

2010年度煤炭企业十大新闻

全国煤炭工作会议定调“十二五”：国家能源局成立以来召开的第一次全国性煤炭工作会议。会议敲定了国家煤炭工业“十二五”总体发展目标，提出要重点抓好七个方面重点工作。其中，限产能、加快整合成为此次会议两大热门“关键词”。

山西省综改区资源转型“先行先试”：12月13日上午，“山西省国家资源型经济转型综合配套改革试验区”正式获得国务院批复。这是中国设立的第9个综合配套改革试验区，也是全国第一个全省域、全方位、系统性的国家级综合配套改革试验区。

国办转发加快推进煤企兼并重组意见：国务院办公厅转发国家发改委《加快推进煤矿企业兼并重组的若干意见》指出，要通过兼并重组，形成一批年产5 000万吨以上的特大型煤矿企业集团。

中国矿难救援的转折王家岭奇迹：这是自山西煤改以来最大的一次事故，3月28日13点40分，华晋焦煤公司王家岭矿发生透水事故，造成153名矿工被困井下。经过8天8夜，170个小时的成功救援，115名矿工最终全部脱离生命危险

中国首个煤炭价格指数发布并试运行：中国第一个由政府主导、企业运作的煤炭价格指数——环渤海动力煤价格指数发布首期数据，并投入试运行。指数以7天为一个报告期，每周三15点发布。

全球首套煤制烯烃项目投料试车成功：全球首套以煤炭为原料生产石化产品聚烯烃生产线——神华集团包头煤制烯烃工程打通工艺全流程并且投料试车一次成功。该项目的全面建成是中国现代新型煤化工发展史上的一个重大里程碑。

煤炭供应基地重心转移，京藏高速频现大堵车：2010年3月开始，京藏高速频频堵车。堵车时间持续20多天。造成这种现象的主要原因是，内蒙古成为供应南方煤炭需求的主要外运地区，这使得原本依赖铁路运输的煤炭，转变为依赖公路运输。

鲁煤重组“6+1”能源巨头浮出水面：8月6日，山东省国资委确认，山东能源集团在2010年年底挂牌成立。酝酿3年的山东煤炭企业重组采取了“6+1”模式，即作为龙头企业的兖矿集团保持不动，其他淄矿集团、临矿集团等6家省属煤炭企业联合组建山东能源集团。

宁蒙突破行政区域共建上海庙矿区：内蒙古自治区和宁夏回族自治区人民政府以及中国烟草总公司、神华集团3月12日在北京共同签署内蒙古上海庙矿区煤矿资源整合开发合作协议。这标志着中国在推进煤炭工业资源跨区域整合领域取得新进展

东北亚煤炭交易中心谱区域市场化新篇：7月6日，东北亚煤炭交易中心在大连正式揭牌成立，同时“2010东北亚夏季煤炭交易会”拉开帷幕。这标志中国煤炭市场化改革迈出重要步伐，这有利于进一步整合国内煤炭资源交易配置，适应国际煤炭交易。

资料来源：煤炭资源网

附表：

2010年煤炭行业上市公司业绩评价结果排序表

行业排名	全部上市公司排名	股票代码	股票简称	综合得分(100分)	每股收益(元)	总资产报酬率(%)	净资产收益率(%)	总资产周转率(次)	流动资产周转率(次)	资产负债率(%)	获利倍数	营业收入增长率(%)	资本扩张率(%)	市场投资回报率(%)	股价波动率(%)	年末资产额(万元)	营业收入净额(万元)	净利润(万元)
1	9	600188	兖州煤业	83.10	1.83	14.65	27.69	0.52	1.38	49.46	0.00	62.06	29.33	21.23	140.75	7 282 854.05	3 484 438.76	901 307.35
2	12	600348	国阳新能	82.10	1.00	17.75	33.24	1.41	3.08	54.98	17.79	39.67	56.66	53.88	210.11	2 225 846.99	2 794 063.16	249 412.82
3	17	601699	潞安环能	80.20	2.99	17.47	32.86	0.84	1.51	56.56	13.37	17.34	33.11	20.21	132.44	2 936 369.13	2 142 767.67	334 265.49
4	34	600971	恒源煤电	77.50	2.37	11.63	22.30	0.62	2.43	53.29	31.81	30.85	78.67	51.92	188.81	1 181 217.46	699 024.90	95 680.15
5	40	000983	西山煤电	77.10	0.84	15.47	23.29	0.65	1.43	51.33	19.95	37.33	24.53	−10.13	88.29	2 895 275.31	1 694 235.32	279 361.04
6	48	600508	上海能源	75.90	1.84	20.61	24.79	1.02	4.12	29.87	40.42	20.85	28.61	10.54	121.48	898 736.04	885 874.74	134 897.68
7	54	601666	平煤股份	75.30	1.02	13.98	21.75	1.34	3.80	47.26	81.05	21.51	21.17	−13.72	99.84	1 842 066.15	2 290 455.99	182 910.47
8	61	600395	盘江股份	74.70	1.22	20.72	23.08	0.71	1.94	22.99	153.76	20.31	19.17	17.60	101.77	829 375.08	546 924.15	134 521.64
9	80	601088	中国神华	73.70	1.87	17.16	20.31	0.47	1.55	32.81	22.65	25.35	15.86	−25.31	76.99	33 926 800.00	15 206 300.00	4 250 600.00
10	83	601001	大同煤业	73.60	0.77	17.92	14.65	0.65	1.51	25.95	45.37	10.10	17.55	−5.57	113.67	1 696 706.05	1 045 381.00	208 534.90
11	86	000933	神火股份	72.70	1.10	9.88	28.86	0.77	2.50	75.83	3.40	57.06	30.05	−6.52	105.05	2 466 769.46	1 690 262.77	103 109.05
12	96	601918	国投新集	72.20	0.68	11.00	18.94	0.39	2.96	63.43	7.39	41.59	15.18	−18.41	95.89	1 945 922.20	700 852.58	124 955.13
13	102	002128	露天煤业	71.80	1.10	25.51	39.68	0.79	3.60	47.51	64.30	18.43	7.64	15.38	80.05	746 355.84	567 232.99	153 961.21
14	107	600546	山煤国际	71.60	1.01	12.31	26.18	2.12	3.19	78.14	8.09	83.96	32.66	4.15	143.90	2 165 550.11	3 864 417.54	134 903.72
15	114	000780	平庄能源	71.40	0.64	15.32	19.54	0.67	1.26	29.44	0.00	20.03	23.36	5.96	119.52	519 028.32	322 624.38	64 775.41
16	182	600123	兰花科创	68.20	2.30	14.85	22.17	0.46	1.39	47.52	12.03	3.49	20.88	1.94	132.26	1 356 164.81	581 157.21	123 820.98
17	226	600997	开滦股份	66.30	0.70	9.54	16.15	1.03	2.49	55.57	5.36	38.06	23.25	−17.22	118.92	1 605 333.11	1 515 406.54	87 568.40
18	243	000552	靖远煤电	65.60	0.32	11.13	13.41	1.28	2.43	30.37	0.00	45.40	6.35	19.41	125.21	62 415.96	77 588.36	5 654.62
19	256	601898	中煤能源	65.00	0.52	8.96	9.74	0.62	1.43	29.22	94.80	32.64	9.85	−20.04	85.28	12 081 507.90	7 126 841.70	757 072.90
20	479	600121	郑州煤电	59.30	0.21	3.71	7.52	1.77	3.20	67.91	7.53	58.07	7.06	−4.83	97.82	575 057.78	977 571.77	12 717.85
21	609	000159	国际实业	56.30	1.35	30.13	45.03	0.27	0.42	46.77	23.62	44.33	48.18	64.65	160.29	324 459.13	74 693.45	64 979.79
22	709	000968	煤气化	53.90	0.46	7.99	8.20	0.59	1.34	43.98	18.28	8.47	5.52	21.27	112.35	667 168.74	352 343.77	31 629.65
23	891	000835	四川圣达	50.30	0.06	8.33	4.45	1.63	2.53	35.99	2.35	22.90	7.36	16.66	99.29	68 622.56	109 773.75	1 887.58
24	899	600397	安源股份	50.10	0.16	7.76	6.50	0.58	1.99	68.75	2.60	35.38	4.33	23.11	112.55	222 756.72	119 907.40	4 456.36
25	1126	000723	美锦能源	45.30	0.06	1.77	1.89	1.43	2.16	45.78	4.18	57.42	−0.75	−8.17	50.91	92 384.47	136 785.21	943.84
26	1225	600740	*ST 山焦	41.90	0.11	4.12	5.52	0.98	3.05	82.66	1.17	121.13	8.18	−13.07	130.71	703 182.61	640 612.33	6 677.28

续表

行业排名	全部上市公司排名	股票代码	股票简称	综合得分(100分)	每股收益(元)	总资产报酬率(%)	净资产收益率(%)	总资产周转率(次)	流动资产周转率(次)	资产负债率(%)	获利倍数	营业收入增长率(%)	资本扩张率(%)	市场投资回报率(%)	股价波动率(%)	年末资产额(万元)	营业收入净额(万元)	净利润(万元)
27	1264	600403	大有能源	40.20	0.04	3.72	1.63	0.58	0.60	11.24	0.00	−24.83	−15.85	161.81	207.84	36 022.23	24 290.10	902.23
28	1351	600381	ST贤成	36.50	0.17	12.56	0.00	0.10	1.09	114.12	4.66	15.73	0.00	20.34	118.39	82 247.61	6 137.14	5 374.75
29	1441	600179	*ST黑化	31.90	0.04	2.58	2.65	0.87	2.45	63.42	1.52	7.73	3.49	−21.20	107.56	176 698.63	157 476.42	1 589.43
30	1453	600408	安泰集团	31.30	0.04	3.26	1.43	0.73	1.37	56.89	1.12	32.16	−0.41	−33.41	99.27	681 027.23	494 319.49	2 335.14
31	1638	600392	太工天成	16.90	−0.56	−5.15	−19.58	0.31	0.45	63.14	−2.13	−21.50	−18.19	3.21	107.60	110 555.12	36 615.87	−9 009.20
		000937	冀中能源	78.30	2.07	15.63	22.57	1.31	3.97	50.57	12.07	49.61	21.86	−2.59	110.11	2 522 856.87	3 028 916.14	248 712.61
		601101	昊华能源	76.80	2.05	19.68	24.72	0.66	1.80	25.25	30.73	30.68	267.73	14.99	94.87	883 793.88	404 716.55	87 533.02

第五章

钢铁行业上市公司业绩评价

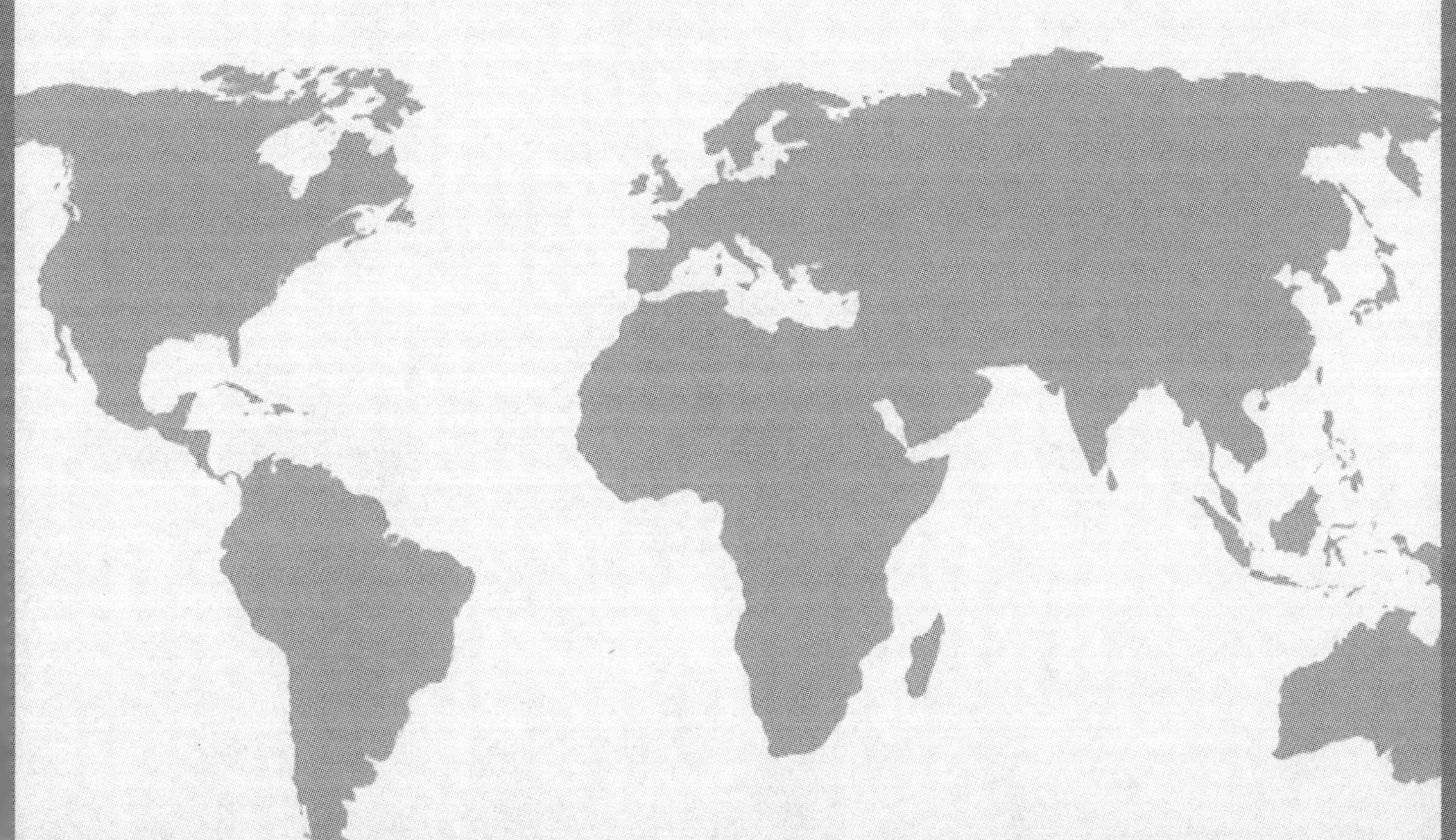

钢铁工业是国民经济中的基础材料工业，在经济建设、社会发展、财政税收、国防建设以及稳定就业等方面发挥着重要作用。

2010年是中国经济由逐步走出经济危机向稳定发展过渡的关键一年，钢铁行业的发展受到了内外诸多复杂因素的影响：国外经济复苏不确定性因素凸显，大宗原材料价格暴涨，国内经济通胀压力增加，“十一五”淘汰落后收官之战打响，外贸出口受限，行业整体表现差强人意。2011年，铁矿石等原材料价格上涨压力有望逐步得到缓解，住宅、汽车、家用电器等最终耗钢产品的消费能力仍有一定释放空间，淘汰落后和产业结构调整的作用将开始显现，钢铁行业总体趋势稳定向好。

一、钢铁行业上市公司业绩评价

截至2010年末，钢铁行业A股上市公司共计33家，其中盈利31家，亏损2家，即有93.94%的公司实现盈利，比2009年提高了6.06%；钢铁行业上市公司总资产共计12 360.70亿元，占上市公司总资产的6.74%。

2010年全国2 002家上市公司共计完成营业收入147 010.91亿元，33家钢铁行业上市公司完成营业收入12 990.80亿元，占上市公司全部营业收入的8.84%；全部上市公司共计实现净利润9 615.58亿元，钢铁行业上市公司实现净利润301.99亿元，占上市公司全部实现净利润的3.14%。

2010年钢铁行业整体评价结果较为一般，行业业绩综合得分54.16分，比全市场的62.24分低11.79%，33家钢铁行业上市公司中只有大冶特钢一家进入2010年上市公司业绩评价综合得分的百强名单，排名第87位。业绩为优秀的有大冶特钢、新兴铸管、宝钢股份和鄂尔多斯4家；业绩为良好的有5家；业绩为中的有3家；业绩为低的有13家；业绩为差的有8家（见表5-1）。

表5-1　　2010年度钢铁行业中联十强排行榜

名次	股票代码	股票简称	在全部上市公司中排名
1	000708	大冶特钢	87
2	000778	新兴铸管	149

续表

名次	股票代码	股票简称	在全部上市公司中排名
3	600019	宝钢股份	224
4	600295	鄂尔多斯	241
5	600231	凌钢股份	340
6	600581	八一钢铁	443
7	600507	方大特钢	469
8	600516	方大炭素	509
9	600126	杭钢股份	556
10	000761	本钢板材	612

基于对钢铁行业上市公司的整体评价，下面分别从财务效益状况、资产质量状况、偿债风险状况、发展能力状况、市场表现状况五个方面对钢铁行业上市公司进行具体分析。

（一）财务效益

从综合得分来看，2010年钢铁行业上市公司财务效益状况差于全国上市公司平均水平。

表5-2列示了2010年钢铁行业上市公司财务效益状况评价结果。在钢铁行业上市公司财务效益状况指标中，得分排名前五位的上市公司中有四家的行业综合评价得分亦在前五名，其中鄂尔多斯的财务效益排名第一。鄂尔多斯2010年实现营业收入117.33亿元，比2009年增长44.54%；实现营业利润15.32亿元，比2009年增长196.46%；归属母公司所有者的净利润为8.41亿元，比2009年增加113.66%；其电冶板块业务营业利润率为32.39%，比2009年提高了5.19%，大大高于钢铁行业2.76%的平均值。2010年，公司能源化工产业的主要终端产品铁合金、电石和多晶硅都出现了不同程度的供不应求，从而导致价格上涨。为满足下游产业的需求，公司上游煤炭和发电业务也处于高负荷运转状态，在获取良好收益的同时，为下游产业提供了远低于外部价格的能源供应，上下游协同效应十分明显。

表5-2　钢铁行业财务效益状况比较

评价指标		2010年上市公司平均值	2010年上市行业值	2009年行业值	增长率
基本指标	扣除非经常性损益净资产收益率（%）	12.54	6.31	2.04	209.31%
	总资产报酬率（%）	8.09	4.58	2.69	70.26%
	得分	21.27	15.8	14.56	8.52%
修正指标	营业利润率（%）	7.7	2.79	1.3	114.62%
	盈利现金保障倍数	1.24	1.78	6.69	−73.39%
	股本收益率（%）	51.08	27.99	10.17	175.22%
综合得分		21.99	17.44	17.33	0.63%

与2009年的情况相比较，总体上2010年钢铁行业上市公司财务效益状况略有好转，除盈利现金保障倍数以外的其他指标均高于2009年行业值，但低于2009年全部上市公司平

均值。

（二）资产质量

从综合得分来看，2010 年钢铁行业上市公司资产质量状况优于全国上市公司平均水平。

表 5-3 列示了钢铁行业上市公司资产质量状况评价结果。在钢铁行业上市公司资产质量状况指标中，杭钢股份、首钢股份和莱钢股份三家得分均为满分 15 分。企业在运营中保持了较高的存货周转率，杭钢股份、首钢股份和莱钢股份 2010 年的存货周转率分别为 13.02 次、16.03 次和 13.95 次，大大高于行业 5.84 次的平均水平。

表 5-3　　**钢铁行业资产质量状况比较**

评价指标		2010 年上市公司平均值	2010 年上市行业值	2009 年行业值	增长率
基本指标	总资产周转率（次）	0.88	1.1	0.95	15.79%
	流动资产周转率（次）	1.93	3.04	2.72	11.76%
	得分	9.4	12.59	11.94	5.44%
修正指标	应收账款周转率（次）	14.78	57.38	46.90	22.35%
	存货周转率（次）	4.36	5.86	5.55	5.59%
综合得分		9.21	12.64	12.49	1.20%

与 2009 年的情况相比较，总体上 2010 年钢铁行业上市公司资产质量略有上升，但变化不大，主要是受交易结算方式的影响，钢铁行业上市公司 2010 年平均应收账款周转率 57.38 次，比 2009 年高出 22.35%；同时也远高于上市公司平均应收账款周转率，这主要与钢铁行业公司一贯坚持“款到发货”有关。

（三）偿债风险

从综合得分来看，2010 年钢铁行业上市公司偿债风险状况差于全国上市公司平均水平。

表 5-4 列示了钢铁行业上市公司偿债风险状况评价结果。在钢铁行业上市公司偿债风险状况指标中，大冶特钢排名第一，其资产负债率为 44.04%，低于上市公司及行业平均；速动比率为 59.96%，高于行业平均。

表 5-4　　**钢铁行业偿债风险状况比较**

评价指标		2010 年上市公司平均值	2010 年上市行业值	2009 年行业值	增长率
基本指标	资产负债率（%）	57.6	62.5	61.23	2.07%
	获利倍数	9.32	3.34	1.96	70.41%
	得分	9.19	6.96	7.04	−1.14%
修正指标	速动比率（%）	73.82	41.85	41.11	1.80%
	现金流动负债比率（%）	15.97	9.49	14.38	−34.01%
	带息负债比率（%）	45.08	56.17	55.27	1.63%
综合得分		9.08	6.63	6.89	−3.77%

与2009年相比较，2010年钢铁行业上市公司偿债风险状况平均得分下降3.77%，这说明在钢铁行业业务规模扩大的过程中，各个公司的营运资金需求增加，相应地，偿债风险也随之有所加大。

（四）发展能力

从综合得分来看，2010年钢铁行业上市公司发展能力状况差于全国上市公司的平均水平。

表5-5列示了钢铁行业上市公司发展能力状况评价结果。在钢铁行业上市公司发展能力状况指标中，南钢股份排名第一，主要是由于公司于2010年完成了重大资产重组，南京南钢产业发展有限公司钢铁主业资产注入到公司，从而使其资本扩张率与总资产增长率等指标均居行业前列。

表5-5　　钢铁行业发展能力状况比较

评价指标		2010年上市公司平均值	2010年上市行业值	2009年行业值	增长率
基本指标	营业收入增长率（%）	37.7	31.52	－15.95	—
	资本扩张率（%）	22.63	6.76	8.39	－19.43%
	得分	12.2	9.71	8.38	15.87%
修正指标	累计保留盈余率（%）	38.94	37.16	34.38	8.09%
	三年营业收入增长率（%）	19.5	11.59	12.01	－3.50%
	总资产增长率（%）	22.95	10.39	15.57	－33.27%
	营业利润增长率（%）	47	182.95	－55.61	—
综合得分		12.98	11.05	8.37	32.02%

2010年钢铁行业上市公司营业收入增长率从2009年的－15.95%升至31.52%，营业收入实现正增长。随着国内外经济形势的逐步好转，2010年钢铁行业上市公司的业绩逐步恢复，整个钢铁行业的进入稳定发展时期。

（五）市场表现

2010年，大盘在经济刺激政策淡出、股指期货做空机制实施、房地产调控力度加大、欧债危机、美国推出二次量化宽松政策等因素的影响下表现不佳，上证综合指数全年跌幅接近16%，钢铁行业作为国民经济的重要支柱，其与整体经济走势高度相关，因而钢铁指数跟随市场行情同步下跌（如图5-1所示）。

从综合得分来看，2010年钢铁行业上市公司市场表现状况差于全国上市公司的平均水平。

表5-6列示了钢铁行业上市公司市场表现状况评价结果。在钢铁行业上市公司市场表现状况指标中，攀钢钒钛名列第一，其相对较好的表现主要是因为2010年实施的重大资产置换导致投资者的追捧。

2010年上市公司市场投资回报率为12.19%，远低于2009年的116.28%。受大盘整体低迷影响，钢铁行业上市公司仅有 5 家市场投资回报率高于全国上市公司平均水平，其中最高的是鄂尔多斯，回报汇为 44.27%，27 家公司的投资回报率为负。

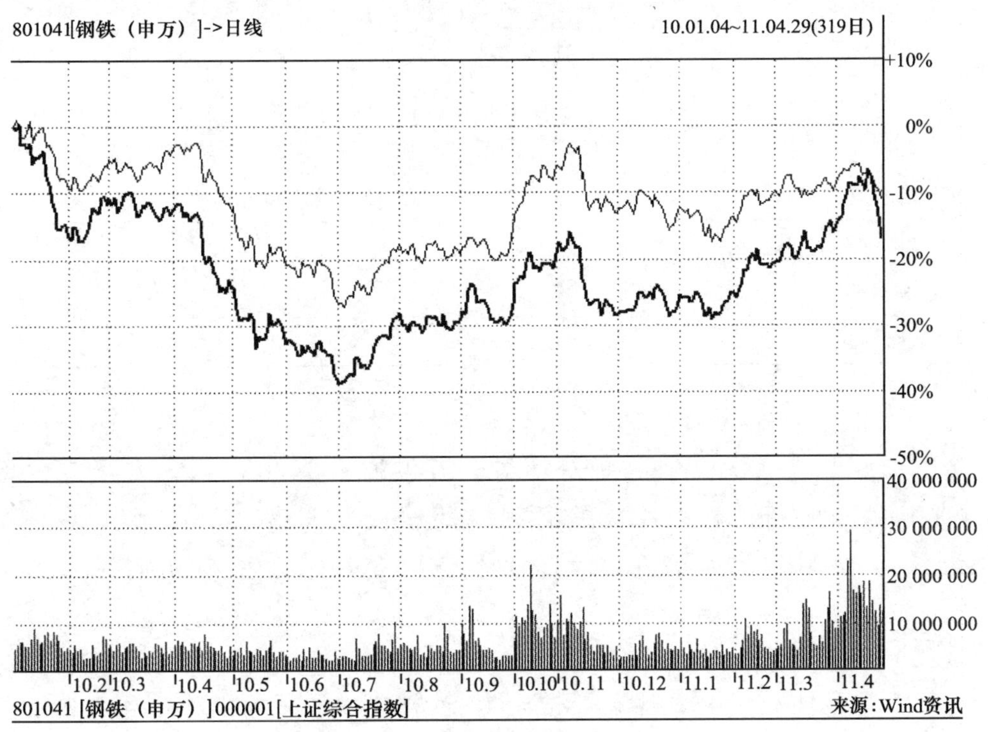

图 5-1 钢铁指数与大盘指数波动

表 5-6 钢铁行业公司市场表现状况比较

分析指标	2010 年上市公司平均值	2010 年行业值	2009 年行业值	增长率
市场投资回报率（%）	12.19	−19.66	89.60	−121.94%
股价波动率（%）	94.83	107.69	146.47	−26.48%
得分	9	6.31	7.88	−19.92%

2009 年中国钢铁行业国际对标

根据国资委编制的企业绩效评价国际标准值（2009），我们将中国钢铁行业上市公司 2009 年业绩评价结果和全球 308 家大型领先钢铁企业进行了比较。2009 年，中国钢铁行业上市公司营业收入、资产总额及权益规模的平均水平已超过全球 308 家大型领先钢铁企业，但营业利润水平和营业利润率这两项经营指标与全球 308 家大型钢企还存在一定差距。不过，宝钢股份、武钢股份等中国钢铁行业上市公司龙头，无论是企业的资产、经营规模还是盈利能力均已超过全球 308 家大型钢铁企业平均值，跻身国际领先行列。

金额单位：人民币亿元

财务指标	中国33家钢铁行业上市公司平均值	全球308家大型领先钢铁企业平均值
营业收入	299.31	162.08
资产总额	339.31	214.67
权益	131.57	81
资产负债率	61.23%	62.30%
营业利润	3.89	5.4
营业利润率	1.3%	3.3%
经营现金流量	21.59	15.85

（一）财务效益状况

2009年中国钢铁行业上市公司总资产报酬率为2.69%，与全球308家大型领先钢铁企业相比，处在较差行列；从营业利润率来看，2009年中国钢铁行业上市公司平均水平为1.3%，低于全球308家大型领先钢铁企业的平均水平。

（二）资产质量状况

2009年中国钢铁行业上市公司总资产周转率为0.95次，与全球308家大型领先钢铁企业相比，处在较差行列；从流动资产周转率来看，2009年中国钢铁行业上市公司平均水平为2.72次，略高于全球308家大型领先钢铁企业的中等水平。

（三）偿债风险状况

2009年中国钢铁行业上市公司资产负债率为61.23%，略低于全球308家大型领先钢铁企业62.30%的平均水平；从速动比率来看，2009年中国钢铁行业上市公司平均水平为41.11%，与全球308家大型领先钢铁企业相比，处在较差行列。

（四）发展能力状况

2009年中国钢铁行业上市公司营业收入增长率为－15.95%，表现为负增长，大大低于全球308家大型领先钢铁企业的平均水平；从营业利润增长率来看，2009年中国钢铁行业上市公司平均水平为－55.61%，同样表现为负增长，大大低于全球308家大型领先钢铁企业的平均水平。

二、钢铁行业业绩的影响因素分析

2010年，中国经济处于由逐步回升向稳定发展转变的关键时期。钢铁行业保持了2009年以来的回升势头，呈现生产与需求同步增长、价格波动运行、效益好转的态势。但自2010年下半年以来，由于国内通胀预期的增强和国外经济复苏的不确定、不稳定性因素显现，国家逐步实施较为稳健的财政政策和货币政策，经济增长预期放缓，同时房地产行业调控力度加大，产业结构调整、钢材产品出口退税率调整等措施陆续出台，钢材产销量逐步回落，全年呈现前高后低的态势。

（一）供给阶段性过剩、需求平稳增长，全年钢材价格比上年有所上升

2010年全国生产粗钢62 665万吨，比上年增加5 308万吨，增长9.26%。1～4月份，粗钢生产总量高增长，企业和社会钢材库存大幅度上升，供给表现出阶段性过剩；5月份后，生产量开始下降；12月末，全国26个主要钢材市场5种钢材社会库存量为1 324万吨，同比增长7.47%。全年来看粗钢产量仍然偏高。

2010年，国内钢铁行业的主要下游行业，如房地产、汽车、机械、家电及造船都有较好的市场表现，钢材市场需求总体比较旺盛。虽然房地产的调控曾带来建材需求回落的预期，但持续高位的房地产投资和新开工面积，以及保障性住房建设的大力推进，部分消化了2010年建材需求减弱的预期，甚至下半年时钢材市场还在建材的带动下走出了一波缓慢攀升的行情。2010年粗钢表观消费量59 935万吨，比2009年增长6.1%（见表5-7）。

表5-7　2010年钢铁行业的主要下游行业运行增速

行业	指标	2010年增速（%）
房地产	房地产开发投资	33.2
	房地产施工面积	26.6
汽车	汽车产量	32.4
	汽车销量	32.4
机械	机械工业总产值	33.9
家电	四大家电总销量	24.8
造船	船舶工业总产值	25.2

资料来源：wind资讯。

出口方面，由于国家自2010年7月15日起取消了部分钢材的出口退税，受影响品种的出口量连续两个月大幅下滑。加之国际经济状况的不稳定以及贸易保护主义的蔓延，下半年中国钢材出口量同比增速呈下行趋势，部分出口钢材转入国内市场，从而加剧了国内市场供大于求的状况。

受供需关系变化的影响，2010年钢材价格震荡上涨，全年国内市场钢材价格比2009年提高了15.79%（如图5-2所示）。

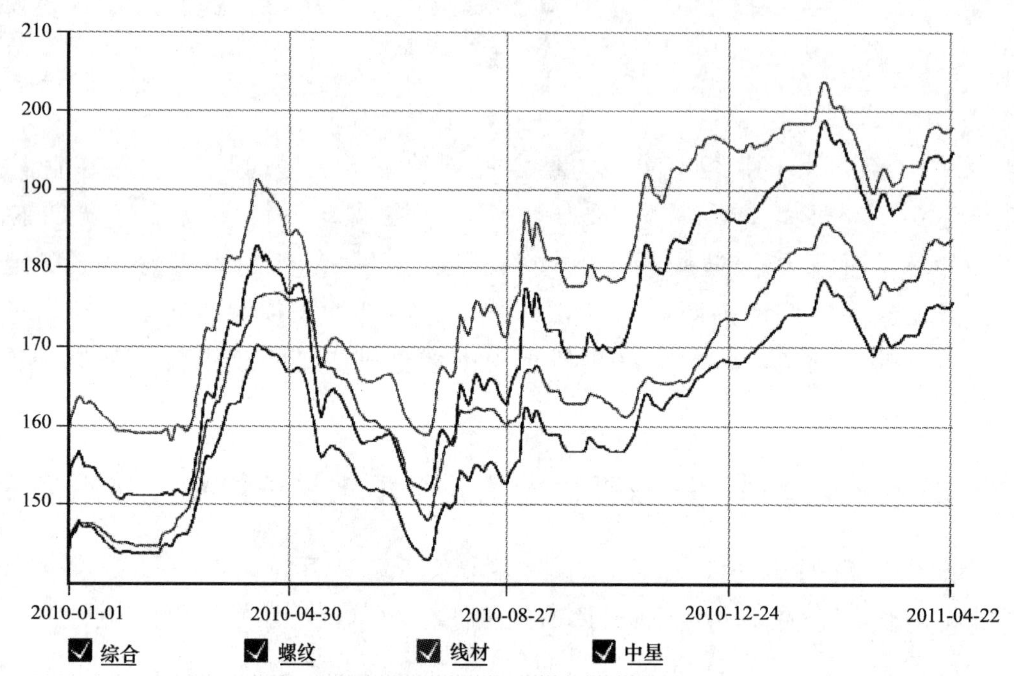

图5-2 Myspic钢材价格指数走势图

资料来源：我的钢铁网。

（二）行业运行成本大幅增加，企业盈利水平依然较低

随着全球市场的逐步复苏，2010年主要粗钢生产国产量快速恢复，对原料的需求大大增长，致使国际大宗原料市场价格一路走高，国内原料价格随之上涨。2010年的铁矿石谈判，最终以全球钢铁行业被迫接受力拓等三大矿山供应商提出的季度均价定价模式收场，持续了近20年的年度定价机制被打破。中国80%的国有钢铁企业从享受平均约60%的长协矿，一夜间与现货价格基本接轨。2010年进口铁矿石价格从1月的平均90美元/吨攀升至年末的145美元/吨，上涨61%，全年进口铁矿石平均价格128美元/吨，比2009年上涨了40美元/吨（如图5-3所示）。

由于铁矿石等大宗原料价格大幅度上涨，而钢材价格受供需、政策等多重因素影响，上涨幅度低于原料价格的上涨，因此虽然2010年钢铁行业销售收入保持较快增长，但企业盈利能力依然较弱。2010年钢铁行业销售收入利润率为2.91%，比2009年略有回升，但远低于全国工业企业6.2%的平均水平。

对于钢铁行业上市公司而言，上述问题所带来的影响因企业自身所拥有资源的多寡而祸福各异。比如，八一钢铁的自有矿山铁矿石供应量已占2010年总需求量的60%，国外铁矿

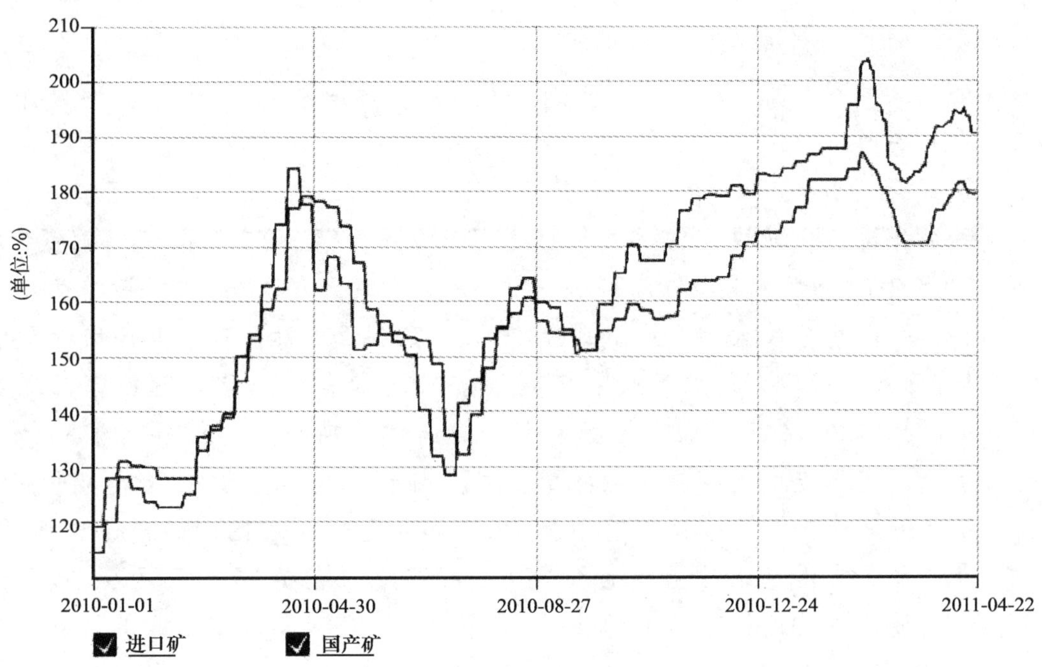

图 5-3 Myspic 矿石价格指数走势图

资料来源：我的钢铁网。

石价格上涨对其影响不大，该公司加上振兴新疆政策的实施拉动了新疆地区对公司钢铁的需求，公司 2010 年业绩表现不俗，在同行业上市公司综合评价中位列第六，财务效益评价中排名第三，比 2009 年有较大提升。

对于钢铁行业上市公司而言，上述问题所带来的影响因为企业自身所拥有资源的多寡而祸福各异。比如八一钢铁的自有矿山铁矿石供应量已占到 2010 年公司总需求量的 60%，国外铁矿石价格上涨对其影响不大，加上振兴新疆政策的实施拉动了新疆地区对公司钢铁的需求，公司 2010 年业绩表现不俗，在同行业上市公司综合评价中位列第六，财务效益评价中排名第三，相比 2009 年排名有较大提升；凌钢股份 2010 年业绩实现翻番，三分之一的贡献来自铁矿。公司铁矿石 70%来源于所在的朝阳地区，只有 30%属于进口矿，公司自有矿石比例高，吨钢生产成本较低，铁矿石涨价公司相对受益。

中方参与铁矿石谈判历史回顾

☆ 2003 年底，宝钢开始参与 2004 财年国际定价谈判，但没有发挥实质性的作用，接受了新日铁公司的谈判结果：价格涨幅 18.6%。（资料来源：我的钢铁网）

☆ 2005 财年，由于日本新日铁首先与 Vale 公司达成涨价 71.5%的协议，中国企业只得被动接受涨价要求。（资料来源：我的钢铁网）

☆ 2006 财年的铁矿石谈判是从 2005 年 11 月开始的，Vale 公司与宝钢进行了数月的谈判，中国一直不愿接受对方的涨价要求，5 月 16 日，Vale 与欧洲的蒂森克虏伯公司达成了涨价19%的协议。但中国企业予以坚决反对，一直到6月20日，宝钢才与必和必拓达成涨价协议。（资料来源：我的钢铁网）

☆ 2007年的铁矿石谈判从2006年11月开始。12月22日，宝钢与巴西淡水河谷公司达成协议，铁矿石价格上涨9.5%。（资料来源：我的钢铁网）

☆ 2008年的谈判于2007年12月初启动，宝钢开始与三大巨头磋商，但由于相互之间分歧太大，一起没有结果。直到2008年2月，日韩钢铁企业与Vale公司率先达成了新一年度铁矿石长期合同价格，巴西南部系统粉矿价格在2007年的基础上上涨65%，卡拉加斯粉矿的价格上涨71%。随后，宝钢代表中国钢铁企业接受了这一协议。但是，这一价格首次没有按照惯例被澳大利亚“两拓”所接受，“两拓”以到中国的距离比巴西“近”三分之二为由寻求“海运加价”。谈判因此一直延缓到7月5日，最终，宝钢被迫与“两拓”达成协议，“两拓”的2008年度PB粉矿、杨迪粉矿和PB块矿在2007年基础上分别上涨79.88%、79.88%和96.5%。（资料来源：我的钢铁网）

☆ 2009年的谈判从2008年11月开始。谈判主要围绕铁矿石降价幅度展开，但由于中方坚持铁矿石长协价格回到2007年水平的立场，与三大矿山分歧较大，谈判长期未果。谈判僵局于2009年5月底被日本最大的钢铁企业新日铁和澳大利亚最大的铁矿石生产商力拓打破，双方达成2009年新财年度铁矿石合同价格，粉矿和块矿分别比2008年长期合同的价格下降32.95%和44.46%，但中国表示不接受此价格。直到8月份以宝钢为代表的中国钢铁企业与澳大利亚FMG公司达成粉矿降价35.02%、块矿降价50.42%的协议，降幅超过日澳首发价。（资料来源：中国证券网）

☆ 2010年铁矿石谈判在2009年11月初拉开序幕，三大铁矿石供应商要求把2010～2011年度的铁矿石价格上调30%～35%，中方表示不能接受。2010年1月，由于与中国的谈判陷入僵局，铁矿石供应商撇开中国，转向与日本和韩国商谈价格，并逐渐就改长协价为季节定价达成一致意见。4月份，新日本制铁公司等日本大型钢企和全球第四大钢铁生产商韩国浦项制铁分别与巴西淡水河谷公司等就铁矿石价格上涨达成协议，从4月开始，每吨铁矿石价格为100～105美元，比上一年度上涨了8%～9%。随后，中国钢企逐渐妥协，基本按照此前日韩与三大矿签订的季度价格购买矿石，2010年度谈判彻底宣告失败。（资料来源：我的钢铁网）

（三）国产钢材国内市场占有率提高，产品结构向优化方向发展

2010年，中国钢材进口量为1643万吨，同比下降6.82%；钢坯进口量为64万吨，同比下降86.11%；进口钢材、钢坯折合粗钢进口量为1811万吨，在国内钢材消费量稳步增

加的背景下，国产钢材的国内市场占有率继续提高。

从钢材品种看，2010年主要用于制造业的板带材产量同比增长18.9%，高出以建筑用途为主的长材增幅8个百分点，代表工业化进程的板带材产品比重明显增加，汽车用钢、管线钢、硅钢、船板、钢轨等关键钢材产品产量大幅度提高，产品结构明显向优化的方向发展。时速350公里的高速钢轨全部实现国产化；具有自主知识产权的高档取向硅钢实现批量生产并替代进口用于50万伏以上等级的超高压大型变压器；石油化工产业使用的X80级管线钢基本实现国产化，并成功试制生产X120级管线钢；帘线钢72A、82A产品达到国际先进水平；宝钢、鞍钢开发生产的高强度汽车用钢板已满足汽车生产的需求，2010年比2009年增产的500多万辆汽车的汽车板需求，基本由国内市场提供；国产第五代桥梁钢板已在芜湖长江大桥、京沪南京大胜关铁路桥、杭州湾跨海大桥等60余座大型铁路、公路桥梁上使用；国产高质量家电面板已广泛用于各类家电产品；国产不锈钢已占国内市场不锈钢产品的30%以上。

目前，国内大型钢铁企业在特殊钢的研发和市场占有方面都各有专攻。与普通钢相比，特殊钢的产品附加值和利润率要高得多。例如，汽车板一直是宝钢的战略主导产品，宝钢是目前国内汽车板产品供应链最完备、供货能力最强的企业。2010年，宝钢股份冷轧汽车板产量约为480万吨，占52%的市场份额，以汽车板为主的冷轧碳钢板卷销售收入占比为39%，利润贡献占比69%，营业利润率高达22.16%，远超其他品种；鞍钢集团及其子公司攀钢则以重轨产品为特色，攀钢2010年全年生产重轨110万吨，创历史最高水平，累计实现出口销售收入4.98亿美元，特别是重轨出口达到13万吨，并成功开发出在线热处理道岔用钢轨，攀钢轨梁产品2010年主营收入占比14.7%，毛利率在其钢铁产品中最高，达到16.2%。

产品结构是影响2010年钢铁行业上市公司业绩的一个重要因素，比如在业绩评价综合排名中位列第一的大冶特钢就是一家典型的特钢企业，而分列2-5位的新兴铸管、宝钢股份、鄂尔多斯及凌钢股份在高品质特殊钢领域也都有自身的优势。

（四）淘汰落后稳步推进，兼并重组有序进行

2010年是完成“十一五”淘汰落后产能的关键一年，国家加大了淘汰落后产能的工作力度，各地统一思想，狠抓贯彻落实。2010年初，国家下达了淘汰落后产能的目标任务，各地积极落实到企业，并向社会进行了公告。钢铁行业全年淘汰落后炼铁能力3 524万吨、炼钢能力876万吨，“十一五”累计完成淘汰落后炼铁、炼钢产能预定目标的117%和126%。

企业兼并重组也取得了新进展，鞍钢与攀钢实现联合重组，本钢兼并了北台钢铁，首钢兼并了通钢，天津四家钢铁企业联合成立了天津渤海钢铁有限公司，河北钢铁集团对省内12家民营钢铁企业进行重组等。通过联合重组，产业集中度有较大提高，2010年粗钢产量排名前十位的钢铁企业产量占全国钢铁总产量的比重为48.6%，比2009年提高了5.1个百分点，年产钢1 000万吨的企业集团达到13家（见表5-8）。

表 5-8　　2010 年国内钢铁业兼并重组动态一览

重组主体	参与企业	重组方式	重组后产能	重组时间
沙钢集团	锡兴集团	重组	3 500 万吨	2010 年 1 月
河北钢铁集团	石家庄钢铁集团	收购	5 000 万吨	2010 年 3 月
昆钢	ST 马龙			2010 年 3 月
本港钢集团	北台钢铁集团		2 000 万吨	2010 年 06 月
上海复星集团	同煤钢铁		600 万吨	2010 年 6 月
鞍钢集团公司	攀钢		3 500 万吨	2010 年 7 月
首钢	通钢集团	收购		2010 年 7 月
马钢	重组长江钢铁获董事会批准	重组		2010 年 9 月
河钢集团	河北敬业、唐山松汀、邢台龙海、永洋钢铁、吉泰特钢	托管		2010 年 11 月

资料来源：wind 资讯。

2010 年，钢铁行业上市公司的兼并重组对公司业绩产生了重大影响，比如业绩综合评价排名第二位的新兴铸管，由于 2010 年收购芜湖新兴铸管有限责任公司 40%股权和河北新兴铸管有限公司 25%股权，以及收购新疆金特钢铁股份有限公司 38%股权后所对应收益并入上市公司是其业绩增长的重要因素。

三、 2011 年钢铁行业业绩前景分析

2011 年是“十二五”开局之年，中国钢铁工业高速扩张阶段已近尾声，转方式、调结构是钢铁工业下一步的发展重点。将使供需关系更趋合理，企业盈利能力进一步加强，钢铁企业盈利转嫁能力也将得到增强，钢铁企业利润水平将好于 2010 年。总体来看，2011 年钢铁行业将重回景气周期。

（一）供给趋于稳定，需求将平稳增长

2005 年与 2008 年两波的高投资均导致随后几年粗钢产量的大幅增长，但自 2009 年起，随着经济转型的稳步推进，国家对新增产能进行限制，并大力淘汰落后产能，导致钢铁行业固定资产投资基本停止增长，未来几年新增产能有限，依据 Mysteel 的统计，2011 年新增产能大约为 3 500 万吨。工信部数据显示，2010～2011 年需淘汰落后炼铁产能 1 亿吨，其中 2010 年已淘汰部分约为 3 000 万吨，因此 2011 年共需淘汰落后炼铁产能 7 000 万吨，考虑到实际执行力度，2011 年全年淘汰预计约为 3 500 万吨，对应粗钢产能为 3 220 万吨。因此 2011 年产能增量与淘汰量基本持平，钢材供给量总体趋于稳定。

2011 年，钢材需求将难免受到下游行业增速回落的影响，但受到国家刺激政策、下游

行业固有周期、前期投资项目收尾等因素的支撑，需求总量仍有望保持一定增长。

1. 投资增速下降，保障房将对房地产用钢形成支撑

2010 年地产投资超市场预期，全年增幅达到 33.2%。虽然开发商在 2010 年大量拿地，但整体来看手中的存量未开发土地仍在持续减少，考虑到要维持一定的土地库存，开发商会减少 2011 年新开工的土地数量，预计 2011 年施工面积的增速与 2010 年持平。

保障性住房是 2011 年钢材需求增量中最重要的部分。2011 年保障房总目标为 1 000 万套，增量为 410 万套，按平均每套 65 平米、每平米用钢 40 公斤计算，新开工面积增量为 2.665 亿平方米，相当于 2010 年全年新开工面积 16.48 亿平方米的 16.17%，用钢量将达到 2010 年房地产业用钢量的 20%。全年来看，预计房地产行业钢材消费仍能保持 5.5%的增长，总量将达到 22 799 万吨左右（如图 5-4 所示）。

2. 工程机械和机床继续引领机械行业增长，工业用钢将保持增长

目前引领行业增长的主要是工程机械和机床，两者都与宏观经济紧密相关，工程机械增长与基建投资同步，预计 2011 年仍将保持较高增速；其他重要子行业，如重型机械和基础件受需求、进口替代等因素拉动也具有较强的增长动力。预计 2011 年机械行业消耗钢材 12 255 万吨，同比将增长 8.0%如图 5-5 所示。

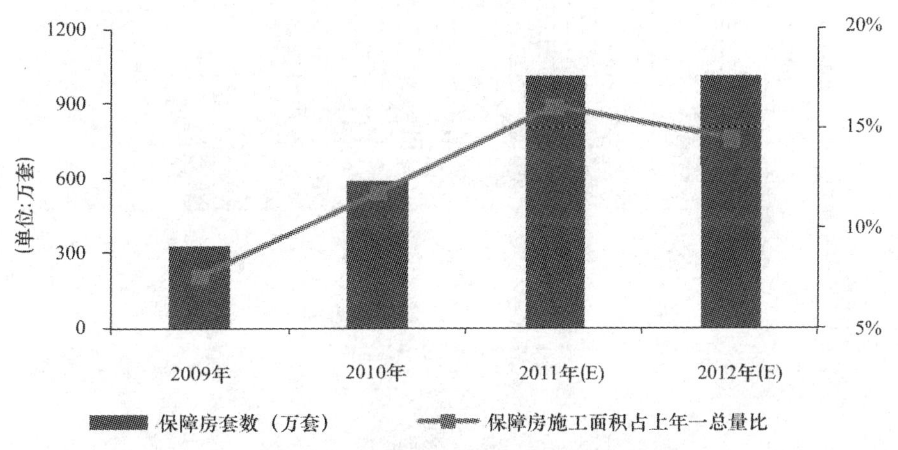

图 5-4　保障性住房施工面积增长比例

资料来源：wind 资讯。

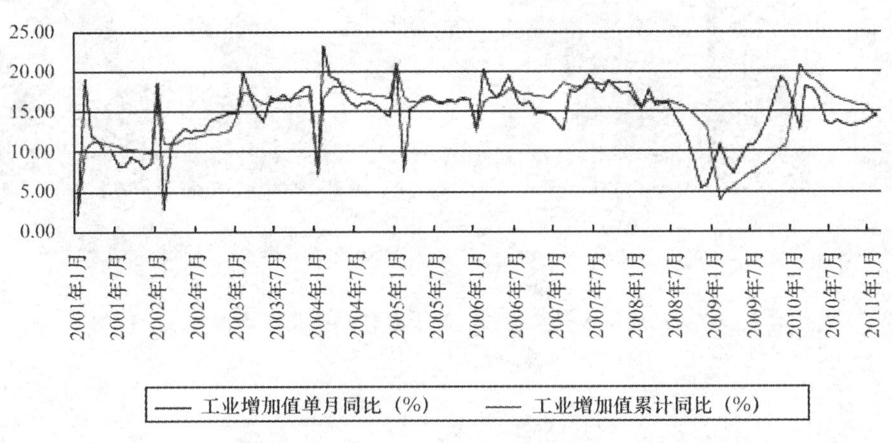

图 5-5　机械工业增加值单月同比和累计同比

资料来源：wind 资讯。

3. 汽车行业增速放缓，汽车用钢平稳增长

汽车行业是钢铁行业的一大消费领域，2009 年、2010 年汽车产量高速增长，2010 年达到顶峰，超过 1 800 万辆的产销量使中国成为世界第一汽车大国。

2011 年产销数据表明汽车增速有所放缓，但 2011 年汽车行业增速并不悲观，一方面中国城镇化进程决定了汽车刚性需求仍然很大，这在短期不会改变；另一方面政策只是部分退出，对汽车消费刺激作用较大的节能补贴仍然持续，而经销商降价幅度通常也能完全覆盖政策优惠的空间。除此之外，国内汽车更新换代和二三线城市需求的起步也能起到正面作用。对于全年，我们认为汽车产销量增速可能达到 12%，耗钢量为 3 850 万吨，同比增长 7.5%（如图 5-6 所示）。

4. 家电下乡政策效应延续，家电行业用钢仍值得期待

2011 年 1～2 月份家电下乡销售量突破 1 000 万台，销售量和销售额同比增速大幅回升。家电下乡和以旧换新等政策发挥的作用越来越大（如图 5-7 所示）。

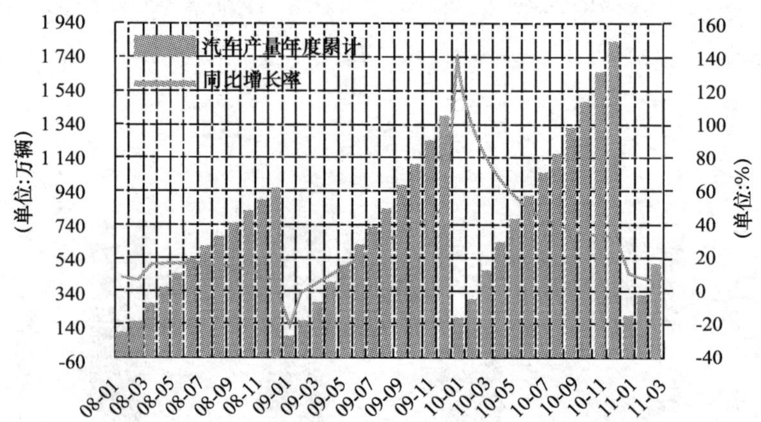

图 5-6 汽车年度累计产量及同比增长率

资料来源：wind 资讯。

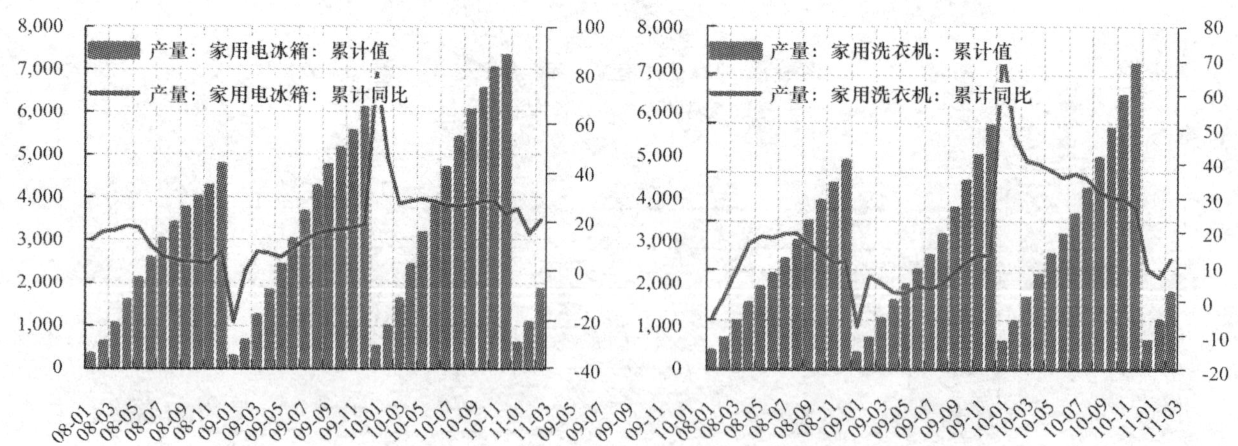

图 5-7 家用电冰箱及洗衣机年度累计产量及同比增长率

资料来源：wind 资讯。

除此之外，保障性住房面积增长也会带动家电销量的增长，一般情况下，家电销售滞后于房屋销售面积变化 6～12 个月，因此下半年家电销量值得期待。2011 年的家电市场在政策支持下增速仍然值得期待，全年用钢量有望达到 1 268 万吨，增长 8.0%。

5. 全球经济持续复苏，钢材出口形势乐观

钢材出口随着世界各主要经济体经济复苏而回升的概率较大，全年保持适度乐观的看法。另外一个潜在利好因素则是国际范围内的突发事件，澳大利亚水灾使得国际焦煤供应出现短缺从而影响日本等国钢铁生产，而国内焦煤受出口政策的影响增量有限，因此中国填补日韩钢铁缺口的可能性较大；日本地震的影响不容小觑，市场替代和灾后重建对钢材消费的拉动将会是中长期内中国钢材出口的利好因素。

2011 年 1～2 个月钢材净出口保持平稳，保守预计 2011 年国内钢材有望实现 2 000 万吨左右的净出口。出口的意义不仅在于对需求的拉动，更重要的是对国内钢材供需平衡的支持，在供需弱平衡的条件下，即使少量的出口也可能对国内市场走势产生重要影响。

随着钢材消费的季节性回暖，市场已经进入到全面去库存化阶段，经过 2010 年 12 月下旬至 3 月中旬，接近 3 个月的大幅增仓之后，国内钢材库存在 3 月下旬正式进入减仓通道，库存下降增强了钢价的支撑力（如图 5-8 所示）。

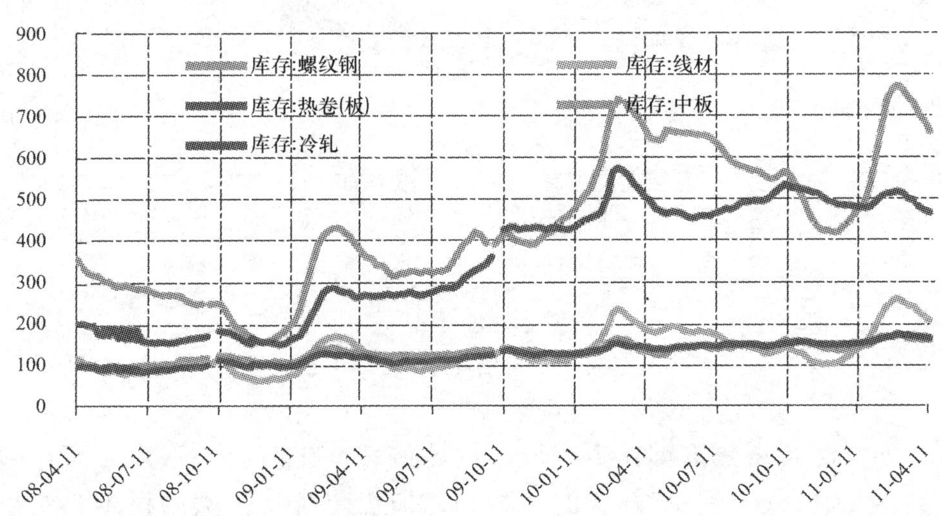

图 5-8　钢材产品库存变化

资料来源：wind 资讯。

（二）原材料价格仍将高位运行，钢企对铁矿石进口依赖度有望得到缓解

2011 年 1～3 月，铁矿石价格仍有一定幅度的上涨，其主导因素为供求和流动性。金融危机之后，大宗商品的表现虽与经济复苏有所关联，但更重要的是美国等国家的定量宽松货币政策引起的大范围流动性所致。从流动性来看，新兴市场由于经济增长态势良好且通胀压力加大，已经进入升息周期，全球范围内流动性过剩再次强化的概率在降低。

从供求关系来看，预计 2011 年 2012 年铁矿石需求量增长将大大低于新增产能，全球铁矿石供需偏紧的状态有望逐步改善。（1）2010 年随着铁矿石价格的持续攀升，三大矿山从下半年开始逐渐进入满负荷生产状态。从 2011 年的产量增长情况来看，淡水河谷年底新增加的一个 2000 多万吨的项目，2012 年有望增加 3 500 万吨的产量，巴西有望增加 6 000 万吨的产量，澳大利亚的增量有限。2012 年产量增量为 3 000～4 000 多万吨，其他地区的增量相对平稳。从 2011 年全年来看，世界范围内相比需求增速其供给压力逐渐缓解，2012 年、2013 年或将更为明显。未来铁矿石对钢铁冶炼环节的约束将逐步缓解。(2) 印度方面解除了卡邦铁矿石出口禁令，有望扭转印度铁矿石出口量下跌的局面，并有助于减轻国际铁矿石价格上涨压力。(3) 地震短期内影响日本铁矿石进口量，每月将减少约 360 万吨，有利于缓解铁矿石需求紧张趋势。(4) 铁矿石进口秩序整顿，全面推行进口铁矿石代理制将有利于缓解目前铁矿石供需双方博弈力量的不对称。(5) 国内矿山开采力度加大，对外依存度下降。

总体而言，对铁矿石价格大幅上涨的预期已经大大减弱，不考虑经济周期波动，从行业周期角度看，国内粗钢冶炼盈利空间继续下降的空间不大，且有望在未来几年内缓慢回升（如图 5-9 所示）。

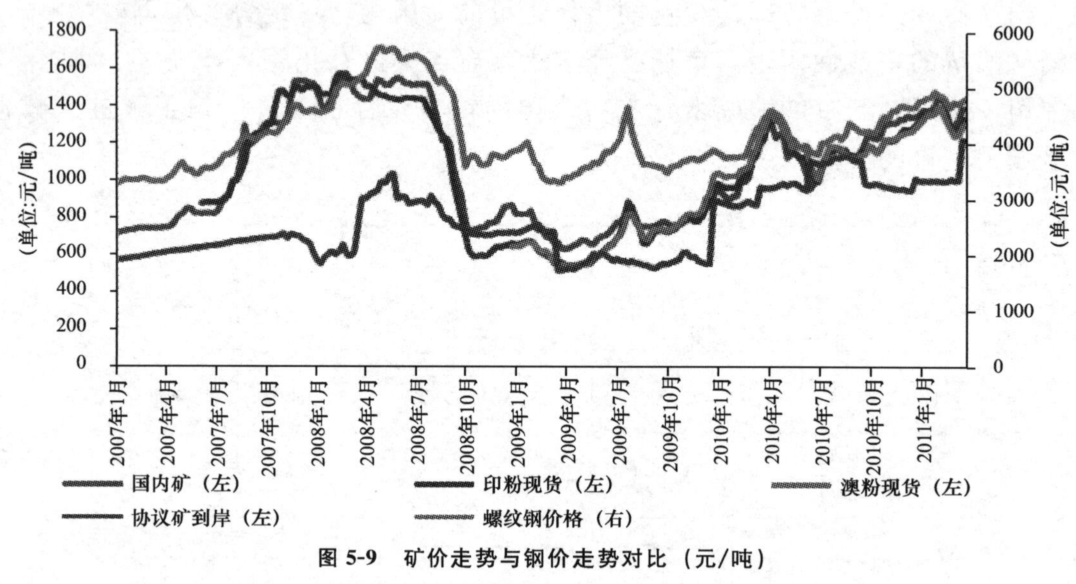

图 5-9 矿价走势与钢价走势对比（元/吨）

资料来源：wind 资讯。

煤焦供给方面，尽管煤焦占钢铁生产成本的比例较铁矿石要小得多，而且中国煤焦对外依存度（6%左右）远远低于铁矿石（60%左右），但煤焦价格上涨同样不容忽视，特别是在其他价格原料涨势已经确定的情况下。另外，中国煤焦品位普遍偏低，而随着冶金设备大型化趋势的发展，对优质焦煤的需求量将逐渐增加。2011 年全年焦煤对钢铁冶炼环节仍将存在一定约束（如图 5-10 所示）。

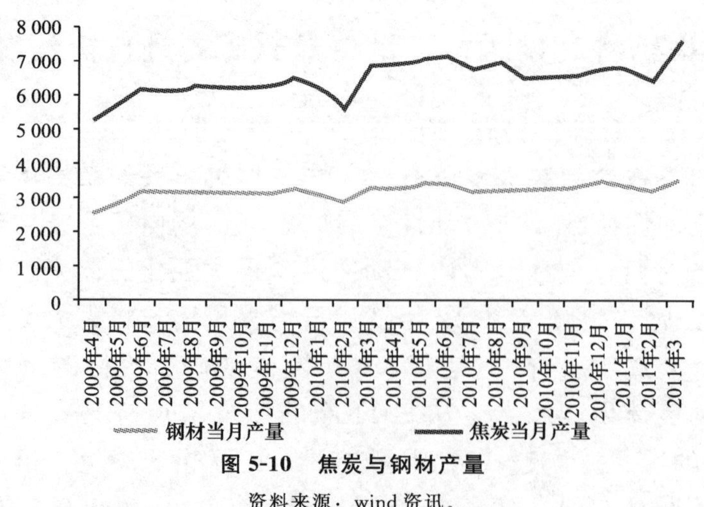

图 5-10 焦炭与钢材产量

资料来源：wind 资讯。

全年来看，在“产能难扩、需求不弱、上游原材料约束减缓”这一大背景下，2011 年钢价将呈上涨趋势，钢企利润将得到提升。

（三）产品结构调整，特殊钢、结构钢将迎来较好的发展机遇

《中央关于“十二五”发展规划建议》的出台标志着结构调整成为未来中国经济发展的主基调，制造业升级和战略新兴产业的发展被放到史无前例的高度，这意味着钢铁行业也必将做出一系列的调整，首先在消费结构的转变上，将会呈现两大发展趋势。

1. 工业用钢份额提升、建筑用钢份额缩小

随着中国逐渐进入重化工业阶段，传统依靠投资拉动的经济增长方式无以为继，钢材消费的重心也必会由建筑业向工业转移，相应工业用材的重要性会有所提升，而建筑钢材的发展潜力相对较小。

2. 钢材消费的高端化比例提升

经过 20 多年的积累，中国成套装备制造已形成一定的国际竞争优势，但核心零部件长期发展滞后，而零部件问题实质上就是材料问题。除此之外，未来战略新兴产业也将迎来一段高速发展期，特别是在高铁、飞机、海工装备、能源装备、新能源汽车等高端装备制造领域，这将催生巨大的高端钢材需求，如高等级管线钢、不锈钢、轴承钢、特种合金钢、合金钢板等，从而将促钢材消费向高端化转变。

“十二五”期间，国内钢铁行业将通过完善自主创新、改造工艺和技术装备、提高自动化水平，加快技术研发，重点开发高强度、塑性、长寿命的新一代钢材。2009 年，中国特殊钢产量约为 3 500 万吨，仅占钢产量的 5%左右。在此期间，政府还将高品质特殊钢列为战略性新兴产业中需要大力培养扶植的产业，特殊钢有望迎来一个新的发展时期。2015 年，高品质特殊钢产业的新增产值将达到 8%，2020 年将达到 15%（如图 5-11 所示）。

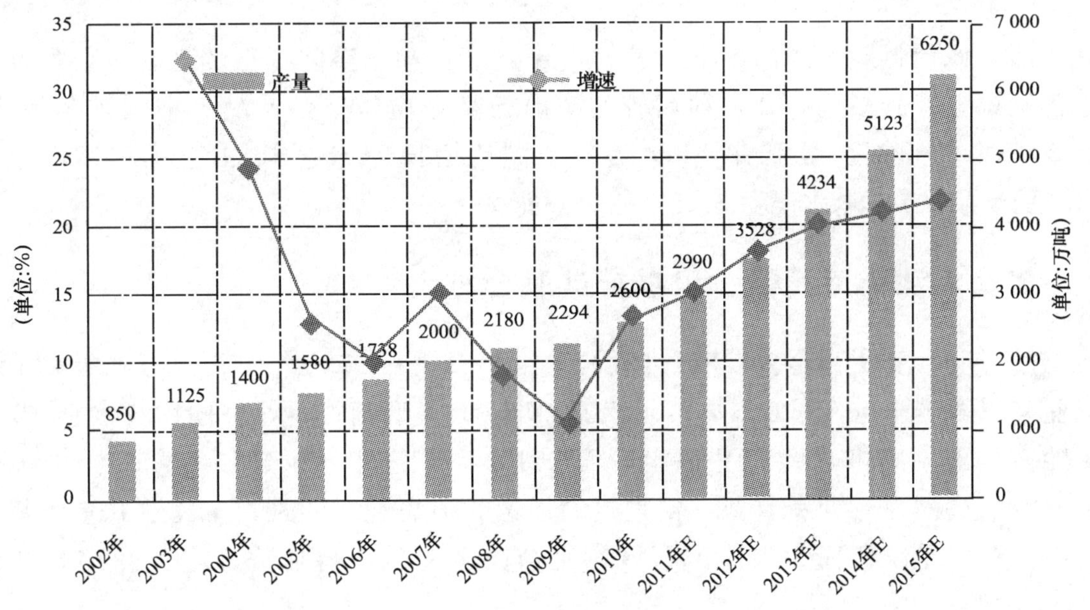

图 5-11　钢结构产量及展望

资料来源：wind 资讯。

钢结构作为新兴产业之一，"十二五"期间将迎来难得的发展机遇。钢结构协会预计，到2015年，中国钢结构产量有望在2010年2 500万吨的基础上翻一番，达到5 000万～6 500万吨，年复合增长率为15%～21%。2015年实现钢结构房屋建筑占房屋建筑总量15%～20%的目标。

钢结构关注三大领域

☆ 海洋工程钢结构。《中共中央关于制定国民经济和社会发展第十二个五年规划的建议》明确提出要发展海洋经济，为海洋工程钢结构的发展提供了新机遇。

☆ 钢结构住宅。钢结构住宅符合绿色环保、节能减排和循环经济的要求，中国平均每年房屋建筑施工面积超过20亿平方米，消耗钢材上亿吨，钢结构建筑用钢仅占建筑用钢的10%左右。中国房屋建筑中钢结构的建筑面积约占2%，而发达国家钢结构建筑占到40%～60%，提升的空间很大。

☆ 钢结构桥梁。尽管近10年来钢结构桥梁年用钢量从10多万吨提高到了目前的超过200万吨，但钢桥所占的比例仍很低。截至2008年底，全国公路59万座桥梁中，钢结构桥梁不足1%，而美国钢结构桥梁占33%，日本钢结构桥梁占41%。另外，中国铁路建设实现跨越式发展，新建的线路大多以桥代路，其中80%都是预应力钢筋混凝土桥梁，用钢桥替代的潜力很大。

资料来源：wind资讯。

另一方面，原燃料成本居高不下，普材占比过高，利润空间很低的现状也必然促使中国钢铁企业自发调整产品结构，开发利润较为丰厚的高品质特殊钢产品。中国排名靠前32家特钢企业2010年的粗钢产量只有8 868万吨，同比增长16.52%，占全国粗钢产量的比例14.14%，远低于西方国家水平，发展空间仍然很大。

（四）加快淘汰落后产能，积极推进联合重组

"十二五"期间钢铁行业将继续推进联合重组，形成5 000万～6 000万吨级以上的特大型钢铁企业，以及若干家1 000万～3 000万吨级以上大型钢铁企业，国内排名前10位钢铁企业的产能占全国比例将达到60%以上，而2010年该比例仅为40%。2010年中国兼并重组掀起了一波小高潮，这预示着新一轮重组的加速。值得注意的是，本轮兼并重组将呈现新的特点：（1）跨省重组将成为主体；（2）国企与民企的融合将加速；（3）重组模式趋于多样化。

截至2010年底，炼铁、炼钢行业分别淘汰落后产能11 172万吨和6 683万吨，据了解，上述数据仅占全部落后产能的50%，因此"十二五"期间的任务仍然艰巨。2011年钢铁业将按照既定目标淘汰400立方米及以下高炉，30吨及以下转炉、电炉。2011年2月18日，

工信部发布文件，要求地方政府最迟在每年2月底之前上报当年淘汰落后产能的任务目标；近期山东省针对可能出现的能耗反弹提前部署节能减排工作；山西省启动本年度电石、铁合金等行业淘汰落后产能的申报工作，公布“十二五”期间淘汰落后产能步骤。上述迹象表明，地方政府已具备一定自发意识，淘汰落后、节能减排或将趋于常态化，其长效机制正在逐步清晰并被普遍接受。

联合重组、淘汰落后、节能减排、行业规范等政策措施的推进和实施，为钢铁行业和钢铁市场的平稳运行创造了有利条件。兼并重组对于企业和行业的意义不仅在于提高行业集中度、增强话语权，更重要的是通过产能置换淘汰落后、改进技术、提高整体竞争力。新产品开发、质量提升、替代进口是中国钢铁业由大到强转变的关键。十二五将通过完善自主创新、改造工艺和技术装备、提高自动化水平，加快技术研发，重点开发高强度、塑性、长寿命的新一代钢材。目前太原钢铁、首钢、武钢、宝钢、河北钢铁等都在朝着这个方向努力。将来力争使国内排名前10位的钢铁企业集团钢产量占全国产量的比例提高到60%以上。

附表：

2010年钢铁行业上市公司业绩评价结果排序表

行业排名	全部上市公司排名	股票代码	股票简称	综合得分（100分）	每股收益（元）	总资产报酬率（%）	净资产收益率（%）	总资产周转率（次）	流动资产周转率（次）	资产负债率（%）	获利倍数	营业收入增长率（%）	资本扩张率（%）	市场投资回报率（%）	股价波动率（%）	年末资产额（万元）	营业收入净额（万元）	净利润（万元）
1	87	000708	大冶特钢	72.71	1.25	15.62	24.52	1.9	3.88	44.04	86.27	41.93	24.19	28.74	94.7	453 705.45	789 302.35	56 188.33
2	149	000778	新兴铸管	69.67	0.7	8.81	14.1	1.68	2.65	54.82	9.61	49.36	22.61	−12.34	88.1	2 670 704.43	3 762 074.49	154 452.21
3	224	600295	鄂尔多斯	66.38	0.81	9.63	18.89	0.5	1.19	66.79	3.62	44.54	25.01	44.26	151.78	2 587 418.67	1 173 295.77	146 130.88
4	241	600019	宝钢股份	65.65	0.74	8.57	12.57	0.97	3.33	48.47	22.17	36.29	10	−27.5	72.29	21 606 510.37	20 214 915.24	1 336 088.76
5	340	600231	凌钢股份	62.81	0.74	10.01	17.48	1.73	3.5	53.87	16.17	35.23	19.69	−28.36	134.9	805 927.03	1 285 774.39	59 626.26
6	443	600581	八一钢铁	60.33	0.69	7.59	16.74	1.91	4.91	72.25	2.81	43.84	16.83	−32.2	88.51	1 218 067.04	2 366 600.26	52 520.13
7	469	600507	方大特钢	59.54	0.23	7.2	15.09	1.74	3.88	69.74	4.91	10.97	20.11	37.54	121.7	749 729.17	1 216 024.25	31 369.94
8	509	600516	方大炭素	58.64	0.32	11.51	14.16	0.55	0.85	49.74	6.4	51.59	12.1	40.53	147.47	626 495.27	321 648.57	42 176.86
9	556	600126	杭钢股份	57.46	0.42	7.15	9.69	2.31	3.64	57.53	4.86	23.54	2.21	−24.85	73.6	893 620.26	1 941 039.70	36 375.24
10	612	000761	本钢板材	56.21	0.3	3.51	6.34	1.29	3.07	58.06	5.26	28.34	6.52	−7.38	68.04	3 587 174.19	4 568 775.05	92 532.20
11	721	000629	攀钢钒钛	53.71	0.19	3.58	6.62	0.75	2.5	72.58	2.11	12.37	4.27	44.06	54.72	5 972 824.64	4 324 653.19	106 210.40
12	798	600307	酒钢宏兴	52.29	0.46	4.93	9.05	1.4	3.42	63.15	7.14	9.95	12.29	−34.37	112.93	3 049 579.56	3 952 450.74	96 087.17
13	830	600005	武钢股份	51.52	0.22	4.09	6.14	1.01	5.25	62.94	3.59	40.74	3.39	−44.66	129.94	7 630 491.10	7 559 660.31	170 734.32
14	834	600117	西宁特钢	51.46	0.31	7.02	10.9	0.63	2.21	74.1	2.12	35.97	6.41	−14.98	113.41	1 199 611.64	705 193.69	32 852.00
15	836	601003	柳钢股份	51.43	0.25	6.74	12.24	2.22	4.6	71.44	2.64	39.71	5.31	−38.9	128.45	1 852 179.38	3 711 500.71	63 116.12
16	875	600808	马钢股份	50.65	0.14	3.54	4.32	0.94	2.38	60.06	3.34	25.3	2.99	−30.01	77.39	7 010 492.52	6 498 111.25	119 160.93
17	886	000959	首钢股份	50.45	0.12	3.2	2.83	1.55	4.47	52.11	2.25	22.46	4.93	−21.64	104.67	1 754 930.43	2 790 598.09	23 242.96
18	921	000898	鞍钢股份	49.78	0.28	3.5	3.57	0.9	3.35	47.35	2.89	31.81	2.88	−48.98	141.15	10 511 400.00	9 243 100.00	195 000.00
19	927	000825	太钢不锈	49.6	0.24	4.16	6.14	1.39	4.03	63.94	2.27	21.4	5.55	−39.46	118.75	6 360 479.75	8 719 780.00	137 196.44
20	945	600782	新钢股份	49.28	0.26	3.51	4.59	1.38	3.38	67.96	1.92	61.2	3.57	−32.41	105.86	2 675 674.67	3 521 255.77	38 646.63
21	1049	002318	久立特材	47.15	0.35	5.22	5.93	0.9	1.43	26.33	8.75	12.71	4.03	−18.66	86.43	194 787.39	178 429.93	8 341.21
22	1100	000709	河北钢铁	45.92	0.21	3.3	4.86	1.13	2.51	70.48	1.94	34.1	2.97	−46.1	135.51	10 493 822.75	11 691 901.98	148 429.34
23	1108	002110	三钢闽光	45.77	0.21	4.96	4.1	2.12	4.35	64.48	1.74	19.01	2.74	−34.28	120.3	764 710.90	1 598 000.59	10 994.34
24	1165	600102	莱钢股份	44.1	0.13	3.44	2.08	2.44	7.82	64.31	1.28	42.49	1.19	−39.48	116.64	1 679 784.47	4 029 083.74	12 378.45
25	1326	600010	包钢股份	37.5	0.03	2.28	1.57	0.95	1.97	69.92	1.37	19.2	1.61	−15.41	89.48	4 204 398.71	4 054 638.07	19 678.75
26	1337	600399	抚顺特钢	36.96	0.06	3.52	1.89	0.89	1.46	74.04	1.24	26.44	1.91	−14.33	97.91	640 691.78	528 159.34	3 115.03

续表

行业排名	全部上市公司排名	股票代码	股票简称	综合得分(100分)	每股收益(元)	总资产报酬率(%)	净资产收益率(%)	总资产周转率(次)	流动资产周转率(次)	资产负债率(%)	获利倍数	营业收入增长率(%)	资本扩张率(%)	市场投资回报率(%)	股价波动率(%)	年末资产额(万元)	营业收入净额(万元)	净利润(万元)
27	1427	600569	安阳钢铁	32.5	0.03	2.32	0.71	0.97	2.16	65.64	1.18	23.5	1.92	-38.13	100.49	3 143 132.61	2 829 673.42	7 627.17
28	1464	600022	济南钢铁	30.7	0.03	2	1.2	1	3.04	77.99	1.26	20.99	1.17	-32.64	96.07	3 279 320.70	3 074 066.19	8 600.00
29	1478	000717	韶钢松山	29.87	0.01	1.5	0.36	0.91	2.51	74.82	1.09	41.1	0.35	-41.78	110.61	2 309 907.00	1 883 595.61	2 094.50
30	1554	601005	重庆钢铁	25.04	0.01	2.31	0.18	0.86	1.71	74.65	1.03	55.98	2.63	-36.7	115.2	2 249 235.10	1 661 784.00	1 000.90
31	1583	600894	广钢股份	22.81	-0.13	0.8	-18.21	1.52	2.33	88.9	0.26	7.2	-18.31	2.1	97.68	437 201.65	651 043.19	-9 831.45
32	1588	000932	华菱钢铁	22.29	-0.97	-2.13	-17.17	0.87	3.07	80.61	-1.41	46.09	-16.83	-49.43	145.31	7 471 585.88	6 056 342.42	-274 039.42
		600282	南钢股份	56.94	0.24	7.12	12.59	1.26	2.34	71.17	2.74	28.97	128.87	-41.07	113.65	3 521 453.59	3 005 499.29	91 802.10

第六章

有色金属行业上市公司业绩评价

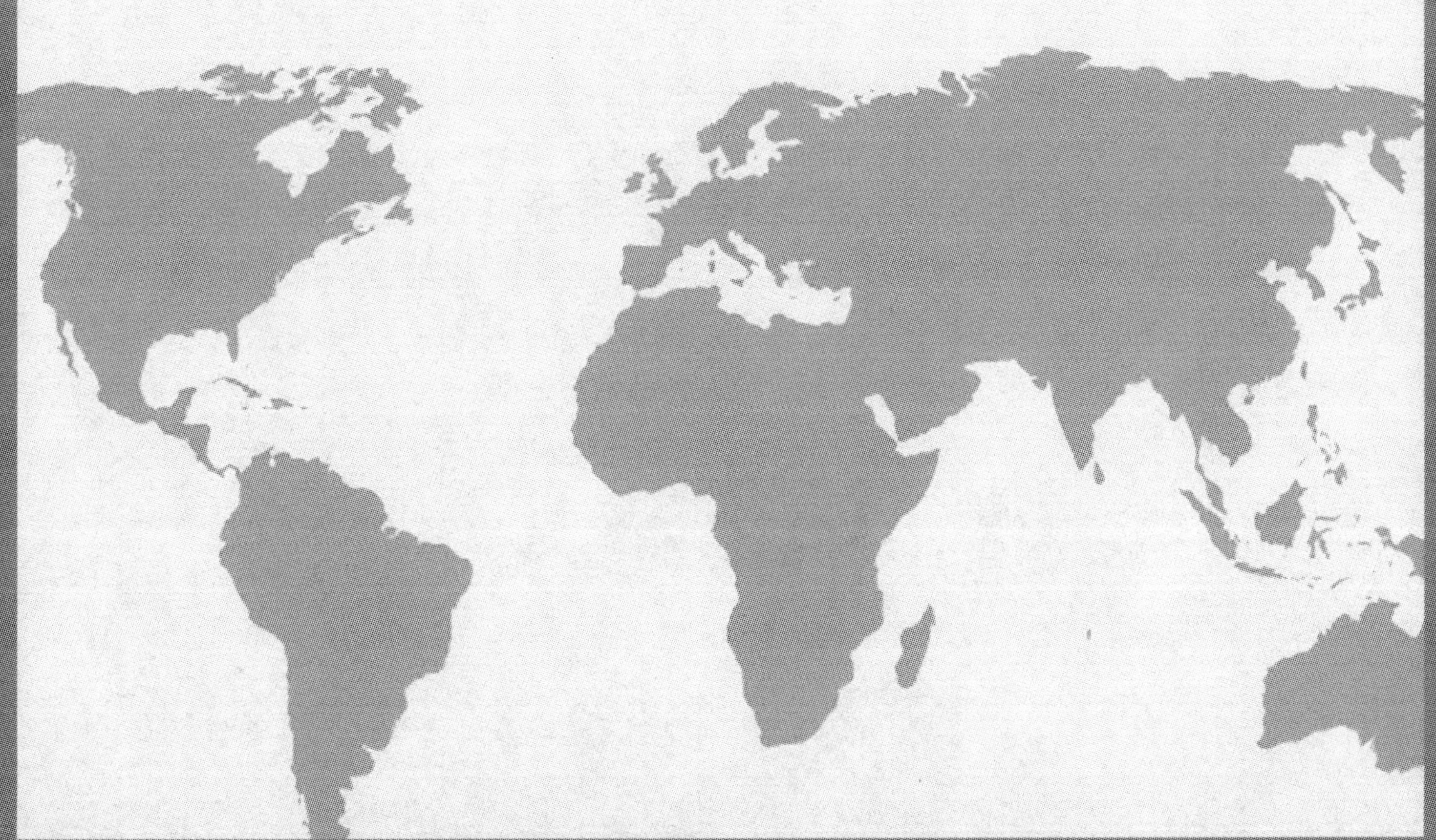

有色金属行业作为国民经济中重要产业之一，对中国国民经济平稳快速增长有着重要作用。中国有色金属行业在经历了2009年的强劲反弹之后，2010年表现良好，尤其是2010年下半年，部分有色金属企业业绩出现较大幅度增长。根据综合评价结果，有色金属公司中有5家进入上市公司100强，分别是紫金矿业、江西铜业、山东黄金、中金黄金和包钢稀土。

2011年，随着全球经济继续复苏及中国有色金属行业的振兴规划的实施，电力、家电、汽车、建筑、机械及其他耐用品等行业需求增加，有色金属行业总体趋势向好。

一、有色金属行业上市公司价值分析结果

截至2010年末，有色金属行业（包括铜、铝、黄金、铅、锌等采掘、冶炼生产等子行业）的A股上市公司共68家，其中按生产环节划分，以采掘为主的公司11家，占16.18%；以冶炼为主的公司57家，占83.82%。沪市17家，占25%；深市41家，占75.68%。有色金属行业上市公司资产总额6 170.8亿元，归属母公司的所有者权益2 501.71亿元，资产负债率为54.60%，2010年完成营业收入5 832.50亿元，比上年增加50.39%，实现净利润266.84亿元，比上年增长188.66%。从行业比较看，有色金属行业与全部上市公司（含银行）相比，总资产、营业收入、净利润所占比例分别为3.36%、3.97%、2.77%，2010年获利能力受市场影响波动较大。

按照中国上市公司业绩评价指标体系，有色金属行业综合评价结果，略低于全国上市公司水平。68家有色金属行业上市公司有5家进入2010年上市公司业绩评价综合得分的百强名单。业绩为优秀的有紫金矿业、中金黄金、山东黄金等9家；业绩为良好的有11家；业绩为中的有9家；业绩为低的有27家；业绩为差的有12家。

表6-1　2010年有色金属行业中联十强排行榜

名次	股票代码	股票简称	在全部上市公司中排名
1	601899	紫金矿业	35
2	600362	江西铜业	42
3	600547	山东黄金	59
4	600489	中金黄金	69
5	600111	包钢稀土	75

续表

名次	股票代码	股票简称	在全部上市公司中排名
6	002155	辰州矿业	205
7	600888	新疆众和	292
8	000060	中金岭南	296
9	600139	西部资源	300
10	002171	精诚铜业	411

从企业业绩评价的结果分析看，我们可以得出以下结论：

第一，2010 年有色金属板块的综合评价分值相比 2009 年分值有所上升，主要是由于金融海啸对实体经济的冲击效应的减弱，国际经济进入复苏轨道，流动性宽裕，有色金属需求趋向转暖。从全年来看，有色金属板块财务效益、资产质量、发展能力指标都有明显上升，市场表现得分较去年有一定幅度降低。在市场表现方面，由于 2009 年有色金属板块强劲复苏，而 2010 年上半年则经历了一波下降的行情，其后走势大幅增高，相对于 2009 年全年增长的行情表现，2010 市场表现比 2009 年略差。

第二，有色金属中的采掘子行业平均综合得分远高于冶炼子行业，其各项指标中除发展能力、市场表现基本持平外，其他各项指标略优于冶炼子行业分项指标（见图 6-1），主要是采掘类企业拥有资源优势，资源的稀缺性导致其价格不断攀升，采掘子行业业绩普遍好于冶炼子行业。

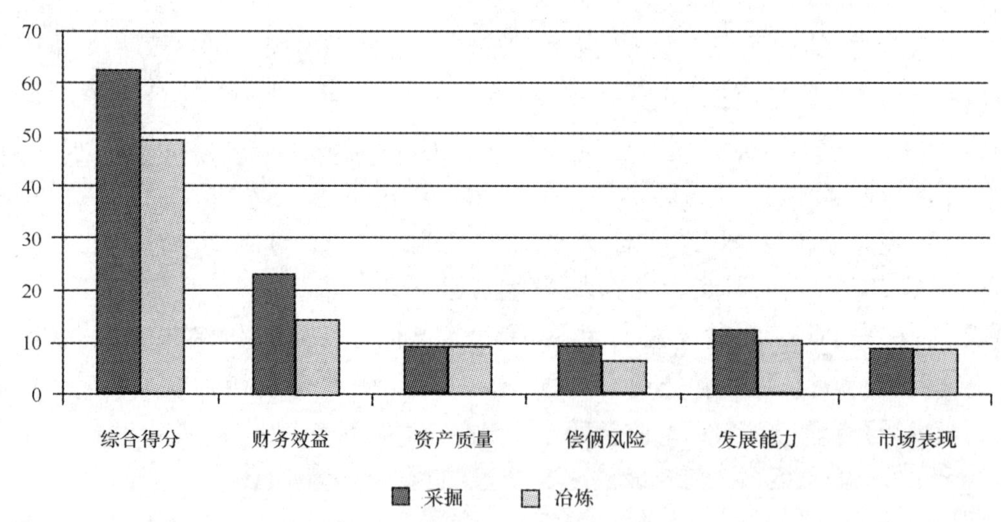

图 6-1 有色金属行业采掘、冶炼子行业指标比较

基于对有色金属行业上市公司的整体评价，下面分别从财务效益状况、资产质量状况、偿债风险状况、发展能力状况、市场表现状况五个方面对有色金属行业上市公司进行具体分析。

(一) 财务效益状况

从综合得分来看，2010 年有色金属行业上市公司财务效益状况差于上市公司平均水平。

表 6-2 列示了有色金属行业上市公司财务效益状况评价结果。从基本指标来看，有色金属行业上市公司财务效益状况略低于全国上市公司平均水平，有 18 家公司超过全国平均水平，其中得分为 35 分的有 6 家，分别为紫金矿业、山东黄金、中金黄金、包钢稀土、沙钢股份和西部资源。

从修正指标来看，其得分也略低于上市公司平均得分。扣除非经常性损益净资产收益率、总资产报酬率、营业利润率、盈利现金保障倍数和股本收益率指标均低于上市公司平均水平。

根据表 6-2，与 2009 年的情况相比，除盈利现金保障倍数外，2010 年有色金属行业在财务效益指标方面，各项指标较 2009 年都有所提升，其中扣除非经常性损益净资产收益率和股本收益率上升幅度明显，分别上升了 164.42％和 162.87％。而盈利现金保障倍数较 2009 年有所下降，主要是由于行业净利润较 2009 年上涨 188.66％，而由经营活动产生的现金流量净额由 2009 年的 136.8 亿元增加到 181.86 亿元，仅增长 32.94％。2010 年行业的固定资产投资 3 627.9 亿元，同比增长 33.5％，应收账款同比增长 37.88％，存货同比增长 38.83％，这些都使得净利润与现金流差异较大，从而拉低了盈利现金保障倍数，行业的收益质量有待进一步提高。

表 6-2　　有色金属行业财务效益状况

评价指标		2010 年上市公司平均值	2010 年行业值	2009 年行业值	增长率（％）
基本指标	扣除非经常性损益净资产收益率（％）	12.54	9.81	3.71	164.42
	总资产报酬率（％）	8.09	7.51	4.14	81.40
	得分（分）	21.28	19.54	16.43	18.93
修正指标	营业利润率（％）	7.7	5.54	3.1	78.71
	盈利现金保障倍数	1.24	0.68	1.48	－54.05
	股本收益率（％）	51.08	41.35	15.73	162.87
综合得分（分）		22	19.46	16.78	15.97

在 2010 年有色金属行业财务效益排行中，铜制品类企业表现突出。例如，江西铜业主要从事铜的采矿，选矿，熔炼及精炼等，占据传统有色产业利润最高的上游，且公司矿产储量丰富，在资源价格不断高涨的情况下，大幅增加了公司的业绩，其高盈利状态也将会持续。2010 年由于宏观经济环境的回暖，带动了铜的工业需求，导致铜制品销售量的上涨及铜市场价格的大幅上升，使得公司营业收入比上年大幅增长。2010 年实现营业收入 764.41 亿元，同比增长 47.81％；归属于上市公司股东的净利润为 49.07 亿元，同比增长 108.88％。

（二）资产质量状况

从综合得分来看，2010 年有色金属行业上市公司资产质量状况优于上市公司平均水平。

从表 6-3 可以看出，有色金属行业上市公司资产质量状况基本指标平均得分略高于全国所有上市公司平均水平。该指标得满分的企业分别是山东黄金、中金黄金、沙钢股份、精诚铜业、铜陵有色、*ST 中钨、ST 珠峰和株冶集团，这些企业在运营中流动资产周转率水平均在 3 以上，分别为 19.8、5.25、3.96、3.84、3.26、4.57、3.4 和 3.92，明显高于行业平均水平。

从修正指标来看，2010 年应收账款周转率为 32.48 次，明显高于市场平均值 14.78 次。

纵向来看，2010 年与 2009 年的情况相比，有色金属行业在资产质量指标方面，各项指标均有不同程度的增长，2010 年有色金属价格呈现波动性上涨，资产质量较上年有明显的改善。

表 6-3　　有色金属行业资产质量状况

增长率（%）		2010 年上市	公司平均值	2010 年行业值	2009 年行业值
基本指标	总资产周转率（次）	0.88	1.04	0.82	26.83
	流动资产周转率（次）	1.93	2.32	1.9	22.11
	得分（分）	9V4	10.99	9.71	13.18
修正指标	应收账款周转率（次）	14.78	32.48	28.09	15.63
	存货周转率（次）	4.36	4.51	4.27	5.62
综合得分		9.21	11.22	10.51	6.76

在 2010 年有色金属行业资产质量状况排名较前的公司中，精诚铜业主要从事黄铜、锡磷青铜两大系列铜基合金板带材的研发、加工和销售，2010 该企业实现营业总收入 293 766.10 万元，同比增长 36.22%，主要受益于铜系列产品销售价格和销售规模的不断增长。

（三）偿债风险状况

从综合得分来看，2010 年有色金属行业上市公司偿债风险状况差于上市公司平均水平。

根据表 6-4 中有色金属行业基本指标的分析可知，该行业上市公司偿债风险状况平均得分略低于全国所有上市公司平均水平，共有 27 家公司超过平均水平，其中获得满分的企业共 3 家，分别为金钼股份、云南锗业和天齐锂业。

从修正指标看，该行业得分略低于上市公司分平均水平。速动比率和现金流动负债比率均低于上市公司平均得分，带息负债比率高于上市公司平均得分。

根据表 6-4 所示，与 2009 年相比，有色金属行业除资产负债率和获利倍数均有所上涨，其中获利倍数涨幅达 64%，速动比率、现金流负债比率、带息负债比率均有所下降。

表 6-4 有色金属行业偿债风险状况

评价指标		2010 年上市公司平均值	2010 年行业值	2009 年行业值	增长率（%）
基本指标	资产负债率（%）	57.6	54.6	53.6	1.87
	获利倍数（倍）	9.32	4.92	3	64.00
	得分（分）	9.2	8.48	8.34	1.68
修正指标	速动比率（%）	73.82	61.45	62.61	−1.85
	现金流动负债比率（%）	15.97	7.28	7.51	−3.06
	带息负债比率（%）	45.08	62.58	66.25	−5.54
综合得分（分）		9.08	7.39	7.47	−1.07

在 2010 年有色金属行业偿债风险排行中，南山铝业是一家致力于铝产品深加工的一体化铝业公司，目前拥有从热电—氧化铝—电解铝—热轧—冷轧—箔轧及铝型材的完整铝产业链，具有较强的盈利能力和抗风险能力。2010 年通过提高深加工产品中的热轧，冷轧及工业型材的产量，优化单耗定额和考核制度，提高产品成品率，优化工艺流程等措施，有效的控制成本和费用，实现了主营业务的稳步增长。2010 年实现营业收入 917 413.68 万元，比去年同期增加 26.03%；实现利润总额 105 516.73 万元，比去年同期增加 10.79%。除效益良好之外，还由于非公开发行发行股票募集资金，使得偿债能力较高。S＊ST 圣方同样因为发生了重大资产重组而有较强的偿债能力。

（四）发展能力状况

从综合得分来看，2010 年有色金属行业上市公司发展能力状况优于全国上市公司平均水平。

从表 6-5 可知，有色金属行业上市公司发展能力状况基本指标平均得分略高于全国上市公司的平均水平。有 17 家公司高于行业平均水平，基本指标中发展能力得分最高为格林美。

从修正指标来看，有色金属的得分高于市场平均水平这说明有色金属行业 2010 年发展势头良好。从表中还可以看出，2010 年总资产增长率远远高于 2009 年，几乎翻了一番，2010 年新上市的有色金属企业，如银河磁体、天齐锂业等的总资产增长率都在 150%以上。营业利润增长率更是有了质的提高，由 2009 年的负增长转变为正的 145.32%。由此可见，有色金属行业在 2009 年得益于各种政策和整体经济环境等有利因素而有了较大发展。

表 6-5 有色金属行业发展能力状况

评价指标		2010 年上市公司平均值	2010 年行业值	2009 年行业值	增长率（%）
基本指标	营业收入增长率（%）	37.7	50.39	−5.94	948.32
	资本扩张率（%）	22.63	19.75	5.27	274.76
	得分（分）	12.2	14.56	9.26	57.24

续表

评价指标		2010年上市公司平均值	2010年行业值	2009年行业值	增长率（%）
修正指标	累计保留盈余率（%）	38.94	36.83	33.85	8.80
	三年营业收入增长率（%）	19.5	13.61	8.86	53.61
	总资产增长率（%）	22.95	22.59	11.86	90.47
	营业利润增长率（%）	47	145.32	－12.37	1 274.78
综合得分（分）		12.99	13.8	9.72	41.98

在2010年有色金属行业发展能力排行榜中，包钢稀土发展情况突出，其主营业务为稀土精矿、稀土深加工产品、稀土新材料生产与销售等。2010年国家节能减排和对新材料的大力推广等政策，以及行业重组等都对稀土行业产生重大利好，行业景气度提升，各类稀土产品价格均有较大幅度上涨，使得主营业务收入及毛利率同比增幅较大。而作为国内稀土行业的龙头企业，包钢稀土的发展能力更是表现突出。

（五）市场表现状况

从综合得分来看，2010年有色金属行业上市公司市场表现状况优于上市公司平均水平。

由表6-6可知，2010年有色金属行业公司市场表现状况得分略高于上市公司平均值，低于2009年的行业得分。29家公司得分高于行业平均值，其中利源铝业和银河磁体并列第一，得分为满分。

2010年有色金属市场投资回报率为41.53%，高于所有上市公司的平均值，却远远低于2009年的160.08%。究其原因，2009年较高的投资回报率使得2010年该行业经历了比2009年规模更大的资本扩张，从而导致市场投资回报率下降，但仍高于2010年上市公司的平均值，行业表现良好。

2010年有色金属行业股价波动率较2009年略有下降，但仍远高于平均波动值，尤其是2010年下半年受益于有色金属价格的大幅上涨，波动幅度远远超过大盘走势。

表6-6　有色金属行业公司市场表现

评价指标	2010年上市公司平均值	2010年行业值	2009年行业值	增长率（%）
市场投资回报率（%）	12.19	41.53	160.08	－74.06
股价波动率（%）	94.83	142.57	168.64	－15.46
得分（分）	9	9.3	10.02	－7.19

在2010年有色金属行业市场表现中，鑫科材料主要生产铜类制品，2010年，随着宏观经济环境的好转，大宗原材料产品价格逐步上涨，行业需求回升等使得公司盈利增长较大。2010年全年实现营业利润6 169万元，比上年同期增加了255.86%，净利润5 443万元，比上年增加了146.82%，市场投资回报率达到61.59%，股价波动率达到196.22%，市场表现优异。

2009年中国有色金属行业国际对标

根据国资委编制的企业绩效评价国际标准值（2009），我们将中国有色金属行业2009年业绩评价结果和全球195家大型领先有色金属企业进行了比较。相比全球195家大型领先有色金属企业，中国有色金属行业整体上市公司营业收入、权益、资产负债率等指标与国际水平相差无几，营业利润甚至远超过同期国际水平，但经营现金流量等指标与国际水平还有一定差距。从个股来看，紫金矿业、中金黄金等中国有色金属行业上市公司龙头企业的负债能力、发展能力已超过全球195家大型领先有色金属企业平均值，跻身全球领先行列。

2009年度全球有色金属企业收入利润和资产情况

	中国有色金属行业上市公司平均值（亿人民币）	全球195家大型领先有色金属企业平均值（亿人民币）
营业收入	55.66	60.36
资产总额	71.70	80.23
权益	33.27	35.30
资产负债率	53.6%	55.90%
营业利润	1.73	0.96
营业利润率	3.1%	1.60%
经营现金流量	2.01	6.01

（一）财务效益状况

2009年中国有色金属行业总资产报酬率为4.14%，与全球195家大型领先有色金属企业相比，略低于国际良好水平，表现较好。从营业利润率来看，2009年中国有色行业为3.1%，低于全球195家大型领先有色金属企业的平均值，中国有色行业盈利水平有待提高。

个股方面，2009年总资产报酬率最高和营业利润率最高的企业均为西部资源，分别达到36.44%和66.21%，与行业值差别较大，这说明中国有色金属行业整体的财务效益状况较好，但行业内部表现分化明显。

（二）资产质量状况

2009年中国有色金属行业总资产周转率和流动资产周转率为0.82与1.9，从个股来看，2009年总资产周转率最高的为山东黄金，为4.47，行业内有15家公司超过国际标准平均水平。中国有色金属行业资产质量与国际优秀水平还有一定的差距，随着国家相关政策的实施和稀缺资源价格的不断上涨，中国有色金属行业整体的资产质量状况还会有进一步的改善。

（三）偿债能力状况

2009年中国有色金属行业资产负债率为53.6%，与全球195家大型领先有色金属企业相比，均处于平均水平。从个股来看，2009年中国资产负债率最低的是金钼股份，为4.71，中国57家有色金属上市公司中有20家上市公司资产负债率超过国际平均水平，中国有色金属行业偿债能力较好。

（四）发展能力状况

2009年中国有色金属行业营业利润增长率为－12.37％，与全球195家大型领先有色金属企业相比，高于国际良好值，表现较好。有色金属行业总资产增长率为11.86％，高于6.6％的国际平均水平。中国有色金属行业发展能力较为突出，主要受益于资源价格的大幅上涨和国家相关政策的出台，由于此类利好因素的长期存在，中国有色金属行业的整体发展能力将会得到进一步的提高。

二、有色金属行业上市公司业绩影响因素分析

对于同时具备金属属性和金融属性的有色金属来说，供需关系、美元走势以及通胀预期是影响金属价格的决定因素，也是关系有色金属行业业绩的核心要素。2009年有色金属板块主要受货币因素的影响，弱势美元以及市场充裕的流动性提振了全球金属价格。有色金属行业业绩的提升则主要归因于整体价格水平的上涨。2010年，中国经济继续保持较快增长，有色金属价格波动中上升，对上市公司业绩构成强烈支撑。2010年有色金属价格走势的基本情况是，上半年有所回落，下半年稳步增长。6月左右达到全年价格最低谷，7月以后连续回升，价格最高点出现在12月。

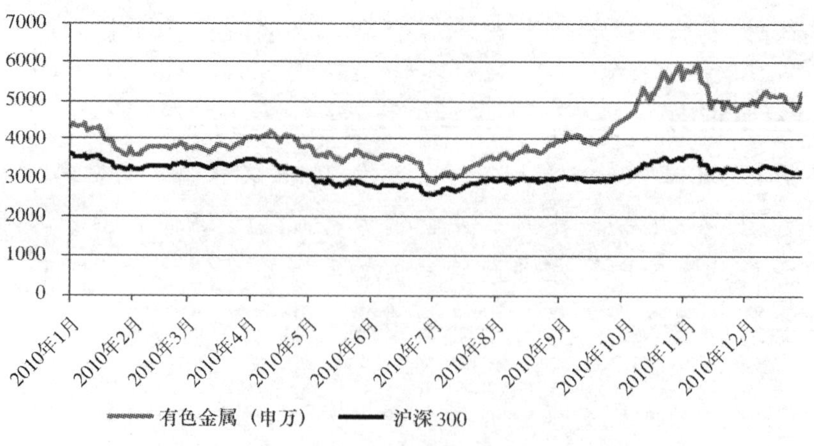

图6-2 2010年有色金属指数与沪深300指数波动

有色金属上市公司的业绩增长在股价走势中得到了反映。图 6-2 为有色金属指数与沪深 300 走势图，下方较为平缓的曲线即沪深 300 指数波动。可以看出，2010 年有色金属总体趋势要明显优于大盘。上半年有色金属板块表现相对平稳，甚至还出现一定程度的下跌，而下半年表现突出。在有色板块中，贵金属企业股价上涨幅度最大，稀有金属与基本工业金属股价表现基本持平。

（一）2010 年受中国等新兴国家经济强劲增长影响，有色金属工业需求逐渐恢复，拉动了价格的上升

有色金属是重要的工业原材料，其需求量与经济形势密切相关。2010 年美国实际国内生产总值较上年增长 2.9%，欧元区和欧盟 27 国 2010 年 GDP 分别增长 1.7%和 1.8%。国际经济缓慢复苏，有色金属工业需求逐渐恢复，拉动了价格的上升。

2010 年中国经济增长较快，GDP 增长率达到 10.1%。作为世界上最大的有色金属消费国，中国经济的强劲复苏是带动有色行业发展的重要动力。中国是全球最大的铝消费国，每年消费铝 1 400 多万吨，占全球消费的 39.4%。2010 年，中国金属铅产量和消费量分别占全球的 46%和 43%，是世界上最大的铅生产和消费国。

家电、汽车、摩托车下乡和以旧换新政策效应在 2010 年继续显现。目前中国乘用车处于快速普及期，消费需求带动了上游有色金属行业的发展。受政策因素影响，2010 年全国汽车产销量分别为 1 826.47 万辆和 1 806.19 万辆，同比增长 32.44%和 32.37%，蝉联世界第一。2010 年，全国房地产开发投资 48 267 亿元，比上年增长 33.2%，有力地带动了有色金属的需求。

（二）受全球经济众多不确定性因素的影响，有色金属的保值避险功能突显，推动国际大宗商品价格的上涨

2010 年美国经济复苏情况不容乐观，经过季节调整后的制造业 PMI 在 55～60 区间波动，劳动力总失业率全年在 9.4%～9.8%之间波动。而且受经济复苏状况影响，美元指数在 2010 年 6 月攀升至全年最高值 88，其后迅速下跌。2009 年末，希腊债务危机爆发，其后愈演愈烈，随后爱尔兰也爆发债务危机。欧洲债务危机的不断蔓延，引发市场对经济复苏进程的担忧，有色金属的金融属性凸显，尤其是黄金、白银的价格不断上扬。2010 年下半年，随着美元指数的不断降低，国际黄金价格一路上涨，至 2011 年初，一度突破 1 500 美元/盎司，全年累计涨幅达 29%，白银累计涨幅更是达到 82%。进入业绩百强排行榜的紫金矿业、中金黄金和山东黄金等公司业绩优异都受益于此，其他基本金属，如铜等上涨幅度同样较大，铜制品企业获利明显。

（三）全球流动性宽裕、通货膨胀率较高，是推动有色金属板块走强的重要因素

在美国经济复苏势头减缓、失业率居高不下的情况下，美联储推出了第二轮量化宽松货币政策，加大了美元贬值、长期通胀的预期，热钱流向新兴经济体，促使国际大宗商品和黄

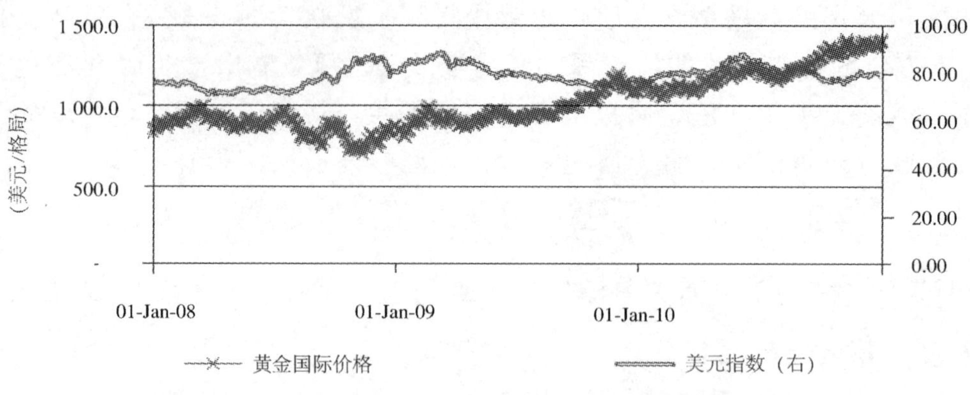

图 6-3　2008～2010 年黄金价格与美元指数图

金价格上涨。有色金属价格在 2010 年下半年反弹，尤其是 8 月之后，伴随风险资产价格上扬而涨势迅猛，大大提高了行业的利润率。其中，2010 年有色金属行业利润增长率为 145.32%，营业利润率由 2009 年的 3.1%提高到 5.54%，盈利水平相对于 2009 年有了明显提高。

2010 年国内流动性较为充裕，货币超发情况虽然较 2009 年有所回落，但仍高于 2008 年的水平。通货膨胀率在 2010 年内不断走高，资金大量流向资本市场，中国 2010 年有色金属行业固定资产投资同比增长 33.5%左右，有色金属行业产能不断扩张。

（四）受国家节能减排等政策影响，有色金属的供需结构发生变化，短期提振了企业业绩，长期有利于行业持续发展

2010 年 6 月 22 日，财政部、国家税务总局发布了《关于取消部分商品出口退税的通知》，涉及有色金属的商品编码共 57 个，包括铜、铅、锌、镁、镍、钴、钨、钼、锡、铋等金属加工材料。取消出口退税是推进节能减排、调整产业结构的好办法，实际上也是用经济手段增加高耗能企业的生产成本。

2010 年 9 月 6 日，国务院正式发布《关于促进企业兼并重组的意见》，明确指出将以汽车、钢铁、水泥、机械制造、电解铝、稀土等六大行业为重点推动优势企业实施强强联合、跨地区兼并重组、境外并购和投资合作，推动产业结构优化升级。

2010 年 10 月 10 日，国务院发布《关于加快培育和发展战略性新兴产业的决定》，再生金属产业作为节能环保产业领域的重要组成部分，被列入国家七大战略性新兴产业，给予重点支持。而新材料产业发展中，稀土因其 17 种元素各自不同的性能备受关注，其中镨、钕、镝、铽均受益于新能源（电动汽车、风电）的快速发展，其他 13 种元素也有各自独特且不可替代的特性受到科技产业发展的强力支撑，这对于稀土企业业绩的提升有着长期的推动作用。

近年来，国家对矿产资源的重视程度不断增强，已出台对稀土、锑、钨、锡、钼等的控制性开采措施，并取得良好效果。这有助于更好地实现资源的市场价值，对行业的长期发展有重要影响。

（五）有色金属产量虽有所增加，但供需缺口仍然存在

来自工信部的数据显示，至2010年，包括铝、铜、铅、锌等在内的10种有色金属工业产量达到3 135万吨，同比增长20.4%，产量消费量占世界1/3，实现主营业务收入约3万亿元，占GDP的比重从2005年的1.19%提高到1.99%。整体来看，自2010年以来，中国主要有色金属产品产量均比2009年同期有所增长。其中，中国精炼铜产量为479.3万吨，同比增长12.2%；原铝产量为1 565万吨，同比增长19.9%；铅产量为432万吨，同比增长9.8%。对外贸易方面，2010年，中国有色金属进出口贸易总额达到1 203.4亿美元，同比增长43.7%，进出口贸易逆差额为638.2亿美元，同比增长29.7%。

根据微观经济学原理，商品的供求关系决定其价格，2010年LME铜库存呈现不断下降趋势，供需缺口在一段时间内仍将持续，从而为有色金属的价格提供了有力支撑，这对于拥有铜矿的企业和生产铜制品的企业是一个长期的利好。例如，江西铜业在2010年的财务效益、发展能力评价方面的优异表现，精诚铜业则在资产质量、偿债风险等方面的较高排名，铜采矿及冶炼企业良好的业绩水平都与铜资源价格的上涨密切相关。

（六）稀土资源需求增长迅猛，战略意义被强化，价格将大幅度上涨

从2010年上市公司表现来看，稀土企业涨幅排名居前。由于全球资源价格不断上涨，产业升级带动的高新技术发展加速了稀土氧化物的应用，需求越来越大，例如，受益于国家大力推动新能源产业的发展，风电、新能源汽车的推广，节能减排等政策的出台等，国内下游需求加大，国际上对于稀土的需求也不断增长；而采矿权逐步收紧、稀土氧化物集中供应、战略收储、出口配额不断减少等因素导致价格持续上涨。在国家对稀土行业进行了前所未有的严厉整顿后，稀土行业上升为国家战略，此前一直被贱卖的稀土，价格出现持续大幅攀升。以包钢稀土为例，受益于稀土价格大幅上涨，2010年该公司实现营业收入52.6亿元，同比增长103%，实现归属于上市公司股东的净利润7.5亿元，同比增长1 246%，公司业绩有了大幅提高，其资产质量和偿债风险状况排名较靠前。

（七）人民币升值有助于有色金属板块业绩提高

由于中国经济持续较快发展，外贸实现恢复性增长、中国利差和通胀因素等造成了人民币升值的预期；美元不断贬值，也造成人民币“被升值”。自2010年5月19日中央银行宣布重启人民币外汇形成机制改革以来，人民币兑换美元的汇率从6.8284下降到2011年4月底的6.5左右，市场对人民币升值有了进一步的预期。作为全球最大的金属消费国，人民币升值可以降低采购成本，有利于增加有色金属消费，从而对行业产生利好的影响。

人民币升值意味着国内企业在国际市场的购买力增强，这种购买力的增强在国内有色金属行业十分明显。随着有色金属产量的不断增长，中国矿产资源对外依存度日益上升，资源严重短缺状况难以从根本上改变。据了解，目前有色金属资源对外依存度仍然很高，铜达到了70%以上，铝50%以上，铅锌均超过30%，镍达到了78%。人民币升值将惠及国内金属市场，降低这些行业的采购成本，提高盈利水平。

资料链接

2010 中国有色金属行业大事记

☆ 2月25日，中国有色集团投资建设的赞比亚中国经济贸易合作区卢萨卡分区建设合作备忘录等有关文件签署。

☆ 3月13日，江西省人民政府与中国铝业公司签署战略合作框架协议，中铝与江钨合资18.5亿生产镍钴新材料。

☆ 3月18日，6家有色金属企业共同签署承诺淘汰落后产能。

☆ 5月12日，国家发改委、电监会、能源局联合下发《关于清理对高耗能企业优惠电价等问题的通知》，限期取消对电解铝、铁合金、电石等高耗能企业用电价格优惠。

☆ 5月18日，中国五矿集团公司与湖南省郴州市政府在郴州举行战略合作框架协议签字仪式。

☆ 6月22日，《国家税务总局关于取消部分商品出口退税通知》发布，取消出口退税的商品中涉及有色金属的商品编码共57个，包括铜、铅、锌、镁、镍、钴、钨、钼、锡、铋等金属加工材。

☆ 9月6日，国务院正式发布《关于促进企业兼并重组的意见》，首次把稀土列为重点行业兼并重组的名单，并减少稀土出口。

☆ 9月27日，《国家环境保护标准》发布，共涉及12个工业污染物排放标准，其中包括铝、铅、锌、铜、镍、钴、镁、钛等8种有色金属工业。

☆ 2010年底，铜交易型开放式基金（ETF）成立。

☆ 2010年，有色金属产品出口遭遇了强烈的贸易壁垒，贸易摩擦事件不断增多，有色金属出口企业频频受到反倾销调查。

资料来源：中国有色金属

三、 2011 有色金属行业前景分析

2009～2010年有色金属价格涨势迅猛，除了受流动性和通货膨胀等因素的影响外，也可以看作是对之前资源价值长期低估的一种回归，在基本面和供需情况都没有太大变化的情况下，预计2011年有色金属价格总体仍会上涨，但增长幅度可能将放缓，其体来看，各金属行情将出现一定的分化，采掘类有色金属企业业绩仍将表现突出。

（一）2011 年全球流动性开始收紧，但短期内不会对有色金属板块产生重大不利影响

全球货币流动性虽较 2010 年有所收紧，但仍将保持较为充足的状态，为有色行业发展奠定基础。

一是由于欧美两大经济体的失业率一直居高不下，欧债危机短期内无法解除，经济复苏情况不容乐观。2011 年 4 月 27 日美联储宣布将在 6 月底之前继续实施第二轮量化宽松货币政策，欧洲央行虽然在 4 月 7 日宣布加息，但由于欧元区经济复苏极不均衡，连续加息将加重欧元区二线高负债国家的债务负担，减缓其经济复苏的步伐，故欧元区在本年内可能并不会连续加息，因此全球流动性仍将充裕。

二是由于中国经济虽然基本恢复，但通胀压力以及经济结构调整仍将是 2011 年面临的难题，央行提高利率和存款准备金率虽促使流动性收紧的预期的形成，但从历史经验来看，收紧流动性的效果有限，而国内经济不断增长、国内外利差等因素使得国际热钱涌入，加上之前货币超发等因素，因此预计今年中国国内的流动性较 2010 年虽有偏紧的趋势，但并不会对有色板块构成重大不利影响。

（二）世界经济的不确定因素并未减少，有色金属金融属性依然凸显，有利于行业业绩进一步增长

利比亚危机、中东各产油国动乱等不确定因素使得基本金属价格出现较大波动，有色金属金融属性凸显。日本地震在短期内对有色金属行业有一定的冲击，但更为主要的影响是地震及其引发的核危机扩散会在一定程度上打击全球经济复苏。这些经济不稳定因素使得黄金的保值避险功能不断加强，从而推动了黄金价格的上涨。

此外，美元国际储备货币地位下降，更多的国家开始重新考虑增持黄金储备，导致黄金的需求上升。目前中国的外汇储备已经超过 3 万亿美元，而黄金储备处于较低的水平。2010 年 8 月，我国央行联合五部委联合推出《关于促进黄金市场发展的若干意见》，宣布提高商业银行黄金的进口限额。2011 年 3 月下旬，央行出具了《2010 国际金融市场报告》，建议居民购买黄金来应对通胀和进行保值。中国正通过完善黄金法律法规、鼓励产品创新等措施来促进黄金市场发展，实现更加广义的黄金储备。中国提高黄金储备占其外汇储备比例以及“藏金于民”的努力，将直接对黄金价格形成支撑。

（三）有色板块总体看涨，但各种金属行情不一，业绩面临分化

中国是最大的金属消费国，对全球金属的供需度已经达到 35％以上，2011 年中国需求仍将是支持有色行业发展的强有力的引擎。目前国内经济处于稳定复苏阶段，住房改善性的刚性需求、农村电网改造、高铁建设、新能源汽车的发展等都将有力地支撑有色金属总体的需求面。但由于各种金属面临的具体供需情况不同，走势将有较大的分化。

1. 贵金属将震荡调整

2011 年国内流动性相对于 2010 年将有所收紧，发达国家经济复苏情况不容乐观，通胀

预期仍然较高，这对于黄金价格构成支撑。但由于前期黄金已经上涨到较高的价格，继续大幅上涨空间不大，2011 年总体趋势将会在高位调整。白银虽然同样具备资产保值和规避风险的属性，但白银相对黄金具有更多的工业属性，具有更高的波动性。2010 年全年白银的涨幅超过 80%，投机气氛浓厚，2011 年 5 月，白银大幅下跌，预计 2011 年下半年将会震荡下行，上涨空间不大。

2. 铜将高位整理，价格总体将略高于上年

2011 年保障性商品住房的大规模开建、农村电网改造升级工程的实施、家电、汽车、电线电缆等下游相关产业的良好发展势头，为铜工业提供了更加广泛的发展空间。据估计，国内铜实际需求量还会保持 6%以上的增长幅度，实际消费量将突破 700 万吨，达到 730 万吨左右。但由于 2009～2010 年铜价上涨幅度较大，2011 年铜价继续大幅上涨的动力不足，但由于供需缺口等因素，预计铜价总体将略高于 2010 年，并在较长一段时间内维持高位弱势整理的格局。上市公司中江西铜业和西部资源等是产铜的主要企业，长期来看，其企业价值将随着国内对铜的需求的上升而提升，但短期内会由于铜价的回落而受到一定影响。

3. 铝产能过剩，库存压力制约价格上涨

随着城镇化率的不断提升、消费与产业升级的持续深化，长期来看中国铝消费仍会增长。2011 年保障性商品住房的大规模建设、电网投资的增加、高速铁路网的建设等将带动市场对铝材的需求，但铝产能仍处于过剩状态，虽然限电措施和节能减排政策使得铝行业供需结构得到改善，短期内的库存压力仍制约电解铝价格的上涨。

4. 国内铅价将继续上行

铅消费中蓄电池占 80%，在混合动力等新能源汽车领域中，铅酸蓄电池的应用更具有明显的成本优势。全球汽车产销量增加，对铅酸蓄电池的需求也上升。铅精矿供应短缺的状况短期内不能缓解，国内铅价将继续上行。

5. 锌短期供给过剩，锌价将下跌

国际铅锌研究小组表示，2011 年全球精炼锌料将过剩 20 万吨，全球精炼锌产量预计在 1 359 万吨，较 2010 年增长 5.6%。产量增加主要是由于中国、印度和秘鲁的生产能力提高。目前中国的锌冶炼行业产量增速大于需求增速，行业供给过剩，因此锌价极可能会下行。受地震影响，日本锌产量减少而进口量将达到 10 年来的高点。其灾后重建如道路房屋建设、汽车生产恢复等，都将带动锌需求的增长，对锌价下降有一定缓冲作用。

6. 稀缺金属得益于国家相关政策，价格仍将上扬

2010 年以来，国家加大资源保护力度，建立稀有金属储备制度，收储 10 种稀有金属。钼有望成为继黄金、稀土、钨、锑、锡之后第六种被国家列为保护性开采的品种；稀土、钨、锑、锡、钼等小金属行业有望单独制定“十二五规划”，这将成为稀有金属上市公司价值的重要提升因素。

资源的稀缺性决定了其具有极高的战略价值。随着中国政府对此类战略性资源保护意识的增强，稀有金属资源的开采和出口将进一步受到限制，这有利于稳定和提高稀有金属的价格。

（四）行业内并购重组活动增多，行业集中度进一步提高，整体盈利能力增强

“做大做强”与提高行业集中度成为有色金属行业“十二五”期间的重任。“十二五”期

间，将在有效控制冶炼产能过快增长的基础上，提高行业集中度和定价权。针对有色金属行业产能过剩、产业结构不合理的状况，我国政府此前公布的《有色金属行业调整和振兴规划》明确表示，鼓励有实力的铜、铝、铅锌等企业以多种方式进行重组，优化产业布局，提高行业集中度。这不仅在短期内对上市公司的资产负债结构产生利好影响，还能够提升矿产资源自给率和产品定价能力，对上市公司的经营管理起到长期的作用。

例如，山东黄金 2010 年底成功并购了山东金石矿业有限公司 75%股权，取得了新城金矿附近 16.7 平方千米探矿权，其中 1.94 平方千米区域已探明黄金资源量 71 吨；成功收购了鑫莱公司的独立经营权，完全拥有了莱西山后普查探矿区 4.79 平方千米的矿权和资源。山东黄金集团已经持续向上市公司注资了多家矿山，使得黄金储量大幅扩张，公司资源优势明显，黄金产品产量和经营业绩也将大幅提升。

（五）国家政策规范及“十二五”发展规划等对有色金属行业长期利好

国家对于稀缺的战略性资源的保护政策不断出台，未来行业整合力度加强，有利于行业长期发展，但短期内可能会对有色金属的供给造成一定影响。从目前的“首批稀土矿国家规划矿区”和“稀土战略储备”可以看出，国家针对稀土原矿开采市场的整顿力度在加大，稀土交易市场供给紧张，稀土价格将会长期上行。

除上文提到的要求提高行业集中度外，国家将对铜、铝、铅、锌等在内的 10 种有色金属进行总量控制，总产能控制在 4 100 万吨以内。其中小金属的发展特别受到关注。

产业结构方面，“十二五”时期有色金属企业对产业链、价值链进行调整重组，掌控产业链关键环节和核心技术，推动产业链由低端向中高端转变，提高核心竞争力。2015 年，具有自备电和直购电的电解铝产能达到 90%以上，铜冶炼、电解铝装备达到世界先进水平的比重在 95%以上，铅锌冶炼达到 85%以上世界先进水平。此外，“十二五”规划还涉及新材料行业金属品种，高性能铜、铝、镁、钨、钼、钽、铌等合金材料、高性能稀土材料、高性能贵金属材料、高性能多晶硅、单晶硅材料、高性能电池以及超导材料等将在今后五年获得重点发展。

资源保障方面，“十二五”期间要进一步加强国内可能的成矿地带的普查和勘探，增加国内后备有色金属矿产资源。同时加大利用国外矿产资源力度，争取形成新的境外矿产资源基地，加大对海外的并购投资。

“十二五”规划有关有色行业的核心就是利用资源优势建立产业优势。2011 年全年 GDP 目标值为 8%左右，“十二五”期间 GDP 目标为 7%，对发展的速度要求已经大大降低，说明中国开始重视经济结构的调整，有色金属行业将会入良性发展轨道，逐步实现可持续发展，行业业绩将有长久的增长。

受益稀土新政 包钢稀土净利增12倍

股价昨日涨停后并创下历史新高的包钢稀土（600111，收盘价97.26元）今天迎来2010年业绩喜报。在稀土价格持续大涨的情况下，公司2010年实现净利润高达7.51亿元，同比增幅超过12倍，创下公司上市以来的新高。这标志着国内对稀土行业的整顿效果已从数据上直观反映出来。

今年作为稀土行业规划的第一年，稀土价格自年初以来便持续暴涨。包钢稀土同时还在不断加强上游资源扩张，加大下游行业的投入，这无疑会让公司2011年的盈利能力再上一个台阶。

净利润暴增12倍

在2009年国家对稀土行业进行了前所未有的严厉整顿后，稀土行业上升为国家战略，此前一直被贱卖的稀土的价格出现持续大幅攀升，在包钢稀土股价遭遇市场追捧的背后则是公司业绩的强劲支撑。

根据年报数据，包钢稀土实现营业收入52.58亿元，与2009年的25.93亿元相比，同比增幅达102.78%；利润总额达18.42亿元；同比增幅达961.79%；基本每股收益0.930元。在盈利创新高的情况下，包钢稀土也给投资者封了大红包。公司拟向全体股东每10股送5股红股、派发1元现金。总计派发现金8073.48万元，剩余未分配利润3.4亿元转入下一年度。

从一组数据中，可以看出包钢稀土上年净利润暴增的秘密。按包钢稀土2010年产品生产情况来看，混合碳酸稀土营业收入3亿元，同比增幅仅为26.11%，但该业务的利润率达到55.56%，同比增加15.06%；稀土氧化物营业收入为17.96亿元，同比增加45.24%，57.59%的利润率同比增加了28.83个百分点，增幅最大的为稀土金属，2010年实现营业收入15.82亿元，同比增幅高达179.46%，51.93%的利润率同比更是高出33.47个百分点。

资料来源：《每日经济新闻》

附表：

2010年有色金属行业上市公司业绩评价结果排序表

行业排名	全部上市公司排名	股票代码	股票简称	综合得分(100分)	每股收益（元）	总资产报酬率（%）	净资产收益率（%）	总资产周转率（次）	流动资产周转率（次）	资产负债率（%）	获利倍数	营业收入增长率（%）	资本扩张率（%）	市场投资回报率（%）	股价波动率（%）	年末资产额（万元）	营业收入净额（万元）	净利润（万元）
1	35	601899	紫金矿业	77.40	0.33	22.11	24.16	0.84	2.85	32.22	39.43	36.19	20.43	−11.63	112.99	3 840 123.28	2 853 957.89	575 574.84
2	42	600362	江西铜业	77.00	1.56	13.71	17.21	1.65	2.76	37.03	16.40	47.81	49.03	12.81	114.56	5 484 477.36	7 644 085.93	496 484.09
3	59	600547	山东黄金	74.80	0.86	23.96	33.36	3.98	19.80	52.14	17.27	34.91	43.85	35.92	157.97	958 280.56	3 151 470.18	129 674.87
4	69	600489	中金黄金	74.30	0.79	17.90	30.47	1.66	5.25	56.30	12.99	15.69	26.83	29.60	122.26	1 350 147.89	2 164 738.64	160 769.79
5	75	600111	包钢稀土	73.90	0.93	25.59	40.52	0.69	1.14	51.41	17.81	102.78	71.12	163.64	303.27	878 958.12	525 793.73	137 109.60
6	205	002155	辰州矿业	67.00	0.40	10.82	9.66	0.98	2.59	34.84	10.42	70.14	7.05	45.59	191.37	313 916.95	287 949.98	19 113.40
7	292	600888	新疆众和	64.00	0.83	10.39	14.38	0.50	0.97	43.00	19.21	51.59	14.27	20.27	100.82	379 751.47	160 586.23	29 189.14
8	296	000060	中金岭南	63.90	0.45	6.12	18.35	0.73	1.65	61.38	11.78	27.41	19.07	19.65	127.85	1 457 087.94	962 068.81	94 998.75
9	300	600139	西部资源	63.80	0.57	26.82	34.30	0.41	0.63	20.18	220.49	35.42	51.01	32.70	99.42	59 346.54	21 168.41	13 502.48
10	411	002171	精诚铜业	61.10	0.51	10.65	13.39	2.91	3.84	37.15	20.90	36.22	13.21	51.53	122.95	110 433.44	293 766.10	8 751.00
11	425	000630	铜陵有色	60.70	0.69	5.75	13.31	1.83	3.26	74.30	4.13	66.81	20.43	64.49	176.49	3 217 215.31	5 130 377.85	100 711.47
12	428	601958	金钼股份	60.60	0.26	6.28	6.21	0.50	0.74	5.40	0.00	54.00	1.41	30.75	188.00	1 437 473.27	706 285.95	83 922.62
13	459	000970	中科三环	59.80	0.41	12.90	14.94	0.91	1.48	38.31	7.67	51.05	14.13	202.52	289.78	279 453.31	236 578.15	24 158.51
14	466	600673	东阳光铝	59.70	0.30	9.99	12.40	0.69	1.85	49.33	3.88	56.95	28.03	99.66	210.10	583 171.89	376 293.35	32 626.52
15	518	600219	南山铝业	58.40	0.42	6.32	6.90	0.54	1.57	16.53	38.95	26.03	26.48	−25.27	92.87	1 895 174.52	917 413.68	97 746.63
16	521	601168	西部矿业	58.30	0.42	6.92	8.83	0.89	2.12	47.09	5.91	9.62	6.96	30.67	161.87	2 245 727.43	1 851 144.73	101 546.28
17	538	600366	宁波韵升	57.80	0.51	10.92	12.42	0.73	1.23	36.47	13.42	93.49	12.38	78.93	178.41	308 503.56	192 937.66	23 004.05
18	587	002237	恒邦股份	56.70	0.99	8.45	14.75	1.16	1.72	75.39	3.40	98.98	12.23	5.36	115.87	554 665.44	495 452.09	19 044.04
19	589	002203	海亮股份	56.70	0.59	5.19	15.91	1.82	2.81	71.23	715.01	49.57	8.18	25.52	120.41	542 715.55	905 259.29	23 901.51
20	639	600531	豫光金铅	55.40	0.55	6.59	10.76	1.80	2.31	68.56	3.47	30.06	73.74	96.47	258.44	574 257.38	829 649.02	15 307.62
21	650	000969	安泰科技	55.20	0.26	6.24	8.15	0.69	1.22	34.86	15.59	12.57	30.34	61.48	156.19	539 802.02	352 467.37	25 316.14
22	657	000960	锡业股份	55.00	0.46	6.68	10.15	0.99	2.15	59.08	2.98	29.52	80.49	9.56	193.18	1 133 112.14	926 695.53	36 563.09
23	747	600497	驰宏锌锗	53.30	0.46	7.80	9.73	0.57	1.23	47.43	6.02	26.88	3.67	−4.44	116.72	919 933.76	485 154.22	46 218.55
24	783	002160	常铝股份	52.50	0.26	6.70	6.98	1.32	2.36	56.46	2.02	57.93	6.03	22.59	99.27	151 759.90	194 933.89	4 481.75
25	795	600595	中孚实业	52.30	0.19	5.99	8.41	0.89	2.23	77.30	1.88	69.04	15.11	−10.04	76.26	1 373 253.41	1 082 624.88	24 505.32
26	807	600255	鑫科材料	52.10	0.12	4.03	4.63	1.75	2.31	42.13	3.72	33.07	2.62	61.97	133.37	205 599.83	366 859.32	5 440.85

续表

行业排名	全部上市公司排名	股票代码	股票简称	综合得分(100分)	每股收益(元)	总资产报酬率(%)	净资产收益率(%)	总资产周转率(次)	流动资产周转率(次)	资产负债率(%)	获利倍数	营业收入增长率(%)	资本扩张率(%)	市场投资回报率(%)	股价波动率(%)	年末资产额(万元)	营业收入净额(万元)	净利润(万元)
27	821	600330	天通股份	51.80	0.14	4.76	6.12	0.62	1.68	36.62	4.09	58.78	5.75	168.07	252.18	216 131.86	127 880.46	8 150.53
28	823	002057	中钢天源	51.70	0.12	4.81	4.37	1.41	2.05	43.72	2.79	50.47	3.02	136.05	288.77	43 646.49	56 134.12	1 056.89
29	852	000878	云南铜业	51.20	0.34	4.69	11.48	1.08	1.62	83.61	1.97	95.95	10.25	−10.25	100.40	3 222 612.18	3 171 271.76	57 823.98
30	882	000758	中色股份	50.60	0.08	6.19	7.86	0.62	1.28	59.61	3.32	28.73	7.11	100.03	293.26	1 001 274.56	595 433.21	30 744.09
31	895	000657	*ST中钨	50.20	0.03	2.22	2.36	2.78	4.57	12.42	7.59	44.76	2.39	0.00	30.25	37 484.31	115 769.69	765.65
32	917	600459	贵研铂业	49.80	0.45	7.82	9.10	1.66	2.49	49.54	3.92	72.32	8.18	43.74	162.81	129 107.35	188 431.56	5 704.12
33	948	002295	精艺股份	49.30	0.47	10.60	8.63	1.94	2.27	43.51	3.45	72.30	−3.19	−22.96	61.55	147 276.52	258 323.51	7 298.30
34	957	000612	焦作万方	49.20	0.24	4.22	5.76	1.42	5.36	48.38	2.15	9.62	3.23	−27.86	94.97	395 629.18	559 397.01	11 576.03
35	973	600549	厦门钨业	48.70	0.51	6.44	12.70	0.49	0.69	65.73	9.43	−12.62	2.12	153.15	331.25	1 197 245.39	553 831.50	51 546.56
36	979	000962	东方钽业	48.50	0.23	4.30	6.59	0.51	0.84	64.06	2.55	36.57	5.65	96.89	211.12	353 515.31	163 737.48	8 149.02
37	981	600259	广晟有色	48.50	0.15	6.49	14.43	0.77	1.26	75.94	4.20	64.60	22.01	317.25	440.46	174212.74	111968.47	5500.98
38	1001	002149	西部材料	48.10	0.23	4.93	6.81	0.56	1.51	56.89	3.62	60.20	12.96	2.97	95.69	242 337.45	125 346.33	6 706.85
39	1019	600714	ST金瑞	47.70	0.13	5.92	10.06	0.36	1.85	63.60	2.90	25.97	10.73	7.93	106.37	99 858.10	37 793.01	3 480.96
40	1030	600390	金瑞科技	47.50	0.17	5.61	6.18	0.95	2.01	54.64	2.65	28.17	4.92	43.84	178.45	145 262.24	129 669.91	3 974.60
41	1087	600478	科力远	46.20	0.07	2.52	1.95	0.85	1.61	43.31	2.00	12.77	85.68	−4.23	79.23	214 444.62	155 520.98	1 826.88
42	1095	002182	云海金属	46.10	0.15	4.09	3.06	1.23	2.31	60.52	1.79	89.69	17.07	10.58	107.13	261 168.10	284 119.64	2 925.70
43	1101	601600	中国铝业	45.90	0.06	2.85	1.72	0.88	3.12	59.53	1.54	72.19	2.89	−32.31	93.07	14 132 203.90	12 099 484.70	96 913.80
44	1155	002297	博云新材	44.50	0.12	4.55	4.60	0.28	0.50	26.61	13.10	26.28	5.81	52.95	162.61	82 520.76	21 809.57	2 710.65
45	1188	600980	北矿磁材	43.40	0.02	2.39	1.33	0.79	1.51	28.31	2.42	54.20	2.94	176.50	295.73	42 737.44	33 196.74	400.72
46	1199	600338	ST珠峰	42.90	−0.06	2.28	171.92	1.86	3.40	100.83	0.86	109.81	0.00	−13.16	51.95	52 479.11	103 808.32	−404.94
47	1248	600768	宁波富邦	40.80	0.16	6.76	15.04	1.44	3.11	76.23	2.06	65.05	8.33	1.20	74.94	60 724.71	85 817.84	2 086.95
48	1276	000620	S*ST圣方	39.80	0.00	10.50	16.24	0.00	0.00	33.30	0.00	0.00	17.67	0.00	0.00	593.99	0.00	59.50
49	1284	600432	吉恩镍业	39.40	0.14	3.69	2.43	0.27	0.74	61.06	1.67	99.81	23.79	−12.77	94.87	968 100.32	224 957.00	8 293.70
50	1405	000807	云铝股份	34.10	0.03	2.12	1.08	0.68	1.76	61.69	1.35	40.62	1.22	−18.27	117.62	1 188 938.50	732 578.78	4 888.78
51	1431	600961	株冶集团	32.30	0.03	3.26	0.84	1.96	3.92	66.84	1.14	6.85	−0.07	13.32	160.81	651 428.45	1 261 794.39	1 806.98
52	1457	000602	*ST金马	31.10	−0.18	−1.71	−20.36	0.77	1.51	74.71	−0.86	233.64	−17.33	67.86	130.26	201 989.41	159 692.25	−11 489.02

续表

行业排名	全部上市公司排名	股票代码	股票简称	综合得分(100分)	每股收益(元)	总资产报酬率(%)	净资产收益率(%)	总资产周转率(次)	流动资产周转率(次)	资产负债率(%)	获利倍数	营业收入增长率(%)	资本扩张率(%)	市场投资回报率(%)	股价波动率(%)	年末资产额(万元)	营业收入净额(万元)	净利润(万元)
53	1463	600456	宝钛股份	30.80	0.01	0.69	0.33	0.47	0.83	31.09	1.34	10.74	−1.17	23.14	118.45	551 391.12	256 409.82	1 243.01
54	1511	000928	中钢吉炭	27.40	0.02	2.85	0.50	0.64	1.02	60.30	1.09	12.68	−5.85	61.59	196.22	241 585.03	156 831.51	490.89
55	1534	000795	太原刚玉	26.20	0.04	2.35	4.26	0.52	0.72	82.08	1.46	41.84	8.82	118.14	319.05	142 797.83	74 095.54	1 045.43
56	1537	002114	罗平锌电	26.10	−0.09	1.85	−2.52	0.98	1.97	64.20	0.61	6.40	−2.46	−3.31	69.25	133 159.12	120 988.81	−1 217.89
57	1545	000751	锌业股份	25.50	−0.53	1.17	−38.12	0.89	1.78	86.92	0.30	61.20	−32.01	35.93	165.26	946 624.55	782 810.14	−58 315.02
58	1567	000831	＊ST关铝	23.90	−0.34	−6.26	−176.57	1.26	4.24	99.34	−1.76	55.04	−94.08	−24.02	163.27	211 223.57	275 932.24	−21 929.18
59	1637	600331	宏达股份	17.50	−0.35	0.47	−12.24	0.44	0.70	80.16	0.17	4.05	−10.15	−13.50	102.08	1 031 781.86	414 814.27	−26 484.13
		002501	利源铝业	70.7	1.3	11.06	13.14	0.79	1.42	36.25	4.87	30.77	303.14	219.63	30.81	178 702.01	102 562.67	9 338.1
		002075	沙钢股份	69.7	0.3	17.49	40.74	2.03	3.96	66.81	4.88	35 560.17	0	0	18.57	1 155 494.52	1 253 743.96	73 425.72
		300127	银河磁体	67.9	0.41	10.24	9.61	0.52	0.69	5.45	24.44	33.12	356.12	69.89	26.72	96 901.87	3 3174.07	5 370.08
		002428	云南锗业	56.6	0.7	10.11	10.29	0.21	0.29	1.48	0	−6.69	374.77	44.44	115	125 809.3	17 619.1	7 722.63
		002340	格林美	56.1	0.72	9.39	12.81	0.42	1.02	45.25	4.23	55.01	272.41	47.99	75.77	192 642.16	57 000.4	8 568.77
		002460	赣锋锂业	55.9	0.51	10.32	9.39	0.67	0.95	7.46	13.71	45.72	277.91	−35	45.99	77 649.81	35 972.23	4 267.87
		002378	章源钨业	55.8	0.36	11.51	15.98	0.76	1.37	43.18	6.49	28.67	92.76	16.29	106.76	219 638.88	137 910.95	15 144.04
		002379	鲁丰股份	47.4	0.5	4.62	6.65	0.56	1.04	63.93	2.44	30.84	275.16	−31.29	57.06	240 400.48	102 188.56	3 651.68
		002466	天齐锂业	46.9	0.48	6.72	6.53	0.41	0.6	9.13	55.74	−3.56	301.84	−106.93	47.8	104 961.39	29 426.38	3 888.41

第七章

石油石化行业上市公司业绩评价

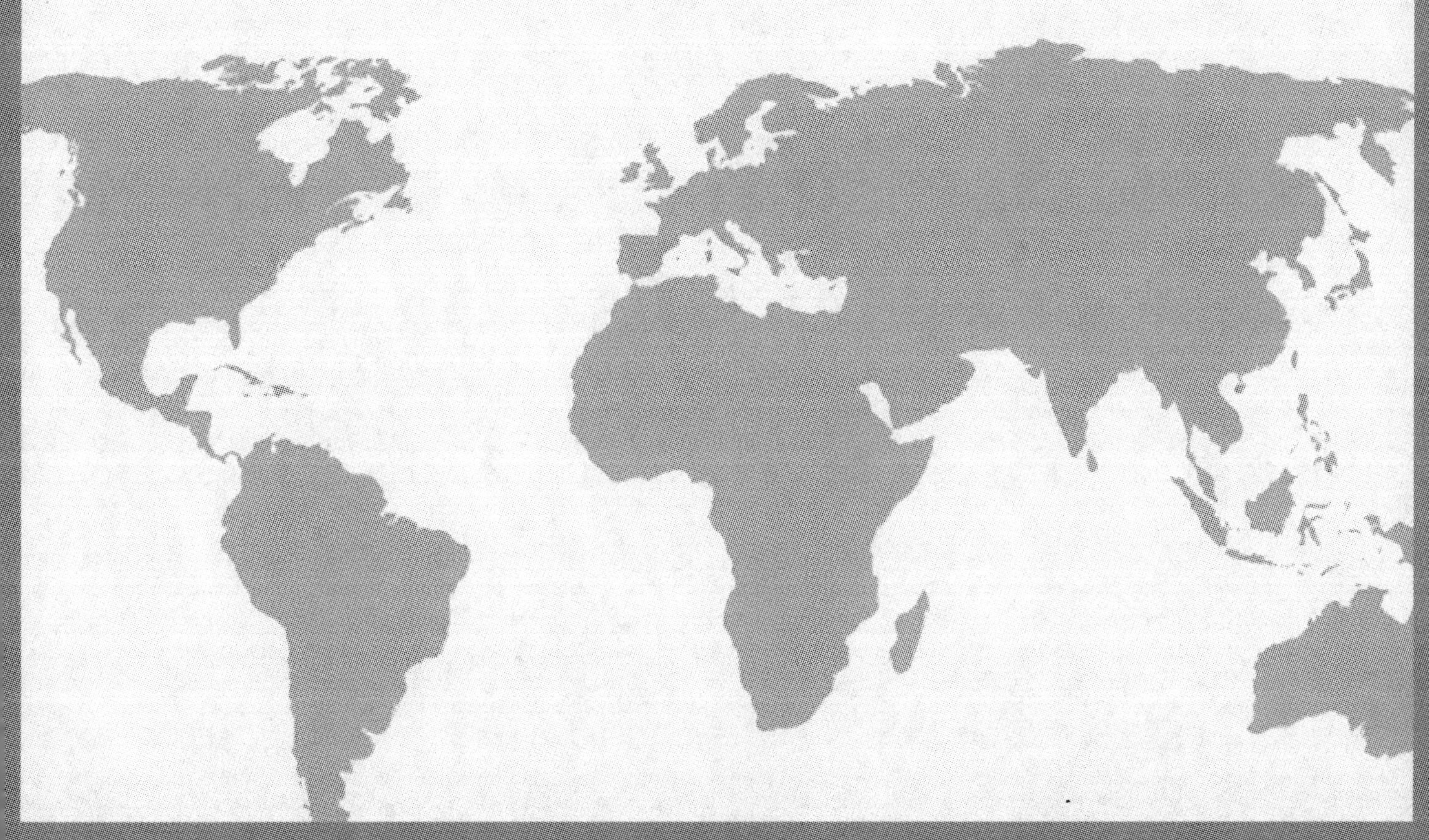

石油石化行业在中国国民经济的发展中具有重要作用，是中国的支柱产业之一。石油石化行业的经济总量大，占中国 GDP 的 5%左右，石油石化行业与其他行业的关联度高，石油、煤、天然气等作为一种基础原料，国民经济各部门的许多产品都是石油行业的衍生物。

2010 年，石油和化工行业在国内经济 10.3%高增长下，实施产业结构调整和发展方式转变的政策，通过自身努力，克服金融危机的影响，总体取得较好的经济效益，经济规模明显扩大，产业结构不断优化，盈利能力整体提升。

一、 石油石化行业上市公司业绩评价结果

截至 2010 年末，石油石化行业包括石油、化工、塑胶、塑料等企业的 A 股上市公司共 219 家，其中 201 家盈利。石油石化行业的综合评价分值为 72.20 分，远高于同年全部上市公司的 62.20 分的 16.05%；4 家石油石化行业上市公司进入 2010 年上市公司业绩评价综合得分的百强名单。在 219 家石油石化上市公司中，业绩为优秀有中国石油、巨化股份、S 仪化、中国石化、南岭民爆等等 40 家；业绩为良好的有 41 家；业绩为中的有 18 家；业绩为低的有 64 家；业绩为差的有 56 家。

2010 年上市公司石油石化板块格局仍然是中国石化、中国石油占绝对市场主导地位，据表 7-1 显示，中国石化、中国石油两家上市公司的资产总额、营业收入、净利润、总市值分别占石化行业上市公司相关总额的 78.64%、85.57%、88.03%和 67.90%，这说明了两大巨头占据了石油石化行业绝大部分资产与收益。

表 7-1　　2010 年中石油、中石化与石化行业上市公司指标表

企业名称	资产总额		营业收入		净利润		总市值	
	数额/万亿元	比例(%)	数额/万亿元	比例（%）	数额/万亿元	比例（%）	数额/万亿元	比例(%)
中石化	0.99	29.38	1.91	48.35	0.077	29.73	0.70	17.28
中石油	1.66	49.26	1.47	37.22	0.151	58.30	2.05	50.62
石化行业上市公司	3.37	100.00	3.95	100.00	0.259	100.00	4.05	100.00

2010 年全部上市公司为 2002 家，其资产总额总计为 18.35 万亿元，石油石化行业全部上市公司资产总额合计为 3.37 万亿元，占上市公司资产总额的 18.37%；全年实现主营业务收入 14.70 万亿元，石油石化行业 219 家上市公司实现主营业务收入 3.95 万亿元，占上市公司营业收入的 26.87%；全部上市公司共计实现利润总额 1.20 万亿元，石油石化行业

上市公司实现利润总额0.33万亿元，占上市公司全部实现利润总额的27.50%，全部上市公司共计实现净利润0.96万亿元，石油石化行业上市公司实现净利润0.259万亿元，占上市公司全部实现净利润的26.98%；该行业上市公司2010年度市场投资回报率5.25%，低于2010年全部上市公司12.19%的市场投资回报率；石油石化行业上市公司股价波动率为92.34%，低于全部上市公司94.83%的股价波动率。

石油石化行业扣除非经常性损益净资产收益率的平均值为15.08%，明显高于上市公司12.54%的平均水平；营业利润率平均值为8.21%，高于上市公司7.7%的平均水平；总资产报酬率11.19%，高于上市公司的8.09%，说明2010年石油石化行业上市公司资产收益水平、经营收益水平高于A股全部上市公司水平。2010年，石油石化行业按评价体系，业绩综合排名十强见下表7-2。

表7-2　　2010年度石油石化行业中联十强排行榜

上市公司综合排名	股票代码	股票简称	业绩得分（分）
1	601857	中国石油	23
2	600160	巨化股份	31
3	600871	S仪化	58
4	600028	中国石化	79
5	002096	南岭民爆	133
6	002254	烟台氨纶	137
7	600688	S上石化	138
8	002226	江南化工	141
9	600458	时代新材	142
10	000792	盐湖钾肥	145

下面分别从财务效益状况、资产质量状况、偿债风险状况、发展能力状况及市场表现等五个方面对石油石化行业上市公司进行具体分析。

（一）财务效益状况

表7-3列示了石油石化行业上市公司财务效益状况评价结果。从指标来看，石油石化行业上市公司财务效益状况平均得分高于全国所有上市公司的平均水平。其中中国石油、中国石化、盐湖集团排名前三甲。该行业的扣除非经常性损益的净资产收益率、总资产报酬率、营业利润率、盈利现金保障倍数及股本收益率等财务效益指标均高于上市公司平均水平。

与2009年的财务效益情况相比较，2010年行业财务效益增长1.25%。除营业利润率、盈利现金保障倍数低于2009年，分别为6.06%、18.55%的负增长，其他财务效益指标都高于2009年，其中净资产收益率较为突出，增长22.20%；该行业实现净利润为2 590亿元，绝对值比2009年的1 850亿元增加740亿元。

石油石化行业上市公司净资产收益率为15.08%，高于上市公司12.54%的平均值。与全体上市公司横向比较，石油石化行业财务收益指标较好，石化行业收入和净利润增长较大，主要为国内经济保持高增长，石化行业供给与需求增长较大，原油、成品油和石化产品价格上涨等因素；从上市公司石油石化行业纵向看，主要是因为产业结构调整下经济增长方式的改变也导致行业内部盈利能力和经营效率增加，还有企业一体化经营改革、成品油及税费改革等政策因素。行业主要财务指标见表 7-3。

表 7-3　　石油石化行业财务效益状况

评价指标		2010 年上市公司平均值	2010 年行业值	2009 年行业值	增长率（%）
基本指标	净资产收益率（%）	12.54	15.08	12.34	22.20
	总资产报酬率（%）	8.09	11.19	9.71	15.24
	得分	21.28	26.02	25.64	1.48
修正指标	营业利润率（%）	7.70	8.21	8.74	−6.06
	盈利现金保障倍数	1.24	2.02	2.48	−18.55
	股本收益率（%）	51.08	67.36	50.72	32.81
综合得分		22.00	27.58	27.24	1.25

（二）资产质量

从表 7-4 可以看出，石油石化行业上市公司资产质量状况指标平均得分高于全国所有上市公司的平均水平；2010 年，总资产周转率、流动资产周转率、存货周转率、应收账款周转率都高于市场均值。2010 年石油石化行业虽然受全球金融危机的影响，以中国石化、中国石油为首的企业进行产业结构调整改革，业务进行合理化整合、加强经营管理取得较明显，其总体资产质量 2010 年在各行业中表现较好。

与 2009 年相比较，石油石化行业 2010 年资产质量指标除存货周转率下降外，其余指标都增长，主要是由于中国石化、中国石油增加库存、增加原油进口的原因。上市公司资产质量排名前三名的为广汇股份、茂化实华、岳阳兴长。三家公司在资产质量上得分表现优良，其共同点是，都保持很高的流动资产周转率以及应收账款周转率。

表 7-4　　石油石化行业资产质量状况

评价指标		2010 年上市公司平均值	2010 年行业值	2009 年行业值	增长率（%）
基本指标	总资产周转率（次）	0.88	1.26	1.02	23.53
	流动资产周转率（次）	1.93	5.06	4.29	17.95
	得分（分）	9.40	13.72	12.97	5.78
修正指标	应收账款周转率（次）	14.78	38.02	41.25	−7.83
	存货周转率（次）	4.36	8.53	7.31	16.69
综合得分（分）		9.21	13.06	13.36	−2.24

（三）偿债风险

从表 7-5 中石油石化行业指标的分析可知，2010 年该行业上市公司偿债风险状况平均得分高于全国所有上市公司平均水平。由于石油石化行业的资产负债率、获利倍数及现金流动负债远高于上市公司的平均值，石油石化上市公司的偿债保障明显高于全部上市公司平均水平。

2010 年石油石化行业的偿债风险与 2009 年基本持平，2010 年获利倍数较 2009 年增长 23.21%，说明 2010 年偿息能力提高。从基本指标看，偿债风险得分排在前三名的分别是 S*ST 鑫安、茂化实华、岳阳兴长。

表 7-5　　石油石化行业偿债风险状况

评价指标		2010 年上市公司平均值	2010 年行业值	2009 年行业值	增长率（%）
基本指标	资产负债率（%）	57.60	46.77	46.34	0.93
	获利倍数（倍）	9.32	15.18	12.32	23.21
	得分（分）	9.20	10.72	10.95	−2.10
修正指标	速动比率（%）	73.82	44.77	41.62	7.57
	现金流动负债比率（%）	15.97	50.24	49.81	0.86
	带息负债比率（%）	45.08	42.89	42.14	1.78
综合得分（分）		9.08	9.69	9.78	−0.92

（四）发展能力

从表 7-6 可知，石油石化行业上市公司发展能力状况指标平均得分高于全国所有上市公司的平均水平。行业资本扩张率、3 年营业收入增长率、总资产增长率和营业利润增长率均低于全国所有上市公司，但行业的营业增长率、累计保留盈余率高于上市公司的平均值。可见，石油石化行业发展能力主要决定于营业增长，营业增长与国际油价相关性强，2010 年国际油价总体走高是导致石化行业增长的主要外部因素。

2010 年营业增长率高达 42.20%，2009 年为−6.73%。除总资产增长率、营业利润增长率指标低于 2009 年，营业增长率、资本扩张率、累计保留盈余、3 年营业利润增长率指标都高于 2009 年，营业增长率呈现高增长，主要是受国际油价价格上行和石油石化行业产业结构调整、业务进行一体化结构调整、成品油及税费改革的影响。该行业发展能力排名前三名的分别是荣盛石化、兴发集团、时代新材。

表 7-6　　石油石化行业发展能力状况表

评价指标		2010 年上市公司平均值	2010 年行业值	2009 年行业值	增长率（%）
基本指标	营业增长率（%）	37.30	42.20	−6.73	—
	资本扩张率（%）	22.63	14.76	9.33	58.20
	得分（分）	12.20	12.20	9.72	25.51
修正指标	累计保留盈余率（%）	38.94	60.67	56.95	6.53
	三年营业收入增长率（%）	19.50	17.33	9.79	77.02
	总资产增长率（%）	22.95	15.44	17.89	−13.69
	营业利润增长率（%）	47	34.17	91.17	−62.52
综合得分（分）		12.99	13.37	12.44	7.48

（五）市场表现

表 7-7 列示了石油石化行业上市公司市场表现评价结果。2010 年 A 股市场表现股价震荡下行，2010 年石油石化行业上市公司投资回报率为 5.25%，远远低于 2009 年的 118.82%，同期全国所有上市公司投资回报率的为 12.19%。主要是由于金融危机导致市场预期下降。

2010 年全年石油石化的股指均低于上证 A 股指数（如图 7-1 所示）。2010 年石油石化行业的股价波动率为 92.34%，略低于全国所有上市公司 94.83%的平均水平，也低于自身 2009 年的 142.52%。

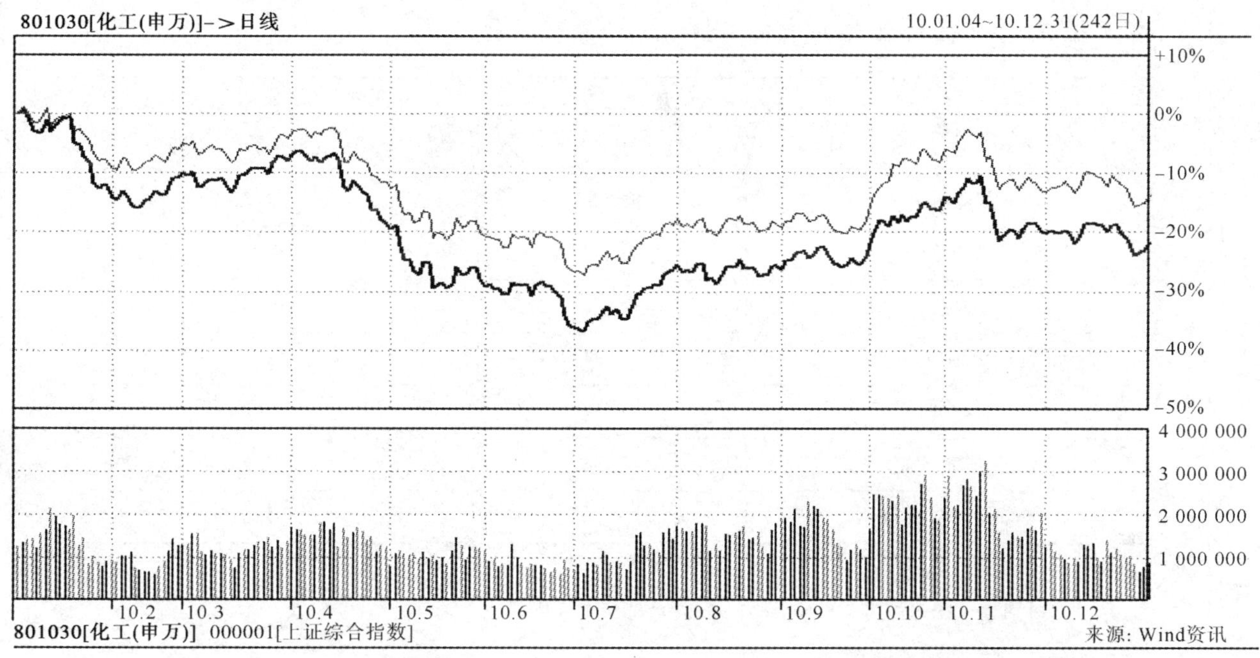

图 7-1 2010 年石油石化行业指数与上证 A 股指数比较

2010 年石油石化市场表现的得分，比同年上市公司的平均值偏低。主要市场表现指标见表 7-7。

表 7-7 石油石化行业公司市场表现

评价指标	2010 年上市公司平均值	2010 年行业值	2009 年行业值	增长率%
市场投资回报率（%）	12.19	5.25	118.82	－9.56
股价波动率（%）	94.83	92.34	142.52	－35.21
得分（分）	9	8.62	9.06	－4.86

2009年中国石油石化行业国际对标

根据国资委编制的企业绩效评价国际标准值（2009），我们将中国石油化工行业179家企业2009年业绩评价结果与全球305家大型领先有色金属企业进行了比较。中国石油化工行业上市公司营业收入、资产总额、权益、营业利润等相比全球195家大型领先有色金属企业，还有不小的差距，但资产负债率、营业利润率等经营指标毫不逊色。其中，中国石油、中国石化等中国石化行业上市公司龙头，从营业收入、资产总额、权益等规模上已远超过全球305家大型领先石化行业平均值，跻身全球领先行列。

指标	中国石油化工行业上市公司值	2009年全球305家大型领先石油化工企业平均值
营业收入	22.49	109.27
资产总额	23.76	127.55
权益	12.75	59.02
资产负债率（%）	46.34	53.70
营业利润	1.97	9.50
营业利润率（%）	8.74	8.70
经营现金流量	3.76	14.22

注：1. 金额单位：亿美元。

2. 折算汇率按2009年12月31日1美元=6.82元人民币。

（一）财务效益状况

2009年中国石化行业净资产收益率12.34%、总资产报酬率9.71%、资本收益率36.90%，与全球305家大型领先石化企业相比，可排入前20%行列。营业利润率8.74%高于全球305家的平均值，盈余现金保障倍数与平均值相当。

（二）资产质量状况

2009年中国石化行业总资产周转次数1.02、应收账款周转次数41.25、流动资产周转次数7.31，与全球305家大型领先石化企业相比，可排入前20%行列。

（三）偿债风险状况

2009年中国石化行业资产负债率46.34%、与全球305家大型领先石化企业相比，可进入前20%行列，获利倍数12.23、带息负债比率42.14%高于国际平均水平，现金流动负债比49.81%与国际平均水平相当，速动比率41.62%远远低于国际平均水平，相比较差。

（四）发展能力状况

2009 年中国石化行业营业增长率为－6.73%，营业利润增长率 91.17%，与全球 305 家大型领先石化企业相比，可进入前 20%行列，总资产增长率 17.89%，接近国际前 20%的行列。

二、 石油石化行业上市公司影响因素分析

2010 年，石油化工行业增长显著，化学工业经济总量超过美国，跃居世界首位，全行业规模以上企业 3.67 万家，实现总产值 8.88 万亿元，同比增长 34.1%，占全国规模工业总产值比重的 12.7%；2010 年，全行业完成固定投资 1.15 万亿元，同比增长 13.8%；进出口总额达 4 587.81 亿美元，同比增长 40.3%，其中，进口总额 3 244.61 亿美元，出口总额 1 343.2 亿美元，增长 35.7%。上市公司 A 股中国石油、中国石化超然地位的表现不但决定上市公司石化板块的整体业绩，也决定中国整个石化行业的发展程度。从石化行业内部实体影响力角度来看，这两家上市公司经营的变化是石化板块业绩的决定性因素。在 2010 年度，影响石油石化行业业绩的主要因素表现为以下几点。

（一）国际油价总体平稳上扬态势推动石化行业增长，金融因素主导油价走势

油价的波动是影响石化行业景气与否的决定性因素。2010 年，国际石油市场供需形势在金融危机后有所好转，国际油价在上年止跌回升的基础上进一步上扬，随着世界经济逐步复苏，2010 年国际油价总体呈震荡上行态势。在重要经济数据、欧洲债务危机和美元汇率变化等因素影响下，国际油价曾出现剧烈震荡，但由于全球经济总体复苏势头良好，油价全年也保持了向上的走势。纽约市场油价全年运行区间在 68～92 美元/桶，最大波幅为 34.6%，主要运行区间则在 70～85 美元/桶，2010 年 12 月 31 日，纽约市场油价收于 91.38 美元/桶的高位。

影响 2010 年国际油价波动的主要因素是源于金融危机后的经济复苏、利率流动性和美元的货币政策。在全球经济复苏的预期下，国际油价连续走强。受欧洲债务危机的影响，2010 年 5 月上旬起，国际油价开始高位下跌。下半年，随着欧债危机阴影淡化，美元进入下行通道，国际油价整体向上。一些经济体的宽松货币政策令全球流动性充裕，提供了丰富资金供给，再加上美国第四季度启动的第二轮量化宽松货币政策，致使美元汇率持续疲软，美国原油库存下降，经济好转势头显现，因而使国际油价、农产品、金属等大宗商品价格全面上涨。

中国石油 2010 年实现营业额为 14 654.15 亿元，同比上升 43.8%，主要是受原油、天

然气、汽油、柴油等主要产品价格上升和销售量增加影响。中国石化 2010 年的营业额为人民币为 19 132 亿元，与 2009 年相比增长 42.2%。经营收益为人民币 1 050 亿元，同比增长 15.8%，主要归因于国内经济实现较快增长，石油石化产品需求增加，公司经营规模不断扩大，原油、成品油和石化产品价格同比上涨（如图 7-2 所示）。

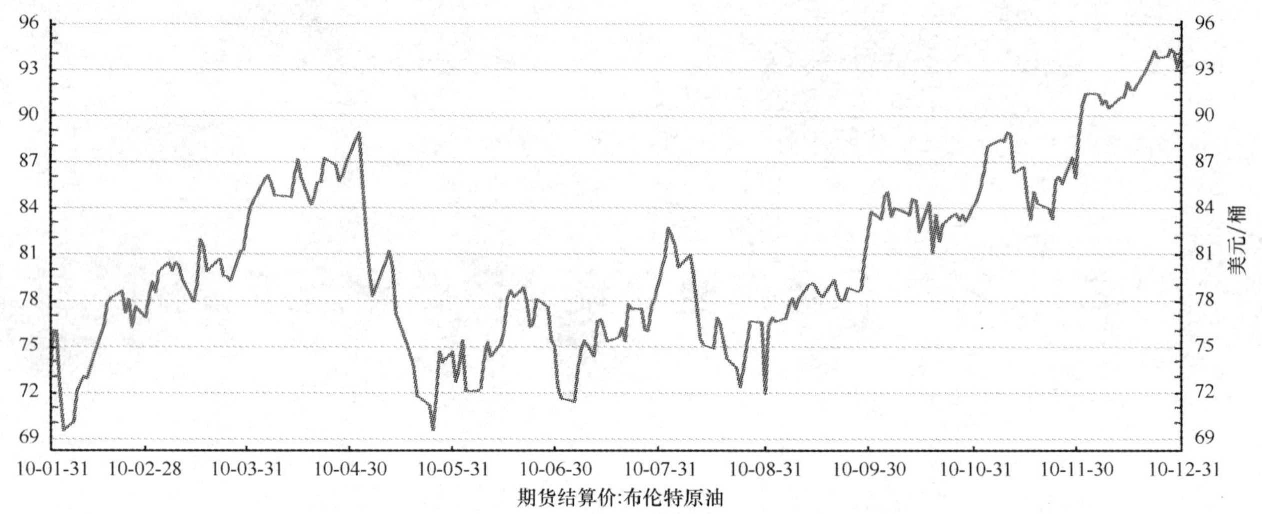

图 7-2　2010 年国际油价走势

（二）世界石油供需全面回升，促进行业业绩增长，石油贸易结构依旧

2010 年，经历了金融危机冲击后，世界经济微弱复苏，世界石油供需增长促进石化行业的业绩增长。世界石油消费达到 42.79 亿吨，同比上涨 1.74%，其中中国是消费增长最快的国家，同比增长率达到 6.79%，拉美与中东地区的石油消费也呈现出较快；世界石油供给达到 40.54 亿吨，上涨 1.98%，呈增长态势，其中中国石油产量增长 7.01%，突破 2 亿吨，我国大部分石油产量增长来自海上。

从石油贸易流向来看，OECD（经济合作与发展组织）国家仍是石油净进口国，其中北美地区进口量将达 4.54 亿吨，西欧地区将进口 5.02 亿吨。非 OECD 国家整体上是石油净出口国。中东地区仍是世界最主要的石油进口来源，但其石油消费量也持续上涨。

中国石油 2010 年销售原油 6 163 万吨，同比上涨 14.6%；汽油 3 633 万吨，同比上涨 18%；柴油 7 779 万吨，同比上涨 20.3%；聚乙烯 301 万吨，同比增长 18.2%。中国石化销售原油 555 万吨，同比上涨 13%；天然气 995 万吨，同比增长 53.7%；汽油 4 347 万吨，同比增长 11.4%；柴油 9 083 万吨，同比增长 10.3%；基础化工原料 1 782 万吨，同比增长 34.39%。

（三）中国原油供需双增，原油加工量创新高，石化行业景象繁荣

国内石油需求强劲反弹，增速高达两位数。国内石油表观消费量快速增长，增幅高位振荡，屡创历史新高。2010 年国内石油表观消费量（国内原油产量＋原油和全部石油产品净进口量，下同）达到 4.58 亿吨，同比增长 12.2%，比上年增加 10 个百分点。

国内原油产量和加工量分别突破 2 亿吨和 4 亿吨大关。2010 年中国原油产量增长较快，月同比增速保持在 4%以上，全年国内原油产量达到 20 301.4 万吨，同比增长 6.9%，比上

年增加 7.4 个百分点，是十余年来最高的增速。原油产量增长主要来自中海油渤海油田、中石油长庆油田以及延长油矿等。2010 年国内原油加工量快增速长，首次突破 4 亿吨。全年国内原油加工量达 4.23 亿吨，同比增长 13.4%，比上年加快近 6 个百分点，原油加工量增速为新世纪以来最高。原油加工的增长主要是由于石油消费较快增长、成品油商业储备增加、原油加工能力提高、原油加工利润得到一定保证、来料加工贸易量较大等因素影响。

中国石化 2010 年全年加工原料油 2.11 亿吨，同比增长 13.2%；生产成品油 1.24 亿吨，同比增长 9.4%。中国石油炼油与化工板块营业额增长 32.6%，增加的原因是主要是炼油产品价格上升和销售量增加。

（四）产业结构调整政策提升市场景气度，行业结构改观明显

2010 年中国继续推进落实产业结构调整政策，行业结构也出现明显变化，行业经济总量取得可喜成绩。上游资源型产业在经济增长中的比重呈逐步下降趋势，下游技术密集型产业比重上升。2010 年，石油和天然气开采行业产值占全行业比重为 11.4%，比 2008 年下降 4 个百分点；化工行业 2010 年产值占全行业比重达 59%，比 2008 年提高 5 个百分点。在化工行业中，专用化学品、合成材料在经济增长中的比重呈上升趋势，而基础化学原料和化肥等行业则呈平缓下降趋势。2010 年，专用化学品和合成材料产值占化工行业总产值比重分别为 25.5%和 16%，比 2008 年分别提高 2.5 个和 0.3 个百分点；基础化学原料和化肥行业产值占化工行业比重分别比 2008 年分别下降 0.9 个和 1.3 个百分点。2010 年，中国化学工业产值跨上 5 万亿元台阶，达 5.23 万亿元，按汇率计算已突破 7 700 亿美元，超越美国（7 340亿美元），化工经济总量跃居世界第一位。从利润上看，2010 年，石油天然气开采行业所占比重比 2008 年下降了 40 多个百分点；同期，化工行业比重则上升了近 9 个百分点。

（五）中国行业成本增幅较大，能源及原材料价格快速上涨为主要原因

2010 年前 11 个月，石油和化工行业销售成本平均增幅达 35.3%，比历史同期最高的 2008 年还高出 4 个百分点。其中，炼油行业销售成本升幅以 48.4%居前列，化工行业以 32.9%居后；油气开采行业以 17.4%为最低。全行业总成本增幅为 34.2%，其中化工行业为 33.2%。行业成本大幅攀升主要受能源及原材料价格快速上涨推动，原材料、燃料、动力购进价格大幅上涨 9.6%。2010 年上半年，国家出台的一系列针对“两高一资”产业的调控政策，加剧了石化行业特别是基础化工原料、化肥等行业成本的攀升。

原材料价格上涨过快。2010 年，石油和化工行业价格总体涨幅较大，特别是橡胶制品、合成纤维单体、部分无机原料涨势最为强劲。据价格监测显示，11 月份，天然橡胶（SCR5）每吨价格达 34 500 元，比年初上涨 11 400 元，同比涨幅达 72.5%；己内酰胺价格为每吨 23 600 元，比年初上涨 5 400 元，同比涨幅为 35%；硫酸和硫磺 11 月份价格同比涨幅更是高达 135%和 147%。第四季度，石油和化工产品价格涨势呈显著加强态势。造成价格快速上涨的主要因素有三个：一是成本上升；二是需求扩大，三是市场炒作。在天然橡胶、硫磺等领域，市场炒作是推高价格快速攀升的主要因素。

2010 年，中国石化经营费用为人民币 18 082 亿元，同比增长 44.2%。采购原油、产品及经营供应品及费用为人民币 14 825 亿元，同比增长 51.2%，占总经营费用的 82.0%。中

国石油勘探与生产板块经营支出增长30.30%，增加的主要原因：一是本年度进口原油支出增加；二是本年度销售国产原油缴纳的石油特别收益金大幅增加。中国石油炼油与化工板块经营支出增长35.7%，增加的主要原因是外购原油、原料油的支出增加。

（六）产业结构优化尚需努力，行业经济增长方式待进一步改变

2010年石油和化工行业经济增长的结构虽然不断优化，但产业结构不合理的格局尚未实现质的变化。经济增长依然是建立在高消耗、高成本的基础之上的。目前，中国石油和化学工业的产业结构仍以基础原材料的生产为主，高附加值、精细化的产品比重还是偏低，落后产能占有相当的比例，高耗能的基础原材料产品的平均能耗比国际先进水平要高15%～20%。因此，产业结构格局优化尚需努力，必须进一步加强、加快石化产业的结构调整。

➢ 资源税费改革和天然气价格改革迈出实质性步伐

2010年6月1日，资源税改革从新疆开始施行。原油、天然气、煤炭资源税由从量计征改为从价计征。资源税改革是中国实现低碳转型的重要措施。其要义在于提高资源开采和利用的效率；同一天，国家发改委正式下发了《关于提高国产陆上天然气出厂基准价格的通知》，天然气价格改革属于资源性产品价格改革的重要组成部分。相关改革的最终目的是节约能源、保护环境，让市场供求形成价格。

➢ “新36条”鼓励民间资本参与石油建设

5月13日，国务院发布《关于鼓励和引导民间投资健康发展的若干意见》，简称“新36条”。其中第8条特别提到，鼓励民间资本参与石油天然气建设。支持民间资本进入油气勘探开发领域，与国有石油企业合作开展油气勘探开发。支持民间资本参股建设原油、天然气、成品油的储运和管道输送设施及网络。国家石油储备体系大门也首次向民营油企开放，3家民营企业成功中标国储油项目。

资料来源：中化新网讯

三、2011年石油石化行业前景分析

2011年世界主要发达经济体将走出金融危机的阴影，宏观经济开始复苏，新兴国家经济仍持续高增长，增速会有所放缓，国际石油石化行业将同比增长。中国经济仍处于高速成

长的工业化的中期发展阶段时期，宏观经济环境对石油和化工产品的需求增长仍构成有效支撑，国内消费结构升级带动旺盛需求，在国家产业结构升级、经济增长方式转变的政策实施下，随着市场环境的进一步改善，石油石化各子行业快速发展。预计 2011 年，中国石油和化工行业呈现总体向上发展趋势，各子行业也将带动其他各相关行业共同发展。

（一）国际油价呈上升且高位震荡趋势，金融因素和地缘政治为主要影响原因

随着全球经济复苏，宏观经济形势、供需基本面、货币政策和地缘政治是影响油价格走势的四大因素。美国经济目前正在缓慢复苏，未来复苏力度将增强，中国经济也将保持高位增长，预计 2011 年世界经济增长为 3.6%，中国经济增长 9.5%。在需求方面，据路透社 2010 年 12 月数据，2011 年全球石油日均需求将增 150 万桶，至 8 860 万桶。在供给方面，石油输出国组织对增产持谨慎态度。2010 年四季度油价上涨行情主要因素是由美元货币政策致其贬值预期造成，美联储公布的量化宽松政策，使得美元在 2011 年内将维持相对弱势，将影响对油价后期上涨形成一定支撑。中东地区，尤其是北非地区的动乱等地缘政治因素依旧是主要影响原因。

美国能源部，预计 WTI 平均价格为每桶 86.08 美元。多家投资机构更多预测每桶达到 100 美元左右。

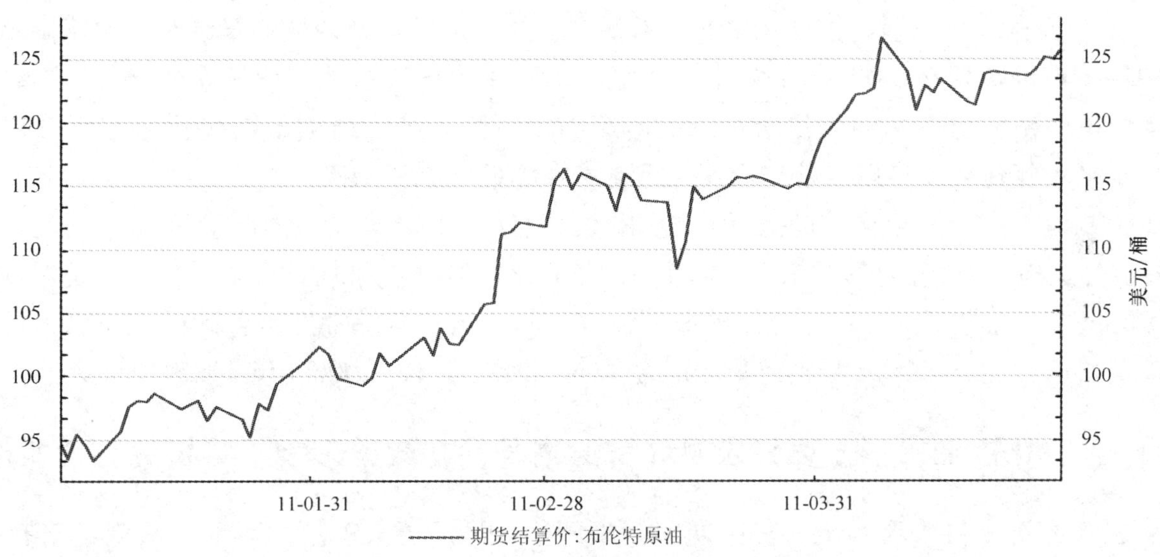

图 7-3 2011 年 1～4 月国际石油价格走势图

资料来源：wind 资讯

➤川气东送工程全面建成投产。

川气东送工程 2010 年 3 月 29 日全面建成，8 月 31 日，正式进入商业运营。川气东送工程管道西起四川达州普光气田，经四川、重庆、湖北、江西、安徽、江苏、浙江、上海 8 省市，干支线管道总长 2170 公里，设计年输净化天然气 120 亿立方米。按目前的储量和产能，普光气田至少可以稳产 20 年。川气东送

工程对国家优化调整能源结构、促进区域经济协调发展具有重要的战略意义。

➤三个千万吨级炼油项目投产。

2010年5月，中国石化天津百万吨乙烯、千万吨炼油项目正式投入商业运行；9月，中国石油广西石化千万吨炼油项目全面投产；11月，中国石油吉林石化千万吨炼油扩建项目全面建成投产。三个千万吨级炼油项目的投产，对中国炼油产业布局以及成品油供应具有重要深远的意义。上述项目的竣工投产将进一步完善中国西南和东部临海工业发展战略并推动中国与东盟深化合作。

来源：中化新网讯。

（二）石油供需持续增长，增速同比减缓，石化行业从供需角度减速增长

2011年，预计世界石油消费将增长1.37%，达到43.38亿吨，从区域角度来看，石油消费下降将集中在欧洲，主要是因为该地区经济复苏前景不明朗所致；其他地区石油消费将保持不同程度的增长，发展中国家将是增长的主力军。

2011年，世界石油供给保持上升的趋势不会改变。石油产量将达到41.10亿吨，同比增长1.38%，增长有所放缓，主要是由北美石油产量增长放缓以及西欧产量继续大幅下降所致。

中国的石油消费在2011年将达到4.61亿吨，同比增长5.11%，增长速度有所放缓。主要是因为中国经济将保持平稳较快增长，但增速同比下降；经济结构不断优化，高污染、高能耗、低水平重复建设项目以及基建投资、重化工业增速等有所下降。

中国原油产量增速放缓，加工量仍快速增长。预计2011年全年原油产量为2.08亿吨，增长2.5%左右。根据2010年炼厂开工率、各油品产量收率，2010年和2011年新炼厂投产情况，以及各油品的供需状况等，预计2011年原油加工量为4.46亿吨，成品油产量合计达26 600万吨，同比增长5.2%，汽油、煤油、柴油产量分别为8 060万吨、1 840万吨和16 700万吨。

（三）石化产业发展主要靠宏观经济的增长，在政策影响下与相关行业共增长

从宏观经济走势来看，十一五”期间，中国GDP年均增速达10.4%，宏观经济持续强劲增长，直接推动石油和化工行业的快速发展。2010年，中国GDP增速达10.3%。2011年，国内宏观经济政策的基本取向是“积极稳健、审慎灵活”，即实施积极的财政政策和稳健的货币政策，保持经济平稳健康运行。中国GDP增速会有所减缓，预计在9.5%左右。

从石化行业来看，2011年直接影响行业发展的相关的政策包括：成品油调价机制、能源价格调整、人民币汇率变化、资源税改革、节能减排、提高行业准入门槛、环境税等。这些政策将直接影响石化行业的经济总量和经济增长方式。石化行业与其他行业关联性强，各相关行业的发展也将推动石化行业的发展。例如在农业方面，2011年国家加大对农业的投入，支农惠农政策将使农用化学品市场需求保持增长格局。在汽车行业方面，2011年，中国汽车销售将突破2 000万辆，汽车行业的保有量增加。将直接拉动成品油、润滑油、助剂、涂料、工程塑料、橡胶密封材料等领域市场需求增长。在房地产行业方面，房地产行业

是涂料、塑料管（型）材、聚氨酯等化工产品的重要应用领域，2011年，国家对房地产的宏观调控政策可能更为严厉，但保障性住房、廉租房的建设速度将会加快。随着中国城镇化进程加快，未来房地产行业仍将保持对相关化工产品的消费需求。在纺织行业方面，2011年，中国纺织行业将继续保持平稳较快的增长势头，但随着国内外市场需求的放缓，增速较上年将会减弱，从而对合成纤维单体等相关领域化工产品的需求也将相应减缓。在塑料制品行业方面，塑料制品是合成树脂最主要的下游行业，多年来，中国塑料制品行业一直保持快速增长态势，塑料制品的快速增长，促使合成树脂需求的相应扩大。

（四）石化行业开拓国际市场，扩大经营范围，提升行业管理水平

中国企业将加大在海外收购石油和天然气资源的投资。2010年，中国能源企业完成了多起海外收购。例如，中国石油收购Arrow公司，中国石化收购加拿大油砂项目和巴西石油公司的股权，中国海油收购美国得克萨斯州的页岩油气项目权益和澳大利亚煤层气项目探矿权等。此外，中国企业还在非洲和南亚等地区完成了几笔一定规模的收购。统计数据表明，中国2011年1～10月份海外油气投资高达246亿美元，在全球此类交易中所占的比例高达20%。预计2011年在行业规模提升的业绩中，海外资产与业务的比重将大幅增加，这对提升行业内相关公司的管理水平具有重大的意义。

➢中俄原油管道开始试运行。

2010年11月1日中俄原油管道开始试运行，11月2日俄原油抵达中国首站漠河兴安站，12月19日抵达大庆。中俄原油管道是俄罗斯“东西伯利亚-太平洋”石油管道的中国支线，管道全长927千米，设计输送能力1 500万吨/年，于2011年1月1日正式运营。

➢浙江龙盛收购染料巨头德司达。

2010年2月2日，浙江龙盛发布公告称，已成功收购全球最大染料企业德国德司达。此次收购为世界染料史上的第三次大转折，预示着中国染料企业将登上世界染料舞台的中心。

➢中国海油建成“海上大庆”。

2010年，中国海洋石油总公司国内油气产量达到5000万吨油当量，相当于建设了一个“海上大庆”。

资料来源：中化新网讯。

附表：

2010年石油石化行业上市公司业绩结果排序表

行业排名	全部上市公司排名	股票代码	股票简称	综合得分（100分）	每股收益（元）	总资产报酬率（%）	净资产收益率（%）	总资产周转率（次）	流动资产周转率（次）	资产负债率（%）	获利倍数	营业收入增长率（%）	资本扩张率（%）	市场投资回报率（%）	股价波动率（%）	年末资产额（万元）	营业收入净额（万元）	净利润（万元）
1	23	601857	中国石油	79.10	0.76	12.57	16.07	0.94	5.00	39.02	32.44	43.77	11.23	−14.26	64.63	165 636 800.00	146 541 500.00	15 067 500.00
2	31	600160	巨化股份	77.50	0.96	17.55	25.92	1.24	4.08	45.20	7.42	48.29	26.13	179.40	247.61	473 648.91	548 632.02	61 180.93
3	58	600871	S仪化	74.90	0.31	11.22	15.86	1.66	3.23	21.07	0.00	23.62	17.98	61.12	106.88	1 053 120.20	1 634 836.60	122 654.20
4	79	600028	中国石化	73.70	0.82	11.77	17.46	2.07	8.72	54.06	15.92	42.24	13.01	−37.04	110.30	98 538 900.00	191 318 200.00	7 684 300.00
5	133	002096	南岭民爆	70.40	0.89	26.11	21.78	0.94	2.28	29.14	31.53	12.72	18.20	21.45	96.98	70 650.40	62 672.31	12 339.19
6	137	002254	烟台氨纶	70.20	0.98	15.18	15.21	0.71	1.43	17.20	0.00	31.55	10.64	48.56	118.25	226 812.75	149 053.27	27 298.43
7	138	600688	S上石化	70.20	0.38	11.91	16.54	2.60	8.82	37.67	37.27	50.01	16.19	−18.10	68.90	2 915 810.40	7 759 118.70	272 909.20
8	141	002226	江南化工	70.00	0.52	19.85	18.67	0.72	0.95	9.25	0.00	24.63	20.60	10.51	79.22	49 189.32	32 416.89	7 661.59
9	142	600458	时代新材	69.90	0.90	10.87	19.51	1.02	1.48	48.64	15.76	52.45	180.00	196.71	217.77	28 6911.37	232 085.24	20 049.13
10	145	000792	盐湖钾肥	69.70	1.44	22.03	33.73	0.49	0.78	44.41	76.88	8.59	15.80	10.15	125.14	1 065 974.14	495 162.75	186 208.84
11	154	600309	烟台万华	69.40	0.92	17.46	20.39	0.83	2.20	44.72	56.16	45.23	22.83	−13.59	102.97	1 294 292.21	942 977.69	172 075.40
12	157	600256	广汇股份	69.10	0.56	9.26	13.86	0.35	1.32	60.14	10.39	22.21	15.45	107.41	188.04	126 8261.72	378 944.65	68 626.64
13	158	002250	联化科技	69.00	0.83	17.19	25.27	1.32	2.98	48.22	31.79	47.21	21.76	78.17	132.71	170 533.21	197 344.91	2 0297.87
14	192	600315	上海家化	67.90	0.65	14.91	16.74	1.55	2.26	28.48	0.00	14.71	10.91	41.49	91.94	212 234.43	309 395.66	24 968.10
15	202	000422	湖北宜化	67.20	1.06	9.87	22.37	0.72	2.09	72.50	3.69	31.78	40.14	−12.35	92.93	1 874 581.35	1 154 495.03	102 732.94
16	206	600157	永泰能源	67.00	0.49	11.53	22.74	0.93	1.87	80.59	3.37	27.75	31.63	21.38	80.31	406 167.07	279 479.48	16 241.53
17	213	002064	华峰氨纶	66.90	0.43	20.60	20.26	0.89	2.18	14.55	57.63	36.12	20.52	13.82	89.99	194 459.94	162 785.06	31 980.67
18	214	002037	久联发展	66.80	0.65	14.01	21.44	0.99	1.72	57.27	17.04	33.86	17.50	74.52	123.13	185 067.57	156 021.19	15 865.53
19	231	002170	芭田股份	66.10	0.34	16.47	16.66	2.01	3.18	15.72	0.00	8.88	21.33	64.87	153.99	79 947.15	154 316.87	10 709.26
20	232	002206	海利得	66.10	0.61	12.23	13.84	1.05	2.59	42.05	9.96	70.17	12.26	12.77	78.54	184 752.15	165 474.24	15 320.54
21	236	000732	ST三农	65.70	0.33	16.66	34.91	0.94	1.00	67.13	39.46	776.66	1 662.96	−176.57	75.58	518 102.76	271 225.12	34 921.66
22	249	600985	雷鸣科化	65.30	0.50	13.71	13.38	0.85	1.16	16.68	0.00	12.08	13.75	13.12	82.86	59 030.33	47 096.68	6 011.39
23	263	002080	中材科技	64.90	1.18	12.06	16.89	0.72	1.13	48.53	6.57	59.56	117.66	10.97	108.57	452 614.63	257 350.00	31 107.68
24	285	000819	岳阳兴长	64.20	0.22	8.52	7.14	2.93	4.78	14.30	0.00	41.61	13.61	12.65	93.64	58 305.23	162 495.42	3 440.24
25	290	600141	兴发集团	64.00	0.51	7.70	13.42	0.95	4.72	68.19	2.71	53.66	53.64	4.65	130.57	619 157.94	467 804.31	18 730.28
26	311	002092	中泰化学	63.30	0.27	5.01	5.69	0.48	2.53	31.48	5.55	22.69	156.43	−7.72	65.20	966 796.92	408 112.35	29 048.07

续表

行业排名	全部上市公司排名	股票代码	股票简称	综合得分(100分)	每股收益(元)	总资产报酬率(%)	净资产收益率(%)	总资产周转率(次)	流动资产周转率(次)	资产负债率(%)	获利倍数	营业收入增长率(%)	资本扩张率(%)	市场投资回报率(%)	股价波动率(%)	年末资产额(万元)	营业收入净额(万元)	净利润(万元)
27	322	000637	茂化实华	63.20	0.17	11.53	13.56	4.08	6.00	1.08	0.00	32.32	10.77	3.54	84.29	83 351.59	358 946.56	8 919.80
28	332	002215	诺普信	63.00	0.50	9.84	9.54	1.12	1.77	20.59	0.00	11.29	93.18	17.40	85.83	162 172.33	145 593.75	11 033.55
29	338	000049	德赛电池	62.90	0.52	15.53	26.07	1.75	2.18	67.27	11.30	43.62	60.01	145.20	236.02	85 032.20	131 601.85	8 767.32
30	341	600339	天利高新	62.80	0.48	9.74	17.80	0.58	4.71	59.85	3.33	138.81	20.12	−13.55	75.49	359 003.11	212 792.17	24 142.47
31	351	600667	太极实业	62.60	0.18	8.51	10.90	0.80	2.37	67.36	4.01	313.35	61.02	2.15	83.87	463 089.28	255 173.87	14 797.45
32	353	000000	传化股份	62.50	0.64	13.58	13.74	1.39	1.87	22.51	31.16	22.83	76.33	28.48	73.98	193 536.31	228 123.16	17 588.71
33	359	002108	沧州明珠	62.40	0.69	16.44	20.59	1.26	2.11	46.83	8.09	65.00	20.57	−10.66	99.06	118 682.03	136 308.39	12 021.90
34	366	002224	三力士	62.30	0.46	12.82	13.89	1.24	2.07	24.90	20.88	24.32	13.66	4.32	65.80	59 888.01	72 081.06	6 178.78
35	368	000936	华西村	62.30	0.24	9.83	11.93	1.03	1.89	44.38	5.95	33.64	46.85	40.38	144.33	354 026.36	324 586.13	20 356.40
36	371	000861	海印股份	62.20	0.52	18.53	29.35	0.65	1.75	62.07	13.97	54.94	11.89	26.69	127.80	247 853.06	131 922.94	26 197.96
37	384	600352	浙江龙盛	61.80	0.57	8.94	12.90	0.59	0.91	51.44	47.01	44.55	51.19	4.75	67.37	1 338 889.72	667 715.15	85 093.43
38	387	002136	安纳达	61.80	0.34	9.10	12.95	1.34	4.51	46.35	6.47	65.79	13.76	13.43	75.45	41 247.61	55 002.28	2 677.07
39	396	000782	美达股份	61.50	0.24	6.60	14.03	1.76	3.49	60.21	3.43	52.29	9.52	−9.51	96.38	242 453.85	389 012.15	9 904.04
40	417	002054	德美化工	60.90	1.12	25.02	13.69	0.65	1.61	28.29	19.63	15.19	34.41	−17.82	55.62	184 803.73	109 988.80	37 814.97
41	437	002243	通产丽星	60.40	0.37	15.40	15.74	0.98	1.97	26.55	26.78	21.91	12.54	15.93	90.19	80 335.23	71 403.75	9 670.12
42	454	600143	金发科技	59.90	0.41	9.50	13.45	1.18	1.54	59.81	4.31	44.01	12.90	58.68	166.59	935 849.18	1 024 232.53	56 997.24
43	456	000407	胜利股份	59.80	0.50	13.67	24.44	0.78	1.68	53.25	6.12	47.44	27.43	−7.20	86.97	311 474.85	215 251.71	33 546.21
44	458	000698	沈阳化工	59.80	0.33	4.71	6.65	1.08	5.34	56.21	2.94	66.10	7.53	2.53	70.97	687 343.07	748 408.02	21 080.44
45	471	600636	三爱富	59.50	0.13	8.17	13.96	1.15	2.41	65.19	3.45	47.25	12.44	57.57	146.39	304 415.39	309 560.62	12 774.25
46	474	300019	硅宝科技	59.40	0.42	10.44	8.97	0.46	0.58	10.53	0.00	19.46	8.43	4.44	85.94	46 895.70	20 262.91	4 281.47
47	494	600409	三友化工	59.00	0.31	7.01	10.52	0.76	2.93	56.65	3.89	47.87	11.06	−2.48	91.82	697 198.23	530 491.64	29 460.77
48	503	600527	江南高纤	58.80	0.34	13.08	14.48	1.12	2.32	31.47	10.14	36.98	13.06	30.89	107.41	133 378.15	141 052.82	12 502.75
49	520	000985	大庆华科	58.30	0.20	5.85	5.43	2.01	6.78	8.65	0.00	18.91	1.68	−6.84	73.73	52 026.12	103 640.30	2 634.04
50	535	002324	普利特	57.90	0.74	9.03	9.13	0.69	0.76	11.40	0.00	64.91	6.03	26.80	91.39	119 155.02	80 740.02	10 055.33
51	548	002246	北化股份	57.60	0.11	3.45	3.31	1.86	2.89	20.51	0.00	136.02	2.19	−1.85	134.73	76 488.01	134 354.86	2 191.29
52	549	002130	沃尔核材	57.60	0.31	12.79	15.69	0.75	1.54	34.10	11.90	28.66	9.44	78.38	202.50	74 440.01	52 094.86	7 651.75

续表

行业排名	全部上市公司排名	股票代码	股票简称	综合得分(100分)	每股收益（元）	总资产报酬率（%）	净资产收益率（%）	总资产周转率（次）	流动资产周转率（次）	资产负债率（%）	获利倍数	营业收入增长率（%）	资本扩张率（%）	市场投资回报率（%）	股价波动率（%）	年末资产额（万元）	营业收入净额（万元）	净利润（万元）
53	557	000059	辽通化工	57.40	0.34	5.10	6.19	1.00	3.68	75.06	1.62	770.43	0.92	−0.62	95.53	2 653 641.78	2 392 733.03	41 265.80
54	576	000584	友利控股	57.10	0.31	7.21	8.82	0.46	1.01	46.35	6.99	70.39	9.26	−26.84	107.95	350 020.59	139 600.64	16 291.87
55	581	002217	联合化工	56.90	0.38	8.81	9.31	0.71	1.81	35.28	34.13	50.52	11.30	−31.86	111.53	130 681.47	87 173.13	8 640.70
56	603	002211	宏达新材	56.40	0.35	5.93	6.32	0.48	1.06	29.73	10.25	51.79	77.45	13.75	92.43	246 229.87	94 898.84	9 090.04
57	621	002165	红宝丽	56.10	0.36	14.98	16.48	1.45	2.27	46.51	6.58	50.19	14.56	−9.57	74.52	114 541.31	138 705.77	9 824.32
58	629	000818	*ST化工	55.70	1.71	48.17	−2.04	0.71	4.18	31.60	23.13	71.82	0.00	−4.92	24.92	271 148.19	180 483.33	115 997.51
59	648	000973	佛塑科技	55.30	0.28	9.08	15.94	0.87	1.91	63.33	3.66	1.43	15.45	75.59	129.68	445 634.30	375 185.66	25 072.00
60	649	002109	兴化股份	55.20	0.27	8.13	8.96	0.67	1.80	31.75	10.24	20.42	6.88	−6.17	74.80	158 812.24	102 881.51	9 572.16
61	652	600470	六国化工	55.10	0.32	3.92	4.29	0.98	1.67	32.62	21.16	−6.27	99.30	3.98	70.81	340 516.87	273 357.54	8 023.16
62	672	002263	大东南	54.70	0.18	7.36	8.05	0.59	1.69	35.58	3.50	30.74	72.26	23.03	86.63	263 177.88	140 715.71	10 978.03
63	676	002256	彩虹精化	54.50	0.15	3.24	4.18	0.64	1.37	17.31	0.00	22.78	7.03	71.33	131.99	64 885.88	39 666.79	2 173.37
64	698	600486	扬农化工	54.00	0.78	6.46	6.77	0.61	1.08	32.91	34.89	1.48	7.55	−14.26	123.97	256 238.99	156 692.14	13 755.92
65	701	600176	中国玻纤	54.00	0.48	6.74	13.08	0.32	1.04	80.56	2.06	50.27	17.28	19.25	95.42	1 563 887.94	476 502.15	44 290.00
66	704	000976	春晖股份	54.00	0.11	5.39	10.03	1.24	2.65	60.70	3.72	31.37	10.58	−11.08	37.60	177 674.45	210 878.96	6 682.61
67	710	002172	澳洋科技	53.90	0.19	6.10	7.42	1.08	2.62	57.34	2.65	62.59	28.18	−2.68	70.80	407 852.73	380 526.86	12 296.14
68	758	600746	江苏索普	53.00	0.05	3.73	3.82	1.23	4.04	43.31	6.19	8.60	3.60	−19.84	86.37	75 050.93	78 575.92	1 481.04
69	763	600061	中纺投资	53.00	0.05	3.52	3.37	2.12	3.33	40.25	7.63	48.98	3.88	16.63	95.63	95 450.15	18 4530.84	2 127.81
70	773	000949	新乡化纤	52.70	0.24	6.99	8.80	0.86	2.11	58.02	2.66	46.78	31.72	−21.12	72.97	446 374.38	356 029.27	14 644.91
71	789	600075	新疆天业	52.40	0.25	5.16	5.32	0.74	1.76	52.30	2.78	6.03	5.81	17.06	60.90	458 906.80	343 739.66	12 121.70
72	793	002258	利尔化学	52.40	0.35	6.74	8.64	0.50	0.96	7.88	0.00	12.96	2.51	−22.08	90.95	91 564.75	44 531.28	7 173.81
73	813	600722	*ST金化	51.90	2.62	71.79	14.18	0.82	3.74	117.25	23.66	28.47	0.00	12.45	103.45	166 077.77	132 555.43	110 306.84
74	814	600618	氯碱化工	51.90	0.12	4.23	4.33	1.01	4.27	55.19	1.78	16.83	6.77	−2.64	79.59	561 372.22	573 650.14	10 269.65
75	818	600481	双良节能	51.80	0.29	7.61	10.35	0.93	1.80	52.96	6.42	12.91	8.40	−1.02	84.03	519 354.59	419 203.01	24 543.25
76	822	000830	鲁西化工	51.80	0.20	4.56	6.00	0.77	3.12	77.04	2.93	18.80	9.11	−0.14	89.33	1128 246.53	768 576.45	21 183.57
77	827	600426	华鲁恒升	51.60	0.51	5.94	6.53	0.62	1.91	47.10	2.97	18.51	73.24	−40.25	127.40	903 513.77	473 775.09	25 413.95
78	833	000635	英力特	51.50	0.72	7.06	13.24	0.66	5.24	74.59	2.28	31.72	3.04	−23.24	103.05	367 863.55	246 762.55	13 077.94

续表

行业排名	全部上市公司排名	股票代码	股票简称	综合得分（100分）	每股收益（元）	总资产报酬率（%）	净资产收益率（%）	总资产周转率（次）	流动资产周转率（次）	资产负债率（%）	获利倍数	营业收入增长率（%）	资本扩张率（%）	市场投资回报率（%）	股价波动率（%）	年末资产额（万元）	营业收入净额（万元）	净利润（万元）
79	840	600378	天科股份	51.40	0.16	7.18	7.41	0.67	0.93	30.69	0.00	−3.21	7.61	52.97	169.01	76 318.96	49 071.82	4 491.13
80	848	600725	云维股份	51.20	0.30	4.72	7.92	0.59	2.16	74.64	2.13	50.90	13.36	−25.79	103.52	1 261 985.52	659 042.13	24 284.40
81	850	002125	湘潭电化	51.20	0.34	8.24	10.94	0.86	1.81	58.04	3.03	24.08	10.20	40.23	168.83	76 688.24	62 202.80	3 470.13
82	854	000523	广州浪奇	51.20	0.09	2.44	2.28	1.52	2.45	48.91	5.02	33.18	2.46	79.99	102.24	93 209.39	128 844.00	1 435.35
83	900	002088	鲁阳股份	50.10	0.52	9.27	9.28	0.57	1.04	21.87	30.97	18.34	8.12	−30.64	117.88	166 927.93	91 834.00	12 277.58
84	904	000156	*ST嘉瑞	50.10	1.55	65.73	−0.53	2.69	4.37	200.30	14.26	16.17	0.00	0.00	0.00	29 748.98	87 344.90	18 458.40
85	918	600387	海越股份	49.80	0.15	5.13	4.99	0.80	3.86	49.47	2.83	61.86	−6.45	−5.59	92.62	188 348.37	147 596.17	5 760.56
86	950	600230	沧州大化	49.20	0.37	5.68	5.06	0.67	2.03	63.29	2.26	46.93	3.96	−36.26	112.74	410 855.46	258 489.84	7 521.83
87	959	000510	金路集团	49.10	0.13	5.38	1.46	1.03	2.43	51.34	2.48	18.33	2.11	−12.71	79.33	241 933.23	270 255.98	8 314.82
88	963	600589	广东榕泰	49.00	0.22	6.80	7.26	0.58	1.16	36.82	4.35	22.06	6.93	16.90	91.89	290 005.91	160 252.90	13 084.13
89	967	600367	红星发展	48.90	0.10	3.23	2.21	0.65	0.94	16.92	0.00	38.85	2.40	70.26	242.70	149 839.13	95 215.58	3 789.60
90	986	600469	风神股份	48.40	0.41	5.42	7.90	1.36	2.91	71.98	2.27	44.45	8.05	−28.53	79.16	646 227.78	812 184.58	15 262.83
91	992	300031	宝通带业	48.20	0.44	6.65	6.94	0.48	0.57	8.14	0.00	20.79	4.78	−13.13	102.40	69 679.11	33 424.69	4 419.40
92	999	002326	永太科技	48.10	0.44	5.81	6.21	0.41	0.60	28.64	33.71	3.70	2.12	62.59	111.00	123 553.55	51 103.49	5 831.89
93	1000	000731	四川美丰	48.10	0.20	4.36	4.11	1.03	2.81	48.04	4.79	−8.12	9.50	−26.92	94.09	364 758.10	336 555.72	9 035.35
94	1002	000683	远兴能源	48.00	0.14	5.00	4.57	0.38	1.29	47.01	3.87	34.12	1.78	−21.37	109.76	567 130.52	233 336.17	18 218.67
95	1005	600096	云天化	48.00	0.31	3.40	4.19	0.33	1.30	71.01	1.98	18.46	16.01	9.84	120.35	2 443 292.77	714 075.02	30 034.57
96	1012	000096	广聚能源	47.80	0.16	5.17	3.51	0.74	1.97	7.93	0.00	48.93	4.57	−14.07	102.38	187 383.35	138 032.23	8 721.30
97	1020	002015	霞客环保	47.70	0.10	5.00	4.35	0.95	1.63	69.10	1.75	26.67	3.36	2.46	121.58	180 838.09	154 788.34	2 756.56
98	1028	002167	东方锆业	47.50	0.25	5.92	6.40	0.31	0.60	55.87	3.86	38.31	9.05	158.19	210.56	135 936.90	37 042.75	4 555.12
99	1052	600810	神马股份	47.10	0.10	2.69	1.10	1.75	5.40	64.28	1.71	102.05	−0.18	−29.85	103.39	763 895.79	1 247 538.79	3 040.06
100	1066	000822	山东海化	46.80	0.05	3.08	2.02	0.93	3.62	49.68	1.82	26.83	2.14	−12.27	85.16	711 174.20	692 323.32	5 996.59
101	1074	000859	国风塑业	46.60	0.10	5.43	4.22	0.98	2.81	37.46	4.62	12.58	−0.08	2.85	89.04	147 661.17	145 274.99	4 230.60
102	1080	000670	S*ST天发	46.40	0.04	7.76	5.11	0.36	0.38	32.64	0.00	−18.15	−11.60	0.00	0.00	30 487.51	10 367.64	1 118.44
103	1083	600623	双钱股份	46.30	0.33	5.04	1.70	1.06	2.64	68.70	2.07	24.69	17.58	−2.26	97.31	845 338.59	909 462.54	21 615.64
104	1104	600423	柳化股份	45.80	0.14	4.43	3.87	0.50	2.21	66.60	1.54	35.59	2.35	0.28	65.12	440 942.21	208 773.54	5 628.68

续表

行业排名	全部上市公司排名	股票代码	股票简称	综合得分(100分)	每股收益(元)	总资产报酬率(%)	净资产收益率(%)	总资产周转率(次)	流动资产周转率(次)	资产负债率(%)	获利倍数	营业收入增长率(%)	资本扩张率(%)	市场投资回报率(%)	股价波动率(%)	年末资产额(万元)	营业收入净额(万元)	净利润(万元)
105	1114	002068	黑猫股份	45.60	0.21	5.19	7.78	1.15	2.36	76.72	1.81	62.29	9.16	−23.13	94.79	298 234.76	302 286.38	5 347.92
106	1116	002319	乐通股份	45.50	0.32	5.46	5.87	0.72	0.83	22.64	0.00	41.90	8.71	−24.82	79.88	69 696.11	47 064.79	3 169.27
107	1117	002201	九鼎新材	45.50	0.11	4.32	3.47	0.60	1.39	62.11	1.79	39.53	1.72	12.94	82.86	101 028.70	53 859.05	1 537.36
108	1135	600182	S佳通	45.20	0.16	7.98	9.15	1.15	2.20	64.74	2.33	36.44	3.48	−10.30	96.37	328 243.23	361 100.52	10 751.52
109	1142	000554	泰山石油	44.90	0.02	1.37	1.13	3.36	11.51	8.14	21.06	8.09	−0.50	8.58	73.63	94 938.85	312 367.00	720.20
110	1145	002192	路翔股份	44.80	0.17	4.96	6.44	1.22	1.92	67.27	2.27	94.80	4.63	35.82	174.27	102 825.44	118 276.03	2 327.13
111	1173	002061	江山化工	44.00	0.36	4.24	3.95	0.80	2.20	64.28	3.11	15.06	11.14	−16.53	89.14	176 337.39	136 219.94	3 862.92
112	1181	600328	兰太实业	43.60	0.15	3.70	3.88	0.33	0.95	69.40	1.94	30.50	10.74	27.11	148.59	472 350.82	142 015.45	6 066.35
113	1184	600889	南京化纤	43.60	0.34	4.53	5.32	0.30	0.54	74.57	3.12	34.35	11.44	−5.84	78.84	357 774.67	100 414.00	10 348.44
114	1185	600063	皖维高新	43.50	0.22	4.20	4.27	0.51	2.06	63.60	2.03	43.21	−14.35	−22.39	125.61	504 235.76	239 434.72	8 891.08
115	1206	002053	云南盐化	42.70	0.11	3.16	1.10	0.72	3.12	54.97	1.38	8.50	1.31	−15.21	74.00	231 924.22	159 680.43	1 415.64
116	1213	000553	沙隆达A	42.50	0.04	3.68	2.31	0.77	2.17	44.54	1.75	−4.87	1.56	1.81	52.93	201 485.76	157 011.42	2 356.92
117	1227	600699	*ST得亨	41.60	0.60	32.94	76.13	0.38	2.36	0.00	6.05	−40.11	0.00	30.74	58.97	0.00	15 430.55	11 217.88
118	1232	000589	黔轮胎A	41.50	0.49	5.63	7.68	1.27	2.35	70.63	2.42	31.44	3.73	−31.35	124.82	547 879.58	622 675.06	12 494.92
119	1238	600596	新安股份	41.20	0.25	3.45	1.29	0.73	1.59	31.24	69.06	12.90	1.74	−26.35	136.18	615 671.86	434 627.62	16 810.44
120	1242	600260	凯乐科技	41.10	0.09	3.06	3.04	0.50	0.66	54.15	3.59	65.70	2.18	−8.62	91.56	335 018.37	162 709.79	4 665.90
121	1258	600078	澄星股份	40.50	0.07	3.36	4.46	0.43	0.78	72.38	1.59	−1.80	3.50	−6.08	90.80	607 776.25	249 999.38	7 236.93
122	1266	000707	双环科技	40.20	0.14	3.50	1.93	0.61	2.32	67.34	1.42	27.01	2.15	−25.26	105.96	701 611.18	376 788.95	5 557.11
123	1274	000755	山西三维	39.90	0.07	2.49	1.67	0.51	2.01	63.69	1.37	22.67	5.46	29.76	119.35	630 743.33	278 452.64	3 220.21
124	1292	600731	湖南海利	39.20	0.02	3.62	1.16	0.66	1.56	67.90	1.34	22.67	0.34	16.20	81.39	128 291.79	85 192.24	781.15
125	1304	000950	建峰化工	38.60	0.22	3.73	4.52	0.53	1.71	41.93	0.00	−0.26	4.22	−32.60	135.60	410 695.10	207 826.01	13 063.35
126	1311	000839	中信国安	38.40	0.17	4.55	3.94	0.19	0.61	44.53	2.59	2.14	1.53	−17.83	75.21	1 084 502.46	201 039.20	27 115.65
127	1319	600229	青岛碱业	37.80	0.03	3.01	−1.95	0.77	2.08	51.39	2.12	30.68	6.94	−15.12	87.29	298 023.59	216 857.56	3 035.08
128	1335	600299	*ST新材	37.10	0.14	2.80	0.37	0.70	2.09	80.06	1.51	24.49	3.17	−3.45	114.82	1 529 580.57	967 648.56	7 678.65
129	1336	600227	赤天化	37.00	0.14	1.83	2.82	0.15	0.35	59.13	186.16	19.53	51.54	−1.26	66.76	957 017.87	132 932.47	13 289.07
130	1343	000719	S*ST鑫安	36.70	0.00	158.10	−860.16	0.00	0.00	20.95	0.00	−100.00	0.00	0.00	0.00	47.73	0.00	37.73

续表

行业排名	全部上市公司排名	股票代码	股票简称	综合得分(100分)	每股收益（元）	总资产报酬率（%）	净资产收益率（%）	总资产周转率（次）	流动资产周转率（次）	资产负债率（%）	获利倍数	营业收入增长率（%）	资本扩张率（%）	市场投资回报率（%）	股价波动率（%）	年末资产额（万元）	营业收入净额（万元）	净利润（万元）
131	1347	000606	青海明胶	36.50	0.00	1.92	−3.43	0.76	1.80	40.98	1.75	32.42	17.97	31.96	107.59	124 907.24	87 582.05	518.67
132	1349	002221	东华能源	36.50	0.18	4.69	5.92	1.32	1.94	69.07	3.01	−5.02	7.11	−2.85	73.18	200 084.15	226 023.90	4 028.53
133	1354	600633	*ST 白猫	36.30	0.02	2.26	−14.86	2.00	3.12	47.78	2.06	15.02	1.91	0.00	21.42	22 338.70	43 028.13	247.04
134	1356	000668	荣丰控股	36.20	0.39	8.60	9.43	0.17	0.20	21.72	0.00	−52.82	7.88	−16.02	73.26	95 160.24	167 92.81	6 467.36
135	1357	600251	冠农股份	36.20	0.02	2.48	1.58	0.40	0.88	63.05	1.12	53.82	−0.41	3.29	138.06	229 615.03	82 093.54	342.61
136	1374	002274	华昌化工	35.70	0.04	2.47	−1.17	0.99	2.98	60.88	1.18	39.38	0.82	−26.94	103.15	335 673.87	327 650.94	1 050.58
137	1385	600444	*ST 国通	35.10	0.05	3.37	2.54	0.62	2.06	86.14	1.25	105.60	2.73	11.38	108.42	57 454.69	35 246.12	211.59
138	1393	600155	*ST 宝硕	34.70	0.01	1.87	1.40	1.26	5.54	411.37	1.63	34.31	0.00	−20.35	68.87	84 700.83	101 244.90	583.64
139	1395	000687	保定天鹅	34.70	0.09	4.01	−2.35	0.52	1.81	26.22	7.18	8.25	−13.82	−26.03	101.62	154 198.56	84 882.41	5 651.98
140	1398	600769	*ST 祥龙	34.40	0.01	2.25	−13.28	0.81	3.19	62.32	1.18	36.78	0.87	6.19	104.19	121 664.43	92 986.35	393.76
141	1402	002145	*ST 钛白	34.30	0.06	4.35	−36.38	0.53	1.90	52.93	1.63	151.58	3.93	−22.65	63.74	61 601.76	35 039.25	1 096.59
142	1415	600094	*ST 华源	33.30	0.00	7.38	−17.56	0.23	0.46	24.50	0.00	0.00	13.26	0.00	0.00	1 779.30	470.08	157.29
143	1446	002207	准油股份	31.80	−0.01	1.74	−0.12	0.54	0.99	46.77	1.34	25.08	−0.17	1.56	64.54	66 672.97	36 106.19	−59.23
144	1448	600319	亚星化学	31.70	0.02	3.82	−7.06	0.60	1.51	71.40	1.27	21.85	−6.61	−4.50	67.54	351 096.18	209 784.41	1 918.73
145	1466	600792	*ST 马龙	30.50	−1.14	−11.01	56.79	1.23	2.06	139.86	−2.32	−6.36	0.00	−1.18	89.86	90 494.39	116 956.80	−15 768.30
146	1472	000599	青岛双星	30.10	0.07	2.24	1.06	1.28	2.75	68.60	1.69	37.52	2.44	−36.51	134.83	470 910.07	577 780.52	3 644.41
147	1481	000420	吉林化纤	29.70	−0.21	−0.07	−10.21	0.83	2.44	68.68	−0.03	26.50	−7.82	43.99	94.01	291 626.26	233 396.53	−8 669.88
148	1483	000791	西北化工	29.60	0.04	1.89	−1.32	0.40	1.39	51.48	2.10	21.03	1.52	−6.93	61.56	71 759.04	28 935.90	520.82
149	1488	600727	*ST 鲁北	29.20	0.04	0.92	−8.28	0.27	0.51	23.09	0.00	30.33	−33.57	0.00	32.87	132 225.39	45 262.27	1 569.26
150	1496	600617	*ST 联华	28.50	0.10	49.91	33.54	0.14	0.16	225.81	2.50	−61.71	0.00	47.72	89.24	6 063.20	786.84	1 674.33
151	1500	000565	渝三峡 A	28.30	0.20	3.48	−29.19	0.30	0.76	53.20	1.74	11.34	−1.02	−29.00	106.82	142 269.64	43 639.66	−1 283.29
152	1524	600389	江山股份	26.70	0.16	3.87	−10.72	0.62	2.85	70.66	1.54	−14.83	−4.37	−25.69	116.14	315 957.29	198 429.01	3 635.82
153	1532	000525	红太阳	26.40	−0.04	2.59	−1.55	1.02	1.45	80.26	1.00	7.33	−2.14	−10.46	56.70	369 490.85	380 884.88	−955.63
154	1538	600885	*ST 力阳	26.00	0.03	9.91	−215.16	0.88	2.04	94.57	1.22	−13.16	0.00	−16.33	105.60	59 049.15	51 634.80	772.19
155	1558	000662	索芙特	24.70	−0.30	−5.84	−11.57	0.37	0.67	33.00	−5.47	7.57	−11.04	9.43	71.78	127 740.50	46 049.73	−8 949.61
156	1562	600844	丹化科技	24.30	0.02	0.47	−1.79	0.08	0.40	43.36	1.03	17.47	5.60	9.15	98.41	399 132.54	30 866.05	283.86

续表

行业排名	全部上市公司排名	股票代码	股票简称	综合得分(100分)	每股收益（元）	总资产报酬率（%）	净资产收益率（%）	总资产周转率（次）	流动资产周转率（次）	资产负债率（%）	获利倍数	营业收入增长率（%）	资本扩张率（%）	市场投资回报率（%）	股价波动率（%）	年末资产额（万元）	营业收入净额（万元）	净利润（万元）
157	1563	600228	*ST 昌九	24.20	−0.58	−8.31	−31.26	0.97	2.19	79.12	−2.94	34.43	−47.59	24.53	94.75	94 289.37	92 345.67	−13 749.10
158	1568	600074	*ST 中达	23.90	−0.39	−5.23	−45.89	0.66	3.20	82.34	−1.42	11.32	−37.12	1.52	82.47	296 462.02	206 084.79	−30 418.72
159	1569	600301	*ST 南化	23.70	0.05	1.11	−40.33	0.44	2.01	65.01	0.55	−23.05	−0.93	−20.07	115.91	24 7407.53	109 180.35	−1 476.07
160	1571	000155	川化股份	23.60	−0.45	−7.04	−11.32	0.61	2.57	49.56	−6.66	−10.91	−12.18	−18.84	99.80	337 795.16	200 577.38	−21 876.38
161	1574	600249	两面针	23.50	0.02	0.65	−3.10	0.25	1.19	28.02	1.87	31.33	−24.08	−21.90	100.07	330 759.82	93 639.36	692.32
162	1585	600532	华阳科技	22.50	−0.40	−3.71	−22.57	0.56	1.19	72.33	−1.10	25.30	−19.92	6.67	93.56	90 613.85	50 662.01	−6 355.27
163	1598	600579	ST 黄海	21.80	−0.39	−4.36	−1850.65	1.10	2.57	102.49	−1.44	20.48	−163.62	−1.98	92.29	140 204.34	147 030.73	−9 899.71
164	1599	600656	ST 方源	21.70	0.05	21.82	12.16	0.00	0.00	317.09	1.09	−100.00	0.00	12.79	59.80	16 685.87	0.00	280.63
165	1605	000498	*ST 丹化	21.20	0.00	0.20	−22.10	0.00	0.00	78.29	374.69	−100.00	6.49	0.00	0.00	4 518.98	0.00	59.79
166	1606	000953	*ST 河化	21.10	0.02	3.35	−41.43	0.53	1.21	86.97	1.17	−6.13	4.13	−20.53	107.10	111 828.95	59 702.22	546.01
167	1613	000737	*ST 南风	20.40	−0.93	−10.13	−64.98	0.77	1.91	85.51	−3.65	15.89	−49.25	0.00	100.01	346 813.63	276 917.44	−49 299.56
168	1615	600281	*ST 太化	20.10	−0.43	−4.69	−27.73	0.79	1.75	76.96	−2.21	11.72	−22.25	−1.61	119.66	394 248.59	311 015.68	−26 023.65
169	1621	600882	大成股份	19.30	−0.33	−1.10	−21.15	0.50	1.30	77.92	−0.33	4.63	−17.48	6.32	90.57	159 738.30	78 813.09	−7 144.30
170	1625	002018	华星化工	18.60	−0.43	−5.50	−20.13	0.56	0.96	56.91	−2.72	−1.20	−14.77	−31.68	115.12	146 839.90	85 975.32	−12 890.46
171	1628	000615	湖北金环	18.40	0.02	0.72	−0.85	0.55	1.12	40.24	0.60	10.45	−7.17	−34.54	145.41	121 965.40	68 640.92	336.17
172	1631	000912	泸天化	18.10	−0.29	−1.80	−7.12	0.48	1.50	55.98	−1.42	−26.15	−13.73	−30.12	112.10	727 852.62	350 490.58	−23 979.31
173	1632	600091	*ST 明科	18.00	0.04	4.30	−9.19	0.01	0.02	53.16	1.28	−77.14	3.17	−27.80	135.53	153 759.19	836.34	1 412.49
174	1636	002002	ST 琼花	17.50	−0.41	−16.28	−55.29	0.63	3.40	67.87	−3.31	14.96	−44.03	−40.42	162.79	28 165.74	20 303.86	−6 826.33
175	1641	000677	山东海龙	16.80	−0.43	−2.87	−34.60	0.64	1.79	85.49	−0.82	34.31	−23.26	−38.56	130.08	796 947.52	472 040.68	−39 546.90
176	1649	600146	大元股份	15.80	0.02	1.36	−7.04	0.18	0.24	35.93	3.71	−16.36	−2.39	2.84	217.21	43 767.35	7 210.53	400.64
177	1656	002113	*ST 天润	13.20	−2.88	−68.99	−183.18	0.40	0.91	97.30	−36.89	−47.07	−97.87	−22.01	95.35	28 721.27	18 935.52	−34 142.92
		002408	齐翔腾达	84.3	1.81	27.9	26.17	1.31	1.8	5.79	0	81.86	441.91	79.21	116.44	276 330.56	235 958.1	41 999.05
		002493	荣盛石化	83.4	3.02	25.22	45.11	1.46	3.52	42.86	18.44	55.29	162.45	−20.25	10.61	1 266 580.85	1 579 567.89	222 351.05
		002497	雅化集团	75.8	1.33	15.93	14.69	0.67	0.85	7.58	0	19.47	408.89	43.47	17.82	182 180.47	76 309.79	16 808.76
		300108	双龙股份	72.6	0.56	12.67	11.15	0.5	0.83	1.26	228.32	43.38	314.2	66.41	47.37	34 424.36	11 267.17	2 438.21
		601678	滨化股份	70.7	0.8	13.17	17.78	0.91	3.18	22.91	9.61	30.78	255.06	−12.28	71.59	414 031.72	357 450.23	36 763.19

续表

行业排名	全部上市公司排名	股票代码	股票简称	综合得分(100分)	每股收益（元）	总资产报酬率（%）	净资产收益率（%）	总资产周转率（次）	流动资产周转率（次）	资产负债率（%）	获利倍数	营业收入增长率（%）	资本扩张率（%）	市场投资回报率（%）	股价波动率（%）	年末资产额（万元）	营业收入净额（万元）	净利润（万元）
		300135	宝利沥青	70.6	1.21	12.64	12.61	1.32	1.59	16.83	11.61	48.59	343.19	19.28	21.82	118 971.93	104 501.59	7 679.36
		300107	建新股份	70	0.94	11.98	11.13	0.61	0.82	1.95	0	30.14	469.72	24.11	37.99	81 223.57	30 206.47	5 228.05
		002450	康得新	69.1	0.51	11.22	11.42	0.62	0.96	22.28	7.49	43.85	226.33	120.57	101.48	114 513.42	52 420.11	7 009.25
		002360	同德化工	68.7	0.92	14	12.63	0.68	1.14	7.34	0	34.12	212.5	2.18	82.21	62 772.42	30 904.67	5 265.61
		002440	闰土股份	68	1.51	15.07	16.8	0.78	1.05	7.62	0	7.24	225.11	32.92	40.4	400 452.86	231 769.03	40 761.53
		002343	禾欣股份	67.5	0.95	11.55	14.02	1.17	1.62	16.54	0	24.84	155.3	−3.04	62.3	154 659.93	137 763.03	12 948.15
		300054	鼎龙股份	67.4	0.75	9.62	9.15	0.56	0.66	11.42	0	8.43	307.7	100.13	107.99	66 788.47	25 214.41	4 311.08
		300109	新开源	67.3	0.77	12.18	10.04	0.7	0.95	6.87	14.66	25.54	436.24	18.81	39.54	35 781.16	16 331.13	2 302.67
		002455	百川股份	67	0.83	9.04	13.36	1.96	2.89	38.6	14.05	48.59	204.98	36.87	37.19	115 534.58	168 527.8	6 204.96
		300132	青松股份	66.4	0.8	12.31	12.59	0.89	1.23	28.33	5.38	65.2	332.68	64.07	17.24	73 926.32	48 637	4 239.77
		300041	回天胶业	65.1	1.33	10.62	10.14	0.45	0.58	7.6	0	73.7	6.92	35.81	126.31	91 355.94	41 446.14	8 762.26
		300082	奥克股份	65	1.19	9.87	10.63	1.09	1.32	9.56	0	107.07	529.83	20.63	51.68	300 927.78	221 128.07	17 197.41
		002453	天马精化	64.3	0.56	9.87	9.96	0.91	1.47	24.23	14.38	57.21	202.23	197.56	84.09	93 068.05	67 838.65	5 764.94
		002464	金利科技	63.8	0.6	14.41	13.23	0.65	0.83	7.19	0	28.75	333.53	−82.07	39.1	79 542.66	34 992.35	6 655.43
		002411	九九久	63.4	0.34	9.99	10.24	1.41	2.09	16.8	12.16	34.79	342.56	73.17	101.77	90 217.34	91 418.28	5 102.89
		002409	雅克科技	63.3	0.67	9.68	10.11	1.12	1.5	11.27	0	56.43	385.9	53.91	100.22	122 085.91	89 264.03	6 690.53
		300121	阳谷华泰	60.6	0.59	10.64	9.96	1.02	1.37	15.65	10.64	30.45	327.77	−30.84	31.16	49 825.68	34 836.14	2 881.8
		002470	金正大	60.4	0.5	10.36	16.66	1.48	1.89	37.6	0	31.74	171.25	−76.11	30.15	435 759.83	547 932.43	31 367.07
		002496	辉丰股份	59.9	1.31	9.47	9.18	0.61	0.88	13.63	27.96	14.92	339.36	−110.73	17.98	186 280.09	79 243.73	10 080.37
		300037	新宙邦	59.8	0.88	9.29	9.57	0.45	0.48	9.9	0	49.7	6.86	2.19	66.5	110 052.36	47 735.14	9 392.56
		002395	双象股份	59.2	0.55	7.67	8.95	0.73	0.88	18.52	141.57	10.61	292.74	−3.14	55.87	95 291.67	50 500.31	4 485.35
		002391	长青股份	58.3	0.74	9.97	11.14	0.68	0.92	4.45	0	11.7	425.61	−29.74	63.07	165 541.12	75 543.49	10 664.57
		002361	神剑股份	58.2	0.42	8.02	9.72	1.09	1.33	28.68	31.99	32.8	222.68	−16.58	66.59	69 244.28	54 090.71	3 257.86
		002513	蓝丰生化	57	1.36	9.17	11.42	0.79	1.3	34.88	6.97	45.66	343.53	−138.87	15.18	165 483.96	91 410.93	7 682.13
		002476	宝莫股份	55.3	0.58	12.37	10.38	0.79	1.18	6.47	16.48	22.88	369	−37.71	28.09	92 241.03	51 540.98	5 81.32
		002442	龙星化工	54.9	0.41	6.46	8.88	1.02	1.65	38.6	0	37.77	166.16	4.06	25.52	172 503.08	133 359.43	7 250.97

续表

行业排名	全部上市公司排名	股票代码	股票简称	综合得分(100分)	每股收益（元）	总资产报酬率（%）	净资产收益率（%）	总资产周转率（次）	流动资产周转率（次）	资产负债率（%）	获利倍数	营业收入增长率（%）	资本扩张率（%）	市场投资回报率（%）	股价波动率（%）	年末资产额（万元）	营业收入净额（万元）	净利润（万元）
		300072	三聚环保	53.9	0.65	8.76	7.89	0.43	0.53	26.82	7.1	41.32	356.72	−21.38	61.86	145 010.9	43 017.53	5 749.53
		002427	尤夫股份	52.6	0.36	8.31	7.98	0.73	1.19	17.69	68.23	10.64	214.25	28.44	58.66	117 814.6	57 871.65	5 699.91
		300116	坚瑞消防	52.6	0.36	8.33	7.34	0.37	0.42	7.92	0	12.05	430.82	−100.31	52.71	51 691.22	11 955.04	2 412.08
		002407	多氟多	51.9	0.5	5	4.89	0.61	0.99	14.62	5.31	5.96	278.54	110.35	135.25	166 910.24	81 856.22	4 835.43
		300073	当升科技	51	0.47	6.6	6.61	1.3	1.57	12.53	15.02	58.33	457.55	−29.16	63.41	96 680.21	84 638.42	3 462.95
		002382	蓝帆股份	49	0.54	6.9	7.31	0.89	1.23	11.69	37.38	30.11	344.61	−47.38	90.4	102 330.47	62 154.06	4 033.44
		002381	双箭股份	48.7	0.5	5.83	5.73	0.99	1.32	19.98	134.97	31.53	201.65	−54.87	109.82	110 156.44	82 453.25	4 026.77
		002386	天原集团	46.3	0.25	3.06	3.19	0.57	1.87	56.65	2.33	34.32	62.91	−45.67	83.72	1 018 528.16	495 804.3	12 927.77
		300063	天龙集团	45.5	0.41	5.95	6.39	0.59	0.68	7.9	0	14.73	335.17	−39.99	92.37	69 268.21	26 891.55	2 567.41
		300067	安诺其	43.9	0.28	5.83	4.77	0.38	0.51	2.6	0	−4.26	309.31	−40.38	50.03	74 591.53	18 768.55	2 761.28
		002377	国创高新	43.5	0.37	5.12	8.35	0.84	0.96	47.2	7.37	27.87	302.27	−32.91	85.76	128 238.74	78 499.02	3 862.69

第八章

电力行业上市公司业绩评价

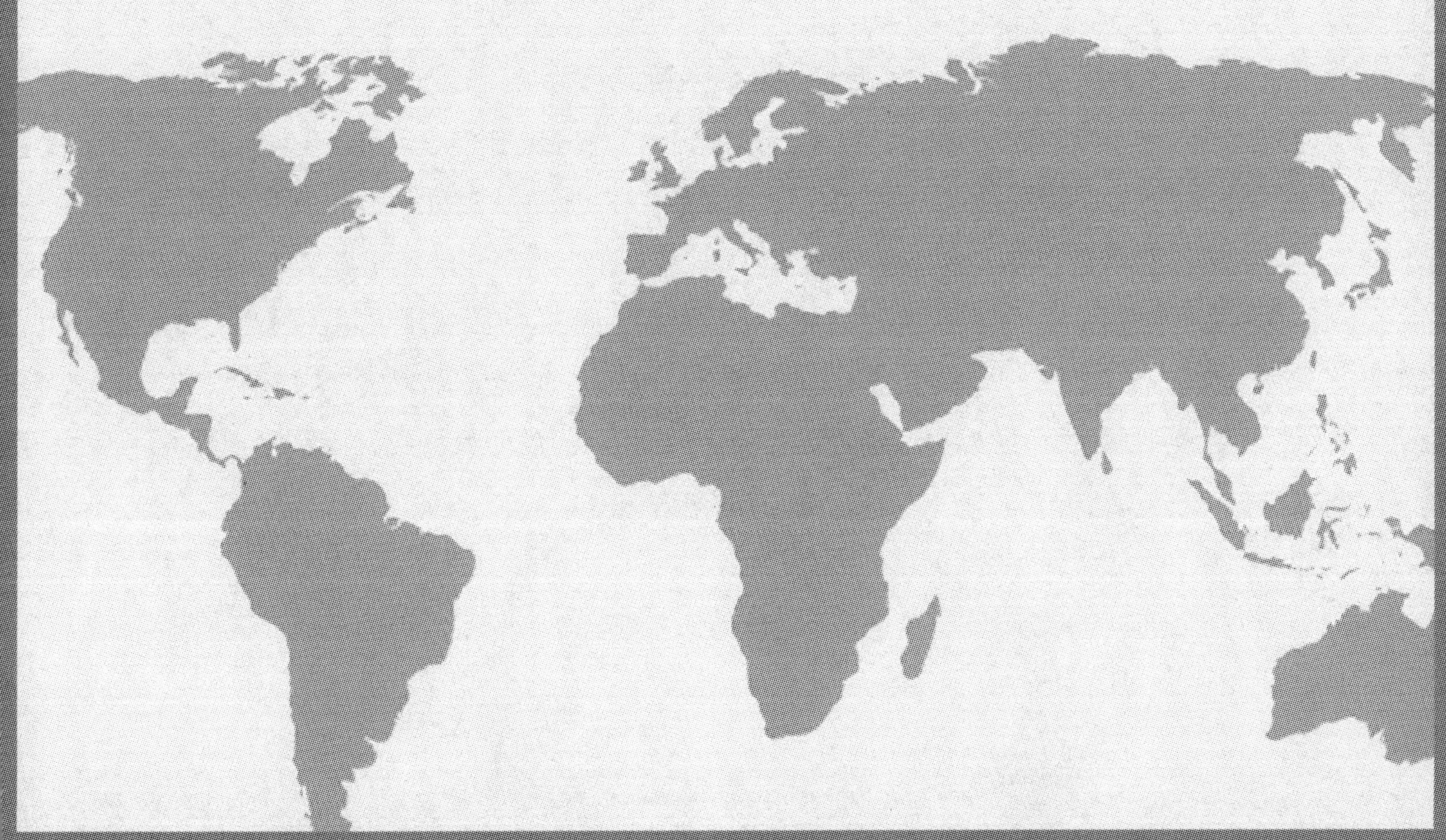

电力行业是国民经济发展中重要的基础能源产业，是国民经济的第一基础产业，是关系国计民生的基础产业，是世界各国经济发展战略中的优先发展重点。作为一种先进的生产力和基础产业，电力行业对促进国民经济的发展和社会进步起到了重要作用。它与社会经济和社会发展有着十分密切的关系，它不仅是关系国家经济安全的战略问题，而且与人们的日常生活、社会稳定密切相关。随着中国经济的发展，用电的需求量不断扩大，电力销售市场的扩大又刺激了整个电力生产的发展。

2010 年，电力行业继续保持快速增长势头，供需总体平衡，安全生产形势基本稳定，市场秩序良好，节能减排取得明显成效，完成了“十一五”的电力发展各项目标任务，为国民经济和社会发展做出了较大的贡献。2011 年，全国电力消费需求将保持总体旺盛，作为“十二五”开局之年，投资项目增多，同时“十一五”末期因国家节能减排政策而放缓的项目目前已有一定程度的释放，导致市场对电力需求量加大；电力供应能力进一步增强，全年预计新增装机 9 000 万千瓦左右，年底全国装机容量超过 10.4 亿千瓦；电源结构继续优化；清洁能源发展继续加速；电力行业总体趋势向好。

一、 电力行业上市公司业绩评价结果

截至 2010 年末，电力行业 A 股上市公司共计 55 家，其中盈利 48 家，亏损 7 家，即有 87.27%的公司实现盈利，比 2009 年的 89.29%稍有降低；电力行业上市公司总资产共计 14 175.00 亿元，占上市公司总资产的 7.73%。

2010 年 2002 家上市公司共计完成营业收入 147 010.91 亿元，电力行业 55 家上市公司完成营业收入 4 592.94 亿元，占上市公司全部营业收入的 3.12%；全部上市公司共计实现净利润 9 615.58 亿元，电力行业上市公司实现净利润 305.52 亿元，占上市公司全部实现净利润的 3.18%。

2010 年电力行业整体评价结果较为一般，行业业绩综合得分 53.80，低于全市场的 62.20 分的 13.50%，55 家电力行业上市公司中没有一家进入 2010 年上市公司业绩评价综合得分的百强名单。业绩为优秀的有长江电力、桂东电力、国电电力 3 家；业绩为良好的有 14 家；业绩为中的有 6 家；业绩为低的有 15 家；业绩为差的有 17 家。

表 8-1　　2010 年度电力行业中联十强排行榜

名次	股票代码	股票简称	在全部上市公司中排名
1	600900	长江电力	128
2	600310	桂东电力	172
3	600795	国电电力	268
4	600505	西昌电力	289
5	600098	广州控股	347
6	600642	申能股份	377
7	600982	宁波热电	402
8	600863	内蒙华电	414
9	600995	文山电力	429
10	600101	明星电力	455

基于对电力行业上市公司的整体评价，下面分别从财务效益状况、资产质量状况、偿债风险状况、发展能力状况、市场表现状况五个方面对电力行业上市公司进行具体分析。

（一）财务效益

表 8-2 列示了电力行业上市公司财务效益状况评价结果。从综合得分来看，电力行业上市公司财务效益差于上市公司平均水平。从财务效益状况指标来看，除盈利现金保障倍数外，电力行业上市公司财务效益指标均低于上市公司平均水平。与 2009 年的情况相比较，电力行业上市公司总体上财务效益状况呈下降状态，除股本收益率外，其他指标均比 2009 年有较大幅度下降，但低于 2010 年全部上市公司平均值。

表 8-2　　电力行业财务效益状况比较表

分析指标		2010 年上市公司平均值	2010 年行业值	2009 年行业值	增长率（%）
基本指标	扣除非经常性损益净资产收益率（%）	12.54	6.47	7.53	−14.08
	总资产报酬率（%）	8.09	5.39	5.47	−1.46
	得分（分）	21.27	16.48	19.11	−13.76
修正指标	营业利润率（%）	7.70	6.83	8.25	−17.21
	盈利现金保障倍数	1.24	3.18	3.38	−5.92
	股本收益率（%）	51.08	25.87	25.57	1.17
综合得分（分）		21.99	20.09	21.84	−8.01

（二）资产质量

表 8-3 列示了电力行业上市公司资产质量状况评价结果。从综合得分来看，电力行业上市公司资产质量状况好于上市公司平均水平。从资产质量状况指标来看，除流动资产周转率（次）和存货周转率（次）指标外，电力行业上市公司其他指标均低于上市公司平均水平。与 2009 年比较可知，电力行业上市公司总体上资产质量有较大提升，以存货周转率为代表

的诸多指标均比 2009 年有较大幅度提高。

表 8-3　　电力行业资产质量状况比较表

分析指标		2010 年上市公司平均值	2010 年行业值	2009 年行业值	增长率（%）
基本指标	总资产周转率（次）	0.88	0.35	0.33	6.06
	流动资产周转率（次）	1.93	3.04	2.61	16.48
	得分（分）	9.40	9.12	8.22	10.95
修正指标	应收账款周转率（次）	14.78	10.27	9.64	6.54
	存货周转率（次）	4. 36	16.57	13.16	25.91
综合得分（分）		9.21	10.35	7.78	5.83

（三）偿债风险

表 8-4 列示了电力行业上市公司偿债风险状况评价结果。从综合得分来看，电力行业上市公司偿债风险状况大大弱于上市公司平均水平。从偿债风险状况指标来看，除获利倍数和速动比率外，其他风险指标均高于上市公司平均水平。与 2009 年电力行业上市公司偿债风险状况相比，除带息负债比率略有降低外，其他指标均显示出偿债风险提高趋势。2010 年电煤价格上涨造成火电企业燃料成本大增，行业内各公司的营运资金需求增加是造成企业偿债风险上升的重要原因。

表 8-4　　电力行业偿债风险状况比较表

分析指标		2010 年上市公司平均值	2010 年行业值	2009 年行业值	增长率（%）
基本指标	资产负债率（%）	57.60	71.94	71.17	1.08
	获利倍数（倍）	9.32	2.19	2.32	－5.60
	得分（分）	9.19	4.59	5.32	－13.72
修正指标	速动比率（%）	73.82	29.15	34.28	－14.96
	现金流动负债比率（%）	15.97	20.66	27.00	－23.48
	带息负债比率（%）	45.08	81.58	81.60	－0.02
综合得分（分）		9.08	4.15	5.04	－17.66

（四）发展能力

表 8-5 列示了电力行业上市公司发展能力状况评价结果。从综合得分来看，电力行业上市公司发展能力状况略差于上市公司平均水平。从发展能力状况指标来看，除三年营业收入增长率指标外，其他指标均低于上市公司平均水平。与 2009 年电力行业上市公司发展能力状况相比，营业收入增长率与三年营业收入增长率指标取得了突飞猛进的发展。营业收入增长率的大幅提高一方面是由于 2010 年全年电力需求的快速增长，另一方面也受益于装机能力的迅猛发展，使得电力生产能够满足不断增长的用电需求。

表 8-5 电力行业发展能力状况比较

分析指标		2010 年上市公司平均值	2010 年行业值	2009 年行业值	增长率（%）
基本指标	营业收入增长率（%）	37.70	31.84	18.20	74.95
	资本扩张率（%）	22.63	13.09	25.16	−47.97
	得分（分）	12.20	10.52	14.79	−28.87
修正指标	累计保留盈余率（%）	38.94	26.53	28.29	−6.22
	三年营业收入增长率（%）	19.50	22.53	17.44	29.19
	总资产增长率（%）	22.95	16.08	33.05	−51.35
	营业利润增长率（%）	47.00	9.39	0	
综合得分（分）		12.98	10.84	14.39	−24.67

（五）市场表现

2010 年，A 股上证综指以全年 14.31%的跌幅收官，电力行业作为国民经济的重要经济部门，其与整体经济走势高度相关，因而电力指数跟随市场行情同步波动下滑。具体情况见图 8-1。

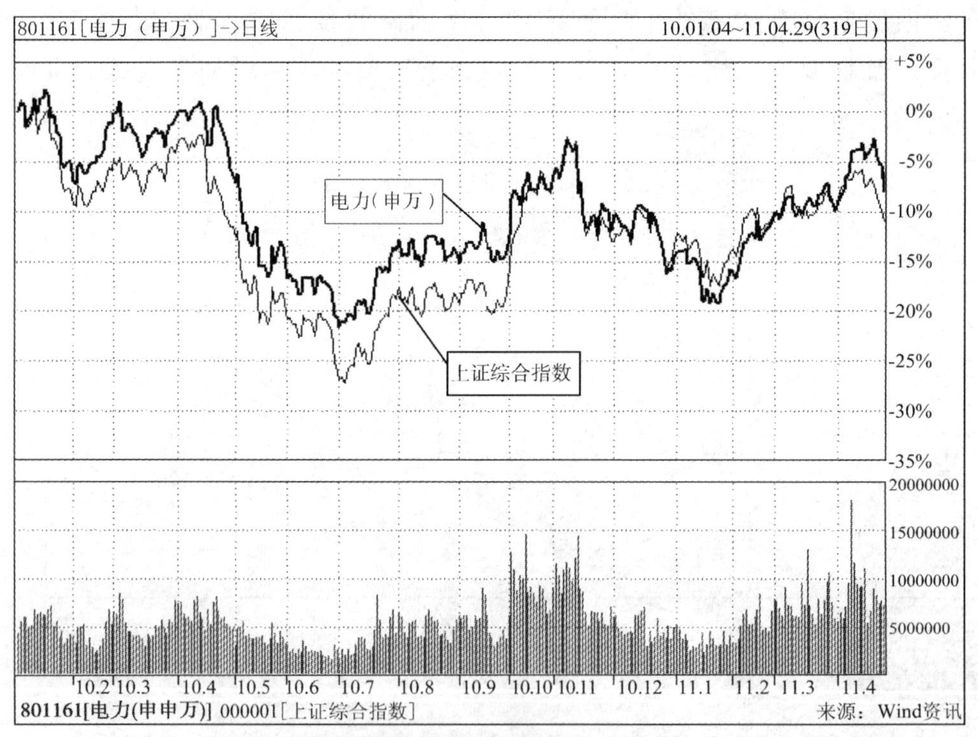

图 8-1 电力指数与大盘指数波动

表 8-6 列示了电力行业上市公司市场表现状况评价结果。从综合得分来看，电力行业上市公司市场表现状况略差于全国上市公司的平均水平。从市场表现情况指标来看，市场投资回报率由于受全年煤价上涨增加火电企业燃料成本等因素的影响远低于上市公司平均水平；股价波动率则略低于上市公司平均水平。与 2009 年电力行业上市公司市场表现相比，市场投资回报率指标出现大幅下滑，下降 98.55%，除煤价高涨等原因外，大盘走势对投资回报

率的影响也不容忽视。

表 8-6 电力行业公司市场表现状况比较

分析指标	2010年上市公司平均值	2010年行业值	2009年行业值	增长率（%）
市场投资回报率（%）	12.19	1.29	89.17	－98.55
股价波动率（%）	94.83	92.33	119.79	－22.92
得分（分）	9.00	8.37	8.45	－0.95

2009年中国电力行业国际对标

根据国资委编制的企业绩效评价国际标准值（2009），我们将中国电力行业2009年业绩评价结果和全球227家大型领先电力生产企业进行了比较。我国电力行业上市公司营业收入、资产总额、权益、营业利润等指标相比全球227家大型领先电力企业，还有不小的差距，营业利润率等经营指标略低于全球领先水平。其中，华能国际、华电国际、大唐发电等我国电力行业上市公司龙头企业，从资产总额、营业收入等规模上已超过全球227家大型领先电力企业平均值，跻身全球领先行列。

	我国56家电力行业上市公司平均值（单位：亿元）	全球227家大型领先电力企业平均值（单位：亿元）
营业收入	62.31	336.18
资产总额	218.33	900.81
权益	62.94	236.82
资产负债率	71.17%	73.70%
营业利润	5.14	44.76
营业利润率	8.25%	13.30%
经营现金流量	16.47	60.46

（一）财务效益状况

2009年我国电力行业股本收益率为25.57%，盈余现金保障倍数为3.38，与全球227家大型领先电力企业相比，可排入前20%行列，表现非常突出；从总资产报酬率来看，2009年我国电力行业为5.47%，已超过全球227家大型领先电力企业的良好水平。

（二）资产质量状况

2009 年我国电力行业应收账款周转率（次）为 9.64，与全球 227 家大型领先电力企业相比，可排入前 20%行列，表现非常突出；其他指标方面，2009 年我国电力行业流动资产周转率（次）指标为 2.61，已处于全球 227 家大型领先先电力企业的中间水平；总资产周转率（次）为 0.33，处于全球 227 家大型领先电力企业的较低水平。

（三）偿债风险状况

2009 年我国电力行业偿债风险状况与国际标准值相比总体表现较差，其中，获利倍数为 2.32，处于全球 227 家大型领先电力企业的较低水平；现金流动负债比率为 27.00%，处于全球 227 家大型领先电力企业的中间水平；速动比率和带息负债比率指标则低于全球 227 家大型领先电力企业的较差水平，分别为 34.28%和 81.60%。2010 年电煤价格上涨造成火电企业燃料成本大增，行业内各公司的营运资金需求增加是造成电力企业偿债风险上升的重要原因。

（四）发展能力状况

2009 年我国电力行业发展能力状况各指标与国际标准值相比参差不齐，其中，总资产增长率为 33.05%，与全球 227 家大型领先电力企业相比，可排入前 20%行列，表现非常突出；营业收入增长率指标接近全球 227 家大型领先电力企业的良好水平，为 18.20%；资本扩张率和总资产增长率指标则远远落后于全球 227 家大型领先电力企业的较差水平。

二、电力行业业绩的影响因素分析

2010 年，电力行业企业继续加大结构调整力度，经受了多重困难和严峻考验，保障了电力经济平稳运行。全社会用电量经历了从高位运行到稳步回落的适稳，全年用电量突破 4 万亿千瓦时；受煤价超预期高位运行的影响，火电企业盈利水平未有改善；水电企业则得益于丰沛的来水情况，大幅提高机组利用率；装机能力发展迅猛，基建新增装机连续 5 年超过 9 000 万千瓦，年底发电装机容量达到 9.6 亿千瓦，供应能力总体充足，电源结构不断优化；电网规模五年实现总体翻倍，输变电范围与能力大幅提高；优质资产注入，电力企业重组力度加大，促进电力企业外延式扩张。

（一）煤炭价格波动上扬，扩大火电行业亏损面

综观火电行业业绩变动情况，在上网电价既定以及总体需求旺盛的条件下，上游燃料成

本的价格变化仍是决定行业整体盈利水平的关键因素。自 2009 年 11 月 20 日发改委全面上调上网电价后，受煤价超预期高位运行的影响，2010 年火电行业盈利水平未有改善。相反，2010 年前三季度火电行业盈利水平总体上维持低位，行业平均毛利率仅为 12.78%；行业亏损程度继续加大，累计亏损比例由 2009 年底的 9.76%连续上升至 2010 年前三季度的 31.71%（如图 8-2 所示）。

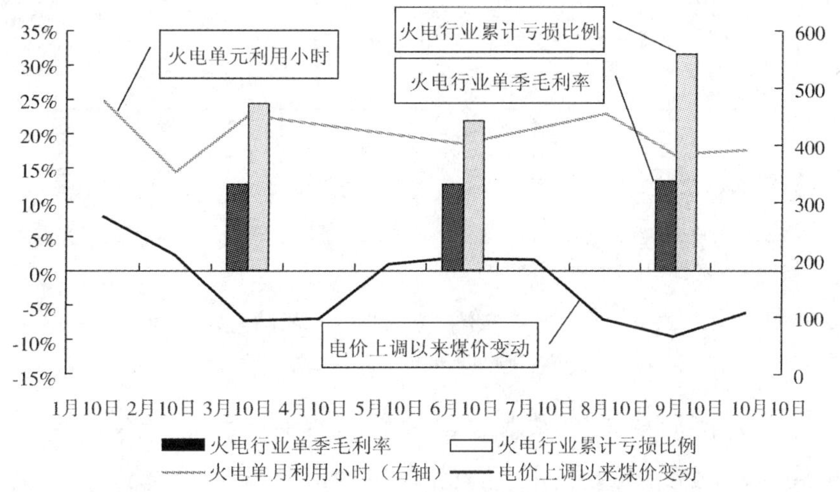

图 8-2　火电行业煤价变动趋势（山西混优 5 500 平仓价、利用小时和盈利变动情况）

资料来源：中电联，天相投顾

综合来看，煤炭价格上涨是火电行业亏损面扩大的主要因素。以 2009 年 11 月 20 日（电价上调时点）煤价为分界线，将 2009 年 1 月至 2010 年 11 月煤价走势分为两部分。可以看出，2010 年煤炭价格波动性较 2009 年更高，相比于 2009 年煤价一路上扬的走势，2010 年煤价走势可以说一波三折。2010 年气候变化异于常年，早春寒冷拖长供暖期、西南大旱使来水量分布出现较大变化，这都加剧了煤价的波动。二季度来水量较往年偏枯，火电发电量增加使煤价淡季上涨。三季度来水量较 2009 年同期又偏丰，挤压火电发电量进而推动煤价下滑。进入 10 月份，冬储煤增加了煤炭的需求量，而通货膨胀率自 7 月份确定上升趋势后于 10 月份超预期上扬，国际市场上美元贬值使流动性宽松预期增强、大宗商品价格迅速上涨，导致煤价急剧攀升。2010 年煤价总体维持高位，截至 11 月，煤价同比涨幅为 28%，居高不下的煤价已将 2009 年上网电价上调对火电企业带来的收益侵蚀一空，并进一步压缩了火电企业的盈利空间（如图 8-3 所示）。

（二）优质资产注入，缓解电力企业业绩压力

2006 年 12 月，国资委颁布《关于推进国有资本调整和国有企业重组的指导意见》，“鼓励已经上市的国有控股公司通过增资扩股、收购资产等方式，把主营业务资产全部注入上市公司”。相关监管部门也加强了对上市公司与控股股东同业竞争和关联交易问题的重视程度，并鼓励上市公司通过并购重组方式将大股东的竞争业务纳入上市公司。

电力行业资产规模庞大、资产分布相对分散，又属于关系国家经济命脉、国家要重点控制的行业，所属的央企旗下 A 股上市公司众多，资产结构复杂。而且，电力行业上市公司大多数上市时间较早，其控股股东所从事的业务与上市公司的主营业务存在竞争关系的情况

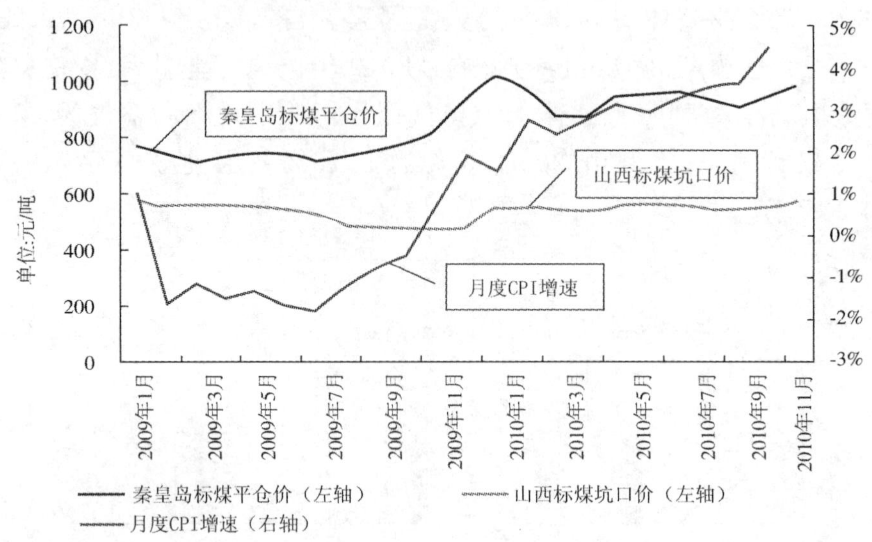

图 8-3　标煤山西坑口价、秦皇岛平仓价走势与 CPI 月度增速情况（2009. 1～2010. 11）

资料来源：中电联，天相投顾

十分普遍。此外，上市公司如果不能提出妥善的方案来避免同业竞争问题，或者大股东未做出相关承诺则会导致其再融资计划受阻。因此诸多上市电力企业选择了将优质资产注入上市公司的途径实现资产整合。此外，收购也是上市公司拓展外延式成长性的重要方式，恰当的资产定价和融资方式可以提升原有股东价值。

受益于优质资产注入对企业的盈利贡献，对火电业务因燃料上涨所受到的冲击起到了一定的缓冲作用，大型电力企业总体上业绩基本符合预期。以国电电力为例，2010 年该公司完成上网电量 1 211 亿千瓦时，同比增长 21.29%；实现营业收入 407.72 亿元，同比增长 19.98%；发生营业成本 346.31 亿元，同比增长 26.67%；毛利率为 15.06%，同比下降 4.49 个百分点；实现归属上市公司净利润 24.01 亿元，同比降低 3.83%。扣除企业合并所产生的非经常性损益以及第四季度股权处置所增加的投资收益，实现归属上市公司的净利润基本符合我们预期。公司火电装机占总装机容量的比例的 73.1%，业绩受煤价影响明显。2010 年公司入炉综合标煤单价同比上涨 151.93 元/吨，而沿海地区的江苏分公司、北仑三发等标煤单价涨幅更高，导致公司毛利率下降 4.49 个百分点。2010 年公司通过公开增发的方式收购了国电集团持有的优质电力资产——北仑三发 50%股权、国电新疆公司 100%股权、国电谏壁公司 100%股权和国电江苏公司 100%股权等，资产收购完成后，国电电力可控装机容量增长 834 万千瓦，占公司总装机容量的 29.3%。2010 年上述资产合计实现净利润 9.715 亿元，利润占比达 46.2%，资产重组增厚每股收益约 20%。

（三）用电需求快速增长，节能减排导致年末增速放缓

2010 年 1～12 月，我国全社会累计用电量达到 41 923 亿千瓦时，与 2009 年同期相比实现较快增长，同比增长 15%，“十一五”期间年均增长 11.09%（如图 8-4 所示）。在月均增速方面，由于受到国家节能减排等宏观政策目标的影响而呈现增长逐渐放缓的态势，12 月全社会用电量为 3 625 亿千瓦时，同比增长 5%，单月增速小有回升（如图 8-5 所示）。用电

需求的快速增长有利于电力行业发电机组利用率的提高并推升电力行业的整体业绩。

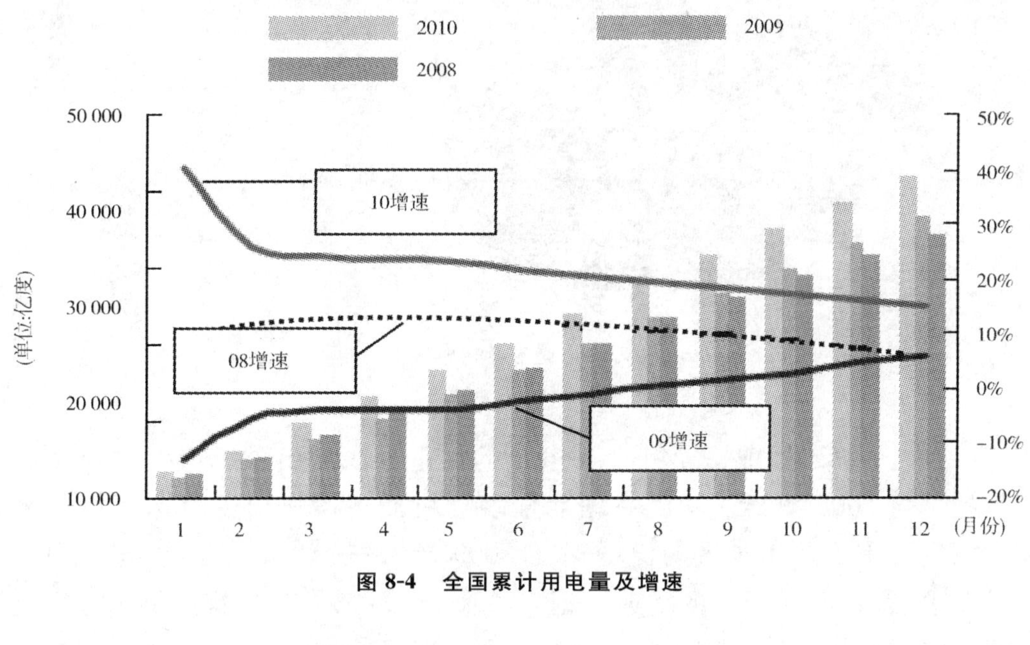

图 8-4 全国累计用电量及增速

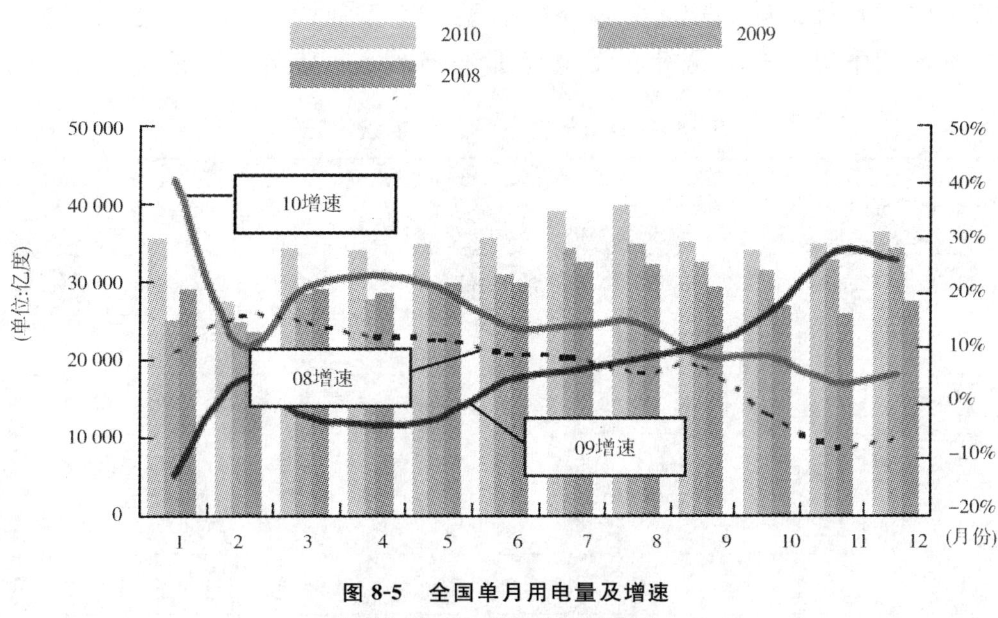

图 8-5 全国单月用电量及增速

资料来源：国家统计局，招商证券。

2010 年，中国全社会用电总量中，第一产业用电量 984 亿千瓦时，“十一五”期间年均增长 5.44%；第二产业全年用电量 31 318 亿千瓦时，“十一五”期间年均增长 10.91%；第三产业及城乡居民生活用电量总体保持稳定增长，但受天气影响明显，全年用电量分别为 4 497 亿千瓦时和 5 125 亿千瓦时，“十一五”期间年均分别增长 12.25%和 12.65%（如图8-6）。

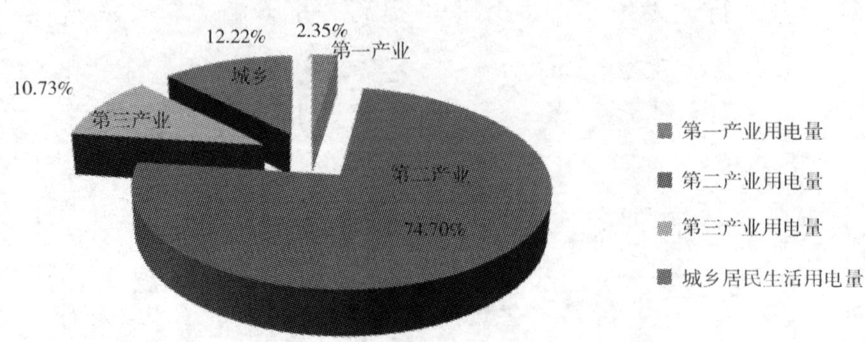

图 8-6 2010 年全社会用电量占比图

资料来源：中电联。

如表 8-7 所示，从第二产业占全社会用电量的比重可以看出重工业仍是拉动中国电力需求的最重要力量。自 2008 年第三季度受国际金融危机冲击增速出现急速下滑以来，随着经济状况的逐渐恢复，重工业用电量同比增速在 2009 年第三季度之后出现连续回升势头，在 2010 年第一季度更是达到 30.5％的增速。但自 2010 年第三季度开始，重工业用电受到国家节能减排等宏观政策目标影响出现了急速下滑。鉴于重工业用电对全社会用电量所产生的举足轻重影响，其增速下滑也成为全社会用电量下半年增速回落的最主要动力。

表 8-7 2008～2010 年发电量、用电量增速

	2008				2009				2010			
	1－3	1－6	1－9	1－12	1－3	1－6	1－9	1－12	1－3	1－6	1－9	1－12
发电量累计增速	14.0％	12.9％	9.9％	5.2％	－2.0％	－1.7％	1.9％	6.2％	20.8％	19.3％	16.1％	14.9％
用电量累计增速												
全社会用电量	13.0％	11.7％	9.7％	5.2％	－4.0％	－2.2％	1.4％	6.0％	24.2％	21.6％	18.0％	17.0％
第二产业	11.8％	11.1％	9.3％	3.8％	－8.2％	－5.7％	－1.7％	4.2％	27.6％	24.2％	19.7％	18.3％
工业	11.8％	11.1％	9.3％		－8.4％	－5.9％	－1.8％	4.3％	27.6％	24.2％	19.6％	18.2％
轻工业用电量	8.6％	6.6％	4.5％	1.0％	－7.7％	－5.5％	－2.7％	1.0％	14.0％	13.7％	13.2％	13.1％
重工业用电量	12.5％	12.1％	10.4％	4.2％	－8.5％	－6.0％	－1.6％	5.0％	30.5％	26.5％	20.9％	19.3％
累计工业增加值	16.4％	16.3％	15.2％	12.9％	5.1％	7.0％	8.70％	11.0％	19.6％	17.6％	16.3％	16.1％
轻工业	14.7％	13.8％	13.1％	12.3％	6.8％	8.2％	8.70％	9.7％	14.1％	13.6％	13.6％	13.6％
重工业	17.3％	17.3％	16.0％	13.2％	4.5％	6.6％	8.70％	11.5％	22.1％	19.4％	17.5％	17.1％

数据来源：国家统计局，国泰君安证券。

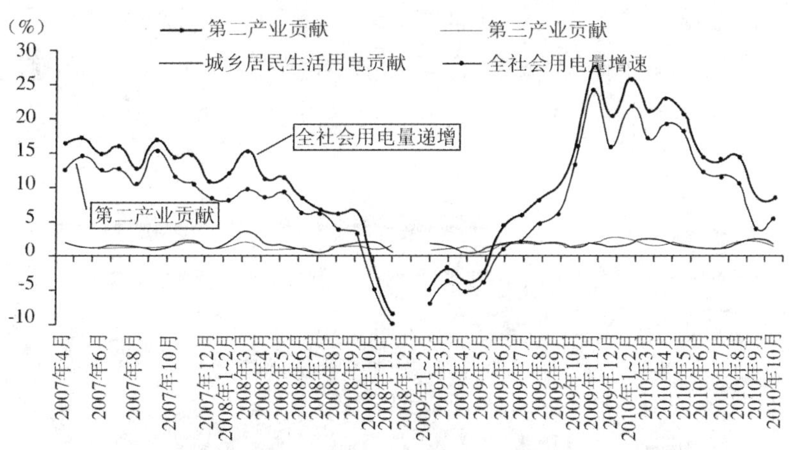

图 8-7 各主要用电部门单月对全社会用电增速贡献的百分比

资料来源：中电联，国泰君安证券。

(四) 丰水期来水丰沛，提升水电企业整体效益

水电企业业绩具有季节性，全国主要流域来水丰、枯期差异较大。中国 2010 年全年主要流域丰水期较常年平均偏丰，枯水期比常年平均偏枯。受 2010 年上半年干旱天气和枯水期的双重影响，水电行业机组利用率同比大幅下降，1～2 季度行业上市公司盈利情况普遍受到影响。进入丰水期后，来水情况明显好转，水电企业机组利用率大幅上升。1～12 月，累计水电平均利用小时为 3 429 小时，比上年同期增加 101 小时，同比增长 5%，水电平均利用小时实现同比较大增长（如图 8-8 所示）。12 月当月水电平均利用小时为 218 小时，比上年同期增加 119 小时，同比增长 120%。本月同比增速较大的原因主要是因为上年基数太低。由于枯水期发电量占全年发电量的比重较低，水电企业全年的业绩受益于下半年来水丰沛，因而表现较好（见图 8-9）。

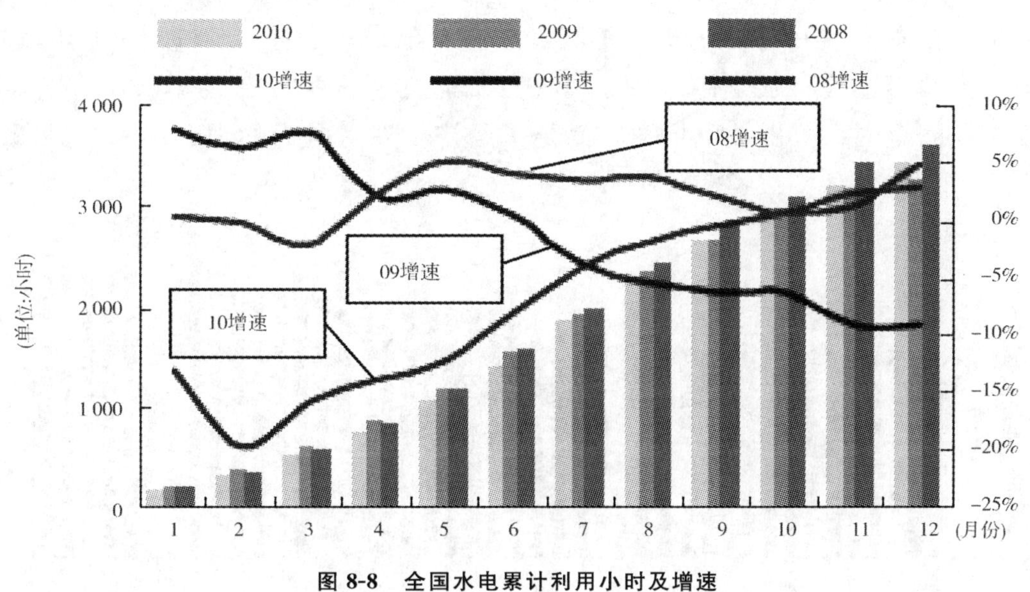

图 8-8 全国水电累计利用小时及增速

桂东电力所处两大流域全年来水情况基本正常，特别是合面狮水电厂所处贺江来水较好且均衡，为水电厂发电和创造良好效益奠定了基础。2010 年，公司全年实现财务售电量

28.96 亿千瓦时，创下历史新高，同比增加 21.54%；经营业绩方面，由于全年来水情况较为理想，公司自发电量增加，同时公司综合电价有所提升，毛利率和盈利水平提高，对公司整体效益的提升起到了重要作用，加上公司控股子公司桂东电子经营业绩良好，公司经营业绩实现大幅度增长。

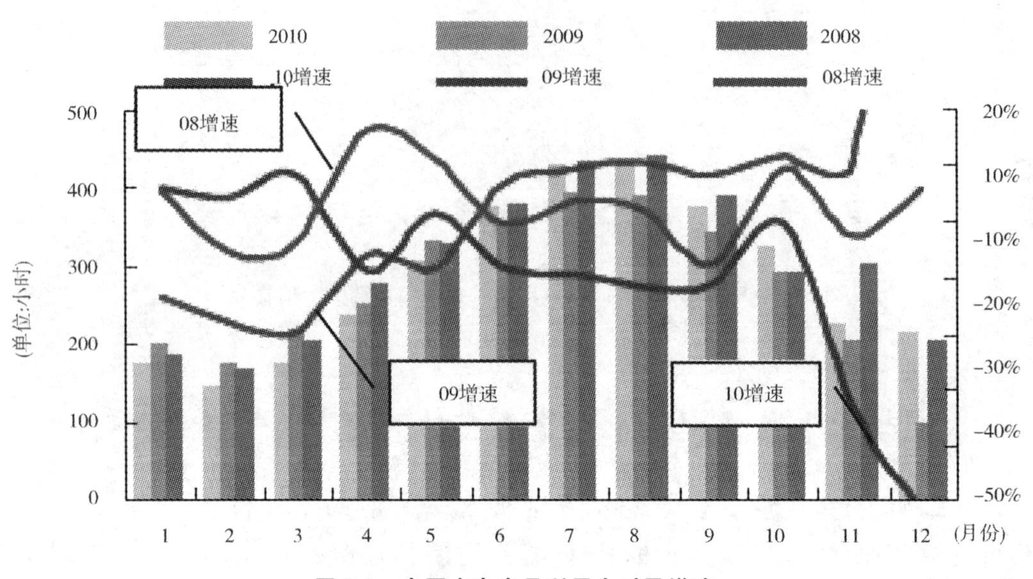

图 8-9　全国水电当月利用小时及增速

资料来源：国家统计局，招商证券

（五）装机能力迅猛发展，满足经济发展对电力的强劲需求

2010 年，全国基建新增发电生产能力 9 127 万千瓦。水电、核电、风电等非火电发电装机发展迅速，累计新增装机 12 030 万千瓦，是 2010 年底同类型能源发电装机容量的 47.07%，火电新增装机所占比重从 2005 年的 81.00%下降到 2010 年的 64.34%，电源结构优化成果卓著（见图 8-11）。截至 2010 年底，全国发电设备容量 96 219 万千瓦。“十一五”期间，全国电力装机连续跨越 6 亿、7 亿、8 亿、9 亿千瓦大关，年均增长 13.22%，快速扭转了“十五”期间全国大范围缺电局面，满足了经济发展对电力的强劲需求（见图 8-10）。

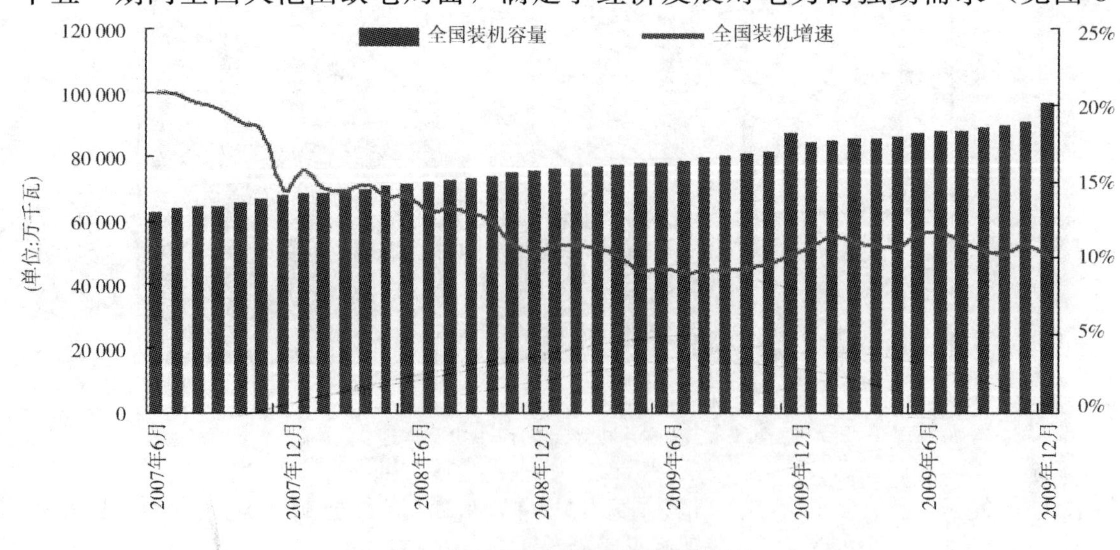

图 8-10　全国全口径装机容量及增速情况

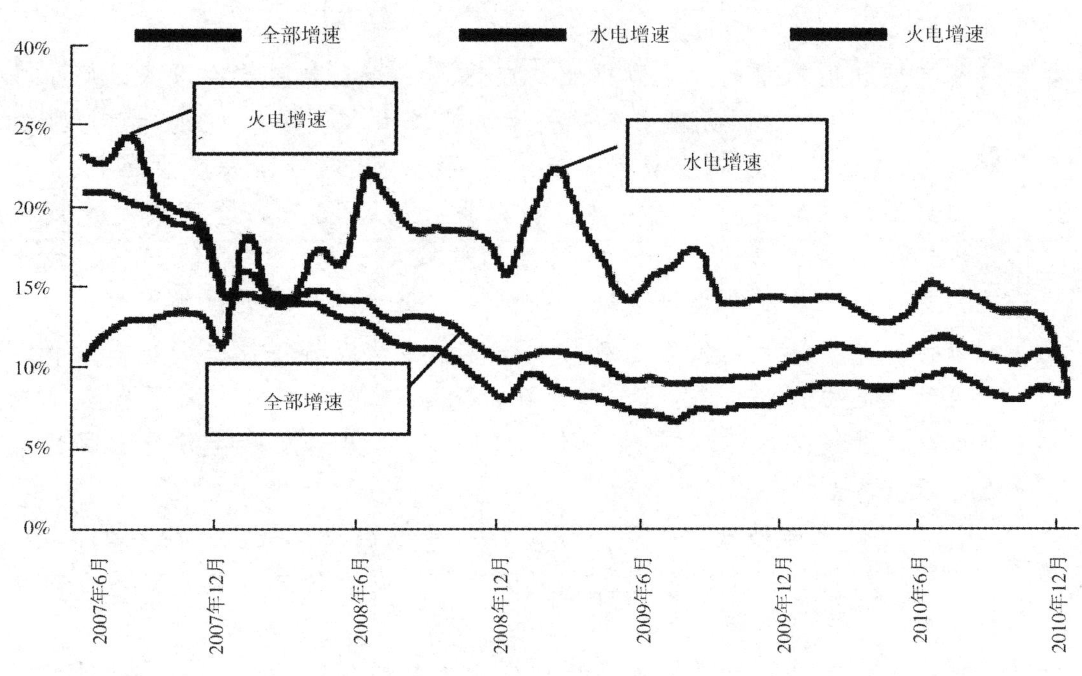

图 8-11　6 000 千瓦以上设备装机增速情

资料来源：国家统计局，招商证券。

（六）电网建设成果卓著，大幅提升输变电能力及范围

截至 2010 年底，全国电网 220 千伏及以上输电线路回路长度、公用变设备容量分别为 44.27 万千米、19.74 亿千伏安，分别比 2005 年底增加 18.90 万千米、11.31 亿千伏安，实现了“十一五”期间变配电能力的翻倍增长。2010 年全年全国电网建设重大成果不断显现，云南至广东以及向家坝至上海±800 千伏特高压直流输电工程顺利投产，将中国直流输电技术提升到新台阶；±500 千伏呼伦贝尔至辽宁直流输电工程、±660 千伏宁东至山东直流极Ⅰ系统以及新疆与西北 750 千伏联网等一批跨区跨省重点工程建成投运，这些电网建设的重大工程大大增强了“西电东送”电能容量以及电网对能源资源大范围优化配置的能力。

2010 年电力行业大事记

☆ 电力行业在党中央、国务院的统一领导下，以对党和人民高度负责的精神，发扬讲大局、讲政治、讲奉献的优良传统，成功完成上海世博会、广州亚运会等重大活动保电任务。

☆ 今年自然灾害频发，造成人民生命财产重大损失，电力供应中断。在党中央、国务院的正确领导下，电力系统快速部署，冲锋在前，胜利完成了玉树地震、舟曲特大泥石流等自然灾害的抗灾救灾保电工作。

☆ 电力行业优化升级电源结构，大力发展清洁能源，加大脱硫力度，全年新关停小机组超 1 100 万千瓦，超额完成“十一五”节能减排任务。

☆ 智能电网和新能源成为电力行业关注热点。智能电网首次写入政府工作报告，10月18日，国务院出台《关于加快培育和发展战略性新兴产业的决定》，新能源产业、新能源汽车产业名列七大战略性新兴产业之中。

☆ 中国启动新一轮农村电网改造升级建设。7月12日，全国农村电网改造升级工作会议提出，用3年时间基本建成安全可靠、节能环保、技术先进、管理规范的新型农村电网。同时，西藏户户通电工程基本完成。

☆ 电力行业深入开展创先争优活动，涌现出吕清森等一批先进典型人物，极大提升了电力行业形象。6月30日，国家电监会作出《关于在全国电力系统广泛开展向吕清森同志学习的决定》，全国电力系统掀起学习吕清森先进事迹的热潮。

☆ 9月20日，广东岭澳核电站二期工程一号机组投产庆祝大会在北京举行。随着该机组投产，中国电力装机突破9亿千瓦，位居世界第二，标志着中国电力工业发展又迈上了一个新的台阶。

☆ 随着小湾水电站4号机组投运，中国水电装机突破2亿千瓦，稳居世界第一。8月25日，中国水电装机容量突破2亿千瓦标志性机组揭牌仪式在云南小湾水电站隆重举行。

☆ 6月18日，世界首个±800千伏直流输电工程——云广特高压直流输电工程双极竣工投产。7月8日，向家坝-上海±800千伏特高压直流输电示范工程竣工投产。标志中国正式进入了“特高压交直流混合电网”时代。

☆ 7月29日，世界海拔最高、规模最大的输电工程——青海-西藏联网工程开工，世界屋脊将通“电力天路”。11月3日，新疆与西北750千伏联网工程暨甘肃千万千瓦级风电一期外送工程建成投运，新疆电网结束孤网运行历史。

资料来源：中国电力报

三、2011年电力行业业绩前景分析

（一）电力需求“淡季不淡”，供需偏紧将会提前出现

电力行业是国民经济发展中重要的基础能源产业，也是关系国计民生的基础产业，它的有效供应不仅关系国家经济安全的战略，也与人们的日常生活、社会稳定密切相关。

2011年正值“十二五”开局之年，投资项目增多，“十一五”末期因国家节能减排政策而放缓的项目已有一定程度的释放，从而导致市场对电力需求量加大。2011年第一季度中国全口径全社会用电量累计10 911亿千瓦时，同比增长12.7%。2011年1～3月用电增速最快的5个地区依次为：新疆（33.50%）、江西（23.98%）、福建（21.57%）、云南

（18.01%）、海南（17.53%）。其中，3 月份与 1 月份的全社会用电量基本相当，接近上年 7、8 月份迎峰度夏高峰时段的用电量。1 月份国家电网公司经营区域内有 9 个省级以上电网最高用电负荷创历史新高，区内最大电力缺口达 2 716 万千瓦。进入 4 月份，许多地区用电负荷大增，有的地区甚至开始采取限电措施。据国家能源局预测，2011 年年上半年全社会用电量将达 2.2 万亿千瓦时，同比增长 11%左右；迎峰度夏期间，用电负荷将会较快增长，华北、华东、华中和南方电网电力供需仍存在偏紧可能（见图 8-12）。

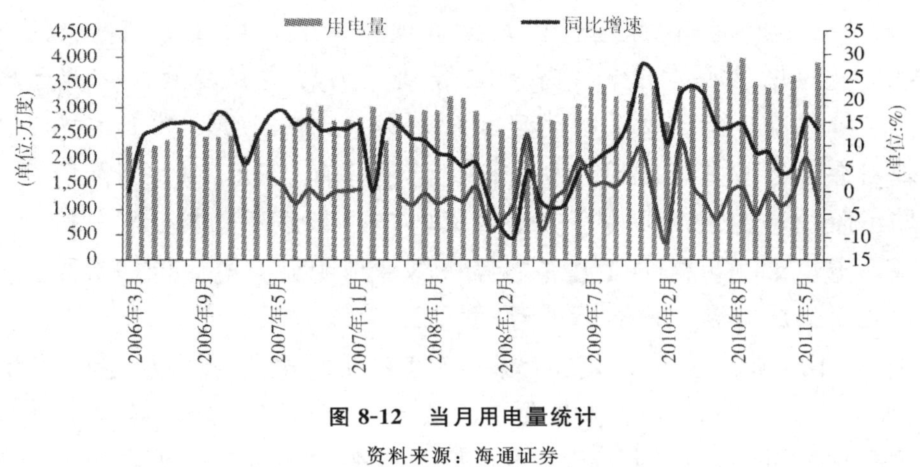

图 8-12　当月用电量统计

资料来源：海通证券

（二）紧缩政策还将继续，电力企业战略性发展将遭遇阻力

2011 年 3 月，大多高耗能产品产量继续同比增长 10%以上，钢铁、化工行业略有下滑，有色、水泥行业增速反弹迅猛。经济过热的风险依然存在，2011 年 4 月 18 日，央行年内第 4 次上调存款准备金率，希望通过收缩流动性来抑制过高的投资需求增长。中央政府已经一再强调经济过热以及通货膨胀可能带来的风险，并采取持续的货币、财政措施收缩流动性。预计其累计效应将在 5～6 月份逐步显现，全年的能源需求包括与重工业生产密切相关的电力需求也将与投资增速一致，出现前高后低的格局。

除用电需求受到抑制外，电力企业的产能扩张也将受到一定影响。2009 年以来，燃料成本上涨造成电力行业总体盈利状况不佳（见图 8-13），企业自身现金流紧张甚至出现亏损，

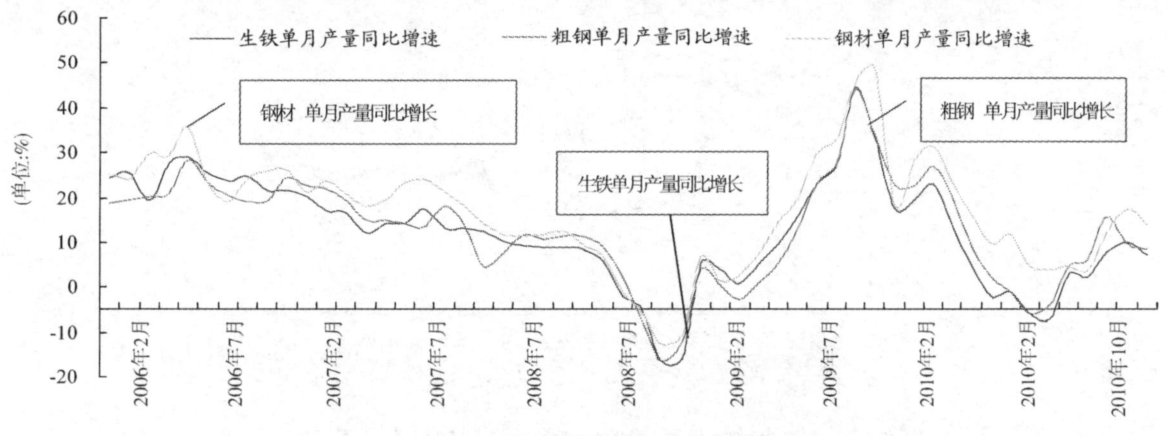

图 8-13　主要黑色金属冶炼月度产量同比增速

资料来源：海通证券。

但是为了寻求长远发展，电力企业又不得不进行新增或更新换代发电机组等战略性投资，当这些电力企业在向银行申请贷款时，又受到国家的货币紧缩政策（包括限制企业贷款等）影响而受到诸多限制，电力企业的战略性发展遭遇诸多阻力。

（三）煤价持续高企，将继续对电力企业盈利造成威胁

通常情况下，受气候、煤矿节假日放假检修等多重因素影响，每年第一季度煤炭价格往往出现较大波动。2011 年经济快速增长以及投资项目的大量启动，使社会用电量得到较快增长，但由于电厂耗煤增加而水电出力不足，导致动力煤供求偏紧，煤价走高。2011 年第一季度国内煤价持续在高位运行，波幅明显收窄。秦皇岛港 5 500 大卡市场动力煤价格第一季度波动幅度基本在 10 元/吨，波幅较大的广州港也只有 30 元/吨。当前已经逐步进入夏季用煤高峰前的储备阶段，加之市场传言多地区火电企业非公开上调上网电价，此前的电煤管制政策效果甚微，电煤市场价格再度上涨之势将越来越明显。电煤价格的高企或将不断侵蚀火电企业利润，并将最终导致火电企业的亏损。

2011 年 4 月 2 日，国家发改委发布《关于切实保障电煤供应稳定电煤价格的紧急通知》，要求各地采取有力措施，保障电煤供应，稳定电煤价格。国家政策的倾向将有助于降低火电盈利继续恶化的风险，但预计仍将维持低位徘徊状态。第二季度为电煤需求淡季，电煤价格季节性回落，有助于火电盈利好转；第三季度为用电高峰，市场煤价稳定仍是确保火电盈利、现金流为正的核心要素（见图 8-14、图 8-15）。

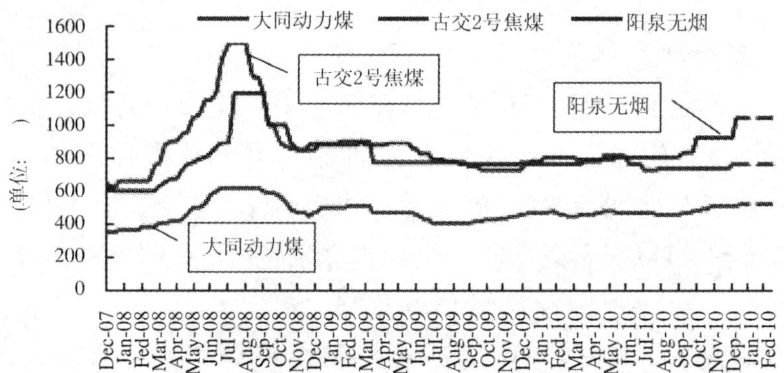

图 8-14　坑口煤价走势（不含税，截至 2011 年 4 月 11 日）

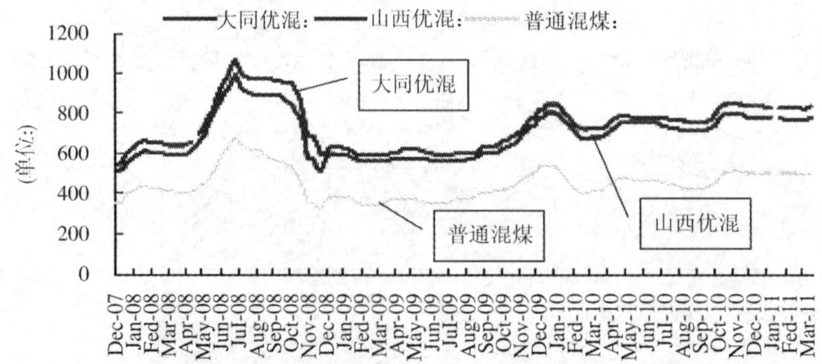

图 8-15　秦皇岛动力煤平仓价格走势（截至 2011 年 4 月 11 日）

资料来源：中电联，国信证券

（四）煤电联营进程加快，电力企业加快产业布局步伐

中国现阶段的煤炭产销格局是“北煤南运”和“西煤东运”，煤炭产地与消费地分离。受制于运力瓶颈和运输半径，煤炭并没有实现真正意义上的全流通，“三北”地区煤炭产能没有充分发挥出来。

电力外送比煤炭外送具有更高的经济性和社会效益。目前，电力外送主要围绕能源基地和跨区域电网的建设。中国煤电基地主要分布在西北（山西、陕北、宁东、蒙西）、蒙东（呼盟、锡盟、霍林河）、新疆（哈密、准东、伊犁）以及淮南区域。根据国家公布的“十二五”特高压规划，到2015年，中国将建成“三纵三横一环网”，并建设11回特高压直流输电工程，以实现“西电东送”和“南电北送”的目标。从长期来看，跨区域送电将改变现有的电源格局。现阶段，蒙东（蒙电送辽宁）、宁东（宁夏送山东）、蒙冀（内蒙送河北）等能源基地项目均在加快建设。项目建成后，内蒙华电、国电电力、金山股份、华电国际等公司将会受益。

从短期来看，煤电运联动可以为电企带来短期利好；从长远来看，电力企业和煤炭企业重组、联营以及煤电运一体化发展将成为摆脱目前煤电运困境的良好出路。因此，可以说煤电联营不仅是电力企业从发电业务向上游资源占有产业的延伸，也是解决其生产安全问题的战略性手段，因此，随着中国电力行业煤电联营进程的加快，电力企业的运营及生产成本将大幅下降，战略性产业布局也将得到进一步的完善。

国电电力在2010年已开始煤电联营的步伐。2010年初，国电电力宣告其控股子公司鄂尔多斯铁投公司拟参与蒙冀铁路公司的增资扩股，增资资金用于投资建设张唐铁路公司；持股51%的英力特集团拟在宁夏宁东能源化工基地投资建设宁东工业园第一批化工项目。宁东工业园拟分两期建设，一期项目分为两批，第一批项目建设时间为2009～2012年，具体项目包括煤、电和化工，煤、电、化工联营有助于效益的提升。而张唐铁路位于河北省境内，经过张家口、承德、唐山三市，全长525公里，设计输送能力为货运量2亿吨/年。该铁路西接张集铁路、集包铁路，与中国主要能源基地内蒙古西部地区相通，北至曹妃甸港，构成了蒙西、蒙东直达沿海港口的蒙冀铁路大通道。在运输上，铁路运力的紧张以及铁路市场管理的混乱，滋生了很多中间环节，使得物流成本已经达到电煤消费市场的30%～60%，而煤炭运输越紧张，运输成本的放大作用也越明显。国电电力通过与张唐铁路公司联营使得国电电力的煤电运输得到保障，运输成本将大降低，从而符合公司的长远利益。从国外能源市场化发展的经验来看，许多电力企业本身就是集煤炭、电力生产和运营于一体的能源公司。煤电运一体化的方式和机制对稳定电煤市场化带来的煤价波动，以及减少电力企业经营风险和困境具有非常重要的意义。国电电力实行的煤电运联营可以说是一个很好的开端。

（五）核电暂停审批，新能源发电将加速发展

日本地震引发福岛核电站核泄漏，从而引发全世界重审核电发展思路。中国核电建设进程放缓，目标或将调整。虽然其他清洁能源短期内无法大规模替代核电缺口，但为了实现减排目标，水电、风电、光伏、生物质等新能源建设都将加快，同时，其相应的投产规模也将有所增加。

鉴于水电、风电在中国已具备大规模开发的技术条件和资金力量，这两类能源将成为“十二五”期间弥补核电缺口最为可能的清洁能源。我们认为，水电企业具备更多的优势。首先，中国中西部地区的水电资源非常丰富；其次，水电不仅是可再生能源，而且拥有巨大的碳资源（减排量），目前水电企业已经开始走入碳交易市场，分享低碳经济的蛋糕；最后，由于水电企业计提大额的大坝折旧费用，其现金流表现通常会优于其利润表现，或者说业绩表现。因此，水电企业在未来会成为电力行业的一大亮点。

在近几年的发展中，风电发展呈现出比较明显的特点，即风电开发相对集中，风电场规模大、接入电压等级高，而风电机组的技术性能则参差不齐。在快速发展的同时，“有序”发展风电的呼声日益高涨。2010 年底，中国风电装机已突破 3 000 万千瓦，风电继续保持狂飙突进的态势。

光伏发电也不甘落后。2010 年 8 月中旬，由国家发改委主持的国家 280 兆瓦光伏电站特许权项目在北京正式开标。7 月 23 日，国家发改委发布《关于完善农林生物质发电价格政策的通知》，将全国农林生物质发电执行的上网电价统一调高为每千瓦时（度）0.75 元（含税），生物质发展也开始提速。

尽管 2011 年中国启动了光伏行业有史以来最大规模的特许权招标项目，但相比中国目前光伏电池、光伏组件的生产能力而言，这些招标项目是微不足道的。

在生物质发电方面，国家不仅厘定了合理的上网电价，还对影响生物质发电产业发展的另一个核心问题——重复建设、争夺燃料等问题，也从政策上有了明确指引。

在新能源拓展方面，国电电力步伐较快，该公司高管表示公司目前已经是四分之一个新能源企业，国电电力 2010 年全年核准风电 123.3 万千瓦，储备风电资源 2 000 万千瓦；全力支持大渡河流域水电开发，全年大渡河公司投产 273 万千瓦；核准、并购水电项目 284 万千瓦；积极推进小水电开发并购，收购青海万立、福建界竹口、云南勐来河等水电共计 17.59 万千瓦，占有后续开发资源近 20 万千瓦；核准光电项目 5.5 万千瓦，平罗一期作为公司首个光伏项目投产发电。而华电国际也有众多在建的风电和水电项目，例如华电科左中旗风电有限公司、宁东风电公司三期和四期项目、四川华电泸定水电有限公司等。

附表：

2010年电力行业上市公司业绩评价结果排序表

行业排名	全部上市公司排名	股票代码	股票简称	综合得分(100分)	每股收益（元）	总资产报酬率（%）	净资产收益率（%）	总资产周转率（次）	流动资产周转率（次）	资产负债率（%）	获利倍数	营业收入增长率（%）	资本扩张率（%）	市场投资回报率（%）	股价波动率（%）	年末资产额（万元）	营业收入净额（万元）	净利润（万元）
1	128	600900	长江电力	70.60	0.50	9.51	12.85	0.14	3.52	57.98	3.53	98.64	6.94	−9.95	24.96	15 746 114.77	878 291.20	822 566.29
2	172	600310	桂东电力	68.50	0.96	10.21	17.24	0.61	2.38	61.40	3.05	37.17	97.11	27.71	101.07	361 418.08	21 992.41	18 120.97
3	268	600795	国电电力	64.70	0.21	5.83	10.66	0.34	3.86	75.66	2.11	109.65	52.41	−13.30	48.00	15 015 127.03	345 743.37	322 652.34
4	289	600505	西昌电力	64.10	0.48	13.19	32.22	0.30	2.52	62.51	9.78	27.70	41.05	−8.12	63.79	168 417.98	20 071.12	17 382.25
5	347	600098	广州控股	62.60	0.36	9.00	9.52	0.54	2.56	31.96	13.63	17.08	10.41	16.71	84.14	1 730 957.22	130 674.39	106 883.24
6	377	600642	申能股份	62.00	0.47	7.31	8.79	0.56	2.38	34.32	8.47	23.85	16.17	−30.50	82.00	3 588 893.58	217 921.05	192 762.56
7	402	600982	宁波热电	61.30	0.47	11.12	14.97	0.90	1.16	41.87	0.00	−8.52	49.21	19.83	79.04	110 187.41	9 411.59	8 005.25
8	414	600863	内蒙华电	61.00	0.33	8.30	19.05	0.29	4.14	72.64	2.94	−6.36	13.50	12.87	71.98	2 357 891.75	126 322.79	115 627.29
9	429	600995	文山电力	60.60	0.26	9.80	13.29	0.71	5.87	48.92	5.58	17.89	10.84	43.01	134.18	196 155.51	10 770.63	12 670.03
10	455	600101	明星电力	59.90	0.47	7.82	11.69	0.37	2.81	44.29	12.84	9.00	14.36	54.69	177.73	242 611.22	14 032.10	14 809.38
11	478	600167	联美控股	59.30	0.27	4.88	10.36	0.22	0.51	62.36	0.00	22.13	10.74	−13.86	72.70	152 240.65	7 250.16	5 650.37
12	530	000027	深圳能源	58.00	0.64	7.71	10.07	0.42	1.70	43.53	7.39	9.45	4.66	−21.43	68.10	2 906 995.93	119 881.51	161 593.70
13	550	600011	华能国际	57.50	0.29	4.64	6.72	0.50	4.11	72.82	1.90	30.81	24.92	−24.19	55.06	22 395 274.78	412 220.90	368 032.82
14	552	600236	桂冠电力	57.50	0.29	9.38	19.33	0.25	2.81	75.69	2.93	37.14	−10.52	−20.19	51.37	1 820 829.23	87 162.67	90 601.89
15	560	600131	岷江水电	57.40	0.28	10.14	24.67	0.27	2.88	70.73	3.68	41.33	25.96	29.65	116.53	221 613.66	11 979.37	14 351.49
16	564	600578	京能热电	57.30	0.47	5.59	9.99	0.31	1.80	64.06	3.28	40.70	55.04	12.36	103.56	924 436.88	29 992.18	27 290.13
17	568	600969	郴电国际	57.20	0.40	6.75	15.88	0.48	1.31	75.53	5.06	17.08	13.15	43.10	135.81	390 148.67	19 277.85	14 283.70
18	580	600979	广安爱众	57.00	0.22	5.03	7.61	0.33	1.67	62.93	3.18	23.06	132.84	36.08	114.06	310 496.32	7 471.36	6 257.44
19	613	600644	乐山电力	56.20	0.19	5.30	7.35	0.51	3.86	71.31	2.18	89.78	5.37	34.34	166.80	362 237.65	9 438.33	7 445.31
20	624	600116	三峡水利	55.90	0.27	5.33	7.53	0.36	1.33	55.74	3.11	17.76	76.83	33.24	111.93	235 301.69	5 848.34	6 138.47
21	637	601991	大唐发电	55.50	0.20	5.07	10.53	0.31	3.73	81.82	1.87	26.55	17.13	−30.84	65.05	21 075 587.00	420 361.00	373 972.20
22	653	000690	宝新能源	55.10	0.19	8.83	10.73	0.45	1.44	56.74	3.30	4.69	7.25	−10.55	81.71	737 129.12	42 617.30	33 057.28
23	682	600674	川投能源	54.40	0.37	6.46	6.92	0.11	2.10	41.85	2.74	21.40	6.59	−6.94	59.80	998 693.74	40 282.35	38 949.04

续表

行业排名	全部上市公司排名	股票代码	股票简称	综合得分(100分)	每股收益（元）	总资产报酬率（%）	净资产收益率（%）	总资产周转率（次）	流动资产周转率（次）	资产负债率（%）	获利倍数	营业收入增长率（%）	资本扩张率（%）	市场投资回报率（%）	股价波动率（%）	年末资产额（万元）	营业收入净额（万元）	净利润（万元）
24	780	002039	黔源电力	52.60	0.46	4.57	6.08	0.09	1.70	80.93	1.26	77.03	96.63	18.68	75.36	1 594 341.99	14 461.45	13 948.66
25	794	000539	粤电力A	52.40	0.28	5.01	6.27	0.39	2.30	62.18	3.59	3.33	8.54	−19.63	54.87	3 459 631.83	116 879.63	78 839.18
26	861	600758	红阳能源	51.10	0.09	4.71	6.60	0.35	1.88	51.64	15.47	10.75	6.83	−5.88	84.16	59 787.90	2 388.90	1 847.46
27	923	000531	穗恒运A	49.70	0.51	8.40	11.88	0.48	1.88	61.81	3.35	4.35	12.72	−25.93	80.15	634 161.77	37 252.37	27 139.83
28	931	600780	通宝能源	49.50	0.04	2.70	1.86	0.82	4.43	30.41	2.64	11.04	1.78	−9.83	49.76	241 899.15	4 107.40	3 098.11
29	1060	600509	天富热电	47.00	0.22	4.46	7.82	0.26	0.74	73.13	2.67	13.99	4.95	2.45	66.06	772 111.06	17 494.01	15 837.12
30	1064	001896	豫能控股	46.90	0.03	7.14	5.93	1.08	3.72	88.00	1.14	1149.38	274.07	−40.34	138.07	679 548.95	1 371.37	3 064.79
31	1071	600021	上海电力	46.80	0.09	4.14	4.82	0.48	3.79	72.66	1.62	42.21	−3.15	−30.35	111.02	3 205 906.88	45 155.18	42 896.52
32	1121	600864	哈投股份	45.40	0.50	9.89	12.54	0.20	0.93	42.42	44.02	7.01	−7.35	−20.42	92.45	381 125.31	24 269.59	28 608.65
33	1137	000993	闽东电力	45.10	0.28	6.32	6.40	0.19	0.71	41.90	3.58	1.80	8.75	30.57	103.00	278 650.63	12 320.04	9 947.44
34	1153	600886	国投电力	44.60	0.25	3.32	6.56	0.17	2.09	84.01	1.79	33.82	−1.71	−21.75	57.75	10 058 261.38	136 756.56	106 403.98
35	1156	000692	惠天热电	44.50	0.15	3.35	3.66	0.46	1.12	57.69	2.48	−3.32	14.85	20.56	99.46	279 871.89	4 494.33	4 051.86
36	1194	600868	ST梅雁	43.20	0.13	8.46	11.11	0.15	2.98	43.89	3.53	33.78	5.40	−14.01	48.92	392 896.39	22 312.85	23 860.44
37	1207	000601	韶能股份	42.70	0.08	4.26	2.15	0.25	2.46	61.95	1.50	26.03	1.54	−30.32	93.66	840 480.95	9 999.50	6 809.30
38	1259	000600	建投能源	40.40	0.01	3.06	0.91	0.49	3.04	66.23	1.29	14.28	0.66	−24.03	99.60	1 212 679.81	7 030.93	3 732.17
39	1285	600292	九龙电力	39.30	0.08	3.39	4.11	0.62	1.67	76.37	1.51	17.02	6.33	102.40	201.78	515 293.00	4 753.43	4 858.94
40	1295	000543	皖能电力	39.00	0.28	2.73	3.11	0.32	2.80	58.09	2.43	13.79	−5.02	−26.38	85.26	1 270 144.24	2 687.10	16 997.62
41	1308	000958	*ST东热	38.40	0.09	7.63	−6.70	0.82	2.93	126.86	1.30	21.33	0.00	−12.14	80.26	154 513.28	−330.81	2 878.45
42	1345	000695	滨海能源	36.50	0.02	3.63	2.27	0.68	2.16	67.67	1.35	17.44	2.54	87.74	190.80	102 505.14	−6 319.29	742.98
43	1389	600719	大连热电	34.90	0.06	3.84	1.68	0.40	0.96	49.47	1.41	6.44	1.01	31.50	108.29	148 175.23	−1 111.74	1 251.19

续表

行业排名	全部上市公司排名	股票代码	股票简称	综合得分（100分）	每股收益（元）	总资产报酬率（%）	净资产收益率（%）	总资产周转率（次）	流动资产周转率（次）	资产负债率（%）	获利倍数	营业收入增长率（%）	资本扩张率（%）	市场投资回报率（%）	股价波动率（%）	年末资产额（万元）	营业收入净额（万元）	净利润（万元）
44	1396	600452	涪陵电力	34.60	−0.89	−12.62	−36.17	0.96	4.21	62.21	−12.14	31.78	−29.01	49.57	149.67	87 031.15	−13 071.18	−14 325.56
45	1414	600744	华银电力	33.30	0.03	3.92	2.15	0.52	2.32	87.51	1.12	35.70	−16.40	−18.58	77.34	1 449 426.80	−7 000.95	4 270.04
46	1442	600027	华电国际	31.90	0.03	3.08	0.50	0.40	5.30	83.12	1.07	23.97	3.56	−36.76	90.32	12 786 035.20	−61 123.30	10 621.20
47	1445	600396	金山股份	31.80	0.02	2.77	2.50	0.20	1.01	82.88	1.19	−25.58	1.67	7.45	58.06	826 544.54	4 168.00	3 504.73
48	1461	600726	华电能源	30.80	0.02	3.42	0.10	0.40	2.84	82.43	1.06	33.23	−15.13	−31.02	90.53	2 219 019.75	−10 948.16	441.63
49	1514	000720	ST 能山	27.30	−0.01	2.94	−3.05	0.48	3.18	81.30	0.91	−0.21	−2.38	−4.45	59.03	562 468.32	−11 599.12	−3 248.28
50	1518	000875	吉电股份	27.10	0.02	1.41	1.47	0.21	2.15	82.10	1.56	24.70	2.31	−17.68	56.83	1 422 288.60	−5 071.28	3 690.22
51	1525	000966	长源电力	26.70	−0.56	1.93	−15.11	0.49	3.05	87.92	0.52	24.37	−12.06	6.29	80.77	1 513 849.66	−27 291.62	−29 530.89
52	1573	000426	富龙热电	23.60	−0.13	−0.75	−4.43	0.24	0.78	30.20	−0.33	22.71	−4.33	12.69	151.21	162 582.77	−7 383.13	−5 138.61
53	1594	000899	赣能股份	22.10	−0.06	3.47	−2.68	0.32	2.25	77.53	0.85	−5.12	−3.16	−21.82	78.12	646 015.79	−3 975.00	−3 956.11
54	1629	000767	漳泽电力	18.20	−0.57	−2.70	−39.01	0.36	2.52	87.29	−1.00	5.29	−32.43	−32.32	89.36	1 216 096.04	−70 213.89	−74 746.48
55	1653	000037	深南电 A	14.30	−0.19	0.58	−6.19	0.31	0.70	63.39	0.23	−14.25	−6.00	−28.82	107.08	527 895.43	−93 038.86	−12 343.34

第九章

机械行业上市公司业绩评价

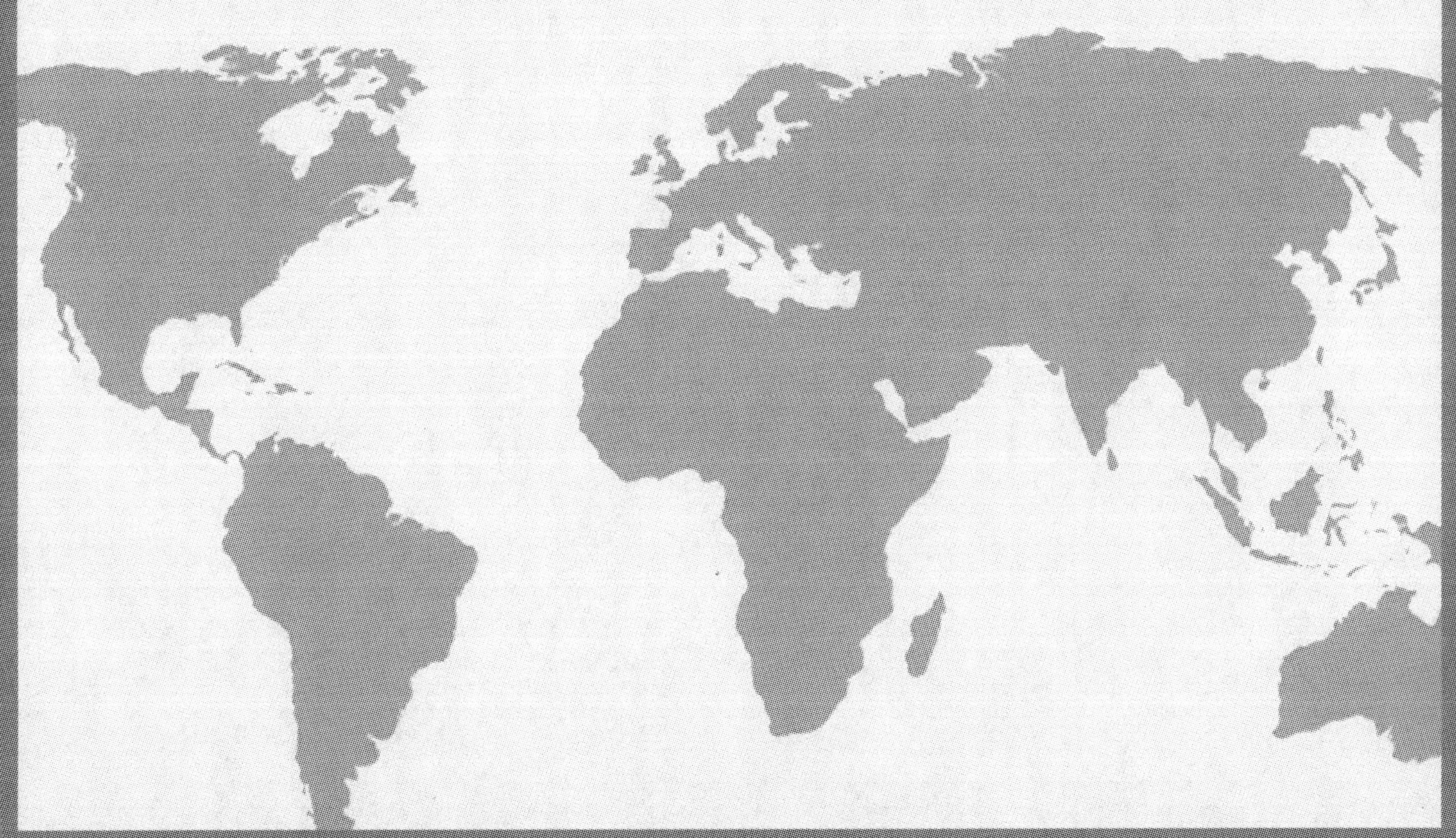

机械行业是战略性基础产业，在国家产业升级、技术进步中担任着重要保障任务。得益于中国经济持续高速发展，近年来机械行业也呈现快速发展势头。尽管遭遇了2008年的国际经济动荡、2009年的业绩滑坡的冲击，2010年机械行业上市公司呈现了恢复性增长态势。随着国家“十二五”规划的出台、4万亿元投资的逐步实施及国际需求逐步恢复等因素的驱动，机械行业上市公司面临着新的发展机遇。2011年预计机械行业上市公司仍将保持增长态势。

一、机械行业上市公司业绩评价结果

截至2010年末，机械行业上市公司共计277家、资产总额6723.22亿元、营业收入3933.46亿元、净利润343.89亿元，分别占全部上市公司的13.84%、7.60%、6.09%和7.46%。277家企业中，268家盈利，9家亏损，亏损企业比2009年减少4家。

评价结果显示机械行业综合得分61.30分，略低于全部上市公司62.20的综合得分，与2009年基本持平。2010年机械行业上市公司共有10家进入全部上市公司综合评价排名前100名，业绩为优秀的有徐工机械、金风科技、柳工等50家；业绩为良好的有60家；业绩为中的有42家；业绩为低的有86家；业绩为差的有39家。

表9-1　　2010年度机械行业中联十强排行榜

名次	股票代码	股票简称	在全部上市公司中排名
1	000425	徐工机械	15
2	002202	金风科技	25
3	000528	柳工	26
4	000157	中联重科	46
5	000680	山推股份	51
6	000581	威孚高科	52
7	000880	潍柴重机	74
8	600375	星马汽车	98
9	600815	厦工股份	101
10	600761	安徽合力	118

基于对机械行业上市公司的整体评价，下面分别从财务效益状况、资产质量状况、偿债风险状况、发展能力状况、市场表现状况五个方面对机械行业上市公司进行具体分析。

（一）财务效益

表 9-2 列示了 2010 年机械行业上市公司财务效益状况评价结果。2010 年机械行业上市公司财务效益综合得分为 21.02 分，略低于全部上市公司财务效益 21.99 的综合得分，与 2009 年机械行业上市公司财务效益 22.18 的综合得分相比有小幅下降，下降幅度为 5.22%。

与全部上市公司横向比较，机械行业上市公司除营业利润率的分项指标高于全部上市公司外，其余指标均低于全部上市公司，说明虽然机械行业上市公司正在走出金融危机带来的业绩滑坡呈现恢复性增长，但赢利能力方面还未恢复到历史行业平均水平。

与 2009 年机械行业上市公司纵向比较，除盈利现金保障倍数低于 2009 年外，其余分项指标均明显高于 2009 年，说明在 2010 年的宏观形势触底回升的背景下，机械行业上市公司的经营环境改善，经营效益明显上升。

表 9-2　　机械行业财务效益状况比较表

分析指标		2010 上市公司司平均值	2010 年行业值	2009 年行业行业值	增长率（%）
基本指标	扣除非经常性损益净资产收益率净资产收益率（%）	12.54	12.16	10.59	14.82
	总资产报酬率（%）	8.09	7.28	6.63	9.80
	得分（分）	21.27	20.43	21.72	−5.93
修正指标	营业利润率（%）	7.7	8.44	7.59	11.19
	盈利现金保障倍数	1.24	0.74	1.22	−39.34
	股本收益率（%）	51.08	46.17	42.27	9.22
综合得分（分）		21.99	21.02	22.18	−5.22

机械行业上市公司财务效益综合得分前五名的是三一重工、中联重科、金风科技、徐工机械、天地科技。三一重工 2010 年实现营业收入 339.55 亿元，同比增长 78.94%；营业利润 68.97 亿元，同比增长 105.57%；净利润 61.64 亿元，同比增长 103.94%。行业景气市场需求的大幅增加促使经营业绩大幅攀升，仅泵送事业部 2010 年销售额就达 217 亿元，挖掘机销售过万台，汽车起重机、路机产品销售增长率均超过 100% 。

（二）资产质量

表 9-3 列示了 2010 年机械行业上市公司资产质量状况评价结果。2010 年机械行业上市公司资产质量综合得分为 7.02 分，明显低于全部上市公司资产质量平均值 9.21 的综合得分，与 2009 年机械行业上市公司资产质量 6.85 的综合得分高出 2.48%。

与全部上市公司横向比较，三项分指标总资产周转率、流动资产周转率和应收账款周转率均机械行业上市公司明显低于全部上市公司平均值。但与2009年机械行业上市公司纵向比较，均有一定改善。以上指标表明，在2010年的宏观经济环境下，机械行业上市公司虽然财务效益状况已开始好转，但销售账款回收速度还没有明显改善，资产质量状况有待进一步提升。

表 9-3　　机械行业资产质量状况比较表

评价指标		2010上市公司平均值	2010年行业值	2009年行业值	增长率（%）
基本指标	总资产周转率	0.88	0.73	0.70	4.29
	流动资产周转率	1.93	1.03	1.01	1.98
	得分（分）	9.4	7.61	7.68	−0.91
修正指标	应收账款周转率	14.78	4.75	4.56	4.17
综合得分（分）		9.20	7.02	6.85	2.48

机械行业上市公司资产质量综合得分前五名的分别是潍柴重机、上柴股份、宗申动力、凤凰光学、中国船舶。潍柴重机2010年实现营业收入26.61亿元，同比增长13.87%；营业利润2.65亿元，同比增长14.88%。归属母公司所有者净利润2.18亿元，同比增长21.75%。潍柴重机是国内内河航运发动机龙头企业，主要产品包括中低功率中速船用柴油发动机、柴油发电机组和配件等。2010年，柴油机和发电机组分别实现销售收入17.46亿元和3.36亿元，同比上升10.10%和64.06%。

（三）偿债风险

表9-4列示了2010年机械行业上市公司偿债风险状况评价结果。2010年机械行业上市公司偿债风险综合得分为9.94分，高于全部上市公司资产质量9.07的综合得分，与2009年机械行业上市公司偿债风险9.26的综合得分相比略有上升，上升幅度为7.34%。与全部上市公司横向比较，机械行业上市公司分项指标资产负债率、现金流动负债比率、带息负债比率低于于全部上市公司平均值，但获利倍数、速动比率明显高于全部上市公司平均值。

我国制造业企业自有资金不足的问题由来已久，上市公司虽然通过上市获得了大量资金使这个问题有所缓解，生产经营中需要的大量资金仍然有相当大的一部分需要通过举债获得，因此总体负债水平是较高的。但与2009年机械行业上市公司纵向比较，上市公司偿债风险有所降低，表现为资产负债率下降，速动比率上升，说明行业总体债务负担减轻，短期偿债风险减少。

表 9-4　　机械行业偿债风险状况比较表

评价指标		2010上市公司平均值	2010年行业值	2009年行业值	增长率（%）
基本指标	资产负债率（%）	57.60	55.12	60.91	−9.51
	获利倍数	9.32	15.82	9.31	69.92
	得分（分）	9.19	10.21	9.26	10.26

续表

评价指标		2010 上市公司平均值	2010 年行业值	2009 年行业值	增长率（%）
修正指标	速动比率（%）	73.82	108.55	90.81	19.54
	现金流动负债比率（%）	15.97	7.89	11.05	−28.60
	带息负债比率（%）	45.08	25.1	29.87	−15.97
综合得分（分）		9.07	9.94	9.26	7.34

机械行业上市公司偿债风险综合得分前 5 名的是上海佳豪、博深工具、钢研高纳、万力达、金龙机电。除万力达外，其余四家是 2009 年上市的新公司，由于通过 IPO 募集了大量现金，因此资产负债率、现金流动负债比率等指标均表现较好。

（四）发展能力

表 9-5 列示了 2010 年机械行业上市公司发展能力状况评价结果。2010 年机械行业上市公司发展能力综合得分为 13.72 分，略高于全部上市公司发展能力 12.98 的综合得分，机械行业上市公司发展能力 12.98 的综合得分相比上升幅度为 5.7%。在分项指标中资本扩张率、三年营业收入增长率、总资产增长率分项指标优于上市公司平均值。与 2009 年相比，除累计保留盈余率有下降外，其余指标大幅上升，表明机械行业上市公司经过 2009 年的金融危机后，经营状况逐步好转。机械行业是资本密集型行业，资本扩率保持增长态势有利于企业保持市场竞争地位、赶超世界同行标杆企业，是企业维持长期增长、增强国际竞争力的必要手段。

机械行业 2010 年大事记

☆ 中国一重发行 A 股，并于上海证券交易所上市。

☆ 全球最快列车——中国国产时速 380 公里高速铁路机车日前正式下线。

☆ 徐工机械非公开发行 A 股股票申请获核准。

☆ 中国第四大造船企业、江苏扬子江船业在台湾上市，成为首家登陆台湾资本市场的大陆企业。

☆《国务院关于加快培育和发展战略性新兴产业的决定》将高端装备制造列入其中，海洋工程榜上有名。

☆ 国内最大民营船舶企业、第二大造船企业江苏熔盛重工在香港联交所上市。

☆ 柳工非公开发行股票获批。

☆ 中联重科 H 股在香港发行，募集资金净额 136.72 亿港元。

☆ 中集集团要约收购烟台莱弗士并成为其控股股东。

☆ “新 36 条”颁布刺激工程机械行业发展。

表 9-5　　机械行业发展能力状况比较表

评价指标		2010上市公司平均值	2010年行业值	2009年行业值	增长率（%）
基本指标	营业收入增长率（%）	37.70	29.38	5.07	479.49
	资本扩张率（%）	22.63	53.19	24.38	118.17
	得分（分）	12.2	13.69	13.15	4.11
修正指标	累计保留盈余率（%）	38.94	31.5	37.80	−16.67
	三年营业收入增长率（%）	19.50	21.07	15.01	40.37
	总资产增长率（%）	22.95	32.36	19.98	61.96
	营业利润增长率（%）	47.00	41.68	17.54	137.63
综合得分（分）		12.98	13.72	12.98	5.70

机械行业上市公司发展能力综合得分前五名的是三一重工、中联重科、柳工、金风科技、山推股份。三一重工通过自主创新提高盈利能力、通过收购兼并扩大市场份额，又适逢良好的企业发展环境，相比其他企业有着明显的竞争优势，还具有相当的发展潜力。

（五）市场表现

2010年机械行业市场表现得分为9.62，略高于全部上市公司的综合得分9.00，与2009年相比有小幅上升，升幅为4.91%。2010年机械行业上市公司的市场投资回报率为19.95%，高于全部上市公司12.19%的回报率，股价波动幅度略小于与全部上市公司平均值。

机械行业上市公司市场表现综合得分前五名为：国电南自、荣信股份、利欧股份、徐工机械、渤海活塞。国电南自2010年实现营业收入23.76亿元，同比增长25.30%，实现净利润1.33亿元，同比增长49.36%。国电南自在2010年初调整了发展战略，确定以"电力自动化产业、新能源及节能减排产业和智能化一次设备产业"为三大发展重点，成为2010年各路机构追捧的焦点。国电南自2010年市场投资回报率102.86%、股价波动率127.45%，是2010年上市公司平均值的8.44倍、1.34倍。

表 9-6　　机械行业市场表现状况比较表

评价指标	2010上市公司平均值	2010年行业值	2009年行业值	增长率（%）
市场投资回报率（%）	12.19	19.95	112.59	−82.28
股价波动率（%）	94.83	91.42	126.75	−27.87
综合得分（分）	9.00	9.62	9.17	4.91

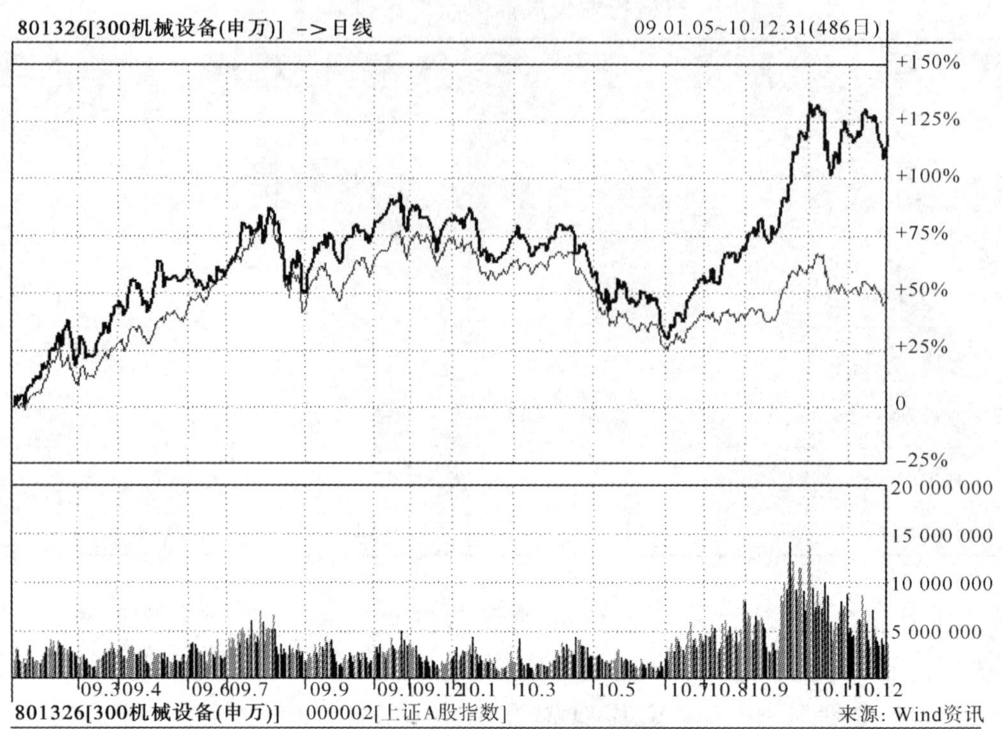

图 9-1 机械行业指数与上证指数的对比

资料链接

2011 年 1~4 月机械行业指数与上证指数对比

2009中国机械行业国际对标

根据国资委编制的企业绩效评价国际标准值（2009），我们将中国机械行业上市公司年业绩评价结果和全球624家大型领先的电气设备企业进行了比较。我国电气设备行业上市公司除在营业利润率、资产负债率方面与全球624家大型领先电气企业相比有优势外，其他绝对值指标均低于国际平均水平，说明我国机械行业与国际优势企业相比在企业规模还有相当差距，但盈利能力、成长性、资产负债率与国际企业相比还是有相当的竞争力的。机械行业中的重点企业金风科技、中联重科、中国船舶营业收入、资产总额等相关指标均能超过全球624家大型领先电气企业的评价值，金风科技、中联重科也是2009年机械上市公司十强企业及上市公司百强企业。

	我国机械行业上市公司平均值（亿人民币/亿美元）	全球624家大型电气企业平均值（亿美元）
营业收入	26.18/3.83	14.36
资产总额	40.98/6.00	17.43
权益	16.02/2.35	6.59
资产负债率	60.91%	62.2%
营业利润	1.99/0.29	0.73
营业利润率	7.59%	5.2%
经营现金流量	2.37/0.35	1.27

（一）财务效益指标

与国际机械设备行业624家先进企业对比，2009年机械行业上市公司的净资产收益率、盈余现金保障倍可进入前50%行列，总资产报酬率、营业利润率可进入前40%行列，总体看处于中上等水平。

（二）资产质量指标

与国际机械设备行业624家先进企业对比，2009年机械行业上市公司应收账款周转率略可进入前60%行列，但总资产周转率、流动资产周转率处于后20%行列，差距较大。

（三）偿债风险状况

与国际机械设备行业624家先进企业对比，2009年机械行业上市公司资产负债率获利倍数、带息负债水平可进入前50%行列，速动比率、现金流动资产比率可进入前40%行列。说明机械行业上市公司负债比率不高，整体偿债风险进入中上行列。

（四）发展能力状况

与国际机械设备行业624家先进企业对比，2009年机械行业上市公司，总资产增长率前40%行列、营业利润增长率前50%行列，营业收入增长率位于后20%行列。

二、机械行业上市公司业绩影响因素分析

2010年机械行业上市公司业绩主要影响因素来自国内、国际需求两个方面。国内方面，国家在电力装备、铁路建设、海洋工程、国防军工等重点行业的投资推动了高端机械行业增长。与国家基建固定资产投资规模增速正相关的传统机械制造行业，在2010年基建固定资产投资24.4%增速的带动下，保持了增长态势。国际需求方面，随着全球经济的逐步复苏，国际需求呈现恢复性增长，扭转了2009年金融危机造成机械行业出口额大幅减少的局面，机械行业的出口增长形成有利态势。钢材价格的稳定对2010年机械行业的业绩恢复也起到了正面作用。

（一）国家在电力装备、铁路路网建设、海洋工程、国防军工等重点行业的投资推动了高端机械行业增长

2010年，国家基建固定资产投资达到18.76万亿元，同比增长24.40%，其增速与2009年相比有所回落，但仍处于较高水平，对机械行业需求起到显著的拉动作用（见图9-2）。在传统机械制造板块，由固定资产投资带动的工程机械和由汽车消费带动的汽车工业快速增长带动了机械相关子行业机床工具的增长，同时由于国家出台了财政支持政策，高端数控机床子行业也出现相应的快速增长。得益于国内固定资产投资的高速增长，2010年机械行业排名第一的传统机械企业徐工机械，2010年实现了252.14亿元的营业收入，较上年同期增长21.81%，而净利润达到29.26亿元，较上年同期增长68.04%。

高端机械制造板块，在国家大力发展高铁、智能电网、海洋工程、国防军工等刺激政策下，高端机械制造相关上市公司呈现高速增长，对相关机械行业上市公司的业绩起到了明显的推动作用。铁路设备方面，据铁道部数据，2010年国内铁路行业共完成固定资产投资5

790 亿元，同比增长 30.7%。其中基建投资 5 103.7 亿元，同比增长 30.7%；车辆购置 686.3 亿元，同比增长 31.41%。2010 年，国内铁路设备行业实现收入 1 378 亿元，同比增长 41.51%，实现利润总额 89.7 亿元，同比增长 65%。2010 年中国南车、中国北车的营业利润增长率分别达到 66%、58%，近三年营业收入平均增长率都超过 33%，呈现高速增长态势。

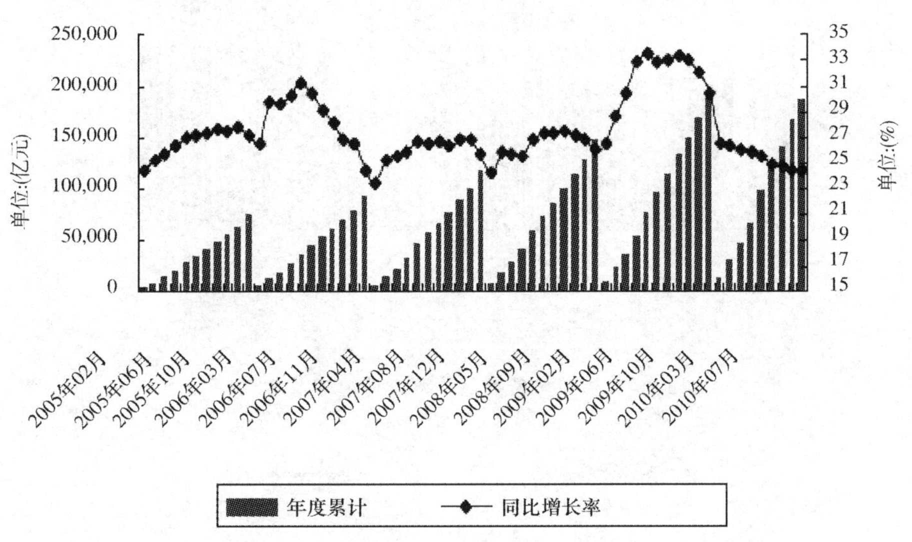

图 9-2 国家基建固定资产投资增速从高位回落但仍处于较高水平

（二）全球经济逐步复苏，机械行业出口恢复性增长

2009 年，全球金融危机使出口遭受重创，机械出口增速达到近年低点，2010 年以来随着全球经济的复苏，中国机械出口呈现恢复性增长。2010 年，中国机械设备产品累计出口 1 651.6 亿美元，同比增长 35.66%；进口 1 617.3 亿美元，同比增长 46.31%，出口继续保持复苏的态势。进口 224.6 亿美元，同比增长 51%；出口 227.5 亿美元，同比增长 42%，出口总额保持了较高水平。受益于国际经济逐步复苏，机械行业上市公司 2010 年营业收入增长 29.38%，是 2009 年 1.3 倍，也呈现了恢复性增长势头（见图 9-3、图 9-4）。

（三）钢材价格总体保持稳定，有利于行业盈利能力的提升

2010 年，钢材价格同比呈现小幅上涨趋势，而总体保持平稳状态。由于钢铁行业产能依然过剩、下游需求保持平稳，钢价不具备大幅上涨的条件。在钢材价格相对稳定的情况下，2010 年机械行业的平均营业利润率为 8.44%，比 2009 年提高了 11.20%。钢材价格的保持平稳对 2010 年机械行业的盈利状况的改善起到了积极作用（见图 9-5）。

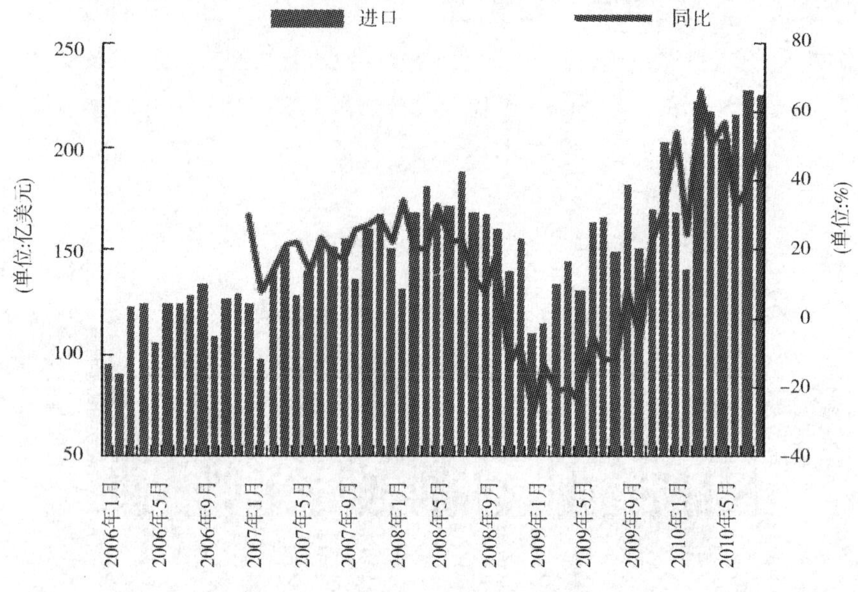

图 9-3 机械设备行业月度进口总额及增速

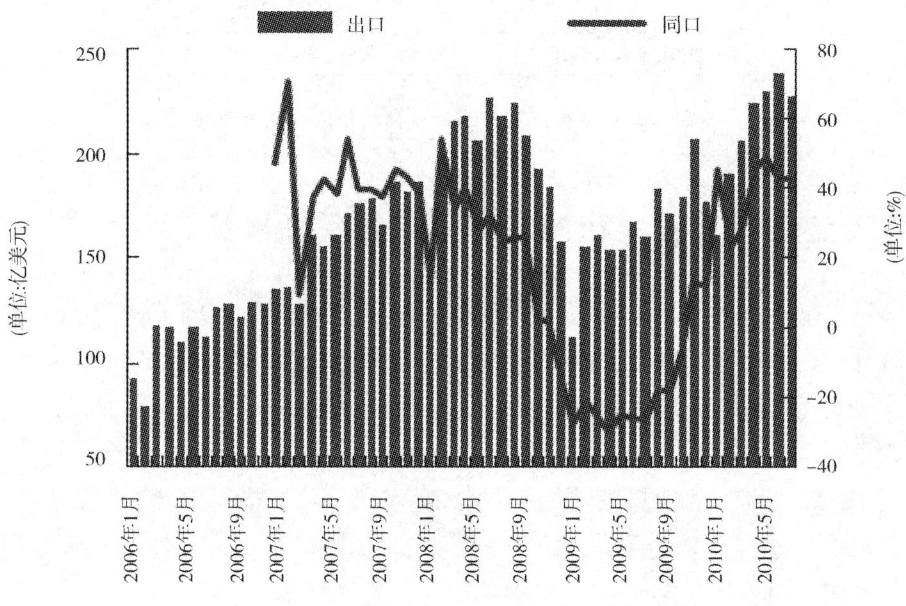

图 9-4 机械设备行业月度出口总额及增速

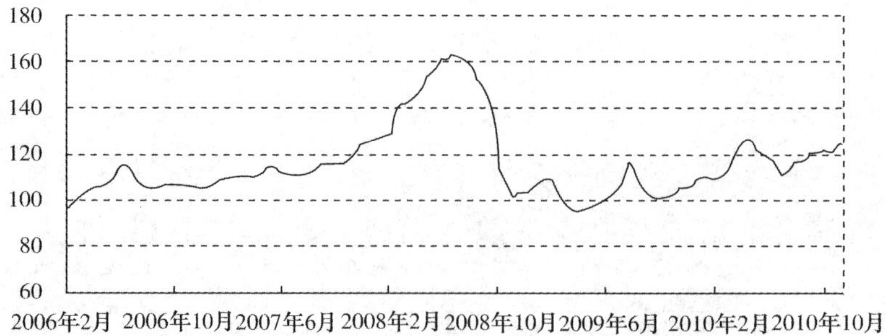

图 9-5 2010 年国内钢材价格指数呈现温和上涨趋势

三、 2011 年机械行业前景分析

(一)“十二五”规划延续增长动力，国内固定资产投资有望维持较高水平

历史数据统计表明，机械行业增幅在五年规划的前三年总是五年规划中增幅最高的三年，原因是因为在五年规划第一年，国家对新项目的审批相对宽松，财务和货币政策的支持力度较大，加上市场参与者对未来的预期较为乐观，购买意愿强烈，因而在前三年出现机械行业销售的快速增长（见图 9-6）。中国目前城镇人口占比还不到 50％，与其他国家相比，大城市化率明显较低，城市化的进程远没结束，这意味着大规模的铁路、公路、地铁、机场等建设工程还会继续。2011 年作为新五年计划的开局元年，经济要保持平稳增长，预期在地产增速下滑的情况下，基建对经济将起到重要拉动作用，而且城市化、区域经济发展不平衡和地方投资冲动，为基建投资增速回升提供了空间，2011 年固定资产投资增速仍将在 20％以上的水平。根据以往经验，机械行业上市公司 2011 年总体增速应高于固定资产增速 20％的水平。长期来看，中国工程机械龙头企业在经过多年的增长后，在技术创新、多元化、高端化、规模化和全球化发展以及融资租赁服务上都具备了全球崛起的坚实基础，徐工机械、柳工和中联重科等龙头企业有望成为中国的卡特彼勒、日立建立。

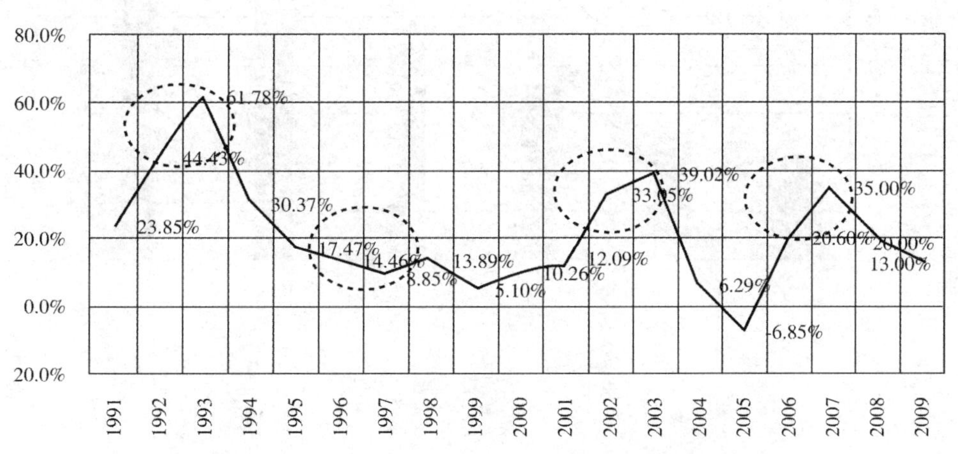

图 9-6 五年规划的前三年总是工程机械行业增幅最高的三年

（二）商品房新开工面积增速下滑趋势明确，保障性住房托起2011年机械行业需求

受信贷政策、高房价和地产调控影响，商品房销售面积、施工面积、新开工面积增速出现下滑，房地产开发投资增速也同样下滑（见图9-7、图9-8）。2011年中国货币政策将由“适度宽松”调整为“稳健”，预计商品房新开工面积增速将下滑至－5%～10%之间。2010年12月14日举行的全国发展和改革工作会议上，国家发改委主任张平表示，2011年将开工建设保障性住房、改造各类棚户区住房1 000万套。以此计算，2011年保障性安居工程投资或将达1.4万亿元。而2009年、2010年保障房投资只有1 200亿元和8 000亿元，保障房投资的加速将使得住房类投资保持较高的增速。与房地产投资紧密相关的建筑机械类上市公司三一重工、徐工机械等将会受益。

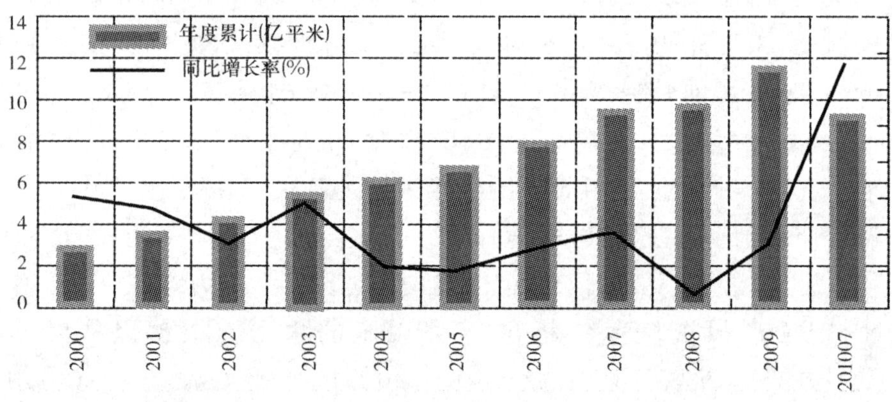

图9-7 房地产开发面积增长情况

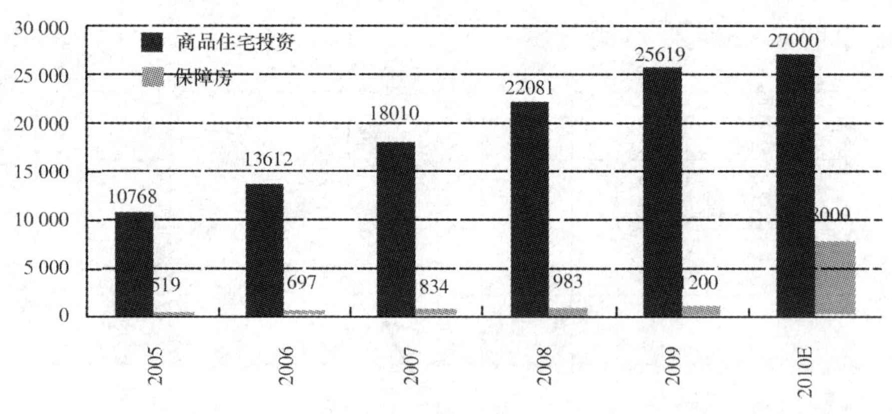

图9-8 房地产投资增长情况

（三）出口复苏势头有望延续

2010年第四季度美国经济增速为3.1%，2011年的经济增速将上升至3.0%～3.6%，作为全球最大的经济体，美国经济的复苏将有助于全球经济的回暖。经济合作与发展组织预计2011年全球经济将进一步走出危机阴影，实现4.2%的快速增长，2012年增速进一步提高到

4.5%。自2004年到2008年6月中国机械的出口同比增长没有低过60%的水平，2008年金融危机前其出口已经占到中国机械总产量的30%多，个别产品如履带吊出口占比超过60%，推土机出口占比达到50%左右，汽车起重机和叉车出口占比超过30%。2010年5月开始，机械出口大幅复苏，虽然金融危机导致全球对机电需求明显降低（见图9-9），但是中国机电产品竞争优势不但没有被削弱，反而得到加强，因此中国机电产品出口复苏势头有望延续（见图9-10）。

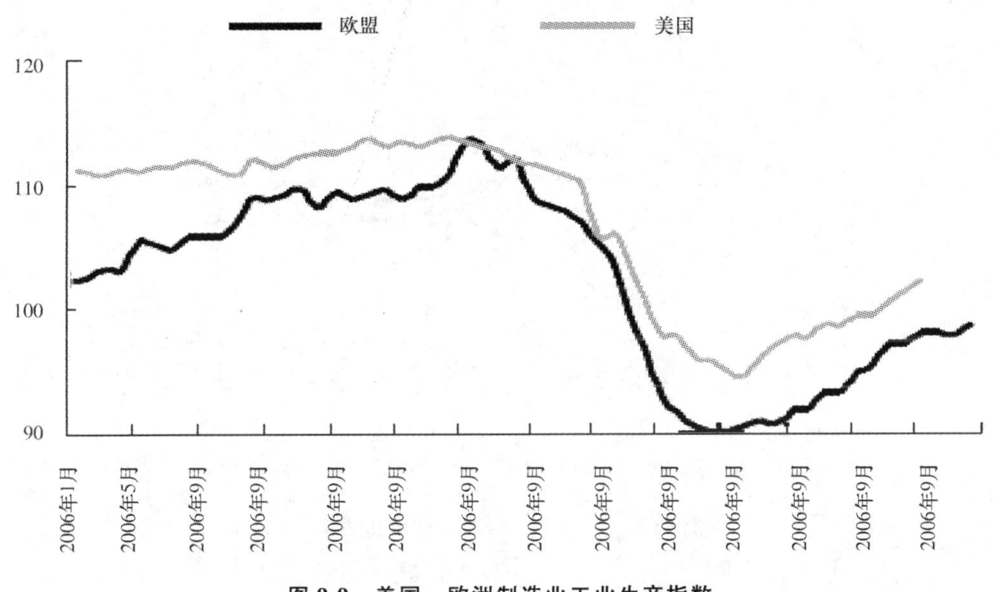

图9-9 美国、欧洲制造业工业生产指数

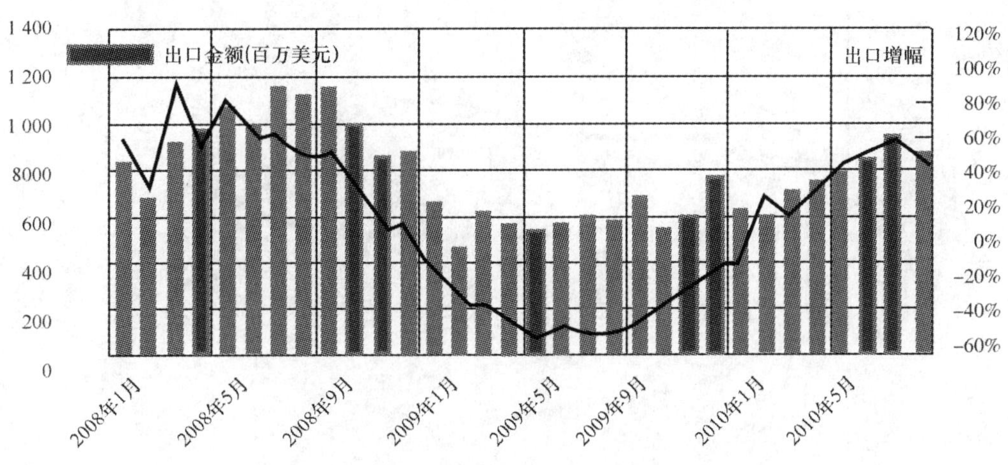

图9-10 中国工程机械行业进出口增长情况及预测

（四）主要原材料价格再创新高，成本压力不断增大——警惕通胀风险

2011年机械行业须高度重视通胀上升给整个行业带来的周期性风险。从2011年至今原材料的价格表现来看，除燃料、动力类价格指数增速较上年有所回落外，全部工业品PPI、机械工业PPI，以及机械工业主要原材料——黑色金属材料类指数的增速均在2010年的基础上继续走高，达到历史同期的高位（见图9-11、图9-12）。机械行业属于中游行业，会受到上游原材料的影响，以及下游需求作用的反馈。在通胀环境中总是由于原材料价格的普涨

被侵蚀掉利润。2010年国家的货币政策定位为“稳健”，虽然目前货币政策与上年相比偏紧缩，但可以预计中国货币紧缩的力度有限，资产价格还会随着全球市场上涨。预计主要生产资料方面，能源价格将继续上涨，轻工原料价格基本持平，有色金属、钢材价格将下降。2010年由于劳动力供应的短缺加速推高劳动力价格，人工成本将继续上浮。大宗商品价格上升加之能源价格持续攀升，导致部分机械子行业利润受损。通胀给机械行业利润带来的挤压作用不容忽视。

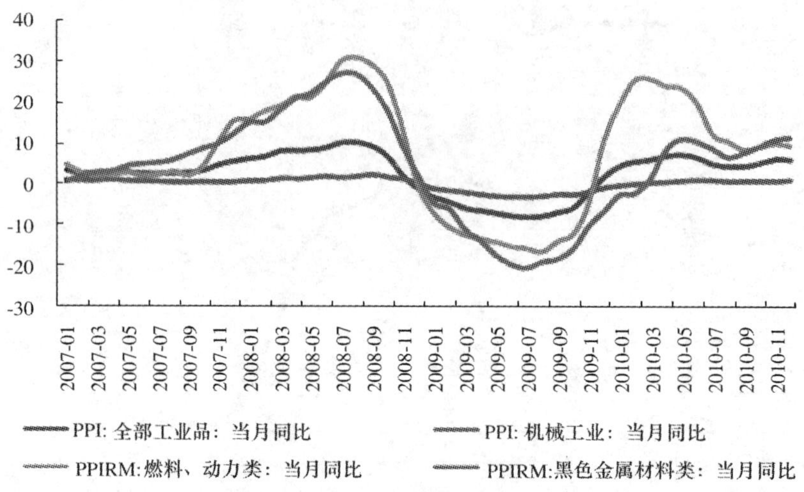

图 9-11　行业 PPI 与原材料价格指数

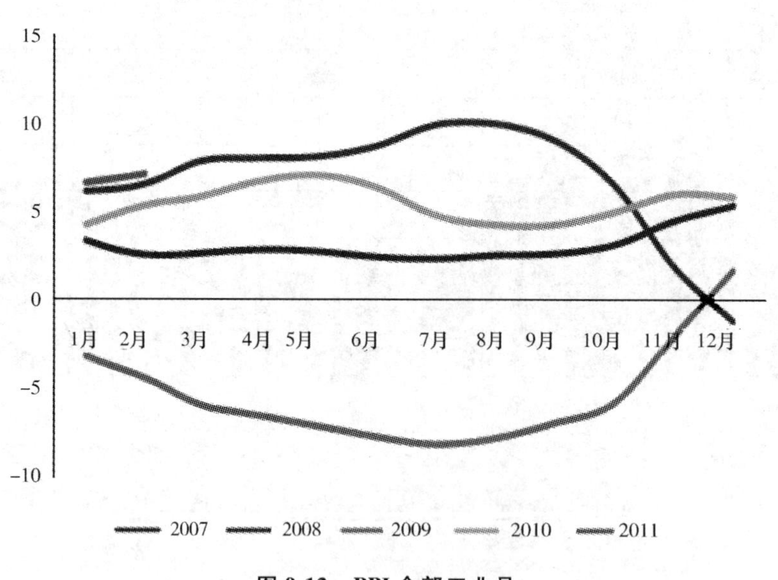

图 9-12　PPI 全部工业品

（五）“十二五”规划导向：机械行业的需求从传统向高端转变

在中国大部分传统机械产品市场，低端产品供给已严重过剩，而高精度、大型化和重型化装备等高端产品市场则供不应求，主要依靠进口。在未来，谁取得高端市场的制高点，谁就能获取超额收益。因此，在传统机械行业市场，应关注产品结构不断高端化的公司。在新兴产业市场，高铁、海洋工程、核电、国防军工等高端装备制造作为战略性新兴产业之一，将在长期决定着中国装备制造的国际竞争力。

2010年10月，国务院发布《国务院关于加快培育和发展战略性新兴产业的决定》提出：到2015年，战略性新兴产业增加值占国内生产总值的比重力争达到8%左右；到2020年，战略性新兴产业增加值占国内生产总值的比重力争达到15%左右。其中，节能环保、新一代信息技术、生物、高端装备制造产业成为国民经济的支柱产业，新能源、新材料、新能源汽车产业成为国民经济的先导产业。

作为“十二五”规划实施的第一年，政策的引导对于机械行业的发展发挥着至关重要的作用。机械设备作为产业升级的载体，其中与新兴产业相关的板块主要包括：(1) 高端装备制造行业：主要包括以航空航天、高铁与城市轨道交通设备、海洋工程、数控机床为代表的高端智能装备等；(2) 新能源、节能环保相关的机械设备。这些子行业在政策扶持和市场需求的双重作用下将长期受益。

1. 海洋工程设备：“十二五”开发海洋石油投资将达2 500亿～3 000亿元，国内迎来黄金发展期

“十二五”期间，中国海上能源战略将更为主动。中海油公司为实现“十二五”产量目标，在中国的近海大陆架和大陆坡，将会再建设5 000万吨的生产能力，同时将会有2～3个深水油气田建成投产，总投资将超过2 500亿～3 000亿元人民币。而5年内全球海洋油气工业将投资1 890亿美元在遍及全球的海洋上建立15 000个油气勘探和开采井，全球海上浮式生产设备市场规模约1 000亿美元。金融危机催化了中国众多企业转向海洋工程领域。当前中国有15家船厂投资了大约400亿元人民币用于开拓海洋工程业务，来自国内企业之间的竞争也新兴了一个行业。建议关注中海油服、中集集团、中国重工、大连船舶重工、上海外高桥、中远船务等主要从事钻井平台和浮式生产系统建造企业。

2. 未来5年国内高铁投资高企延续，海外市场空间广阔

根据政府最新有关铁路建设计划，“十二五”期间中国铁路投资支出将超过3.5万亿元，比“十一五”期间的2.2万亿元多出约60%。在“十二五”3.5万亿元的投资中，有很大部分将用于建设高速铁路以及铁路货运重载化建设；同时在七大新兴战略产业中，国家将优先发展高铁产业，中国南车、北车等高铁、大功率机车设备制造商将充分受益于未来高铁投资。

2010～2015年全球铁路设备市场规模将从1 310亿欧元增长至1 600亿欧元，年均复合增长率为4%。2010年，中国以外的市场容量预计在1 100亿欧元以上，占比达到85%，因此海外市场空间非常广阔。目前，中国南车和北车经过多年的发展，其产品已批量出口到印度、泰国等发展中国家。在未来，随着南车、北车在高端动车组和大功率交流机车技术的突破，再加上很好的性价比优势，中国铁路装备将迎来欧洲、美国等更加广阔的海外市场。

3. 航空装备业：大国崛起之标志

航空航天是高端制造的代表，战略意义突出。作为战略性产业的航空航天业，关系国家安全，具有高度的政治和军事意义，为了维护国家安全和政治需要，世界上许多国家把航空工业定义为战略性产业，不遗余力地对其进行发展。航空航天产业经济意义同样重要，航空航天产业链长，技术先进性突出，对国民经济的带动性明显。“十二五”关于航空航天的规划内容为，“重点发展以干支线飞机和通用飞机为主的航空装备，做大做强航空产业。积极推进空间基础设施建设，促进卫星及其应用产业发展”。从需求上看，据有关部门预测，到2012年中国各类通用航空飞机的需求为10 000～12 000架，未来5～10年，其增长率将达到30%，未来10年通用航空市场需求容量将达到1 500亿元。2020年中国大型军用运输机的需求将超过500架，销售收入有望超千亿元，需要新增干线客机1 600架左右，总价值为1 500亿～1 800亿美元。作为中国航空工业发展的主导力量，中航集团及其旗下相关公司将从这一巨大规模的市场中受益。市场化改革和借助资本市场发展是几大军工集团确定的发展目标。目前在资本化运作方面目标最明确和推进力度最大的是中航工业集团，新中航集团2008年成立时提出用3年时间实现集团80%的业务和资产上市，按照该计划，集团的资产注入和整合将在2011年下半年和2012年进入关键时期。在中航集团的示范作用和国资委提出“十二五”期间央企整合规划的大背景下，包括航天科技和航天科工等在内的军工集团重组也有望提速。

4. 特高压成为“十二五”电力设备投资的主线，特高压交流的建设在未来5年内将呈现爆发式增长的局面

随着“十二五”规划出台，中国对特高压输电、太阳能光伏产业的规划与扶持，电力设备行业结构将发生变化，传统一次设备，火电机组面临一定的调整压力，特高压电力设备投资将成为2011年的热点（见表9-7）。随着特高压电网建设的逐步推进，受益公司业绩也将逐步兑现。“十二五”期间国家将投资超过5 000亿元建成“三纵三横”特高压交流骨干网架和11项特高压直流输电工程。国家电网公司“十二五”期间将投入1.7亿元建设电网，平均每年3 000亿元左右。2011年预设固定资产投资3 220亿元，其中电网投资2 925亿元，与2010年电网投资2 644亿元相比，增长10%。

表9-7　“装备制造业技术进步和技术改造投资方向（2010年）”内容

装备各称	细节描述
一、基础零部件	
轴承	风电、机床、轧机、高铁、重卡盾构机、立磨、轿车、纺机的高端轴承
液压气动密封件	高端液压泵、阀、铸件，高端气动元件、密封件
齿轮	高端风电、高效火电，动车组用齿轮传动装置
紧固件	汽车、风电、核电、航空、高铁用高端紧固件
二、特种铸锻件	核电、大水电用特种铸锻件
三、加工辅具及特种材料	汽车、塑料、轮胎、铸造用高端模具，高端刀具量仪等
四、工业自动化控制系统检测设备	大乙烯、核电自动控制系统；风机主控系统；智能交通、水质、煤矿气体、烟气监控分析系统；行李货物分拣系统；工业机器人；高端变送器、流量计、传感器、光谱仪、色谱仪
五、印刷机械及文化办公设备	高端印刷机、制版机、打印机
六、塑料机械	高端成型机、挤出机、造粒机、注塑机
七、包装设备	高端灌装机、贴标设备
八、农用装备	高端高效拖拉机、各种作物收获机械等

续表

装备名称	细节描述
九、环保及资源合利用设备	高端水处理膜技术；垃圾焚烧、回收处理装置；脱硫脱销除尘相关设备；工业废品水综合处理设备；冶金余热回收装置；二氧化碳捕集与利用设备
十、热加工设备	高端造型机、混砂机、落砂机、抛丸机、压铸机等
十一、机床工具	高端加工中心、机床，高端数按系统、伺服驱动装置、丝杠、导轨、刀库、刀具、数控工作台、数控刀架，
十二、工程施工机械	各种高端工程机械
十三、轨道交通设备	高铁整车、车体、转向架、车轮、车轴、轮对、牵引变流器、齿轮箱、制动系统、钩缓装置、联峁器、机车控制系统、同步操纵系统、列车自动防护系统等
十四、建材装备	
十五、医疗器械	
十六、发电设备	核燃料装贮存系统；大型高商水电、火电设备；风电齿轮箱、叶片、发电机、液压控制系统、变流器、变浆距控制器、刹车制动器；太阳能光伏电并网逆变器等
十七、输变电设备	高压交流变压器及其关键配套产品、直流换流变压器及控制系统和配套产品、特种变压器、全封闭组合电器（GIS），断路器、套管、液压操作机构、灭弧室、隔离开关、导电部件等开关类产品、高端电力电容器、高压特高绝产品
十八、石化通用装备	天然气长输管道燃压机组及高压球阀，天燃气储存及液化设备、天燃气长输管道输送大口径高压球阀、高端压缩机组、热泵机组、空冷机组等
十九、煤炭综采及矿山设备	高端采煤机、刮板输送机、掘进机、液压支架、矿用挖掘机、排土机
二十、冶金设备	大型制氧机
二十一、电子信息装备	集成电路、薄膜、TFT-LCD、PDP面板、多晶硅、太阳能电池、非晶硅薄膜太阳能电池相关设备

附表：

2010年机械行业上市公司业绩评价结果排序表

行业排名	全部上市公司排名	股票代码	股票简称	综合得分（100分）	每股收益（元）	总资产报酬率（%）	净资产收益率（%）	总资产周转率（次）	流动资产周转率（次）	资产负债率（%）	获利倍数	营业收入增长率（%）	资本扩张率（%）	市场投资回报率（%）	股价波动率（%）	年末资产额（万元）	营业收入净额（万元）	净利润（万元）
1	15	000425	徐工机械	80.70	3.22	16.85	34.20	1.26	1.59	51.39	0.00	21.81	173.48	68.56	133.09	2 480 112.25	2 521 390.11	291 840.33
2	25	002202	金风科技	78.40	0.99	13.73	23.84	0.82	1.04	51.43	18.19	63.86	146.61	30.31	82.17	2 806 158.35	1 759 552.06	238 383.76
3	26	000528	柳工	78.10	2.37	13.18	24.03	1.09	1.49	54.48	108.05	50.90	106.07	72.49	177.24	1 859 492.62	1 536 612.99	154 882.13
4	43	000536	华映科技	76.90	0.51	25.22	27.95	1.26	2.83	32.72	12.55	4 388.47	6 114.19	29.25	97.95	471 422.75	302 409.68	46 751.64
5	46	000157	中联重科	76.50	0.97	11.81	25.98	0.66	0.99	56.39	13.53	55.05	261.90	44.63	183.61	6 299 527.55	3 219 267.32	458 795.65
6	49	600873	梅花集团	75.70	0.78	19.73	25.98	0.96	2.43	47.58	15.58	409.49	1 650.04	30.58	111.45	940 226.00	501 505.40	79 000.20
7	51	000680	山推股份	75.50	1.11	13.56	23.90	1.57	2.32	59.17	17.72	92.62	27.98	46.00	104.81	1 069 807.32	1 339 907.21	95 361.72
8	52	000581	威孚高科	75.50	2.36	25.83	36.72	0.91	1.83	35.73	45.97	74.36	40.54	110.70	261.73	676 162.28	537 121.32	138 136.06
9	74	000880	潍柴重机	74.00	0.79	11.35	26.95	1.21	2.00	63.50	0.00	13.87	31.27	5.94	59.15	250 487.15	266 138.99	21 776.41
10	98	600375	星马汽车	72.10	1.43	16.70	39.25	2.10	2.74	60.16	20.26	49.97	48.69	72.91	137.55	205 284.68	397 446.44	26 779.40
11	101	600815	厦工股份	72.00	0.85	11.27	21.16	1.51	1.92	59.95	21.96	94.33	64.12	69.14	158.52	806 599.66	1 033 197.90	61 897.89
12	118	600761	安徽合力	71.00	1.01	13.30	15.78	1.42	2.42	34.26	122.19	63.43	16.03	30.69	111.70	394 733.58	508 443.64	40 524.20
13	129	600406	国电南瑞	70.60	0.93	16.59	27.69	0.77	0.90	43.91	237.84	39.55	114.92	209.20	236.19	402 691.17	248 209.04	47 468.38
14	144	600150	中国船舶	69.90	3.94	6.64	15.59	0.63	0.97	66.03	0.00	18.30	13.97	−10.00	59.61	5 143 430.96	2 985 536.88	267 348.08
15	147	002158	汉钟精机	69.70	0.76	19.43	20.71	0.87	1.33	23.53	0.00	68.91	16.81	115.58	161.54	87 952.27	69 789.00	13 629.52
16	151	600582	天地科技	69.60	0.84	17.59	24.19	0.84	1.12	46.96	131.23	20.74	31.36	19.99	137.21	1 055 973.76	796 944.68	136 877.79
17	190	300008	上海佳豪	67.90	0.72	12.86	12.05	0.38	0.47	14.44	0.00	59.77	11.34	12.87	89.02	58 258.23	20 288.43	6 170.60
18	210	002147	方圆支承	67.00	0.35	13.07	10.88	0.58	1.07	13.38	31.38	56.88	110.34	30.06	73.70	101 415.94	44 751.18	8 229.69
19	218	600089	特变电工	66.50	0.86	9.09	15.09	0.84	1.39	46.41	13.16	20.44	58.87	−24.46	87.78	2361 576.16	1 777 028.84	166 163.43
20	220	002123	荣信股份	66.50	0.80	13.03	16.76	0.54	0.72	42.31	33.36	44.97	26.44	86.93	128.60	290 915.54	133 689.20	29 593.94
21	239	600960	渤海活塞	65.70	0.75	10.26	18.31	0.87	1.32	61.15	3.47	44.49	16.21	55.42	107.80	207 487.53	176 751.06	12 224.59
22	255	002249	大洋电机	65.00	0.53	13.42	16.26	1.16	1.55	31.56	0.00	50.91	8.20	41.40	110.67	199 392.15	218 712.54	22 774.02
23	264	000901	航天科技	64.90	0.28	11.08	11.78	1.34	1.88	24.37	0.00	286.98	142.41	22.72	88.63	106 496.95	100 830.33	7 554.30
24	265	600875	东方电气	64.90	1.29	3.52	24.44	0.49	0.58	85.67	0.00	14.62	29.94	55.04	140.46	8 225 288.85	3 808 011.22	267 601.44
25	271	600710	常林股份	64.70	0.58	11.31	21.19	0.81	1.52	49.39	20.86	42.13	23.83	55.03	132.94	288 376.52	208 994.28	28 023.37
26	282	600835	上海机电	64.30	0.65	8.15	15.24	0.94	1.24	51.31	0.00	20.70	9.25	−18.37	72.94	1 518 764.83	1 325 997.88	108 651.91

续表

行业排名	全部上市公司排名	股票代码	股票简称	综合得分(100分)	每股收益(元)	总资产报酬率(%)	净资产收益率(%)	总资产周转率(次)	流动资产周转率(次)	资产负债率(%)	获利倍数	营业收入增长率(%)	资本扩张率(%)	市场投资回报率(%)	股价波动率(%)	年末资产额(万元)	营业收入净额(万元)	净利润(万元)
27	284	001696	宗申动力	64.30	0.34	14.00	17.51	1.35	1.74	36.61	0.00	13.14	16.64	−13.93	44.34	7 369.97	396 467.00	36 247.10
28	293	002131	利欧股份	64.00	0.37	15.77	16.60	1.33	2.64	36.50	17.36	40.88	19.03	67.68	129.76	105 508.51	119 510.69	11 696.90
29	294	601766	中国南车	63.90	0.21	6.11	13.41	1.01	1.50	67.59	11.34	39.91	17.12	39.34	106.48	7 356 566.99	6 490 891.84	324 997.02
30	301	600685	广船国际	63.70	1.43	6.67	17.53	0.64	0.79	69.12	0.00	7.03	15.26	3.27	78.59	1 215 745.20	701 422.47	71 050.45
31	303	600499	科达机电	63.70	0.40	11.07	13.75	0.83	1.38	41.26	48.36	44.82	36.00	34.45	84.01	293 166.13	206 469.51	24 581.00
32	317	000666	经纬纺机	63.30	0.41	7.87	10.68	0.70	1.08	61.92	16.26	77.70	47.75	−1.78	118.77	1 134 045.90	634 658.05	51 049.24
33	326	300024	机器人	63.10	0.80	9.74	8.65	0.43	0.51	22.95	0.00	18.36	11.14	84.51	109.44	139 166.59	55 215.92	11 494.72
34	327	002121	科陆电子	63.10	0.54	10.96	15.01	0.60	0.73	45.92	14.02	113.87	130.42	50.39	116.53	211 901.78	92 979.36	13 025.91
35	337	600169	太原重工	62.90	0.91	5.81	15.69	0.75	0.87	63.94	9.27	19.64	75.59	29.69	117.30	1 487 710.64	965 373.60	65 177.59
36	350	600525	长园集团	62.60	0.53	9.89	10.51	0.49	1.11	39.70	7.85	62.38	46.37	76.11	139.32	404 632.60	157 443.59	23 141.55
37	352	600372	ST 昌河	62.50	0.28	17.78	20.41	0.81	1.23	28.57	80.09	−27.17	22.79	121.12	45.20	120 364.00	87 303.42	15 979.54
38	360	600071	凤凰光学	62.40	0.23	8.62	10.05	1.29	2.29	28.53	28.32	56.67	5.18	44.53	95.31	111 792.94	146 401.44	8 066.54
39	373	002101	广东鸿图	62.10	1.23	9.67	11.87	0.89	1.63	36.50	6.35	78.85	106.97	10.06	67.87	131 888.43	89 407.70	8 530.03
40	403	600517	置信电气	61.30	0.52	23.95	26.20	0.82	1.11	26.54	124.88	16.99	11.25	−4.71	39.18	197 533.71	151 640.94	36 977.26
41	408	002122	天马股份	61.10	0.55	13.26	14.94	0.58	1.05	28.24	42.93	9.84	16.60	−8.80	108.89	653 701.58	358 288.38	70 057.19
42	426	002006	精功科技	60.70	0.63	8.90	21.31	0.64	0.98	76.23	4.66	52.21	24.19	220.89	380.70	171 474.06	97 468.66	9 654.54
43	432	600580	卧龙电气	60.60	0.52	8.39	10.93	0.86	1.30	36.16	13.63	30.09	81.10	5.19	53.53	406 366.55	290 391.88	24 360.55
44	439	002218	拓日新能	60.40	0.33	11.09	12.11	0.52	1.19	42.46	7.85	156.23	12.17	3.62	59.66	137 340.56	58 770.91	9 626.75
45	442	000811	烟台冰轮	60.40	0.54	9.39	18.11	0.73	1.53	57.17	8.95	19.14	14.51	136.86	144.80	171 877.60	120 212.76	13 023.15
46	470	601299	中国北车	59.50	0.23	3.70	8.19	0.89	1.30	68.72	7.07	53.48	11.57	22.55	75.49	7 716 220.20	6 218 432.10	202 967.10
47	487	601002	晋亿实业	59.10	0.31	8.93	12.62	0.82	1.39	50.14	10.44	77.03	9.45	80.92	165.84	399 234.67	302 449.61	24 330.63
48	507	002212	南洋股份	58.70	0.56	13.01	11.75	1.13	1.52	12.43	23.53	47.06	49.05	29.15	95.60	186 789.83	185 663.80	15 949.20
49	522	600592	龙溪股份	58.20	0.31	7.92	8.12	0.47	0.81	31.57	46.32	45.60	42.87	5.12	70.16	173 069.44	67 096.00	9 438.43
50	525	300001	特锐德	58.10	0.85	10.34	10.42	0.46	0.51	12.66	0.00	35.46	8.68	7.94	71.21	123 612.40	53 008.66	11 295.07
51	531	002028	思源电气	58.00	1.26	17.63	8.58	0.47	0.63	22.51	0.00	−0.60	6.02	−2.81	76.99	410 608.10	187 723.36	58 780.85
52	543	600841	上柴股份	57.70	0.28	2.93	4.39	1.33	1.67	49.29	0.00	43.04	4.98	−14.26	62.13	404 686.55	483 139.85	10 057.30

续表

行业排名	全部上市公司排名	股票代码	股票简称	综合得分（100分）	每股收益（元）	总资产报酬率（%）	净资产收益率（%）	总资产周转率（次）	流动资产周转率（次）	资产负债率（%）	获利倍数	营业收入增长率（%）	资本扩张率（%）	市场投资回报率（%）	股价波动率（%）	年末资产额（万元）	营业收入净额（万元）	净利润（万元）
53	545	600118	中国卫星	57.70	0.30	5.96	12.10	0.80	0.92	50.68	0.00	25.94	18.73	100.28	169.71	402 274.83	303 118.54	22 887.55
54	546	002097	山河智能	57.60	0.49	8.09	12.86	0.81	0.98	63.79	6.15	95.51	19.24	26.21	93.25	434 092.65	283 813.77	20 042.88
55	579	000837	秦川发展	57.00	0.31	8.27	10.06	0.82	1.24	44.34	11.58	25.76	9.23	25.64	95.01	190 881.88	143 233.01	10 892.48
56	583	002282	博深工具	56.80	0.39	8.74	8.31	0.48	0.61	8.72	0.00	16.99	2.11	17.15	70.76	86 487.93	41 004.05	6 690.38
57	585	002190	成飞集成	56.80	0.24	7.20	7.75	0.40	0.61	27.12	0.00	67.01	10.08	191.17	400.48	86 905.40	30 249.27	4 840.54
58	588	002046	轴研科技	56.70	0.44	7.44	7.40	0.66	1.24	36.75	75.75	43.99	7.39	47.05	127.84	86 365.35	52 171.13	4 841.84
59	601	002009	天奇股份	56.40	0.35	5.81	11.47	0.52	0.73	71.55	4.18	75.48	48.63	10.62	71.61	254 684.00	107 309.13	7 981.37
60	608	300011	鼎汉技术	56.30	0.68	9.03	10.32	0.38	0.42	16.28	0.00	20.37	8.40	19.57	76.22	81 520.91	29 536.19	6 931.12
61	626	000571	新大洲A	55.80	0.18	11.94	11.04	0.39	1.40	18.91	31.68	12.70	7.14	−13.37	75.48	218 841.80	82 009.41	19 748.31
62	633	601727	上海电气	55.70	0.22	4.34	9.09	0.67	0.86	64.87	110.04	9.32	18.71	−8.76	81.05	9 821 184.10	6 317 586.20	389 482.80
63	636	600967	北方创业	55.60	0.33	3.60	6.47	1.28	2.07	51.64	17.58	20.31	5.59	19.40	71.98	237 813.42	289 139.93	6 952.33
64	645	002266	浙富股份	55.30	0.96	8.83	12.61	0.50	0.67	45.77	16.52	11.04	21.48	47.20	145.47	208 086.18	92 389.82	13 771.15
65	654	600806	昆明机床	55.10	0.34	9.48	12.02	0.75	1.14	36.33	51.31	16.43	11.91	−16.22	58.68	224 773.04	159 770.53	17 346.33
66	660	601989	中国重工	54.90	0.24	4.33	7.18	0.48	0.61	47.54	0.00	10.29	11.57	57.58	134.92	4 401 565.31	2 047 268.77	161 809.61
67	665	600523	贵航股份	54.80	0.35	7.96	8.88	0.94	1.45	35.25	32.25	26.59	8.21	33.70	114.02	257 730.39	229 187.48	14 635.84
68	667	600973	宝胜股份	54.80	0.60	6.14	8.22	1.99	2.55	67.83	2.72	48.64	4.85	5.19	81.14	326 009.97	576 587.29	9 412.58
69	669	002164	东力传动	54.80	0.43	7.86	9.19	0.48	1.06	30.63	6.07	32.76	102.38	8.17	69.84	170 968.44	70 931.13	8 425.02
70	674	000920	南方汇通	54.70	0.14	6.44	4.65	0.96	2.18	33.61	27.18	43.69	−7.04	24.00	68.23	145 760.28	144 632.11	8 327.01
71	677	002151	北斗星通	54.50	0.45	7.31	7.65	0.47	0.71	25.13	35.62	11.70	104.62	11.97	64.82	91 900.65	32 949.61	4 096.40
72	678	600218	全柴动力	54.40	0.33	4.76	6.74	1.37	2.34	46.83	0.00	25.50	5.11	68.76	168.51	203 377.84	265 512.75	9 396.59
73	679	002272	川润股份	54.40	0.45	6.51	7.75	0.59	1.00	34.73	22.71	38.86	62.61	−0.03	63.85	109 089.34	56 873.46	5 070.70
74	680	600577	精达股份	54.40	0.37	8.41	12.56	2.49	3.23	66.13	3.28	89.96	8.74	33.59	94.67	341 728.02	765 469.90	14 619.97
75	684	002026	山东威达	54.30	0.33	6.54	8.19	0.67	0.95	25.38	0.00	25.10	6.51	11.93	84.40	75 336.17	48 171.83	4 518.03
76	687	600765	中航重机	54.30	0.30	5.90	7.93	0.61	0.90	56.96	4.24	46.51	28.96	21.21	124.61	789 233.57	419 081.33	25 270.98
77	690	600268	国电南自	54.20	0.47	5.85	8.21	0.58	0.76	63.62	3.24	25.30	84.42	102.86	127.45	522 586.80	237 584.77	13 747.20
78	695	600382	广东明珠	54.10	0.50	15.96	4.21	0.42	0.74	11.83	8.26	−12.94	19.94	11.49	99.94	124 159.02	60 449.84	17 074.50

续表

行业排名	全部上市公司排名	股票代码	股票简称	综合得分（100分）	每股收益（元）	总资产报酬率（%）	净资产收益率（%）	总资产周转率（次）	流动资产周转率（次）	资产负债率（%）	获利倍数	营业收入增长率（%）	资本扩张率（%）	市场投资回报率（%）	股价波动率（%）	年末资产额（万元）	营业收入净额（万元）	净利润（万元）
79	697	600416	湘电股份	54.00	0.78	4.15	7.83	0.79	1.02	70.85	3.76	32.11	61.08	42.34	110.03	1 039 835.70	676 032.86	23 680.08
80	700	002176	江特电机	54.00	0.30	6.48	6.77	0.86	1.16	43.17	10.19	63.74	7.84	125.63	261.28	67 884.04	52 546.36	3 217.57
81	706	300029	天龙光电	54.00	0.43	7.53	7.58	0.33	0.37	14.94	484.27	52.63	7.87	17.68	92.52	144 722.81	45 229.82	8 902.31
82	707	002255	海陆重工	54.00	0.98	7.47	10.50	0.51	0.63	41.90	0.00	7.11	12.82	−14.03	48.61	215 956.16	104 905.38	14 182.59
83	715	002058	威尔泰	53.90	0.21	6.72	6.55	0.50	0.67	18.20	27.96	4.51	5.91	21.55	72.13	22 748.05	11 871.67	1 411.80
84	728	002309	中利科技	53.60	0.79	8.06	7.57	1.00	1.28	28.19	17.04	72.15	9.56	−22.11	77.93	324 424.46	291 872.03	18 997.01
85	736	000852	江钻股份	53.50	0.27	9.26	10.56	0.84	1.54	32.43	9.26	12.37	11.14	−0.77	85.32	165 619.47	136 433.73	10 962.27
86	742	002168	深圳惠程	53.40	0.23	8.13	8.71	0.32	0.46	22.42	10.74	12.29	79.19	170.82	268.95	136 027.96	35 297.73	6 837.11
87	750	002276	万马电缆	53.30	0.24	7.84	8.91	1.28	1.64	42.54	6.32	44.56	8.41	5.93	70.03	187 164.85	214 442.26	9 742.52
88	752	002300	太阳电缆	53.20	0.60	9.63	11.58	1.35	1.99	44.09	10.22	51.89	5.28	−4.82	71.04	196 478.31	233 697.20	12 630.64
89	768	600990	四创电子	52.80	0.38	6.05	9.58	0.79	1.02	60.83	9.86	19.05	9.29	34.28	130.40	100 580.27	68 693.19	4062.61
90	771	000400	许继电气	52.70	0.39	6.98	8.80	0.74	0.93	52.08	4.87	26.84	8.80	31.65	90.45	575 483.00	385 552.61	24 721.90
91	775	000611	时代科技	52.60	0.07	4.78	4.63	0.40	0.92	18.82	12.06	23.21	10.88	6.20	74.87	93 166.27	34 762.33	3 292.91
92	776	002196	方正电机	52.60	0.29	5.71	7.62	0.96	1.36	52.93	3.92	80.20	5.89	42.24	125.90	57 050.68	51 603.01	2 264.63
93	778	600435	中兵光电	52.60	0.27	8.29	9.13	0.53	0.83	33.32	13.51	3.35	17.00	−3.27	72.08	371 369.97	178 582.95	21 401.11
94	781	600475	华光股份	52.50	0.55	4.67	11.68	0.67	0.95	73.62	7.58	22.20	11.74	31.71	111.40	497 070.07	315 575.31	16 777.15
95	786	002111	威海广泰	52.40	0.46	8.63	11.34	0.49	0.83	53.53	6.71	29.86	27.33	7.92	83.89	120 645.45	50 595.32	6 499.31
96	788	600114	东睦股份	52.40	0.24	7.54	7.82	0.65	1.76	51.91	2.67	37.82	5.38	60.57	120.78	140 867.28	91 613.84	5 617.31
97	790	300004	南风股份	52.40	0.66	7.72	8.23	0.37	0.44	23.69	0.00	18.29	7.66	45.41	101.21	97 298.47	33 853.91	6 219.59
98	800	002180	万力达	52.30	0.33	7.08	7.13	0.37	0.51	10.97	0.00	19.40	5.52	−10.58	66.92	39 837.91	14 421.93	2 689.06
99	803	600862	南通科技	52.20	0.39	5.30	1.44	0.41	0.53	68.25	16.03	90.19	153.28	−14.63	98.91	366 706.68	128 689.54	10 865.71
100	804	600290	华仪电气	52.20	0.43	8.09	11.81	0.81	0.97	61.40	9.35	42.95	17.11	−4.83	74.96	244 645.24	171 372.37	12 047.47
101	805	002031	巨轮股份	52.20	0.40	9.53	9.72	0.37	0.91	40.32	5.04	39.70	9.11	6.73	107.34	170 319.35	56 941.30	10 605.19
102	810	300007	汉威电子	52.10	0.36	8.12	6.72	0.31	0.37	10.70	0.00	37.01	7.01	−1.70	108.81	59 359.62	17 394.94	4 370.68
103	817	300034	钢研高纳	51.80	0.39	5.62	5.42	0.38	0.41	5.33	0.00	13.55	4.86	−3.69	97.16	89 344.55	33 066.15	4 644.74
104	831	002090	金智科技	51.50	0.24	7.08	6.91	0.78	1.15	44.02	8.99	46.63	16.81	32.22	108.58	96 515.20	65 964.76	5 207.35

续表

行业排名	全部上市公司排名	股票代码	股票简称	综合得分(100分)	每股收益(元)	总资产报酬率(%)	净资产收益率(%)	总资产周转率(次)	流动资产周转率(次)	资产负债率(%)	获利倍数	营业收入增长率(%)	资本扩张率(%)	市场投资回报率(%)	股价波动率(%)	年末资产额(万元)	营业收入净额(万元)	净利润(万元)
105	835	000777	中核科技	51.50	0.26	4.49	5.34	0.49	0.76	34.65	0.00	4.35	52.34	82.43	189.33	143 428.19	59 415.39	5 080.19
106	856	600172	黄河旋风	51.10	0.24	6.33	5.98	0.37	0.87	53.02	2.28	37.29	2.77	81.10	150.25	236 616.79	82 174.67	6 756.68
107	866	002105	信隆实业	50.90	0.16	5.38	6.60	1.20	2.11	52.02	3.79	25.93	5.69	9.41	64.49	119 263.14	133 281.22	4 095.60
108	872	002248	华东数控	50.80	0.37	7.10	10.11	0.37	0.83	45.09	8.44	16.54	59.76	11.99	125.34	204 441.23	66 882.63	9 841.99
109	877	002209	达意隆	50.70	0.24	5.58	7.19	0.55	0.84	46.64	19.15	13.94	6.73	22.40	71.19	105 237.44	54 296.25	4 710.90
110	887	002184	海得控制	50.40	0.14	4.84	3.09	1.34	1.61	24.08	148.64	19.03	3.25	40.78	90.49	108 312.20	137 269.88	3 527.22
111	908	600353	旭光股份	49.90	0.58	11.91	2.29	0.48	0.68	35.04	19.83	4.27	15.84	14.66	85.03	73 042.07	32 752.69	6 522.08
112	910	000530	大冷股份	49.90	0.29	4.50	4.56	0.53	1.18	37.56	35.70	7.24	2.33	29.07	93.00	291 238.05	149 552.74	10 959.05
113	914	600893	航空动力	49.90	0.38	3.85	5.54	0.69	0.96	52.28	4.04	18.71	4.73	11.38	92.64	815 225.22	608 503.21	21 964.41
114	919	600038	哈飞股份	49.80	0.35	4.76	8.65	0.82	0.98	48.68	29.99	8.26	6.40	20.41	103.44	278 526.97	227 003.57	11 964.79
115	937	600550	天威保变	49.40	0.53	7.08	6.22	0.48	0.94	67.22	2.67	26.96	12.87	−25.80	92.39	1 626 013.32	762 979.98	63 304.44
116	961	002023	海特高新	49.10	0.20	6.96	6.69	0.20	0.42	21.19	12.87	−9.17	65.39	38.82	107.25	121 771.17	20 759.74	5 356.03
117	962	002204	华锐铸钢	49.10	0.64	6.66	11.33	0.53	1.00	57.39	9.91	−0.13	16.33	−6.63	71.39	287 659.47	138 643.78	13 664.96
118	987	002322	理工监测	48.30	1.02	7.66	6.31	0.20	0.24	6.15	0.00	44.68	3.04	11.58	100.49	94 079.39	18 151.92	6 618.73
119	1015	600677	航天通信	47.70	0.36	6.03	1.86	1.56	2.35	71.71	4.50	42.58	15.45	1.97	114.04	367 677.27	502 305.33	12 954.63
120	1021	000821	京山轻机	47.70	0.09	2.96	0.89	0.38	0.60	18.47	102.48	33.83	2.74	24.55	76.26	142 163.06	52 343.59	3 086.05
121	1025	600343	航天动力	47.50	0.12	2.96	2.78	0.40	0.61	33.30	4.35	27.54	136.56	100.48	217.45	189 812.60	59 624.09	3 041.90
122	1026	002169	智光电气	47.50	0.25	6.22	8.65	0.53	0.72	42.20	6.19	5.04	61.07	20.94	89.54	98 418.84	46 121.56	4 103.43
123	1027	600468	百利电气	47.50	0.10	6.00	0.69	0.62	1.28	39.77	4.86	37.20	3.96	160.55	276.07	92 897.52	58 235.82	3 515.89
124	1029	000570	苏常柴 A	47.50	0.21	4.15	4.99	0.89	1.73	38.91	0.00	17.96	15.62	−26.42	107.18	342 252.58	284 598.37	12 192.24
125	1033	000816	江淮动力	47.40	0.16	6.13	1.59	0.83	1.42	49.33	6.73	20.64	8.69	6.44	121.55	274 324.06	231 009.61	13 223.09
126	1040	600495	晋西车轴	47.40	0.14	2.81	2.49	0.85	1.12	32.95	32.04	15.06	2.95	38.62	141.84	207 163.82	173 709.09	4 538.72
127	1078	600379	宝光股份	46.50	0.08	4.40	3.09	1.06	1.57	34.21	5.31	17.20	5.00	9.31	118.61	54 848.47	59 245.11	1774.10
128	1086	600316	洪都航空	46.30	0.23	2.95	1.87	0.35	0.48	25.33	0.00	8.48	136.59	27.98	198.99	632 047.06	171 562.97	14 594.68
129	1090	600391	成发科技	46.20	0.36	4.36	7.57	0.68	1.25	65.28	2.34	11.37	8.00	1.45	115.52	175 525.38	115 452.40	4 512.29
130	1103	600560	金自天正	45.90	0.50	3.03	10.11	0.37	0.41	74.42	0.00	4.24	8.89	45.80	108.39	213 020.08	69 902.15	5 340.46

续表

行业排名	全部上市公司排名	股票代码	股票简称	综合得分（100分）	每股收益（元）	总资产报酬率（%）	净资产收益率（%）	总资产周转率（次）	流动资产周转率（次）	资产负债率（%）	获利倍数	营业收入增长率（%）	资本扩张率（%）	市场投资回报率（%）	股价波动率（%）	年末资产额（万元）	营业收入净额（万元）	净利润（万元）
131	1105	000738	中航动控	45.80	0.18	6.68	6.75	0.40	0.66	39.38	5.92	−5.92	8.18	14.76	146.75	384 817.95	151 435.86	17 139.50
132	1112	600879	航天电子	45.60	0.20	4.13	4.82	0.49	0.78	50.86	4.45	17.26	2.61	12.44	83.21	638 408.19	296 152.44	15 256.17
133	1118	000017	*ST中华A	45.50	0.12	102.92	2.47	1.94	4.05	1371.14	2.00	14.61	0.00	89.03	198.37	13 815.81	29 902.73	6 447.74
134	1138	600099	林海股份	45.00	0.02	−0.37	0.62	0.46	0.67	8.12	0.00	9.43	0.69	31.06	88.07	52 490.39	23 912.49	328.83
135	1146	002278	神开股份	44.80	0.36	6.29	6.37	0.35	0.39	13.28	0.00	3.90	4.82	−21.90	93.16	127 902.04	44 298.68	7 834.51
136	1148	002074	东源电器	44.70	0.19	6.34	4.68	0.57	0.84	44.37	5.23	16.82	9.69	24.37	122.55	84 098.03	46 613.89	3 705.77
137	1154	002112	三变科技	44.60	0.39	5.29	8.68	0.71	0.95	61.11	4.35	−19.88	9.09	3.24	79.18	122 270.36	87 295.83	4 411.51
138	1161	002021	中捷股份	44.20	0.11	3.69	5.55	0.42	0.55	59.92	5.18	145.21	6.82	−35.82	120.08	234 132.04	90 370.04	5 871.01
139	1163	000913	钱江摩托	44.20	0.15	3.23	4.02	1.15	1.62	61.25	10.86	4.13	8.97	−5.02	70.70	378 930.71	378 778.56	5 312.24
140	1167	600302	标准股份	44.10	0.07	1.91	1.41	0.67	0.94	16.53	0.00	101.29	2.11	−7.01	59.43	151 946.38	99 708.73	2 602.50
141	1172	000967	上风高科	44.00	0.05	3.04	2.90	1.55	2.32	51.89	1.75	70.31	−4.54	−2.34	74.85	110 640.75	163 445.85	1 762.92
142	1183	600520	三佳科技	43.60	0.05	3.42	2.93	0.50	0.88	44.56	3.32	33.99	5.70	1.91	64.80	48 066.47	20 904.92	1 136.86
143	1196	600178	东安动力	43.10	0.29	3.85	5.74	0.61	1.07	37.88	10.72	8.30	6.26	−30.44	116.45	366 729.79	233 399.21	13 422.09
144	1197	300018	中元华电	43.00	0.34	5.70	6.47	0.19	0.19	5.15	0.00	−17.45	1.80	−5.71	84.50	69 256.10	12 954.91	4 410.79
145	1209	600112	长征电气	42.60	0.20	8.43	2.95	0.35	0.53	21.51	11.99	−2.27	90.36	−28.57	101.27	136 667.30	39 558.91	7 687.91
146	1210	600262	北方股份	42.60	0.43	4.41	6.88	0.63	0.81	75.02	2.46	1.73	6.41	36.35	141.87	317 397.56	190 149.81	6 309.34
147	1217	002298	鑫龙电器	42.30	0.26	6.13	8.27	0.60	0.69	57.54	5.00	18.85	8.01	−4.92	79.50	115 797.83	60 952.66	4 307.40
148	1219	000768	西飞国际	42.20	0.14	2.24	3.41	0.57	0.65	50.63	0.00	28.09	2.09	−19.08	79.98	2 019 852.35	1 053 445.17	37 721.02
149	1230	002227	奥特迅	41.60	0.25	3.91	4.52	0.28	0.31	7.95	0.00	29.17	2.72	34.40	85.29	65 311.72	18 215.67	2 690.26
150	1245	000533	万家乐	41.00	0.19	9.01	−1.66	1.14	1.59	59.70	6.23	2.88	11.81	5.12	60.14	241 003.68	283 191.39	14 335.30
151	1246	600110	中科英华	40.90	0.03	1.76	1.59	0.28	0.50	56.81	2.04	56.85	43.30	9.88	75.17	511 335.83	112 480.17	3 502.23
152	1251	000862	银星能源	40.70	0.13	4.08	2.57	0.35	0.99	85.82	1.51	28.92	65.96	1.71	84.43	370 251.25	102 379.94	4 121.76
153	1268	002175	广陆数测	40.20	0.06	3.03	2.00	0.35	0.60	31.94	1.88	16.74	−0.10	20.40	76.33	38 002.50	13 439.01	541.32
154	1270	300032	金龙机电	40.10	0.28	4.44	4.45	0.28	0.32	6.02	0.00	−23.82	−0.01	−15.67	85.48	87 951.23	24 926.77	4 010.80
155	1273	000903	云内动力	40.00	0.36	3.67	0.41	0.53	0.95	41.55	14.60	−6.52	1.83	34.87	117.41	454 453.90	232 830.93	14 229.01
156	1277	600243	青海华鼎	39.80	0.09	2.65	1.22	0.66	0.91	49.59	2.41	9.02	4.20	15.22	82.43	155 907.82	104 141.70	2 165.77

续表

行业排名	全部上市公司排名	股票代码	股票简称	综合得分（100分）	每股收益（元）	总资产报酬率（%）	净资产收益率（%）	总资产周转率（次）	流动资产周转率（次）	资产负债率（%）	获利倍数	营业收入增长率（%）	资本扩张率（%）	市场投资回报率（%）	股价波动率（%）	年末资产额（万元）	营业收入净额（万元）	净利润（万元）
157	1291	000410	沈阳机床	39.20	0.26	4.74	−0.27	0.83	1.10	85.22	1.72	34.62	9.24	8.03	69.53	1 048 271.29	804 697.71	13 953.68
158	1296	000923	河北宣工	39.00	0.10	3.61	−2.55	0.66	1.09	44.62	2.85	23.79	16.89	6.34	80.69	112 060.25	71 633.64	1 983.73
159	1297	600072	中船股份	38.90	0.11	2.74	2.99	0.58	1.16	38.77	12.09	−5.60	2.84	17.05	106.06	237 337.91	137 476.04	4 889.44
160	1299	002270	法因数控	38.80	0.18	3.86	3.02	0.40	0.67	32.95	0.00	−20.40	−0.63	−25.40	82.36	81 822.05	31 561.89	2 560.94
161	1303	600192	长城电工	38.60	0.08	2.48	1.69	0.54	0.77	59.99	2.50	14.64	2.10	−4.53	52.10	285 909.67	152 014.52	3 223.84
162	1305	002323	中联电气	38.40	0.65	5.59	6.21	0.26	0.29	5.66	0.00	−12.41	0.47	−28.79	85.38	89 116.89	23 359.22	5 356.80
163	1307	300035	中科电气	38.40	0.48	5.32	5.37	0.23	0.25	10.01	0.00	0.60	5.92	−27.00	97.55	81 933.24	18 135.84	4 346.14
164	1342	600202	哈空调	36.80	0.28	5.47	9.31	0.46	0.68	64.80	3.96	29.56	6.46	−40.49	149.92	312 958.65	136 919.31	10 823.55
165	1344	600843	上工申贝	36.60	0.10	4.70	−3.38	0.93	1.50	57.25	2.94	2.81	18.19	27.43	165.01	163 062.34	167 790.56	5 363.05
166	1352	600566	洪城股份	36.40	0.06	2.36	1.42	0.28	0.65	39.72	1.67	6.81	1.45	21.32	81.70	86 315.96	23 714.11	848.36
167	1368	000757	*ST方向	35.90	−0.41	−6.62	13.54	1.03	2.00	291.09	−0.54	48.60	0.00	0.00	0.00	57 183.39	67 323.83	−13 126.94
168	1369	600818	中路股份	35.90	0.08	4.01	−5.78	0.84	2.14	50.38	2.43	3.58	5.48	−7.06	114.84	74 311.20	63 224.36	2 126.04
169	1375	000676	*ST思达	35.60	0.04	3.67	1.15	0.60	0.92	58.76	2.68	0.77	11.17	−15.58	107.29	115 931.49	78 405.06	2 436.47
170	1378	600610	SST中纺	35.50	0.02	2.48	−17.53	0.30	1.19	42.79	9.50	61.96	−7.67	77.62	121.79	36 438.95	11 639.25	875.83
171	1379	000519	江南红箭	35.50	0.06	3.01	−2.12	0.70	1.29	24.56	4.43	19.63	3.09	−4.39	94.10	48 040.62	34 784.64	1 135.33
172	1407	600984	*ST建机	34.10	0.10	4.53	−0.76	0.69	1.01	67.61	2.06	15.54	0.91	−13.00	57.64	84 010.70	55 279.88	1 479.67
173	1430	600340	ST国祥	32.30	0.02	0.69	−0.05	0.72	1.57	24.46	6.09	37.75	0.81	−35.72	164.30	36 366.41	25 261.11	221.48
174	1452	600604	*ST二纺	31.40	−0.16	−11.31	−44.31	0.53	0.78	79.57	0.00	62.90	−37.01	−14.53	51.37	83 397.29	46 718.57	−9 365.57
175	1468	600860	*ST北人	30.50	0.05	2.64	−22.44	0.51	0.98	47.77	2.38	6.99	2.40	−19.63	72.02	145 736.07	82 135.77	1 947.05
176	1523	300023	宝德股份	26.90	0.14	2.47	2.23	0.18	0.19	6.89	0.00	−43.63	2.11	−29.75	116.08	36 406.09	6 589.73	1 300.70
177	1548	600537	海通集团	25.30	−0.17	−1.78	−9.91	0.51	1.40	49.53	−0.92	21.81	−6.64	57.02	162.94	95 645.32	47 234.79	−3 630.87
178	1553	000633	ST合金	25.10	0.01	1.24	−12.08	0.22	0.54	32.14	1.56	−63.70	−14.53	−7.41	104.29	37 640.58	8 410.21	74.69
179	1578	600346	大橡塑	23.10	0.02	1.36	−5.86	0.35	0.76	81.45	1.28	35.60	10.05	21.78	105.02	198 011.78	57 959.84	352.98
180	1581	000585	东北电气	22.90	0.00	0.80	−2.05	0.41	0.80	62.48	4.13	−17.77	−1.31	−3.42	63.13	84 433.72	34 844.95	102.92
181	1584	000922	*ST阿继	22.60	0.01	1.94	−27.15	0.45	0.85	78.90	1.37	20.15	2.22	56.17	107.18	33 360.27	15 075.02	152.84
182	1601	000617	石油济柴	21.50	0.06	1.76	−3.49	0.60	1.18	66.51	1.49	−10.69	1.33	28.66	168.53	252 869.69	141 851.80	1 682.83

续表

行业排名	全部上市公司排名	股票代码	股票简称	综合得分（100分）	每股收益（元）	总资产报酬率（%）	净资产收益率（%）	总资产周转率（次）	流动资产周转率（次）	资产负债率（%）	获利倍数	营业收入增长率（%）	资本扩张率（%）	市场投资回报率（%）	股价波动率（%）	年末资产额（万元）	营业收入净额（万元）	净利润（万元）
183	1603	600312	平高电气	21.30	0.01	0.54	−0.51	0.41	0.59	41.74	1.26	−12.60	−1.05	−2.72	95.68	468 747.40	204 561.96	466.43
184	1604	000595	*ST 西轴	21.20	−0.72	−16.08	−52.14	0.47	0.63	72.20	−4.73	55.98	−44.17	−19.07	72.51	74 227.16	38 160.60	−15 634.30
185	1614	600698	*ST 轻骑	20.30	−0.07	−5.76	−79.67	1.23	3.18	78.29	−2.37	−6.73	−23.72	−4.07	63.40	108 304.31	134 192.40	−7 311.10
186	1619	600848	自仪股份	19.50	0.02	2.93	−30.34	0.76	1.04	87.27	1.42	−12.81	2.84	10.74	100.87	130 474.54	97 491.94	587.15
187	1620	600877	中国嘉陵	19.30	−0.40	−6.75	−36.25	1.02	1.80	78.99	−3.00	−8.42	−29.48	21.79	95.62	313 759.84	323 718.32	−27 758.61
188	1624	600335	*ST 盛工	19.00	−0.12	−1.57	−10.40	0.44	0.60	74.96	−0.90	20.73	−9.69	127.28	281.12	120 562.43	48 488.47	−3 241.28
189	1626	000908	*ST 天一	18.60	0.01	3.56	−55.41	0.35	0.91	87.73	1.15	−8.03	−42.54	−13.72	78.18	47 137.34	21 738.96	293.17
190	1654	600847	ST 渝万里	14.20	−0.16	−5.32	−12.34	0.37	0.78	84.92	−9.07	−10.22	−18.28	10.69	91.74	29 512.65	9 336.58	−1 452.92
191	1661	600320	振华重工	11.30	−0.16	−0.95	−4.76	0.36	0.65	65.56	−2.94	−37.90	−3.52	−34.96	106.85	4 528 712.63	1 711 617.74	−71 251.69
192	1671	600031	三一重工	82.5	1.11	30.14	56.26	1.44	2.18	61.97	24.26	105.84	43.86	88.85	265.29	3 134 076.61	3 395 493.91	616 402.75
193	1677	601717	郑煤机	79.4	1.43	15.49	25.97	0.98	1.15	43.06	209.01	30.85	229.57	64.65	58.43	902 660.7	675 210.05	89 279.07
194	1678	300124	汇川技术	78.6	2.51	17.19	17.29	0.49	0.51	6.79	0	121.96	963.32	177.74	56.65	246 261.2	67 460.4	22 116.87
195	1687	002444	巨星科技	75.7	1.24	18.94	16.47	0.98	1.12	9.29	12.11	20.34	339.02	104.76	66.6	291 149.5	188 248.25	27 438.2
196	1695	002334	英威腾	74.2	1	16.49	14.96	0.72	0.81	8.27	0	56.85	417.71	74.61	158.91	112 933.93	50 382.65	11 532.14
197	1705	002483	润邦股份	72.4	1.13	16.1	15.88	0.86	1.09	20.28	0	17.59	621.17	26.77	20.68	228 791.45	130 698.27	18 379.97
198	1708	300101	国腾电子	72.2	0.95	13.91	13.65	0.37	0.46	7.56	0	14.16	301.18	127.5	82.26	81 733.64	20 056.26	6 731.61
199	1709	601877	正泰电器	72.2	0.64	18.42	23.69	1.44	1.67	29.3	0	32.02	212.9	−8.46	66.93	608 958.42	633 910.97	70 403.3
200	1720	300080	新大新材	70.8	1.18	13.31	12.38	0.89	1.16	13.61	20.6	112	619.94	63.9	75	220 266.64	120 980.28	14 860.7
201	1721	002430	杭氧股份	70.8	0.97	10.53	19.49	0.67	0.96	53.81	25.46	12.54	118.92	51.66	62.7	560 874.35	302 338.97	40 074.88
202	1729	002335	科华恒盛	70.4	1.21	13.01	16.91	0.87	1.04	27.57	0	41.9	251.47	31.31	90.43	111 579.01	66 188.74	9 328.71
203	1736	300154	瑞凌股份	69.8	1.05	11.37	12.02	0.7	0.73	13.44	0	59.03	670.36	0	0	145 715.74	61 631.31	8 745.25
204	1744	002353	杰瑞股份	68.8	2.51	21.12	20.95	0.65	0.7	6.1	0	38.72	548.79	123.89	149.32	239 638.63	94 397.6	28 424.87
205	1747	300126	锐奇股份	68.7	0.79	9.6	8.68	0.65	0.84	11.03	0	31.09	427.51	38.46	13.05	100 682.24	41 781.17	5 413.97
206	1752	300099	尤洛卡	68	1.76	16.31	14.08	0.27	0.33	2.78	0	31.07	400.68	103.86	76.17	67 558.61	11 334.9	6 223.65
207	1766	300118	东方日升	67.2	1.9	16.43	16.2	1.17	1.36	22.6	4.24	182.13	570.18	15.98	62.37	320 831.47	237 485.72	27 512.85
208	1768	601369	陕鼓动力	67	0.63	6.68	15.28	0.42	0.48	59.3	0	20.53	88.29	20.2	75.37	1 201 584.66	435 006.24	66 489.87

续表

行业排名	全部上市公司排名	股票代码	股票简称	综合得分（100分）	每股收益（元）	总资产报酬率（%）	净资产收益率（%）	总资产周转率（次）	流动资产周转率（次）	资产负债率（%）	获利倍数	营业收入增长率（%）	资本扩张率（%）	市场投资回报率（%）	股价波动率（%）	年末资产额（万元）	营业收入净额（万元）	净利润（万元）
209	1773	300103	达刚路机	66.7	0.96	14.47	12.06	0.36	0.41	4.63	0	14.63	374.87	−1.56	24.56	67 223.56	15 306.8	5 232.78
210	1784	300145	南方泵业	66	1.12	12.28	11.95	0.9	1.13	16.58	24.94	60.14	464.31	−63.98	8.19	111 092.98	63 565.37	7 042.65
211	1786	002527	新时达	65.8	0.53	10.67	10.46	0.55	0.71	11.97	35.1	23.15	248.01	226.81	6.02	132 960.48	50 196.55	8 239.28
212	1787	300105	龙源技术	65.8	1.43	10.05	10.16	0.45	0.48	12.99	0	12.02	424.42	116.91	57.42	172 343.55	48 747.13	10 502.49
213	1789	600869	三普药业	65.7	0.71	9.32	9.31	2.2	2.52	82.09	3.35	4 360.71	1 842.51	54.77	111.92	829 495.71	945 997.09	30 240.37
214	1791	002490	山东墨龙	65.7	0.81	9.83	12.46	0.69	1.36	40.19	8.32	30.27	108.83	46.03	14.19	458 641.08	270 390.68	27 698.03
215	1792	300064	豫金刚石	65.7	0.53	10.29	10.07	0.31	0.62	6.67	0	39.25	264.76	33.07	146.67	121 946.55	25 557.75	7 598.48
216	1797	300112	万讯自控	65.2	0.52	12.47	11.49	0.58	0.72	6.53	0	20.55	295.56	2.99	22.37	44 364.57	16 431.21	3 079.06
217	1801	002532	新界泵业	64.6	0.99	10.83	10.81	0.88	1.08	22.58	13.12	26.81	432.28	0	0	100 510.33	56 742.67	5 908.56
218	1806	002367	康力电梯	64.4	0.8	8.3	13.92	0.72	0.88	39.94	0	32.28	282.71	−7.24	66.73	210 352.44	108 994.08	11 987.47
219	1808	300137	先河环保	63.9	0.49	9.77	8.42	0.3	0.32	7.42	23.37	25.16	430.69	83.55	15.58	89 555.71	17 169.7	4639.1
220	1820	300123	太阳鸟	62.9	0.45	5.38	6.72	0.39	0.55	19.55	16.49	34.19	374.38	79.33	44.45	97 466.34	24 380.87	3 197.39
221	1821	002520	日发数码	62.8	1.03	10.07	10.84	0.45	0.52	19.1	25.84	30.9	307.58	−6.1	7.22	89 116.26	26 555.71	4 942.1
222	1824	300141	和顺电气	62.7	0.81	11.87	11.33	0.5	0.52	7.14	0	23.45	609.26	−146.6	25.85	54 477.39	16 218.66	3 442.68
223	1827	300114	中航电测	62.6	0.76	9.73	11.64	0.54	0.8	13.52	0	15.67	301.55	−24.59	22.98	80 269.38	31 668.5	5 081.3
224	1830	002441	众业达	62.2	1.44	11.44	13.34	2.54	2.83	26.91	23.48	30.4	245.48	45.36	40.82	231 773.11	416 521.85	14 650.95
225	1835	300048	合康变频	61.9	0.86	10.04	12.56	0.4	0.43	12.97	0	31.03	485.44	62.14	111.04	154 129.94	38 740.27	10 074.15
226	1836	601177	杭齿前进	61.9	0.4	7.23	11.46	0.78	1.42	47.53	7.26	23.09	129.01	22.32	13.23	326 463.61	220 962.29	14 991.64
227	1838	300120	经纬电材	61.9	0.57	11.78	10.29	0.98	1.12	11.45	26.26	18.88	424.55	0.12	42.97	64 550.58	40 569.68	4 065.6
228	1839	300129	泰胜风能	61.8	1.15	13.87	11.2	0.55	0.69	10.77	0	12.76	333.79	−12.65	12.86	146 406.73	56 796.28	10 921.76
229	1841	002533	金杯电工	61.5	1.08	8.53	9.56	1.17	1.44	27.24	19.74	30.38	214.88	0	0	232 932.6	192 976.93	11 406.35
230	1843	300153	科泰电源	61.4	0.85	9.27	9.6	0.66	0.67	13.92	27.81	22.06	552.04	0	0	106 067.41	43 788.11	5 097.11
231	1845	300151	昌红科技	61.3	0.81	9.21	9.83	0.54	0.65	13.5	15.49	55.25	453.77	−143.12	4.08	81 612.1	28 617.76	4 064.72
232	1846	002530	丰东股份	61.3	0.34	8.44	9.83	0.47	0.72	29.9	9.66	34.92	209.2	0	0	86 057.05	29 634.8	3 970.44
233	1848	002358	森源电气	60.9	0.86	11.74	12.11	0.58	0.66	28.1	6.05	20.3	253.95	49.31	71.86	121 181.02	48 892.44	7 068.04
234	1851	002384	东山精密	60.7	0.61	8.9	10.05	0.74	1.25	17.95	0	49.78	284.93	10.06	74.5	169 713.93	88 217.34	9 072.29

续表

行业排名	全部上市公司排名	股票代码	股票简称	综合得分（100分）	每股收益（元）	总资产报酬率（%）	净资产收益率（%）	总资产周转率（次）	流动资产周转率（次）	资产负债率（%）	获利倍数	营业收入增长率（%）	资本扩张率（%）	市场投资回报率（%）	股价波动率（%）	年末资产额（万元）	营业收入净额（万元）	净利润（万元）
235	1859	002498	汉缆股份	60.2	0.95	14.82	15.25	0.97	1.14	19.55	173.01	9.05	170.98	−65.41	15.86	408 326.55	309 825.19	39 941.68
236	1864	002435	长江润发	60	0.36	7.93	8.11	1.01	1.53	30.92	4.17	12.16	206.75	−11.53	29.49	105 443.79	83 949.41	4171.37
237	1871	600760	中航黑豹	59.7	0.13	4.44	8.29	1.44	2.79	64.53	238.79	115.37	132.66	55.17	184.18	311 810.75	308 653.06	6 941.13
238	1874	600184	光电股份	59.6	0.42	6.62	7.69	0.94	1.41	61.25	5.46	248.21	88.71	86.87	214.54	255 032.47	180 918.67	9 432.34
239	1878	300092	科新机电	59.3	0.42	7.75	9.69	0.46	0.58	14.58	48.15	6.83	269.31	154.29	101.15	60 791.48	19 540.84	3 264.8
240	1882	002480	新筑股份	59.1	1.25	8.69	10.29	0.59	0.75	45.9	4.85	36.5	317.41	179.14	54.77	345 280.27	139 616.41	14 254.38
241	1886	002518	科士达	58.7	0.92	9.22	11.03	0.69	0.86	19.78	25.48	26.41	446.32	−62.35	9.15	147 220.36	67 056.02	7 817.51
242	1887	300062	中能电气	58.7	0.68	11.1	12.91	0.44	0.49	18.4	0	29.18	346.06	8.9	112.67	86 670.51	24 181.2	5 645.1
243	1895	002338	奥普光电	58.2	0.61	10.05	11.17	0.38	0.46	16.09	0	10.59	222.22	−22.32	79.66	73 457.69	20 074.86	4 800.24
244	1900	300091	金通灵	58	0.82	7.57	11.17	0.65	0.88	33.49	11.63	−1.9	350.11	82.53	108.13	119 724.98	58 782.52	6 086.09
245	1902	002531	天顺风能	57.9	0.57	8.26	8.89	0.39	0.52	20	8.37	9.96	452.83	0	0	200 456.02	50 853.02	8 671.52
246	1906	002509	天广消防	57.6	0.54	10.3	9.84	0.58	0.66	14.41	24.11	29.95	399.09	−203.24	23.56	75 591.8	28 107.61	4 132.07
247	1909	300140	启源装备	57.3	1.06	10.02	8.91	0.52	0.62	11.93	48.31	14.48	400.62	−63.91	9.32	88 481.27	30 250.38	4 943.35
248	1920	601126	四方股份	56.8	0.48	7.38	9.37	0.53	0.57	30.58	10.1	9.12	279.26	0	0	358 628.88	134 771.92	15 376.55
249	1924	300066	三川股份	56.5	1.35	12.17	10.62	0.64	0.8	8.16	0	22.42	366.3	−42.22	125.14	92 372.74	38 131.37	6 731.87
250	1927	002426	胜利精密	56.2	0.36	12.61	12.58	1.01	1.44	27.7	10.89	45.03	110.57	−33.6	39.77	178 745.11	130 650.45	14 199.31
251	1935	300090	盛运股份	55.5	0.48	7.08	7.16	0.4	0.63	41.29	6.23	35.05	192.93	85.27	104.84	148 705.82	42 418.71	5 341.72
252	1938	300097	智云股份	55.2	0.53	10.22	10.96	0.46	0.53	16.84	35.09	22.47	265.16	−3.63	29	47 558.18	15 160.41	2 704.48
253	1939	002339	积成电子	55.2	0.65	8.29	9.52	0.57	0.62	14.85	0	30.43	229.51	12.61	66.57	95 212.66	39 464.95	5 712.98
254	1943	601890	亚星锚链	55.1	0.56	7.62	8.28	0.6	0.71	25.66	8.85	1.14	263.41	0	0	384 319.49	177 795.74	16 602.05
255	1944	002526	山东矿机	54.9	0.68	9.02	10.95	0.63	0.79	35.04	7.54	24.72	292.56	−274.39	16.13	284 547.92	131 731.07	13 824
256	1946	300152	燃控科技	54.5	0.78	7.74	7.92	0.22	0.27	13.05	115.01	0.58	559.76	0	0	152 036.41	21 406.51	6 205.56
257	1947	002350	北京科锐	54.5	0.39	7.17	8.3	0.68	0.77	19.38	0	1.03	195.45	−7.38	62.85	112 869.4	56 630.11	5 327.99
258	1953	002471	中超电缆	54	0.5	8.04	12.28	0.95	1.11	53.03	5.79	38.22	287.23	−52.87	41.65	180 171.21	125 481.39	6 557.03
259	1956	002347	泰尔重工	53.7	0.5	7.36	9.76	0.37	0.5	23.55	56.74	−9.88	275.85	−1.07	50.33	105 165.13	28 175.81	5 050.12
260	1961	002452	长高集团	53.1	0.54	6.08	6.78	0.36	0.43	14.65	0	−22.66	205.24	5.42	15.71	114 787.82	30 428.15	4 536.71

续表

行业排名	全部上市公司排名	股票代码	股票简称	综合得分(100分)	每股收益（元）	总资产报酬率（%）	净资产收益率（%）	总资产周转率（次）	流动资产周转率（次）	资产负债率（%）	获利倍数	营业收入增长率（%）	资本扩张率（%）	市场投资回报率（%）	股价波动率（%）	年末资产额（万元）	营业收入净额（万元）	净利润（万元）
261	1963	002459	天业通联	52.8	0.7	6.86	11.52	0.65	0.72	37.57	30.5	9.03	312.89	−26.26	27.78	212 421.5	109 438.04	9 689.88
262	1966	002523	天桥起重	52.6	0.61	9.22	10.59	0.59	0.72	25.43	17.93	8.16	313.82	−60.3	7.16	140 985.27	60 582.88	7 551.36
263	1976	002423	中原特钢	51.6	0.22	4.68	3.48	0.62	1.19	30.93	56.72	−15.72	81.68	2.86	31.06	265 254.74	140 709.45	9 584.38
264	1978	601179	中国西电	51.6	0.15	3.6	6.28	0.54	0.71	43.37	12.08	−7.99	258.19	1.09	50.6	2 659 786.6	1 288 252.94	65 462.24
265	1985	002510	天汽模	50.9	0.52	6.65	9.33	0.49	0.7	40.48	5.93	39.63	257.37	−228.01	24.58	216 800.32	83 152.86	8 261.66
266	1989	002529	海源机械	50.2	0.52	8.4	8.98	0.36	0.49	26.14	8.48	32.07	221.06	−207.14	5.99	138 083.68	34 792.92	6 203.58
267	1990	002359	齐星铁塔	49.9	0.3	5.74	8.73	0.64	0.79	21.93	0	−8.56	274.95	17.97	68.07	82 620.27	39 162.23	3 088.88
268	1991	002356	浩宁达	49.8	0.37	2.97	4.91	0.44	0.5	22.08	0	33.58	253.33	−6.89	75.07	119 873.23	35 906.42	2 970.31
269	1992	002364	中恒电气	49.7	0.55	8.04	8.97	0.5	0.54	11.92	0	−9.53	197.63	−35.28	92.59	63 776.31	23 328.88	3 549.57
270	1997	300069	金利华电	49.4	0.48	7.56	8.97	0.34	0.45	17.58	0	−19.53	393.23	−16.72	50.29	55 839.54	13 591.25	2 620.54
271	1999	601106	中国一重	49.3	0.13	5.23	3.37	0.34	0.5	41.1	5.85	−6.13	230.8	8.44	34.54	2 812 925.51	859 123.09	80 043.65
272	2004	300095	华伍股份	48.9	0.51	7.67	5.87	0.46	0.79	23.21	4.37	−13.59	208.04	−46.34	46.18	86 188.97	31 451.9	3 254.81
273	2013	002337	赛象科技	47.3	0.78	7.97	7.77	0.43	0.56	21.37	0	−17.6	320.07	−35.31	80.3	160 725.27	51 261.4	9 174.75
274	2017	002451	摩恩电气	46.6	0.24	6.3	6.88	0.59	0.79	22.25	13.64	3.28	153.38	−3.67	21.13	79 879.93	35 745.05	3 053.18
275	2021	300040	九洲电气	45.6	0.38	4.76	5.91	0.41	0.47	22.12	0	24.21	6.63	−4.47	83.65	114 314.1	46 826.66	5 235.98
276	2027	300068	南都电源	43.6	0.36	3.85	4.63	0.71	0.86	11.89	0	11.41	408.11	−38.37	72.62	290 536.18	145 312.22	8 163.08
277	2029	601268	二重重装	43	0.17	2.56	4.47	0.35	0.53	72.8	2.23	−10.98	95.94	44.19	103.25	2 083 566.53	672 497.62	27 979.69

第十章

汽车行业上市公司业绩评价

2010 年中国汽车行业得益于延续自上年的各项鼓励汽车消费政策，仍保持了较高幅度的增长；汽车产销双双超过 1 800 万辆，创全球历史新高，再次蝉联全球第一。2010 年全国汽车产销分别为 1 826.47 万辆和 1 806.19 万辆，同比分别增长 32.44%和 32.37%。汽车工业已实现较快的增长，自身动力充足，与此同时，汽车产销量和保有量的快速增长导致能源和交通环境紧张的负面效应也逐渐显现，在上述背景下，前期实施的鼓励和促进汽车消费的政策有必要适时退出，有利于国民经济和汽车工业的协调可持续发展。

2011 年第一季度，国产汽车生产和销售量分别达到 489.57 万辆和 498.37 万辆，同比分别增长 7.48%和 8.08%。1～3 月汽车累计产销量较上年同期分别大幅回落 69.51 个百分点和 63.7 个百分点。在购置税优惠、以旧换新等多种鼓励消费政策到期后停止执行和北京治堵等因素出现的透支性消费的背景下，可以预见在 2011 年汽车需求将难以维持前两年的高速增长，汽车行业业绩增长将趋于放缓。

一、 汽车行业上市公司业绩评价结果

截至 2010 年末，汽车制造行业包括汽车整车、汽车零部件等企业的 A 股上市公司共 56 家，其中盈利的有 55 家，在全部 1 888 户盈利上市公司中占比 2.91%；汽车制造行业上市公司市值 6 549.31 亿元，实现营业利润 641.25 亿元，实现净利润 563.62 亿元，占全部上市公司实现的 9 615.58 亿元净利润的 5.86%；汽车行业整体表现强于全部上市公司的整体表现。

汽车行业进入百强的上市公司有 9 家。其中有 3 家进入十强。汽车行业的综合评价分值为 75.83 分，高于其他各行业得分，比全市场的 62.24 分高 21.83%。其中，业绩为优秀的有 25 家，业绩为良好的有 9 家，业绩为中的有 4 家，业绩为低的有 12 家，业绩为差的有 6 家。行业排名前十的上市公司见表 10-1。

表 10-1　　汽车行业上市公司十强排名

名次	股票代码	股票简称	在全部上市公司中排名
1	600104	上海汽车	2
2	000338	潍柴动力	6

续表

名次	股票代码	股票简称	在全部上市公司中排名
3	000550	江铃汽车	8
4	600741	华域汽车	18
5	600166	福田汽车	36
6	600418	江淮汽车	39
7	000800	一汽轿车	50
8	600066	宇通客车	66
9	000625	长安汽车	71
10	600742	一汽富维	111

下面分别从财务效益状况、资产质量状况、偿债风险状况、发展能力状况及市场表现五个方面对汽车行业上市公司进行具体分析。

（一）财务效益

表 10-2 列示了汽车行业上市公司财务效益状况评价结果。2010 年汽车行业上市公司财务效益状况好于上市公司平均水平，汽车行业上市公司扣除非经常性损益净资产收益率为 25.26%，高于上市公司 12.54% 的平均值，较上年 16.55% 的净资产收益率上升了 52.63%。

表 10-2　　汽车行业财务效益状况比较

评价指标		2010 年上市公司平均值	2010 年行业值	2009 年行业值	增长率（%）
基本指标	扣除非经常性损益净资产收益率（%）	12.54	25.26	16.55	52.63
	总资产报酬率（%）	8.09	12.72	8.11	56.84
	得分（分）	21.27	33.20	30.57	8.60
修正指标	营业利润率（%）	7.77	8.11	6.01	34.94
	盈利现金保障倍数	1.24	1.10	2.17	−49.31
综合得分（分）		21.99	26.53	27.36	−3.03

上海汽车在该项指标上得分为 34.13 分，成为 2010 年汽车行业财务效益最突出的上市公司。2010 年，上海汽车完成整车销售 358.3 万辆，同比增长 31.5%，其中，乘用车 227.9 万辆，同比增长 41.9%；商用车 130.4 万辆，同比增长 16.6%；成为国内首家年销量突破 300 万辆的整车大集团，整车销量继续位居国内汽车大集团首位。在全球汽车行业中的销量排名，也从 2009 年的第 10 位上升到第 8 位；继上汽通用五菱之后，上海通用、上海大众的整车年产销量也分别突破 100 万辆，位居全国乘用车企业前两位；上海汽车自主品牌乘用车全年销量超过 16 万辆，同比增长 78%。领先的产销规模及上海汽车在成本控制管理方面的长抓不懈是公司盈利能力实现的关键。

（二）资产质量

从表 10-3 可以看出，汽车行业上市公司资产质量状况指标优于上市公司平均水平；从修正指标来看，2010 年，存货周转率、应收账款周转率都高于市场均值，这说明 2010 年汽车行业总体资产质量在各行业中较好。具体资产质量状况比较如表 10-3 所示。

表 10-3　　汽车行业资产质量状况比较

分析指标		2010 年上市公司平均值	2010 年行业值	2009 年行业值	增长率（%）
基本指标	总资产周转率（次）	0.88	1.48	1.24	19.35
	流动资产周转率（次）	1.93	2.42	2.17	11.52
	得分（分）	9.40	13.53	12.49	8.33
修正指标	应收账款周转率（次）	14.78	23.28	19.41	19.94
	存货周转率（次）	4.36	10.27	8.32	23.44
综合得分（分）		9.20	12.52	11.60	7.93

江淮汽车、一汽轿车的该项指标均为满分（15 分），上海汽车该项指标的得分为 14.94 分，也接近满分。受益于 2010 年良好的产销形势，汽车市场的旺盛需求及公司对产品产销节奏的良好控制，尤其是乘用车制造相关的汽车行业上市公司，均表现出较好的资产经营状况，江淮汽车、一汽轿车、上海汽车三家上市公司的年存货周转率均超过了 15 次，汽车行业整体的年存货周转率也达到了 10.27 次，均明显高于上市公司整体 4.36 次的年存货周转率水平。

（三）偿债风险

分析表 10-4 中汽车行业指标可知，该行业上市公司偿债风险状况略优于上市公司平均水平。由于 2010 年汽车行业盈利情况整体较好，因此获利倍数指标显著大于 2009 年水平。整体而言，汽车行业的偿债风险指标与上市公司整体较为接近，优势并不明显，该项指标与 2009 年相比变化不大，略有提升。

表 10-4　　汽车行业偿债风险状况比较

评价指标		2010 年上市公司平均值	2010 年行业值	2009 年行业值	增长率（%）
基本指标	资产负债率（%）	57.60	59.49	61.40	−3.11
	获利倍数（倍）	9.32	25.65	17.09	50.09
	得分（分）	9.19	11.43	10.60	7.83
修正指标	速动比率（%）	73.82	95.65	86.82	10.17
	现金流动负债比率（%）	15.97	18.55	23.48	−21.00
	带息负债比率（%）	45.08	18.43	18.33	0.55
综合得分		9.07	10.78	10.76	0.19

汽车行业投资周期相对较长，企业发展资金多来源于自有资金，对贷款融资的需求较

低；一汽轿车、宇通客车、江铃汽车、长安汽车的带息负债率均不到1%，汽车行业整体带息负债率为18.43%，均远低于上市公司45.08%的平均水平。

（四）发展能力

从表10-5可知，汽车行业上市公司发展能力状况高于上市公司平均水平。但在三年营业收入平均增长率、营业利润增长率两项指标上较2009年有所下滑。目前汽车行业已经达到一个新的发展阶段，随着2011年各项汽车消费优惠政策的退出，预计发展能力表现将难以维持2009年及2010年的水平。

表10-5 汽车行业发展能力状况比较

分析指标		2010年上市公司平均值	2010年行业值	2009年行业值	增长率（%）
基本指标	营业收入增长率（%）	37.70	68.74	29.52	132.86
	资本扩张率（%）	22.63	54.08	30.88	75.13
	得分（分）	12.20	18.29	16.59	10.25
修正指标	累计保留盈余率（%）	38.94	42.88	35.02	22.44
	三年营业收入平均增长率（%）	19.50	31.88	35.92	−11.25
	总资产增长率（%）	22.95	47.64	34.39	38.53
	营业利润增长率（%）	47.00	125.80	337.10	−62.68
综合得分		12.98	17.14	17.09	0.29

从修正指标看，上海汽车、潍柴动力、华域汽车的发展能力在汽车行业上市公司十强中排名靠前。上海汽车该项指标的得分为满分20分；华域汽车与上海汽车同属于上海汽车工业（集团）总公司的控股子公司，主要从事汽车零配件业务，得益于与上海汽车之间的密切业务往来，也保持了较高的发展速度。

2009年中国汽车行业国际对标

根据国资委编制的企业绩效评价国际标准值（2009），我们将中国汽车行业2009年业绩评价结果和全球324家大型领先汽车行业企业进行了比较。我国汽车行业上市公司营业收入、资产总额、权益等相比全球324家大型领先汽车行业企业，还有不小的差距，但营业利润率等盈利指标表现突出，优于全球324家大型领先汽车行业企业平均值。其中，一汽轿车、福田汽车、上海汽车等2009年业绩评价结果领先的企业，绩效评价得分都很高，净资产收益率、营业收入增长率等反映财务效益和盈利能力的指标均在企业绩效评价国际标准值（2009）达到优秀值，在全球324家大型领先汽车行业企业中处于领先地位。

指标	中国汽车行业上市公司	全球324家大型领先汽车行业企业
营业收入（亿美元）	673	18 491
资产总额（亿美元）	623	24 463
权益（亿美元）	201	5 533
资产负债率（%）	67.8%	77.4%
营业利润（亿美元）	40	−62
营业利润率（%）	6.0%	−0.3%
经营现金流量（亿美元）	79	1 537

2009年中国汽车行业国际对标

（一）财务效益

我国汽车市场不仅在产销规模上达到世界领先，在盈利能力上也有着阶段优势，2009年汽车行业上市公司净资产收益率行业值为16.55%，高于2009年企业绩效评价国际标准优秀值7.53%。

（二）资产质量

2009年汽车行业上市公司年总资产周转率行业值为1.24次，高于2009年企业绩效评价国际标准良好值1.10次。一汽轿车、福田汽车的总资产周转率分别为2.26次、3.26次，远超过2009年企业绩效评价国际标准优秀值1.26。

（三）偿债风险

2009年汽车行业上市公司获利倍数行业值为17.09倍，高于2009年企业绩效评价国际标准优秀值6.12倍；但汽车行业上市公司资产负债率行业值为61.4倍，仅略好于2009年企业绩效评价国际标准平均值62.24倍；这说明中国汽车行业上市公司的偿债风险与国际标准水平相比并没有明显优势，但由于近年来国内汽车行业上市公司良好的盈利情况，偿债风险状况正在持续改善。

（四）发展能力

2009年汽车行业上市公司营业收入增长率为68.74%，高于2009年企业绩效评价国际标准优秀值−2.07%。在2009年全球汽车行业销量不景气的情况下，得益于国内推出的一系列汽车行业支持政策，2009年国内汽车行业上市公司的业绩发展一枝独秀于全球的汽车市场。

（五）市场表现

表 10-6 列示了汽车行业上市公司市场表现评价结果，汽车行业得分较 2009 年有限下滑，与 2010 年上市公司整体水平比较接近。2009 年是中国迈入汽车大国的元年，汽车产销规模超过美国，达到全球第一，汽车行业整体业绩改善也带动了汽车行业上市公司的突出市场表现；2010 年，汽车行业上市公司仍保持了较高的盈利水平，市场表现与上市公司整体水平基本一致（见图 10-1）。

表 10-6　　汽车行业公司市场表现比较

分析指标	2010 年上市公司平均值	2010 年行业值	2009 年行业值	增长率（%）
投资回报率（%）	12.19	13.92	165.92	−91.61
股价波动率（%）	94.83	102.47	161.09	−36.39
得分（分）	9.00	8.86	10.45	−15.22

图 10-1　2010 年汽车行业指数与沪深 300 指数比较

从指标来看，汽车行业上市公司的市场投资回报率为 13.92%，股价波动率为 102.47%，较 2009 年汽车行业的整体水平均有不同程度的回落。

2010 年汽车行业市场表现的放缓主要是由于在 2009 年汽车行业的上市公司尤其是整车

制造企业受良好业绩影响，股价已处于高位运行。

二、 汽车行业业绩的影响因素分析

2010 年，中国汽车工业延续了上年发展态势，在购置税优惠、以旧换新、汽车下乡、节能惠民产品补贴等多种鼓励消费政策叠加效应的作用下，汽车产销双双超过 1 800 万辆，创全球历史新高，再次蝉联全球第一。2010 年中国共生产了 1 826.47 万辆汽车，同比增长 32.4%，其中乘用车 1 389.71 万辆，商用车 436.76 万辆，成为世界第一大乘用车生产国和第二大商用车生产国（见图 10-2）。

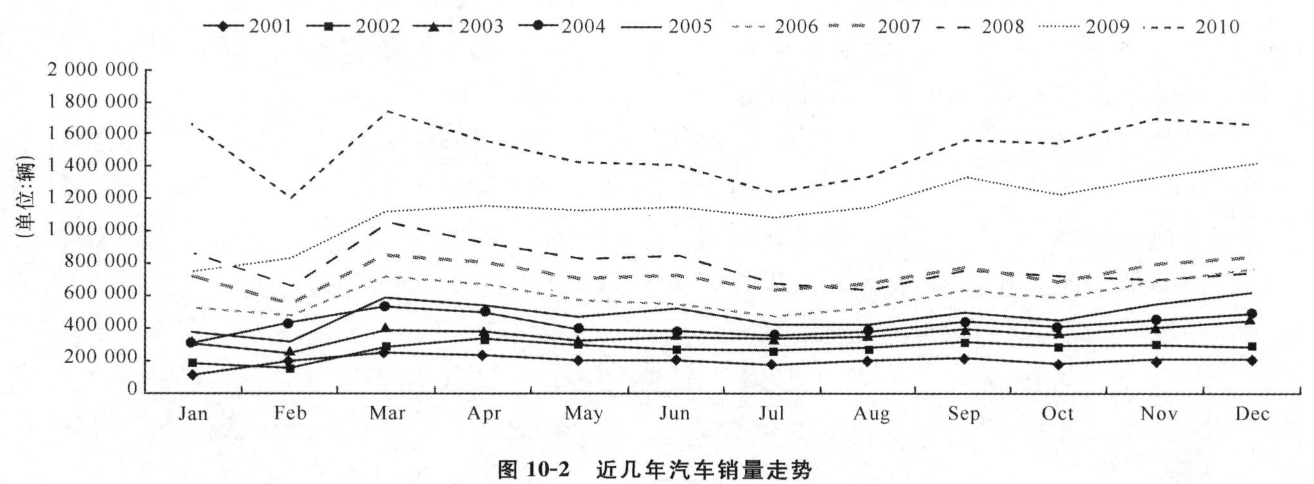

图 10-2 近几年汽车销量走势

2010 年中国乘用车生产量占到汽车生产总量的 76.1%，略高于 75.1%的世界平均水平，中国乘用车和商用车比例关系与世界平均水平一致；2010 年中国共生产中重型货车 226 万辆，占世界总产量的 53.5%，大中型客车 16 万辆，占世界总产量的 41.3%，乘用车占 23.9%，轻型商用车只占 13.2%，中重型货车和大中型客车比重相对较高；普通型乘用车（轿车）市场继续保持较快增长，共销售 949.43 万辆，同比增长 27.05%，增幅与 2009 年的 48.07%相比较，回落 21 个百分点。2010 年优惠政策力度减弱，促使消费者对购置税优惠政策敏感度增强。排量 1.6L 及以下乘用车销售受政策影响非常明显，占乘用车总量的比重约为 68.77%，由于政策促进因素减弱，增速较 2009 年明显减缓，共销售 663.18 万辆，同比增长 27.98%，增幅与 2009 年的 66.83%相比较，回落 39 个百分点。

（一）业绩增长受益于短期鼓励汽车消费政策

2009 年以来，为促进经济发展，国家陆续出台了多项政策以支持汽车产业发展。2009 年 1 月 14 日，国务院常务会议通过《汽车产业调整和振兴规划》，决定从 2009 年 1 月 20 日开始，对 1.6L 及以下排量乘用车减按 5%征收车辆购置税；中央财政安排补贴资金，支持节能和新能源汽车在大中城市示范推广等。国家相关部委相继发布了相关细则，形成了购置税优惠、汽车下乡、以旧换新和新能源汽车示范推广补贴四大政策。后期也对部分政策进行了调整，其中汽车下乡补贴对象有所扩大，以旧换新补贴力度加强，购置税优惠从 2010 年 1 月起优惠幅度减至 2.5%。

2010 年 6 月 1 日财政部等发布通知决定开展私人购买新能源汽车补贴试点，选择 5 个城市编制私人购买新能源汽车补贴试点实施方案，最高补贴达到 6 万元/辆。后期试点城市逐步扩大。

同期财政部等发布《"节能产品惠民工程"节能汽车推广实施细则》，决定对消费者购买 1.6 L 以下符合一定排放标准的节能汽车给予一次性补助。上述这些政策以外，各地方政府也出台了相关配套政策，清理了一些不利于汽车产业发展的障碍。

资料链接

2009 年以来汽车产业主要支持政策

政策	影响车型	发布或生效时间	退出时间
成品油价格税费改革	大部分车型	2009 年 1 月	—
购置税优惠	1.6 L 以下乘用车	2009 年 1 月	2010 年 12 月
汽车下乡	交叉乘用车、轻微卡	2009 年 3 月	2010 年 12 月
以旧换新	大部分车型	2009 年 6 月	2010 年 12 月
新能源示范推广补贴	多种新能源车	2009 年 2 月	—
购买新能源汽车补贴	新能源乘用车	2009 年 6 月	2012 年 12 月
节能产品补贴	1.6 L 以下节能乘用车	2010 年 6 月	—

按照产品线划分，汽车制造企业主要可以分为乘用车和商用车两大领域、不同的产品系列，因为市场容量、产品定位的不同，不同车型的产品也呈现出不同的发展态势，汽车产业支持政策对汽车的购置、保有和更新等环节都有影响，最终效果都会归结到新车的购置上。由于上述政策都有针对性，因此对相应车型的销量影响巨大。刺激作用最大的当属 1.6 L 以下轿车和交叉乘用车。

（二）居民消费需求支撑乘用车市场发展

汽车工业的核心是乘用车工业，目前在全世界的汽车保有量中，75%为乘用车。这些乘用车中，除少量的为公用、经营用外，80%以上为家用轿车。从短期看，优惠政策刺激对乘用车影响较大，宏观经济的冷热影响居民的预期收入心理，对车市需求的释放节奏影响较大。

普通型乘用车市场 2010 年共销售 949.43 万辆，同比增长 27.05%，增幅与 2009 年的 48.07%相比较，回落 21 个百分点。排量 1.6 L 及以下乘用车销售受政策影响非常明显，占乘用车总量的比重约为 68.77%，由于政策促进因素减弱，增速较 2009 年明显减缓。2010

年初，1.6 L 及以下车型市场份额开始下降，7 月落至最低点。节能惠民产品补贴政策的实施，对该类车型市场份额回升起到了积极作用。另外，排量 1.6 L～2.0 L 和 2.5 L～3.0 L 的增幅均高于同期，分别销售 215.27 万辆和 6.67 万辆，同比分别增长 29.77%和 39.72%，增幅分别高于 2009 年同期 12 个百分点和 6 个百分点（见图 10-3）。

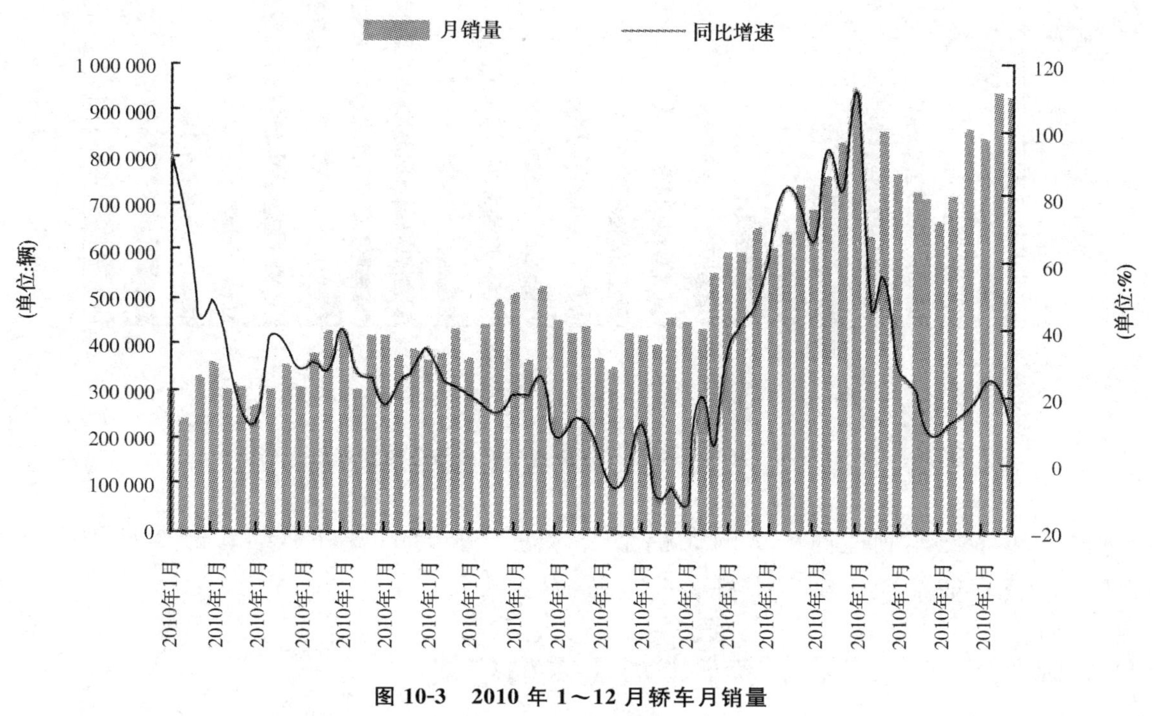

图 10-3　2010 年 1～12 月轿车月销量

（三）固定资产投资带动中重卡市场需求

2010 年货车销售 386.11 万辆，同比增长 30.47%。其中，重卡 101.74 万辆，同比增长 59.93%，增幅高于同期 42.22 个百分点；重型货车销量首次突破百万大关。中重卡车主要用于运输或施工作业，不像轿车主要用于私人消费，与经济建设、固定资产投资规模息息相关。中国的中重型车市场经历了“柴油化、平头化、多轴化”后，自 2002 年进入了重型化时代，目前中重型车市场的发展重点是牵引车、自卸车和载货车等。由于高速公路网建设的加快和“计重收费”的影响，重卡对中卡、标准重卡对准重卡的替代明显。国内经济回暖带动货运量走出低谷，国内公路的中长途货物运输主要依赖中重卡进行，由于近几年高速公路里程快速增长，公路货运业发展迅猛，规模比例提升，公路货运周转量增速上升并维持在高位。这是近几年货车特别是重卡销量快速增长的基本原因（见图 10-4）。

2009 年开始实施成品油税费改革，取消固定额度的养路费等多项收费，同时提高成品油消费税。对于燃油消耗量较高的重卡来说，燃油成本的上升、以旧换新政策和排放政策趋紧加速了原有重卡的更新频率。金融危机过后的 2009～2010 年重卡销量出现大幅增长，重型货车销量首次突破百万大关。

潍柴动力是中国大功率高速柴油机的主要制造商之一，主要向国内货车和工程机械制造商供应产品。公司主要利润来自于潍柴发动机业务和陕西法士特变速箱，并以此为基础形成了重卡行业的黄金供应链。公司的主要客户：陕西重汽、北汽福田、北方重型汽车、江淮汽

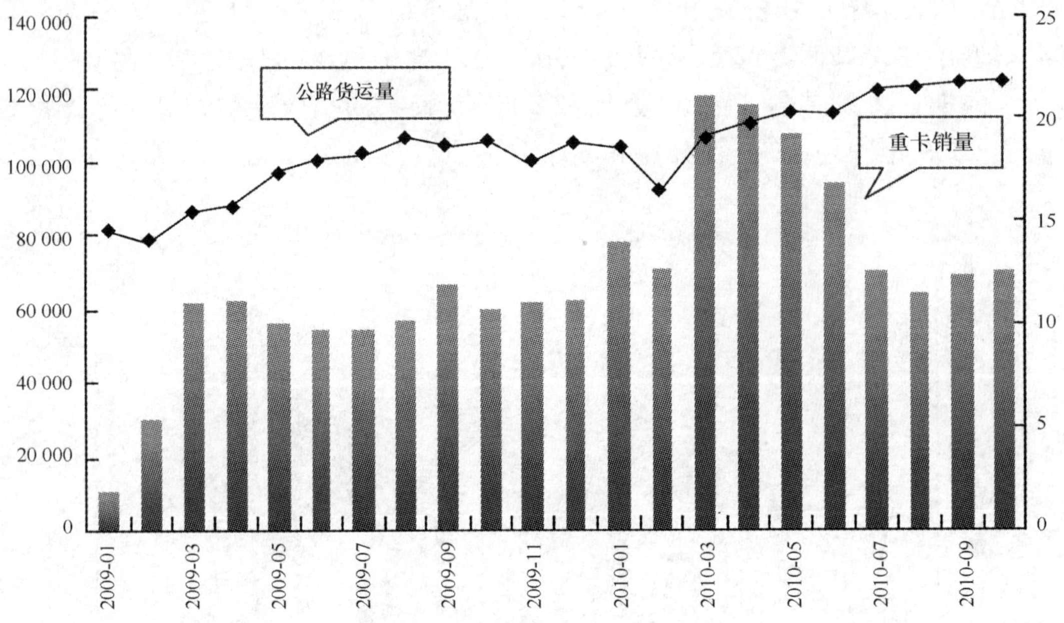

图 10-4　2009～2010 年月度重卡销量与公路货运量

车等，这些中重卡汽车制造商产量的大幅增长保证了公司的良好业绩。潍柴动力在 2010 年汽车行业上市公司业绩评价结果中排名第二位。

（四）城镇化率提高带来客车市场需求的增加

由于城镇化率的提高、经济的活跃，中国的公路客流需求不断增加，进而直接拉动对大中客的需求。大中客销量除年末的季节性波动外，与公路客流的波动较一致。在宏观经济环境不断好转的前提下，金融危机以来被压抑的客车需求得到了充分释放，2010 年客车需求走势回归正轨。

2010 年中国大中客需求较为乐观，从国家政策层面来看，“大幅度增加国家对农村基础设施建设和社会事业发展的投入”、“以推进城镇化和促进城乡经济社会发展一体化为重点，改善城乡结构”、“公交优先”等政策均刺激了大中客市场发展（见图 10-5）。

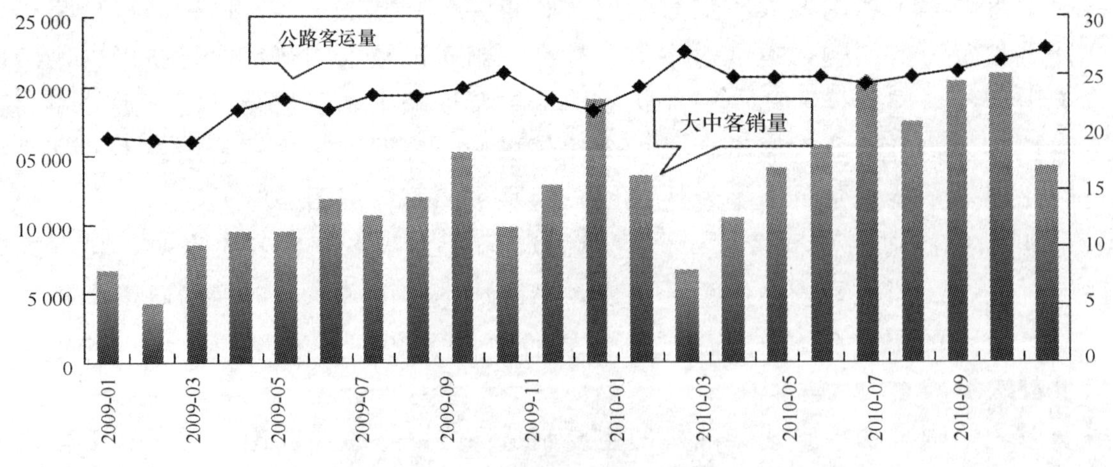

图 10-5　2009～2010 年月度大中客销量与公路客运量

大中客车直接用途就是公路客运，因此，公路客运量的增长对大中客车销量有带动作用，但与当年销量并不是特别相关。从图 10-5 中看出，大中客车销量增长略滞后于公路客运量。此外，铁路投资对大中客车销售及公路客运并未产生较大的挤出，反而推动了中国公路客运的增长。这主要是因为公路客运灵活性较强，可弥补铁路运输因考虑经济性设立站点的不足。另一方面，铁路运输的提速方便了交通，也促进了相关线路沿线的短途客运。旅游业的兴盛对大中客运的销量有带动作用。城镇化率的提高，是城市发展的重要指标，有助于促进城市公共交通运输的发展。因此对大中客车销量有带动作用。

宇通客车在 2010 年汽车行业上市公司业绩评价结果中排名第 9 位。宇通客车作为世界规模最大、工艺技术条件最先进的大中型客车生产基地。在客车细分市场的占有率为 34%，占据 1/3 强的市场份额。2010 年全年产量 41 894 辆，销量 41 169 辆，产销双双环比增长 46%。2011 年第一季度公司客车产销量仍保持了较快增长。产销量分别为 7 024 辆和 8 078 辆，同比增长 5.74%和 15.17%。其中大型客车产销增长较快，分别达到 18%和 26%；实现销售收入 29.48 亿元，同比增长 25.1%；归属母公司净利润 1.77 亿元，同比增长 25.59%。

2010 年中国汽车工业大事记

☆ 减征 1.6 L 及以下小排量乘用车车辆购置税：政策延长至 2010 年底，从 2010 年 1 月 1 日起减按 7.5%征收。

☆ 新车须粘贴燃料消耗量标志：工信部发布，从 2010 年 1 月 1 日起施行《轻型汽车燃料消耗量标志管理规定》。按照该规定，所有最大设计总质量在 3 500 公斤以下的乘用车和轻型商用车在销售时都必须粘贴《汽车燃料消耗量标志》，并标注由国家指定检测机构按照统一的国家标准测定的市区、市郊、综合三种工况的燃料消耗量。

☆ 2010 年北京国际车展规模空前：以“绿色畅想未来”为主题的“2010 北京国际车”展于 4 月 23 日～5 月 2 日举行，共展出 990 辆汽车，包括 95 辆新能源汽车、89 辆全球首发新车、概念车以及大量节能减排新技术，在参展规模、观众人数上再创历史新高。

☆ 五城市试点新能源汽车补贴：6 月 1 日，财政部、科技部、工业和信息化部、国家发展改革委员会联合发布了《关于开展私人购买新能源汽车补贴试点的通知》，并圈定上海、长春、深圳、杭州、合肥 5 个城市启动私人购买新能源汽车补贴试点工作。

☆ 三部委发布汽车节能补贴政策：6 月 30 日，发改委、工信部、财政部公告“节能产品惠民工程”节能汽车推广实施细则。中央财政将对发动机排量在 1.6 L 及以下、综合工况油耗比现行标准低 20%左右的汽油、柴油乘用车，按每辆 3 000 元标准给予一次性定额补贴。

☆ 吉利收购沃尔沃：8月2日，吉利并购沃尔沃交割仪式在伦敦进行，吉利完成对福特汽车公司沃尔沃业务单元的收购，总收购金额为18亿美元，并购成功后的吉利集团成为中国第一家跨国汽车企业。

☆ 新能源汽车入选战略性新兴产业：9月8日，国务院常务会议审议并原则通过《国务院关于加快培育和发展战略性新兴产业的决定》，将新能源汽车作为战略性新兴产业之一，加快推进。

☆ 中国年销汽车破1 800万辆：中国汽车销量蝉联全球第一已成定局。

☆ 北京实施购车摇号政策：12月24日起，北京治理交通拥堵方案开始实施，在京购买的车辆必须以摇号的方式获取车牌，2011年将投放24万个车牌。而2010年北京的新车销量约为91万辆，2009年北京的新车销量为70万辆。投放车牌量尚不到2010年的1/3。

（五）规模经济决定盈利能力

汽车行业是个典型的规模经济行业，由于初始固定资产投资大，生产成本的构成中，直接材料占30%左右，直接人工10%以下，其余为包括固定资产摊销的制造费用等。影响行业盈利的两个最重要因素为产能利用率和直接材料成本。产能利用率这个指标比直接材料成本更影响行业的毛利率水平。

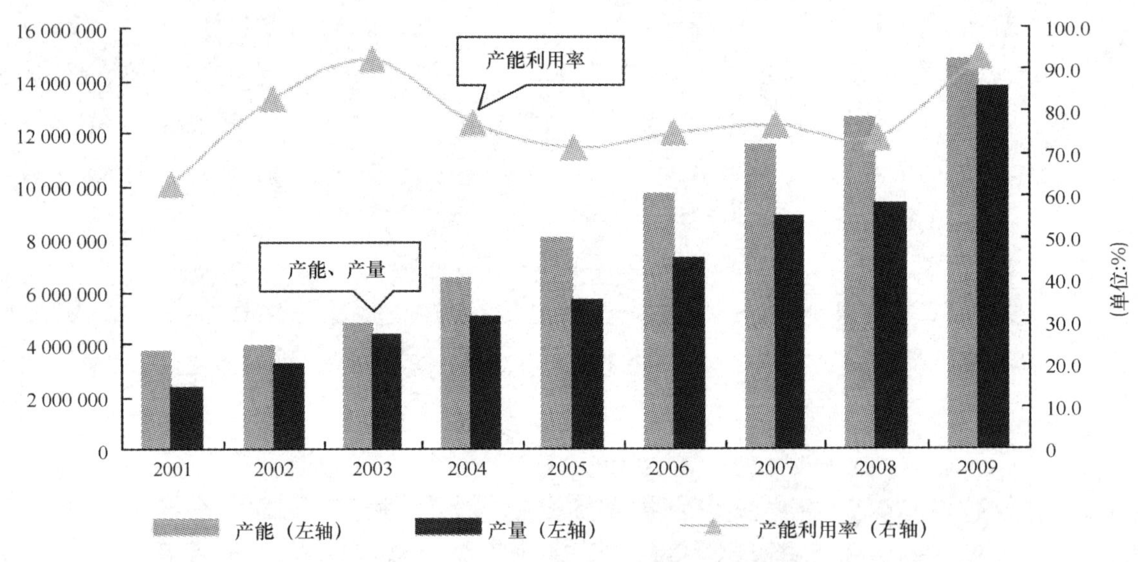

图 10-6　2001～2009 年产能与产量的匹配始终在波动

过去10年，尽管中国汽车行业一直保持了快速增长，中国汽车行业产能利用率大体在60%～95%区间波动。2009年汽车行业产能约1 480万辆，约为2001年时的4倍，复合增长率约19%，而产能利用率在2003年达到约92.4%的阶段性高点后经历了5年71%～77%之间的低位徘徊，直到2009年在政策推动的市场爆发中重新回到了93%的高位（见图10-6）。汽车的主要材料如钢材、有色金属等在2009～2010年均处于低位徘徊，但从2010年下半年开始，价格出现上涨迹象。如果这种趋势继续下去，整车企业的成本将随之上涨。由于产能利用率处于高位及成本价格较低，2010 年汽车行业上市公司的营业利润率达到 8.11%的历史高位，比 2009 年 6.06%的营业利润率大幅提升。

2010 年，上海汽车销售各类汽车共 358.3 万辆，相比上年同期增长 31.4%，上海汽车由此名列全球车企第 8 位。在 2010 年 2 月上海汽车受让 1%的上海通用股权实现财务并表；旗下上汽通用五菱、上海通用和上海大众的整车产销量均各自突破 100 万辆大关。公司自主品牌乘用车名爵和荣威系列，在继 2009 年突破 9 万辆以后，2010 年销量超过 16 万辆，同比增长 78%，自主品牌建设表现逐步向好。领先的产销规模及较高的产能利用率，使得上海汽车在盈利能力、资产质量、发展指标等业绩评价结果中均处于行业领先地位，在 2010 年汽车行业上市公司业绩评价结果中排名第一，在全部上市公司中排名第二。

三、2011 年汽车行业前景展望

国家政策的延续和行业内在需求对 2010 年的汽车销售起到了关键作用。一季度，中国汽车市场可以用“变脸”两个字来形容，经历了 2009 年和 2010 年井喷式增长，汽车产销量同比增长大幅度回落，市场趋于平缓。在经历了近年来的快速增长，特别是近两年“井喷式”增长后，中国汽车行业正逐步从“量变”过渡到“质变”，汽车产业的深度变革即将来临，在此行业背景下，行业整体估值水平很难得到提升，汽车行业上市公司估值分化将随着时间的推移而逐渐显现，盈利能力强、成长性高的行业龙头企业将会受到市场的青睐（见图 10-7）。

（一）产业政策调整将使汽车行业发展回归正常

从主要汽车产业大国的历史经验来看：为应对金融危机和拯救汽车行业，主要汽车产业大国都相继推出了汽车市场刺激政策，通过一系列的补贴政策来拉动汽车消费，从而带动经济发展。德国在 2009 年 1 月开始实施“旧车换新车”补贴政策，补贴总额高达 50 亿欧元。美国于 2009 年 7 月推出“旧车换现金”计划，追加后的补贴总额为 30 亿美元。日本也于 2009 年 8 月开始实施节能环保车补贴政策，补贴总额为 6 000 亿日元。

这些国家汽车市场已经成熟，汽车保有量庞大，旧车比例高，因此内容相近的以旧换新补贴政策效果显著。德国在实施刺激政策后，新车销量快速回升，同比增速大都在 20%以上，部分月份甚至超过 30%。美国在实施政策后的 7～8 月份内汽车销量突增，30 亿美元的补贴在不到两个月的时间内就发放完毕，刺激效果超出预期。日本在实施政策后，汽车销量也快速回升，平均增速达到 20%，效果明显。从全球来看，政策刺激无疑是有效的。但刺激政策毕竟是有时限的。上述三国的实施期短则两个月，长则一年，在政策实施结束后都出现了销量的大幅下滑。德国在政策结束前后几个月销量的增速从增长 20%跌落到下降 20%。由于美国政策持续时间短，政策退出后影响相对较小，但 9 月份销量也出现了大幅度的下

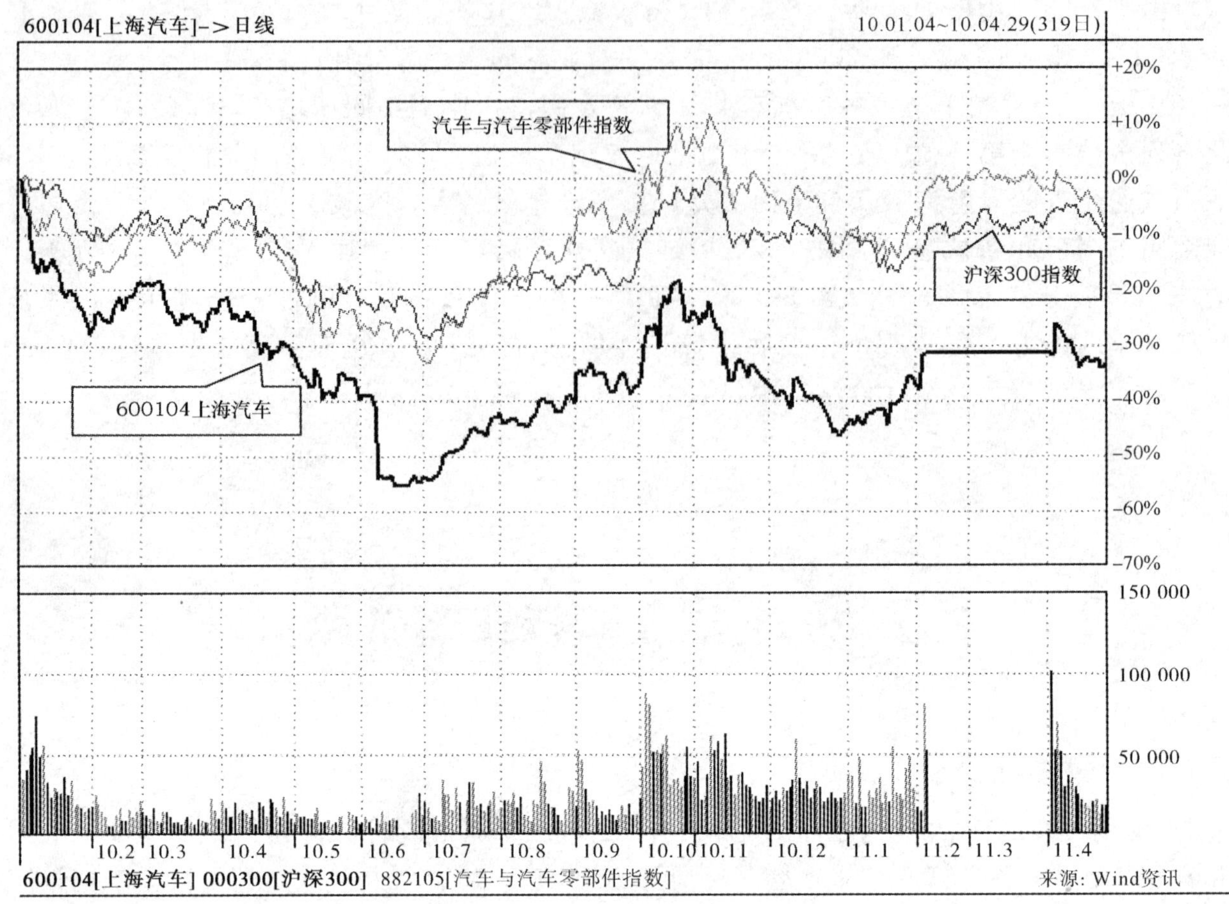

图 10-7 上海汽车（600104. SZ）走势

滑。日本市场政策退出前后的对比更加明显，节点前后几个月的增速差距高达 60 个百分点。

中国的情况也是如此。2010 年 1 月 1 日开始，购置税优惠幅度由 5%减少至 2.5%。刺激政策不是退出而只是减弱，但对销量的影响已经很大。2011 年 1 季度汽车产销量较 2009 年及 2010 年又有一定降低。刺激政策收益最大的 1.6 L 以下轿车和交叉乘用车受到的冲击也是最明显的（见图 10-8）。

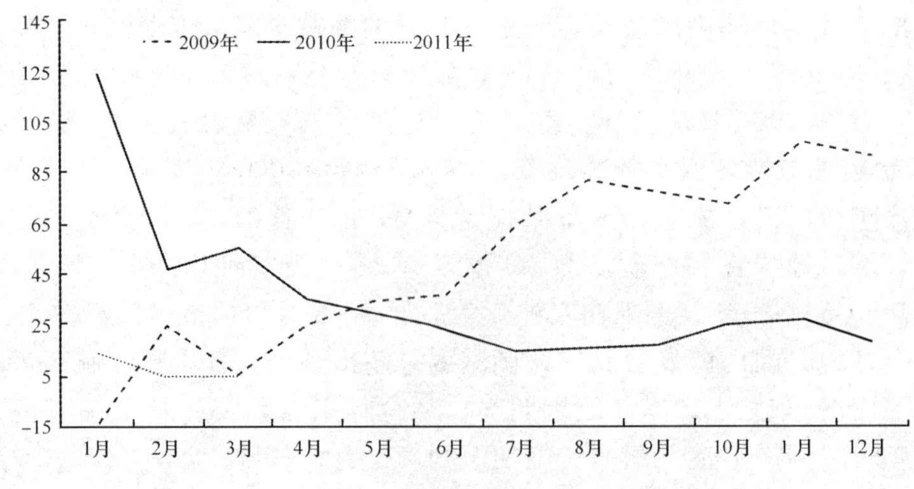

图 10-8 2009～2011 年第一季度汽车产销同比增幅

目前中国乘用车市场刚刚进入向城市家庭普及阶段，从成熟国家的汽车市场发展规律上来看，这一时期中国的乘用车市场具有较高的潜在增长率。从日本、韩国等先导国家的乘用车市场发展看，起飞期过后乘用车市场进入长达10年左右的普及期，乘用车千人保有量从20辆/千人左右上升到130辆/千人以上，在这个阶段，乘用车需求仍将保持较快增长。如日本1965～1973年经历了长达9年的普及期，乘用车年均销量22.2%，韩国于1986～1997年，乘用车销量年均增速20%。

来自公安部交通管理局的数据显示，截至2009年底，中国汽车保有量为7 619.31万辆，较2008年增加1 152.10万辆，增幅17.81%，但从整体来看，轿车保有量则仅为36辆/千人，与韩国1989年水平相当，远远低于全球120辆/千人的平均水平。乘用车市场发展刚刚进入普及期，未来发展空间广阔，但考虑到中国经济区域发展的不平衡、具有典型的二元经济的特征；仅从城市市场来看，经济发展不平衡及中国相对大的贫富差距会使中国的普及期周期相对日韩更长，速度略慢。随着中国经济的快速发展，人均GDP的不断提高带动各地区的汽车消费能力，大中型城市将逐步步入二次换乘时代，中小型将快速步入汽车销售时代。一线城市居民的更换需求，以及二、三线城市的新增需求将成为后续支撑汽车行业上市公司业绩增长的主要增长点。

（二）经营压力增加使行业盈利能力面临考验

1. 产能过剩预期

2010年，国家发改委委托中国汽车技术研究中心和汽车产业政策研究室对国内20家主要汽车企业集团和10家整车企业进行了汽车产能情况调查，主要针对2009年底企业已经形成的产能和2010～2015年规划产能的情况进行摸底。根据公布的调查结果，主要30家汽车企业2009年底形成的整车产能约为1 395万辆，2015年规划产能约为3 124万辆。该部分产能建设投资及达产后，整车生产能力将进一步增加，在目前汽车市场需求放缓的背景下将，促使产能利用率有所下降。

2. 日本地震影响

3月中旬发生的日本地震及次生灾害在关键零部件和整车制造方面造成全球汽车产业链短期紊乱。日本汽车零部件主要生产企业受困于地震导致的交通中断、供电不足以及原材料紧缺等因素，造成减产或产品无法进入物流环节，导致全球汽车产业供应链的紊乱。中国汽车产业也将面临日产零部件安全库存迅速下降的状况，汽车制造商需要寻求新的关键零部件供应商，以改善因日本地震停产而导致的零部件短缺问题。中国的整车企业业务或多或少将会受到短暂冲击，主要是受从日本进口的零部件供应紧张导致的产能影响，特别受电子及传动部件出现的短缺状况影响。日本灾情对中国汽车产业的影响将在2010年第二季度开始显现，并可能延续全年。

3. 成本上升压力

制造成本上升将导致企业毛利率下降。钢材、橡胶、有色金属等汽车原材料面临着价格上涨压力，原材料涨价将循价格传导机制抬高整车及零部件生产企业制造成本。汽车行业上市公司的盈利能力预计将难以维持近两年的高点，而有所下滑（见图10-9）。

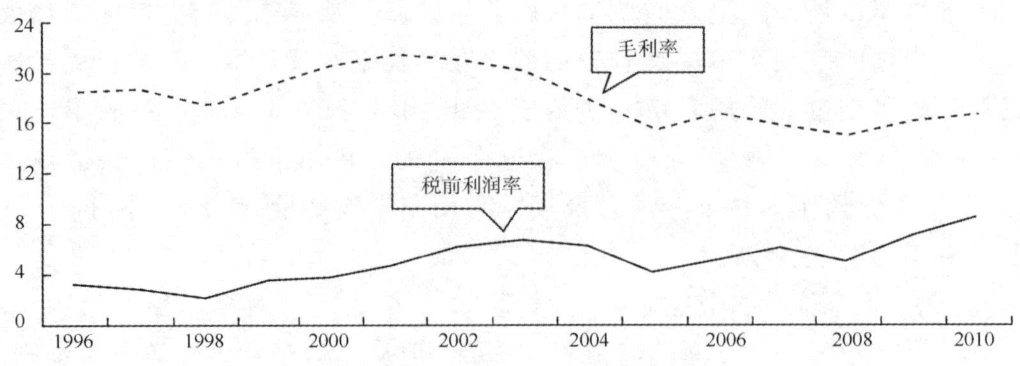

图 10-9 历年汽车行业毛利率与税前利润率

4. 市场需求制约

购置税减征、汽车以旧换新等政策已于 2010 年终止实施；成品油价格的持续单边上涨加重了消费者的使用负担。从 2009 年到 2011 年 4 月上旬，中国成品油市场价格共经历 14 次价格调整，其中降价 4 次，涨价 10 次，每吨汽油价格净增长超过 2 600 元；此外，目前社会舆论对进一步刺激汽车销量增长不利，主要焦点在于过量的汽车带来了交通拥堵、空气污染、燃油消耗过量等问题。近几年城市道路建设跟不上汽车保有量的增长，使得交通拥堵情况日益严重。因此，各地交通主管部门和相关单位不时会提出或实施限行、限购等限制性措施。其中北京在 2008 年后开始实施限行、上海一贯实行牌照拍卖制度、广州也在亚运会前夕实施了限行措施。“透支”消费将使汽车市场疲软，加速汽车市场由卖方向买方过渡。

（三）细分行业业绩分化

2010 年第一季度汽车行业整车销售 498.4 万辆，同比增长 8.1%。汽车行业收入增长 19.8%，利润增长 8.8%。第一季度行业税前利润率为 8.1%，比 2010 年全年水平下降为 0.7 个百分点，三项费用率 7.2%，比 2010 年略降。第一季度行业主要企业收入、利润仍保持同比增长，但增幅回落。从销量而言，1.6 L 以下乘用车是受购置税政策退出影响最大的。轻微卡收益于汽车下乡等活动，销量也会有所影响。而 1.6 L 以上轿车、大中客、SUV 等几乎没有受益这一轮政策的刺激，预计可以获得不错的销量增长。

微客同比负增长，交叉型乘用车 2009 年销量达到 195.05 万辆，占总销量的 14.29%，同比增长 83.69%，比 2008 年提高 75.72 个百分点，高于同期全行业增速 37.24 个百分点。2010 年则增加到 249.21 万辆，占总销量的 13.80%，同比增长 27.77%。而在 2011 年辆季度，该车型增速同比出现负增长，产销分别为 65.32 万和 70.76 万辆，分别下降 8.21% 和 5.60%，该车型市场需求弹性较大，优惠政策的退出是造成第一季度出现负增长的主要原因。

细分行业中，SUV、MPV 车型仍保持较高增长，微车出现同比负增长，客车产销增速在商用车中居前，行业业绩出现较大分化。

SUV、MPV 受益于近年差异化、个性化汽车消费需求的持续提升。其中，SUV 集外观时尚、空间充裕、通过性好等多种优点，以往的高油耗不足也逐渐改善，备受日益年轻化的消费群体青睐，已成为国内最重要的细分市场之一。SUV 同时对轿车构成一定替代。中国在2003～2007年间经历了两轮私车消费高峰，参考5～7年的替换周期，2010年开始迎来消费升级下的二次购车潮；目前国内每年的替换需求超过300万辆，这也为SUV提供了广阔的成长空间。2011年前两个月，SUV销量在狭义乘用车（不含交叉型）中占比12.5%，比照欧美成熟市场的高峰时期水平（SUV约占汽车销量的比重为30%），市场潜能依然巨大。MPV现以企事业单位的商务需求为主，少数为家用、兼用需求。目前MPV销量在狭义乘用车中占比规模尚小；随着后续上市车型的丰富，以及社会认知度的提升，预计未来也将保持较高增速。

随着经济快速增长，居民财富水平普遍得到了提高。针对1.6 L以下轿车的刺激政策推出较多，这是导致部分消费者在选择时转向1.6 L以上大排量车型的重要原因。

2011年前个两月重卡销量16.04万辆，同比增长7%，其中重货整车、底盘、半挂牵引车销售4.97万、6.8万、4.27万辆，分别同比增长95%、6%、－29%。在物流需求放缓、用户运营效益下降以及高基数压力下，半挂牵引车同比较大回落。近两年重卡保有量经历了超常增长，所带来的运力过剩也有待市场阶段性消化，从而对新增需求构成抑制。

客车产销增速居前，2011年第一季度客车产销分别为8.34万辆和9.08万辆，同比增长12.98%和16.56%，成为商用车中产销增速最大的细分车型。其中城市客车和旅游客车车型增长最为明显，同比增长44.55%和38.90%。中国是全球最大客车生产基地，在中低档客车市场竞争力强，出口市场潜力较大。从近几年的情况看，大中客销量的增长异常稳定。预计大中客仍然会保持稳定的增长。

上海汽车2011年第一季度生产和销售各型汽车累计分别为100.4万辆和105.59万辆，同比增加18.58%和18.40%。其中，上汽大众销售28.7万辆和上汽通用销售23.5万辆，增长均在32%以上，上汽通用五菱2011年第季度累计销量36.1万辆，与上年同期基本持平。拥有完整的产品结构布局的企业将有助于增强其市场竞争力，降低单一车型市场经营的风险，使得上海汽车在汽车行业正常市场趋于放缓的背景下仍有着较好的业绩表现。

（四）全球产业布局加快向中国转移

长期以来，自主品牌主攻低端市场，合资品牌占据中高端市场，豪华品牌独霸高端细分市场，有着较为明显的市场格局分布。随着汽车市场竞争的加剧，中国汽车市场原本在全球整体表现低迷下一枝独秀的格局，如今正在悄然发生变化。2011年上海车展，75辆全球首发车使中国车展的规模在世界车展中居于领先地位，全球汽车行业向中国转移明显。在车展上，广汽本田携首款自主品牌理念S1亮相，上汽通用五菱宝骏630以及东风日产启辰掀开了合资自主的面纱，随着国内竞争格局的变化，自主品牌不再是原先的单一形式，国内汽车市场也由原先简单的自主和合资两大阵营延伸出合资车企下的自主品牌。

作为合资企业下的自主品牌，由于和外方共同拥有股份，也自然会拥有更多的合资企业下的技术资源可借用，短期从产品终端来看，这样的模式比起国内其他纯粹自主品牌更具有先天性的优势，由于平台的成熟，较小的初始研发投资以及完善的零部件、生产线等配套设施将带来有竞争力的价格优势，可能将会成为消费者在性价比上所考虑的重点。这几年来，自主品牌依靠全方位借助外方平台，也取得了一定的发展，具体包括：上海汽车依靠罗孚整套核心技术的自主品牌轿车、一汽轿车与日本马自达技术合作生产的奔腾系列乘用车；2010

年8月2日，吉利完成对福特汽车公司沃尔沃业务单元的收购，从长期来看也将会有助于吉利品牌自身的发展。在合资企业纷纷推出合资自主车型，对售价和销售网络进行下沉的同时，自主品牌企业却纷纷走上高端化路线。本次车展，北汽首款自主品牌轿车首度亮相，首款投放市场的车型将比肩凯美瑞；一汽发布了包括6款新能源轿车和5款概念车在内的多款自主品牌车型；上汽推出了荣威品牌首款SUV产品W5和MG5概念车。

在不同品牌的格局背后，核心技术才是竞争关键。一个成熟的汽车市场，最为重要的是具备国际知名企业和品牌，以及掌握汽车行业的核心技术和未来发展趋势。中国已经成为全球最大的汽车市场，但市场格局还不够健康和成熟。在中国市场，本土自主品牌仅占总体销量的1/3左右，远低于欧美等成熟汽车市场的整体水平。从长期来看，随着未来合资品牌、合资自主品牌、自主品牌的发展竞争的深入，这都将有助于国内汽车工业进一步掌握汽车行业的核心技术。

（五）需求结构优化、产业结构调整加快

汽车是机动车污染物总量的主要来源，其排放的一氧化碳和碳氢化合物超过70%，氮氧化物和颗粒物超过90%；目前汽车行业政策设计的出发点已由单纯刺激消费转向引导节能和新能源市场的培育。

2010年下半年，纳入节能汽车推广目录车型共生产168.07万辆，占同期乘用车整体产量的24%，占有率较2009年提高17个百分点。2011年3月的《政府工作报告》继2010年9月国务院确定发展战略性新兴产业的方向、任务和政策后，再次重申国家将集中力量，加快推进新能源汽车产业的发展。即将出台的《节能与新能源汽车发展规划》明确在培育发展战略性新兴产业中，新能源汽车产业将重点发展插电式混合动力汽车、纯电动汽车和燃料电池汽车技术，从而描摹了一幅时间跨度长达10年的中国节能与新能源汽车发展路线图。其内容涉及新能源汽车技术研发、产业化以及具体的发展目标、产业布局以及保障措施等。该规划确定将电动汽车作为汽车产业转型的重要战略方向，最终实现插电式混合动力汽车和纯电动汽车的产业化，同时加快研发燃料电池汽车技术，新能源汽车将极大拓宽和拉伸传统汽车产业链，许多原本不属于或游离于汽车业边缘的行业，将在未来发展中扮演越来越重要的角色，为汽车行业带来一场颠覆性的革命。

根据目前已公开的信息，中央财政将投入大量资金支持节能与新能源汽车核心技术的研发和推广。2020年的总体目标是新能源汽车保有量达到500万辆，其中第一阶段（2011～2015年）的目标是市场保有量超过50万辆。另一个关注的焦点将集中在新能源核心竞争力的提升上。按照《节能与新能源汽车发展规划》，到2015年，动力电池、电机、电控等关键零部件核心技术要实现自主化，纯电动汽车和插电式混合动力汽车初步实现产业化。

上汽为上海世博会提供的1 125辆多种技术方案的新能源车辆累计行程1 240万公里，安全运送游客2亿人次，车辆完好率达到99%，成为中国新能源汽车技术成果历时最长、载客最多的一次集中展示。上海汽车在2011年3月通过资产注入的形式实现了公司整体上市。本次交易中注入的主要是与公司汽车主业发展紧密相关的资产和业务。其目的是发挥上海汽车整车开发与华域汽车零部件开发的协同效应，体现汽车产业链整体竞争优势；提升自主创新能力，加快自主品牌汽车和新能源汽车发展。

福田汽车将新能源和新能源汽车在公司“十二五”规划中作为重点发展产业之一。公司累计销售新能源汽车近 2 000 辆，涵盖混合动力客车、纯电动客车、纯电动环卫车和纯电动出租车等，新能源汽车市场化运作程度较高。按照福田汽车规划，到 2015 年，福田汽车产销量将达到 180 万辆，营业收入超过 2 000 亿元。其中新能源汽车占福田汽车整体产销量的比例将增至 15％。

2011 年，宇通客车将在宇通工业园周边地区新征土地，进行增加年产 2 万辆客车技术改造项目的建设；并且启动专用车分公司客车专用车产能提升项目；此外，公司还将投资建设节能与新能源客车生产基地项目。

节能与新能源汽车补贴、车船税草案等法规的出台和探讨，将使得今后汽车行业的发展呈现明确财税导向下的结构性演变，小排量和具备先进节能技术的汽车将是未来市场的主导者。油价上涨在一定程度上影响到消费者利益的同时，也在发挥着它的积极作用，促使一些消费者改变消费习惯。可以预见的是，随着燃油成本上升和消费者对燃油经济性的关注，再加上“节能产品惠民工程”的惠及面不断扩大，小排量、经济型轿车和新能源汽车的市场前景要乐观一些。从混合动力汽车和常规燃料车的燃油经济性对比来看，在目前油价高企的时代，政府补贴后，新能源汽车的购买价值已经凸显出来，混合动力家用车、出租车和公交车已具备产业化的可能。但对于新能源汽车，短期内受新型动力汽车的发展规模限制，作为新兴产业，其产品接受度、技术成熟度、产品质量都还有待接受长期的市场考验。

附表：

2010 年汽车行业上市公司业绩评价结果排序表

行业排名	全部上市公司排名	股票代码	股票简称	综合得分（100 分）	每股收益（元）	总资产报酬率（%）	净资产收益率（%）	总资产周转率（次）	流动资产周转率（次）	资产负债率（%）	获利倍数	营业收入增长率（%）	资本扩张率（%）	市场投资回报率（%）	股价波动率（%）	年末资产额（万元）	营业收入净额（万元）	净利润（万元）
1	2	600104	上海汽车	86.90	1.61	14.75	34.58	1.70	2.84	64.28	69.99	125.01	74.81	−16.50	96.63	22 884 235.90	31 248 548.63	2 283 277.37
2	6	000338	潍柴动力	84.05	4.07	21.48	40.30	1.43	2.01	55.20	99.83	78.13	49.22	53.11	188.33	5 215 985.06	6 327 956.44	799 910.43
3	8	000550	江铃汽车	83.24	1.98	19.86	31.25	1.61	2.35	44.45	—	51.13	26.19	32.65	139.81	1 123 771.51	1 576 789.67	174 701.57
4	18	600741	华域汽车	79.78	0.97	15.64	25.65	1.39	2.22	46.03	—	78.62	26.50	−0.97	124.15	3 586 848.15	4 406 267.75	448 514.16
5	36	600166	福田汽车	77.33	1.73	9.36	24.78	2.53	3.99	67.29	30.84	19.30	97.85	28.59	92.08	2 464 147.19	5 349 205.24	164 601.17
6	39	600418	江淮汽车	77.11	0.90	9.56	21.38	2.13	4.31	64.64	—	47.84	23.93	8.26	133.05	1 553 422.11	2 970 436.24	117 637.53
7	50	000800	一汽轿车	75.61	1.14	13.92	23.31	2.32	3.26	50.35	—	34.43	13.32	−28.34	87.19	1 767 453.67	3 729 590.16	192 582.66
8	66	600066	宇通客车	74.53	1.65	16.10	38.02	2.19	3.36	63.43	59.31	53.48	14.35	16.83	92.88	679 703.80	1 347 850.01	85 711.64
9	71	000625	长安汽车	74.11	0.87	7.05	20.83	1.20	2.19	65.25	—	31.22	18.99	−29.50	77.80	3 045 642.61	3 307 212.42	200 574.71
10	111	600742	一汽富维	71.50	2.70	22.05	29.16	2.11	5.59	29.08	66.65	73.40	52.19	20.69	157.84	358 086.98	618 250.24	61 795.14
11	120	000887	中鼎股份	70.90	0.73	21.21	32.67	1.23	2.01	51.10	11.39	71.11	24.88	72.84	106.03	235 294.74	252 242.97	34 097.12
12	132	600660	福耀玻璃	70.38	0.89	22.27	34.56	0.87	2.53	44.71	12.65	39.95	33.19	−22.78	86.15	1 056 697.23	850 803.78	178 775.79
13	150	002283	天润曲轴	69.66	0.92	13.10	14.03	0.64	1.32	25.90	29.59	79.85	14.40	45.24	131.63	236 935.51	139 339.39	23 782.64
14	173	002048	宁波华翔	68.46	0.77	16.84	22.46	0.98	1.65	26.67	—	18.46	74.54	1.19	94.19	404 492.70	333 311.04	52 563.64
15	175	002126	银轮股份	68.37	1.31	13.07	22.05	1.05	1.60	58.75	7.30	64.50	26.50	68.28	134.73	165 684.87	147 340.66	13 712.25
16	203	600480	凌云股份	67.06	0.81	15.01	20.67	1.01	1.33	41.32	15.54	36.70	78.32	25.10	97.31	417 325.62	343 112.51	40 140.51
17	221	000572	海马股份	66.47	0.31	5.31	4.24	0.98	1.56	37.42	—	62.51	76.69	−14.07	90.44	1 273 675.54	1 018 464.00	50 947.90
18	257	000951	中国重汽	64.99	1.60	7.07	23.74	1.62	1.92	79.71	6.39	41.96	26.38	−0.53	115.62	1 970 456.84	2 890 379.64	87 641.98
19	266	600081	东风科技	64.84	0.52	17.61	40.63	1.55	2.75	61.05	14.73	78.81	46.85	36.94	141.30	167 297.35	230 666.77	21 860.54
20	279	000559	万向钱潮	64.44	0.37	9.12	13.92	1.13	1.85	50.00	7.84	40.39	115.19	90.59	191.33	807 860.32	781 967.52	47 239.20
21	281	600686	金龙汽车	64.34	0.53	5.11	17.46	1.48	1.82	75.93	—	37.25	19.67	−10.09	84.29	1 242 903.42	1 615 614.18	50 049.45
22	299	002213	特尔佳	63.84	0.20	12.59	15.31	0.71	0.95	29.70	—	54.87	12.21	150.53	213.10	39 323.76	25 713.64	4 037.00
23	320	600303	曙光股份	63.20	1.09	6.34	13.10	1.04	1.67	67.81	8.72	50.94	47.48	29.55	121.62	665 418.70	610 868.50	24 748.96
24	438	002085	万丰奥威	60.41	0.47	13.15	15.75	1.22	2.29	32.19	11.48	39.90	12.85	0.94	130.74	155 730.03	189 536.10	16 660.58
25	491	002284	亚太股份	59.03	0.62	8.42	12.38	1.00	1.46	44.53	11.25	32.19	11.77	4.14	77.63	182 842.66	175 019.65	12 457.82
26	541	600006	东风汽车	57.72	0.29	3.56	8.19	1.17	1.70	61.40	—	38.35	7.38	−25.97	75.31	1 882 427.45	1 980 017.95	60 363.78

续表

行业排名	全部上市公司排名	股票代码	股票简称	综合得分(100分)	每股收益（元）	总资产报酬率（%）	净资产收益率（%）	总资产周转率（次）	流动资产周转率（次）	资产负债率（%）	获利倍数	营业收入增长率（%）	资本扩张率（%）	市场投资回报率（%）	股价波动率（%）	年末资产额（万元）	营业收入净额（万元）	净利润（万元）
27	702	600991	广汽长丰	53.98	0.30	4.94	5.88	0.99	2.82	60.71	2.27	27.04	6.05	33.65	144.11	631 127.05	619 887.50	14 764.29
28	720	002328	新朋股份	53.75	0.53	6.83	7.15	0.53	0.63	8.37	—	8.24	0.53	−15.47	87.57	239 382.03	128 153.18	15 734.31
29	756	600148	长春一东	53.06	0.15	6.45	11.45	0.99	1.30	62.85	8.72	79.30	11.37	11.46	113.97	81 660.94	71 771.46	3 371.72
30	760	000868	安凯客车	52.99	0.24	3.84	8.57	1.33	1.82	68.93	8.92	43.94	11.15	−10.20	81.93	253 698.22	315 263.88	7 668.65
31	797	000927	一汽夏利	52.31	0.19	4.59	7.27	1.15	3.22	59.99	7.20	15.45	4.48	−22.58	72.72	907 931.31	989 123.95	30 223.34
32	851	002013	中航精机	51.17	0.21	6.17	7.16	0.76	1.23	33.98	12.73	24.54	7.20	185.95	366.73	70 606.98	53 662.22	3 518.54
33	855	000957	中通客车	51.14	0.17	3.61	4.89	1.33	1.82	64.07	13.39	38.21	7.44	−8.97	60.54	163 688.88	200 756.13	3 943.20
34	858	600609	*ST金杯	51.12	0.26	10.01	47.05	0.96	1.21	90.69	4.10	13.87	212.06	−11.09	104.76	492 457.53	467 489.38	33 108.70
35	905	000678	襄阳轴承	49.98	0.08	3.85	5.32	0.93	1.58	45.59	4.96	59.93	5.31	21.01	77.28	91 918.17	78 760.56	2 542.35
36	915	600988	*ST宝龙	49.87	0.13	18.40	6.41	0.82	1.11	147.32	—	197.69	—	−11.54	117.49	7 688.71	6 460.23	1 422.90
37	1088	000710	天兴仪表	46.22	0.05	3.85	5.84	1.24	1.73	68.11	3.59	13.50	6.74	−14.75	113.53	38 326.60	46 416.12	757.68
38	1099	600482	风帆股份	45.96	0.11	4.49	4.33	1.11	1.83	62.30	2.16	21.30	4.52	33.01	120.74	300 337.58	325 500.31	4 892.04
39	1166	000980	金马股份	44.10	0.14	4.14	3.69	0.47	0.77	35.10	4.11	41.68	3.88	2.02	96.84	179 678.81	80 380.41	4 360.06
40	1263	000760	*ST博盈	40.25	0.01	2.70	2.28	0.89	1.37	56.25	3.31	−8.61	34.13	−13.89	99.51	56 678.31	55 063.15	476.44
41	1281	000700	模塑科技	39.51	0.11	5.13	6.35	0.54	1.09	76.33	2.00	14.10	−2.69	4.95	70.94	389 423.74	197 085.13	6 229.89
42	1309	600565	迪马股份	38.38	0.08	2.30	1.94	0.39	0.43	72.15	3.45	120.60	22.95	−20.75	94.74	544 828.63	181 983.91	7 104.61
43	1438	600213	亚星客车	31.99	0.03	1.36	−9.59	0.87	1.22	72.35	2.69	27.40	2.81	109.88	169.10	79 462.58	66 733.57	658.90
44	1439	002265	西仪股份	31.96	0.04	2.13	−0.42	0.64	1.13	31.80	6.70	18.94	2.41	7.39	114.32	81 571.11	52 096.03	1 240.06
45	1662	600715	ST松辽	10.55	−0.22	−20.06	−117.12	—	—	91.38	−241.80	−99.61	−74.20	32.15	87.51	20 131.36	22.58	−4 991.91
		002454	松芝股份	74.97	1.12	17.38	20.90	0.76	0.90	22.80	83.71	41.42	252.47	71.77	38.21	230 778.34	130 143.75	24 685.83
		002406	远东传动	73.90	1.11	16.07	15.85	0.75	1.06	7.47	—	64.57	300.42	44.61	61.91	197 494.45	101 481.50	18 517.75
		000883	湖北能源	73.79	0.50	13.71	3.55	0.68	3.68	67.25	2.33	143.22	659.92	−15.64	77.21	2 837 915.60	1 132 659.38	99 466.46
		002472	双环传动	70.55	1.36	14.85	15.91	0.69	1.22	18.00	7.43	59.21	279.29	−16.19	30.37	149 635.04	84 305.50	13 075.40
		300100	双林股份	70.26	1.31	15.29	19.87	0.86	1.20	29.73	13.51	42.78	232.86	14.29	23.26	117 012.36	77 588.79	10 789.69
		002448	中原内配	69.42	1.32	14.24	16.50	0.85	1.43	28.17	11.79	32.11	197.24	35.09	29.61	123 911.61	82 223.66	10 399.33
		002434	万里扬	63.17	1.01	10.98	9.91	0.55	0.78	15.75	—	13.76	316.25	6.54	39.14	211 801.46	82 713.97	14 960.39

续表

行业排名	全部上市公司排名	股票代码	股票简称	综合得分（100分）	每股收益（元）	总资产报酬率（%）	净资产收益率（%）	总资产周转率（次）	流动资产周转率（次）	资产负债率（%）	获利倍数	营业收入增长率（%）	资本扩张率（%）	市场投资回报率（%）	股价波动率（%）	年末资产总额（万元）	营业收入净额（万元）	净利润（万元）
		002355	兴民钢圈	59.21	0.47	10.03	12.17	1.03	1.62	33.61	96.19	25.47	199.66	13.90	55.45	177 555.35	133 955.24	9 611.20
		002488	金固股份	56.03	0.65	9.61	10.09	0.61	0.84	35.19	4.32	55.33	323.02	−32.99	10.55	134 816.63	59 073.58	6 193.23
		601777	力帆股份	55.38	0.50	6.73	11.16	0.85	1.23	52.98	5.63	27.05	172.48	−167.09	17.30	1 014 946.26	677 077.42	38 005.45
		002363	隆基机械	49.56	0.43	7.21	7.93	0.74	1.39	43.90	4.09	13.01	164.02	−23.77	79.83	158 597.47	92 368.34	5 067.84

第十一章 战略性新兴产业上市公司业绩评价

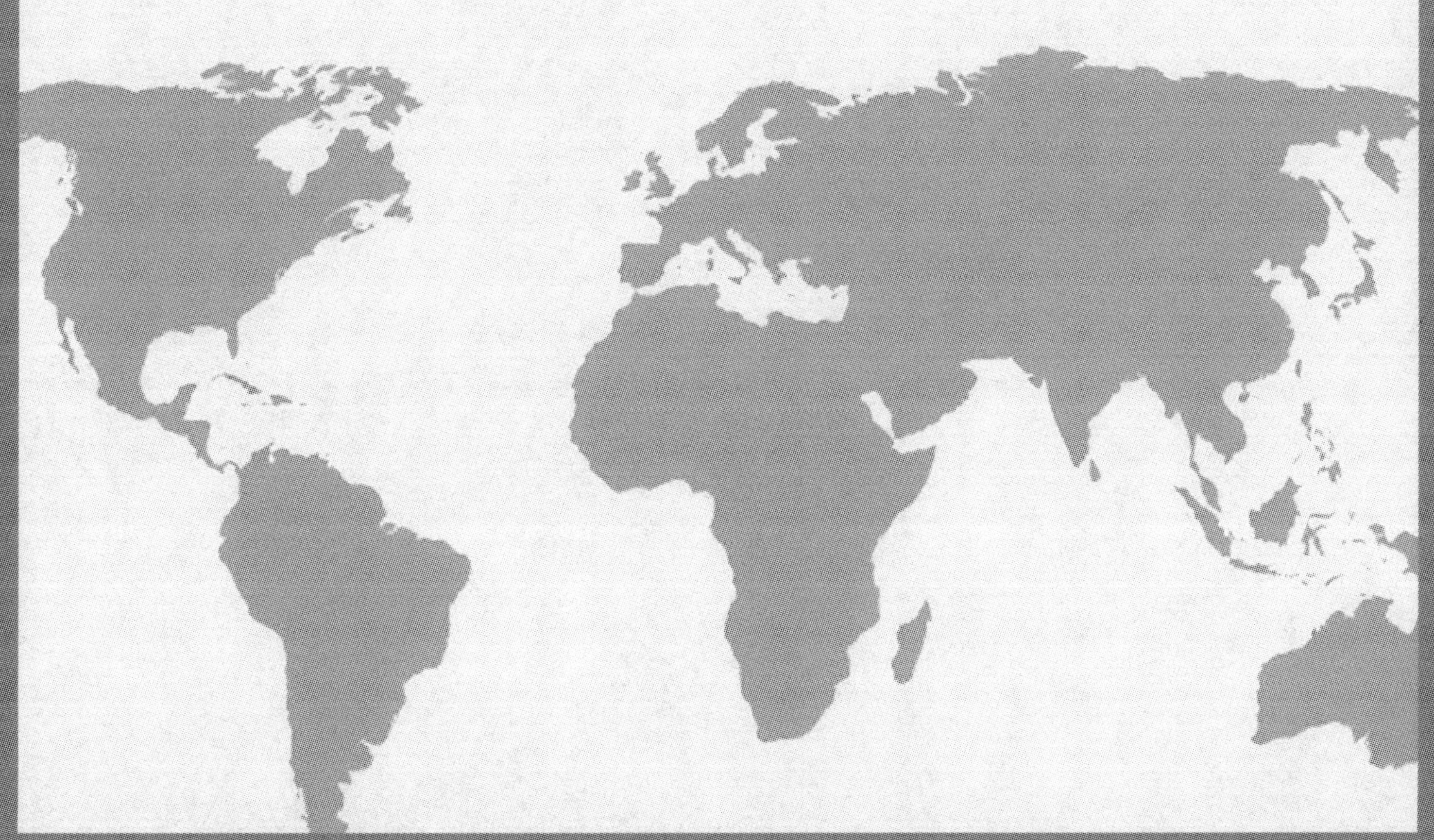

2010 年是中国战略性新兴产业具有里程碑意义的一年，尤其是 2010 年 10 月 10 日国务院出台的《关于加快培育和发展战略性新兴产业的决定》（国发〔2010〕32 号），成为中国战略性新兴产业发展的纲领性文件，该决定指出将立足中国国情和科技、产业基础，在现阶段重点培育和发展节能环保、新一代信息技术、生物、高端装备制造、新能源、新材料、新能源汽车七大产业。

2010 年战略性新兴产业政策的密集出台，不仅表明中国政府加快经济结构转型、促进产业升级的坚定决心，战略新兴产业发展将步入跨越式发展阶段，也标志着相关上市公司正面临着不可多得的重大历史发展机遇。

一、 中国上市公司业绩评价结果综述

在 2010 年 2002 家上市公司统计口径中，有多家上市公司涉足战略性新兴产业各细分行业，我们以中证新兴产业 100 指数作为样本（该指数由中证指数公司编制，精选在上海证券交易所和深圳证券交易所中上市的规模大、流动性好的 100 家新兴产业上市公司），基本可以综合反映沪深证券市场中战略性新兴产业公司的整体表现（同时需要指出，在样本选择时，纳入样本公司中，很多上市公司目前的主营业务及主营业务收入还来源于传统产业，但是上述公司正通过多种方式全力进军战略性新兴产业，因此考虑到未来发展，我们将其纳入本次样本）。

截至 2010 年末，战略性新兴产业 A 股上市样本公司共计 100 家，合计完成营业收入 14 927.89亿元，占全部上市公司（2002 家口径）营业收入 147 010.91 亿元的 10.15%；战略性新兴产业上市公司实现净利润 1 403.60 亿元，占全部上市公司实现利润 9 615.58 亿元的 14.60%，这充分显示了该类公司具有较强的盈利能力（见表 11-1）。

表 11-1 战略性新兴产业与全部上市公司经营业绩 单位：亿元

项目	公司户数（户）	营业收入（亿元）	净利润（亿元）
	2010 年	2010 年	2010 年
全部上市公司	2 002	147 010.91	9 615.58
战略性新兴产业	100	14 927.89	1 403.60
比例（%）	5.00	10.15	14.60

从业绩评价结果看，主要特点如下：

第一，综合评价位居全部行业排名前列。2010 年战略性新兴产业的综合评价分值为 68.30 分，高于全市场 62.28 分的 9.8%，其中财务效益状况得分 25.07 分；资产质量状况得分 8.24 分；偿债能力状况得分 10.04 分；发展能力状况得分 13.35 分；市场表现状况得分 9.85 分。

第二，百强名单中战略性新兴产业上市公司占了 20 家，从而显示了战略性新兴产业的重要地位。这 20 家上市公司分别为上海汽车（第 2 名）、国阳新能（第 12 名）、潞安环能（第 17 名）、南玻 A（第 21 名）、金风科技（第 25 名）、航天信息（第 28 名）、福田汽车（第 36 名）、一汽轿车（第 50 名）、江中药业（第 57 名）、盘江股份（第 61 名）、宇通客车（第 66 名）、长安汽车（第 71 名）、博瑞传播（第 72 名）包钢稀土（第 75 名）、苏宁电器（第 76 名）、中国神华（第 80 名）、浙江医药（第 84 名）、恒瑞医药（第 90 名）、国投新集（第 96 名）、莱宝高科（第 100 名）。

第三，战略性新兴产业净资产收益率的平均值为 16.85%，远高于全部上市公司净资产收益率的平均值，这表明战略性新兴产业上市公司盈利能力较强。

第四，战略性新兴产业上市公司评价结果分布呈现金字塔型特点，评价优良的比较少。从评价结果的类型来看，100 家上市公司样本中业绩为优秀的有上海汽车、国阳新能等 34 家；业绩为良好的有 25 家；业绩为中的有 11 家；业绩为低的有 21 家；业绩为差的有 9 家。

第五，战略性新兴产业排名第一的上海汽车综合实力迈上新台阶。2010 年，上海汽车业绩评价排名从 2009 年全部上市公司排名第 4 位进一步上升到 2010 年的第 2 位，为公司业绩评价以来的最好排名。2010 年，上海汽车实现主营业务收入 3 124.85 亿元，较 2009 年的 1 388.75 亿元净增长 1 736.10 亿元，增幅高达 1.25 倍；实现净利润 228.33 亿元，较 2009 年的 85.97 亿元增幅高达 1.66 倍；在各项主要经营指标全面超额完成预定目标的同时，上海汽车经营规模、资产质量、收益率、市值等指标继续保持行业先进水平（见表 11-2）。

表 11-2　　2010 年战略性新兴产业中联十强排名

名次	股票代码	单位名称	全部上市公司排名
1	600104	上海汽车	2
2	600348	国阳新能	12
3	601699	潞安环能	17
4	000012	南玻 A	21
5	002202	金风科技	25
6	600271	航天信息	28
7	600166	福田汽车	36
8	000800	一汽轿车	50
9	600750	江中药业	57
10	600395	盘江股份	61

基于对战略性新兴产业上市公司的整体评价，下面分别从财务效益状况、资产质量状况、偿债风险状况、发展能力状况、市场表现状况五个方面对战略性新兴产业上市公司进行

具体分析。

（一）财务效益状况

战略性新兴产业上市公司财务效益状况（满分为 35 分）平均得分高于上市公司平均得分。表 11-3 列示了战略性新兴产业上市公司财务效益状况评价结果。

表 11-3　　战略性新兴产业上市公司财务效益状况

评价指标		2010 年上市公司平均值	2010 年战略性新兴产业上市公司值
基本指标	扣除非经常性损益净资产收益率（%）	12.54	16.85
	总资产报酬率（%）	8.09	10.29
	得分（分）	21.28	27.02
修正指标	营业利润率（%）	7.70	10.85
	盈利现金保障倍数	1.24	1.12
	股本收益率（%）	51.08	73.26
综合得分（分）		22.00	26.91

战略性新兴产业上市公司总体财务效益状况明显优于上市公司平均值。其中，净资产收益率高于全部上市公司平均值 4.31 个百分点；股本收益率高于全部上市公司平均值 22.16 个百分点。

（二）资产质量状况

战略性新兴产业上市公司资产质量状况（满分为 15 分）平均得分略低于上市公司平均得分。表 11-4 列示了战略性新兴产业上市公司资产质量状况评价结果。

表 11-4　　战略性新兴产业上市公司资产质量状况

评价指标		2010 年上市公司平均值	2010 年战略性新兴产业上市公司值
基本指标	总资产周转率（次）	0.88	0.86
	流动资产周转率（次）	1.93	1.54
	得分（分）	9.40	8.67
修正指标	应收账款周转率（次）	14.78	9.75
	存货周转率（次）	4.36	4.95
综合得分（分）		9.21	8.51

战略性新兴产业上市公司总体上资产质量不及上市公司平均水平，其中总资产周转率为 0.86 次，低于上市公司平均值 0.88 次，流动资产周转率 1.54 次，远低于上市公司平均值 1.93 次。

（三）偿债风险状况

从表 11-5 中战略性新兴产业指标的分析可知，该行业上市公司偿债风险状况平均得分高于全国所有上市公司平均水平。偿债风险得分上升的原因主要是战略性新兴产业公司资产负债率低于上市公司均值，速动比率高于上市公司均值。2010 年战略性新兴产业获利倍数为 17.09 倍，远高于上市公司平均值 9.32 倍，这充分反映了战略性新兴产业的抗风险性。

表 11-5　　战略性新兴产业偿债风险状况

评价指标		2010 年上市公司平均值	2010 年战略性新兴产业上市公司值
基本指标	资产负债率（%）	57.60	54.18
	获利倍数（倍）	9.32	17.09
	得分（分）	9.20	10.44
修正指标	速动比率（%）	73.82	99.83
	现金流动负债比率（%）	15.97	19.28
	带息负债比率（%）	45.08	29.58
综合得分		9.08	10.15

（四）发展能力状况

从表 11-6 可知，战略性新兴产业上市公司发展能力状况指标（满分为 20 分），指标平均得分略高于全国所有上市公司平均水平。除资本扩张率、三年营业收入增长率高于全国所有上市公司水平外，累计保留盈余率、主营业务增长率、总资产周转率、营业利润增长率都低于上市公司的平均值。

表 11-6　　战略性新兴产业发展能力状况

评价指标		2010 年上市公司平均值	2010 年战略性新兴产业上市公司值
基本指标	主营业务增长率（%）	37.70	37.23
	资本扩张率（%）	22.63	26.10
	得分（分）	12.20	12.45
基本指标	累计保留盈余率（%）	38.94	38.75
	三年营业收入增长率（%）	19.50	24.65
	总资产增长率（%）	22.95	22.78
	营业利润增长率（%）	47.00	39.29
综合得分		12.99	13.37

（五）市场表现状况

表 11-7 列出了战略性新兴产业上市公司市场表现（满分为 15 分），评价结果得分略高于上市公司平均值。从指标来看，战略性新兴产业上市公司的市场投资回报率为 26.47%，远高于全国所有上市公司 12.19%的平均水平，股价波动率为 113.79%，远高于全国所有上市公司 94.83%的水平，这说明战略性新兴产业上市公司在证券市场的活跃能力和股价波动

高于市场平均水平。

表 11-7 战略性新兴产业公司市场表现

评价指标	2010 年上市公司平均值	2010 年战略性新兴产业上市公司值
市场投资回报率（%）	12.19	26.47
股价波动率（%）	94.83	113.79
得分（分）	9.00	9.33

二、战略性新兴产业业绩影响因素分析

（一）《关于加快培育和发展战略性新兴产业的决定》明确了战略性新兴产业在国民经济发展中的战略地位，是该产业跨越式发展的政策保障

2010 年 10 月 10 日，国务院出台的《关于加快培育和发展战略性新兴产业的决定》（国发〔2010〕32 号），成为中国战略性新兴产业发展的纲领性文件。该决定的出台，标志战略性新兴产业必将成为“十二五”期间影响中国经济产业发展的大事。

2010 年中国战略性新兴产业头等大事

《关于加快培育和发展战略性新兴产业的决定》（国发〔2010〕32 号）指出，战略性新兴产业是引导未来经济社会发展的重要力量。发展战略性新兴产业已成为世界主要国家抢占新一轮经济和科技发展制高点的重大战略。中国正处在全面建设小康社会的关键时期，必须按照科学发展观的要求，抓住机遇，明确方向，突出重点，加快培育和发展战略性新兴产业。

1. 加快培育和发展战略性新兴产业对推进中国现代化建设有重要战略意义

（1）加快培育和发展战略性新兴产业是全面建设小康社会、实现可持续发展的必然选择。

（2）加快培育和发展战略性新兴产业是推进产业结构升级、加快经济发展方式转变的重大举措。

（3）加快培育和发展战略性新兴产业是构建国际竞争新优势、掌握发展主动权的迫切需要。

2. 加快培育和发展战略性新兴产业的主要途径是强化科技创新，提升产业核心竞争力

(1) 加强产业关键核心技术和前沿技术研究。(2) 强化企业技术创新能力建设。(3) 加快落实人才强国战略和知识产权战略。(4) 实施重大产业创新发展工程。(5) 建设产业创新支撑体系。(6) 推进重大科技成果产业化和产业集聚发展。

(二) 战略性新兴产业将打造未来十年中国最具成长性的板块

《关于加快培育和发展战略性新兴产业的决定》规划到 2015 年战略性新兴产业增加值占国内生产总值的比重力争达到 8%左右，到 2020 年这一比重力争达到 15%左右。目前战略性新兴产业占中国国内生产总值的比重为 3%左右，该决定中提出的目标意味着 5 年后新兴产业增加值将较目前增长 1.67 倍，10 年后将较目前增长 4 倍。但若考虑到中国经济未来 10 年持续的增长和通胀影响，新兴产业未来实际的增速要远远高于这一数字。若按中国经济未来每年增长 8%计算，5 年后新兴产业增加值实际将较目前增长 2.92 倍，10 年后实际将较目前增长 9.79 倍。若再考虑到每年 3%的 CPI 增长，则 5 年和 10 年后新兴产业增加值实际将较目前分别增长 3.49 倍和 13.20 倍。可以推测，国务院为战略性新兴产业制定的发展目标意味着有关行业将实现“十年十倍”的增长，而其中，行业的龙头企业成长速度还会远远超越行业的平均增速，这将为投资者提供未来 10 年中国最具成长性的产业板块。

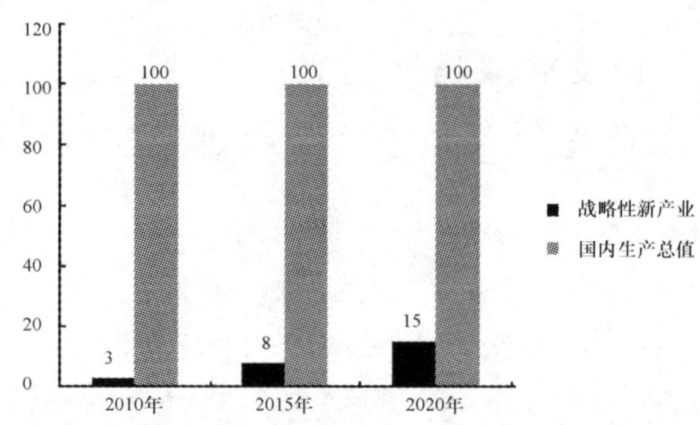

图 11-1 2010～2020 年战略性新兴产业产值占比目标

(三) 上市公司以多种方式快速进入战略性新兴产业，将扩大相关公司未来业绩

随着中国经济结构调整，上市公司投资新兴产业的热情逐步高涨。目前，上市公司进入战略性新兴产业主要有以下途径：

1. 自身行业属于战略性新兴产业，受益于行业发展

国发[2010] 32 号文件出台后，部分上市公司因所属行业属于战略性新兴产业扶持范畴，将进一步受益于整个行业发展。例如节能环保方面，三安光电、士兰微等上市公司的 LED 项目将因照明节能的优势，实现快速发展。例如新一代信息技术方面，广电网络、天威视讯、中视传媒、电广传媒、歌华有线等上市公司将明显受益于三网融合的政策扶持；远望谷、上海贝岭、厦门信达、新大陆、同方股份等上市公司将受益于物联网概念的兴起和普及。例如生物医药方面，天坛生物、华兰生物、双鹭药业等上市公司将在政策、税收等方面进一步获得政策支持并实现快速发展。

2. 传统行业产业升级进入战略性新兴产业

目前，很多上市公司原本从事传统行业，但随着行业产业升级、更新换代，逐步调整投资和经营策略，快速步入战略性新兴产业。例如，高端装备方面，沈阳机床、昆明机床、秦川发展等老牌机床龙头企业，近年来纷纷加大投入，进军高端智能装备制造。例如，新能源汽车方面，上海汽车、宇通客车、安凯客车等整车制造商纷纷加大投资，向电动车的研发、设计、生产领域发展。大洋电机等传统电机制造企业则逐步转型向新能源电机方向发展。

3. 产业外上市公司通过定向增发募集资金，投向战略性新兴产业

随着战略性新兴产业成为资本市场上追逐的热点，众多非该产业的上市公司也通过各种渠道纷纷进入战略性新兴产业。例如，华胜天成、浪潮信息、ST 新太、大东南等上市公司在公布定向增发预案时，纷纷打出云计算、物联网、新材料等热门概念，以期在战略性新兴产业巨大的市场蛋糕面前获得较好的收益。

4. 新兴产业公司通过借壳方式顺利成为上市公司

目前，考虑到国家有关部门对新兴产业上市的扶持，新兴产业公司借壳上市也将逐渐增加。例如，海润光伏换股 ST 申龙，亿晶光电置换海通集团等。

三、 战略性新兴产业七大板块前景分析

根据战略性新兴产业的特征，立足中国国情和科技、产业基础，现阶段重点培育和发展节能环保、新一代信息技术、生物、高端装备制造、新能源、新材料、新能源汽车七大产业，其中前四大产业为支柱行业，后三大产业为先导行业。

战略性新兴产业分类及发展方向具体内容如表 11-8 所示。

表 11-8 战略性新兴产业分类及发展方向

新兴产业分类	新兴产业发展方向
（一）节能环保产业	重点开发推广高效节能技术装备及产品，实现重点领域关键技术突破，带动能效整体水平的提高。加快资源循环利用关键共性技术研发和产业化示范，提高资源综合利用水平和再制造产业化水平。示范推广先进环保技术装备及产品，提升污染防治水平。推进市场化节能环保服务体系建设。加快建立以先进技术为支撑的废旧商品回收利用体系，积极推进煤炭清洁利用、海水综合利用
（二）新一代信息技术产业	加快建设宽带、泛在、融合、安全的信息网络基础设施，推动新一代移动通信、下一代互联网核心设备和智能终端的研发及产业化，加快推进三网融合，促进物联网、云计算的研发和示范应用。着力发展集成电路、新型显示、高端软件、高端服务器等核心基础产业。提升软件服务、网络增值服务等信息服务能力，加快重要基础设施智能化改造。大力发展数字虚拟等技术，促进文化创意产业发展

续表

新兴产业分类	新兴产业发展方向
（三）生物产业	大力发展用于重大疾病防治的生物技术药物、新型疫苗和诊断试剂、化学药物、现代中药等创新药物大品种，提升生物医药产业水平。加快先进医疗设备、医用材料等生物医学工程产品的研发和产业化，促进规模化发展。着力培育生物育种产业，积极推广绿色农用生物产品，促进生物农业加快发展。推进生物制造关键技术开发、示范与应用。加快海洋生物技术及产品的研发和产业化
（四）高端装备制造产业	重点发展以干支线飞机和通用飞机为主的航空装备，做大做强航空产业。积极推进空间基础设施建设，促进卫星及其应用产业发展。依托客运专线和城市轨道交通等重点工程建设，大力发展轨道交通装备。面向海洋资源开发，大力发展海洋工程装备。强化基础配套能力，积极发展以数字化、柔性化及系统集成技术为核心的智能制造装备
（五）新能源产业	积极研发新一代核能技术和先进反应堆，发展核能产业。加快太阳能热利用技术推广应用，开拓多元化的太阳能光伏光热发电市场。提高风电技术装备水平，有序推进风电规模化发展，加快适应新能源发展的智能电网及运行体系建设。因地制宜开发利用生物质能
（六）新材料产业	大力发展稀土功能材料、高性能膜材料、特种玻璃、功能陶瓷、半导体照明材料等新型功能材料。积极发展高品质特殊钢、新型合金材料、工程塑料等先进结构材料。提升碳纤维、芳纶、超高分子量聚乙烯纤维等高性能纤维及其复合材料发展水平。开展纳米、超导、智能等共性基础材料研究
（七）新能源汽车产业	着力突破动力电池、驱动电机和电子控制领域关键核心技术，推进插电式混合动力汽车、纯电动汽车推广应用和产业化。同时，开展燃料电池汽车相关前沿技术研发，大力推进高能效、低排放节能汽车发展

（一）战略性新兴产业之支柱行业——节能环保板块

在《国务院关于加快培育和发展战略性新兴产业的决定》中，节能环保在七大战略性新兴产业中高居第一。根据规划，到2020年节能环保将成为中国国民经济的支柱产业。国家环境保护“十二五”规划则初步确定，“十二五”期间中国环保投资将达3.1万亿元，较“十一五”期间1.54万元亿的投资额大增101%。因此，节能环保紧连着国民生活的方方面面，其涉及范围之广、牵动的产业领域之多，是其他产业难以比拟的，将成为中国经济转型的关键。

1. 节能领域

(1) 工业节能：节能技术市场前景大。

目前中国工业能源消费约占全部能源消费的70%，工业节能减排意义重大。目前中国淘汰落后产能是工业节能的重要方式，但是可以预计未来将越来越依靠节能技术的推广。2006年3月发布的《国民经济和社会发展十一五年规划纲要》提出了实施十大重点节能工程，包括锅炉窑炉改造、区域热点联产、余热余压利用、节约和替代石油、电机系统节能等。根据有关数据，2008年中国能效等级为3或更低电机的比重约为79.8%，因此高效电机将显著受益于节能产品惠民工程和停用低能效电机的政策，具有巨大市场前景。

英威腾是深圳一家的从事变频器、节能电器、工业自动化控制、控制软件、系统软件等生产的中小板上市公司。从股价对比图可清晰看出，在2010年8月前后该公司股价明显受到投资人热捧，强于同期市场指数表现（见图11-2）。

图 11-2　2010 年至今英威腾与沪深 300 指数比较

（2）建筑节能：节能标准不断提高带来巨大市场。

2010 年 5 月公布的《国务院关于确保实现十一五节能减排目标通知》提出：到 2010 年底，全国城镇新建建筑执行节能强制性标准比例达到 95%以上。

据估算，目前中国既有建筑面积约 460 亿平方米。截至 2009 年底，全国城镇累计建成节能建筑面积 40.8 亿平方米，节能建筑占城镇建筑面积的比例为 21.7%。另一方面，近年来国家提高了建筑节能标准，2005～2010 年全面启动建筑节能和推广绿色建筑，平均节能率达到 50%；2010～2020 年，将进一步提高建筑节能标准，平均节能率要达到 65%。建筑节能市场潜力巨大，节能玻璃、保温墙体材料、石膏板、节能幕墙等节能材料将因此受益。

2. 环保领域

"十一五"期间中国环保产业可望保持年均 15%～17%的增长速度。到 2010 年中国环保产业年产值预计将达 8 800 亿元。中国环境污染治理投资占 GDP 比重逐年提高，从 2000 年的 1.02%提高到 2008 年的 1.49%。在水污染处理方面，"十五"期间投资规模为 2 700 亿元，"十一五"期间为 6 400 亿元，增长 137%；大气污染改善方面，"十五"期间投资规模为 2 800 亿元，"十一五"期间为 6 000 亿元，增长 114%。

（二）战略性新兴产业之支柱行业——新一代信息技术板块

《国务院关于加快培育和发展战略性新兴产业的决定》规划到2020年新一代信息技术产业将发展成为中国国民经济的支柱产业。国家对新一代信息技术产业未来支柱产业定位的明确，打开了整个行业快速成长的空间，全面性的突破成长有望成为未来10～20年中国信息技术产业发展的重要特征。

1. 三网融合：市场空间巨大

目前，中国的广电网络数字化程度低，大部分是单向信号。据工信部统计数据，截至2009年底，全国电视用户约4亿户、有线电视用户约1.74亿户、有线数字电视用户数6 500多万户、双向覆盖用户3 000多万户、实际双向机顶盒用户只有200多万户。2010年6月30日，中国第一批“三网融合”试点地区/城市公布，加快了三网融合进程。未来三年“三网融合”可拉动投资和消费6 880亿元，其中广电有线网络双向改造、机顶盒产业升级和音视频节目内容信息系统的建设投资将达到2 490亿元。

2. 物联网：下一个亿万级产业

物联网被誉为又一次信息产业革命，其应用范围几乎覆盖了各行各业，必将带动相关行业的技术进步和快速发展，比如传感设备、网络设备、有线网、无线通信、广电网、智能交通、智能城市、安全、监控、工业、农业、医疗、分布式计算等。“十二五”期间，中国将初步形成从传感器、芯片、软件、终端、整机、网络到业务应用的完整产业链，培育一批具有较强国际竞争力的物联网产业领军企业。同时重点推动以物联网为特征的智能物流产业的发展，到2015年将初步建立起与国家现代物流体系相适应的协调发展的物流信息化体系。

3. 新型平板显示：国内企业突破上游材料垄断

近年来，国务院、发改委、工信部相继出台鼓励和扶持平板显示的相关政策，平板显示、液晶显示技术取得重大突破，国内平板显示产业呈现高速发展态势。2007年，平板显示产业规模超过千亿美元，成为继半导体之后第二个超千亿美元的电子信息产业。在国家政策的支持和下游强劲需求的带动下，TFT－LCD将是未来10年平板显示的主流。

4. 高性能集成电路：信息化建设的先导

集成电路产业是关系国民经济和社会发展全局的基础性、先导性和战略性产业，是新一代信息技术产业发展的核心和关键。不管从相关行业政策，还是集成电路本身政策来看，中国的集成电路都将面临难得的发展机遇，大规模集成电路产业也将迅速得到发展。

5. 下一代通信网络：信息化建设的基石

发展下一代通信网络是中国信息产业自身发展的必然选择。2010年政府工作报告指出，大力培育战略性新兴产业，要大力发展信息网络，积极推进三网融合取得实质性进展，加快物联网的研发应用。

6. 高端软件：信息化建设的引擎

2000年国务院发布实施18号文件《鼓励软件产业和集成电路产业发展的若干政策》，迎来了软件产业发展的“黄金十年”。2009年，中国软件服务业业务收入为9 970亿元，是2000年的16倍；软件出口196亿美元，是2000年的49倍。

（三）战略性新兴产业之支柱行业——生物产业板块

《国务院关于加快培育和发展战略性新兴产业的决定》规划到2020年生物产业将成为中国国民经济的支柱产业。其中，生物医药产业是整个行业中的重点发展方向。受益于《生物产业“十一五”规划》、新医改、国家百亿资金扶持重大新药创制的政策扶持，未来10年将是整个医药行业黄金发展期。

海普瑞是一家从事肝素钠原料药研究、生产及销售的制药公司，海普瑞因独特的题材，自上市以来热点不断，见图11-3。

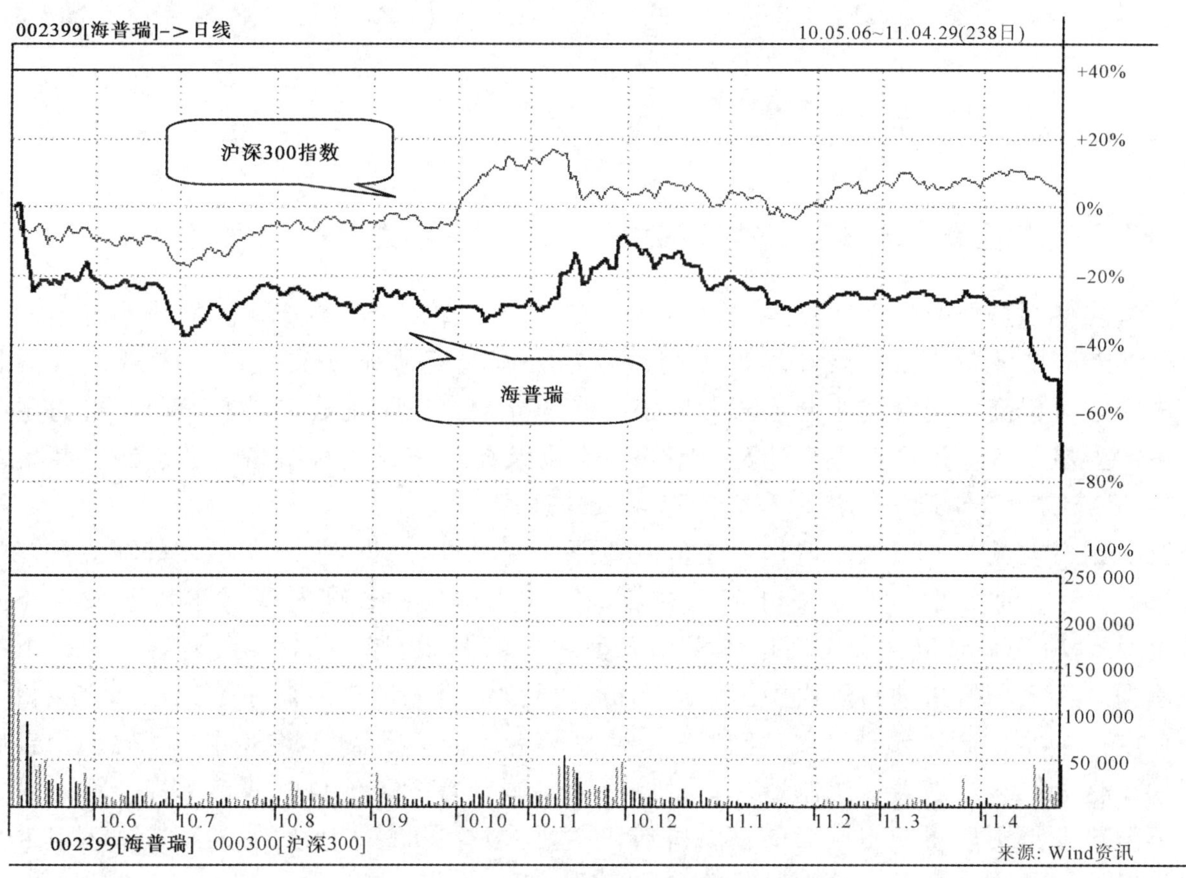

图11-3 海普瑞走势图与沪深300指数比较

海普瑞上市成就多个亮点，但也面临未来成长性的困扰

在市场的热切关注下，海普瑞（2399）2010年5月6日以开盘价166元，涨幅12.16%的成绩正式登陆深交所中小板。

亮点一：全球最大的肝素钠原料药生产企业。

亮点二：实际募资创中小板纪录。

海普瑞此次共发行4 010万股A股，募集资金总额超59亿元，实际募资额创下中小板纪录。

亮点三：创A股市场网上最高发行价。

海普瑞2009年主营业务收入达到22.24亿元，较2007年增长649.55%，年均复合增长率达到173.78%；2010年营业收入和净利润分别为38.53亿元和12.09亿元，分别比上年增长73.25%和49.44%。一系列突出的投资亮点使海普瑞备受投资者的认可，成就了A股市场最高发行价148元/股的奇迹。

困扰一：2011年一季报业绩不佳，高成长面临瓶颈

季报显示，海普瑞2011年第一季度净利润同比从2.49亿元下降至1.52亿元，降幅达38.96%。

这显示公司需重点关注自身高成长性问题。

（四）战略性新兴产业之支柱行业——高端装备制造产业板块

高端装备制造产业的发展决定了中国能否实现从制造大国向制造强国的战略转型。在七大战略性新兴产业中，政策将高端装备制造业作为国民经济未来支柱产业来进行扶持和发展。该决定对于高端装备制造的范畴做出了明确的界定：以干支线飞机和通用飞机为主的航空装备、卫星及其应用产业、高铁及城市轨道交通装备、海洋工程装备、智能制造装备。

1. 干支线飞机制造——摘取高端制造领域的皇冠

航空制造尤其是大飞机制造作为装备制造业的制高点，成为中国高端装备制造扶持的重中之重。“大飞机项目”自2007年起正式启动，作为中国中长期发展（2006—2020年）的16个重大专项之一，包含了大型运输机和大型客机两大项目。其中大型运输机项目由中航工业承揽，而大型客机项目则由中国商用飞机公司负责。无论是军需还是民用，大飞机未来的市场空间非常广阔：预计2020年前未来大型军用运输机的需求将超过500架，销售收入有望超千亿元。未来随着飞机制造逐步发展成为中国具有竞争优势的战略支柱产业，航空制造上下游产业链无疑将获得巨大的发展机遇，主要涉及飞机总装、发动机制造、飞机零部件制造、航电通信产品制造、航空材料等各个行业。

2. 通用飞机制造——高端消费市场的新疆域

通用航空，通常指除公共运输航班客、货运输活动外的所有使用民用航空飞行器的活动。从用途上看，通用飞机大多数是私人飞机和公务机。随着《低空空域管理改革指导意见》以及通用航空制造列入新兴产业“十一五”规划的出台，低空域政策对于通用航空产业的制约将成为历史。预计2010～2020年间中国通用航空飞机需求市场容量将达到1 500亿元人民币，将会带动通航运营和维修—机场及空管配套—通用飞机总装—国产飞机核心部件制造等一系列产业的发展。

3. 卫星及其应用产业——北斗导航的快速发展

根据《中国的航天》2000年和2006年两个版本白皮书的规划内容，中国航天发展的策略是优先安排应用卫星和卫星应用的发展，适度发展载人航天和月球探测，积极支持空间科

学探索，这无疑将卫星的发展次序放在了其他航天重大科技工程之首。2012 年后，伴随中国在轨卫星数量提升，中国卫星运营和应用将迎来新的转折点。全球卫星运营应用产业主要包括卫星通信、遥感和导航三大类业务。当前中国卫星导航已处于产业化转折的关键时期，卫星遥感应用正在探索商业化发展的道路，卫星通信广播应用产业已初具规模。综合来看，短期卫星导航市场机会更近。

4. 城市轨道交通装备——高铁的跨越式发展

2009 年中国已投入运营的高速铁路里程数已达到 6 552 公里；根据中国铁路的规划，到 2012 年中国将建成客运专线 42 条，总里程为 1.3 万公里；而到 2020 年将建成客运专线 1.6 万公里以上。

当前高铁装备制造已逐步成为中国的优势产业，中国高铁产业多次获得海外订单，并实现了出口地区由发展中国家到发达国家的转变。高铁建设前期基建行业首先受益，主要包括路基、桥涵、隧道、轨道、电气化工程和站房工程；随后受益的有车辆制造、铁路信息系统和铁路运营维护等行业。

5. 海洋工程装备——海洋发展的先头兵

海洋工程装备的发展代表国家对海洋资源开发上的利益，目前对于该领域的发展已经提升到国家战略的高度。海洋工程装备主要指海洋油气开发所需的海洋钻井平台、海洋采油平台和海洋工程船舶三类装备的制造。中国是海洋工程装备的需求大国，未来还有望通过设备国产化率的要求帮助国内企业进一步扩大市场份额。

海油工程是一家从事海洋、陆地油气田开发工程及配套设施的设计、建造、安装与维修的上市公司。2010 年以来海油工程国内海工作业量出现明显下降，由于海油工程利润增长驱动因素主要来源于营收的增长，这使得公司净利润同比下滑严重，直接反映在公司股价走势明显弱于同期大盘沪深 300 指数（见图 11-4）。

（五）战略性新兴产业之先导行业——新能源板块

《国务院关于加快培育和发展战略性新兴产业的决定》规划到 2020 年，新能源将成为中国国民经济的先导产业。发改委随后在对有关决定解读时指出，绿色新能源技术发展和产业化是解决能源危机、优化能源结构的根本出路。未来，中国“新兴能源产业发展规划”的规划期为 2011～2020 年，不仅包含核能、风能、太阳能和生物质能的开发利用，还包括洁净煤、智能电网、分布式能源、车用新能源等对传统能源的升级，并将采取有效措施加大节能力度，提高传统能源清洁化利用水平，同时推进替代产业发展，加大天然气等清洁能源利用规模。随着规划实施，未来 10 年将累计直接增加投资 5 万亿元，每年增加产值 1.5 万亿元。

截至 2009 年底，中国非化石能源在能源消费中的比重仅为 8%左右，根据新兴能源产业发展规划，预计到 2015 年，非化石能源占一次能源消费比重将达到 11%，到 2020 年该比重达到 15%。可见未来 10 年中国对新能源的需求非常巨大。

据初步测算，到 2020 年要完成非化石能源消费占比 15%的目标，核电规模至少达到 8 000 万千瓦时以上，水电装机规模达到 3.8 亿千瓦时以上，风电装机规模达到 2.5 亿千瓦时，太阳能装机容量达到 2 000 万千瓦时，生物质发电达到 3 000 万千瓦时。

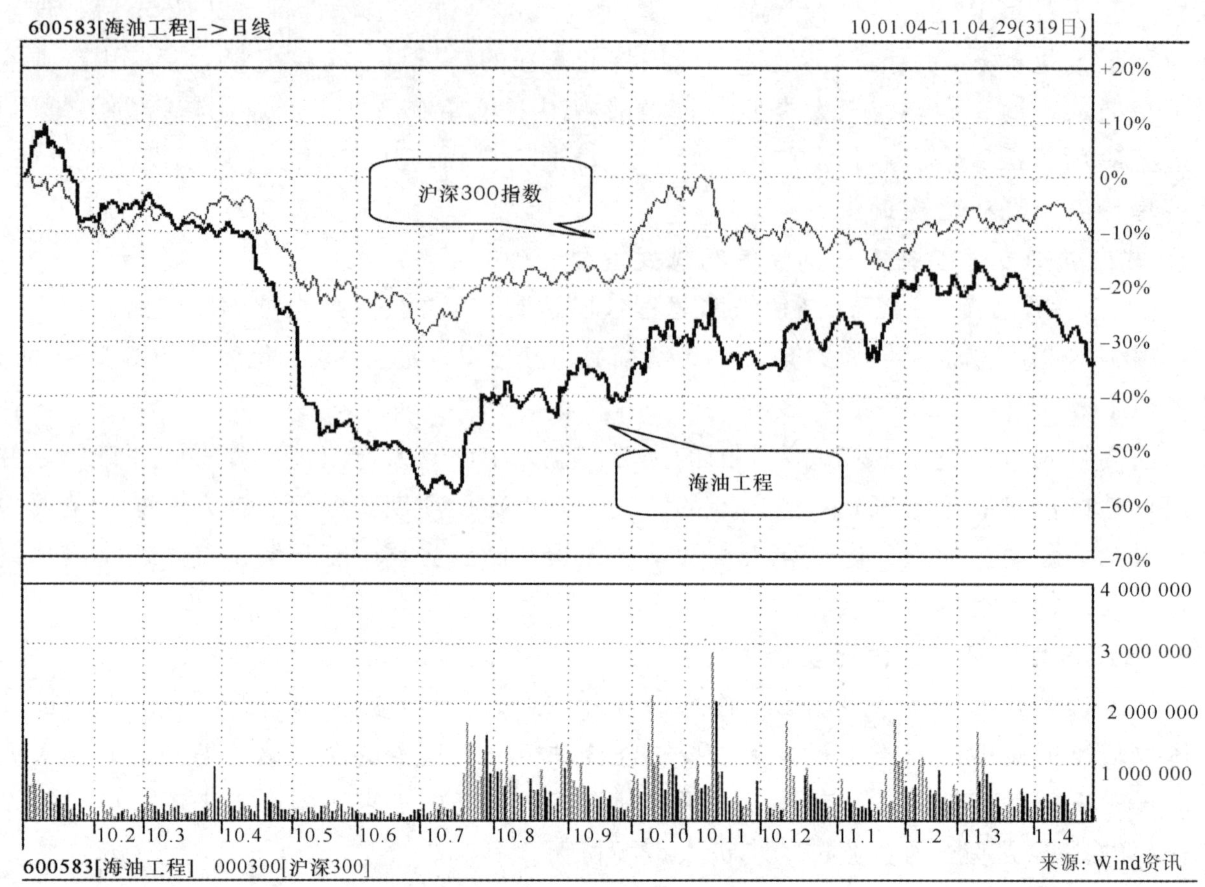

图 11-4 海油工程走势图与沪深 300 指数比较

1. 风能：超预期发展

近年来，国家不断出台政策支持风电建设和发展，而该行业发展屡超预期。2007 年发改委颁布的《可再生能源中长期发展规划》提出，到 2020 年全国风电总装机容量达到 3 000 万千瓦时，实际上该目标 2010 年即可完成，预计 2015 年全国风电规划装机为 9 000 万千瓦时（含海上风电 500 万千瓦时），2020 年全国风电规划装机 2.5 亿千瓦时（含海上风电 3 000 万千瓦时）。

金风科技是从事风力发电机组及风电零部件设计、制造的龙头公司之一。该公司 2010 年的年报数据显示，2010 年度公司完成营业收入 175.96 亿元，同比增长 63.86%；实现营业利润 26.91 亿元，同比增长 38.20%。2010 年业绩排名为第 25 名（见图 11-5）。

2. 核能：受日本地震波及核电站影响，核电规划将调整

据统计，核电运营成本在三种新能源中最低，发电成本接近甚至低于火电的成本。然而核电站项目除了投资巨大和建设周期长等因素，其安全性始终是难以克服的大问题。特别是 2011 年 3 月受日本地震波及核电站影响，世界主要核电站运营国家都开始重新审视核电的发展。中国政府也及时做出反应，将对中国的核设施作出全面检查，抓紧编制核安全规划，调整完善核电发展中长期规划。核安全规划批准前，暂停审批核电项目包括开展前期工作的项目。

3. 太阳能：前景光明

由于太阳能发电目前相对其他新能源成本高，技术效率还比较低，因此政策的规划引导

图 11-5 2010 年至今金风科技与沪深 300 指数比较

和补贴成为太阳能产业发展的重要动力。受“金太阳工程”和建筑屋顶光伏项目推动，国内光伏内需市场开始启动。截至 2009 年底，全国光伏装机容量已达 300 兆瓦。国家能源局最新透露出的目标是，到 2015 年国内光伏装机要达到 500 万千瓦时；到 2020 年，光伏装机达 2 000 万千瓦时，因此中国太阳能光伏市场空间巨大。

4. 智能电网：能源安全坚强后盾

2000～2009 年，中国全社会用电量年均增速达 11.7%。2009 年，全社会用电量为 36 587 亿千瓦时，较 2000 年增长了 172%。2020 年，电力需求将在 2010 年基础上再翻一番，达到 76 700 亿千瓦时。未来，全国电网电力流向总体上呈现西电东送、北电南送的格局，并在各区域之间形成合理的能源流向和电力流向。

2009～2020 年国家电网总投资将达 3.45 万亿元，其中智能化投资 3 841 亿元，占电网总投资的 11.1%。其中，用电环节占智能化投资的比重最高，达到 30.8%，其次是配电环节，占 23.2%，变电环节占 19.5%。

智能电网所带动的经济效益和社会效益是巨大的，可带动通信产业、电器产业、新能源产业等相关产业发展，预计每年能节约土地 200 亩，增加就业机会 14.5 万个，同时促进节能减排，减排二氧化硫约 100 万吨，减排二氧化碳约 1.5 亿吨，这将成为中国经济可持续发展的重要基础设施之一。

（六）战略性新兴产业之先导行业——新材料板块

《国务院关于加快培育和发展战略性新兴产业的决定》规划到2020年，新材料将成为中国国民经济的先导产业。新材料是指那些新出现或已在发展中的、具有传统材料所不具备的优异性能和特殊功能的材料。近几年，中国新材料产品的市场增长率基本维持在10%以上，某些重要的新材料品种市场增长率甚至超过20%。目前材料行业在中国国民经济中占有重要地位，整个材料行业产值约占全国GDP的28%。未来随着国家对物联网、三网融合、新能源等领域政策支持的不断加大，以及未来中国航空航天的快速发展，电子信息材料、新能源材料、复合材料和新型金属材料将获得难得的发展机遇。

1. 电子信息材料：应用前景广阔

电子信息材料是指在微电子、光电子技术和新型元器件基础产品领域中所用的材料，主要包括单晶硅为代表的半导体微电子材料；多晶硅为代表的光伏材料；激光晶体为代表的光电子材料；光纤通信材料；压电晶体与薄膜材料等。这些基础材料及其产品支撑着通信、计算机、信息家电与网络技术等现代信息产业的发展，广泛应用于智能电网、物联网、汽车电子、半导体照明等领域，这些领域会给电子材料产业提供巨大的市场空间。

2. 新能源材料：成长空间可观

新能源材料是指实现新能源的转化和利用以及发展新能源技术中所要用到的关键材料。这主要包括储氢电极合金材料为代表的镍氢电池材料，嵌锂碳负极和$LiCoO_2$正极为代表的锂离子电池材料、燃料电池材料，Si半导体材料为代表的太阳能电池材料以及铀、氘、氚为代表的反应堆核能材料等。

新能源材料将充分受益于国家“新兴能源产业发展规划”，预计到2015年，非化石能源占一次能源的消费比重达到11%左右，到2020年该比重达到15%，未来10年将累计直接增加投资5万亿元，每年增加产值1.5万亿元。

3. 复合材料：非常值得期待

复合材料是由两种或多种性质不同的材料通过物理和化学复合，组成具有两个或两个以上相态结构材料。先进复合材料是战略性新材料，在飞机、导弹、运载火箭、飞船和卫星飞行器等领域发挥着不可替代的作用，国外一些军用、民用飞机复合材料应用量不断提升，同时这些复合材料在民用领域也得到广泛应用，如休闲制品、建筑补强、风力发电、深井采油、高速交通等高新技术领域，其市场规模不断扩大。

4. 新型金属材料：稀土未来看好

中国稀有金属资源丰富，如钨、钛、稀土、钒、锆、钽、铌、锂、铍等已探明的储量，都居于世界前列。特别是中国的稀土产量占世界产量的95%左右。然而中国过去作为全球最大稀土生产国和出口国，由于产能分散，长期缺乏国际定价权。当前在政策的支持下，随着未来企业的整合，以及统一定价的确立，国家将提升中国稀土在国际上的定价权，有利于稀土行业步入长久、健康的发展轨道。

包钢稀土作为2010年最牛板块稀土永磁中的龙头企业，受2010年稀土主要产品价格大幅度增长的支撑，2010年公司实现归属于上市公司股东的净利润7.5亿元，同比增长1 246.18%；营业收入52.57亿元，比2009年的25.9亿元同比增长102.78%。受业绩增长

12倍的利好刺激，公司股价也创出上市以来股价的新高，即97.26元/股（见图11-6）。

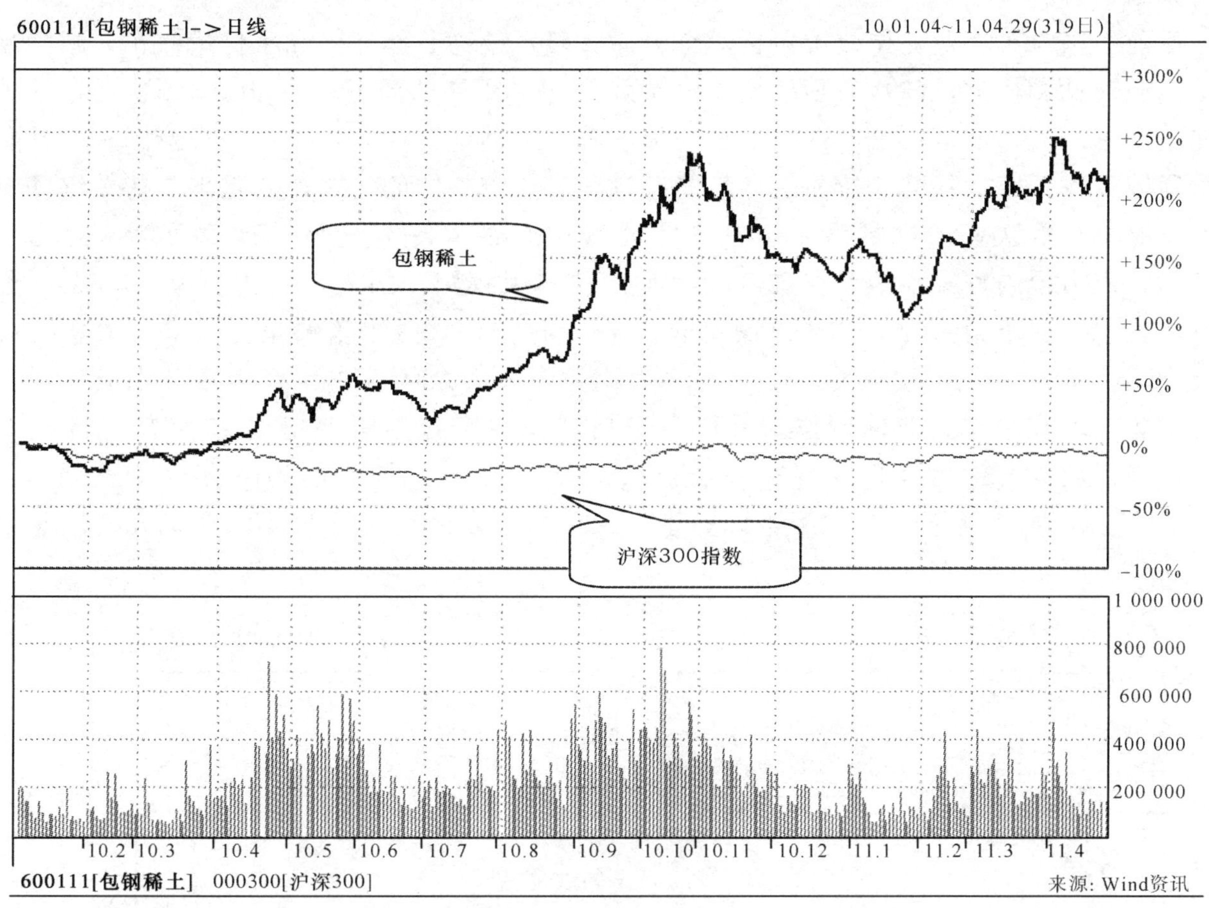

图11-6　包钢稀土走势图与沪深300指数比较

（七）战略性新兴产业之先导行业——新能源汽车板块

《国务院关于加快培育和发展战略性新兴产业的决定》规划到2020年，新能源汽车将成为中国国民经济的先导产业。发改委随后在对有关决定解读时指出，新能源汽车是全球汽车行业升级转型的方向。中国要在未来形成具有世界竞争力的汽车工业体系，必须超前部署新能源汽车的研发和产业化。

根据《电动汽车科技发展"十二五"专项规划》，到2015年中国电动汽车保有量计划达到100万辆，动力电池产能约达到100亿瓦时。此外，根据《节能与新能源汽车产业规划》，到2015年中国新能源汽车将初步实现产业化，动力电池、电机、电控等关键零部件核心技术实现自主化；纯电动汽车和混合动力汽车市场保有量达到50万辆以上；到2020年，中国新能源汽车实现产业化，其中新能源汽车保有量达到500万辆；以混合动力汽车为代表的节能汽车销量达到世界第一，年产销量达到1 500万辆。因此，中国新能源汽车产业即将面临爆发期，可以预计该产业中将会涌现出许多高速成长的企业，并将会在资本市场获得良好的表现。

1. 现代电动汽车

中国对新能源汽车产业支持政策由来已久。"十五"期间，投入8.8亿元设立电动汽车重大科技专项，并取得重要进展，形成“三纵三横”的研发布局，基本形成电动汽车自主开发的技术平台。

目前中国汽车产业支持政策包括两个方面：(1) 鼓励节能环保和小排量汽车，减少现有汽车能源消耗和排放；(2) 鼓励新能源汽车发展。主要补助插电式（plug—in）混合动力车和纯电动车。支持政策的走向：(1) 是一揽子政策推动整个产业发展，补贴范围扩展到私人购车领域；(2) 通过补贴扶持和引导新能源汽车产业链整体的发展，并重点支持关键环节。

上海汽车本次业绩排名第 2 位。该公司 2010 年整车销量达到 358.3 万辆，同比增长 31.5%，成为国内首家年销量突破 300 万辆的整车大集团。国内市场占有率 19.8%。分类别看，公司乘用车销量为 227.9 万辆，同比增长 41.9%；商用车销量为 130.4 万辆，同比增长 16.6%。继上汽通用五菱之后，上海通用、上海大众的整车年产销量分别突破 100 万辆，位居全国乘用车企业前两位。公司自主品牌乘用车全年销量超过 16 万辆，同比增长 78%。销售数据的优良表现体现在公司业绩快速增长上。该公司 2010 年实现营业收入 3 124.85 亿元，同比增长 125.01%；归属于上市公司股东的净利润为 137.3 亿元，同比增长 108.26%（图 11-7）。

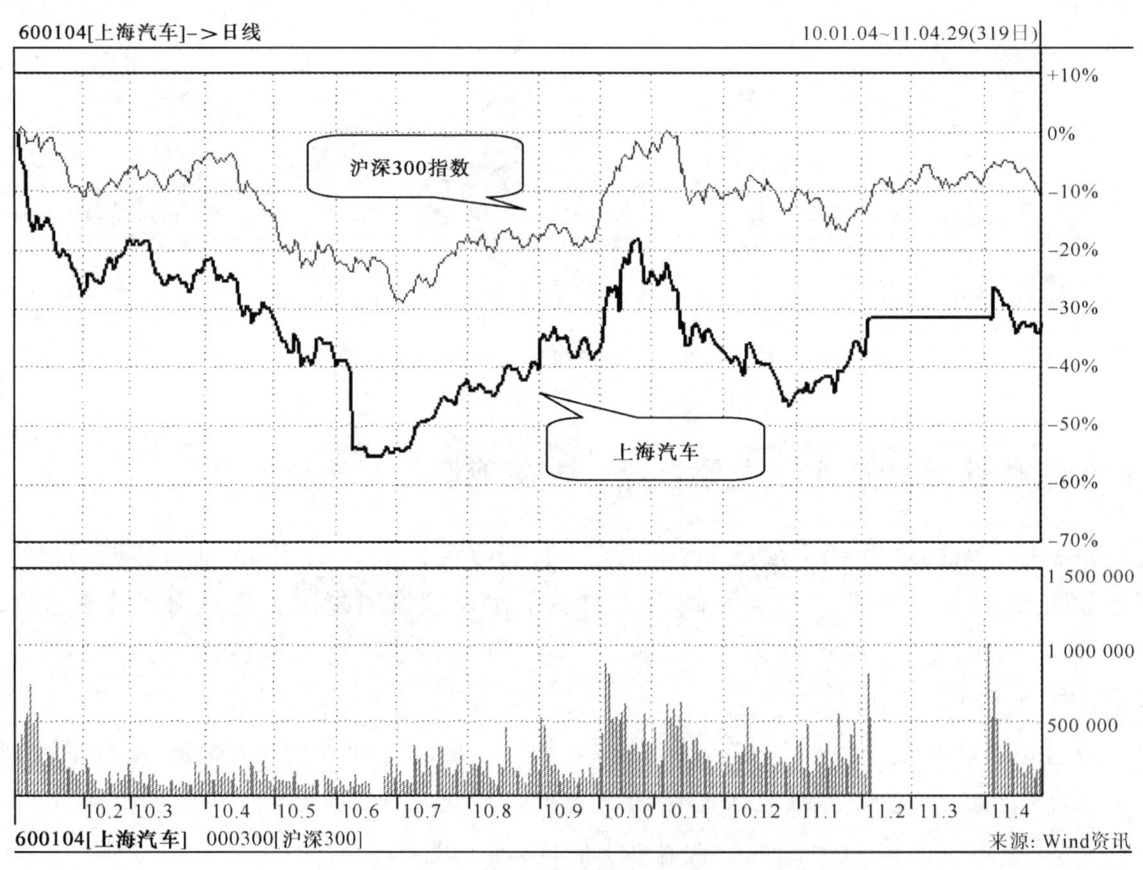

图 11-7　上海汽车走势图与沪深 300 指数比较

上海汽车 285 亿元资产注入，延伸高端产业链

2011 年 4 月 6 日，上海汽车公告重组预案。上海汽车拟以非公开发行的方式，向上海汽车工业（集团）总公司以及上海汽车工业有限公司购买其持有的从事独立零部件业务、服务贸易业务、新能源汽车业务相关公司股权及其他资产，包括安吉汽车物流有限公司、上海汽车工业销售有限公司、华域汽车系统股份有限公司、新源动力股份有限公司等公司的股权，以上标的资产的预估值为 285.6 亿元。

预案中，上海汽车还将加快构筑新能源汽车产业链。其中拟注入资产中，新源动力主要从事质子交换膜燃料电池及相关零部件的研制和生产，系“863”计划项目扶持的重点企事业单位之一；华域汽车也包含驱动电机、电动转向机、电子空调、start-stop 一体机等关键零部件的研发和制造业务。上述资产的注入有助于上海汽车将上汽集团积累的新能源关键技术成功地与整车及零部件业务整合，从而加快上海汽车构筑完整的新能源汽车产业链，推进其产业化进程。

2. 动力电池：以锂电池为主要发展方向、以锰酸锂+钛酸锂为正负极搭配方式

动力电池、电机、电控等关键部件成本占电动车整车成本的 30%～50%，同时也是新能源汽车的关键核心技术。根据《节能与新能源汽车产业规划》，到 2015 年，动力电池、电机、电控等关键零部件核心技术实现自主化；到 2020 年，节能与新能源汽车及关键零部件技术将达到国际先进水平。

3. 驱动电机：中国驱动电机技术进步明显

驱动电机是电动汽车的关键部件，直接影响整车的动力性及经济性。在驱动电机方面，经过“九五”、“十五”、“十一五”国家对电动汽车用电机系统的集中研发和应用，中国已自主开发了满足各类电动汽车需求的驱动电机系统产品，获得了一大批电机系统的相关知识产权，形成具有核心竞争能力的车用驱动电机系统批量生产能力。

附表：

战略性新兴产业上市公司业绩评价结果排序表

行业排名	全部上市公司排名	股票代码	股票简称	综合得分(100分)	每股收益(元)	总资产报酬率(%)	净资产收益率(%)	总资产周转率(次)	流动资产周转率(次)	资产负债率(%)	获利倍数	营业收入增长率(%)	资本扩张率(%)	市场投资回报率(%)	股价波动率(%)	年末资产额(万元)	营业收入净额(万元)	净利润(万元)
1	2	600104	上海汽车	86.90	1.61	14.75	34.58	1.70	2.84	64.28	69.99	125.01	74.81	−16.50	96.63	22 884 235.90	31 248 548.63	2 283 277.37
2	12	600348	国阳新能	82.10	1.00	17.75	30.60	1.41	3.08	54.98	17.79	39.67	56.66	53.88	210.11	2 225 846.99	2 794 063.16	249 412.82
3	17	601699	潞安环能	80.20	2.99	17.47	30.08	0.84	1.51	56.56	13.37	17.34	33.11	20.21	132.44	2 936 369.13	2 142 767.67	334 265.49
4	21	000012	南玻A	79.20	0.70	16.86	24.70	0.66	4.11	45.79	18.56	46.69	20.46	85.30	198.64	1 246 961.92	774 394.17	159 695.83
5	25	002202	金风科技	78.40	0.99	13.80	23.84	0.82	1.04	51.43	18.19	63.86	146.61	30.31	82.17	2 806 158.35	1 759 552.06	238 383.76
6	28	600271	航天信息	77.70	0.98	22.60	24.97	1.57	1.92	25.19	0.00	26.17	18.91	26.20	117.82	649 914.99	945 144.95	116 014.87
7	36	600166	福田汽车	77.30	1.73	9.36	24.78	2.53	3.99	67.29	30.84	19.30	97.85	28.59	92.08	2 464 147.19	5 349 205.24	164 601.17
8	50	000800	一汽轿车	75.60	1.14	13.92	23.31	2.32	3.26	50.35	0.00	34.43	13.32	−28.34	87.19	1 767 453.67	3 729 590.16	192 582.66
9	57	600750	江中药业	75.00	0.88	15.41	18.85	1.25	2.30	29.01	24.83	35.64	65.82	53.37	103.60	250 601.84	256 360.62	26 183.27
10	61	600395	盘江股份	74.70	1.22	20.72	22.95	0.71	1.94	22.99	153.76	20.31	19.17	17.60	101.77	829 375.08	546 924.15	134 521.64
11	66	600066	宇通客车	74.50	1.65	16.10	38.02	2.19	3.36	63.43	59.31	53.48	14.35	16.83	92.88	679 703.80	1 347 850.01	85 711.64
12	71	000625	长安汽车	74.10	0.87	7.05	20.83	1.20	2.19	65.25	0.00	31.22	18.99	−29.50	77.80	3 045 642.61	3 307 212.42	200 574.71
13	72	600880	博瑞传播	74.10	0.52	19.41	21.57	0.53	1.22	26.01	0.00	25.98	25.06	10.43	41.43	231 685.53	116 222.76	34 397.77
14	75	600111	包钢稀土	73.90	0.93	25.59	40.37	0.69	1.14	51.41	17.81	102.78	71.12	163.64	303.27	878 958.12	525 793.73	137 109.60
15	76	002024	苏宁电器	73.80	0.57	12.64	24.42	1.89	2.34	57.08	0.00	29.51	26.27	−0.66	86.88	4 390 738.20	7 550 473.90	410 550.80
16	80	601088	中国神华	73.70	1.87	17.16	20.17	0.47	1.55	32.81	22.65	25.35	15.86	−25.31	76.99	33 926 800.00	15 206 300.00	4 250 600.00
17	84	600216	浙江医药	73.10	2.54	32.39	34.52	1.07	1.73	16.69	29.95	8.95	35.02	−2.47	61.18	463 717.79	455 826.52	114 359.76
18	90	600276	恒瑞医药	72.50	0.97	24.64	24.20	1.09	1.46	10.80	0.00	23.61	30.39	45.29	98.20	389 563.53	374 410.63	75 543.57
19	96	601918	国投新集	72.20	0.68	11.00	19.24	0.39	2.96	63.43	7.39	41.59	15.18	−18.41	95.89	1 945 922.20	700 852.58	124 955.13
20	100	002106	莱宝高科	72.10	1.05	23.56	23.04	0.50	0.93	16.22	48.89	80.17	22.20	262.13	338.22	254 254.26	114 634.34	45 481.38
21	154	600309	烟台万华	69.40	0.92	17.46	20.39	0.83	2.20	44.72	56.16	45.23	22.83	−13.59	102.97	1 294 292.21	942 977.69	172 075.40
22	157	600256	广汇股份	69.10	0.56	9.26	13.86	0.35	1.32	60.14	10.39	22.21	15.45	107.41	188.04	1 268 261.72	378 944.65	68 626.64
23	161	600195	中牧股份	68.90	0.80	15.35	20.78	0.98	1.74	40.33	25.92	26.54	22.19	9.99	48.66	290 466.14	266 115.88	34 195.39
24	187	002056	横店东磁	68.00	0.88	12.70	14.06	0.92	1.70	26.89	0.00	122.22	13.82	164.75	315.46	376 462.04	300 065.87	36 298.46
25	198	600380	健康元	67.60	0.56	16.86	20.29	0.67	1.45	25.19	2 138.46	21.44	20.79	13.46	104.25	710 773.33	447 285.76	100 355.26
26	199	002310	东方园林	67.50	1.72	19.55	21.82	0.87	0.89	32.92	0.00	148.86	21.40	211.35	224.55	192 753.81	145 353.46	25 800.62

续表

行业排名	全部上市公司排名	股票代码	股票简称	综合得分（100分）	每股收益（元）	总资产报酬率（%）	净资产收益率（%）	总资产周转率（次）	流动资产周转率（次）	资产负债率（%）	获利倍数	营业收入增长率（%）	资本扩张率（%）	市场投资回报率（%）	股价波动率（%）	年末资产额（万元）	营业收入净额（万元）	净利润（万元）
27	216	600054	黄山旅游	66.60	0.49	15.56	18.37	0.68	1.63	37.17	22.86	28.11	18.26	−3.41	44.69	237 553.62	144 498.66	24 478.60
28	217	002065	东华软件	66.50	0.74	15.90	22.03	0.86	1.10	33.86	1884.43	20.74	21.39	31.67	70.62	237 880.35	187 016.13	31 733.41
29	218	600089	特变电工	66.50	0.86	9.42	15.09	0.84	1.39	46.41	13.16	20.44	58.87	−24.46	87.78	2 361 576.16	1 777 028.84	166 163.43
30	226	600997	开滦股份	66.30	0.70	9.54	13.50	1.03	2.49	55.57	5.36	38.06	23.25	−17.22	118.92	1 605 333.11	1 515 406.54	87 568.40
31	251	000786	北新建材	65.30	0.72	11.00	19.27	0.65	2.08	56.23	9.02	33.41	17.79	−2.28	76.23	735 708.19	436 907.68	61 097.62
32	254	002230	科大讯飞	65.10	0.63	13.75	13.65	0.55	0.78	23.54	0.00	41.98	10.42	114.43	225.63	86 507.41	43 605.73	10 111.44
33	259	600062	双鹤药业	65.00	0.91	12.39	12.77	1.08	1.77	24.58	0.00	6.53	11.07	25.17	63.89	520 550.90	536 679.58	53 299.54
34	265	600875	东方电气	64.90	1.29	3.61	24.44	0.49	0.58	85.67	0.00	14.62	29.94	55.04	140.46	8 225 288.85	3 808 011.22	267 601.44
35	274	002022	科华生物	64.60	0.46	27.19	23.64	0.78	1.07	14.31	0.00	25.78	17.47	5.56	80.50	108 691.58	78 131.58	23 591.32
36	275	601808	中海油服	64.60	0.92	8.58	16.44	0.29	1.64	59.76	10.49	−1.56	14.72	61.49	161.98	6 359 333.23	1 805 985.68	412 799.79
37	283	600183	生益科技	64.30	0.56	14.06	20.21	1.08	1.93	47.97	12.77	51.60	18.98	0.19	83.15	556 406.82	548 620.23	57 690.42
38	294	601766	中国南车	63.90	0.21	6.25	13.41	1.01	1.50	67.59	11.34	39.91	17.12	39.34	106.48	7 356 566.99	6 490 891.84	324 997.02
39	303	600499	科达机电	63.70	0.40	11.25	13.75	0.83	1.38	41.26	48.36	44.82	36.00	34.45	84.01	293 166.13	206 469.51	24 581.00
40	323	600085	同仁堂	63.20	0.66	10.66	11.38	0.73	0.93	23.10	0.00	17.67	7.88	68.48	135.24	548 931.82	382 444.61	47 109.31
41	335	000826	桑德环境	62.90	0.50	10.18	16.49	0.35	1.07	53.37	7.49	42.01	16.82	113.43	141.47	297 435.72	97 201.18	21 575.74
42	346	000063	中兴通讯	62.70	1.17	7.29	13.79	0.92	1.16	70.34	4.64	16.58	39.07	−4.73	83.31	8 415 235.70	7 026 387.40	347 648.20
43	367	600522	中天科技	62.30	1.36	14.18	20.44	1.03	1.40	55.21	10.54	16.73	16.23	28.50	106.00	473 475.85	434 695.55	45 879.24
44	370	002008	大族激光	62.20	0.54	11.77	13.72	0.63	1.15	49.70	7.41	59.41	21.69	86.87	137.69	544 123.96	310 908.50	45 139.11
45	376	000021	长城开发	62.00	0.29	6.28	6.23	3.43	5.54	32.82	0.00	54.95	13.30	32.56	133.34	666 653.81	2 077 154.10	35 634.18
46	381	600511	国药股份	61.90	0.65	13.67	23.28	1.92	2.32	60.41	18.47	13.93	24.01	−9.27	54.72	339 277.04	591 803.76	31 326.14
47	403	600517	置信电气	61.30	0.52	23.97	26.20	0.82	1.11	26.54	124.88	16.99	11.25	−4.71	39.18	197 533.71	151 640.94	36 977.26
48	408	002122	天马股份	61.10	0.55	13.32	14.94	0.58	1.05	28.24	42.93	9.84	16.60	−8.80	108.89	653 701.58	358 288.38	70 057.19
49	413	600570	恒生电子	61.00	0.35	16.55	18.43	0.59	0.95	32.25	0.00	18.85	17.12	30.08	97.78	159 868.27	86 722.70	22 167.87
50	439	002218	拓日新能	60.40	0.33	11.81	12.11	0.52	1.19	42.46	7.85	156.23	12.17	3.62	59.66	137 340.56	58 770.91	9 626.75
51	444	600557	康缘药业	60.30	0.43	12.97	14.35	0.79	1.33	37.39	11.68	40.24	15.41	15.84	73.84	198 748.12	135 830.76	18 321.31
52	454	600143	金发科技	59.90	0.41	9.50	13.45	1.18	1.54	59.81	4.31	44.01	12.90	58.68	166.59	935 849.18	1 024 232.53	56 997.24

续表

行业排名	全部上市公司排名	股票代码	股票简称	综合得分（100分）	每股收益（元）	总资产报酬率（%）	净资产收益率（%）	总资产周转率（次）	流动资产周转率（次）	资产负债率（%）	获利倍数	营业收入增长率（%）	资本扩张率（%）	市场投资回报率（%）	股价波动率（%）	年末资产额（万元）	营业收入净额（万元）	净利润（万元）
53	470	601299	中国北车	59.50	0.23	3.87	8.19	0.89	1.30	68.72	7.07	53.48	11.57	22.55	75.49	7 716 220.20	6 218 432.10	202 967.10
54	485	600122	宏图高科	59.10	0.49	6.03	4.93	1.42	1.56	54.38	3.87	5.19	71.09	−18.89	84.94	943 866.38	1 131 054.22	26 537.51
55	505	600329	中新药业	58.70	0.40	10.50	13.99	0.93	2.04	45.60	9.56	20.57	16.71	27.39	76.21	383 648.55	347 347.13	32 084.03
56	509	600516	方大炭素	58.60	0.32	11.51	12.04	0.55	0.85	49.74	6.40	51.59	12.10	40.53	147.47	626 495.27	321 648.57	42 176.86
57	524	600332	广州药业	58.10	0.33	7.34	6.82	1.03	2.18	18.65	0.00	15.56	7.05	91.07	134.50	447 659.23	448 606.73	27 403.15
58	545	600118	中国卫星	57.70	0.30	5.96	12.10	0.80	0.92	50.68	0.00	25.94	18.73	100.28	169.71	402 274.83	303 118.54	22 887.55
59	554	600586	金晶科技	57.50	0.61	9.70	12.94	0.52	1.59	54.10	4.15	35.99	13.97	−15.50	107.00	603 934.60	314 641.30	37 499.09
60	595	600161	天坛生物	56.60	0.34	12.66	20.06	0.52	1.11	53.35	13.59	9.27	20.34	−8.14	53.26	244 809.37	120 226.14	22 335.31
61	599	600588	用友软件	56.40	0.41	8.06	11.60	0.69	1.29	46.16	0.00	26.92	−1.82	14.13	53.18	476 592.42	2 978 82.60	34 603.30
62	618	600718	东软集团	56.10	0.39	8.57	8.58	0.76	1.58	33.15	0.00	18.52	7.31	−10.15	100.46	685 887.98	493 769.64	50 730.25
63	630	600410	华胜天成	55.70	0.41	7.92	13.09	1.28	1.45	47.61	32.80	21.50	7.42	16.13	124.60	340 692.84	407 542.72	23 196.99
64	633	601727	上海电气	55.70	0.22	4.43	9.09	0.67	0.86	64.87	110.04	9.32	18.71	−8.76	81.05	9 821 184.10	6 317 586.20	389 482.80
65	650	000969	安泰科技	55.20	0.26	6.24	8.13	0.69	1.22	34.86	15.59	12.57	30.34	61.48	156.19	539 802.02	352 467.37	25 316.14
66	660	601989	中国重工	54.90	0.24	4.33	7.18	0.48	0.61	47.54	0.00	10.29	11.57	57.58	134.92	4 401 565.31	2 047 268.77	161 809.61
67	662	000860	顺鑫农业	54.90	0.61	4.25	7.92	0.70	1.30	71.84	11.14	2.98	9.83	29.45	114.72	992 937.28	626 840.11	28 180.31
68	682	600674	川投能源	54.40	0.37	6.46	6.86	0.11	2.10	41.85	2.74	21.40	6.59	−6.94	59.80	998 693.74	109 477.58	38 949.04
69	687	600765	中航重机	54.30	0.30	6.06	7.93	0.61	0.90	56.96	4.24	46.51	28.96	21.21	124.61	789 233.57	419 081.33	25 270.98
70	692	600100	同方股份	54.20	0.49	4.33	3.12	0.79	1.18	57.38	3.53	18.65	12.74	30.73	87.05	2 486 463.82	1 825 750.94	59 973.78
71	741	600037	歌华有线	53.40	0.33	4.28	2.27	0.25	0.74	42.36	0.00	24.96	17.54	−19.19	60.59	912 616.75	189 434.61	34 604.23
72	802	600158	中体产业	52.20	0.09	8.24	7.72	0.39	0.46	59.28	0.00	41.42	3.61	−20.83	90.77	365 893.99	136 660.03	20 417.91
73	828	600804	鹏博士	51.50	0.11	5.65	6.19	0.51	0.98	17.98	0.00	8.40	79.88	−26.26	121.25	431 200.86	176 149.50	18 720.37
74	848	600725	云维股份	51.20	0.30	4.72	7.92	0.59	2.16	74.64	2.13	50.90	13.36	−25.79	103.52	1 261 985.52	65 9042.13	24 284.40
75	863	600874	创业环保	51.00	0.19	6.44	8.73	0.19	0.95	57.56	3.70	16.79	4.70	−4.58	67.93	842 556.30	146 776.80	27 515.60
76	869	002083	孚日股份	50.90	0.19	6.31	6.42	0.61	1.74	62.21	2.38	31.64	6.86	10.20	78.48	718 354.93	424 958.24	18 697.01
77	896	600521	华海药业	50.20	0.21	7.11	5.27	0.54	0.96	35.82	19.54	10.22	8.75	−16.67	83.47	205 426.70	102 284.47	9 353.15
78	919	600038	哈飞股份	49.80	0.35	4.96	8.65	0.82	0.98	48.68	29.99	8.26	6.40	20.41	103.44	278 526.97	227 003.57	11 964.79

续表

行业排名	全部上市公司排名	股票代码	股票简称	综合得分（100分）	每股收益（元）	总资产报酬率（%）	净资产收益率（%）	总资产周转率（次）	流动资产周转率（次）	资产负债率（%）	获利倍数	营业收入增长率（%）	资本扩张率（%）	市场投资回报率（%）	股价波动率（%）	年末资产额（万元）	营业收入净额（万元）	净利润（万元）
79	932	600867	通化东宝	49.40	0.31	9.98	2.90	0.29	0.88	20.75	9.82	11.14	6.51	34.40	129.47	218 633.55	63 779.73	17 335.57
80	937	600550	天威保变	49.40	0.53	7.24	6.22	0.48	0.94	67.22	2.67	26.96	12.87	−25.80	92.39	1 626 013.32	762 979.98	63 304.44
81	943	600872	中炬高新	49.30	0.12	5.09	4.06	0.45	0.89	33.67	6.30	33.18	3.85	−19.01	71.96	291 501.67	127 792.13	10 097.74
82	973	600549	厦门钨业	48.70	0.51	6.44	12.29	0.49	0.69	65.73	9.43	−12.62	2.12	153.15	331.25	1 197 245.39	553 831.50	51 546.56
83	1070	600884	杉杉股份	46.80	0.29	3.70	2.55	0.43	1.22	47.05	2.79	33.24	−5.43	50.34	95.92	685 752.18	284 051.29	12 134.40
84	1086	600316	洪都航空	46.30	0.23	2.96	1.87	0.35	0.48	25.33	0.00	8.48	136.59	27.98	198.99	632 047.06	171 562.97	14 594.68
85	1099	600482	风帆股份	46.00	0.11	4.49	4.33	1.11	1.83	62.30	2.16	21.30	4.52	33.01	120.74	300 337.58	325 500.31	4 892.04
86	1112	600879	航天电子	45.60	0.20	4.24	4.82	0.49	0.78	50.86	4.45	17.26	2.61	12.44	83.21	638 408.19	296 152.44	15 256.17
87	1175	600198	大唐电信	44.00	0.15	7.31	8.94	1.09	1.41	82.57	3.14	25.44	2.04	−5.42	77.17	402 757.50	402 787.93	15 122.24
88	1202	600151	航天机电	42.80	0.16	3.90	−2.18	0.37	1.38	54.38	2.74	89.92	57.78	25.41	133.61	789 740.97	248 850.42	13 366.65
89	1219	000768	西飞国际	42.20	0.14	2.30	3.41	0.57	0.65	50.63	0.00	28.09	2.09	−19.08	79.98	2 019 852.35	1 053 445.17	37 721.02
90	1238	600596	新安股份	41.20	0.25	3.45	1.29	0.73	1.59	31.24	69.06	12.90	1.74	−26.35	136.18	615 671.86	434 627.62	16 810.44
91	1256	600108	亚盛集团	40.60	0.07	3.69	2.25	0.31	0.94	37.63	4.10	0.57	−8.18	16.25	79.93	428 655.99	141 053.40	12 596.26
92	1284	600432	吉恩镍业	39.40	0.14	3.69	1.77	0.27	0.74	61.06	1.67	99.81	23.79	−12.77	94.87	968 100.32	224 957.00	8 293.70
93	1311	000839	中信国安	38.40	0.17	4.55	3.94	0.19	0.61	44.53	2.59	2.14	1.53	−17.83	75.21	1 084 502.46	201 039.20	27 115.65
94	1421	000100	TCL集团	32.80	0.12	1.92	−1.46	1.24	1.50	66.17	24.53	17.04	114.66	−35.13	122.13	5 347 805.94	5 183 356.58	47 240.32
95	1463	600456	宝钛股份	30.80	0.01	0.69	0.21	0.47	0.83	31.09	1.34	10.74	−1.17	23.14	118.45	551 391.12	256 409.82	1 243.01
96	1480	600583	海油工程	29.80	0.02	2.16	0.85	0.42	1.32	49.29	1.78	−48.87	0.68	−19.12	119.62	1 792 069.53	713 770.71	9 260.30
97	1562	600844	丹化科技	24.30	0.02	0.47	−1.79	0.08	0.40	43.36	1.03	17.47	5.60	9.15	98.41	399 132.54	30 866.05	283.86
98	1603	600312	平高电气	21.30	0.01	0.62	−0.51	0.41	0.59	41.74	1.26	−12.60	−1.05	−2.72	95.68	468 747.40	204 561.96	466.43
		002344	海宁皮城	71.9	0.92	10	16.01	0.33	0.54	54.29	0	82.23	245.45	165.74	217.84	433 138.67	101 987.23	25 109.29
		601179	中国西电	51.6	0.15	3.6	6.28	0.54	0.71	43.37	12.08	−7.99	258.19	1.09	50.6	2 659 786.6	1 288 252.94	65 462.24

第十二章

交通运输行业上市公司业绩评价

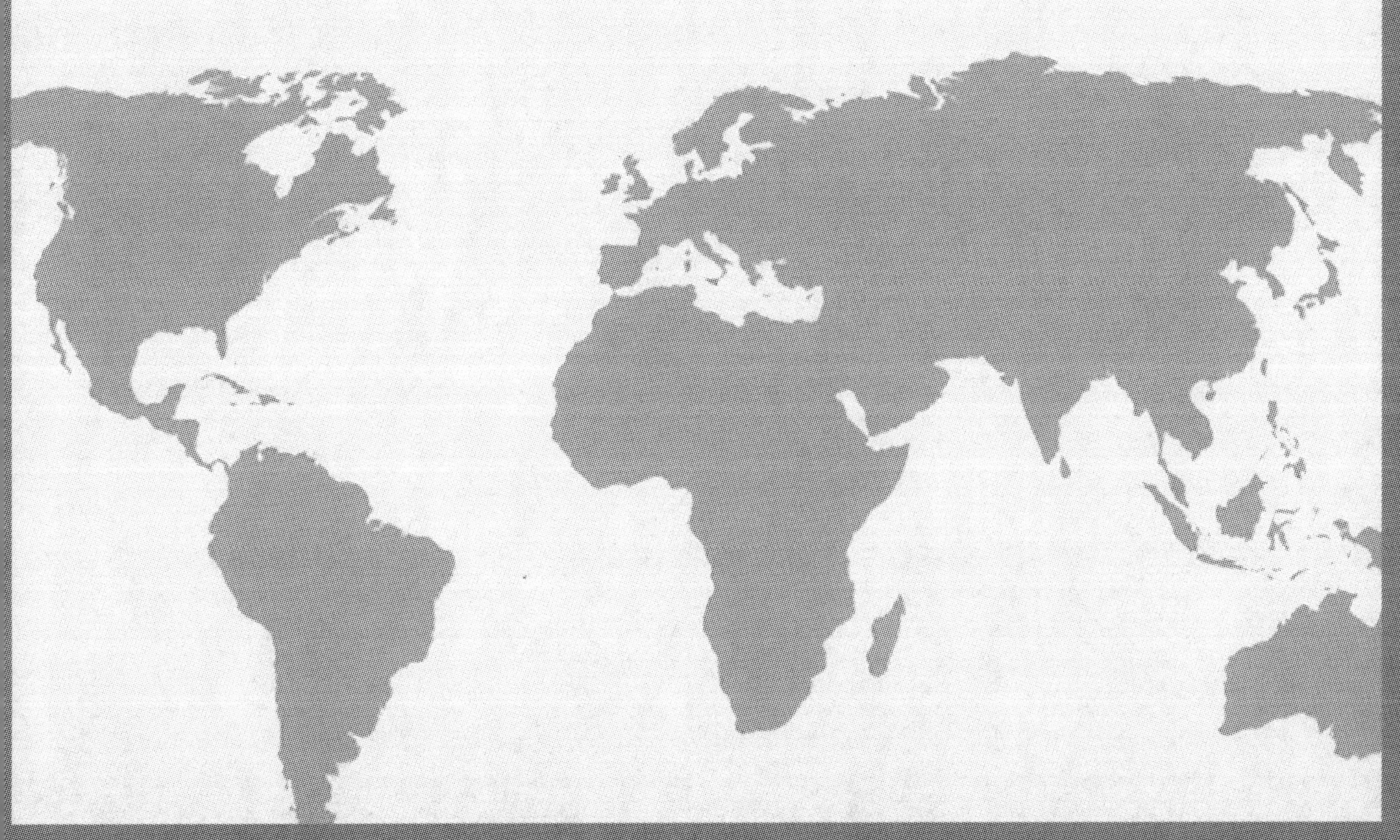

交通运输行业是现代经济发展的基础产业，是社会经济的基础设施和重要纽带，构成了资源配置和宏观调控的重要工具，对促进社会分工、大工业发展和规模经济的形成，巩固国家的政治统一和加强国防建设，扩大国际经贸合作和人员往来，发挥重要作用。

2010 年作为“十一五”的收官之年，随着金融危机的渐渐远去，交通运输业迎来全面复苏。在 2009 年基数较低的情况下，交通运输行业的盈利大幅增长。航空运输行业在强大需求增长的推动下，票价水平与盈利能力整体同步走高；港口水路运输业也随着国内外经济环境的好转摆脱亏损局面；铁路和公路运输行业则保持相对平稳。

2011 年是中国“十二五”的开局之年，中国具备保持经济平稳较快发展的基本环境，尽管通胀压力依然较大，但其态势仍可控，经济也将依然高速增长。综合来看，交通运输行业的周期与宏观经济的周期基本同步，2011 年交通运输行业总体将实现平稳较快发展。

一、2010 年度交通运输行业上市公司业绩评价结果

截至 2010 年末，交通运输行业 A 股上市公司共计 76 家。2010 年，全部上市公司共计完成营业收入 147 010.9 亿元，其中交通运输行业 76 家上市公司完成营业收入 5 959.1 亿元，占上市公司全部营业收入的 4.05%；全部上市公司共计实现营业利润 11 315.66 亿元，其中交通运输行业上市公司实现营业利润 968.02 亿元，占上市公司全部实现营业利润的 8.55%；全部上市公司共计实现净利润 9 615.58 亿元，交通运输行业上市公司实现净利润 851.46 亿元，占上市公司全部实现净利润的 8.85%。2010 年，交通运输行业上市公司净资产收益率 15.7%，高出 1010 年全部上市公司 13.62%的净资产收益率 2.08 个百分点。

2010 年交通运输行业整体评价结果相对较好，行业业绩综合得分 67.6 分，高于全市场的 62.2 分的 8.7%。76 家交通运输行业上市公司中共有 5 家进入 2010 年上市公司业绩评价综合得分的百强名单。业绩评价为优秀的有中国国航、大秦铁路等 15 家；业绩为良好的有 21 家；业绩为中的有 8 家；业绩为低的有 25 家；业绩为差的有 7 家。

表 12-1 交通运输行业中联十强排名

名次	股票代码	股票简称	在全部上市公司中排名
1	601111	中国国航	1
2	601006	大秦铁路	5
3	600029	南方航空	10
4	600794	保税科技	38
5	600115	东方航空	41
6	601000	中海集运	109
7	600125	铁龙物流	113
8	601866	厦门空港	115
9	600897	海南航空	124
10	600221	江西长运	181

基于对交通运输行业上市公司的整体评价，下面分别从财务效益状况、资产质量状况、偿债风险状况、发展能力状况、市场表现状况五个方面对交通运输行业上市公司进行具体分析。

（一）财务效益状况

从综合得分来看，2010 年交通运输行业上市公司财务效益状况优于上市公司平均水平。

表 12-2 列示了交通运输行业上市公司财务效益状况评价结果。在 2010 年交通运输行业上市公司中，大秦铁路、保税科技等 5 家公司财务效益并列排在第一位。以大秦铁路为例，2010 年营业收入达到 420 亿元，同比增长 26%；利润总额 130 亿元，同比增长 43%；该公司扣除非经常性损益净资产收益率为 19.41%。大秦铁路 2010 年财务效益指标上的突出表现与货物运输价格上调和煤炭运量大幅增加有关。2010 年公司货物运输完成 7.34 亿吨，同比增长 13.5%，其中煤炭运量完成 5.61 亿吨，同比增长 18.1%，而大秦线煤炭运量更是超过公司年度原计划 3.8 亿吨达到 4.05 亿吨，同比增长 22.7%；同时，铁道部 2009 年 12 月 13 日起上调普通货物运输价格，平均提价幅度为 0.7 分/吨公里，不考虑普货运输量的增加，仅运价上调就促使普货运输收入增加 3.05 亿元，相当于每股收益增加 0.02 元。

表 12-2 交通运输行业财务效益状况比较

分析指标		2010 年上市公司平均值	2010 年行业值	2009 年行业值	增长率（%）
基本指标	扣除非经常性损益净资产收益率（%）	12.54	14.15	2.52	461.5
	总资产报酬率（%）	8.09	9.01	4.23	113.0
	得分（分）	21.28	23.44	15.98	46.7
修正系数	营业利润（%）	7.7	16.24	6.39	154.1
	盈利现金保障倍数	1.24	1.59	2.28	−30.3
	股本收益率（%）	51.08	44.65	13.06	241.9
综合得分（分）		22	24.47	17.96	36.2

与2009年相比，交通运输行业上市公司总体上财务效益状况显著改善，除盈利现金保障倍数有下降，其它指标均大幅高于2009年。

（二）资产质量状况

从综合得分来看，交通运输行业资产质量状况要低于上市公司平均水平。

下表列示了交通运输行业上市公司资产质量状况评价结果。在交通运输行业上市公司资产质量状况指标中，中储股份排名第一，其次是宁波富邦。

2010年，在交通运输行业中，航空板块在资产质量方面表现较好，东方航空、南方航空分别排在了第3和第5。以东方航空为例，吸收合并上海航空后，1+1>2效应开始体现，其流动资产周转率8.07次、存货周转率446.21次在全行业甚至全部上市公司中均居前列。

表12-3　　交通运输行业资产质量状况比较表

分析指标		2010年上市公司平均值	2010年行业值	2009年行业值	增长率（%）
基本指标	总资产周转率（次）	0.88	0.48	0.39	23.1
	流动资产周转率（次）	1.93	2.25	1.94	16.0
	得分（分）	9.4	8.76	7.92	10.6
修正系数	应收账款周转率（次）	14.78	19.02	14.74	29.0
	存货周转率（次）	4.36	26.66	26.1	2.1
综合得分（分）		9.2	12.47	11.38	9.6

由上表可知，2010年交通运输行业资产质量状况表现良好，上述各项指标均高于2009年。

（三）偿债风险状况

交通运输行业上市公司2010年度偿债风险状况略好于于全国上市公司平均水平。

下表列示了交通运输行业上市公司偿债风险状况评价结果。在2010年交通运输行业上市公司中，龙铁物流、海峡股份、厦门空港、深圳机场和外运发展等5家公司偿债风险状况并列排在第一位。以海峡股份为例，其资产负债率仅为2.12%，速动比率为3 521.83%，现金流动负债比率565.36%。

表12-4　　交通运输行业偿债风险状况比较表

分析指标		2010年上市公司平均值	2010年行业值	2009年行业值	增长率（%）
基本指标	资产负债率（%）	57.6	55.79	57.47	−2.9
	已获利息倍数	9.32	13.07	3.78	245.8
	得分（分）	9.19	9.82	8.22	19.5

续表

分析指标		2010年上市公司平均值	2010年行业值	2009年行业值	增长率（%）
修正系数	速动比率（%）	73.82	78.98	72.70	8.6
	现金流动负债比率（%）	15.97	37.94	18.69	103.0
	带息负债比率（%）	45.08	61.78	62.17	−0.6
综合得分（分）		9.07	9.24	8.1	14.1

2010年，交通运输行业上市公司在偿债能力方面主要指标除了资产负债率和带息负债比率稍有下降外，其他指标均在2009年基础上有所提升。由于2010年交通运输行业的回暖繁荣，资金回笼加快，现金流相对更为充沛，使其偿债风险相对较低。

（四）发展能力状况

交通运输行业上市公司2010年发展能力状况优于全国上市公司平均水平。

下表列示了交通运输行业上市公司发展能力状况评价结果。在2010年交通运输行业上市公司中，东方航空和芜湖港偿债风险状况并列排在第一位，其次是大连港和中国国航。2010年交通运输行业的良好发展能力的表现，是多种因素的共同作用。以中国国航为例，2010年得益于全球经济复苏对航空运输业的带动和人民币升值带来的汇差收益等因素，2010年营业收入增长率58.45%，营业利润增长率达到238.56%。

表12-5　　交通运输行业发展能力状况表

分析指标		2010年上市公司平均值	2010年行业值	2009年行业值	增长率（%）
基本指标	营业收入增长率（%）	37.7	47.10	−19.59	—
	资本扩张率（%）	22.63	24.81	8.91	178.5
	得分（分）	12.2	14.42	7.96	81.2
修正系数	累计保留盈余率（%）	38.94	29.36	20.69	41.9
	总资产增长率（%）	22.95	22.66	10.53	115.2
	营业利润增长率（%）	47.00	233.08	−21.01	—
综合得分（分）		12.98	13.41	8.37	60.2

与2009年比较，交通运输行业公司在发展能力方面各指标变化较大。最突出的指标是营业利润增长率和营业收入增长率，其中：营业收入增长率从2009年的−19.59%增长至2010年的47.10%，增长了将近70个百分点；营业利润增长率从2009年的−21.01%上升到2010年的233.08%，从负增长发展为成倍增长。这一变化，说明2010年交通运输行业上市公司随着经济的复苏回归景气，经营效益大幅增加。

（五）市场表现状况

2010年，交通运输行业上市公司市场表现状况低于全国上市公司平均水平。

下表列示了交通运输行业上市公司市场表现状况评价结果。2010年，在交通运输行业上市公司中，中国国航的市场表现状况排在第一位，其次是铁龙物流和南方航空。2010年，中国国航的市场投资回报率达到了44.57%，股价波动率为82.84%。

表12-6　　交通运输行业公司市场表现比较表

分析指标	2010年上市公司平均值	2010年行业值	2009年行业值	增长率（%）
市场投资回报率（%）	12.19	−8.38	89.07	−109.4
股价波动率（%）	94.83	83.26	109.69	−24.1
得分（分）	9.00	8.04	8.67	−7.3

2010年，交通运输行业回归景气，交通运输指数与大盘指数呈现同步波动的趋势，股价波动率也由2009年的109.69%下降至83.26%%，但行业上市公司市场表现并未得到体现，由于市场投资回报率下降了109.41%，导致行业市场表现不尽如人意（见图12-1、表12-6）。

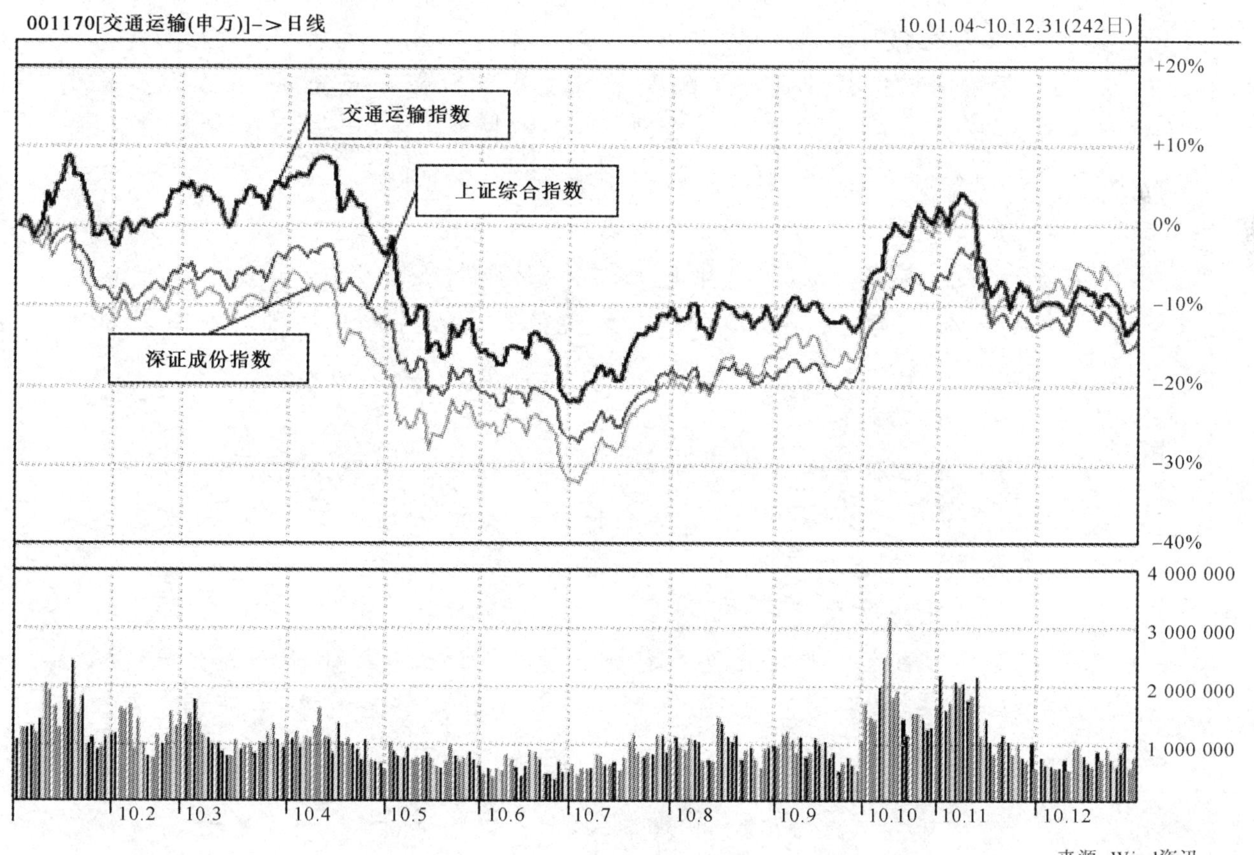

图12-1　交通运输指数与大盘指数波动

2009年中国航空行业国际对标

根据国资委编制的企业绩效评价国际标准值（2009），我们将航空行业上市公司2009年业绩评价结果和全球88家大型领先航空企业进行了比较。中国航空行业上市公司营业收入、资产总额、权益、营业利润等相比全球88家大型领先航空企业，除营业利润和营业利润率偏低外，其他指标均大幅高出。

中国航空行业上市公司与全球88家大型领先航空企业对比情况

	我国航空行业上市公司平均值	全球88家大型领先航空企业平均值
营业收入（亿元）	406.30	357.80
资产总额（亿元）	830.70	422.30
权益（亿元）	120.00	86.20
资产负债率（%）	85.50	79.60
营业利润（亿元）	3.40	5.90
营业利润率（%）	0.83	79.60
经营现金流量（亿元）	61.70	23.40

（一）财务效益状况

2009年中国航空行业资产报酬率平均值为3.84%，与全球88家大型领先航空企业相比，有一定差距；从营业利润率来看，2009年中国航空行业为0.83%，远远低于全球88家领先航空企业79.6%的水平。

（二）资产质量状况

在资产质量方面，2009年中国航空行业应收账款周转次数平均值达到34.15次，与2009年全球销售收入前20位的航空企业相比，超过优秀档标准值，但总资产周转次数0.49，还不及较差档标准值0.51次。

（三）偿债风险状况

2009年，中国航空企业资产负债率（逆向指标）平均值达到86.58%，稍好于较低档标准值的90.50%；已获利倍数平均值达到2.36倍，在销售收入前20位的企业中位于优秀档。

（四）发展能力状况

2009年中国航空行业营业收入增长率平均值达到15.56%，高于平均档标准值，总资产增长率平均值为10.85%，处于全球航空企业前20强的前列。

二、2010年交通运输行业业绩的影响因素分析

2010年，在中国各项拉动经济发展政策的推动下，固定资产投资大幅增长，带动了交通运输行业的固定资产投资。从国际大环境来看，世界经济正从2008年开始的经济危机中逐步复苏，伴随着这种良性趋势，中国交通运输行业各板块均有不同程度的复苏：航空方面，业绩增长势头强劲，盈利实现突破；海运板块尽管盈利能力还处于较低水平，但在业务量增长和价格上涨等多种有利因素的刺激下显著复苏；港口、机场、公路等板块也在稳步增长（见图12-2）。

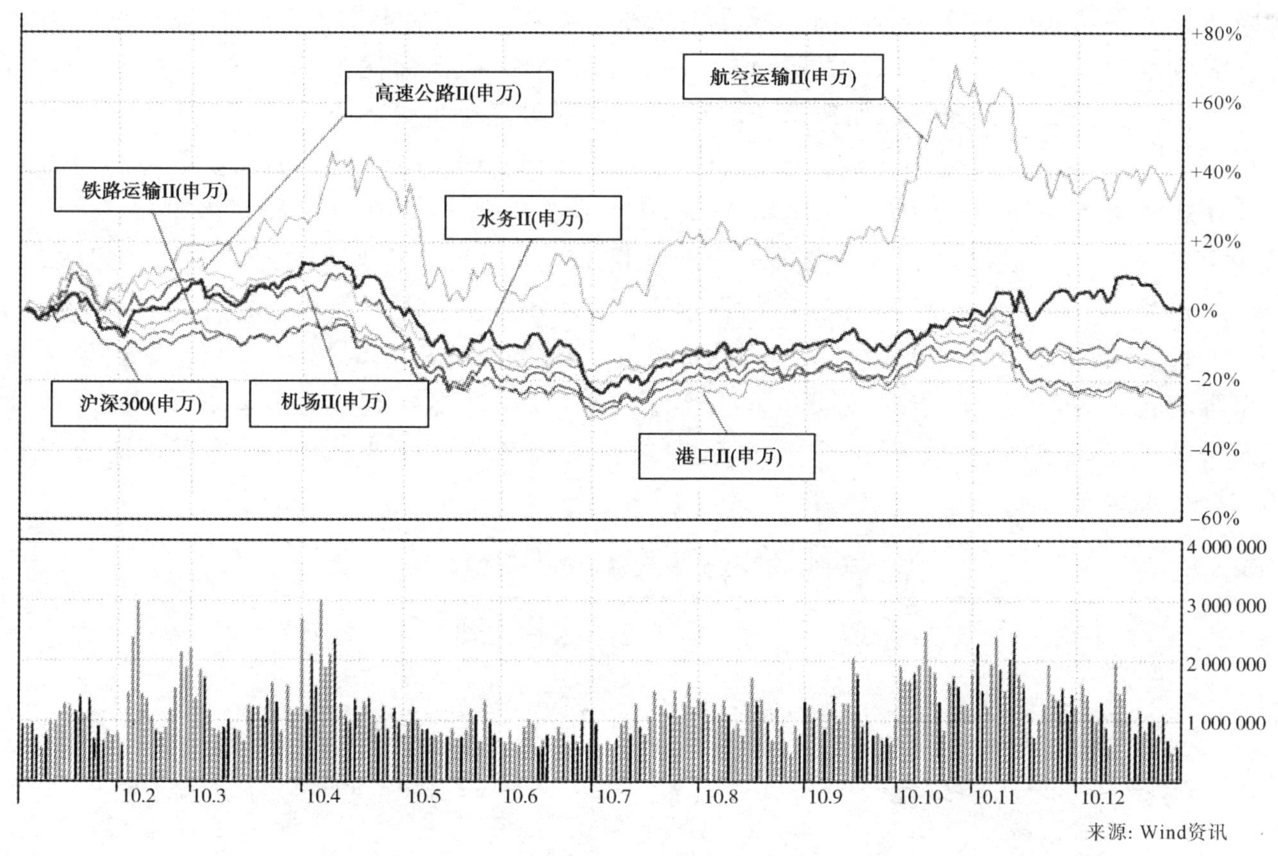

图12-2 2010年以来交通运输行业指数与沪深300指数走势对比

（一）交通运输行业效益增长与宏观经济走势紧密相关

交通运输行业的效益与整体宏观经济的走势有着紧密联系，宏观经济形势的优劣直接决定着交通运输行业的行业效益。

2010 年，中国经济增长速度加快，经济发展水平重新回到年度两位数的高增长。据国家统计局初步测算，2010 年全年国内生产总值 397 983 亿元，按可比价格计算，比 2009 年增长 10.3%。在经济增长结构方面，三驾马车并驾齐驱：国民消费水平继续提高，但相对稳定；投资结构不断优化，固定资产投资依然保持较快增长；进出口总额在全球经济不断复苏的大背景下保持较快增长，对外贸易顺差有所减少。在价格方面，市场物价同比上涨，但食品价格涨幅较大，全年全国居民消费价格同比上涨 3.3%。在居民收入方面，城乡居民收入保持稳定增长，农村居民收入增速快于城镇，相对于 2009 年增幅达到了 11.5%。在货币信贷方面，货币供应量稳定增长，人民币存贷款增量减少。

经济的稳步复苏，带动整个交通运输业的持续向好。纵观 2010 年，全年交通运输业基础设施建设投资增速虽在第四季度出现小幅回落，但其增速仍保持在历史较高水平。与此同时，交通运输新开工项目数量增加较快，铁路建设投资力度逐季增强，港口生产缓慢复苏，公路运量平稳，航空运输屡创新高。根据相关统计数据，2010 年中国全社会各种运输方式累计完成客运量 327.88 亿人次，同比增长 10.2%，增速比上年同期提高了 6.5 个百分点，比前三季度提高 2 个百分点，加速增长趋势明显；民航运输完成客运量 2.67 亿人次，同比增长 15.8%；旅客周转量为 4 031.62 亿人・公里，同比增长 19.4%；全社会各种运输方式累计完成货运量 315.34 亿吨，同比增长 13.4%，增速比上年同期提高了 5.9 个百分点；2010 年 1～11 月，规模以上港口完成货物吞吐量 73.48 亿吨，同比增长 15.9%，增速较前三季度提高了 0.3 个百分点，比上年同期高 6.9 个百分点，其中，外贸货物吞吐量 22.60 亿吨，增长 14.6%。全年民航业完成运输总周转量 536 亿吨公里，增长 25.6%；国内航线完成旅客周转量 3 277.31 亿人・公里，同比增长 16.7%；港澳台航线完成旅客周转量 97.05 亿人・公里，同比增长 29.5%；国际航线完成旅客周转量 754.31 亿人・公里，同比增长 33.2%（见表 12-7）。

表 12-7　2010 年全社会客运量及其增长情况

指标名称	全年累计（亿人次）	同比增长（%）	2009 全年增长（%）
客运量合计	327.88	10.20	3.80
公路	306.26	10.20	3.60
铁路	16.73	10.00	4.50
水路	2.22	−0.70	2.90
民航	2.67	15.80	19.60

资料来源：东北证券

（二）航空运输板块得益于经济复苏和人民币升值而效益显著

随着 2010 年国际航线及货运业务强劲复苏，加上国内航线延续复苏态势，运力增长低于周转量增长，客座率上升至较高水平，票价稳定，航空公司盈利能力显著提升。

航空公司因购买飞机而形成较多的美元外债，人民币升值带来的汇差收益会使航空公司明显收益。据统计，2010 年，人民币兑美元升值累计幅度达 3.1%，与此同时，航空板块盘面走强主要集中在 2010 年 4 月和 10 月，这两个时段正是人民币升值前期的暗流涌动阶段、后期的实际升值时段。

同时，应该清醒地看到，2010 年航空行业业绩增速明显在一定程度上源于非常态的收益，以中国国航为例，在其 150 亿元的利润总额中，公允价值变动收益、投资收益、汇兑收益三项合计 70 亿元，占比接近 50%（见表 12-8）。

表 12-8　　航空板块影响因素分析

驱动因素	2010 年计量指标	负面因素
人民币升值获汇兑收益	人民币兑美元升值 3.1%	油价上涨
国际航线及货运业务强劲复苏	国际客、货周转量分别增长 31.1%、52.8%	加息
国内航线延续上年复苏态势	国内客、货周转量分别增长 15.1%、16%	高铁影响
运力增长低于周转量增长，客座率上升		
世博会、亚运会对区域航空市场的促进		

资料来源：东北证券

中国国航 2010 年业绩靓丽收官

- 2010 年，在国际经济回暖、中国经济快速增长的背景下，中国航空市场需求旺盛，其中特别突出的是国际航线及货运市场强劲复苏，推动公司业务量及业绩靓丽增长。
- 全年实现营业收入 809 亿元，同比增长 58%；营业成本 610 亿元，上升 45%。实现公允价值变动收益 17 亿元，同比下降 36%，投资收益 35 亿元，增长 485%，汇兑收益 18 亿元，利润总额 150 亿元，增长 182%，归属于母公司股东的净利润为 122 亿元，同比增长 142%。期末股本摊薄每股收益 0.95 元。
- 业务方面，公司客运可用座公里数增长 12%，收入客公里增长 17%，产出大于投入 5 个百分点，客运收入增长 33%；国际航线客运业务的增长最为强劲，其次为国内和地区航线。公司平均客座率为 80%，上升 3 个百分点。单位收益为 0.67 元/客·公里，增长 13%。货运业务可用货运吨·公里增长 15%，收入货运吨·公里增长 29%，经营效率显著上升，载运率为 60%，上升 6 个百分点，单位收益为 1.81 元/吨·公里，增长 18%。
- 2010 年 4 月 20 日公司合并深圳航空，深航并表，也使得公司业务规模明显扩大。

（三）运价上涨带动海运板块普遍复苏

2010 年是海运业的复苏之年，国际干散货、集装箱、油运的运价较 2009 年均有不同程度的上涨。但海运板块运力供大于求的局面仍在维持。客观地说，海运板块行业运价只是从 2009 年极端低运价恢复至 2010 年的合理偏低水平。

从海运板块各市场来看，集装箱航运市场的发展名列前茅，这主要是得益于 2010 年集运市场运价的上涨超过预期，船东一致性削减运力以保持运价，使得市场有效运力趋于阶段性均衡。

其次为国际油运市场，2010 年上半年国际油运运价一度高涨，加上大量油轮转行成储油船，市场运力曾一度暂时紧张，但随后市场下行。国际干散货运价表现相对较弱，全球铁矿石及煤炭价格上涨影响到需求的增长，2010 年 1～10 月，中国进口铁矿石已经出现负增长，加上新运力投放速度加快，使得运价几乎很难有像样的上涨。不过由于上年的基数较低，海运公司业绩普遍复苏，2009 年出现巨额亏损的公司也纷纷走出亏损阴影（见表12-9）。

表 12-9　　海运板块影响因素分析

驱动因素	2010 年 1～10 月计量指标	负面因素
国际干散货运价同比上涨	BDI 均值 2 866，同比上涨 19%	各细分市场运力均供大于求
中国沿海散货运价同比上涨	CCBFI 均值 1 429，同比上涨 30%	油价上涨
集装箱运价显著上涨	CCFI 均值 1 142，同比上涨 33%	加息
国际原油运价同比上涨	BDTI 均值 893，同比上涨 59%	矿石进口负增长
国际成品油运价同比上涨	BCTI 均值 735，同比上涨 54%	

资料来源：东北证券

（四）国民经济企稳向好带动公路运输行业良好发展

立足于中国现阶段经济发展水平，公路运输仍然是旅客运输和货物运输的主要运输方式，而公路运输行业的发展也主要得益于良好的国民经济发展势头。

2010 年，在国民经济企稳向好的带动下，公路运输业固定资产投资额累计为 12 761.66 亿元，同比增长 20.9%，投资额占交通运输投资总额的 49.89%。

公路运输客货运形势良好。从数据上来说，全年全社会累计完成旅客运输 327.88 亿人次，累计同比增长 10.2%；累计完成旅客周转量合计为 27 778.21 亿人·公里，累计同比增长 11.9%；全社会累计完成货运量 315.34 亿吨，同比增长 13.4%；累计完成货物周转量 135 169.6 亿吨公里，同比增长 12.5%。从平均运距来看，全年全社会公路客运、货运平均运距分别为 48.70 公里和 177.32 公里，同比均有所提高。

国道及高速公路交通流量较快增长。2010 年，全国国道网年平均日交通量为 11 918 辆/日（当量标准小客车，下同），比上年增长 10.7%。全国高速公路年平均日交通量为 18 155 辆/日，比上年增长 7.8%；年平均行驶量为 134 587 万车公里/日，比上年增长 22.8%；年平均交通拥挤度为 0.29，比上年增长 9.0%。

（五）交通固定资产投资快速增长保障铁路板块平稳运营

2010年初，交通部表示要充分发挥融资平台作用，加快已经成熟的股改项目上市的准备工作，择机上市融资，要扩大铁路建设债券和各类票据发行规模，拓展其他直接融资渠道，降低资金成本，实现铁路低成本扩张。2010年1～11月份，全社会累计完成交通固定资产投资11 662亿元，同比增长18.8％。2010年1～11月份，东、中、西部地区分别完成交通固定资产投资4 412亿元、3 155亿元和4 094亿元，同比分别增长9.1％、17.9％和32.3％。

较快的交通固定资产投资增速保障了铁路板块的运营业绩。2010年，全国铁路累计发送旅客16.76亿人次，比上年同期增加15 158万人次，增长9.9％。其中，国家铁路客运量16.48亿人次，增长9.3％。全国完成旅客周转量8 762.18亿人公里，同比增加883.29亿人公里，增长11.2％。2010年1～12月，全国铁路完成货运总发送量36.43亿吨，比上年同期增长9.3％。其中完成货物发送量36.29亿吨，同比增长9.3％；完成行包发送量1 342万吨，同比增长2.7％。2010年1～12月累计完成货运总周转量27 644.13亿吨公里，同比增长9.5％。其中完成货物周转量27 332.68亿吨公里，同比增长9.6％；完成行包周转量311.45亿吨公里，增长5.3％。全国铁路日均装车157 277车，同比增长8.2％。

此外，铁路板块业绩的提升也得益于煤炭运输量的大幅增长。以大秦铁路为例，其2010年上半年就创下了单日运量的最高纪录。根据中国煤炭资源网的统计数据，仅2010年上半年大秦线累计完成每天运输量同比增长超过30％。伴随着煤炭运量的增长，2010年大秦铁路的净利润相比上年度增长了将近60％。

（六）宏观经济向好带动港口吞吐量保持高增长态势

受国民经济持续快速增长利好，国内对大宗商品需求高涨；中国企业的国际竞争力不断增加，外贸出口优势突出；在港口生产规模日益扩大、软硬件条件不断提升的背景下，海上贸易量持续高位运行。全国港口运输生产2010年继续稳步向好，港口货物吞吐量呈现两位数高增长，生产形势好于预期，港口企业效益同步提升。据交通运输部数据显示，2010年全国规模以上港口货物吞吐量完成80.2亿吨，较上年同期增长15％，增速较上年提高了6.8个百分点，中国港口货物吞吐量继续雄居世界首位，其中上海港货物吞吐量完成约6.5亿吨，增速达到15.5％，连续四年蝉联世界第一大港。

2010年交通运输行业重大新闻

➢ 4月，京藏高速公路京冀段发生大堵车，8月15日，拥堵路段甚至长达100多公里，引发社会关注。

➢ 8月24日，河南航空伊春失事，42人遇难，中国民航2 102天安全纪录被终结。

- 8月25日，国务院常务会议专题研究部署推进长江等内河水运发展工作。会议提出，力争用10年左右时间，建成畅通、高效、平安、绿色的现代化内河水运体系。
- 12月3日，在京沪高铁枣庄至蚌埠间的先导段联调联试和综合试验中，由中国南车集团研制的“和谐号”380 A新一代高速动车组最高时速达到486.1公里。这是继2010年9月28日沪杭高铁试运行创下时速416.6公里之后，中国高铁再次刷新世界铁路运营试验最高速。
- 12月15日，嘎隆拉隧道顺利贯通，有“孤岛”之称的墨脱将融入西藏乃至全国交通网络。
- 12月23日，北京市政府出台“史上最严治堵令”，公布了包括优先发展公交、摇号限牌政策在内的综合治堵措施。
- 2010年，邮政行业完成业务总量1 975亿元，完成业务收入1 280亿元，与“十五”末相比都实现翻番。快递日业务量突破1 000万件，进入世界前三位。
- 2010年，民航全行业完成旅客运输量2.67亿人次，首都机场旅客吞吐量首次超过7 000万人次，世界排名上升至第二位。

资料来源：中国交通新闻网

三、2011年交通运输行业业绩前景分析

2010年，国家各项宏观经济政策继续保持连续性，交通运输行业经济效益好于2009年。2011年，受到国家积极政策、全球经济回暖等多重利好因素的影响，预计交通运输行业总体趋势向好。

（一）交通运输行业与国民经济共同平稳发展

在经历了2009年和2010年初的衰退后，世界经济在大量积极的货币和财政刺激政策下得到复苏。进入2011年，预计全球大部分地区尤其是美、日、欧等发达国家来说，经济将会回暖，但伴随的难题也将越来越多，威胁世界经济复苏的风险仍然存在，尤其是日本海啸及核危机、中东及非洲国家政权更迭、欧洲国家债务危机等问题仍是全球经济发展的隐患，新兴市场也存在过热、通胀等各种压力。

就国内经济而言，受全球经济增长放缓、国内货币政策由积极转为稳健的影响，2011年中国经济增长速度将有所放缓，但总体仍将保持在一个较高水平，中国经济由政府刺激政

策下的恢复性增长向常态增长的基本态势已经初步形成。中国科学院预测科学研究中心发布的《2011（年）中国经济预测与展望》，预测2011年中国GDP增长速度为9.8%左右，较2010年增速略低；国际货币基金组织发布的《世界经济展望》，预测中国经济增速将由2010年的10.3%放缓到2011年的9.6%。

2011年是中国“十二五”规划的开局之年，中国具备保持经济平稳较快发展的基本环境，虽然面临较大的通胀压力，但物价上涨态势仍在可控范围内，形成恶性通胀的机会较小，预计全年经济增速可能会接近10%。综合来看，伴随着国民经济的平稳发展，2011年交通运输行业总体将实现平稳较快发展。

（二）航空运输行业高位回稳，盈利增长不宜过于乐观

相关研究数据显示，2011年全球将有约1 400架飞机交付，新增运力预计将达到13%，这将在一定程度上缓解当前紧张的运力。但客观地说，运力紧张实际上是热点地区空域资源的紧张及热门航班时刻的紧张，航空公司在此方面的竞争激烈，而这些并非通过运力投放所能解决的，特别是在一些偏远地区，依然需要政府的财政补贴吸引航空公司来开设航线。

考虑到2010年的航空运输业得强劲复苏，预计2011年国内、国际及地区航线周转量增幅将回落，甚至有可能出现负增长。客座率水平基本与2010年持平或者略有回落，民航客座率可能继续呈现结构性差异，即重点干线上维持在高水平，在其他干线或支线上客座率有所回落。

运力可能超过需求增长导致载运率下降，航空公司经营环境可能相对会恶化；日本核危机、北非及中东政权不稳等因素影响国际航运；同时考虑到油价高企及高铁开通对航空运输的影响，预计2011年航空公司业绩增幅可能会下滑，尤其是在2010年增长十分旺盛的地区，如与世博会、亚运会紧密相关的上海和广州市场。

人民币升值和行业重组整合将是亮点。总体而言，预计2011年全国航空运输行业会在高位回稳，但盈利增长不容过度乐观。

（三）海运业供大于求的局面将持续

2011年海运业供大于求的格局并不会马上逆转，主要是目前仍处于消化前期大量订单的过程，目前全球干散货船、油轮、集装箱船的新船订单量占运营船舶的比重仍然分别达到52%、28%，27%，2011年新船交付量依然较大。而目前全球经济复苏的进程依然较慢，需求的增长难以消化运力的增长。

从行业中长期的供求关系来看，集运市场订单充足，业内企业竞争格局已更为有序，将避免过度的价格竞争对船东的伤害。预计2011年集运市场仍存在供过于求的压力，但如果全球贸易保持在一个相对稳定的水平，集运市场通过撤减运力可能将行业供求维持在均衡水平，市场景气有望保持2010年的水平，2012年以后，随着存量订单的消化，市场供求关系会逐渐逆转。同时，海运板块业绩与运价相关性较大，考虑到2010年的运价高企，部分运价指数的同比涨幅将会有限。因此，2011年上半年部分海运公司业绩增幅可能会明显放缓，有些可能会有负增长出现。

总的来说，2011年海运业景气形势仍可能偏于低迷，但资本市场的走势可能较行业形

势稍有领先。海运业仍将基本维持供大于求的格局，中长期来看，2012～2013 年如果需求符合预期，海运的部分市场可能会出现供求平衡。

（四）高速公路车流量平稳增长，道路通行费的调整预期可能影响业绩

高速公路车流量与区域经济、路网变化紧密相关。目前，中国沿海地区初级产业不断向中西部地区转移，带动地方的商贸物流更加活跃。中西部的重点高速公路车流量增长将持续。根据对 2010 年 1～10 月中国公路主要上市公司旗下重点高速公路车流量的增幅统计，皖通高速旗下的合宁高速、赣粤高速旗下的昌九高速、楚天高速旗下的汉宜高速以及成渝高速，车流量增长速度相对较快，其中除了区域经济的带动外，合宁大修完成、汉宜高速受益沪蓉西高速通车影响均有体现。

另外，需要注意的是，公路上市公司的收入大部分来源于道路通行费，在近期食品特别是蔬菜价格高企的原因归咎于运输环节之时，据媒体报道，相关部委正酝酿对公路收费进行调整，改革方案可能包括：扩大政府还贷二级公路收费的调整范围，适时取消西部地区的政府还贷二级公路收费；取消一级公路收费；延长高速公路收费年限，降低收费标准，等等。尽管相关政策尚未出台，但一旦对道路通行费进行调整，将对公路板块造成较大的冲击。

（五）高铁产业的迅速发展将带动铁路运输行业发展

随着中国将高速铁路作为优先发展的战略性新兴产业，除了大规模带动铁路工程建设、铁路设备制造、铁路建设配套等行业的快速发展外，同时也为铁路运输行业带来了机遇，高铁运输网络在跨区域经济带的融合、地域交通运输、商贸、旅游以及资源流动等方面的促进作用将可能会陆续显现，尤其是对铁龙物流、申通地铁、中储股份、国恒铁路等铁路运营、运输、物流、储运等服务类上市公司而言，影响将会较为显著（见图 12-3）。

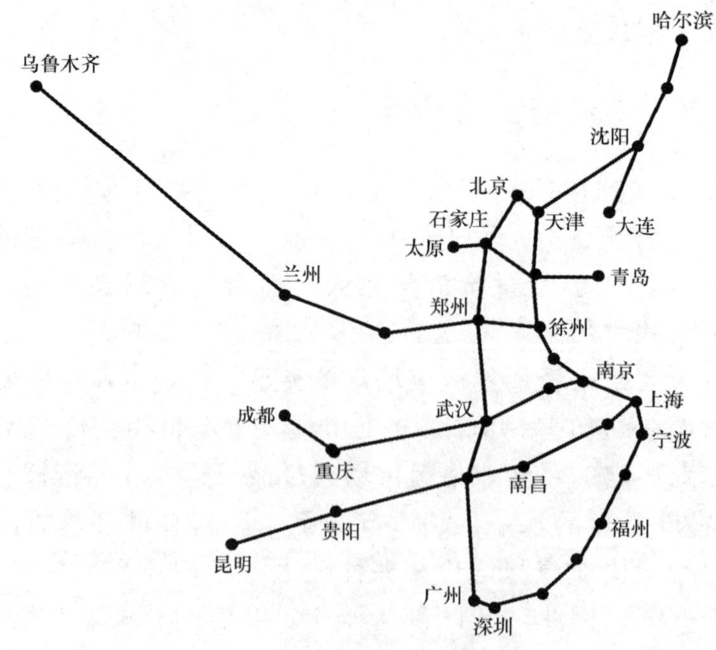

图 12-3 中国“四纵四横”高铁客运网

（六）内河水运发展战略的出台将为水运行业发展带来机遇

在运输需求不断增长的中国，修建高铁、高速公路、机场的同时，还将提高长江等内河的航运能力。2010 年 8 月，国务院常务会议专题研究部署推进长江等内河水运发展工作，提出力争用 10 年左右的时间，建成畅通、高效、平安、绿色的现代化内河水运体系。可以预见，“十二五”期间，内河水运建设将上升为国家战略，成为综合运输体系建设的战略重点之一。当前和今后一个时期，国家将把内河航运摆在经济社会发展的重要位置，尤其是长江航运、珠江航运具有巨大的发展空间。根据《国务院关于加快长江等内河水运发展的意见》，中国将在长江、珠江、京杭运河建设畅通的高等级航道，长江等航道会被加深。一些存在碍航、断航问题的内河航道，将逐步建设通航设施。长江沿线的上海、武汉、重庆等主要港口的建设会被加强。该意见表示，将防止发生重大污染事故，严格执行和逐步提高船舶排放标准。自 2013 年 1 月 1 日起，禁止生活污水排放达不到规范要求的客船以及单壳油船、单壳化学品船进入三峡库区；能耗高、污染重、技术落后的老旧船舶将被逐渐淘汰。

尽管目前在 A 股市场上，河运股板块是小板块，但如果达到上述政策要求的发展目标，将受益于内河水运发展带来的机会。港口航运板块的受益将主要源于内河航道改善所带来的整体市场的扩大、货物吞吐量的上升、中小船舶运力被淘汰后所能够提升的市场份额以及区域经济发展所带来的区域内货物水运需求的提升。

附表：

交通运输行业上市公司业绩评价结果排序表

行业排名	全部上市公司排名	股票代码	股票简称	综合得分（100分）	每股收益（元）	总资产报酬率（%）	净资产收益率（%）	总资产周转率（次）	流动资产周转率（次）	资产负债率（%）	获利倍数	营业收入增长率（%）	资本扩张率（%）	市场投资回报率（%）	股价波动率（%）	年末资产额（万元）	营业收入净额（万元）	净利润（万元）
1	1	601111	中国国航	87.80	1.05	11.08	37.94	0.62	5.75	73.14	0.00	58.45	74.03	44.57	82.84	15 521 961.30	8 096 267.70	1 245 475.80
2	5	601006	大秦铁路	85.00	0.70	17.57	20.97	0.50	3.14	43.74	13.71	81.70	31.16	−18.42	42.11	10 014 621.52	4 201 376.15	1 041 087.19
3	10	600029	南方航空	82.50	0.70	7.42	29.56	0.76	6.23	72.83	0.00	38.80	127.93	65.38	138.43	11 122 900.00	7 778 800.00	642 500.00
4	38	600794	保税科技	77.20	0.43	14.48	21.98	1.06	2.41	62.25	24.15	222.68	24.70	41.47	86.07	103 000.43	80 415.36	7 699.77
5	41	600115	东方航空	77.00	0.48	7.26	56.49	0.87	8.07	83.56	14.54	88.19	358.78	7.96	79.38	10 081 011.70	7 495 810.80	570 291.60
6	109	601866	中海集运	71.60	0.36	9.65	15.13	0.75	3.02	38.87	24.58	74.72	15.34	−2.16	79.78	4 901 612.53	3 483 546.90	423 324.00
7	113	600125	铁龙物流	71.50	0.47	18.03	16.08	0.67	1.27	8.86	0.00	39.49	16.40	37.76	73.01	350 116.05	218 553.57	47 680.47
8	115	600897	厦门空港	71.30	0.94	21.39	18.65	0.47	1.88	9.72	0.00	9.49	17.44	−17.27	57.01	193 015.88	83 877.93	30 083.02
9	124	600221	海南航空	70.80	0.74	8.01	31.23	0.33	1.25	81.22	3.30	39.60	87.03	27.01	139.28	7 155 279.50	2 170 614.70	322 089.80
10	181	600561	江西长运	68.20	0.61	10.91	17.74	0.72	3.00	59.55	11.39	25.38	13.40	8.94	77.18	187 498.97	124 323.96	12 660.21
11	233	600377	宁沪高速	66.10	0.49	14.66	14.42	0.27	3.20	27.61	10.20	17.68	4.75	−0.62	40.79	2 489 749.31	675 624.41	253 953.91
12	258	000022	深赤湾A	65.00	0.93	16.26	22.87	0.30	1.68	38.62	0.00	18.76	11.30	−6.01	62.80	620 218.47	174 041.77	82 663.94
13	261	000900	现代投资	64.90	1.99	17.95	19.64	0.30	0.80	32.78	37.16	3.44	17.39	−27.77	101.45	648 984.96	182 552.52	79 319.98
14	288	600012	皖通高速	64.20	0.47	13.28	14.91	0.22	2.21	35.97	9.43	19.08	8.96	5.47	79.82	941 138.77	210 956.53	86 169.85
15	305	601919	中国远洋	63.70	0.66	6.73	13.83	0.56	1.39	58.76	17.55	44.58	16.53	−31.03	103.42	15 086 785.80	8 057 843.38	799 429.87
16	312	000089	深圳机场	63.30	0.42	14.12	13.09	0.31	1.29	10.42	0.00	14.24	12.75	−24.59	80.93	653 607.09	189 946.62	72 334.50
17	321	600650	锦江投资	63.20	0.52	13.24	15.76	0.64	2.16	28.65	0.00	15.21	4.42	−29.04	128.69	308 014.89	184 158.27	33 908.48
18	354	600270	外运发展	62.50	0.49	6.98	9.17	0.59	1.40	15.77	0.00	54.50	13.03	−5.47	69.75	614 206.19	339 721.82	44 691.88
19	355	601333	广深铁路	62.50	0.22	7.13	6.55	0.45	4.08	20.85	15.07	8.87	4.25	−24.54	70.06	3 060 449.99	1 348 444.82	155 474.61
20	358	002320	海峡股份	62.40	0.92	12.29	10.80	0.33	0.43	2.12	0.00	24.79	5.51	−10.97	68.19	182 397.28	60 042.67	18 775.37
21	380	600018	上港集团	61.90	0.26	12.90	16.61	0.30	0.86	37.08	19.22	15.47	8.63	−30.36	95.78	6 589 466.87	1 910 545.26	661 261.29
22	399	601107	四川成渝	61.40	0.37	12.72	14.57	0.24	1.34	29.20	22.05	27.76	13.14	−17.50	85.40	1 189 769.24	272 914.51	115 610.51
23	418	600035	楚天高速	60.90	0.43	11.43	13.70	0.20	1.13	47.18	22.03	25.31	19.14	2.12	64.25	601 189.10	96 678.94	39 996.98
24	433	600004	白云机场	60.60	0.51	7.86	9.47	0.34	1.84	40.12	17.61	16.92	5.89	−11.16	61.64	1 129 050.77	386 547.95	62 259.61
25	483	600386	北巴传媒	59.10	0.34	10.35	12.71	1.07	2.10	37.72	10.08	36.18	17.94	−31.40	93.76	201 119.72	196 012.02	14 703.45
26	484	600548	深高速	59.10	0.34	6.08	7.80	0.10	1.98	58.72	2.70	59.70	5.29	−14.44	71.73	2 261 664.71	230 238.64	71 007.21

续表

行业排名	全部上市公司排名	股票代码	股票简称	综合得分（100分）	每股收益（元）	总资产报酬率（%）	净资产收益率（%）	总资产周转率（次）	流动资产周转率（次）	资产负债率（%）	获利倍数	营业收入增长率（%）	资本扩张率（%）	市场投资回报率（%）	股价波动率（%）	年末资产额（万元）	营业收入净额（万元）	净利润（万元）
27	492	600009	上海机场	59.00	0.68	10.49	10.35	0.24	1.87	18.83	13.06	25.40	9.62	−30.66	127.28	1 750 176.83	418 640.83	140 617.24
28	496	000582	北海港	58.90	0.28	7.97	12.77	0.54	2.64	58.95	3.85	87.54	16.39	−20.33	85.94	81 704.68	40 501.21	3 983.01
29	523	600269	赣粤高速	58.20	0.54	11.02	13.99	0.24	1.89	46.32	10.51	22.31	6.60	−31.67	107.39	1 858 878.74	397 761.57	135 297.62
30	526	600017	日照港	58.10	0.19	9.09	9.79	0.39	2.60	43.96	4.44	31.12	8.86	−15.02	73.58	865 715.36	315 627.94	45 554.23
31	551	600787	中储股份	57.50	0.33	4.58	6.94	2.06	3.30	55.98	21.73	31.02	−1.20	−16.78	72.57	936 022.10	1 834 723.01	28 784.86
32	635	600026	中海发展	55.60	0.50	6.49	7.70	0.31	3.59	43.28	9.70	27.92	6.72	−34.92	118.18	4 071 017.62	1 140 941.97	172 196.30
33	647	000429	粤高速A	55.30	0.31	6.75	9.95	0.10	1.89	54.40	4.05	6.97	19.60	−7.82	51.36	1 052 646.41	100 221.95	43 833.23
34	655	600242	中昌海运	55.10	0.12	11.69	20.33	0.45	1.12	73.84	2.10	673.18	0.00	−5.13	53.23	125 240.44	31 244.71	3 218.09
35	656	600717	天津港	55.00	0.48	6.91	8.25	0.53	2.15	39.12	6.95	17.46	5.40	−33.45	107.71	2 231 146.03	1 148 343.80	109 175.12
36	688	000828	东莞控股	54.30	0.34	10.34	12.06	0.14	1.93	28.26	10.85	36.65	6.76	−9.88	71.10	420 192.07	63 466.80	35 207.60
37	694	600428	中远航运	54.20	0.26	4.34	7.62	0.51	1.47	54.97	0.00	12.95	6.71	−20.34	106.80	1 011 969.63	440 677.92	33 652.52
38	703	002210	飞马国际	54.00	0.17	1.83	11.06	0.76	0.80	89.78	28.88	114.54	9.18	34.09	99.17	468 670.94	288 696.64	5 073.43
39	731	600834	申通地铁	53.50	0.20	8.61	8.80	0.54	34.12	38.35	9.83	−0.75	6.15	−17.08	106.36	177 855.26	83 421.58	9 367.45
40	792	000905	厦门港务	52.40	0.19	5.64	7.47	0.53	1.13	41.30	0.00	3.61	5.80	−12.62	68.80	297 936.27	157 530.76	12 704.43
41	809	601008	连云港	52.10	0.21	6.46	6.34	0.44	3.21	41.44	3.32	23.19	5.57	−17.52	72.92	305 533.23	121 856.44	11 052.11
42	824	000099	中信海直	51.70	0.24	5.95	7.96	0.35	1.18	35.62	0.00	8.87	6.40	47.41	164.86	251 641.17	87 912.73	12 504.79
43	859	000886	海南高速	51.10	0.12	5.09	5.01	0.21	0.31	17.63	0.00	180.96	5.14	−12.30	117.50	295 682.37	59 456.24	11 894.11
44	874	600317	营口港	50.80	0.20	6.34	6.56	0.24	2.73	64.74	1.82	24.91	8.46	−27.57	101.63	1 019 949.85	234 317.74	22 668.78
45	897	000916	华北高速	50.20	0.22	7.10	6.33	0.23	0.55	6.20	0.00	16.30	−1.24	−15.79	78.48	412 905.14	95 011.64	24 681.57
46	918	600387	海越股份	49.80	0.15	5.13	5.85	0.80	3.86	49.47	2.83	61.86	−6.45	−5.59	92.62	188 348.37	147 596.17	5 760.56
47	942	601872	招商轮船	49.30	0.18	4.75	6.50	0.17	0.74	39.36	15.41	39.29	2.35	−27.35	81.16	1 623 347.13	259 667.77	63 254.52
48	947	600190	锦州港	49.30	0.14	5.68	6.00	0.15	0.93	42.36	8.23	16.93	6.13	−22.57	79.98	659 158.46	86 391.81	22 137.39
49	961	002023	海特高新	49.10	0.20	6.71	6.96	0.20	0.42	21.19	12.87	−9.17	65.39	38.82	107.25	121 771.17	20 759.74	5 356.03
50	980	300013	新宁物流	48.50	0.19	6.53	5.17	0.61	0.79	15.91	398.51	35.98	1.67	−22.17	87.14	41 035.37	24 617.14	1 769.29
51	984	002040	南京港	48.50	0.10	4.38	5.05	0.18	2.13	37.93	5.26	9.40	4.25	−1.20	52.81	90 843.31	14 988.10	2 791.07
52	993	600326	西藏天路	48.10	0.14	6.44	8.10	0.54	0.97	40.25	9.69	8.66	5.76	16.31	147.59	215 055.83	113 087.35	10 121.64

续表

行业排名	全部上市公司排名	股票代码	股票简称	综合得分（100分）	每股收益（元）	总资产报酬率（%）	净资产收益率（%）	总资产周转率（次）	流动资产周转率（次）	资产负债率（%）	获利倍数	营业收入增长率（%）	资本扩张率（%）	市场投资回报率（%）	股价波动率（%）	年末资产额（万元）	营业收入净额（万元）	净利润（万元）
53	1014	600575	芜湖港	47.80	0.05	1.67	1.26	0.77	1.09	74.20	1.62	3116.79	373.77	44.23	93.21	973 552.93	404 955.85	1 911.60
54	1054	600033	福建高速	47.10	0.19	7.46	8.73	0.13	1.55	51.62	9.57	−3.52	6.71	−19.85	78.46	1 750 246.94	193 547.20	71 569.17
55	1056	600020	中原高速	47.10	0.25	5.49	8.74	0.09	0.54	77.89	2.10	14.13	7.72	−16.19	67.68	2 835 289.75	236 928.94	52 807.02
56	1093	000088	盐田港	46.20	0.33	9.96	10.31	0.08	0.22	7.87	0.00	3.86	2.40	−26.36	77.65	497 527.64	41 693.71	46 703.44
57	1094	000753	漳州发展	46.10	0.20	7.52	11.14	1.13	2.04	64.98	2.79	33.72	11.94	11.01	78.98	167 501.95	165 687.35	6 188.44
58	1162	600368	五洲交通	44.20	0.38	3.53	7.89	0.05	0.21	72.90	7.19	49.02	11.02	−14.32	79.98	983 735.76	35 839.65	19 985.57
59	1240	600106	重庆路桥	41.10	0.30	6.48	9.01	0.07	0.30	72.83	1.73	6.75	6.93	−3.04	56.38	565 336.14	34 476.35	13 392.56
60	1243	600798	宁波海运	41.10	0.06	4.00	1.04	0.18	2.45	64.28	1.27	37.19	0.28	−20.99	77.37	692 654.88	122 858.17	2 572.83
61	1248	600768	宁波富邦	40.80	0.16	6.76	15.04	1.44	3.11	76.23	2.06	65.05	8.33	1.20	74.94	60 724.71	85 817.84	2 086.95
62	1275	000548	湖南投资	39.90	0.17	6.65	6.83	0.15	0.25	32.93	17.13	50.42	4.70	−24.81	123.69	220 454.11	33 359.26	9 879.19
63	1316	600896	中海海盛	37.90	0.04	2.69	2.16	0.25	2.47	43.77	4.18	48.31	−17.08	−31.51	106.16	486 856.20	124 902.11	6 513.08
64	1475	000520	长航凤凰	30.00	0.02	3.28	1.06	0.32	1.29	85.38	1.08	32.14	0.46	−8.24	63.25	777 699.02	227 307.50	1 197.92
65	1501	600751	SST 天海	28.30	0.06	17.17	−6.97	0.31	0.54	153.60	1.37	7.71	0.00	42.88	137.03	75 373.48	20 092.15	2 919.72
66	1510	000996	中国中期	27.40	0.06	2.06	3.47	0.12	0.26	16.86	45.43	−15.64	2.10	−30.81	98.67	50 065.02	8 207.57	1 428.93
67	1561	600087	长航油运	24.30	0.01	2.11	0.06	0.27	0.98	74.78	1.15	27.83	0.31	−34.24	77.58	1 738 334.86	429 327.74	283.10
68	1663	600692	亚通股份	10.40	−0.20	−3.95	−12.92	0.19	0.36	64.19	−2.61	−45.15	−12.09	−19.09	135.03	143 676.55	24 065.88	−7 104.23
69	1704	601000	唐山港	72.6	0.38	11.49	12.63	0.53	3.23	27.71	10.25	32.49	86.92	−13.27	15.85	518 468.62	255 687.92	36 334.95
70	1737	002357	富临运业	69.8	0.51	9.94	14.8	0.32	0.73	32.85	0	1	188.22	30.97	86.38	76 167.06	18 345.7	5 097.6
71	1863	601880	大连港	60	0.22	6.7	8.72	0.2	1.16	45.55	17.52	98.29	74.83	−114.84	7.93	2 269 081.91	333 695.07	84 681.78
72	1891	601018	宁波港	58.4	0.19	9.75	11.54	0.2	0.8	31.55	18.37	22.81	60.29	−44.12	19.59	3 448 328	600 391.7	221 195.5
73	1899	002492	恒基达鑫	58.1	0.53	9.42	9.88	0.2	0.51	28.94	5.03	8.09	196.75	0.81	7.72	107 798.82	17 295.4	5 061.08
74	1951	600279	重庆港九	54.2	0.18	3.72	4.93	0.29	1.68	64.95	2.4	145.18	53.36	24.02	58.25	463 156.88	112 026.68	6 604.59
75	2009	601518	吉林高速	47.8	0.11	4.64	3.72	0.24	1.49	21.84	0	19.08	4.76	−17.79	71.31	249 086.69	58 019.37	7 080.97
76	2026	601188	龙江交通	43.8	0.08	4.66	3.87	0.1	0.37	12.3	0	10.97	4.5	−19.59	67.33	275 018.63	28 767.42	9133.2

第十三章 建筑行业上市公司业绩评价

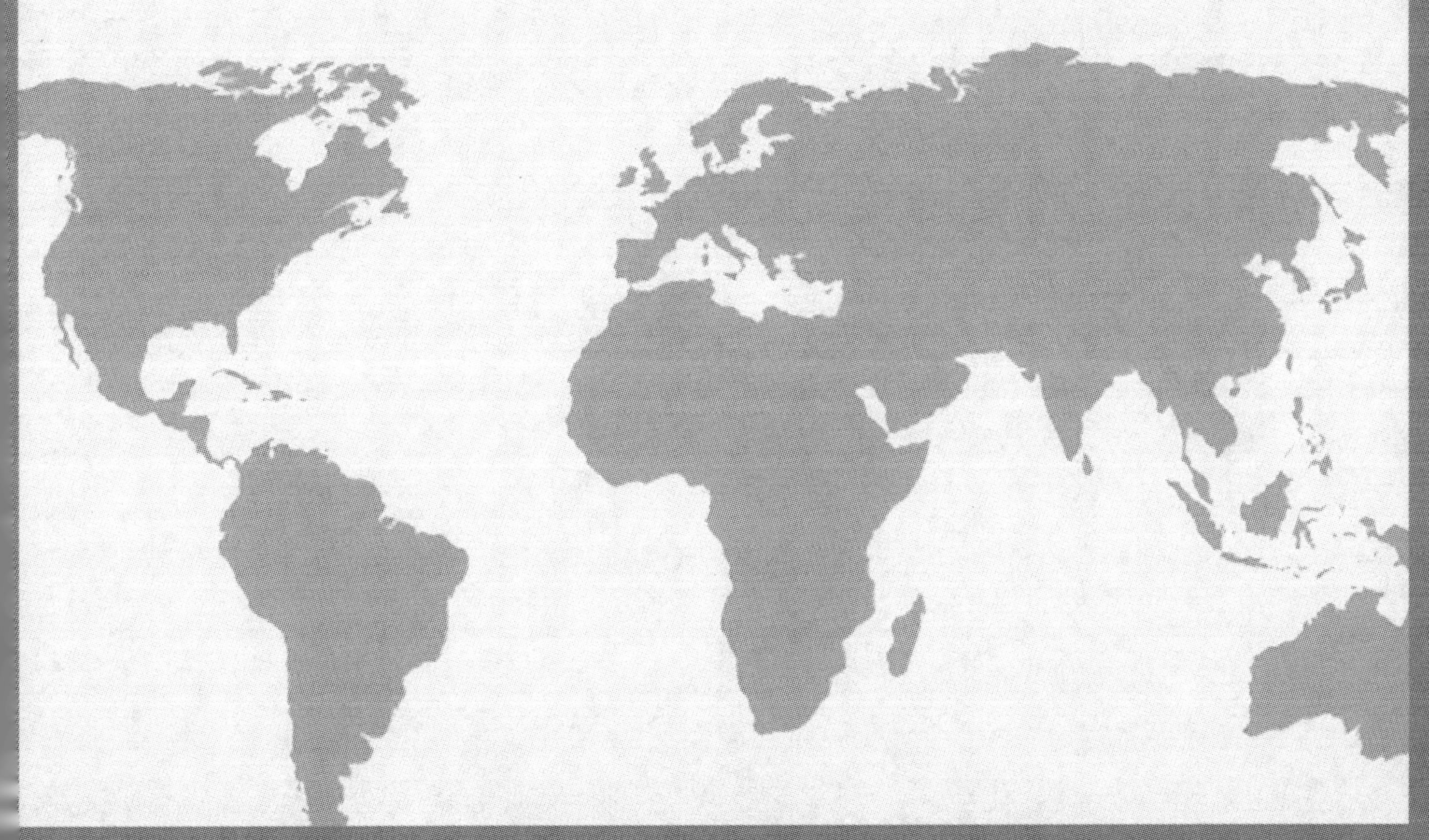

建筑业是国民经济重要的支柱产业，是推动社会经济发展的重要力量。建筑业为国民经济各部门提供了重要的物质基础，对关联产业的发展有巨大的带动力，同时也是吸纳就业的重要行业。2010年中国建筑业创造的价值，即增加值26 451亿元，占国内生产总值（GDP）的6.6%。随着国家基础建设的大力推进、城镇化加速发展和房地产市场稳定发展等因素的影响，建筑行业上市公司2010年业绩喜人。2010年，建筑行业上市公司实现营业收入18 373.68亿元，比上年同比增长36.26%；实现净利润592.64亿元，比上年同比增长66.28%。2011年作为“十二五”开局之年，在区域经济快速发展、城市化加速、基础设施建设投资持续加大、保障房建设持续升温的总体趋势下，建筑业投资机会巨大。

一、建筑行业上市公司业绩评价结果

截至2010年末，建筑板块的A股上市公司共40家。2010年40家建筑上市公司全部实现盈利。2010年全部A股上市公司2002家共计实现主营业务收入14.7万亿元，建筑行业40家上市公司实现主营业务收入18 373.68亿元，占上市公司主营全部业务收入的12.5%，其中中国中铁、中国铁建、中国建筑和中国中冶四家龙头企业主营业务收入合计15 204.9亿元，占建筑板块的82.75%；全部A股上市公司共计实现利润总额12 017.27亿元，建筑行业上市公司实现利润总额592.64亿元，占上市公司全部实现利润总额的4.93%，其中中国中铁、中国铁建、中国建筑和中国中冶四家龙头企业利润总额为439.33亿元，占建筑板块的74.13%；从总的评价结果来看，建筑行业综合得分为55.1分，低于全部A股上市公司的62.2分，建筑整体业绩低于整个A股上市公司的平均业绩。

2010年建筑行业整体评价结果较为一般，从总的评价结果来看，建筑行业综合得分为55.1分，低于全部A股上市公司的62.2分的11.4%，40家建筑行业上市公司有两家进入2010年上市公司业绩综合得分的百强名单。业绩为优秀的有中材国际和金螳螂两家，业绩为良好的有7家，业绩为中的有5家，业绩为低的有15家，业绩为差的有4家。

表 13-1　　2010 年度建筑行业中联十强排行榜

名次	股票代码	股票简称	在全部上市公司中排名
1	600970	中材国际	29
2	002081	金螳螂	73
3	601668	中国建筑	278
4	600502	安徽水利	280
5	600248	延化长建	308
6	600528	中铁二局	339
7	600068	葛洲坝	343
8	600266	北京城建	447
9	000961	中南建设	473
10	002163	中航三鑫	572

基于对建筑行业上市公司的整体评价，下面分别从财务效益状况、资产质量状况、偿债风险状况、发展能力状况、市场表现状况五个方面对建筑行业上市公司进行具体分析。

（一）财务效益

从综合得分来看，2010 年建筑行业上市公司财务效益状况差于上市公司平均水平。具体指标方面，建筑行业上市公司净资产收益率低于上市公司平均水平，相比 2009 年也有所下降，但达到国际标准优秀值。总资产报酬率同比 2009 年相同，但远低于上市公司均值，仅处于国际标准平均值水平。其它三个修正指标，营业利润率、盈利现金保障倍数和股本收益率均低于上市公司平均水平。同比 2009 年，除股本收益率外，营业利润率和盈利现金保障倍数也均出现不同程度的下降，位列国际标准值较差水平其中，盈利现金保障倍数下降最明显，相比 2009 年下降 121.95%。整体来讲，2010 年建筑行业的财务效益较 2009 年降低，也低于上市公司平均水平。

表 13-2　　建筑行业财务效益状况比较

评价指标		2010 年上市公司平均值	2010 年行业值	2009 年行业值	增长率（%）
基本指标	扣除非经常性损益净资产收益率（%）	12.54	11.75	12.32	−4.63
	总资产报酬率（%）	8.09	4.25	4.25	0.00
	得分（分）	21.28	17.97	21.36	−15.87
修正指标	营业利润率（%）	7.7	3.06	3.21	−4.67
	盈利现金保障倍数	1.24	−0.36	1.64	−121.95
	股本收益率（%）	51.08	37.54	34.85	7.72
综合得分（分）		21.99	17.22	20.33	−15.30

（二）资产质量

从综合得分来看，2010 年建筑行业上市公司资产质量状况优于上市公司平均水平。具体而言，总资产周转率高于上市公司均值，也高于去年水平。说明建筑企业总资产运用效率较好。但流动资产周转率虽高于 2009 年，但远低于上市公司平均值。从修正指标来看，相比 2009 年，应收账款周转率有所提高，但也远低于上市公司平均值，而存货周转率低于上市公司均值也低于去年水平。总体来说，建筑行业的资产质量状况高于上市公司水平，但与 2009 年相比，建筑行业的资产质量状况有所下降。

表 13-3　　建筑行业资产质量状况

评价指标		2010 年上市公司平均值	2010 年行业值	2009 年行业值	增长率（%）
基本指标	总资产周转率（次）	0.88	1.16	1.11	4.50
	流动资产周转率（次）	1.93	1.48	1.41	4.96
	得分（分）	9.4	10.11	10.35	−2.32
修正指标	应收账款周转率（次）	14.78	7.57	7.14	6.02
	存货周转率（次）	4.36	4.18	4.49	−6.90
综合得分（分）		9.2	10.63	10.73	−0.93

（三）偿债风险

从表 13-4 分析可知，该行业上市公司偿债风险状况平均得分为 5.65 分，低于全国所有上市公司 9.07 分的平均水平。具体来讲，资产负债率远高于上市公司平均水平，处于国际标准值较差水平。但现金流动负债比例和带息负债比例好于上市公司均值，处于国际标准值优秀水平。

表 13-4　　建筑行业偿债风险状况

评价指标		2010 年上市公司平均值	2010 年行业值	2009 年行业值	增长率（%）
基本指标	资产负债率（%）	57.6	78.68	76.91	2.30
	获利倍数（倍）	9.32	8.47	8.25	2.67
	得分（分）	9.19	4.32	4.91	−12.02
修正指标	速动比率（%）	73.82	79.89	90.12	−11.35
	现金流动负债比率（%）	15.97	−1.44	6.70	−121.49
	带息负债比率（%	45.08	26.95	24.39	10.50
综合得分（分）		9.07	5.65	6.44	−12.27

2010 年建筑行业的偿债风险与 2009 年相比有一定的增加。由于新开工项目增加，行业拆解短期流动负债数量增加，整个行业的偿债风险随着资产负债率的上升有所加大。

（四）发展能力

从表 13-5 可知，建筑行业上市公司发展能力状况指标平均得分为 12.66 分，略低于全国所有上市公司 12.98 分的平均水平。除总资产增长率和三年营业收入增长率外，其他发展能力指标如主营业务增长率、资本扩张率、累计保留盈余率和营业利润增长率都低于上市公司的平均值，尤其是营业利润增长率，大幅低于上市公司均值。和 2009 年相比，2010 年建筑行业主要指标都明显低于 2009 年，特别是营业利润增长率同比降低 72.71%，其主要原因还是建筑行业是一个微利行业，同时 2010 年受房地产调控政策影响，房价基本维持稳定，而原材料和人力成本出现上涨，从而进一步降低了建筑行业的利润。

表 13-5　　建筑行业发展能力状况

评价指标		2010 年上市公司平均值	2010 年行业值	2009 年行业值	增长率（%）
基本指标	主营业务增长率（%）	37.7	35.52	37.59	−5.51
	资本扩张率（%）	22.63	19	60.33	−68.51
	得分（分）	12.2	11.52	19.68	−41.46
修正指标	累计保留盈余率（%）	38.94	22.89	18.77	21.95
	三年营业收入增长率（%）	19.5	32.92	27.55	19.49
	总资产增长率（%）	22.95	29.15	30.72	−5.11
	营业利润增长率（%）	47	27.99	102.57	−72.71
综合得分（分）		12.98	12.66	15.68	−19.26

（五）市场表现

表 13-6 列示了建筑行业上市公司市场表现评价结果。从指标来看，建筑行业上市公司的市场投资回报率为 15.93%，略高于全国所有上市公司 12.19%的平均水平，建筑板块在证券市场的活跃能力高于市场平均水平。

2010 年全年建筑指数基本上高于上证综合指数（见图 13-1），原因主要是固定资产投资和区域经济规划所引导的基础建设投资驱动所致。2010 年建筑行业的股价波动率为 104.24%，略高于全国所有上市公司 94.83%的平均水平，股价波动率最高的是金螳螂，为 274.61%。

表 13-6　　建筑行业公司市场表现

评价指标	2010 年上市公司平均值	2010 年行业值	2009 年行业值
市场投资回报率（%）	12.19	15.93	138.04
股价波动率（%）	94.83	104.24	125.10
得分（分）	9.00	8.93	9.22

图 13-1　建筑行业指数和上证综合指数对比

数据来源：Wind 资讯。

2009 年中国建筑行业国际对标

根据国资委编制的企业绩效评价国际标准值（2009），我们将中国建筑行业 2009 年业绩评价结果和全球 294 家大型领先建筑企业进行了比较。中国建筑行业上市公司营业利润等与全球 294 家大型领先建筑企业相比，还有不小的差距，但营业收入、资产总额、权益等经营指标远远高于全球 294 家大型领先建筑企业平均值。其中，中材国际、葛洲坝、北京城建等中国建筑行业上市公司龙头，在营业利润率等规模上已超过全球 294 家大型领先建筑企业平均值，跻身于全球领先行列。

	中国建筑行业上市公司平均值	全球 294 家大型领先建筑企业平均值
营业收入（人民币：亿元）	337.13	130.80
资产总额（人民币：亿元）	344.07	162.90
权益（人民币：亿元）	79.43	40.67

续表

	中国建筑行业上市公司平均值	全球 294 家大型领先建筑企业平均值
资产负债率（%）	76.91	75.0
营业利润（人民币：亿元）	10.83	6.71
营业利润率（%）	3.2	5.1
经营现金流量（人民币：亿元）	14.59	9.55

（一）财务效益状况

2009 年中国建筑行业总资产报酬率为 4.25%，超过全球 294 家大型领先建筑企业的平均值。从营业利润率来看，2009 年中国建筑行业为 3.21%，处于全球 294 家大型领先建筑企业的较差水平。2009 年中国建筑行业盈利现金保障倍数为 1.64 倍，超过全球 294 家大型领先建筑企业平均值。

（二）资产质量状况

2009 年中国建筑行业总资产周转率为 1.11%，超过全球 294 家大型领先建筑企业的平均值。从应收账款周转率来看，2009 年中国建筑行业为 7.14%，超过全球 294 家大型领先建筑企业的优秀值，表现非常突出。2009 年中国建筑行业流动资产周转率为 1.41%，处于全球 294 家大型领先建筑企业较低水平。

（三）偿债风险状况

2009 年中国建筑行业资产负债率为 76.91%，超过全球 294 家大型领先建筑企业的平均值。从获利倍数来看，2009 年中国建筑行业为 8.25 倍，超过全球 294 家大型领先建筑企业的优秀值，可排入前 20%的行列，表现非常突出。2009 年中国建筑行业速动比率为 90.12%，处于全球 294 家大型领先建筑企业较低水平。从现金流动负债比率来看，2009 年中国建筑行业为 6.7%，超过全球 294 家大型领先建筑企业的平均值。从带息负债比率来看，2009 年中国建筑行业为 24.39%，处于全球 294 家大型领先建筑企业的中间水平。

（四）资产质量状况

2009 年中国建筑行业营业增长率为 37.59%，超过全球 294 家大型领先建筑企业的优秀值。从营业利润增长率来看，2009 年中国建筑行业为 102.57%，远远超过全球 294 家大型领先建筑企业的优秀值，表现非常突出。

二、2010 年建筑行业上市公司的影响因素分析

（一）固定资产投资的高速增长大幅提高了建筑行业的景气

建筑业是实现固定资产投资的行业，固定资产投资直接决定着建筑行业的发展水平。2010 年固定资产投资 278 140 亿元，比上年增长 23.8%，其中，分行业城镇固定资产投资中，建筑业增长速度居首，比 2009 年增长 48.6%，投资额为 2 332 亿元。房地产业投资额居首，全年完成投资 57 557 亿元，同比增长 33.5%（见图 13-2）。

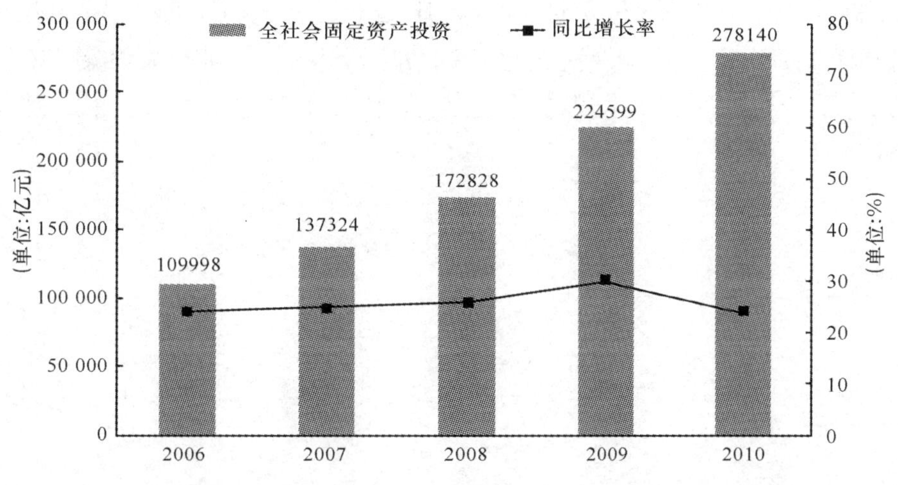

图 13-2 2006～2010 年固定资产投资及增长情况

数据来源：2010 年国民经济与社会发展统计公报。

2010 年全社会建筑业增加值 26 451 亿元，比上年增长 12.6%。全国具有资质等级的总承包和专业承包建筑业企业实现利润 3 422 亿元，增长 25.9%，其中国有及国有控股企业实现利润 990 亿元，增长 35.0%（见图 13-3）。

（二）城镇化发展是驱动建筑业长期发展的最主要因素

根据国际经验，人均 GDP 达到 3 000 美元之后，工业化开始稳定并减速，城镇化将会加速。相应的带动城市服务业和房地产业的发展，为经济发展创造新的活力。2010 年，中国的人均 GDP 已经达到 4 500 美元，超过了 3 000 美元的台阶。城镇化的发展，带来巨大的市政工程、城市配套服务设施、商业建筑、城市环保设施等基础设施以及房屋建设方面的巨

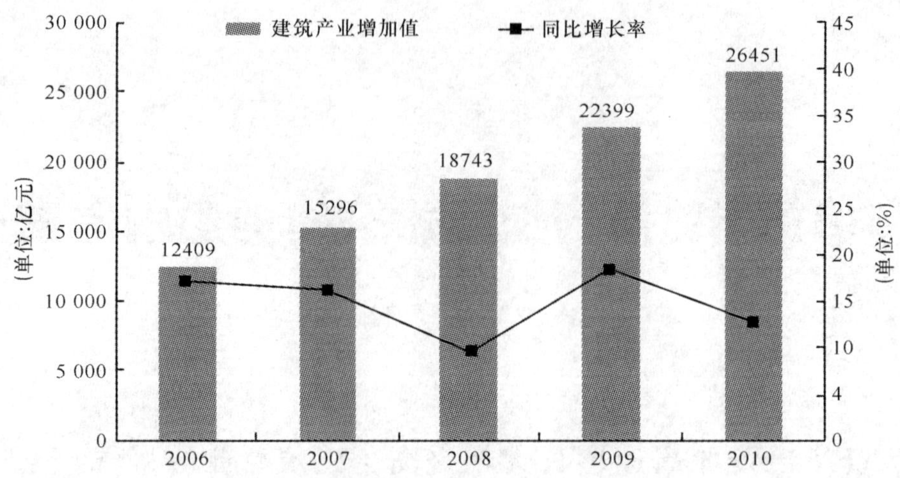

图 13-3　2006～2010 年建筑业增加值及增长情况

数据来源：2010 年国民经济与社会发展统计公报。

大建筑需求，成为推动建筑行业长期发展的主要因素。如中南建设是一家专注于在三、四线城市开发建设的地方性开发商，2010 年该公司实现营业收入 91.38 亿元，同比增长 60.75%；利润总额 10.17 亿元，同比增长 26.16%，房地产业务收入 35.58 亿元，同比增长 31.08%，建筑施工业务收入 66.6 亿元，同比增长 63.52%。该公司定位于三、四线城市，其城镇化带来的刚性需求正处于快速增长时期，受房地产调控政策影响较小。另外，该公司兼备一级土地开发与建筑施工，以打包拿地为主、挂牌拍卖为辅的模式，不断发展壮大（见图 13-14、图 13-15）。

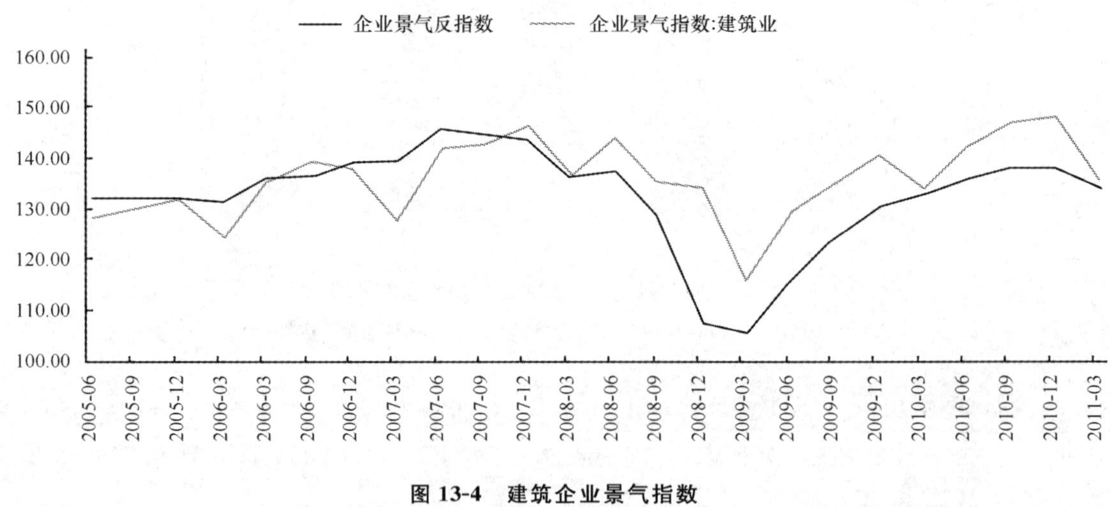

图 13-4　建筑企业景气指数

数据来源：Wind 资讯。

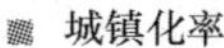

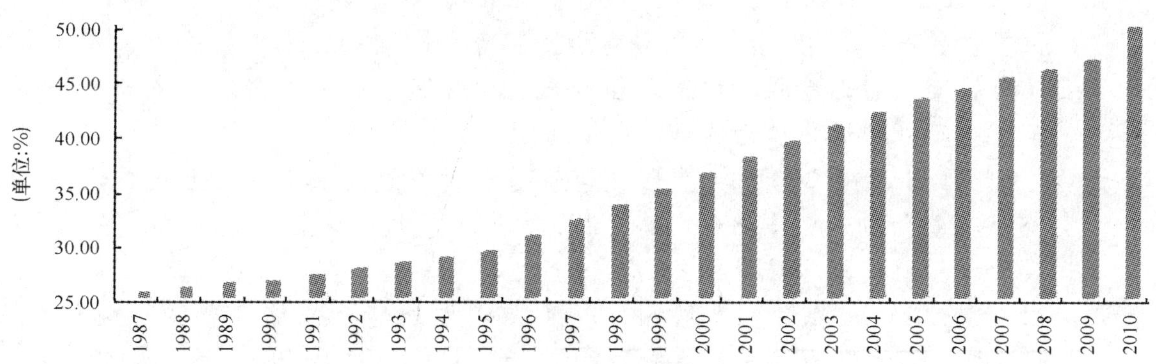

图 13-5　城镇化率发展水平

资料来源：Wind资讯。

2010年中国建筑业十大新闻

☆ 1月15日，中共中央总书记、国家主席、中央军委主席胡锦涛考察上海世博会建设及筹办工作情况。

☆ 1月27日，中国建筑业协会和中华营建管理协会共同主办的第九届海峡两岸营建业合作交流会在海南博鳌举行。

☆ 3月3日，中国建筑业协会组织《中国建筑业产业政策和建筑业发展“十二五”规划研究》课题组成员和建筑行业人大代表座谈，共议产业发展大计，提出了《关于尽快修订建筑法的建议》和《关于制订建筑产业发展规划的建议》，由建筑行业人大代表分别以议案和建议的形式向十一届人代会三次会议提交。

☆ 5月1日，中国2010年上海世博会正式开园。3万多名建设者从2006年8月开工至世博会开幕，在5.28平方公里的热土上，建造了以中国馆为代表的“一轴四馆”永久建筑，建造了189个国家和57个国际组织带来的以绿色低碳理念为先导、设计风格多样的展馆建筑，充分演绎了“城市，让生活更美好”的主题。

☆ 5月12日，汶川大地震两周年之际，四川地震灾区154万余户农房已完工99.7%，基本完成农村居民住房重建。9月25日，总预算达153亿元、总投资达95亿元的北川新城在新址矗立。11月17日，在中共四川省九届八次全会上传出信息，汶川地震灾后重建如期完成，基本实现了中央提出的“三年任务两年完成”的目标。

☆ 9月初，美国《工程新闻记录》(ENR)正式发布2010年两项重要工程承包商排名榜单，中国铁建和中国中铁分别以539.9亿美元和528.697亿美元的总营业额，首次位列全球承包商225强中的第一和第二名。

☆ 10月26日，沪杭高铁正式开通，中国高铁运营里程已达到7 431公里，位居世界第一。同时，中国已是世界上高速铁路发展速度最快、系统技术最全、集成能力最强、运营里程最长、运营速度最高和在建规模最大的国家，在高铁领域稳居六项世界第一。

☆ 11月11日，在“2010年中国城市轨道交通关键技术论坛”上获悉，中国城市轨道交通线路总里程已达1 270公里，超过美国目前的1 100多公里，成为世界上线路总里程最长的国家。

☆ 11月15日，上海静安区胶州路一正在实施外墙节能综合整治项目的28层民宅，因无证电焊工违章操作引发特大火灾，造成58人死亡，70余人受伤。火灾再度引起业内对建筑保温易燃材料安全性能的关注。

☆ 12月27日，中国2010年上海世界博览会总结表彰大会在人民大会堂隆重举行。

（三）房地产市场调控、原材料和人力成本价格上涨对建筑企业上市公司的负面影响

2010年，在一系列房地产市场调控政策作用下，全国房地产开发投资48 267亿元，比2009年增加12 025亿元，增长33.2%，增速比2009年提高17.1个百分点。全国商品房销售增速呈现前高后低态势，全年商品房销售面积10.43亿平方米，增长10.1%，商品房销售额5.25万亿元，增长18.3%。受房地产调控影响，2010年商品房销售面积和商品房销售额增幅同比2009年分别回落33.5个和58.6个百分点。70个大中城市新建住宅销售价格同比上涨7.6%。二手住宅销售价格同比上涨5.0%（见图13-6）。2010年，中国建筑业总产值累计达95 205.82亿元，同比增长23.95%；建筑业企业利润总额达到3 422.32亿元，涨

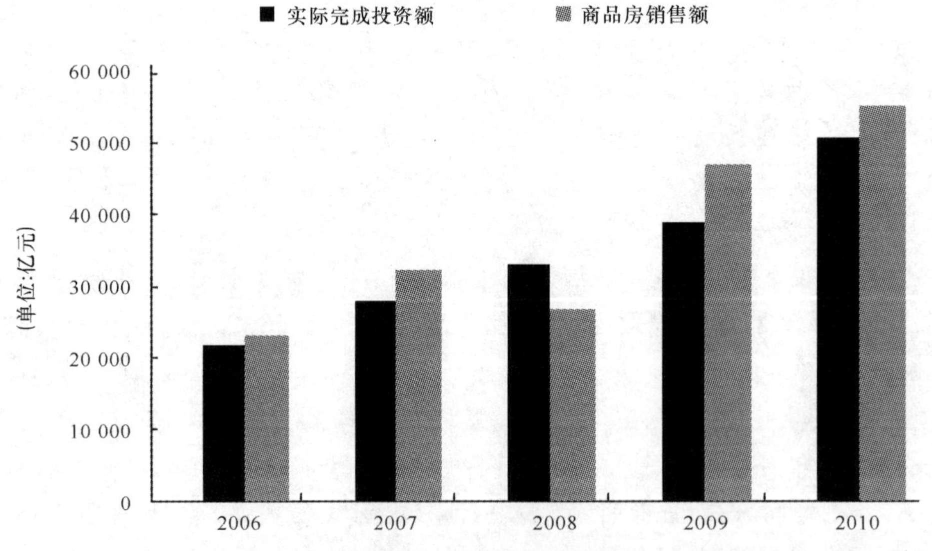

图13-6　房地产投资及销售情况

数据来源：Wind资讯。

幅 25.88%。虽然建筑企业利润依旧增长，但增幅趋缓（见图 13-7）。与此同时，2010 年原材料和人工成本大幅上涨，需求受到抑制，同时成本上升导致建筑企业利润率下滑，从而拖累了主营房地产业务建筑企业上市公司的市场表现。

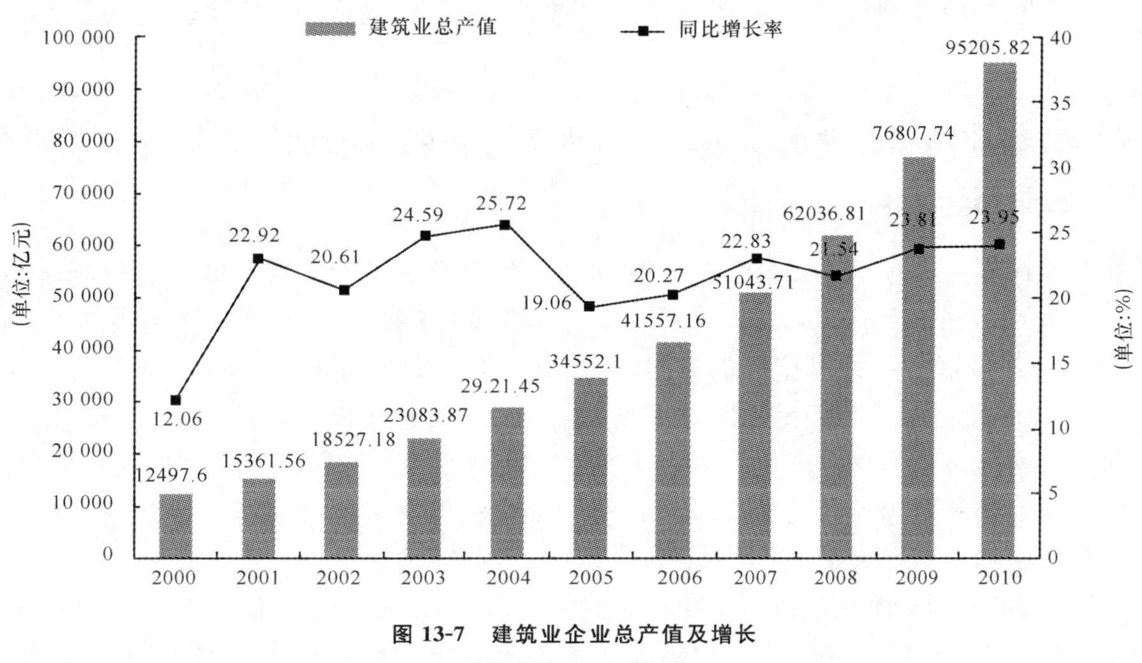

图 13-7　建筑业企业总产值及增长

数据来源：**Wind** 资讯。

（四）铁路投资增加，高铁建设维持较高水平

2010 年铁路固定资产投资实现 8 340 亿元，同比增长 18.8%，其中基本建设投资 7 091 亿元，同比增长 18.1%（见图 13-8）。2010 年 2 月 6 日，郑西高速铁路开通运营；5 月 12 日，成灌快铁开通运营；7 月 1 日，沪宁高铁开通；10 月 26 日，沪杭高铁开始运行；11 月 16 日，京

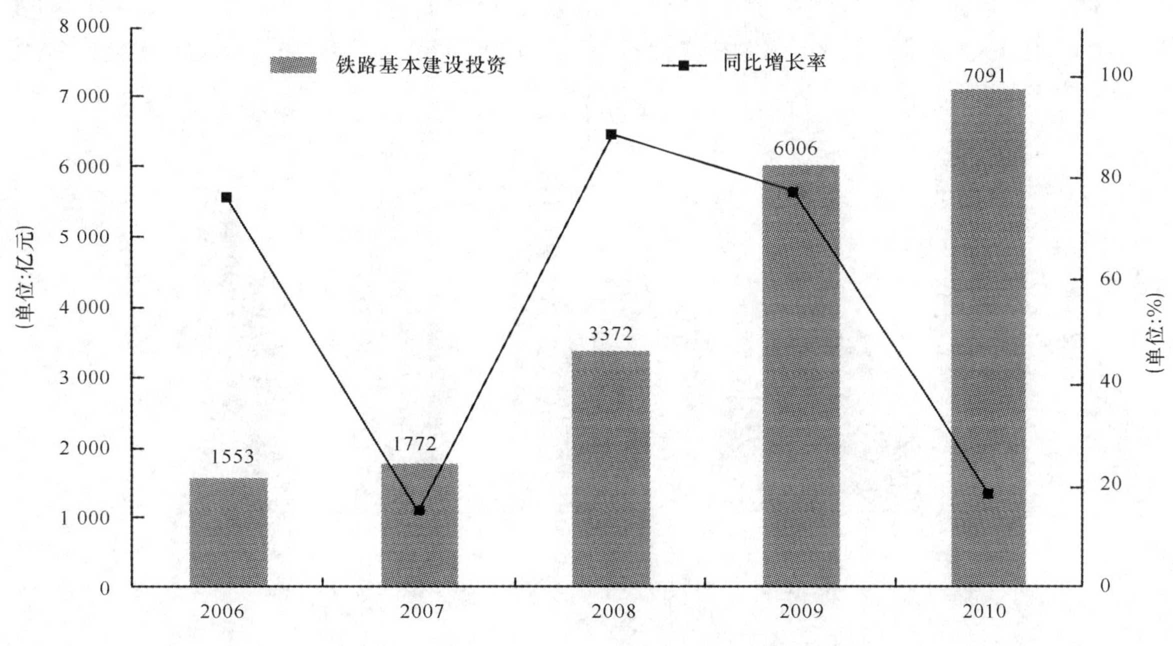

图 13-8　2006～2010 年铁路基本建设投资及增长

数据来源：铁道部。

沪高铁完成铺轨。中国中铁和中国铁建作为铁路基建行业的龙头，占据了铁路基建投资85%的市场份额。中国中铁在铁路市场占有率超过40%，2010年实现营业收入4 736.63亿元，同比增长36.52%，基建建设业务营业收入4 117.16亿元，同比增长32.88%，实现归属于上市公司股东的净利润74.88亿元，同比增长8.91%，扣除非经常性损益后公司净利润同比增长26.6%。

（五）装饰和园林行业的快速发展以及海外市场不断壮大，提升了建筑行业上市公司的业绩

随着中国存量房市场的不断壮大，在保障房、办公楼、商业建筑、酒店、机场车站、住宅精装修等方面存在巨大的装饰需求。装饰行业刚性需求大，受房地产调控影响小。从2010年建筑行业中联十强排行榜可以看出，金螳螂2010年营业收入达66.39亿元，同比增长61.65%；净利润为3.87亿元，同比增长92.72%。园林建设行业则得益于城市化进程的不断推进，新增城市建设面积不断增加，从而带动城市绿化面积、公共绿地面积和人均拥有公共绿地面积的增长，给该行业带来发展机会。如棕榈园林在园林工程、景观设计和苗木资源三大业务板块均实现了业务量的快速增长。2010年实现营业收入129 043万元，利润总额19 801万元，分别同比增长95.67%和116.06%，其中园林工程营业收入增幅为97.21%，设计收入增幅为72.71%，养护收入增幅为220.70%，苗木收入增幅为130.16%。

2010年，建筑企业不断开拓海外市场，在国际市场广泛参与竞争，市场份额也在不断递增。2010年中国对外承包工程实现营业额922亿美元，同比增长18.7%；新签合同额1 344亿美元，同比增长6.5%（见图13-9）。其中，中国建筑、上海建工、中国中铁、葛洲坝分别完成营业额48.7亿、16.1亿、12.3亿、12.0亿美元，新签合同额分别为66.9亿、15.6亿、48.6亿、45.7亿美元。这表明中国建筑央企的实力已大大加强，具有较强的国际竞争力。其他方面，如中材国际加强了对新兴经济体市场的开拓力度，2010年新签合同额240亿元，同比增长17%，其中海外合同150亿元，占合同总额的62.5%，实现境外收入133.98亿元，同比增长28.81%，占主营业务收入的56.16%。中工国际的新签合同额更是

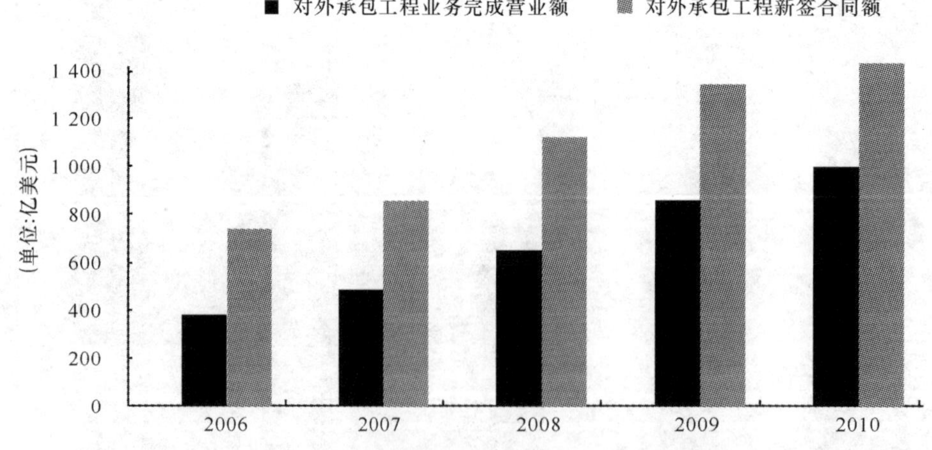

图13-9 2006～2010年中国对外承包工程完成营业额及新签合同额

数据来源：商务部。

达到了40.45亿美元，同比增长516.23%；实现营业总收入50.57亿元，实现营业利润46 324.34万元，营业总收入和营业利润的增长主要得益于公司在海外执行的委内瑞拉瓜里科河灌溉系统修复扩建工程（二期、三期）、乍得水泥厂、乌兹别克别卡巴德水泥熟料生产线等项目进展顺利。

三、2011年建筑行业业绩前景展望

（一）"十二五"规划的启动和实施将使建筑行业持续受益

2011年是"十二五"的开局年，随着"十二五"产业结构调整和经济发展转型，国家将重点加大对农村建设、中西部发展、社会事业、科技发展、生态环境保护和基础设施建设六大领域的投资，其中城乡基础设施建设应是今后建筑业拓展的主要市场，交通、能源、环保等基础设施建设将成为继房地产、市政设施建设之后的又一个投资热点，新农村建设也将成为重要的潜在市场。在区域经济快速发展、城市化加速、基础设施建设投资持续加大、高铁路网密集建设、地铁市政建设持续升温的总体发展趋势下，这些都将给建筑业带来巨大的投资机会。"十二五"将是建筑业难得的发展机遇期和大有作为的时期。

（二）后金融危机时代通货膨胀对建筑业的影响

金融危机时代，各国央行联手救市，纷纷进行量化宽松的货币政策刺激经济复苏。之后伴随着经济开始重新增长，全球流动性过剩和大宗商品价格高企，各国普遍遇到了通货膨胀的问题。2011年，主要能源、原材料价格大幅攀升，并加速向下游传导，导致物价迅速上涨，这将给建筑企业的生产经营带来压力。2010年CPI、PPI屡创新高，中国经济进入滞胀的担忧越来越多，从而进一步推高了建筑原材料价格。从图13-10和图13-11可以看出，2010年钢铁和水泥价格不断上涨。预计2011年中国大量的保障性住房和基础建设项目会进一步增加对原材料钢铁和水泥的需求，同时中国削减高耗能行业产能的措施将加大钢铁水泥价格上行压力。与此同时，国内劳动力成本也在不断上升，中国人口红利正面临消失，廉价劳动力的成本优势难以为继，这对劳动密集型的建筑业有不利影响。国家统计局公布的数字显示，2010年上半年，材料费、人工费、机械使用费同比分别上涨2.9%、7.3%、2.9%，其中，人工费上涨幅度最大。

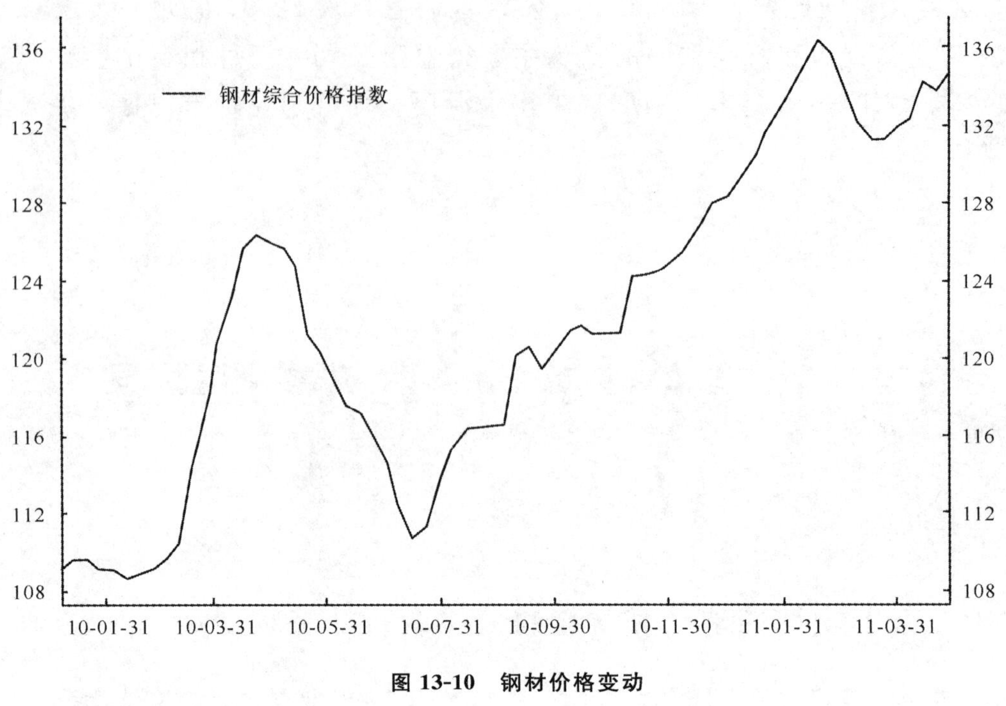

图 13-10　钢材价格变动

数据来源：wind 资讯。

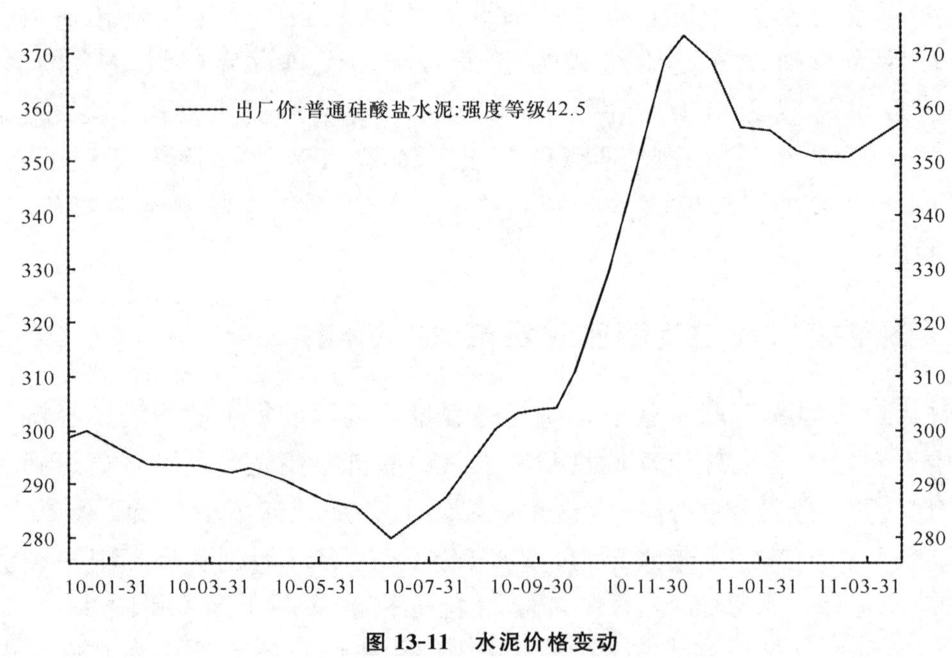

图 13-11　水泥价格变动

数据来源：wind 资讯。

原材料与人工价格上涨将不断增加建筑企业的成本，导致建筑产业利润空间受到压缩。面对投资需求推动的流动性过剩，大宗商品价格上涨引发的输入型通胀，热钱的流入以及劳动工资上涨，央行从 2010 年至今已经 9 次提高存款准备金率，4 次上调金融机构人民币存贷款基准利率，并且存在继续上调的可能，资金面紧缩成为大势所趋。宏观经济环境对基建投资进度的影响、建筑企业上市公司的资金紧张状况都将给建筑企业带来负面影响。建筑企业上市公司要加强在项目、结算、分包等方面的管理，以应对上述风险。

（三）房地产调控对相关建筑行业上市公司影响日趋分化

房地产市场仍然是建筑业发展的重要市场。2011 年初，国务院出台政策措施，在落实地方政府责任、加大保障性安居工程建设力度、税收政策、信贷政策、住房用地供应管理、合理引导住房需求（限购）等方面进一步做好房地产市场调控工作。值得注意的是，中央政策是对少数地区房价过快上涨进行控制，并不是压制整个房地产市场。在商品房市场调控的同时，中国大力推进保障房建设。据报道，“十二五”期间将新增保障性住房 3 600 万套，其中 2011 年新建 1 000 万套，中央财政预算拟安排补助资金 1 030 亿元，比 2009 年增加 265 亿元，除去中央财政外，各级政府可多渠道筹集资金包括银行优惠利率贷款、吸收民营资本等。从上可以看出，中国住房供给体系将从过度市场化、过分依赖商品房的住房供给体系，向市场与保障双结合转变。因此，保障性住房将是 2011 年的核心投资主体，保障性住房开发给建筑施工类公司带来经营模式的变革和盈利能力的提升，将导致国内房屋建筑龙头企业的长期发展。

住房供应体系的分化，对建筑业整体市场景气无较大影响，房地产市场相关建筑业前景依然广阔，但建筑业个体公司，其影响则存在较大差异，受益于保障房建设企业与受损于商品房建设企业并存。如中国建筑，该公司占有房屋建设市场最大的市场份额，同时拥有住房的建设、投资，以及土地一级开发和规划能力。目前中国建筑参与保障房建设的总规模约为 1 400 万平方米，所占市场份额居于全国前三位。公司在保障性住房建设的市场占有率约为 3%，与公司在房建市场的市场占有率基本一致。未来最广泛的市场覆盖面和最强的适应能力注定公司将会是中国未来最大的保障性住房建设商。

（四）建筑企业海外市场的发展

进入 2011 年，全球经济走出危机阴影已成共识，世界经济复苏势头正在巩固。尤其是新兴经济体和其它发展中国家预计将继续领先世界经济增长。受经济复苏势头加强、全球流动性总体充裕、资产价格利好建筑业务、投资者信心增强等因素的影响，2011 年，中国建筑企业海外增长前景仍十分广阔。中国建筑企业在海外具有较高的竞争力，与国际承包商相比，中国建筑企业具有明显的成本优势；与一些新兴国家企业相比，还具有技术优势。进入 2011 年以来，建筑企业上市公司海外订单迅速增长。如中材国际与尼日利亚签署了 14.26 亿美元的工程总承包合同。中工国际已累计签署海外订单合同金额 90 亿美元。与此同时，建筑企业海外市场迅速增长的同时，也须注意新兴市场发生宏观经济大幅波动的风险、汇率风险以及违约风险。

附表：

2010年建筑行业上市公司业绩评价结果排序表

行业排名	全部上市公司排名	股票代码	股票简称	综合得分(100分)	每股收益（元）	总资产报酬率（%）	净资产收益率（%）	总资产周转率（次）	流动资产周转率（次）	资产负债率（%）	获利倍数	营业收入增长率（%）	资本扩张率（%）	市场投资回报率（%）	股价波动率（%）	年末资产额（万元）	营业收入净额（万元）	净利润（万元）
1	29	600970	中材国际	77.6	1.88	10.53	51.15	1.38	1.56	80.44	77.84	32.92	57.94	109.45	209.43	177 9561.84	175 678.45	145 399.18
2	73	002081	金螳螂	74	1.22	15.92	37.43	1.95	2.3	69.37	0	61.67	32.96	226.26	274.61	406 068.92	54 912.16	40 786.81
3	278	601668	中国建筑	64.4	0.31	5.97	15.36	1.07	1.28	74.03	21.58	42.26	16.91	−24.18	62.38	39 753 911.9	1 879 007.5	1 471 521
4	280	600502	安徽水利	64.4	0.91	10.75	24.96	1.14	1.74	75.43	4.6	87.6	56.91	13.25	108.26	409 865.24	23 888.35	20 578.75
5	308	600248	延长化建	63.6	0.29	6.31	18.68	1.48	1.75	72.82	0	16.3	20.91	36.24	92.08	267 625.52	15 536.02	12 408.81
6	339	600528	中铁二局	62.7	0.67	4.93	21.49	1.9	2.15	82.78	15.66	34.64	17.39	−27.89	88.62	3 192 308.82	127 252.34	109 416.41
7	343	600068	葛洲坝	62.6	0.4	5.9	14.2	0.75	1.43	76.02	3.42	37.53	42.26	52.91	110.32	5 456 184.99	191 538.58	109 416.41
8	447	600266	北京城建	60	1.35	11.4	27.13	0.28	0.33	69.16	72.16	35.14	13.01	−13.18	91.03	1 795 102.53	184 876.44	109 416.41
9	473	000961	中南建设	59.4	0.63	5.42	16.7	0.44	0.48	78.15	11.1	60.75	32.13	−15.43	98.35	2 413 591.09	102 505.68	109 416.41
10	572	002163	中航三鑫	56.9	0.17	3.68	7.32	0.64	1.3	64.59	4.39	38.26	142.36	71.6	142.51	454 420.82	9 967.59	109 416.41
11	573	002325	洪涛股份	56	0.65	7.23	9.06	0.95	1.01	33.72	0	15.09	8.26	53.24	151.09	168 033.06	12 244.04	109 416.41
12	582	600496	精工钢构	56.8	0.58	6.71	14.62	1.25	1.69	61.92	7.93	17.81	16.93	38.05	121.88	424 860.53	24 317.7	109 416.41
13	717	002062	宏润建设	53.7	0.72	7.37	17.11	0.85	1.01	74.82	5.79	0.89	18.6	6.29	55.67	807 924.84	42 567.22	109 416.41
14	719	601390	中国中铁	53.4	0.35	3.36	11.84	1.35	1.77	81.02	9.25	36.75	11.35	−28.38	88.05	38 930 635	1 013 050	109 416.41
15	769	600477	杭萧钢构	52.7	0.24	6.43	12.05	0.99	1.5	70.33	3.37	21.73	38.68	19.21	74	385 024.33	13 527.69	109 416.41
16	826	601186	中国铁建	51.5	0.34	2.08	7.69	1.49	1.77	83.37	12.91	32.25	7.68	−23.08	50.51	35 019 401.5	583 962.3	109 416.41
17	929	600545	新疆城建	49.3	0.27	6	10.27	0.55	0.75	60.36	5.27	25.28	11.7	−3.42	84.82	431 024.84	17 254.64	109 416.41
18	935	601618	中国中冶	49.1	0.28	4.02	11.18	0.8	1.05	81.43	3.8	25.18	15.93	−25.67	70.28	28 822 072.4	700 826.1	109 416.41
19	941	600039	四川路桥	49.2	0.33	3.64	10.92	0.67	1.3	81.65	2.07	44.99	−4.63	−9.45	80.04	721 103.42	13 019.95	109 416.41
20	955	600820	隧道股份	48.8	0.75	4.66	13.06	0.8	1.22	77.82	4.46	0.6	11.92	−19.57	104.3	2 011 470.47	54 575.09	109 416.41
21	965	600263	路桥建设	48.8	0.43	1.92	6.2	0.68	1.25	82.44	3.61	8.01	31.39	23.07	45.63	1 845 254.26	20 144.37	109 416.41
22	966	002060	粤水电	48.8	0.27	3.73	6.33	0.75	1.19	75.9	2.32	21.57	4.94	27.26	82.24	612 680.59	11 132.23	109 416.41
23	983	600491	龙元建设	46.6	0.39	4.06	7.92	1.12	1.27	74.28	5.2	49.75	4.75	−26.24	136.36	980 251.93	25 153.7	109 416.41
24	1024	000090	深天健	47.4	0.24	2.45	3.03	0.44	0.77	53.97	5.61	33	77.39	−2.24	100.17	1 016 024.48	16 303.53	109 416.41
25	1067	600284	浦东建设	46.8	0.66	5.98	9.89	0.08	0.4	68.94	2.67	−47.06	20.66	45.76	131.13	1 289 868.86	43 941.82	109 416.41
26	1069	002135	东南网架	46.6	0.36	3.56	7.58	0.86	1.12	72.64	3.15	7.6	6.2	27.09	110.36	384 773.15	8 402.89	109 416.41

续表

行业排名	全部上市公司排名	股票代码	股票简称	综合得分(100分)	每股收益（元）	总资产报酬率（%）	净资产收益率（%）	总资产周转率（次）	流动资产周转率（次）	资产负债率（%）	获利倍数	营业收入增长率（%）	资本扩张率（%）	市场投资回报率（%）	股价波动率（%）	年末资产额（万元）	营业收入净额（万元）	净利润（万元）
27	1182	000065	北方国际	41.6	0.27	5.58	8.96	0.85	0.96	70.65	1.92	−2.4	6.84	−30.85	113.71	195 316.53	5 608.57	109 416.41
28	1203	002307	北新路桥	42.6	0.33	5.31	8.26	1.03	1.41	72.75	2.69	3.79	11.44	−28.14	60.52	285 326.11	6 985.99	109 416.41
29	1204	000023	深天地 A	42.4	0.09	4.69	4.14	0.91	1.41	66.18	2.37	17.88	1.1	−14.21	78.95	93 852.13	2 345.2	109 416.41
30	1387	600986	科达股份	34.6	0.04	1.06	1.04	0.56	0.72	65.06	1.48	33.4	1.05	13.36	120.53	195 930.49	215.04	109 416.41
31	1388	600853	龙建股份	34.7	0.07	1.73	4.78	1.18	1.47	86.48	2.34	29.11	−3.82	−17.46	79.64	541 939.36	4 275.31	109 416.41
32	1467	600512	腾达建设	30.3	0.03	2.15	1.94	0.48	0.7	66.2	2.02	−21.32	3.17	39.54	101.4	331 369.64	2 646.81	109 416.41
33	1623	000415	ST 汇通	19.2	0.01	2.2	0.73	0.26	0.43	78.27	1.76	25.64	−5.07	15.14	80.15	128 180.21	−238.6	109 416.41
		002482	广田股份	80	1.65	12.54	15.22	1.94	2.05	29.4	0	118.86	729.87	103.12	34.67	355 947.9	26 959.01	21 432.08
		002051	中工国际	74.7	1.07	10.67	22.03	1.23	1.49	57.04	0	61.08	89.83	128.9	216.85	507 035.57	46 324.34	36 634.97
		002375	亚厦股份	71.9	1.33	9.53	17.87	1.48	1.57	45.93	0	80.44	361.25	148.15	205.67	446 209.12	31 177.25	26 222.66
		002431	棕榈园林	68.7	1	13.92	17.47	0.96	1.04	24.1	0	95.67	527.59	166.45	160.63	219 201.79	18 759.53	16 847.69
		600170	上海建工	67.5	0.88	3.5	15.54	1.96	2.47	82.7	0	76.82	90.2	−0.4	100.9	4 918 257.81	96 217.14	100 876.58
		300117	嘉寓股份	52.3	0.76	7.33	9.73	0.57	0.64	36.43	8.02	13.22	208.22	−45.04	32.78	174 440.79	8 240.1	109 416.41
		002524	光正钢构	51.6	0.33	6.02	7.46	0.74	0.94	32.44	8.48	38.29	260.58	−372.12	18.92	69 256.61	2 366.47	109 416.41

第十四章

房地产行业上市公司业绩评价

随着城镇化进程的加快和国民经济的快速发展，作为国民经济的支柱产业，房地产行业作出了举足轻重的贡献。其产业关联度强、带动系数大、后续效应和旁侧效应突出，带动了产前、产中、产后的相关产业多达50多个部门。2009年房地产行业担当了拉动宏观经济增长的中坚力量，2010年房地产投资对经济的拉动作用依然巨大。数据显示，2010年中国房地产完成开发投资4.83万亿元，而固定资产投资为27.81万亿元，房地产投资占比达17.37%，占GDP的比重达12.13%。

2010年房地产市场在较高的通胀压力和严厉的政府调控的大背景下运行总体平稳：房价全年高位运行，1～4月持续走高，6～8月趋于平稳甚至下跌，9月以后呈现小幅上涨；房地产开发投资高速增长；商品房销售增幅上半年高位回落，下半年运行平稳；企业资金来源增速高位回落。预计2011年房地产市场将面临更为复杂的市场形式和严格的政策环境，房地产市场将更趋于理性。

一、2010年度房地产行业上市公司业绩评价结果

截至2010年末，房地产行业A股上市公司共计118家。2010年全部上市公司共计完成营业收入147 010.90亿元，房地产行业118家上市公司完成营业收入3 922.18亿元，占上市公司全部营业收入的2.67%；全部上市公司共计实现营业利润11 315.66亿元，房地产行业上市公司实现营业利润553.85亿元，占上市公司全部实现营业利润的7.13%；全部上市公司共计实现净利润806.76亿元，房地产行业上市公司实现净利润613.57亿元，占上市公司全部实现净利润的6.38%。2010年，房地产行业上市公司净资产收益率13.90%，高出本年全部上市公司净资产收益率（13.62%）0.28个百分点。

2010年房地产行业整体评价结果较2009年有明显变化，较2009年的10家公司进入百强，2010年只有4家公司进入2010年百强。在118家房地产行业上市公司中，业绩为优秀的有16家；业绩为良好的有13家；业绩为中的有11家；业绩为低的有32家；业绩为差的为46家。2010年业绩评价综合得分最高的是79.40分，在全部上市公司中排名第19位。房地产行业的平均综合得分为47.2分，低于全部上市公司的平均综合得分62.2分的24.11%。

表 14-1 房地产行业 2010 年十强排名

名次	股票代码	股票简称	在全部上市公司中排名
1	002285	世联地产	19
2	002146	荣盛发展	30
3	000671	阳光城	56
4	000979	中弘地产	89
5	600173	卧龙地产	104
6	600208	新湖中宝	139
7	600383	金地集团	143
8	600256	广汇股份	157
9	000608	阳光股份	169
10	000567	海德股份	177

基于对房地产行业上市公司的整体评价，下面分别从财务效益状况、资产质量状况、偿债风险状况、发展能力状况、市场表现状况五个方面对房地产行业上市公司进行具体分析（见图 14-1）。

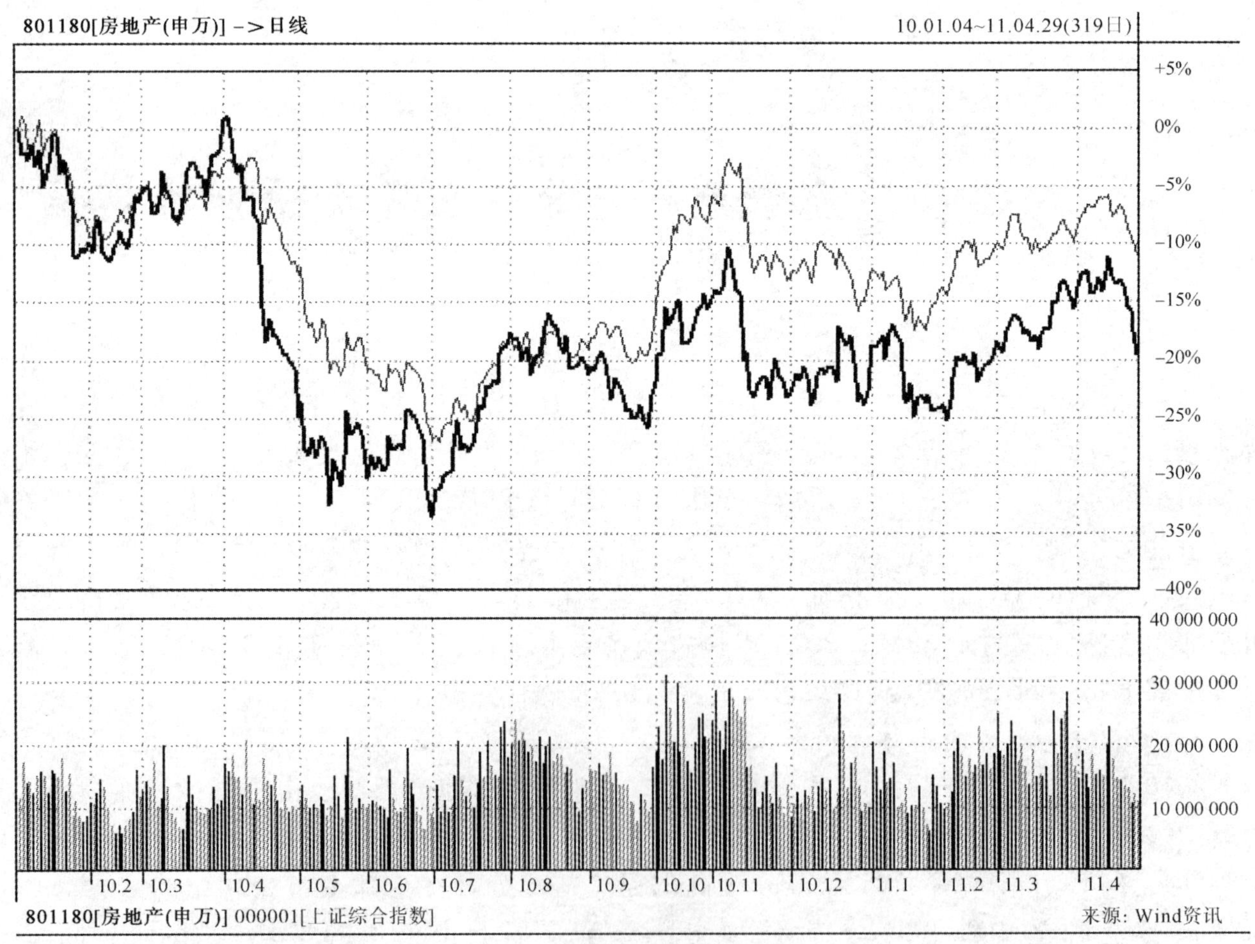

图 14-1 房地产行业指数与上证综合指数对比

(一)财务效益状况

房地产行业上市公司财务效益状况差于上市公司平均水平。

表 14-2 列示了房地产行业上市公司财务效益状况评价结果。在 2010 年房地产行业上市公司中，深振业 A 财务效益得分排在第一位，该公司扣除非经常性损益净资产收益率为 19.90%，两项指标同比有所提升，且远高于 2010 年上市公司平均和行业平均。深振业 A2009 年财务效益指标上的突出表现与深圳振业逆市取得良好的经营业绩有关，全年完成合同销售面积 25.45 万平方米，合同销售金额 29.32 亿元，结算面积 21.34 万平方米，结算金额 23 亿元，年报显示公司经营活动产生的现金流量净额为 10.86 亿元。

表 14-2　　2010 年房地产行业财务效益状况比较

评价指标		2010 年上市公司平均值	2010 年上市行业值	2009 年行业值	增长率（%）
基本指标	扣除非经常性损益净资产收益率（%）	12.54	12.66	11.33	11.74
	总资产报酬率（%）	8.09	6.58	6.66	−1.20
	得分（分）	21.28	20.22	21.00	−3.71
修正系数	营业利润（%）	7.70	20.57	20.20	1.83
	盈利现金保障倍数（倍）	1.24	−1.43	1.12	—
	股本收益率（%）	51.08	46.75	41.97	11.39
综合得分（分）		22.00	20.46	22.16	−7.67

与 2009 年的情况相比较，房地产行业上市公司总体上财务效益状况有所下降，总资产报酬率下降了 1.2%，盈利现金保障倍数为负值，尽管扣除非经常性损益净资产收益率、股本收益率有所提高，总体得分低于 2009 年（见表 14-3）。

(二)资产质量状况

房地产行业资产质量状况差于上市公司平均水平。

表 14-3 列示了房地产行业上市公司资产质量状况评价结果。在 2010 年房地产行业上市公司中，世联地产、中弘地产、荣盛发展、嘉凯城等 31 家上市公司资产质量状况较佳。由此可以看出，2010 年房地产行业上市公司在资产质量上差异显著。

表 14-3　　2010 年房地产行业资产质量状况比较

评价指标		2010 年上市公司平均值	2010 年上市行业值	2009 年行业值	增长率（%）
基本指标	总资产周转率（次）	0.88	0.29	0.30	−3.33
	流动资产周转率（次）	1.93	0.34	0.36	−5.56
	得分（分）	9.40	0	1.60	−100.00
修正系数	应收账款周转率（次）	14.78	21.46	22.96	−6.53
	存货周转率（次）	4.36	0.32	0.34	−5.88
	得分（分）	9.21	0	2.08	−100.00
综合得分（分）		9.21	0	2.08	−100.00

由表 4-13 可知，受房地产销售市场低迷影响，2010 年房地产行业资产质量状况指标如总资产周转率、流动资产周转率、存货周转率等均低于 2009 年。据上证报资讯统计，截至 4 月 28 日，129 家已披露年报的房地产上市公司 2010 年末存货总量达 9 098 亿元，同比增长 40.4%，创近几年来新高。限购令等一系列政策的调控和销售市场的低迷导致存货周转率放缓，再加 2009 年地产公司经营性现金流的大幅下降，从而大大增加了房地产行业上市公司的资金压力，使得房地产行业资产质量状况得分远低于 2010 年上市公司平均值。

（三）偿债风险状况

房地产行业上市公司偿债风险状况差于全国上市公司平均水平。

表 14-4 列示了房地产行业上市公司偿债风险状况评价结果。在房地产行业上市公司偿债风险状况指标中，ST 东源偿债风险状况最佳，其资产负债率仅为 1.65%。2010 年度 ST 东源虽继续处于重大资产重组过渡期，但 ST 东源如期收回 1.1 亿元信托投资本金及相应收益，其它各项债权本金以及资金占用费共 2640 万余元。另公司于 2010 年 1 月底将持有的泛华大厦房产按现状转让给泛华集团，实现收益 12 777 447.66 元，占本年度利润总额的 40.29%。

表 14-4　　房地产行业偿债风险状况比较

评价指标		2010 年上市公司平均值	2010 年上市行业值	2009 年行业值	增长率（%）
基本指标	资产负债率（%）	57.60	69.54	65.24	6.59
	获利倍数	9.32	12.86	13.32	−3.45
	得分（分）	9.20	7.44	9.36	−20.51
修正系数	速动比率（%）	73.82	58.08	64.81	−10.38
	现金流动负债比率（%）	15.97	−11.86	10.19	—
	带息负债比率（%）	45.08	45.11	45.66	−1.20
	得分（分）	9.08	6.91	8.63	−19.93
综合得分（分）		9.08	6.91	8.63	−19.93

房地产行业上市公司在偿债能力方面的主要指标相较于 2009 年有所下降。由于 2010 年房地产行业受宏观调控影响较大，融资能力下降，资金回笼减缓，现金流收紧，使其偿债风险相对较高，但考虑到扩张速度已经普遍放缓，销售市场趋向平稳，偿债能力急剧恶化的可能性并不大。

（四）发展能力状况

房地产行业上市公司发展能力状况差于全国上市公司平均水平。

表 14-5 列示了房地产行业上市公司发展能力状况评价结果。在房地产行业上市公司发展能力状况指标中，滨江集团位列首位，主要原因是 2010 年滨江集团成功实现全省布局的模式，土地储备量迅速增加，期内新获取 9 个项目，新增权益总建筑面积 119 万平米，其中

杭州以外 6 个项目，总建筑面积 94 万平米。现有项目 18 个，权益总建筑面积 360 万平米，可供未来 3～5 年开发所需。另 2010 年公司累计销售额 116 亿元，占杭州市主城区市场份额达到 10%，良好的销售业绩使得公司资产负债率低于行业平均水平。

表 14-5　房地产行业发展能力状况表

评价指标		2010 年上市公司平均值	2010 年上市行业值	2009 年行业值	增长率（%）
基本指标	营业收入增长率（%）	37.70	30.17	30.58	−1.34
	资本扩张率（%）	22.63	16.39	30.32	−45.94
	得分（分）	12.20	10.79	16.62	−35.08
修正系数	累计保留盈余率（%）	38.94	36.46	32.77	11.26
	三年营业收入增长率（%）	19.50	24.44	29.66	−17.60
	总资产增长率（%）	22.95	33.86	37.93	−10.73
	营业利润增长率（%）	47.00	31.47	54.39	−42.14
	得分（分）	12.99	12.43	16.75	−25.79
综合得分（分）		12.99	12.43	16.75	−25.79

与 2009 年相比较，房地产行业公司在发展能力方面各指标变化较大，除累计保留盈余率有所增加之外，其余发展能力指标呈现全面下降趋势。最突出的指标是资本扩张率和营业利润增长率，其中资本扩张率从 2009 年的 30.32%下降至 2010 年的 16.39%，降幅达 35.94%；营业利润增长率从 2009 年的 54.39%下降至 2010 年的 31.47%，降幅达 42.14%。这一变化，说明 2009 年房地产行业上市公司受到严厉的宏观调控和复杂市场情况影响，经营效益有所降低。

（五）市场表现状况

2010 年房地产行业上市公司市场表现状况差于全国上市公司平均水平。

表 14-6 列示了房地产行业上市公司市场表现状况评价结果。在房地产行业上市公司市场表现状况指标中，浙江东日表现最佳。

表 14-6　房地产行业公司市场表现比较表

分析指标	2010 年上市公司平均值	2010 年行业值	2009 年行业值	增长率（%）
市场投资回报率（%）	12.19	−15.62	144.49	−110.81
股价波动率（%）	94.83	98.04	174.66	−43.87
得分（分）	9.00	7.05	9.34	−24.52

2010 年随着经济趋于平稳运行，房地产市场从亢奋回归理性，房地产行业上市公司市场回报率因而大幅降低，市场投资回报率从 2009 年的 144.49%变为 2010 年的−15.62%，降幅达 110.81%。

二、2010年度房地产行业上市公司业绩影响因素分析

2010年，在严格的土地政策、货币信贷政策和税收政策的调控下，房地产市场从年初的涨幅缓慢回落，逐渐趋于稳定。中国楼市在2009年和2010年之间迅速地由低迷转变为亢奋，由繁荣又转变为萧条，房地产行业上市公司业绩因此受到较大影响，下滑波动显著。

（一）政策因素主导市场房地产行业面临重大变局

2010年是中国房地产市场调控最密集的一年，号称“史上最严厉的房地产宏观调控”。自2009年下半年始，政府为遏制部分城市房价过快上涨，深入调节房地产市场供需，保障房地产市场的平稳正常运行，针对房地产业现状出台了一系列的调控政策，综合利用土地政策、税收政策和货币政策，并举经济手段和行政手段，通过增加房屋供给、限制投机（投资）性购房需求释放以遏制个别城市房价过快上涨、上调房企购地门槛从而防范房地产投资过热及其连带的各项金融系统风险等多种调控手段，旨在达到“鼓励自住性房屋消费、抑制房屋投机需求、打压地产商炒地囤地行为”的目的。

从2010年1月的“国十一条”到4月份的新“国十条”，再到9月份的“新五条”调控，行政调控步步推进，通过在部分城市实行限购令，同时实行政府问责制，加快推进保障性住房建设等调控手段来控制房价的过快上涨；在经济调控方面，全年6次上调银行存款准备金率，同时两次提高存贷款利率，实施差别化信贷和税收政策，提高首付比例和利率，停止三套住房的贷款，本年调控频率之密、力度之大、涉及之广前所未有，对房地产市场特别是购房者方面产生了显著影响（见图14-2）。

纵观整个调控过程对于消费者的影响，2010年4月份刚刚实施新一轮房地产宏观调控政策时，消费者预期指数、满意指数和信心指数呈现强烈的下降趋势，房地产市场进入量跌价滞的短期阶段，部分一线城市出现5%～10%的价格下跌；5月份以后，消费者信心指数再次提升，房价再次抬头，成交量也开始有所放大；随之而来“个人房贷二套房认定标准明确”、“地方限购令”、“9.29二次调控”、“新国五条”等一系列主导需求方的政策出台，导致了7月之后消费者信心指数逐月骤降，楼市进入观望和相持阶段。

对于优势上市公司而言，宏观调控意味着发展良机。由于房地产市场和政府政策的相互作用具有较长时滞，一旦紧缩性宏观经济政策的效力开始发挥作用，那么市场会产生一个较长的过度反应期，市场下滑在一段时间内将加速运行。受此影响，短期内房地产上市公司市场相关指标有所下降，市场投资回报率－15.62%，资产质量为0，现金流动负债比率为－11.86%。然而对于资本充裕、经营稳健，具有较强区域布局能力、突出的品牌特色、良好

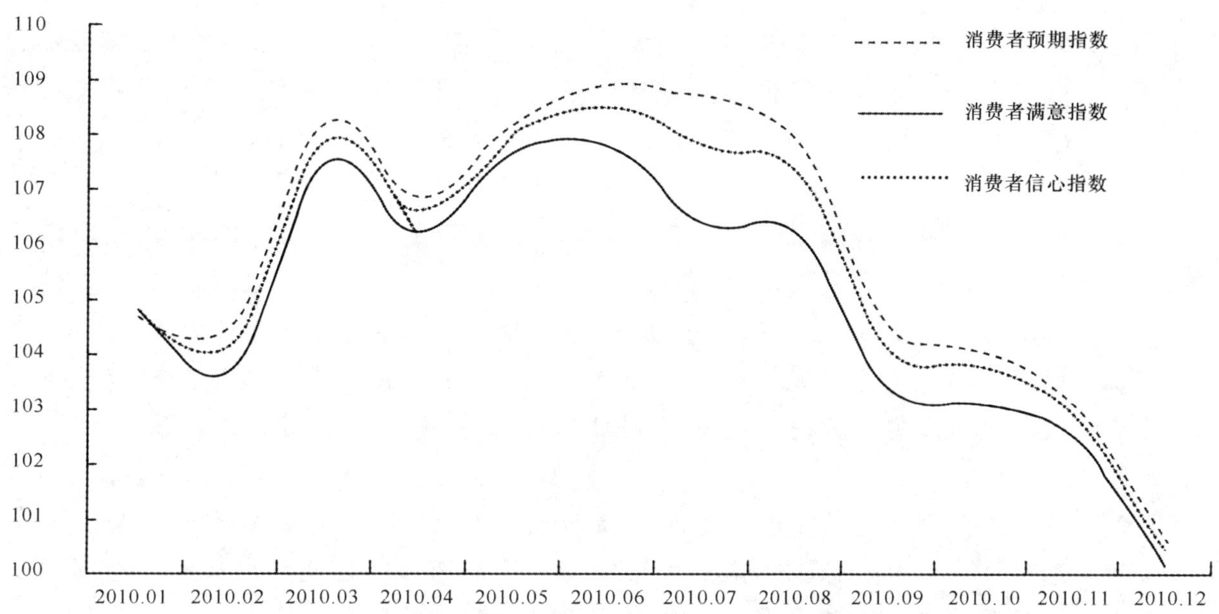

图 14-2　2010 年消费者信心、满意、预期指数比较

的资本市场形象，并获得广大投资者和消费者认可和青睐的优势上市公司而言，面临一个发展能力的培养期。市场下滑过程中，尽管存在供给方政策如保障性住房建设的挤出效应等压力，但仍会产生数量较多的、潜在价值较高的项目，优势企业可以适时收购一些因资金链紧张而运行困难的项目和企业，为房地产市场下一轮扩张奠定良好的基础。

2010 年房地产调控大事记

☆　“史上最严厉调控政策”出台。2010 年 4 月 17 日国务院下发《关于坚决遏制部分城市房价过快上涨的通知》，即“新国十条”，确立政府问责制并再次要求开发商一次性公开全部房源。除了继续差别化信贷政策之外，通知着重强调了对个人购置多套房的限制：商品住房价格过高、上涨过快、供应紧张的地区，商业银行可根据风险状况，暂停发放购买第三套及以上住房贷款；对不能提供 1 年以上当地纳税证明或社会保险缴纳证明的非本地居民暂停发放购买住房贷款。

☆　北京率先出台楼市限购令。2010 年 4 月 30 日，北京率先出台楼市限购令，规定同一家庭限新购一套房，暂停对购买第三套及以上住房，以及不能提供 1 年以上本市纳税证明或社会保险缴纳证明的非本市居民发放贷款。之后，各地纷纷出台具有各自地方特色的限购令，截至 2011 年 4 月 12 日中国共有北京、上海、深圳、厦门、杭州、大连、武汉、长沙等 35 个城市实施了限购令。

☆ 官方明确个人房贷二套房认定标准。2010年6月4日住房和城乡建设部、中国人民银行、中国银行业监督管理委员会发出通知规定，商业性个人住房贷款中居民家庭住房套数，应依据拟购房家庭（包括借款人、配偶及未成年子女）成员名下实际拥有的成套住房数量进行认定。

☆ “新国五条”出台。2010年9月29日，国家有关部委分别出台措施，即“新国五条”，以巩固房地产市场调控成果，抑制房价上涨压力：房贷首付款比例调整到30%及以上，暂停三套房贷；调整契税和个人所得税优惠政策；严打捂盘惜售，加大住房交易市场检查力度；加快推进房产税改革试点工作；房价过高、上涨过快城市限定居民购房套数，实行政府问责制等。

☆ 四部委全面叫停第三套住房公积金贷款。2010年11月3日中国住房和城乡建设部、财政部、中国人民银行、银监会四部委再次发出通知，全面叫停第三套住房公积金贷款，并将第二套住房公积金个人住房贷款首付提至50%。

资料来源：搜房地产咨询

（二）通胀压力逐步提高，与房价形成“促进”关系

2010年全年国内生产总值397 983亿元，比上年增长10.3%，增长率较2009年提高1.1%，在国民经济高速发展的同时，居民消费价格逐步上涨，第一季度同比上涨2.2%，第二季度上涨2.9%，第三季度上涨3.5%，四季度上涨4.7%，全年平均比上年上涨3.3%，这显示出存在较为突出的通胀压力（见图14-3）。

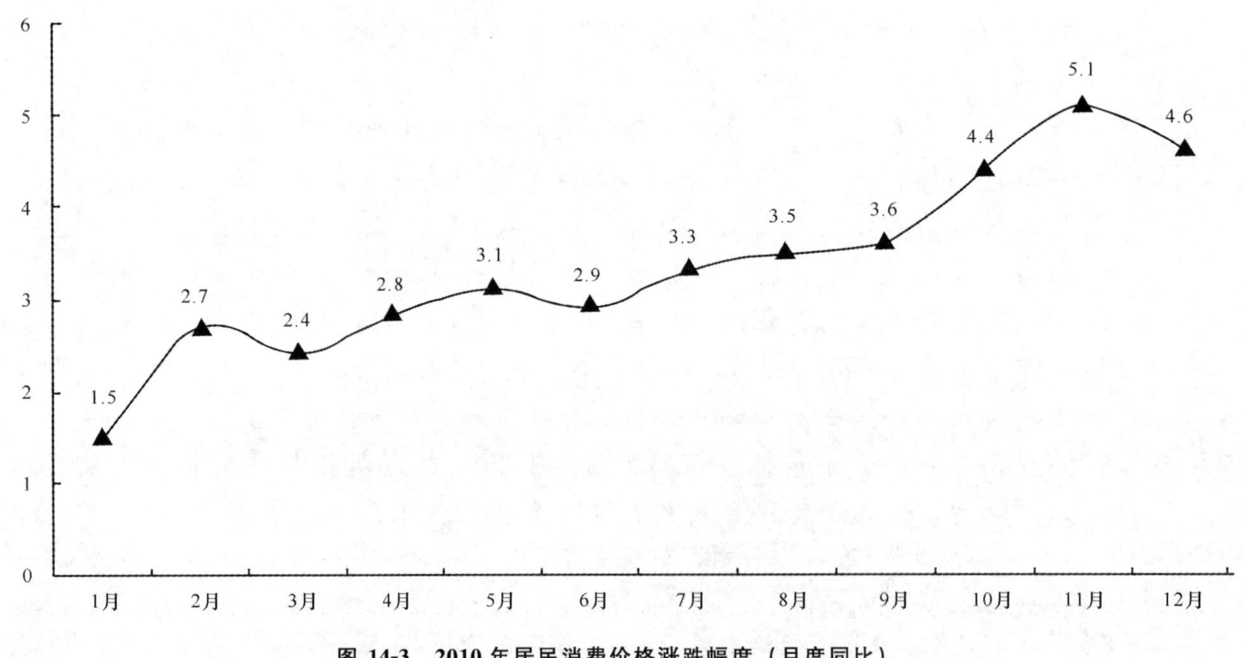

图 14-3 2010年居民消费价格涨跌幅度（月度同比）

流动性过剩环境下，通胀与房价已形成相互“促进”的关系，房价走高带动相关产业成本上涨，促进社会总需求不断增加，同时持续推高通胀预期，通胀加剧则通过三个重要渠道促使越来越多的人将资产转移到楼市，促进房价上升。

(1) 通货膨胀会推动建筑成本的上升。在不断上升的成本压力下，房地产商将考虑以减少建筑面积来降低成本，同时也会导致供给下降。而房地产因其资产属性，能够很好地抵消掉部分通货膨胀，人们出于资产的保值增值，会增加对房地产的需求。房地产总供给下降而总需求上升，驱动着房地产价格不断上升。

(2) 通货膨胀会带动工资收入的上涨，从而产生“货币幻觉”，带来名义购买力的提升，增加对房地产的需求，从而对当前的名义房地产价格构成一定支撑。

(3) 当通货膨胀发生时，在名义利率不变的情况下，就会降低实际利率，出于资金的保值增值需求，人们就会将银行里的存款转移进入房地产、股市等资本市场来保值增值，从而会扩大对房地产的需求，带动其价格上涨。

(三) 房地产市场走势呈现前高后低之势

2010 年，在一系列房地产市场调控政策作用下，全国商品房销售形势呈现前高后低态势。同比来看，2010 年前 4 个月房价涨幅逐月扩大，4 月份同比涨幅达 12.8%，涨幅比 1 月份扩大 3.3 个百分点。为遏制房价的过快上涨，4 月 17 日，国务院发布了《国务院关于坚决遏制部分城市房价过快上涨的通知》，采取 10 条措施控制房价过快上涨。从 4 月下旬开始，调控效果初显。5 月份，房屋销售价格同比涨幅开始回落，比上月回落了 0.4 个百分点，此后同比涨幅连续 7 个月回落，12 月份同比涨幅为 6.4%，比涨幅最高的 4 月份回落了 6.4 个百分点（见图 14-4）。这一情况说明，房地产市场投机性需求得到了一定程度的抑制，房地产市场调控取得了一定的效果。新建商品住宅销售价格同比涨幅变动更为明显。4 月份，新建商品住宅同比涨幅为 17.3%，从 5 月份开始涨幅逐月回落，12 月份的涨幅比 4 月份回落了 8.8 个百分点。

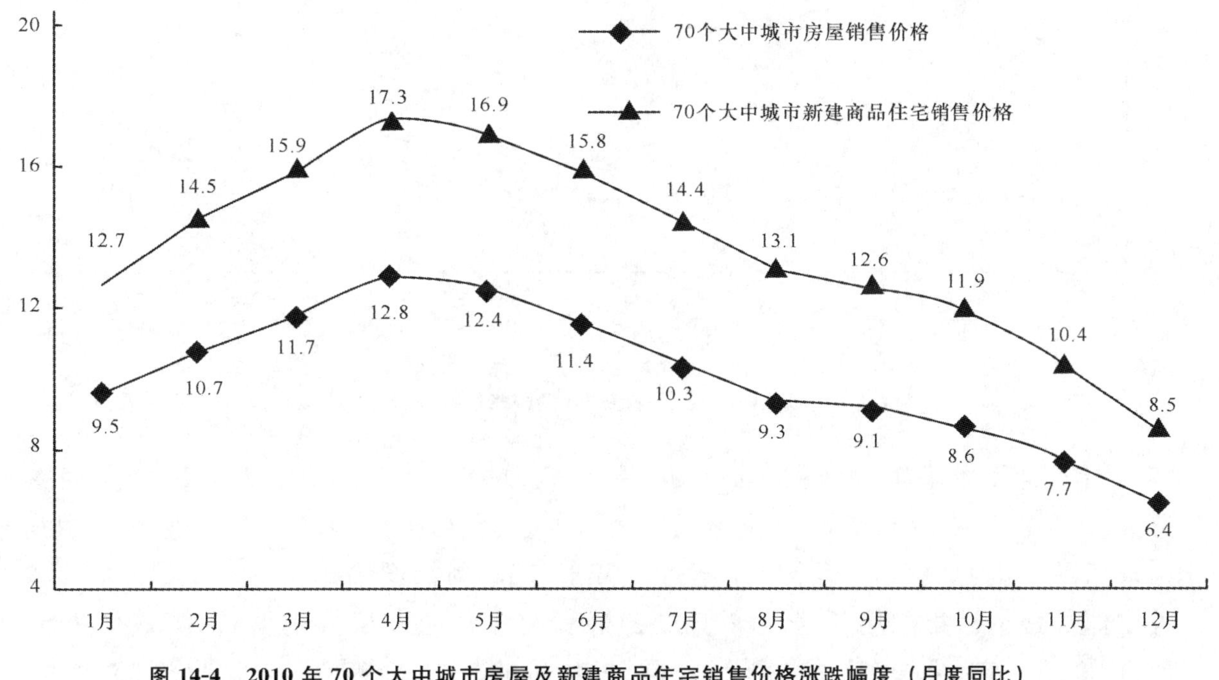

图 14-4 2010 年 70 个大中城市房屋及新建商品住宅销售价格涨跌幅度（月度同比）

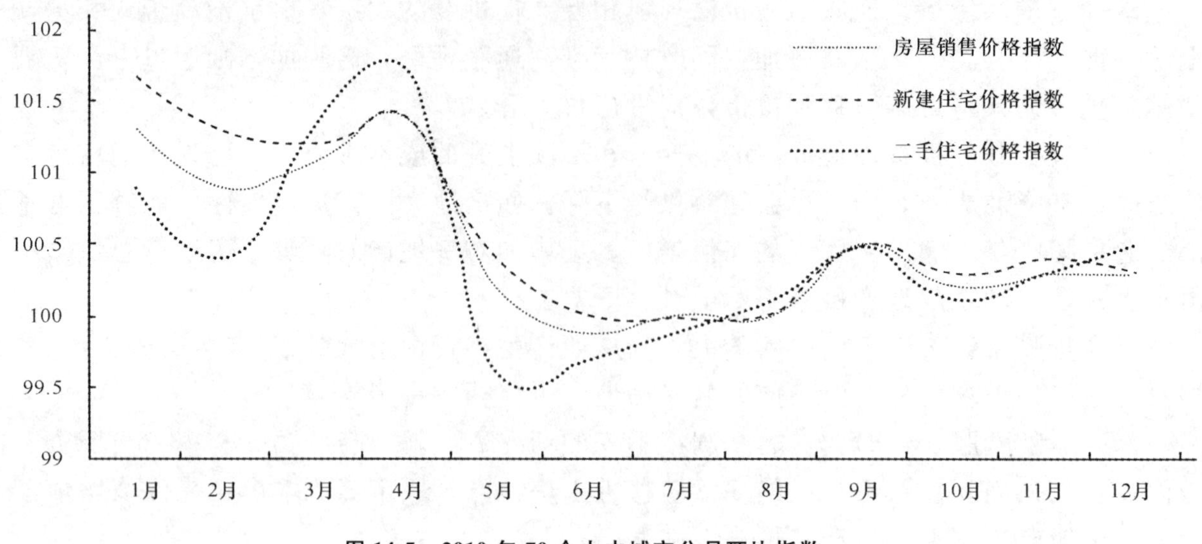

图 14-5　2010 年 70 个大中城市分月环比指数

从环比来看，2010 年前 4 个月，各月环比涨幅相对较高，月环比平均涨幅为 1.18%。随着房地产市场调控效果的逐步显现，5 月份环比涨幅大幅回落到 0.2%；6 月份，房价环比指数甚至为负，比上月下降 0.1%；7 月、8 月两月房价保持相对稳定。9 月份，受刚性需求和“金九银十”销售旺季等多种因素的影响，房价再度出现了小幅上涨。为进一步贯彻落实《国务院关于坚决遏制部分城市房价过快上涨的通知》精神，9 月 29 日，有关部委再度分别出台调控措施，巩固房地产市场调控成果。从 10 月份开始，环比涨幅再次出现回落。虽然后 4 个月环比价格均有所上涨，但一线城市房价波动幅度较小，主要是部分二、三线城市房价上涨所致。如果与前 4 个月价格变动情况相比较，涨幅已经大幅收窄，后 8 个月环比平均上涨幅度仅为 0.18%（见图 14-5）。

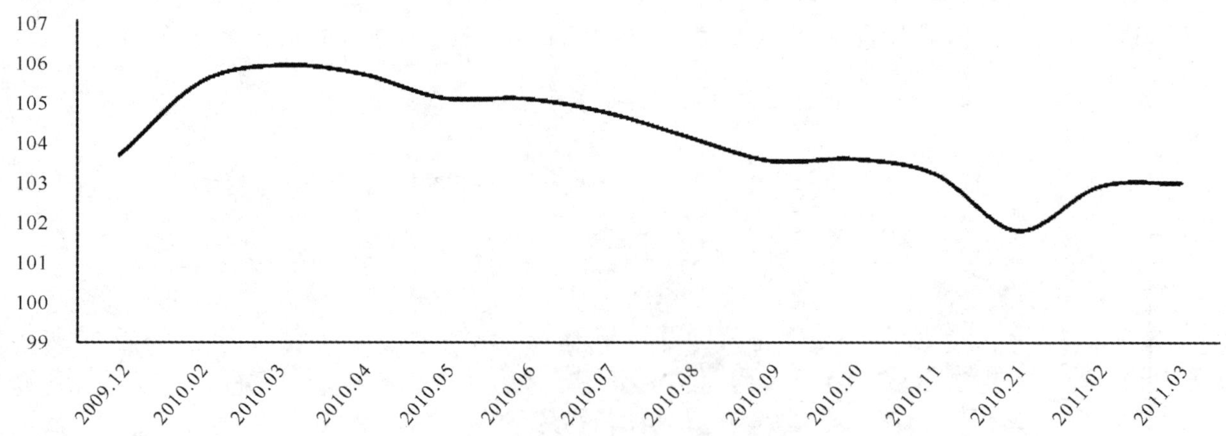

图 14-6　全国房地产开发景气指数趋势

2010 年全年商品房销售面积 10.43 亿平方米，增长 10.1%，增幅比 2009 年回落 33.5 个百分点。其中商品住宅销售面积增长 8.0%，办公楼增长 21.9%，商业营业用房增长 29.9%；商品房销售额 5.25 万亿元，比上年增长 18.3%，增幅比 1～11 月提高 0.8 个百分点，其中商品住宅销售额增长 14.4%，办公楼和商业营业用房分别增长 31.2%和 46.3%。销售面积和销售金额均创历史新高，两项指标的同比增幅却远低于 2009 年的 51%

和 82.08%。

考虑到 2010 年一线城市商品房销售面积大幅度减少，销售面积增长主要来源于传统经济落后的河北省及中西部地区，以及多数省份的二、三线城市，这使得 2010 年的房屋销售价格指数、新建住宅价格指数和全国房地产开发景气指数，与以消化住房存量为主的 2009 年，失去了位置上的可比性（见图 14-6）。从销量明显减少的一线城市来看，2010 年房价仍然保持了猛烈的上涨幅度。根据中国房产信息集团提供的资料，北京 2010 年新建商品住宅均价已达到 20 328 元/平方米，同比大涨 42%，涨幅居四大一线城市之首；上海新建商品住宅全年均价达 22 261 元/平方米，同比涨幅为 40%；广州 2010 年新建商品住宅均价达到 11 579 元/平方米，同比上涨 23%；深圳新建商品住宅均价 20 596 元/平方米，同比涨幅为 33%。从国内 20 家最大的房企平均销售价格变化来看，2010 年为 10 096 元/平方米，比 2009 年的 8 297 元/平方米上涨 21.7%；如果考虑到销售区位的变化，同等地段房价同比变化一般在 30%左右。综上所述，房地产虽然价格增幅有所回落，总体上仍是呈现上涨趋势，并呈现较强的地域差别。

（四）房地产开发投资高速增长，上市企业资金链压力加大

2010 年，全国房地产开发投资高速增长，全年达到 48 267 亿元，比 2009 年增加 12 025 亿元，增长 33.2%，增速比 2009 年提高 17.1 个百分点，创 1998 年以来增速新高。2010 年全国房地产开发企业房屋施工面积 40.55 亿平方米，比上年增长 26.6%；房屋新开工面积 16.38 亿平方米，增长 40.7%；房屋竣工面积 7.60 亿平方米，增长 4.5%，其中，住宅竣工面积 6.12 亿平方米，增长 2.7%；各物业类型房屋开发投资高速增长，其中商品住宅投资 34 038 亿元，增长 32.9%，占房地产开发投资的比重为 70.5%；房地产开发投资增长率西部地区最高，东中部地区比重下降。

2010 年房地产开发到位资金增速自高位逐月回落。全年房地产开发到位资金 72 494 亿元，同比增长 25.4%，比 2009 年回落 20.5 个百分点；利用外资、自筹资金大幅增长，其他资金增速平稳；东、中、西部地区到位资金增速均回落。2010 年，房地产开发企业本年资金来源 72 494 亿元，比上年增长 25.4%。其中，国内贷款 12 540 亿元，增长 10.3%；利用外资 796 亿元，增长 66.0%；自筹资金 26 705 亿元，增长 48.8%；其他资金 32 454 亿元，增长 15.9%。在其他资金中，定金及预收款 19 020 亿元，增长 17.3%；个人按揭贷款 9 211 亿元，增长 7.6%。

受益于宽松的货币政策以及扩张性的财政政策，2009 年整个融资环境非常宽松。一方面，房地产上市公司较易以增发、债券、银行贷款等方式获得开发资金；另一方面，由于预售、销售情况良好，上市公司积累了大量的资金。2009 年，房地产开发企业本年资金来源达到 5.7 万亿元，比上年增长 44.2%。其中，定金及预收款 15 914 亿元，占整个资金来源的 14.71%，个人按揭贷款 8 403 亿元，占整个资金来源的 27.86%，两项合计占 42.57%，几乎占了房地产开发企业资金来源的半壁江山。而新出台的房地产市场调控政策，如住房贷款首付比例提高、贷款利率从高执行、多套住宅停止贷款等措施，都从根本上限制了房地产开发企业可用的资金来源，对房地产开发企业的融资环境产生极大影响。各上市公司资金链压力不断上升，集中体现在国内贷款增长率大幅降低，自筹资金和外资利用率大幅提高，上

市公司现金流动负债比率为−11.86%，偿债风险状况平均得分远低于全国上市公司的平均水平等方面。

（五）小结

相较于2009年而言，在宏观经济恢复快速增长、城市化进程加速、通胀预期提高、土地供应加大、保障性住房比重增加等因素的影响下，2010年房地产市场继续保持平稳较快的发展趋势，但通货膨胀和房价过快上涨压力带来的包括信贷、产业和税收调控政策在内的宏观调控，对2010年房地产市场发展产生较大影响，房地产市场在整体稳定的情况下，出现了阶段性和局部的波动，大大影响了购房者的市场预期，也对房地产上市公司提出了更高、更严谨的战略转型和企业发展要求。

三、2011年房地产行业业绩前景分析

2011年1月18日，温家宝总理在国务院第五次全体会议上指出，要坚定不移地搞好房地产调控。2011年房地产市场的运行将受更为趋紧的调控政策影响，在总体运行上趋向于平稳，在商品房市场上低迷依旧，同时地价的高昂、融资的困难和销售增长的不确定性对于上市公司的业绩增长构成一定的负面影响，对此，上市公司将全方位调整发展战略，进一步促进房地产市场健康有序发展。

（一）房地产调控不会放松，楼市短期倾向平稳

经过2010年持续一年的严厉调控，全国房价过快上涨的势头得到一定遏制，房地产市场出现积极变化，楼市投机需求逐步退出，房价涨幅一度回落，但是在流动性宽裕、通胀压力加大和社会资金投资渠道狭窄的大环境下，2010年末部分城市又出现房价较快上涨的苗头，这显示当前房价还存在较大的上涨压力。预计2011年房地产调控不会放松，首要缓解房价上涨压力，保障楼市平稳运行。

（1）货币政策转为稳健。预计2011年新增信贷总额将降为7万亿元，加之进入加息通道，加息预期加强，2月9日和4月6日，央行宣布两次加息，使得5年期以上贷款利率提高至6.8%。在连续加息、二套房贷执行1.1倍利率之后，贷款购房的利息成本已经大幅增加，将大大影响到房地产业的资金流入。

（2）地方政府严厉限购政策，明确住房价格控制目标。2011年1月26日国务院出台的“新国八条”提出住房限购政策将在更多城市、更大范围内执行，截至2011年4月12日共有北京、上海、深圳、厦门、长沙等33个城市实施限购令；其中2月16日北京出台楼市调

控15条细则最为严厉，明确规定外地人购房须提供5年纳税证明，外地户籍家庭如果已拥有1套及以上住房将不得再新购买住房，已拥有2套及以上住房的北京本地户籍家庭不能再新购住房；根据“新国八条”的要求，2011年各城市要根据当地经济发展目标、人均可支配收入增长速度和居民住房支付能力，合理确定本地区年度新建住房价格控制目标，并于第一季度向社会公布。截至3月31日，全国657个城市中，已有608个城市按照国务院的要求公布了2011年新建住房价格控制目标，占全国城市总数的92.5%。

（3）保障性住房建设力度继续加大，公租房成为新的重要着力点。2011年2月28日住房和城乡建设部部长姜伟新在《关于城镇住房问题》的报告中指出，今后几年中国将继续大规模建设保障性住房，其中2011年要开工建设1 000万套。“十二五”期末，城镇住房保障覆盖率将达到20%以上；公共租赁住房建设应由政府主导，应当成为保障房建设的重要着力点，其对于应对限购令、新的商品房屋租赁管理办法和首套房贷款优惠政策的取消所引发的市场租金上涨压力有较好的缓解作用，对于培育住房租赁市场、倡导理性住房消费理念、调整房地产市场供应体系、抑制房价过快上涨也具有积极意义。

（4）房产税试点改革将加快推进。2011年1月27日上海、重庆开征房产税，两个城市的试点版本虽然有所差别，但都对购买多套房增加了持有成本，并且面积越大，成本越高。随着试点的成熟，房产税也将逐步推广至全国，并从仅对增量征收推广至对存量也征收，这将是地方政府财政收入来源调整的一个积极尝试，对于房地产市场短期的心理影响和长远健康发展具有重大影响。

（二）地价高昂依旧，土地出让模式探索性发展

土地财政影响依旧，地价将持续高昂。“土地财政”，是指一些地方政府依靠出让土地使用权的收入来维持地方财政支出。在现有的财政分税体制和以GDP考核政绩的行政管理体制下，地方政府的预算内财政收入远远满足不了其财政开支的需求，必然依靠其对土地的垄断权力高价卖地获取收益来弥补其巨额财政收支缺口。由于地方政府在征用土地时是买方垄断，而在出让土地时又成为卖方垄断，这种天然的特殊的垄断地位使得买卖土地成为地方政府获取预算外收入最直接、最高效的手段。可以预见，2011年土地单价仍将高位运行，再加上2011年土地市场将向保障性住房倾斜，针对商品房的土地供应将相应收紧，土地争夺战将愈发激烈，地价大幅度降低可能性极小，在很长时间内将维持高昂的现状。

随着开发商综合实力不断加强和地方政府对房地产与区域发展模式的认知进一步加强，以往单纯的土地出让模式开始发生试探性调整，开发商与政府之间的合作模式日益向多元化发展。如一些大区域的发展，引入实力开发商进行产业发展定位、城市规划设计、土地一级开发，甚至后期的土地运营策略制定，开发商的市场经验能够极大地避免规划过程中地块分割、布局等限制开发因素，降低操作难度，从而最大化土地价值。

此外，北京市将设立地价合理区间，增加配建保障性住房和承担公益性设施建设等要求作为土地竞买条件的新出让模式，在2011年将可能在全国范围内特别是房价上涨过快的城市拓展开来。

（三）楼市市场分化明显，长期发展趋势仍被看好

房地产业对经济增长的重大贡献、以及对其他产业的强烈带动效应，使得中国房地产业长期走势呈积极态势，但由于2011年房地产市场将面临更为复杂的市场和政策环境：宏观经济恢复快速增长、城市化进程持续加速、保障性住房比重增加等，均支持行业继续保持平稳较快发展，但通货膨胀和房价过快上涨压力所带来的包括信贷、产业和税收调控政策在内的宏观调控，将使得房地产市场在整体稳定的情况下可能出现阶段性和局部的波动，主要可能体现为受流动性、供求关系、政策调控、国际环境等变量的影响下不同市场出现明显的分化：

（1）区域市场差异显著。在调控不断深入的过程中，相较于一、二线城市低廉的购房成本和宽松的调控政策，三线城市吸引了大量的外来资本涌入，带动了城市房价的大幅上涨。70个大中城市里，依然有29个城市2011年3月份新建商品住宅价格环比涨幅超过0.5%，属于价格上涨过快的城市，而这些城市大部分属于执行调控政策力度相对比较轻的三线城市（见表14-7）。

表14-7　　七十个大中城市新建商品住宅销售价格指数（2011年3月）

城市	新建商品住宅价格指数			城市	新建商品住宅价格指数		
	环比	同比	定基		环比	同比	定基
北京	100.0	106.2	103.5	唐山	100.2	102.0	101.5
天津	100.5	107.5	105.0	秦皇岛	99.4	111.1	106.7
石家庄	100.9	111.7	107.6	包头	99.7	108.5	104.3
太原	100.3	101.7	100.7	丹东	100.8	115.4	109.3
呼和浩特	100.3	106.6	103.8	锦州	100.4	106.9	104.5
沈阳	100.5	108.5	105.1	吉林	99.5	107.9	105.4
大连	100.6	106.3	104.3	牡丹江	100.0	109.8	107.1
长春	100.7	106.9	103.0	无锡	100.8	103.5	102.9
哈尔滨	100.6	107.1	103.7	扬州	100.9	105.8	104.6
上海	100.2	102.0	102.3	徐州	100.9	103.5	103.3
南京	100.7	102.1	102.5	温州	100.0	101.1	100.3
杭州	99.9	101.6	100.9	金华	100.8	105.1	103.4
宁波	99.4	103.3	101.4	蚌埠	100.6	104.3	103.7
合肥	100.0	103.4	102.6	安庆	99.9	107.9	104.3
福州	100.3	104.8	103.7	泉州	100.6	100.1	100.8
厦门	100.3	106.8	105.8	九江	101.0	105.0	104.1
南昌	100.0	108.8	106.9	赣州	99.1	108.4	105.8
济南	100.5	106.1	103.5	烟台	100.8	106.1	104.6
青岛	100.4	104.5	103.3	济宁	100.1	104.8	103.4
郑州	99.8	106.9	105.9	洛阳	100.3	106.6	105.7

续表

城市	新建商品住宅价格指数			城市	新建商品住宅价格指数		
	环比	同比	定基		环比	同比	定基
武汉	100.4	105.8	103.7	平顶山	99.3	106.1	104.4
长沙	100.5	108.2	106.7	宜昌	100.7	105.6	103.1
广州	100.3	102.7	103.7	襄樊	100.6	108.6	106.0
深圳	100.0	103.1	103.3	岳阳	98.5	108.9	110.0
南宁	100.8	102.3	102.4	常德	100.1	105.9	104.8
海口	99.9	100.7	102.7	惠州	100.4	104.9	103.8
重庆	100.6	105.7	104.5	湛江	100.8	106.7	104.5
成都	100.0	104.4	103.6	韶关	100.1	104.9	104.4
贵阳	100.6	105.3	103.9	桂林	100.8	107.3	105.9
昆明	100.1	107.8	105.6	北海	100.7	103.6	102.6
西安	101.0	105.3	103.7	三亚	100.4	99.4	101.6
兰州	99.5	111.1	106.8	泸州	100.1	100.7	100.5
西宁	100.2	109.2	105.5	南充	100.2	99.5	99.3
银川	100.8	102.7	102.1	遵义	100.3	105.9	105.2
乌鲁木齐	100.7	110.1	107.5	大理	100.0	102.2	101.1

注：同比以上年同月价格为100，环比以上月价格为100，定基以2010年为100。

（2）不同物业形式市场分化明显。2011年，由于普通住房刚性需求的长期存在，普通商品房的价格有望趋于平稳，而高端住宅因该类物业本身具有不可替代性，需求也未能受到有效抑制，未来价格有可能继续攀升；政策等因素引致的住宅市场分羹难度加大，促使开发商开始转战商业地产和旅游地产；另外，保障性住房建设力度继续加大，住房供应“双轨制”将逐步形成，保障性住房将成为新的热点领域。

（四）商品房市场低迷依旧，观望相持情绪依旧

2011年第一季度，一线城市和二线城市楼市成交量变化趋势呈现出较为一致的规律：1月份同比上涨；由于上年房地产市场在“新国十条”的笼罩下曾一度低迷，故2011年度2月份各城市楼市成交量普遍高于上年同期；2010年度一、二线城市的调控细则大都在2月中下旬及3月初陆续正式落地并实施，故3月份调控成效逐渐显露，传统的楼市“小阳春”在严厉的限购令面前黯然失色，楼市成交量大幅缩水。

成交的大幅缩水直接影响着房价。国家统计局数据显示，新建商品住宅方面，与2010年同月相比，70个大中城市中，同比价格下降的城市有2个，比2月份增加了1个；同比涨幅回落的有46个城市，比上月增加了16个。3月份，同比涨幅在5%以内的有26个，比2月份增加了2个。而二手住宅方面，亦与新建住宅呈现相似走势。与上月相比，70个大中城市中，环比价格下降的有16个城市，持平的有10个城市。与2月份相比，3月份环比价格下降和持平的城市个数增加了6个。环比价格涨幅超过1.0%的城市有3个，比2月份减

少了 2 个；与上年同月相比，70 个大中城市中，同比价格下降的有 5 个城市，涨幅回落的有 45 个城市，比上月增加了 23 个。3 月份，同比涨幅在 5%以内的有 41 个，比 2 月份增加了 1 个。

可以预见，2011 年商品房销售市场仍将低迷，消费者将持观望情绪。由于宏观调控政策的力度不会减弱，尤其是限购政策和上海、重庆出台房产税的影响会逐步扩大，投资需求会进一步受到抑制，消费者价格预期将进一步下跌，估计 2011 年商品房销售市场仍将处于低迷状态，销售增长速度在一位数以内。

同时，受市场供求影响，商品房价格将进入徘徊状态。预计 2011 年商品房可售面积 12.7 亿平方米，在各地限购政策维持不变的假设下，以 2007 到 2010 年平均年销售面积预测，2011 年销售面积约为 8.1 亿平方米，供求比为 1.57，商品房有可能将供过于求。此外，2011～1 000 万套保障性住房的推出，将有效增加住房总规模，分流市场购买力，扭转供不应求的局面。随着需求减少，供给增加，房地产市场的供求状况将有所好转，房价将进入盘整和徘徊阶段。预计 2011 年上半年房价涨幅会进一步下降，下半年涨幅可能会有所提高，全年房价保持低速增长。

（五）上市公司全方位调整发展战略，促进资源优化配置

当前相当一部分房地产上市公司执行的是“亦步亦趋式”的发展模式，即缺乏对市场环境和自身能力的准确判断，缺乏战略指引，伴随市场上下起伏波动盲目应对，短期获得高额利润并不是决策正确的表现，纯粹由于整个房地产市场处于高速发展阶段。一旦市场进入下行阶段，或者进入相对平稳阶段，这些企业在高速发展中没有及时解决的高运营成本、盲目决策、组织结构重叠低效等弊病就会显现出来。为了有效应对房地产市场进入相对平稳阶段可能带来的激烈竞争，上市公司需合理调整发展战略，完善资源优化配置。

（1）房地产上市公司融资战略转变。近两年宏观调控中，房地产信贷日渐收紧，银信合作面临全面叫停，房企上市融资和再融资行为逐步受限。诸多政策信号表明，传统融资渠道或将无法满足嗷嗷待哺的地产企业。在“国退民进”、融资难度日益加大的行业大背景下，房地产业将加剧两极分化的趋势，资源会逐渐向规模、品牌企业集聚。土地储备和现金储备较低的中小地产企业受到较大冲击，而拥有较多土地储备、现金储备和较多融资渠道的大型地产开发企业和央企背景的地产开发企业受到的冲击会较小。面对可能出现的现金流不足、高存货、流动负债大量到期的情况，房地产上市公司亟须转变融资战略，扩大融资渠道，尽可能地减少因政策改变和市场冲击引起的销售量下滑、贷款条件提高、开发成本上升所带来的资金链压力。

（2）房地产上市公司区域发展战略改变。尽管 2011 年第一季度全国楼市成交量大幅下跌，一、二线城市房价也出现结构性的松动，但近期开发商的首季销售数据陆续公布，虽然有部分开发商业绩同比减少，但是大多数开发商业绩靓丽，同比大幅上涨。其中，万科、恒大、中海、保利四大房企第一季度的销售业绩分别同比大幅增长 135%、136%、64%、72%，究其原因，开发商适时地根据政策，积极调整区域发展策略，在一、二线城市房价受到严厉调控的现状下，布局不受限购政策影响的三、四线城市。在一线城市建设资金门槛和专业门槛较高的建筑综合体，在二、三线城市大体量分批次开发住宅项目已逐渐成为房地产

上市公司的共识。

(3) 房地产企业合作开发战略转变。在土地取得成本不断增加、房地产开发企业独立开发项目金难度不断提高的现实条件下，房地产企业逐渐意识到业内和业外的不同企业，在资金、品牌、土地、企业网络等方面各有优势，从而使得合作开发或合股经营之路成为可能：由拥有不同资源的多个企业抱成一团，进行项目的合作开发，实现资金、品牌、企业网络和项目开发能力等方面的优势整合，达到多方共赢。通过资金合作、管理合作、结成开发项目联合体等方式，合作开发意味着对产业链环节进行细化和分工，突出代表为绿城、星河湾等品牌开发商开展商业代建模式，开发商以产品能力为合作条件，只要求主导项目的某些环节，力求在独立环节提供高附加值服务，实现高收入增长模式向高利润增长模式的转变。

(4) 房地产企业品牌和产品发展战略得到调整。新的土地政策和金融政策的实施，使房地产企业之间的竞争越来越激烈。要在资金、人才、市场研究、经营策划等方面具备较强的竞争力，企业必须进一步深化改革，在组织结构、业务流程、企业战略上做出重大调整，进一步突出企业特色，强化品牌意识，打造精品项目，提供优质服务，全力提高企业的认知度和美誉度。房地产企业将会更关注建设消费者青睐的、具有良好地段、突出建筑舒适性和未来发展前景的楼盘，以环保、节能为方向的产品也会更多的出现。最近几年间人们对低碳生活方式、低碳建筑形式、低碳企业运作模式日益关注。截至 2010 年底，中国各类房屋总面积已超过 400 亿平方米，根据目前的开发建设速度，每年还将新增建筑面积 16 亿～20 亿平方米，依此计算，中国仅建筑使用能耗就占全社会总能耗的近 30%。按照住建部的政策要求，从 2010 年开始，城镇新建建筑要达到 90%以上是节能型建筑，而新建建筑的 80%是商品房开发。在当前商品房市场较为低迷的形势下，房地产上市公司将更倾向于提高产品节能减排设计力度以降低建筑能耗、提高产品品质，进一步保障消费者自住需求，提高消费者价格预期和购买欲望。

绿城着力加强代建业务，推进合作开发战略转型

相比快速飞奔的强劲对手，绿城中国 2010 年的业绩开始显露出步伐放慢的迹象。该公司发布的 2010 年年报显示，2010 年公司连同其联营公司及共同控制实体（绿城集团）取得总销售金额约 542 亿元人民币，比 2009 年增长 6%；其中归属于本集团的权益为 342 亿元人民币。2006 年 7 月在香港上市以来，“高负债与高成长”一直是绿城的财技标签。2010 年绿城年报显示，截至 2009 年底，绿城拥有现金及银行存款共计 149.73 亿元，总借贷为 340.47 亿元（2009 年总借贷为 248.61 亿元）。虽然公司净负债率由 2010 年中期的 158.8%降至 132%，但是，相比业内同行，仍旧处于高位。

2010 年 9 月 25 日，绿城房产建设管理有限公司注册成立，将整合绿城内外部专业资源，实施品牌输出和管理输出，由绿城集团执行总经理曹舟南出任总经理，并敲定“土地资源委托代建”、“投资资本委托代建”和“政府安置房委托代建”三大业务模式，力图在不增加负债的前提下透过提供服务提升收益。代建合作对象为项目持有者、资本市场和政府机构，并分别对应三种代建模式：(1) 与已经确权的土地开发资源对接，由委托方提供开发用地并承担全部的开发投资，绿城建设承担开发任务；(2) 与外部投资资本对接，通过成立平台公司募集资金，绿城负责开发建设，并与投资方共享收益；(3) 与政府安置房建设对接，由绿城的专业团队承担项目开发任务。自 2010 年 9 月 25 日绿城集团成立代建公司以来，几乎以平均每 6 天 1 个项目的速度，确定了超过 30 个项目的代建，总计建筑面积约 600 万平方米，预计总可售金额超过 688 亿元。计划到 2011 年底，绿城代建项目将超过 100 个，可售金额或将达到 2 000 亿元，3 年后绿城代建可为公司贡献 50% 以上的净利润。

与直接投资开发相比，代建风险较小，既规避了绿城对高负债的依赖，又能帮助绿城做大、做强。截至 2010 年末，绿城累计土地储备的总建筑面积超过 3 700 万平方米，其中约 2 422 万平方米为权益建筑面积。2010 年，绿城通过招、拍、挂以及股权收购等方式，新增土地储备项目 18 个，规划建筑面积约 491 万平方米，其中 310 万平方米归属于绿城；总土地款 223 亿元，其中归属于绿城承担的土地款 128 亿元。绿城正在以更加广泛的合作开发模式，将高昂的土地款转化成西子联合投资、赛丽控股集团、浙信房产等大批合作伙伴的支付任务，大大缓解了一直负累的资金压力，延伸了合作开发新模式，实现了企业发展战略的转型。

部分资料援引自：搜狐网

附表：

2010年房地产行业上市公司业绩评价结果排序表

行业排名	全部上市公司排名	股票代码	股票简称	综合得分(100分)	每股收益(元)	总资产报酬率(%)	净资产收益率(%)	总资产周转率(次)	流动资产周转率(次)	资产负债率(%)	获利倍数	营业收入增长率(%)	资本扩张率(%)	市场投资回报率(%)	股价波动率(%)	年末资产额(万元)	营业收入净额(万元)	净利润(万元)
1	19	002285	世联地产	79.40	1.11	22.65	22.35	0.91	1.13	23.80	0	72.29	22.97	−3.21	91.83	159 657.55	127 199.88	24 652.85
2	30	002146	荣盛发展	77.60	0.71	8.04	22.27	0.37	0.4	74.98	23.5	98.45	37.57	12.48	86.48	2 125 434.31	652 717.63	102 249.19
3	56	000671	阳光城	75.10	1.05	16.79	27.75	0.69	0.72	53.43	30.41	43.42	119.49	12.09	86.64	590 374.85	320 167.59	55 518.51
4	89	000979	中弘地产	72.50	1.64	42.54	117.79	1.26	1.34	67.92	0	3 075.83	0	13.88	103.74	550 776.64	366 139.17	91 169.72
5	104	600173	卧龙地产	71.60	0.37	16.92	23.52	0.64	0.69	53.39	75.78	110.62	24.23	−28.18	91.58	366 004.06	219 879.65	36 204.99
6	139	600208	新湖中宝	70.10	0.31	9.49	22.14	0.32	0.4	68.44	13.35	27.6	34.23	−2.36	71.4	2 845 310.60	814 003.66	173 423.13
7	143	600383	金地集团	69.90	0.6	6.64	16.55	0.31	0.31	71.15	132.49	61.95	24.66	−16.11	52.46	7 281 653.75	1 959 252.98	313 283.55
8	157	600256	广汇股份	69.10	0.56	9.26	14.55	0.35	1.32	60.14	10.39	22.21	15.45	107.41	188.04	1 268 261.72	378 944.65	68 626.64
9	169	000608	阳光股份	68.60	0.58	9.94	17.26	0.43	0.6	55.59	12.5	207.89	23.78	−14.44	57.73	646 214.30	304 234.70	44 773.10
10	177	000567	海德股份	68.30	0.17	12.41	13.96	0.31	0.45	32.79	0	33.66	15	−14.52	94.86	29 548.90	8 428.40	2 590.94
11	225	600193	创兴置业	66.40	0.55	12.88	29.95	0.12	0.95	48.72	1 268.92	11.19	39.92	17.89	78.44	90 796.91	9 968.42	11 956.56
12	237	000918	嘉凯城	65.70	0.62	10.42	24.25	0.52	0.58	70.04	17.78	24.81	75.74	−36.78	116.66	2 080 685.64	917 795.53	118 599.67
13	238	600113	浙江东日	65.70	0.25	7.85	12.95	0.33	0.49	52.54	0	38.34	14.67	53.27	112.58	105 246.24	31 470.63	6 053.76
14	242	600048	保利地产	65.60	1.08	6.03	18.67	0.3	0.31	78.98	0	56.15	18.76	−22.72	93.85	15 232 797.26	3 589 411.76	550 527.81
15	247	000558	莱茵置业	65.50	0.46	7.72	21.25	0.58	0.65	76.42	29.75	62.58	31.88	−4.98	45.55	376 009.97	182 378.73	16 565.75
16	272	000926	福星股份	64.70	0.71	6.39	10.99	0.45	0.55	65.45	6.89	37.3	34.09	20.3	98.13	1 552 805.34	562 551.05	51 479.08
17	286	000043	中航地产	64.20	1.21	7.03	13.31	0.54	0.68	70.26	7.24	123.74	13.72	−16.4	75.39	794 235.51	391 934.62	29 552.44
18	334	002244	滨江集团	62.90	0.71	8.56	28.14	0.26	0.26	79.85	14.58	119.44	42.62	−19.55	100.69	2 969 989.95	621 808.34	143 229.08
19	344	600807	天业股份	62.70	0.62	10.09	26.47	0.48	0.55	76.33	12.48	759.42	30.51	−20.6	55.68	181 477.76	70 318.11	10 041.02
20	357	000006	深振业A	62.40	0.63	9.23	20.9	0.3	0.34	70.14	7.58	26.47	16.71	−3.71	95.71	856 830.23	233 873.45	49 646.51
21	369	002016	世荣兆业	62.20	0.2	9.07	12.65	0.38	0.5	43.25	0	26.1	13.5	−22.35	86.13	191 996.69	71 943.13	12 960.64
22	395	000038	*ST大通	61.50	0.28	11.23	17.68	0.61	0.61	64.23	10	173.8	20.04	0	0	51 779.96	30 129.41	3 001.19
23	397	600648	外高桥	61.40	0.66	4.91	14.66	0.39	0.61	78.58	7.86	23.46	6.97	−12.55	85.4	2 395 501.59	888 117.94	72 745.61
24	419	600759	正和股份	60.90	0.15	9.69	11.46	0.3	0.83	43.93	13.21	270.45	14.33	−16.29	98.5	350 851.64	90 200.16	21 141.23
25	445	600615	丰华股份	60.30	0.16	4.96	7.02	0.39	0.42	30.05	0	38.33	42.84	−26.29	85.56	72 387.85	28 128.91	3 019.49

续表

行业排名	全部上市公司排名	股票代码	股票简称	综合得分(100分)	每股收益(元)	总资产报酬率(%)	净资产收益率(%)	总资产周转率(次)	流动资产周转率(次)	资产负债率(%)	获利倍数	营业收入增长率(%)	资本扩张率(%)	市场投资回报率(%)	股价波动率(%)	年末资产额(万元)	营业收入净额(万元)	净利润(万元)
26	478	600167	联美控股	59.30	0.27	4.88	10.36	0.22	0.51	62.36	0	22.13	10.74	−13.86	72.7	152 240.65	30 832.93	5 650.37
27	504	600325	华发股份	58.80	0.92	5.49	12.68	0.31	0.32	67.78	41.43	46.64	18.46	−41.67	124.85	2 032 627.70	587 511.30	76 574.44
28	519	600533	栖霞建设	58.30	0.27	6.76	12.08	0.33	0.37	56.19	22.02	42.65	34.72	−20.53	54.95	975 951.87	314 131.14	44 976.64
29	539	600606	金丰投资	57.80	0.52	8.43	11.99	0.33	0.47	55.70	8.12	110.7	6.45	−19.31	85.36	446 552.13	135 978.16	23 005.72
30	571	600639	浦东金桥	57.20	0.57	9.91	14.41	0.19	0.5	51.81	10.02	76.66	9.62	−25.21	82.84	842 282.29	148 342.26	55 917.21
31	594	000638	万方地产	56.60	0.32	12.64	24.44	0.4	0.42	59.08	88.51	−33.31	56.43	−38.08	99.18	80 491.38	29 493.84	6 598.74
32	596	600823	世茂股份	56.50	0.75	7.93	11.96	0.22	0.31	60.76	10.3	330.51	45.53	−13.39	87.49	2 594 560.11	456 939.72	102 720.74
33	597	600246	万通地产	56.50	0.34	8.01	15.89	0.33	0.39	69.47	9.37	44.82	8.51	−30.86	92.87	1 187 615.16	356 839.68	55 352.04
34	602	000002	万科 A	56.40	0.66	7.05	17.68	0.29	0.3	74.69	24.68	3.75	20.21	−19.77	73.05	21 563 755.17	5 071 385.14	883 961.05
35	619	000011	深物业 A	56.10	0.29	7.11	22.77	0.35	0.44	69.96	0	17.48	32.12	−33.03	114.54	291 328.14	99 317.54	17 499.85
36	632	000616	亿城股份	55.70	0.55	10.1	17.04	0.37	0.39	62.22	16.77	−10.15	17.63	−15.77	84.5	913 872.06	307 443.58	54 436.25
37	666	600684	珠江实业	54.80	0.7	8.86	15.77	0.32	0.34	61.66	31.3	23	11.97	−7.48	96.26	230 081.09	65 270.57	13 168.33
38	671	600503	华丽家族	54.70	0.98	11.82	25.85	0.08	0.09	66.54	111.88	471.19	59.97	10.76	98.08	737 378.13	45 751.79	51 826.80
39	693	000537	广宇发展	54.20	0.21	8.32	19.48	0.55	0.6	64.65	0	50.39	21.6	−45.83	129.3	271 531.07	153 001.01	17 040.13
40	711	000897	津滨发展	53.90	0.06	4.31	3.79	0.43	0.5	68.39	1.89	90.12	−9.32	−7.11	91.24	764 112.57	344 768.27	9 619.57
41	735	600791	京能置业	53.50	0.28	8.45	20.25	0.27	0.29	75.84	12.64	459.32	23.19	−11.55	82.72	491 613.66	106 419.20	21 784.78
42	745	000036	华联控股	53.40	0.21	11.64	15.51	0.31	0.38	47.91	149.64	−41.9	24.79	−38.5	121.08	417 515.63	111 538.73	30 380.99
43	751	000014	沙河股份	53.20	0.35	6.6	14.81	0.44	0.5	64.79	7.76	5.95	14.66	−38.12	89.78	158 975.54	73 519.58	7 761.71
44	755	600240	华业地产	53.10	0.45	5.24	12.59	0.3	0.32	71.85	26.3	85.9	14.47	−10.46	89.59	841 378.71	224 941.24	27 930.28
45	785	000506	中润投资	52.50	0.37	8.62	33.88	0.27	0.3	82.23	32.59	18.8	40.78	45.82	165.46	549 923.82	119 661.37	28 302.73
46	816	600743	华远地产	51.90	0.41	7.47	22.29	0.22	0.24	77.55	37.58	53.38	17.93	−28.73	83.52	965 876.40	177 891.35	44 643.30
47	846	002208	合肥城建	51.30	0.43	7.19	15.22	0.32	0.33	68.83	30.31	13.28	15.76	8.72	76	311 897.70	84 769.24	13 792.38
48	867	600175	美都控股	50.90	0.13	5.89	8.06	0.81	1.08	46.41	9.01	38.28	7.75	−10.57	114.44	363 222.41	282 753.30	15 123.29
49	873	002133	广宇集团	50.80	0.44	5.41	11.63	0.32	0.34	72.16	5.18	64.56	8.29	−34.04	103.55	696 012.86	215 569.62	21 663.76
50	878	600736	苏州高新	50.60	0.36	4.08	10.4	0.36	0.43	74.69	6.64	55.41	6.65	−33.19	94.44	1 388 861.56	484 465.97	35 410.61
51	893	600223	鲁商置业	50.30	0.44	6.45	48.02	0.33	0.33	89.67	147.15	20.73	66.03	−33.58	115.48	1 113 781.15	301 840.24	44 257.97

续表

行业排名	全部上市公司排名	股票代码	股票简称	综合得分(100分)	每股收益(元)	总资产报酬率(%)	净资产收益率(%)	总资产周转率(次)	流动资产周转率(次)	资产负债率(%)	获利倍数	营业收入增长率(%)	资本扩张率(%)	市场投资回报率(%)	股价波动率(%)	年末资产额(万元)	营业收入净额(万元)	净利润(万元)
52	903	000965	天保基建	50.10	0.46	6.13	10.82	0.28	0.32	55.26	0	90.25	11.39	−25.1	81.83	472 052.62	120 802.43	21 679.59
53	911	600463	空港股份	49.90	0.24	4.36	9.49	0.39	0.51	70.65	6.77	13.7	5.76	−28.47	91.78	224 282.00	85 974.81	6 080.20
54	969	600376	首开股份	48.80	1.17	6.67	13.05	0.2	0.23	74.73	4.2	49.51	11.34	−10.21	78.49	4 274 128.42	776 549.24	133 738.41
55	978	000718	苏宁环球	48.60	0.45	9.71	25.87	0.29	0.3	75.31	108.51	24.36	23.48	−27.06	103.46	1 521 179.89	347 349.21	87 919.75
56	1009	000040	深鸿基	47.90	0.21	5.93	9.87	0.3	0.49	62.49	6.53	11.55	−15.87	−31.44	105.76	227 974.75	77 721.17	9 238.68
57	1013	000024	招商地产	47.80	1.17	6.25	12.59	0.26	0.29	64.65	36.18	35.95	15.54	−36.08	110.88	5 981 824.08	1 378 242.52	248 398.70
58	1080	000670	S*ST天发	46.40	0.04	7.76	5.11	0.36	0.38	32.64	0	−18.15	−11.6	0	0	30 487.51	10 367.64	1 118.44
59	1089	600748	上实发展	46.20	0.3	5.68	20.03	0.22	0.26	82.11	13.69	47.97	11	−40.69	146.24	1 686 228.03	336 281.58	57 431.97
60	1096	600614	鼎立股份	46.00	0.11	5.34	8.25	0.41	0.55	57.47	4.38	7.36	8.11	20.34	76.54	190 046.50	77 614.44	6 419.61
61	1098	000505	ST珠江	46.00	0.06	4.74	6.11	0.39	0.82	64.21	3.52	140.64	−22.13	−36	137.33	144 888.56	68 606.59	3 618.02
62	1106	000402	金融街	45.80	0.59	5.77	11.05	0.17	0.21	68.17	10.88	30.15	8.15	−29.7	80.72	5 416 811.45	811 029.39	183 361.66
63	1147	000797	中国武夷	44.70	0.19	5.94	7.55	0.36	0.45	70.74	4.08	−31	7.48	−23.87	87.61	520 074.33	188 286.67	11 086.38
64	1169	600773	西藏城投	44.10	0.2	2.61	12.86	0.12	0.13	89.47	6.72	96.78	14.75	102.66	281.34	887 496.44	86 465.17	11 245.82
65	1187	600322	天房发展	43.40	0.2	3.58	6.72	0.17	0.19	65.47	19.48	69.9	6.34	−27.75	117.79	1 268 278.44	198 622.62	28 567.81
66	1198	000042	深长城	43.00	1.51	7.58	16.25	0.22	0.28	64.87	12.28	−29.08	15.12	−17.67	108.16	678 991.25	144 734.26	36 202.35
67	1212	000631	顺发恒业	42.50	0.41	7.14	27.72	0.23	0.23	81.64	0	16.64	33.74	−31.75	108.53	953 282.62	188 533.97	42 389.11
68	1214	600393	东华实业	42.50	0.25	4.28	7.28	0.39	0.42	66.51	3.57	−10.42	8.05	−37.11	113.55	306 296.94	110 815.57	7 194.85
69	1220	600724	宁波富达	42.10	0.23	4.72	13.62	0.22	0.28	81.37	7.63	108.33	28.18	−35.8	91.61	1 866 262.76	313 043.08	42 126.52
70	1234	000736	重庆实业	41.40	0.43	7.38	9.55	0.21	0.25	30.35	12.13	450.09	22.59	−25.79	89.17	212 392.56	43 159.12	12 821.29
71	1253	600657	信达地产	40.60	0.27	4.86	7.67	0.32	0.38	55.09	14.11	0.72	14.31	−41.49	121	1 393 788.38	413 349.67	44 981.91
72	1260	600641	万业企业	40.40	0.3	7.54	8.69	0.24	0.26	53.06	4	5.84	15.79	−21.7	65.79	661 822.46	144 994.49	25 149.82
73	1269	600576	万好万家	40.20	−0.12	−3.29	−4.84	0.47	0.63	12.65	0	3.69	−2.51	4.73	103.74	61 760.20	33 088.16	−2 646.43
74	1282	000514	渝开发	39.40	0.19	6.41	7.01	0.2	0.34	46.70	4.9	77.03	10.58	−32.38	114.81	460 519.66	80 386.65	16 391.11
75	1310	000667	名流置业	38.40	0.08	3.71	3.96	0.22	0.24	47.48	4.89	120.08	−0.07	−25.82	94.64	962 302.22	195 511.37	20 013.56
76	1314	000609	绵世股份	38.00	0.12	5.52	4.35	0.09	0.1	25.39	0	549.12	−4.07	−23.8	94.26	106 924.47	9 492.44	3 547.01
77	1315	600745	中茵股份	37.90	0.34	5.2	20.61	0.23	0.23	82.21	69.11	−5.5	19.59	−4.44	71.4	335 830.41	64 310.38	11 307.83

续表

行业排名	全部上市公司排名	股票代码	股票简称	综合得分(100分)	每股收益(元)	总资产报酬率(%)	净资产收益率(%)	总资产周转率(次)	流动资产周转率(次)	资产负债率(%)	获利倍数	营业收入增长率(%)	资本扩张率(%)	市场投资回报率(%)	股价波动率(%)	年末资产额(万元)	营业收入净额(万元)	净利润(万元)
78	1317	600185	格力地产	37.90	0.25	2.7	8.37	0.15	0.17	81.47	0	125.65	7.55	−40.96	139.92	962 964.31	115 747.67	14 409.87
79	1321	000029	深深房A	37.60	0.08	5.05	6.74	0.3	0.39	61.53	2.92	36.11	6.92	−35.24	96.12	337 909.02	102 105.57	8 477.14
80	1330	600665	天地源	37.20	0.26	3.73	10.92	0.29	0.32	75.19	66.72	10.32	15.53	−26.24	73.47	769 929.23	204 993.27	19 460.37
81	1333	000931	中关村	37.20	0.02	2.78	1.92	0.66	0.78	78.19	1.99	11.57	1.85	3.54	86.55	401 068.53	259 905.95	1 664.53
82	1338	002305	南国置业	36.90	0.4	8.5	13.63	0.22	0.22	59.75	0	12.66	10.78	−36.85	103.93	368 709.92	66 163.18	19 238.38
83	1341	600225	天津松江	36.80	0.3	5.03	22.74	0.21	0.23	88.84	3.88	13.71	24.62	−15.34	105.17	953 820.45	177 469.45	21 814.33
84	1348	000668	荣丰控股	36.50	0.39	8.6	9.01	0.17	0.2	21.72	0	−52.82	7.88	−16.02	73.26	95 160.24	16 792.81	6 467.36
85	1353	600675	中华企业	36.40	0.5	8.3	17.99	0.17	0.2	77.29	3.29	−26.51	18.29	−36.77	129.49	2 183 247.64	303 026.88	82 321.14
86	1356	600082	海泰发展	36.20	0.1	3.41	3.98	0.3	0.36	43.16	16.49	3.77	0.17	−29.78	123.17	295 378.01	84 268.56	6 669.46
87	1361	600663	陆家嘴	36.10	0.64	7.62	10.52	0.13	0.24	49.23	11.14	−21.06	6.6	−32.54	88.34	2 353 198.80	275 355.00	121 771.34
88	1366	600634	*ST海鸟	35.90	−0.02	2.37	−0.47	0.07	3.21	29.10	1.17	11.69	−0.46	2.51	84.47	20 953.22	1 456.22	−69.38
89	1386	000711	天伦置业	34.90	0.09	3.04	1.92	0.08	0.22	52.35	1.85	14.44	1.94	43.24	113.74	79 187.10	6 408.28	716.51
90	1397	600064	南京高科	34.40	0.61	3.84	5.64	0.18	0.35	63.79	3.27	27.08	−20.82	−16.27	113.94	1 457 786.24	268 148.52	33 675.74
91	1401	600716	凤凰股份	34.30	0.25	6.16	13.49	0.26	0.28	71.54	16.33	−2.13	25.78	−31.46	133.06	538 636.12	110 999.47	18 553.39
92	1426	000628	高新发展	32.60	0.07	1.59	3.64	0.47	0.58	94.87	2.15	13.56	2.1	−16.15	76.16	275 214.33	121 452.97	509.00
93	1434	000573	粤宏远A	32.20	0.06	3.91	3.31	0.21	0.39	43.78	2.36	6.54	0.97	−23.64	65.79	253 704.44	52 865.78	4 699.13
94	1440	000534	万泽股份	31.90	0.05	4.84	5.94	0.24	0.3	46.43	16.46	−43.86	0.09	−25.12	102.38	122 211.40	31 094.25	3 888.78
95	1443	000517	荣安地产	31.90	0.23	5.58	13.83	0.2	0.21	73.46	173.5	−37.24	14.86	−32.58	171.23	718 062.01	124 993.87	24 656.64
96	1473	600568	中珠控股	30.00	0.44	5.46	10.49	0.25	0.31	65.04	6.84	−77.75	9.67	−30.33	142.61	212 452.47	44 992.26	7 450.07
97	1482	600162	香江控股	29.70	0.19	6.63	13.59	0.29	0.33	75.77	6.08	−11.49	0.21	−39.55	115.26	732 517.62	191 892.02	24 094.62
98	1485	600239	云南城投	29.30	0.52	4	8.92	0.03	0.03	68.68	0	−84.35	6.01	−26.54	114.73	1 203 114.79	32 745.31	32 643.29
99	1490	000031	中粮地产	29.10	0.26	5.26	8.81	0.13	0.17	69.61	6.54	4.97	−5.13	−43.15	114.03	2 017 363.05	211 357.25	55 459.81
100	1492	600215	长春经开	28.80	0.28	3.92	4.3	0.1	0.13	33.72	7.16	−30.38	4.35	8.28	90.42	361 167.75	34 783.76	10 089.37
101	1494	000656	ST东源	28.60	0.1	5.64	5.29	0	0	1.65	0	−8.38	5.43	−35.58	148.41	47 054.13	66.28	2 384.85
102	1495	600159	大龙地产	28.50	0.03	1.57	1.82	0.29	0.32	38.49	24.62	−52.84	1.84	−46.46	163.84	259 661.23	82 447.07	2 881.40

续表

行业排名	全部上市公司排名	股票代码	股票简称	综合得分(100分)	每股收益(元)	总资产报酬率(%)	净资产收益率(%)	总资产周转率(次)	流动资产周转率(次)	资产负债率(%)	获利倍数	营业收入增长率(%)	资本扩张率(%)	市场投资回报率(%)	股价波动率(%)	年末资产额(万元)	营业收入净额(万元)	净利润(万元)
103	1508	600638	新黄浦	27.50	0.38	4.69	7.2	0.08	0.12	52.53	5.81	−2.35	9.71	−46.94	160.03	679 264.57	50 109.60	22 176.96
104	1509	601588	北辰实业	27.50	0.06	2.92	3.26	0.21	0.3	63.68	2.35	13.53	0.19	−38.55	105.15	2 574 000.93	556 412.91	30 451.69
105	1528	000546	光华控股	26.60	0.01	1.1	1.19	0.18	0.2	67.87	25.46	−75.24	3.17	−7.49	76.78	48 569.80	7 946.27	182.20
106	1531	600696	多伦股份	26.40	0.02	0.66	0.66	0.08	0.1	27.60	56.79	2.49	5.16	−11.41	70.3	77 681.71	5 805.43	361.88
107	1557	600052	浙江广厦	24.90	0.15	4.31	6.42	0.27	0.31	73.88	3.08	−49.01	7.45	−41.13	122.88	795 510.29	223 704.23	12 870.72
108	1595	600687	刚泰控股	22.10	0.02	−0.11	1.24	0.17	0.19	72.80	0	−34.74	1.25	4.22	82.76	86 423.26	12 653.34	289.94
109	1597	600053	中江地产	21.90	0.02	0.27	0.85	0.1	0.1	70.61	0	−38.54	0.85	−17.4	77.83	260 236.88	26 598.73	648.00
110	1630	600732	上海新梅	18.10	0.04	1.64	1.87	0.04	0.05	48.87	0	−67.28	−27.63	−26.25	98.51	111 934.11	6 138.98	1 276.42
111	1633	000511	银基发展	17.90	0.03	1.36	2.02	0.12	0.13	58.10	24.88	−29.61	2.04	−37.83	104.54	368 876.38	42 789.51	3 084.72
112	1642	000150	宜华地产	16.80	0.03	1.42	1.36	0.07	0.08	28.56	232.34	−78.23	1.37	−34.24	104.59	103 141.74	7 891.76	997.74
113	1645	600766	园城股份	16.40	−0.57	−16.42	−526.79	0.15	0.19	107.53	−18.04	46.86	−147.44	−4.67	40.03	44 301.32	8 388.53	−9 735.14
114	1646	000838	国兴地产	16.30	−0.13	−4.15	−7.09	0	0	48.36	0	−97.58	−6.84	−13.04	64.36	63 694.71	111.26	−2 416.63
115	1652	000046	泛海建设	14.30	0.05	1.27	1.37	0.07	0.07	62.66	3.87	−31.69	−7.77	−31.74	108.66	2 234 589.28	162 513.70	11 948.73
116	1659	600767	运盛实业	11.50	−0.09	−3.45	−8.36	0.09	0.1	51.80	−3.58	−19.57	−6.83	−25.7	84.93	74 849.83	6 081.02	−3 128.43
117	1660	000502	绿景地产	11.30	−0.27	−5.98	−15.55	0.1	0.11	66.00	−1 395.7	−84.49	−19.52	−20.3	97.07	82 649.66	7 119.81	−4 900.90
118	1665	600603	ST 兴业	10.20	−0.03	−22.2	1.92	0	0	864.18	−6.61	−100	0	−21.68	85.5	3 602.88	—	−523.94

第十五章

银行业上市公司业绩评价

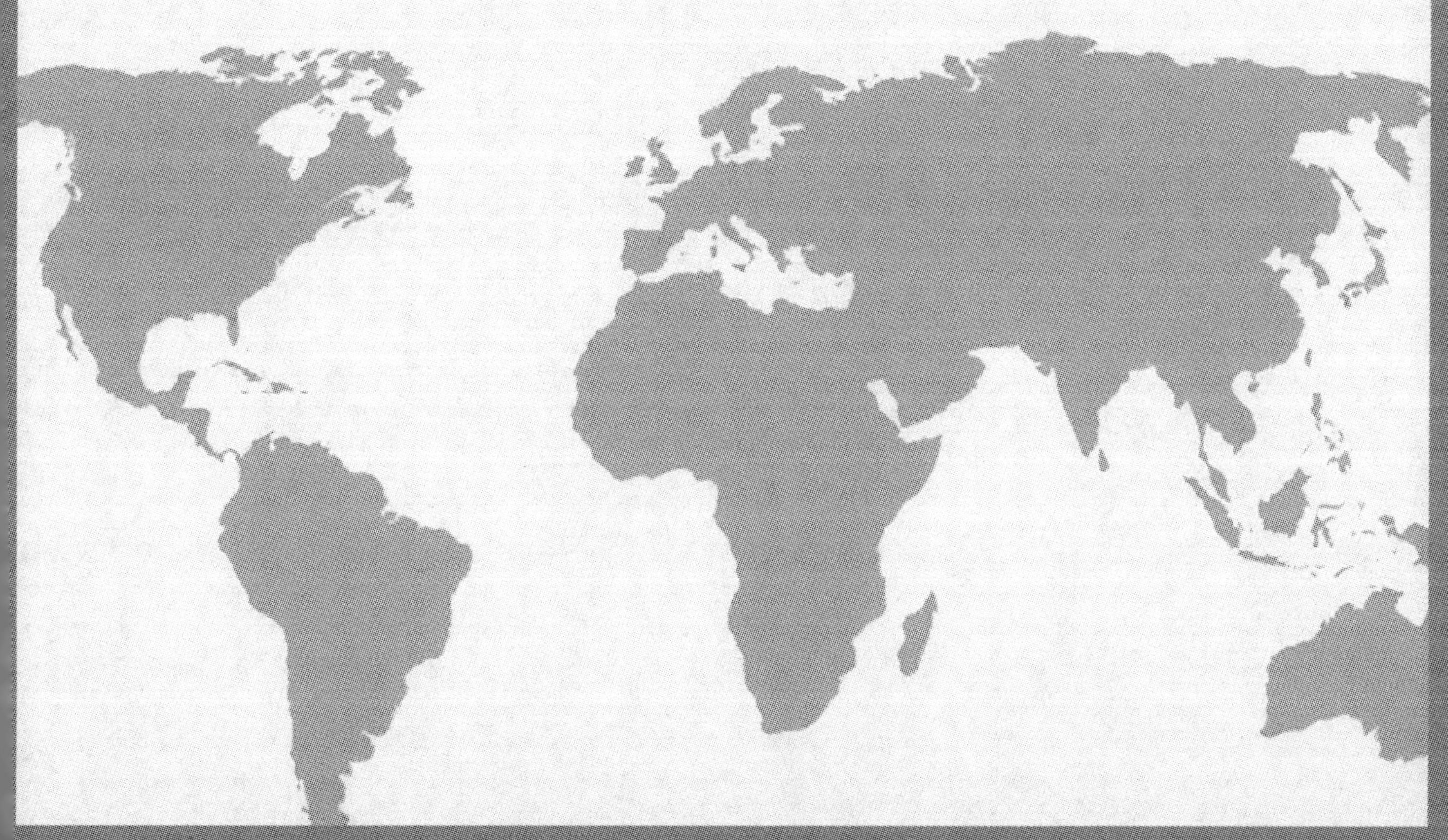

2010 年，世界经济继续艰难复苏，国际金融体系与监管改革加快，金融危机的深层次影响正悄然改变着全球经济金融格局。中国经济在进一步巩固向好势头中加快了发展方式转变，进入平稳较快增长通道。面对复杂多变的外部环境，我国银行业主动适应全球金融监管变革要求，主动融入中国经济转型发展大局。至去年底，我国银行业总资产规模达 942 584.6 亿元，同比增长 19.7%；其中 5 家国有控股银行总资产规模达 458 814.6 亿元，占全行业总资产规模的 48.68%。在规模增长驱动、净息差回升、中间业务提升及成本控制等因素的推动下，2010 年我国 A 股上市银行净利润实现了同比超过 33%的增长。展望 2011 年，在差别存款准备金率、房地产调控政策及预期人民币升值等一系列错综复杂的影响因素下，我国银行业将在曲折中实现稳步增长。

一、 银行业上市公司总体分析

截至 2010 年末，银行业的 A 股上市公司共 16 家，其中：沪市 14 户，占 87.5%，深市 2 户，占 12.5%。16 家银行业上市公司资产总额 638 362.13 亿元，所有者权益合计 37 271.41亿元，平均资产负债率为 94.26%，2010 年完成营业收入 17 558.85 亿元，比上年增长 26.23%，实现净利润 6 842.74 亿元，比上年增长 33.33%。

2010 年银行业整体评价结果较为理想，16 家银行业上市公司中有 7 家进入 2010 年上市公司业绩评价综合得分的百强名单（2010 年上市的农业银行和光大银行及参与排名）。业绩评价综合得分为优秀的有建设银行、工商银行等 12 家；业绩为良好的有北京银行和华夏银行 2 家；业绩为中的有南京银行 1 家；业绩为低的有民生银行 1 家。

表 15-1　　2010 年度银行业中联十强排行榜

名次	股票代码	股票简称	在全部上市公司中排名
1	601939	建设银行	7
2	601398	工商银行	11
3	601166	兴业银行	16
4	002142	宁波银行	20
5	600000	浦发银行	37
6	600036	招商银行	81
7	601988	中国银行	94

续表

名次	股票代码	股票简称	在全部上市公司中排名
8	000001	深发展 A	135
9	601328	交通银行	170
10	601998	中信银行	186

下面分别从安全性状况、流动性状况、盈利能力状况、发展能力状况以及市场表现状况五个方面对银行业上市公司进行具体分析。

（一）安全性状况

1. 资本充足率

资本充足率 2010 年高于监管标准值，与 2009 年相比，资本充足率增长 7.08%。资本充足率名列前三位分别为：宁波银行（16.2%）、南京银行（14.63%）、建设银行（12.68%）；资本充足率名列后三位的分别为：华夏（10.58%）、民生银行（10.44%）、浦发银行（10.19%）；国家控股的国有银行资本充足率在 12%以上。

2. 不良贷款率

2010 年与 2009 年相比，不良贷款率减少了 18.18%，主要得益于持续的高速经济增长、快速发展的金融市场以及企业加强风险管理与控制。不良贷款率名列前三位分别为：深发展 A（0.58%）、浦发银行（0.51%）、兴业银行（0.42%）；不良贷款率后三位的分别为：农业银行（2.03%）、华夏银行（1.18%）、建设银行（1.14%）。大部分银行业不良贷款率较低，表明收回贷款的风险较小。

（二）流动性状况

1. 流动性比率

2010 年与 2009 年相比，流动性比率提高了 6.35%，主要因为央行多次上调金融机构人民币存款准备金率。流动性比率名列前三位分别为：中信银行（56.8%）、宁波银行（53.0%）、深发展 A（52.5%）；流动性比率名列后三位的分别为：民生银行（32.4%）、交通银行（32.3%）、工商银行（31.8%）。大部分银行业流动性比率较高，不存在到期缺乏资金还款的风险。

2. 资产负债率

2010 年与 2009 年相比，资产负债率降低了 0.25%。资产负债率名列前三位分别为：南京银行（91.4%）、建设银行（93.5%）、中国银行（93.5%）；资产负债率名列后三位的分别为：华夏银行（96.6%）、深发展 A（95.4%）、兴业银行（95.0%）。

（三）盈利能力

1. 净资产收益率

2010 年净资产收益率前三位分别为：兴业银行（24.64%），浦发银行（23.27%），深发展（23.22%）；后三位分别为：华夏银行（18.25%），南京银行（17.21%），北京银行

(17%)；国有控股银行除中国银行净资产收益率低于20%外，其他均在20%以上。以上表明银行也整体盈利能力较强。

2. 资产收益率

2010年资产收益率前三位分别为：建设银行（1.321 7%），工商银行（1.315 4%），南京银行（1.249 6%）；后三位分别为：深发展（0.955 4%），光大银行（0.954 2%），华夏银行（0.635 3%），另外资产收益率低于1%的还有农业银行。

（四）发展能力

1. 总资产增长率

2010年总资产增长率前三位分别为：宁波银行（61.17%），南京银行（48.09 %），兴业银行（38.85%）；后三位分别为：招商银行（16.18%），工商银行（14.20%），建设银行（12.33%）；由于基数大，国有控股银行总资产增长率均在20%以下。

2. 营业收入增长率

2010年营业收入增长率前三位分别为：光大银行（46.46%），南京银行（46.25%），华夏银行（42.90%）；后三位分别为：建设银行（21.07%），深发展（19.24 %），中国银行（19.22%）。

（五）市场表现

2010年银行业市场表现整体弱于大盘整体表现。从收益率指标看，仅有光大银行一家为正，其他15家均为负数，2010年上市银行平均收益率为－23.44%，相比于2009年的108.8%。从波动性指标看，排名前三的分别为光大银行、兴业银行及宁波银行。

图15-1 银行业和沪深300指数走势比较图

二、2010年银行业上市公司业绩的影响因素分析

2010年，16家A股上市银行实现营业收入17 558.85亿元，同比增长26.24%，其中净利息收入14 040.32亿元，同比增长27.62%，手续费及佣金收入2 979.10亿元，同比增长32.26%。实现净利润6 842.73亿元，同比增长33.33%（见图15-2）。

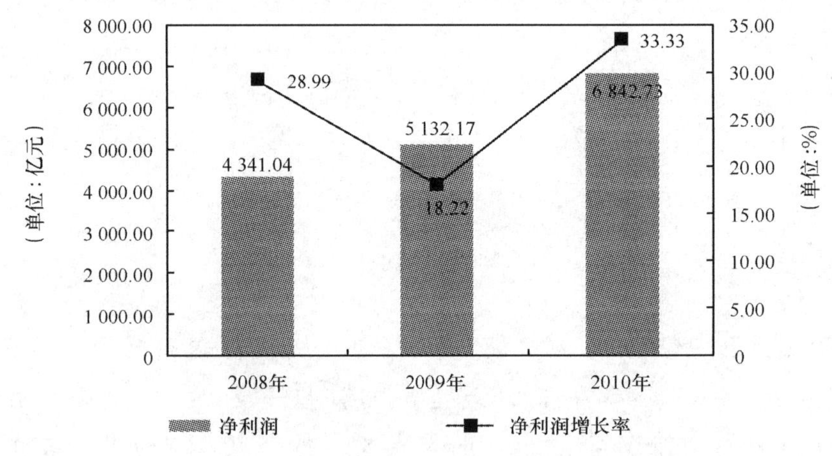

图15-2　16家上市银行近三年净利润情况

2010年银行业业绩增长源于规模增长、净息差回升、中间业务收入增长、成本控制等因素。

（一）规模增长是利润增长的主要驱动因素

2010年底，16家A股上市银行发放贷款及垫款余额达325 044.42亿元，比上年底的273 900.58亿元增长51 143.84亿元，增长率达18.67%（见图15-3）。若以此推断2010年上市公司新增贷款总额则超过5万亿元，占2010年全部金融机构本外币各项贷款新增额8.36万亿元的近60%。2010年基础设施行业贷款及房地产贷款增速回落，但占比仍居新增贷款投向前两位。另外，中长期贷款仍呈上升趋势，虽然增速同样也有所下降。由于金融机构加大对个人消费领域的大力支持，2010年个人消费信贷呈现快速上升的态势。中小企业贷款增速高于大型企业贷款。

210年存款总额为505 236.68亿元，较年初增长17.23%。基数较小的像华夏银行、光大银行、宁波银行等吸收存款增速较快，均超过28%；传统的国有控股银行中国工商银行、中国银行、中国建设银行则增长总额较大，但增速均不足15%；2010年新上市的中国农业

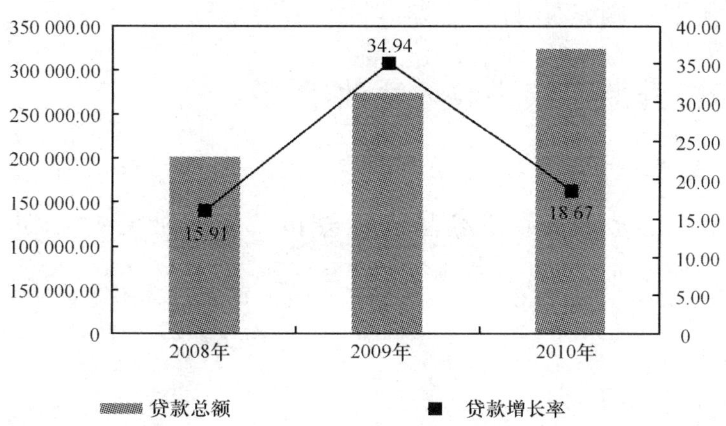

图 15-3 上市银行历史年度贷款总额情况

银行吸收存款表现更显眼一些，总额增长近 1.4 万亿元，增速 18.54%，为五大国有控股银行增速最高的（见图 15-4）。

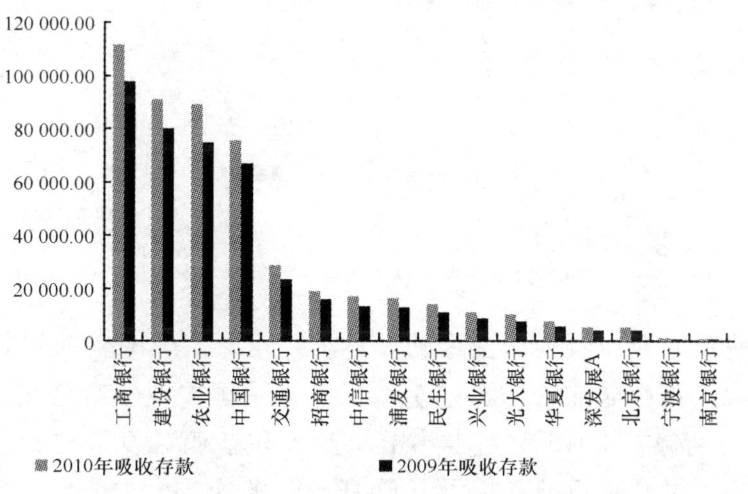

图 15-4 上市银行吸收存款总额情况

（二）净息差回升提升盈利能力

2010 年，全球金融危机的影响仍未消散。面对复杂多变的经济金融环境，前三季度中国实施了积极的财政政策和适度宽松的货币政策，但自第四季度以来，在流动性宽松及通胀压力加大的背景下货币政策开始回归稳健。央行在 2010 年 10 月 20 日和 12 月 26 日两次上调金融机构人民币存贷款基准利率。在加息和信贷规模控制的情况下，银行的议价能力有所上升，此举有利于银行净息差的提升，有利于银行业盈利水平的稳定增长。

16 家上市银行 2010 年净息差反弹 12 个基点，其中华夏银行和招商银行净息差反弹最为显著，均超过 42 个基点，而息差反弹不太明显的中国建设银行、北京银行净息差基本与 2009 年持平。但宁波银行则降低了 36 个基点。净息差回升主要是由于：（1）资产结构调整，增加高收益资产比重。（2）议价能力提升，尤其是部分商业银行推出的有创新点、吸引力的贷款产品，通常这部分贷款 90%以上是利率上浮的。未来资产结构调整延续，议价能力继续提升，息差保持小幅增长。（3）市场流动性趋紧，债券收益率回升，存拆放同业收益率提高。(4) 受加息预期等因素影响，活期存款占比提高。

(三) 中间业务提升助手续费收入快速增长

2010 年全年，16 家 A 股上市银行手续费及佣金收入 2 979.10 亿元，较 2009 年的 2 252.50 亿元增长 726.61 亿元，金额较利息收入等传统银行业务少，但增速却高达 32.26% (见图 15-5)。

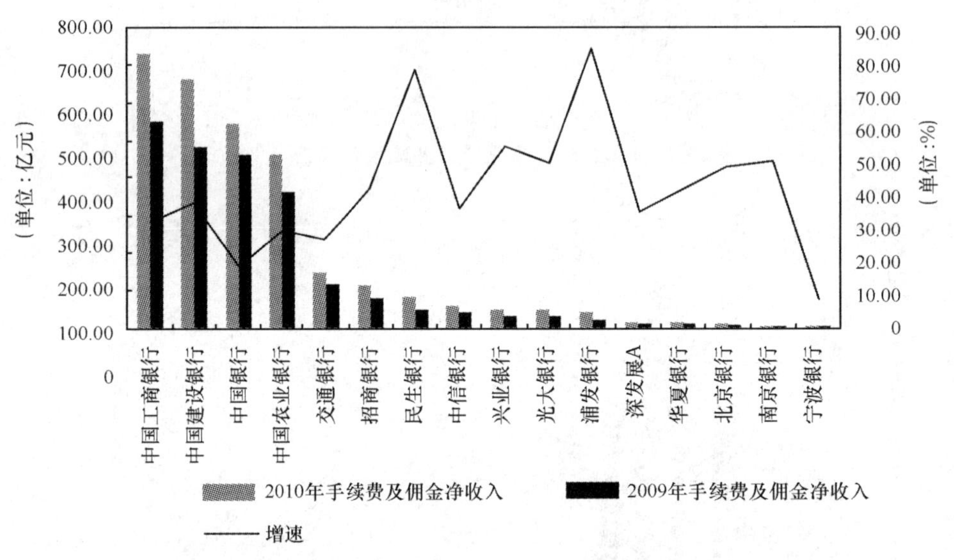

图 15-5 上市银行手续费及佣金收入情况

浦发银行手续费及佣金净收入增速最快，达 83.44%；中国工商银行和中国建设银行手续费及佣金净收入增长总额居前，均超过 170 亿元。中国农业银行增长金额约 105 亿元，增速超过 48%。中国工商银行 2010 年上半年中间业务和新业务发展加速，主要集中在银行类理财产品、投行业务、电子银行业务以及托管资产业务这几大类。银行类理财产品累计发行 2.04 万亿元，同比增长 87.8%。信用卡发卡量、消费额继续保持领先，透支额位于同业榜首。投资银行业务在年收入迈上百亿元发展平台后继续保持较快增长，上半年实现收入 86.66 亿元。电子银行进一步发挥了交易处理重要渠道作用，交易额同比增长 85.5%，全行 54.6%的业务通过电子银行渠道办理，比上年提高 4.5 个百分点。新增对公结算账户同业占比第一，继续保持领先地位。托管资产净值突破 2 万亿元大关，新增受托管理年金基金成倍增长，私人银行业务、贵金属业务也进入快速发展通道。

(四) 成本控制好拉动净利

2010 年，16 家 A 股上市银行管理费用占营业总收入的平均比例为 35.51%，比 2009 年这一比例降低 2.01%，拉动净利润上升近 5%。16 家银行中，招商银行的管理费用占营业总收入的比例下降最显著，自 2009 年的 44.86%降至 2010 年的 39.90%，降低近 5%。这突出显示了招商银行在第二次改革的过程中对成本实行的有效控制。同样农业银行也从 2009 年的 43.11%降至 2010 年的 38.59%。五大银行中，中国工商银行的成本控制能力相对较强，其管理费用占营业总收入的比例近 3 年均保持在行业最低水平，2010 年更是从 2009 年的 32.86%降至 30.61%。

（五）人民币升值提高汇兑净收益

人民币对美元汇率从 2009 年 12 月 31 日的 6.8282 升至 2010 年 12 月 31 日的 6.6227，升值幅度达 3%，同时人民币对其他币种也有不同幅度升值。使得 16 家 A 股上市银行汇兑净收益从 2009 年的 28.34 亿元提升到 69.47 亿元，增长幅度达 145%。

2010 年中国银行业十件大事

☆ 央行年内六次上调存款准备金率，两次上调利率，货币政策由适度宽松转向稳健，银行业加强逆周期宏观审慎管理。

☆ 贷款新规全面出台，政府融资平台清理工作全面启动，银行业微观审慎管理强化，防止信贷资金被挪用于实体经济之外。

☆ 中国农业银行成功上市，重庆农村商业银行作为首家农商行在香港成功上市，其他类型商业银行改革全面深化，11 家上市银行再融资，中国银行业在全球银行业的地位声誉进一步提升。

☆ 银监会第三次动态调整房贷首付比率以加强房贷调控。2010 年 9 月，银监会下发通知，“对贷款购买商品住房，首付款比例调整到 30%及以上；对贷款购买第二套住房的家庭，严格执行首付款比例不低于 50%、贷款利率不低于基准利率 1.1 倍的规定；暂停发放居民家庭购买第三套及以上住房贷款”，坚决遏制房地产市场投机行为。

☆ 跨境贸易人民币结算范围进一步扩大，香港在跨境人民币业务中发挥平台作用。

☆ 全球银行监管新规则《巴塞尔协议Ⅲ》达成一致，中国积极参与全球经济治理及国际监管规则制定。

☆ 农村基础金融服务均等化建设扎实起步，多层次、广覆盖、可持续农村金融服务体系建设稳步推进。

☆ 中国内地以及台湾地区银行互设分支机构，两岸银行业交流合作取得历史性突破，进入新阶段。

☆ 109 家商业银行建立小企业专营机构，城商行改革成效显著，成为支持中小企业发展的主力军。

☆ 世博金融服务居窗口服务满意度首位，银行业努力提升服务质量，积极践行社会责任。

三、 2011 年银行业业绩前景分析

（一）屡创新高的存款准备金率将加剧银行业的流动性风险，削弱银行业的盈利能力

2011 年，在 CPI 高企的情况下，要真正实施从紧货币政策，抑制通货膨胀，需要控制商业银行的信贷投放额度和节奏，更需要央行控制基础货币投放。但是，由于中国吸引外资政策及出口退税对出口的鼓励，中国贸易项和资本项长期保持巨额盈余，由此导致外汇储备大幅快速增长，强制结汇制导致外汇占款不断上升，基础货币投放过快增加。为了抑制货币供给过快增长，央行倾向于用存款准备金替代央票回笼货币，这导致存款准备金率长期处于较高水平，并创下新高。

未来央行是否上调存款准备金率不仅取决于 CPI，更是取决于外汇占款增长的速度。由于热钱流入等因素，未来外汇占款仍将快速增加，加之 CPI 仍将上升，因此，存款准备金率仍有上调可能。商业银行的存款准备金以 1.62％的年利率存于央行，此利率比一年期定期存款利率低 163 个基点，由此导致商业银行超过千亿元的利息损失。另外，不断上调存款准备金率使商业银行面临的流动性风险上升，需要以牺牲部分利益为代价提高资产的流动性，从而满足监管部门的要求。

（二）央行将通过差别准备金动态调整引导货币信贷适度增长，资本充足率和资产质量将影响银行的信贷规模

2010 年央行实施了新增信贷额度（7.5 万亿元）控制措施，同时对放款节奏进行控制，但由于监管难度和成本较大。央行目前还没有制定信贷新增额度控制目标。央行行长周小川指出，未来要实施差别准备金动态调整措施，引导货币信贷适度增长。所谓差别准备金率制度，是指对金融机构存款准备金与其资本充足率、资产质量状况等指标挂钩。实行差别存款准备金率制度，理论上可以制约资本充足率不足且资产质量不高的金融机构的贷款扩张。差别存款准备金率体系的最终实行效果相当于行业普调准备金率 1 个～2 个百分点，部分信贷增速快、资本充足率偏低的小银行需额外上调 1 个～2 个百分点。差别存款准备金率制度对 2011 年的银行业绩会有抑制作用，有相当一部分银行要提高资本充足率，达标的银行也有压力，放贷多，资本就会减少，所以 2011 年银行业绩增速会放缓。

（三）“巴塞尔协议Ⅲ”对资本充足率提出更高要求

2011年5月3日，中国银监会发布【2011】44号文《关于中国银行业实施新监管标准的指导意见》。指导意见明确提出，基于中国银行业改革发展实际，借鉴巴塞尔协议Ⅲ，提高资本充足率监管要求。具体内容为：将现行的两个最低资本充足率要求（一级资本和总资本占风险资产的比例分别不低于4%和8%）调整为三个层次的资本充足率要求：（1）明确三个最低资本充足率要求，即核心一级资本充足率、一级资本充足率和资本充足率分别不低于5%、6%和8%。（2）引入逆周期资本监管框架，包括：2.5%的留存超额资本和0～2.5%的逆周期超额资本。（3）增加系统重要性银行的附加资本要求，暂定为1%。新标准实施后，正常条件下系统重要性银行和非系统重要性银行的资本充足率分别不低于11.5%和10.5%；若出现系统性的信贷过快增长，商业银行需计提逆周期超额资本。按照此项标准，在已公布2011年第一季报的银行中，中国农业银行和深圳发展银行已低于11.5%和10.5%的资本充足率监管要求，其他如招商银行、兴业银行、光大银行也是刚刚能达到要求。以此来看，2011年银行业将整体面临较大的再融资压力。

（四）房地产调控预期对银行影响不可小觑

最近国务院常务会议提出进一步做好房地产市场调控的部署，此次提出的多项措施体现了国家调控房地产市场的坚定态度，其所带来的市场预期对银行的影响不可小觑。国务院常务会议提出强化差别化住房信贷政策，对贷款购买第二套住房的家庭，首付款比例不低于60%，贷款利率不低于基准利率的1.1倍。首付款比例提升和贷款利率的限定对于银行收益看似利好，但购房者压力增大和房地产调控继续趋紧的预期将减少部分贷款购房数量，可能对银行这部分业务有所影响。随着房地产市场调控还将加码，楼市调控下个人按揭和房地产开发贷款难以快速增长。随着贷款规模的减少，银行将加快调整贷款结构，加快经营机制的转变和增长方式的转变。

（五）通货膨胀及加息预期对银行业的影响

2011年2月，出于管理通胀的考虑，央行继去年10月加息以来第三次加息。此次加息呈现几个特点：（1）活期存款利率上调4个基点，这也是继去年10月加息以来首次上调活期存款利率；（2）定期存款利率上调幅度大于贷款利率上调幅度，1年期存贷款利率对称上调25个基点，各档次存款利率分别上调0.30～0.45%，各档次贷款利率上调0.20～0.25%。通常在加息或降息周期中活期存款利率很少调整，本次上调活期存款利率意在缓解存款活化的压力，此外，定期存款利率上调幅度较大也体现了高通胀背景下缓解负利率现状的需要。

预计2011年全年CPI都将持续在高位运行，通胀形势非常严峻。存款准备金率虽无政策上限规定，但经过近期多次提高后，使得其继续上调空间越来越小。而加息则仍具有一定的操作空间。加息将进一步提高银行的议价能力，活期存款占比较高、贷存比高的银行净息差上升幅度将更大，在加息周期中受益程度将更大。

（六）盈利能力增长面临挑战，新型业务扩展成为业务发展的重中之重

2010年，经营环境的改变使得银行业盈利能力大幅提升。

2011年至少有三个因素将会对商业银行的盈利产生影响：（1）信贷规模量得缩减，将会影响商业银行的主要利润来源——利息收入；（2）前期快速增长的贷款质量可能有所下降，不良贷款率会有所上升，银行的拨备也会使银行成本上升，从而影响利润增长；（3）微观实体经济特别是中小企业的发展相对艰难，贷款需求和还款能力会相对减弱，对商业银行的盈利贡献将下降。当然，一些有利于银行利润增长的积极因素也是存在的。如2011年有可能加息2～3次，这样商业银行可以通过以价补量的方式拟补因贷款规模下降造成的利润损失。商业银行也可以通过加强成本核算和费用管理，提高成本收入比来降低经营成本，增强盈利能力。总的看来，2011年，中国银行业的盈利能力可保持稳定，同比增速大约在25%左右。为了实现利润的持续增长，国内商业银行会积极扩展业务范围，大力发展信托、投行、融资租赁等新型业务，提高这些新型企业务对收入、利润的贡献。

（七）稳健货币政策下银行利润增长的主要来源将从规模扩张转为结构调整

2011年，抑制通货膨胀是稳健货币政策的首要任务。稳健的货币政策将从以下四个方面落实：（1）要把好流动性总闸门。当前流动性过剩压力仍较大，主要原因是外汇持续流入。从根本上解决这个问题，需要以国际收支基本平衡为基础。在国际收支逐步趋向平衡的过程中，需要保持必要的货币对冲力度，回收多余的流动性。（2）要保持社会融资规模合理适度。社会融资规模应按满足经济平稳健康发展的正常需要掌握。（3）要继续优化资金投向结构。加大对重点领域和薄弱环节的资金支持力度，严格控制对“两高”行业和产能过剩行业的贷款，服务于经济结构调整的大局。（4）要有效防范系统性金融风险。高度重视经济较快发展中存在的流动性宽松、信贷投放较大等可能积累的顺周期系统性风险隐患，加快构建逆周期的金融宏观审慎管理制度框架。在此背景下，银行业利润增长的主要来源将从贷款规模的扩张转变为调整贷款结构，通过调整贷款资金的投向，提供差异化的、有吸引力的产品，通过提高产品定价能力来提高盈利能力。

附表：

2010年银行业上市公司业绩评价结果排序表

行业排名	全部上市公司排名	股票代码	股票简称	综合得分（100分）	每股收益（元）	资本充足率（%）	不良贷款率（%）	短期资产流动性比例（%）	存贷款比例（%）	净资产收益率（%）	资产净利率（%）	总资产增长率（%）	营业收入增长率（%）	市场投资回报率（%）	股价波动率（%）	年末资产额（亿元）	主营业务收入净额（亿元）	净利润（亿元）
1	7	601939	建设银行	79.70	0.56	12.68	1.14	51.96	62.47	22.61	1.32	12.33	21.07	(22.10)	22.70	108 103.20	3 234.89	1 350.31
2	11	601398	工商银行	78.39	0.48	12.27	1.08	31.80	62.00	22.79	1.32	14.20	23.06	(18.69)	27.64	127 792.10	3 808.21	1 660.25
3	16	601166	兴业银行	76.46	3.28	11.22	0.42	38.45	71.21	24.64	1.16	38.85	37.18	(36.27)	37.86	18 496.70	434.56	185.21
4	20	002142	宁波银行	75.35	0.91	16.2	0.69	53.00	66.22	20.53	1.09	61.17	41.59	(29.18)	36.21	2 632.70	59.12	23.22
5	37	600000	浦发银行	73.29	1.6	12.02	0.51	40.28	69.96	23.27	1.01	35.05	35.39	(26.00)	28.97	21 914.10	498.56	191.79
6	81	600036	招商银行	69.66	1.23	11.47	0.68	37.04	74.59	21.75	1.15	16.18	38.74	(25.09)	29.51	24 025.10	713.77	257.69
7	94	601988	中国银行	68.28	0.39	12.58	1.10	43.20	70.20	18.87	1.14	19.51	19.22	(21.13)	17.97	104 598.70	2 768.17	1 096.91
8	135	000001	深发展A	66.29	1.91	10.19	0.58	52.52	69.23	23.22	0.96	23.78	19.24	(36.03)	28.10	7 276.10	180.22	62.84
9	170	601328	交通银行	64.60	0.73	12.36	1.12	32.23	72.10	20.08	1.08	19.41	28.78	(37.52)	28.18	39 515.90	1 042.34	391.72
10	186	601998	中信银行	64.07	0.55	11.31	0.67	56.75	72.83	19.24	1.13	17.26	36.68	(36.07)	32.72	20 813.10	557.65	217.79
11	313	601169	北京银行	59.34	1.09	12.62	0.69	37.71	58.22	17.00	1.07	37.44	31.45	(40.83)	33.71	7 332.10	156.35	68.06
12	461	600015	华夏银行	55.78	1.200 2	10.58	1.18	38.10	67.00	18.25	0.64	23.04	42.90	(12.64)	31.72	10 402.30	244.79	59.90
13	634	601009	南京银行	51.61	0.9	14.63	0.97	40.24	60.04	17.21	1.25	48.09	46.25	(29.45)	34.90	2 214.90	53.06	23.18
14	1042	600016	民生银行	43.33	0.66	10.44	0.69	32.35	74.64	18.29	1.09	24.81	30.21	(24.06)	22.84	17 803.10	547.68	176.88
		601288	农业银行	75.47	0.33	11.59	2.03	38.36	55.77	22.49	0.99	16.38	30.60	(0.80)	23.70	103 374.1	2 904.18	949.07
		601818	光大银行	69.51	0.36	11.02	0.75	45.63	71.63	20.99	0.95	23.90	46.46	20.90	64.60	14 839.5	355.30	127.94

第十六章

证券行业上市公司业绩评价

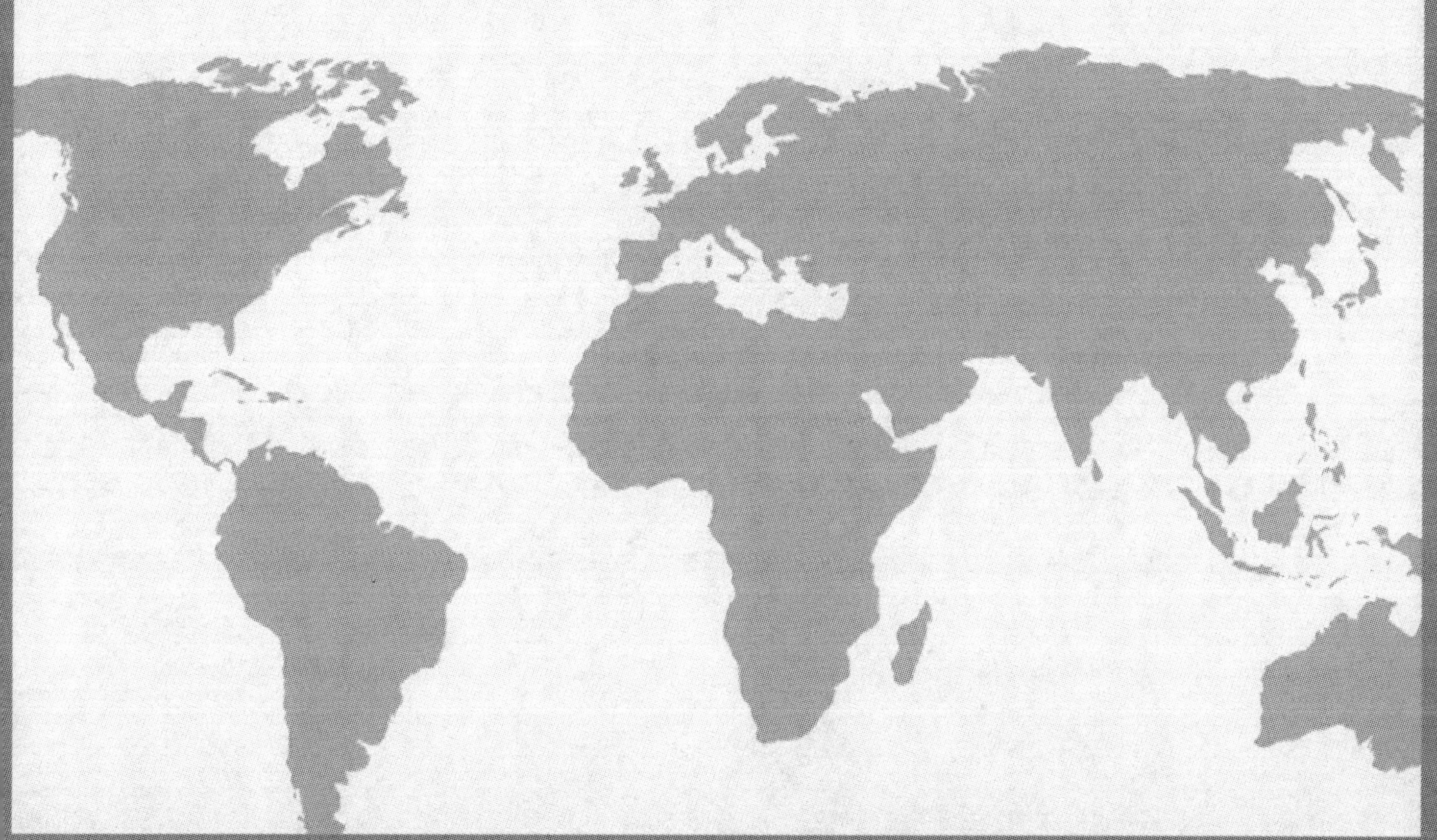

2010年，整个证券行业处于业务转型当中，投资银行业务大爆发，融资融券和股指期货推出拉开创新型业务的试点。证券承销业务规模翻倍、股票和基金交易额同比略增，但佣金率大幅下滑、自营投资收益下降等因素仍使得证券行业整体净利润同比下滑近20%，但券商单一化的收入结构有所改善，而激烈的佣金战也凸显了服务转型的迫切性。

2011年第一季度，券商月度经营情况明显好转，但单季度的盈利同比仍有所下滑。第一季度，沪深两市A股日均成交2 324.53亿元，同比增长，环比下滑；有88只新股上市，募集资金959.91亿元，股票融资总体呈现稳步增长态势；有22只集合理财产品设立，受托管理资金201.05亿元；截至3月31日，融资融券余额达209.08亿元，股指期货成交额累计达52.30万亿元。

一、 证券行业上市公司总体分析

截至2010年末，证券行业的A股上市公司共15家。15家证券行业上市公司资产总额8 278.57亿元，所有者权益合计2 826.74亿元，平均资产负债率为804.7%，2010年完成营业收入871.57亿元；实现净利润360.28亿元。与全国上市公司总额相比，总资产、主营业务收入、净利润所占比例分别为4.51%、0.59%、3.75%。据综合评价结果，进入上市公司100强的证券企业有2家。

按照中国上市公司业绩评价指标体系，15家证券行业上市公司中有3家进入2010年上市公司业绩评价综合得分的百强名单。业绩为优秀的有中信证券、兴业证券、西南证券等10家（见表16-1），业绩为良好的有3家。

下面分别从安全性状况、流动性状况、盈利能力状况、发展能力状况以及市场表现状况五个方面对证券行业上市公司进行具体分析。

表16-1　2010年度证券行业中联十强排行榜

名次	股票代码	股票简称	在全部上市公司中排名
1	600030.SH	中信证券	24
2	601377.SH	兴业证券	53
3	600369.SH	西南证券	68

续表

名次	股票代码	股票简称	在全部上市公司中排名
4	000686.SZ	东北证券	105
5	600837.SH	海通证券	183
6	000728.SZ	国元证券	195
7	600109.SH	国金证券	208
8	002500.SZ	山西证券	212
9	601788.SH	光大证券	253
10	600999.SH	招商证券	267

（一）安全性状况

1. 证券自营规模比率

证券自营规模比率2010年低于监管标准值，且全部15家证券的证券自营规模比率均低于监管标准值。

与2009年相比，2010年证券自营规模比率下降了28.90%，主要由于自营业务业绩具有高波动性的特点，与市场走势息息相关，2010年的前三个季度市场表现较差，大部分券商折戟于自营业务，对业绩造成拖累，上市券商中如中信证券、华泰证券、招商证券、长江证券、西南证券、国金证券和太平洋证券等，其中东北证券和太平洋证券第二季度还因为自营巨亏导致业绩整体亏损。因此，券商减少了自营业务的规模。

证券自营规模比率名列前三位的分别为：招商证券（70.99%）、中信证券（61.86%）、广发证券（54.14%）；证券自营规模比率名列后三位的分别为：国金证券（2.67%）、山西证券（9.17%）、太平洋证券（10.46%）；风格激进的券商证券自营规模比率较大。

2. 净资本和各项安全准备之和比率

2010年净资本和各项安全准备之和比率高于监管标准值，且全部15家证券公司的净资本和各项安全准备之和比率均高于监管标准值。

与2009年相比，2010年净资本和各项安全准备之和比率减少32.67%，这主要是由于2010年整体证券行业收益的下降。净资本和各项安全准备之和比率名列前三位的分别为：国元证券（1 162.41%）、山西证券（703.83%）、西南证券（690.55%）。

（二）流动性状况

1. 净资本比率

与2009年相比，2010年净资本比率有所下降，这主要是宏观市场不景气，同时行业竞争加大，又无新的利润增长点造成的。

2. 资本负债比率

与2009年相比，2010年资本负债比率小幅上升1.15%，资本负债比率最高的分别为：山西证券（3145.08%）、国元证券（2 291.31%）、光大证券（1 408.87%）。

（三）盈利能力

净资产收益率和总资产报酬率均有较大程度的下滑，这主要是因为2010年营业部数量快速增加使得券商之间的竞争日益激烈，由于证券公司业务同质性强，价格竞争成为竞争的主要手段。券商的佣金率下滑得十分明显，而经纪业务为证券公司的主要收入来源。

2010年总资产报酬率最高的证券公司为中信证券（7.92%），其他14家上市证券公司的总资产报酬率均低于5%。

（四）发展能力

证券行业上市公司的资本扩张能力和营业收入增长能力两个方面均有不同程度的下滑。

在资本扩张率方面，表现较好的为西南证券（137.79%）和华泰证券（136.20%），均超过100%，这主要由于华泰证券为2010年新上市公司，而西南证券为2008年底上市公司。在上市之初，资本扩张能力较强。

在营业收入增长方面，只有4家上市证券公司为正向增长，分别为：中信证券（26.30%）、国金证券（16.25%）、宏源证券（13.18%）和国元证券（2.59%），其中中信证券发展较快的原因是规模较大，且创新业务较好。

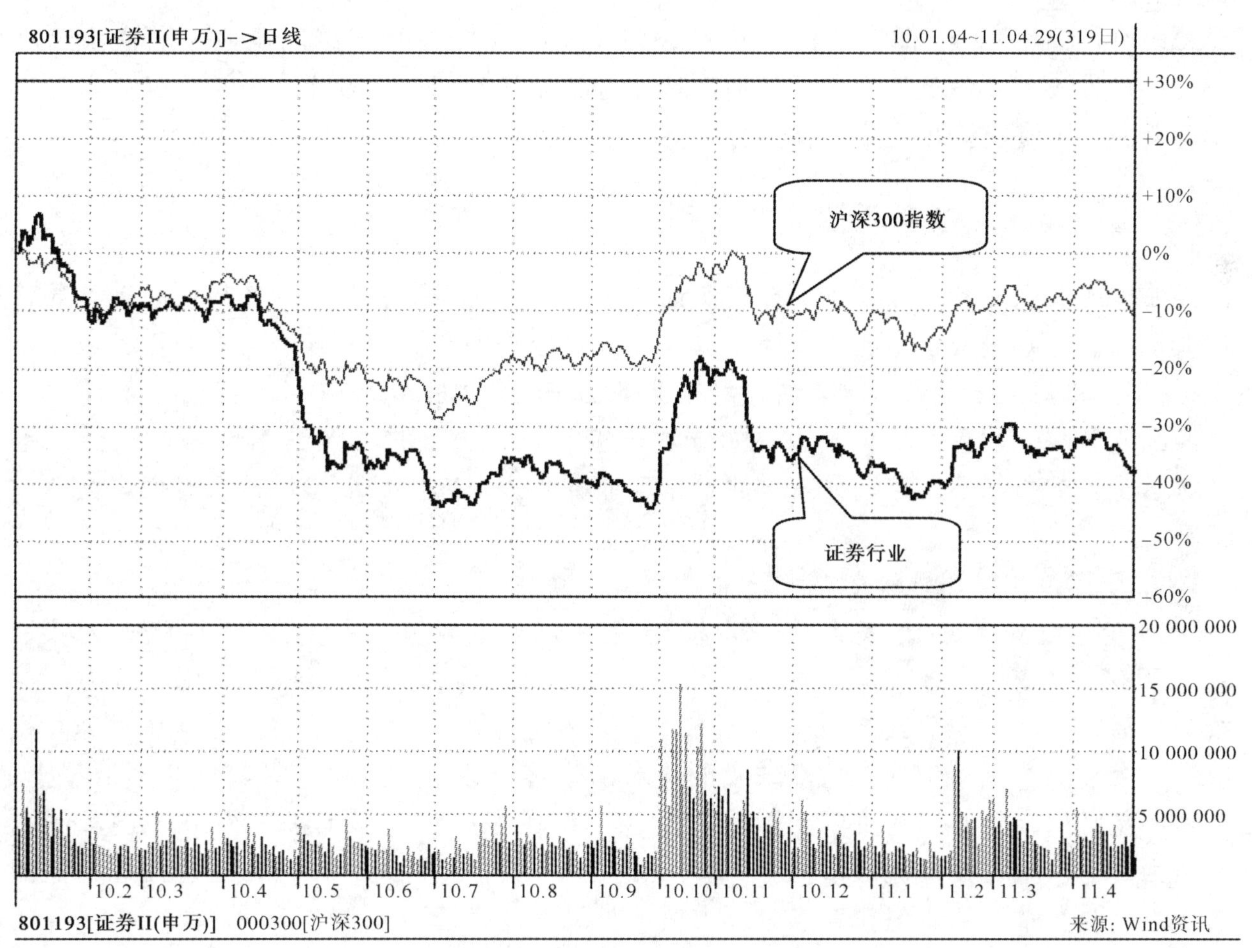

图16-1　证券行业和沪深300指数走势比较

二、2010年证券行业业绩的影响因素分析

据中国证券业协会数据显示，2010年，证券行业实现营业收入1 911.02亿元、净利润775.57亿元，较之2009年分别下滑6.91%、16.92%；分业务看，经纪业务净收入1 084.90亿元，同比下滑23.57%；证券承销业务（含保荐及财务顾问）净收入272.32亿元；同比大幅增长79.61%；资产管理业务净收入21.83亿元，同比增长36.78%；证券投资收益（含公允价值变动）206.76亿元、同比下滑10.78%。行业整体业绩出现小幅下滑的主要原因是佣金率下降和投资收入萎缩。

2010年日均交易额2 289亿元，同比增长2.2%；股票和债券承销分别为6 656亿元和5 472亿元，同比增长198%和1.1%。

2010年15家券商综合收益合计下滑30%。2010年对业绩下滑影响最大的依次为经纪收入、自营收入、业务及管理费，分别贡献综合收益−24个、−9个、−8个百分点，正面贡献最大的是投资银行收入，贡献综合收益9个百分点。

（一）经纪业务增长难阻业绩下滑

目前国内券商业务仍然是以代理买卖证券收入为主，经纪业务是券商最核心也是最稳定的收入来源。尽管融资融券、股指期货以及直接投资等创新业务已开始为券商贡献收入，但从2010年上市券商的经营数据来看，经纪业务仍是收入的主要来源。

经纪业务收入的重要地位难以在短期内转变，这一方面是由于自营业务收入波动性较大，对总收入的贡献不稳定；另一方面，创新业务收入短期内难以形成较大规模，对总收入贡献不大。

1. 市场震荡和扩容导致交易活跃

2010年经纪业务总交易量为125.31万亿元，与上年基本持平。其中股票交易量为108.43万亿元，较上年有略微上升。尽管2010年市场涨幅远不及上年，但仍有两方面原因导致交易活跃：(1) 震荡频繁。2010年有7个月份上涨，5个月份下跌。涨跌超过200点的月份有7个。除个别月份外，从涨跌幅的绝对值来看，除个别月份外，其余并不低于上年。振幅大小是吸引市场参与的重要指标之一。(2) 市场容量在持续扩张。2010年底经纪业务总市值为26.54万亿元；流通市值为19.31万亿元。这已经超过了以往数月。而总市值的月度变化方向与行情相关，但在上涨时总市值增长幅度较行情更多，在下跌时总市值下降的幅度较行情更少，这说明市场容量在不断扩大，这也将更多的投资标的呈现在投资者面前。2010年投行市场的火爆，中小企业的大幅参与，更加激起了投资的热情。

监管层新规剑指无序竞争

为了结束券商经纪业务的无序竞争，2010 年 10 月 7 日中国证券业协会出台新规——《关于进一步加强证券公司客户服务和证券交易佣金管理工作的通知》，希望未来券商经纪业务能以提升自身服务质量等手段来争取客户。

通知要求，证券公司在经纪业务全成本核算的基础上，按照"同类客户同等收费、同等服务同等收费"的原则，针对不同分类客户制定相应佣金标准。2011 年起，将与新客户明确约定佣金收取标准及方式，除明确上述佣金标准外，同时叫停"零佣金"揽客、向客户承诺收益、进入同行营业场所劝导客户等违法违规和不当竞争手段。

出台这一规定的背景，是因为价格战导致各券商出现大面积亏损。市场普遍认为，新增营业网点以及服务部升级等因素，是导致券商价格战的主要原因。

2. 营业部数量增加间接导致佣金率下降

上市券商的市场份额在过去几年和 2010 年各月份，均呈现出上升趋势，根据 wind（万德数据）披露，上市券商市场份额接近 35%，较上年上升 1 个百分点。现在全国营业部（有年交易数据的）数量已经超过 4 600 家，同比增长 20%以上，15 家上市券商的营业部数量有 1 400 家，在行业中占比达到 30%。同比增速为 24.4%。市场份额超过上市券商营业部数量的占比，这说明单个营业部平均的产能较非上市券商更高。营业部的扩张，在未来仍将有助于上市公司经纪业务市场份额的扩张。

行业营业部增速的快与慢与佣金率下降幅度的大小基本是正相关的。目前营业部的增速并没有因为服务部升级的结束而停止，2010 年营业部的环比增速仍然较快。券商营业部的增速还将维持较快的增速，佣金率的下降还会继续，但幅度将会缩小。

3. 中等券商市场份额提升

从历年的发展趋势来看，大券商的市场份额在下降，中小券商市场份额有所上升。其中，长江证券、宏源证券和国元证券市场份额上升幅度最大。

中等规模券商市场份额上升主要是长江证券等券商营业部重新布局的结果。随着证券公司服务部改营业部及营业部新设，中等规模券商将营业部的布局做了进一步调整，主要是从偏远地区迁往发达地区、从省内迁往省外、从中小城市迁往中心城市。营业部向中心城市和发达地区涌入，以中心城市为根据地的大券商被迫让出了一定的市场份额，而迁出地区的客户资源由于没有新的竞争者进入，依然留给了原来的公司，因此，长江证券营业部迁址的过程中市场份额在上升。而对于大券商来说，营业部主要分散在大城市，没有自己相对集中的根据地，面对新来的竞争者，客户逐渐流失，市场份额下降。

（二）自营业务收入波动剧烈

自营业务业绩具有高波动性的特点，与市场走势息息相关，从2010年前三季度券商收入结构情况看，自营业务已经成为券商业绩的分水岭。2010年上半年大部分券商折戟于自营业务，对业绩造成拖累，如中信证券、华泰证券、招商证券、长江证券、西南证券、国金证券和太平洋证券等，其中东北证券和太平洋证券第二季度还因为自营巨亏导致业绩整体亏损。

随着2010年7月份市场重心的探底回升，到第三季度风格激进的券商获得了自营业务大丰收。从第三季度财务报表看，自营业务收入增加成为券商第三季度业绩环比上升的主要动力。我们看到第二季度自营业务亏损较多的公司，在第三季度自营业务都有良好的表现。例如长江证券、东北证券和西南证券等。同时，自营资产中债券的投资收益相对平稳。

较高的可供出售金融资产有望在市场行情向好的情况下产生较多的浮盈储备，较多的浮盈储备意味着未来释放利润的空间较大。结合2010年上半年末浮盈储备其他综合收益来看，我们判断中信证券、海通证券、广发证券等具有较多的浮盈储备。

（三）投资银行业务爆发性增长

2010年券商行业投行业务呈爆发性增长，行业募集资金达到了1.1万亿元，众多中小企业、民营企业享受到资本市场融资的福利。在加息预期增强的背景下，间接融资成本提高，融资渠道收窄，直接融资仍然是较好的融资方式。券商的投行业务出现了快速增长。

1. 中小企业的融资需求大幅提高首发的费率

承销业务向中小板企业倾斜。主板融资占比不到40％，而创业板和中小板占比超过60％。2010年中小企业的行情较好与发行活跃是互相促进的关系。中小企业的融资需求一直较为旺盛，但由于其风险较高，市场一直无法满足其需求。创业板的推出在一定程度上缓和了供需矛盾，高风险伴随的高收益和对未来丰富的想象力也提高了一级市场和二级市场的活跃度。无论是从券商还是从企业来看，融资和承销的合作都将继续。

正因为承销业务向中小企业倾斜，首发的费率也在上升。根据wind（万德数据）披露，2010年首发规模为4 900亿元，首发承销保荐费为170亿元，首发费率3.45％，而2009年同口径的首发费率仅2.63％，2010年增长率达30％。

2. 中小企业融资扩大发行费份额

2010年证券行业投行业务出现爆发式增长，行业合计募集资金超过2009年全年水平70％，发行费用更是超2009年全年的115％，双双创出历史新高。2010年投行业务大放光彩的主要原因在于，中国经济结构转型背景下，以新兴产业为代表的众多中小企业融资需求旺盛，同时监管机构和市场投资者对于这类企业也持欢迎态度。因此截至2010年第三季度末，共有86家创业板企业上市，154家中小企业板新股上市。同时，由于小企业的承销费率远高于大中型企业，因此2010年以来发行费用的增速明显快于募集资金的增长。

融资融券交易试点正式启动

2010 年 1 月 8 日，中国证监会宣布，国务院已原则同意开展证券公司融资融券业务试点和推出股指期货品种。1 月 22 日，中国证监会发布《关于开展证券公司融资融券业务试点工作的指导意见》，要求证券公司开展融资融券业务，按照"试点先行、逐步推开"的步骤有序进行，并于 3 月 19 日宣布了首批融资融券业务试点证券公司名单，国泰君安、国信、中信、光大、海通和广发 6 家证券公司获得首批融资融券业务试点资格。

（四）受托资产管理业务小集合为主

2009 年以来监管层加快资产管理业务的审批速度，券商资产管理业务增长迅速。截至 2010 年 11 月底，共发行新产品 85 只，大幅超越 2009 年全年的 47 只，但平均发行份额约为 2009 年的一半。

上市公司的品牌和资本优势相对明显，以小集合理财产品引领资产管理业务的发展趋势。从与经纪业务相辅相成的角度讲，小集合产品正好匹配了经纪业务中高端客户的理财需求。

作为高端理财市场的重要力量，券商资产管理业务的发展相对于公募基金、阳光私募，其规模上落后较多。这主要是由于券商资产业务供给和需求方的门槛都比较高，限制了资产管理业务的发展空间。从 2010 年下半年的发展势头看，监管层对于新设立集合理财产品的存续期和规模都有所放松，东方证券成立资产管理子公司，都在有意培养券商的资产管理力量，形成多层次的机构投资者体系。小集合未来还有较大的发展空间。

三、 2011 年证券行业前景分析

（一）经纪业务趋于好转

1. 交易额仍有增长空间

统计分析表明，随着社会经济的发展和居民存款的增加，沪深两市流通市值一直是处于盘旋式上升状态。敏感分析表明，假设换手率不变，存量流通市值的上升将带来交易额的上升。如果市场走势逐步企稳，重心有一定提高，预计 2011 年市场日均股票成交金额将维持

在 2 600 亿元左右，较 2010 年日均 2 237.7 亿元的股票成交金额增加 16.2%。交易量的增加将在一定程度上弥补佣金率下滑风险，给经纪业务收入回升提供了良好的契机。

同时，鉴于证券业协会政策出手整治佣金乱象以及协会提出各家券商佣金不得低于经纪业务全成本的要求，我们认为经纪业务佣金下滑速率会明显减缓。

因此，基于交易持续活跃和流通市值增加的预期，我们判断证券行业 2011 年经纪业务收入仍有一定的增加（见图 16-2）。

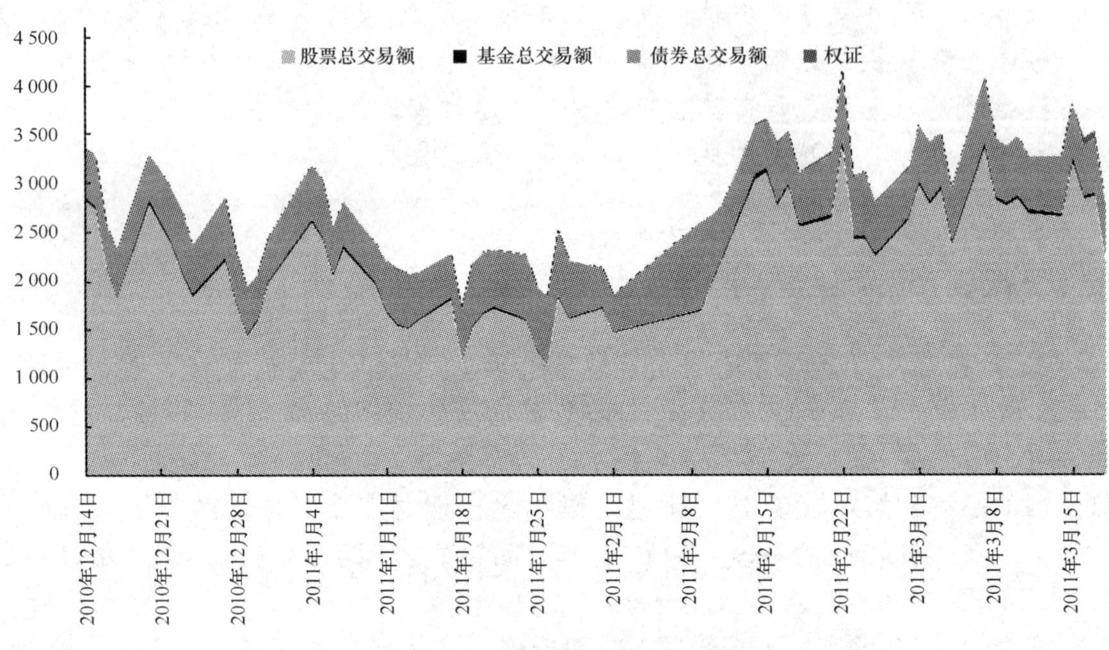

图 16-2 券商经纪业务结构与规模

2. 佣金率下降趋势减缓

2010 年，随着券商营业部新设立、迁址和服务部变营业部的陆续完成，经纪业务的竞争将又回到暂时均衡的状态，预计佣金率下降趋势将减缓。而佣金率企稳或下降幅度趋缓是证券公司业绩趋稳的关键因素。

（二）自营业务业绩增长有较大的不确定性

2011 年以来，A 股股指运行主要呈区间波动走势，如何及时调整自营业务整体投资规模、股票和债券投资的占比以及把握不同板块间轮动的投资机会仍将是 2011 年自营业务的重点。券商自营部门更加注重风险的控制，加大对股指期货等金融产品的研究和投入，利用其套期保值功能平滑自营业务收入的波动风险。

（三）政策因素促进投行业务快速发展

由于 2010 年的基数效应，2011 年投行业务收入增速会有所减慢，但仍将保持高景气度。从长期来看，目前等待或者排队上市的企业有千余家，通过资本市场融资已经成为企业的一种主要融资方式。

2011 年以来，券商承销业务仍保持平稳发展的水平。股票首发融资额为 982.43 亿元，增发融资额为 1 361.45 亿元，配股融资额为 112.55 亿元，分别占 2010 年全年的 20%、

36%和8%，而首发、增发和配股的发行费用占2010年全年的比重分别为25%、21%，27%，首发承销费用占比高于募资金额占比的原因是，一方面，新股超募幅度较高；另一方面，收取的承销费用率较高的创业板上市公司的募资金额占比相对较高。2011年以来首发融资的创业板、中小板和主板融资额分别占上年全年的36%、18%和13%。此外，第一季度企业债融资额为815.78亿元，公司债融资额为165亿元，可转债融资额为295.42亿元，分别占2010年全年的22%、32%和41%。在IPO业务方面，上市券商中，中德、国金、华泰（含联合）、西南、招商表现较为突出；在债券发行方面，宏源证券债券发行规模居于行业第四位，与2010年第14位的排名相比，进步显著。考虑到未来将推出的国际板所潜在的融资项目，预计投行业务将维持较高水平，仍是券商股业绩表现的一大亮点。

1. 中小企业需求快速增长

2011年是“十二五”开局年，从目前已公布的“十二五”规划来看，大力发展新兴产业，促进经济转型已经成为中国下一个五年发展的重中之重。新兴产业中众多中小企业需要资金的扶持，而银行由于偏爱大中型企业贷款且更注重风险防范，因此很难依赖银行信贷支持中国新兴产业的发展。而资本市场则能担当支持新兴产业中小企业发展的重任，因此，预计股票市场上中小企业的融资规模仍将保持较快增速（见图16-3）。

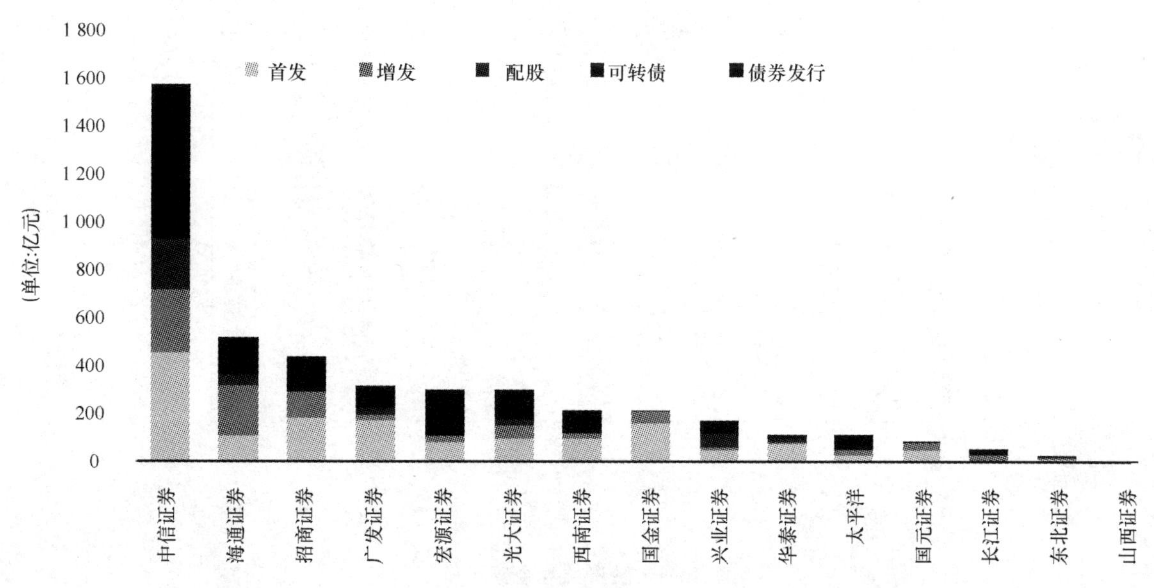

图16-3 上市券商投行业务规模截至2011年3月15日12个月排行

2. 债务融资间接促进投行收益

预计中国货币政策将由适度宽松转向稳健，新增信贷总量难以超越2010年。在间接融资供给严重受限的背景下，直接融资有望接力。由于较难取得信贷或需要较高的成本才能获取贷款，企业可能将更多采取发债的形式募集所需资金（见图16-4）。

（四）融资融券业务快速发展

截至2011年3月30日，融资融券业务推出满一周年。当日融资、融券余额分别为204.6亿元、1.29亿元，融资融券余额占流通市值的比例约为0.13%。全年融资买入额合计1 321.8亿元，占A股交易的0.24%。最近1个月，融资买入占A股交易额的比例约为

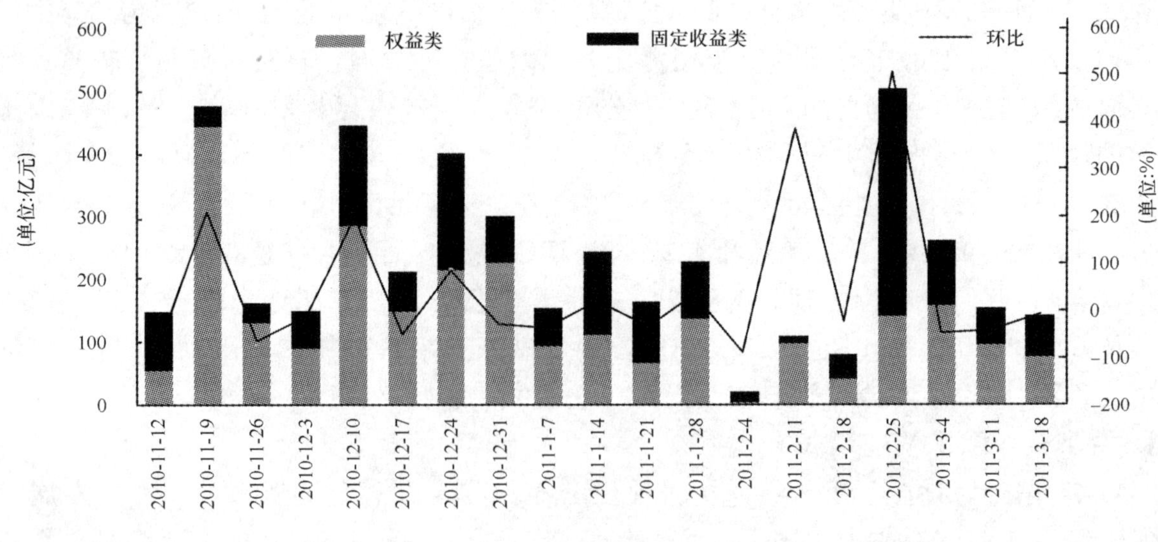

图 16-4 投行业务规模比较

0.5%左右。从深交所的统计来看，上市券商中海通、华泰、光大、招商、中信、广发的融资融券业务发展居于行业前列。

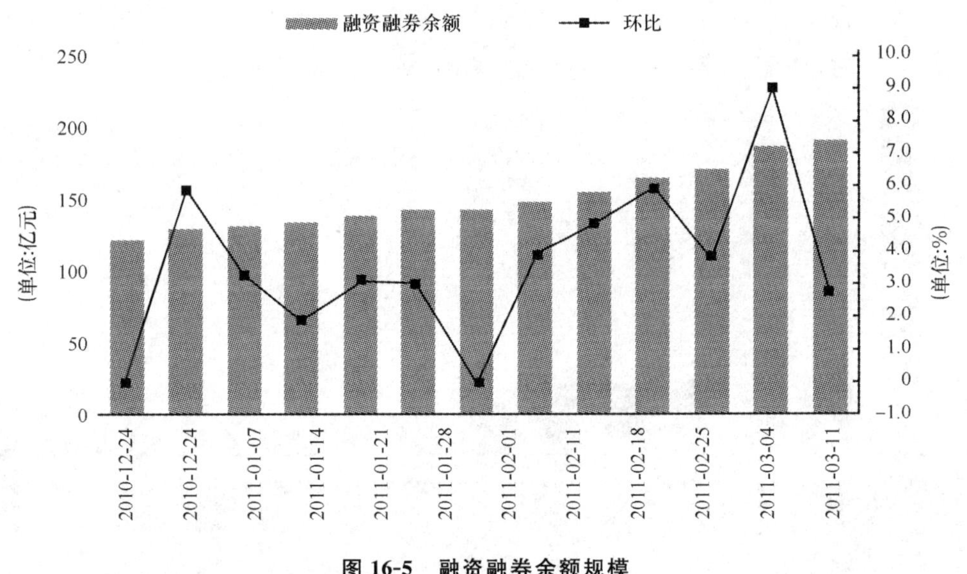

图 16-5 融资融券余额规模

我们预计 2011 年内随着融资融券试点业务常规化、投资标的的扩大以及转融通业务方案的拟定和推出，融资融券的规模将逐步扩大，市场交易量也将随之放大，长远来看，对证券行业和资本市场的影响都十分巨大。我们预期未来两年融资融券市场规模将超过 1 000 亿元，2011 年和 2012 年融资融券业务收入有望达到 30 亿元和 130 亿元左右，约占总收入的 3%和 7%。

东方证券首吃"螃蟹"券商资产管理公司破题

2010年5月，在券商资产管理业务开展5年之后，国内首家券商系资产管理公司——上海东方证券资产管理公司，获中国证监会批复开始筹建。同月，证监会又核准了国泰君安设立全资证券资产管理子公司。这标志着中国资本市场正式迎来新的机构参与者——券商系资产管理公司。

券商系资产管理公司的成立，是国内资本市场发展的一次新突破：一方面，资产管理业务独立运作将进一步优化券商特别是大型券商的业务结构，有利于券商资产管理业务做大做强；另一方面，券商系资产管理公司也会进一步丰富国内资本市场中机构投资者的层次和类型。

（五）资产管理业务持续扩张

2011年至今共有新成立产品24只，约占上年总数的1/4。截至目前上市券商中中信、光大、招商、华泰、长江、宏源的资产管理业务规模较大，居于行业前10名。据悉，证监会将下放证券公司部分事项的审批权，将原来由证监会机构部审批的，包括：证券公司变更公司章程重要条款；设立、收购、撤销分支机构；变更注册资本；变更持有5%以上股权的股东、实际控制人；增加或者减少经纪、投资咨询、自营、证券资产管理、证券承销等业务时，改为由派出机构审核。此外，证监会将取消对证券公司变更公司形式、变更注册资本的部分审批以及设立集合理财管理计划等事项的审批，改为事前告知性备案管理。这一方案有利于加快券商集合理财产品的推出（见图16-6）。

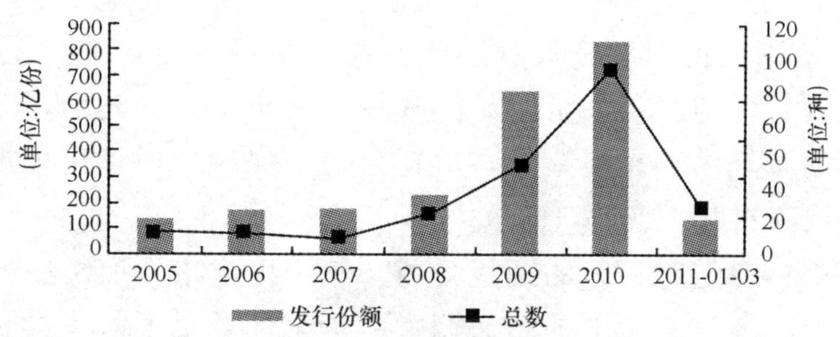

图16-6　集合理财产品发行统计

目前，向客户提供综合财富管理服务也成为许多券商的战略转型方向，证券公司可以整合公司的投行、研发、资产管理、直投等资源有了针对性地向客户提供精细化的产品和服务。而资产管理业务作为券商提供综合财富管理的一个重要平台，我们预计其规模将持续扩张（见图16-7）。

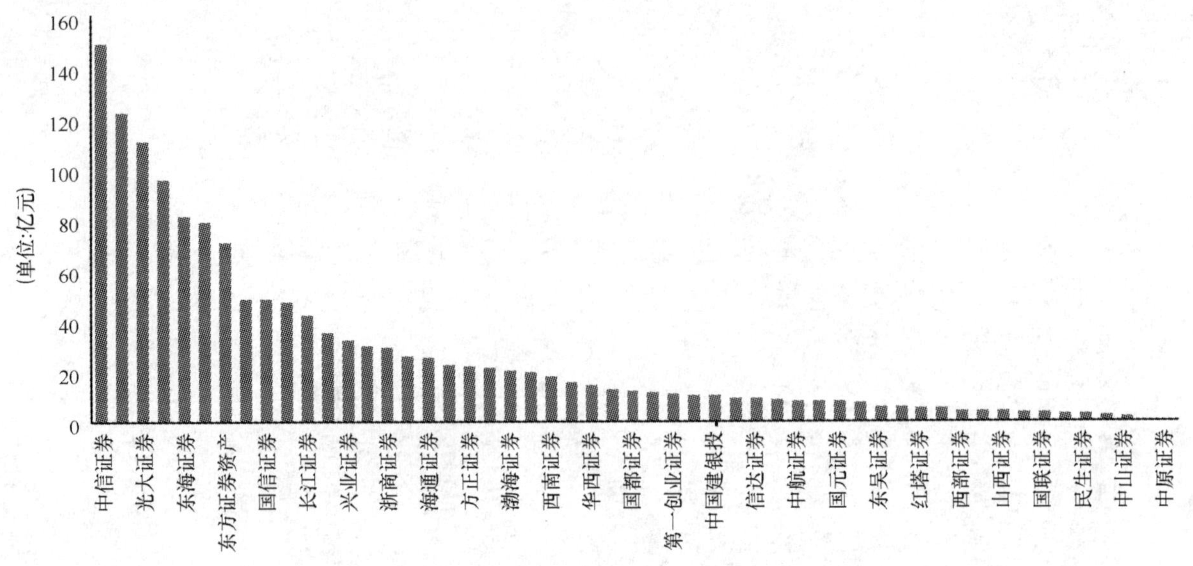

图 16-7　券商集合理财资产规模统计

（六）股指期货套期保值的受益范围有望扩大，券商盈利的提升空间较大

2011 年第一季度，股指期货成交继续延续 2010 年第四季度以来的下滑态势。第一季度实现成交额 112 337.1 亿元，环比减少 23.13%，日均成交额 1 936.85 亿元，低于 2010 年 2 232.06 亿元的平均成交额。股指期货与现货（沪深 300 指数成分股）的日均成交金额之比为 342.68%、较 2010 年第四季度大幅下降 168.37 个百分点；截至 2011 年 3 月底，股指期货累计成交额达 52.30 万亿元。

股指期货自 2010 年 4 月 16 日推出至今，合约的成交金额从 605.38 亿元上涨到最高 4 000 亿元左右，股指期货成交额与 A 股成交额的比例最高达到 341.5%，截至目前，该比例的平均水平约为 97%。据统计，2010 年股指期货套期保值持仓量约占全市场持仓量的 30%。29 家证券公司运用股指期货有效对冲股票现货市场风险，减少了现货资产损失近 17 亿元。据悉，机构投资者参与股指期货交易的政策正逐步出台。其中，除证券公司、基金公司参与股指期货交易的政策已颁布实施外，信托公司、保险公司等机构投资者参与股指期货交易的政策正在积极研究推出（见图 16-8）。

目前大部分券商都拥有绝对控股的期货公司，其中由上市券商控股的占股指期货市场份额较大的期货公司包括海通证券旗下的海通期货、华泰证券旗下的华泰长城，广发证券旗下的广发期货、光大证券旗下的光大期货以及中信证券旗下的中证期货。估计 2011 年股指期货对券商业绩的提升为 4%～10%。预期随着参与股指期货的投资者逐步增加，且成熟阶段的股指期货成交额与现货成交额的比例将达到 4～8 倍，股指期货的成交额将进一步放大，对券商的业绩贡献也将逐步提升。

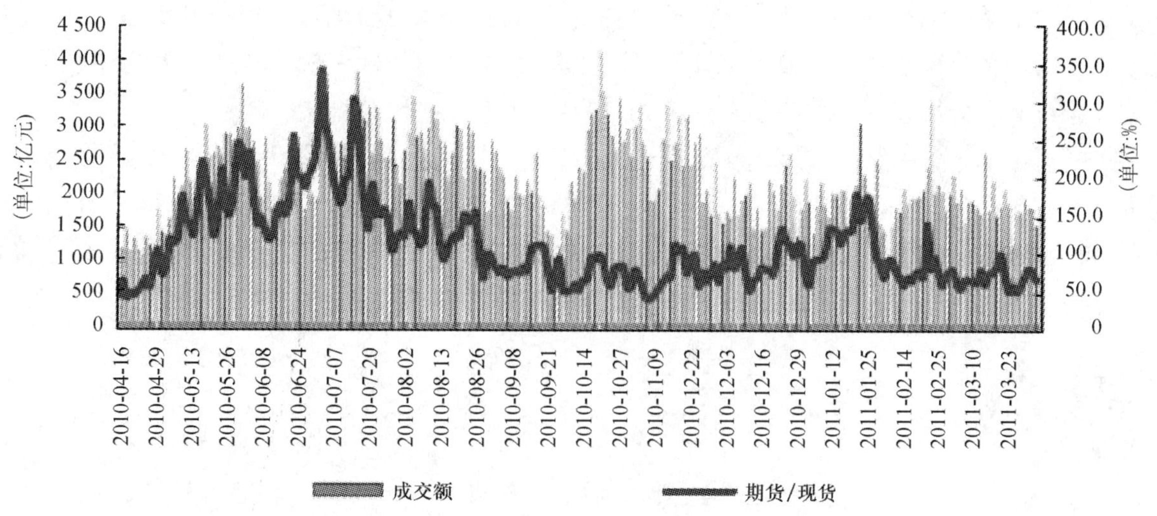

图 16-8 股指期货交易情况

股指期货推出

2010 年 1 月 12 日，中国证监会批复中国金融期货交易所申请上市股指期货的请示，同意中国金融期货交易所组织股指期货交易。2 月 8 日，《关于建立股指期货投资者适当性制度的规定（试行）》正式实施，确定投资者开户资金门槛为 50 万元，明确中国人民银行征信中心作为个人信用报告的权威出具机关。2 月 20 日，中国证监会宣布正式批复中国金融期货交易所《沪深 300 股指期货合约》和修改《中国金融期货交易所交易规则》、《中国金融期货交易所违规违约处理办法》。3 月 26 日，中国金融期货交易所发布《关于沪深 300 股指期货合约上市交易有关事项的通知》，沪深 300 股票指数期货合约上市。4 月 8 日，股指期货启动仪式在上海举行，筹备多时的股指期货正式启动。

（七）创新业务的累积效应将逐渐显现

1. 转融通业务将推出，融资融券规模将迅速扩大

融资融券业务自 2010 年 3 月推出第一批试点以来，业务规模和试点券商范围快速扩大，融资融券余额稳步上升。融资融券业务日常化已经成为一种必然趋势。目前市场上的融资融券余额约为 207.8 亿元，以融资业务为主，主要是和业务的繁简程度不同以及投资者对市场大势的看法有关。由于试点券商在前期进行了比较充分的准备工作，目前的融资融券余额仍小于券商所准备的余额，短期业务规模仍有上涨空间。然而，尽管短期内融资融券业务规模还有扩大趋势，但从长期看仍将遇到瓶颈。由于券商的资金规模有限，无法拿出过多资金和有价证券去满足投资者的融资融券需求，因此业务规模终将受到限制。

最近证监会透露出要适时推出转融通业务。转融通制度启动后，融资融券业务的规模将迅速扩大。根据台湾地区的经验，融资融券业务开通以后，信用交易规模迅速扩大，信用交易在总交易规模中的比重占到40%以上，日本的数据为15%。中国内地推出转融通机制以后，预计融资融券交易额占股票总交易额的比例将增长10倍以上。

开展融资融券业务，不仅能为券商带来融资利息收入、融券手续费收入以及交易佣金收入，更重要的是还会吸引更多客户，带来经纪业务交易量的增加。由于大券商具有较丰富的客户资源和大规模的资金量，其参与融资融券的深度优于中小券商，因此，将获得更多的业务收入。因此，大券商中中信证券、海通证券和广发证券收益最大。

西南证券并购案

2011年3月4日，西南证券的一纸重组公告，引发了市场一次不小的震动。西南证券对国都证券并购案的意外性，源于两家并无任何破产征兆的券商联姻，在中国证券史上，实属罕见。

西南与国都的状况存在一定的互补性。前者近一半的营业网点集中在重庆，而后者一半的网点位于北京、上海。而国都证券A类A级的券商评级、香港证监会颁发的证券交易牌照、持有的国都期货和中欧基金管理公司股权，都将为西南证券添翼。而对于上市无望的国都证券来说，并购无疑是曲线拥有融资平台的捷径。

但目前来看，大规模出现类似的状况，还不太可能。因为国内的证券公司大部分都没有市场化，而是被各种行政力量所支配。即使是民营的证券公司也不能免于行政干涉。

西南并购案，反映了并购双方的发展瓶颈，更折射出目前大多证券公司盈利模式上的困境。

2. 直投业务项目进入收获期

自证监会2007年9月批准中信证券和中金公司设立子公司开展直投业务试点以来，已有三批29家券商获得直投业务试点资格。目前已有19家券商设立直投公司。

证券公司依靠“保荐＋直投”模式，利用自身投行的承销保荐资格，在IPO和并购项目上的人才、管理和服务方面的优势，在直投业务方面积累了丰富的项目资源。随着中小企业板和创业板的推出，直投业务的退出机制得以更顺利地运行，一些券商的直投项目已陆续进入了收获期。

2011年，部分券商，例如中信、海通、广发等直投业务将进入收获期，特别是中信证券，由于其较早参与了直投业务试点，其控股的金石投资已经上市的项目包括神州泰岳、机器人和昊华能源，其对利润的贡献有望达到10亿元以上，占净利润的比例达到15%左右。

（八）总结

2011年证券行业将在传统业务和创新业务中寻找平衡点。具体而言，一是从传统业务考虑，如果市场重心出现快速提高，交投开始活跃，那么经纪业务占比高，自营业务较为激进的高弹性品种受益最大，也会有可观的涨幅；二是创新业务走在行业前列的券商，创新业务将作为券商新的盈利增长点，有望逐步替代传统业务扛起大梁，成为券商新的核心竞争力。

总之，在佣金率企稳、交易额稳中有升、创新快速推进等前提下，我们认为2011年证券行业的机会要显著大于2010年。

附表：

2010 年证券业上市公司业绩评价结果排序表

行业排名	全部上市公司排名	股票代码	股票简称	综合得分（100 分）	证券自营规模比率	净资本/各项安全准备之和（%）	净资本比率	资本负债比率（%）	净资产收益率（%）	总资产报酬率（%）	资本扩张率	营业收入增长率（%）	收益率	波动性	年末资产额（万元）	营业收入净额（万元）	净利润（万元）
1	24	600030	中信证券	78.57	61.86	524.56	66.72	241.75	17.28	7.92	9.31	26.30	−39.08	50.78	15 317 767.03	2 779 490.21	1 213 605.11
2	53	601377	兴业证券	75.37	14.47	478.12	80.67	384.18	12.96	3.02	65.89	−11.26	41.66	60.88	3 053 744.94	273 750.59	92 290.27
3	68	600369	西南证券	74.30	38.45	690.55	82.00	1 294.41	11.64	3.54	137.79	−5.67	−38.76	37.27	2 277 807.73	193 647.08	80 528.33
4	105	000686	东北证券	71.59	34.11	241.80	100.15	142.49	16.24	2.69	13.34	−14.71	−41.62	40.02	1 957 636.27	169 994.03	52 753.47
5	112	601099	太平洋	71.50	10.46	508.26	90.68	196.51	10.90	3.48	9.73	−19.21	−40.20	33.34	585 558.21	67 495.27	20 377.16
6	183	600837	海通证券	68.16	26.87	571.67	74.02	1 232.45	8.39	3.34	2.47	−1.73	−48.77	39.09	11 541 309.75	976 769.17	386 815.77
7	195	000728	国元证券	67.74	13.09	1 162.41	79.17	2 291.31	6.25	3.72	−1.34	2.59	−40.87	35.05	2 490 070.88	224 204.16	92 592.25
8	208	600109	国金证券	66.98	2.67	600.65	92.09	617.88	15.63	3.97	16.48	16.25	−39.46	34.93	1 103 017.53	164 455.57	43 834.68
9	212	002500	山西证券	66.88	9.17	703.83	77.52	3 145.08	13.14	2.49	89.83	−1.06	−66.37	23.76	1 763 450.31	149 580.19	43 903.04
10	253	601788	光大证券	65.13	18.25	539.26	78.98	1 408.87	9.76	3.80	1.13	−9.65	−39.97	39.07	5 957 885.27	505 407.52	226 489.22
11	267	600999	招商证券	64.78	70.99	265.14	59.99	121.08	13.78	3.39	6.01	−25.27	−33.97	31.38	9 535 873.24	648 646.83	322 886.07
12	330	000783	长江证券	63.02	25.60	395.13	78.08	228.37	13.69	3.59	4.43	0.15	−39.43	40.78	3 577 264.35	319 921.63	128 299.26
13	363	000562	宏源证券	62.34	28.25	331.41	69.80	166.67	18.88	4.87	11.62	13.18	−28.58	39.44	2 683 409.52	330 471.51	130 637.96
14	451	000776	广发证券	59.99	54.14	227.44	62.94	166.45	22.83	4.38	12.69	−2.40	427.92	379.09	9 594 658.01	1 021 861.45	419 822.26
		601688	华泰证券	69.69	31.98	486.33	72.20	433.24	11.98	3.07	136.20	−6.94	−45.43	39.42	11 346 282.35	889 997.86	347 983.51

附录一

中国上市公司业绩评价体系说明

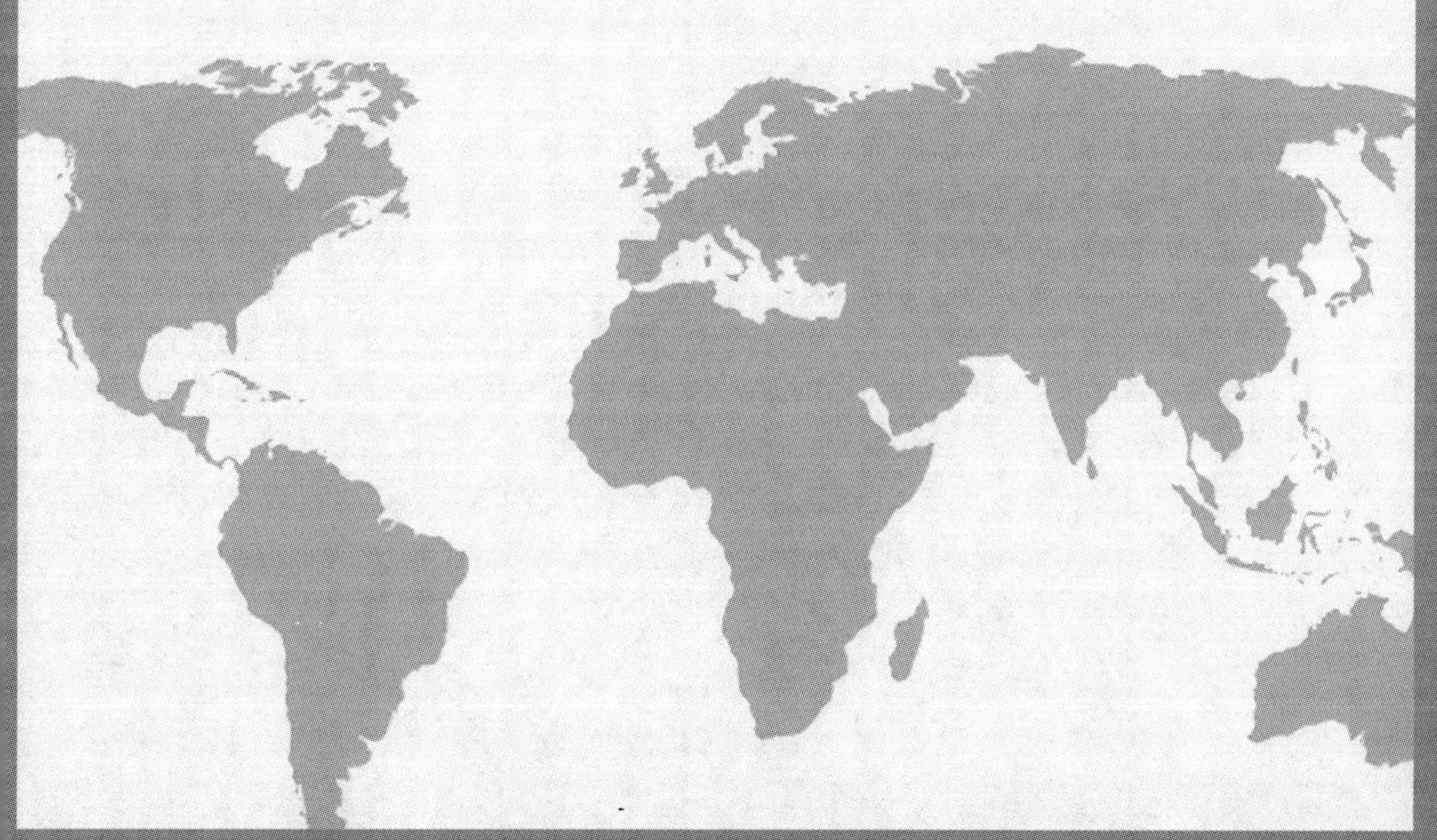

为准确、科学评价上市公司的经营业绩，提高上市公司监管效率，更好地服务于广大投资者和提高上市公司经营管理水平。2001 年中联财务顾问有限公司和中联资产评估有限公司组织评价领域有关专家成立“中国上市公司业绩评价课题组”，借鉴国内外企业绩效评价的体系与方法，结合上市公司的特点，研究建立了中国上市公司业绩评价指标体系。该评价体系是贯彻科学发展观的具体体现，从多角度反映上市公司的业绩，在衡量公司盈利能力的同时，兼顾公司的成长、风险、资产质量和市场表现。旨在为广大投资者、政府监管机构、债权人、公司职工以及其他利益相关者了获取上市公司真实业绩的相关资料及信息，并提供一个有效的分析工具。现将该评价体系的基本内容说明如下：

一、 中国上市公司评价体系的主要特点

在研究上市公司业绩评价体系过程中，我们充分借鉴了财政部、原国家经贸委、原中央企业工委、劳动保障部和原国家计委联合颁布《企业效效评价实施细则》和国务院国有资产监督管理委员会颁布的《中央企业绩效评价管理暂行办法》（国资委令第 14 号）的有关规定，根据公开披露的上市公司数据，紧密结合中国上市公司的特点，突出反映上市公司的市场表现，研究建立了中国上市公司业绩评价指标体系。归纳起来，主要有以下特点。

（一）充分体现了投入回报特性

企业的根本属性是以盈利为目的，不仅是短期盈利，更重要的是可持续的长期盈利。本评价体现以投入产出为核心，充分反映企业的盈利能力。在评价的五个方面中，有两个方面主要反映盈利能力，一个是从企业的角度反映企业的盈利水平，即盈利能力，占 35％的权重；另一个是从市场角度反映股票的增值水平，即市场表现，占 15％的权重。盈利能力主要从投资人和社会两个角度来反映，体现在净资产收益率和总资产报酬率上，增值水平主要体现在市场投资回报率上。而且。因此，本评价体系的核心是体现投入产出特性。

（二）构建了多层次的立体评价体系

本评价体系的评价指标包括基本评价指标和修正评价指标两个层次，两层次之间不是简

单的并列关系，而是递进的修正和验证关系，首先，通过10项基本评价指标计算出上市公司的业绩评价的得分，然后，通过13项评价指标对基本指标评价分数进行验证和修正，从而得出更加客观的评价结果。

(三) 首创了线性评价标准

对某一个评价指标而言，传统的评价标准只是一个数值，最多也只有满意值和不允许值等两个评价标准。而在本评价体系中，创立了线性评价标准，具体而言，每一评价指标分为A、B、C、D、E等五档标准，这五档标准反映在坐标轴上就是一条曲线，即评价标准线，线标准不仅能为评价计分提供准确地计算依据，而且，能描述不同评价指标的经济特性，不同的评价指标有不同类型的评价标准曲线，只有线标准才能实现更加科学的计分。

(四) 具有较强的可操作性

在设计本评价体系时，我们将可操作性作为一项重要的目标，首先，要求所有的评价指标能够从公开的市场上能够获取；其次，评价标准要做到符合实际，既考虑到中国企业的普遍情况，又考虑到上市公司的实际特点；最后，还要设计一套上市公司业绩评价软件，通过软件自动评价中国上市公司的评价得分。

二、 中国上市公司业绩评价指标体系

由于中国上市公司法人治理不完善、股权割裂、法制不健全等原因，上市公司出于市场融资、配合二级市场炒作、避免亏损、管理层骗取激励基金及政治追求等特别目的，人为进行盈余操纵，甚至财务欺诈的行为时有发生。因此，不能仅仅从实现利润情况评价上市公司的业绩，我们认为，上市公司的业绩应包括财务效益、资产质量、偿债风险、发展能力及市场表现等五个方面，对于每一方面，我们设置了若干财务指标反映其真实状况，具体分为基本指标和修正指标两个层次。只有五方面的有机结合，才能客观反映企业的真是业绩。

(一) 中国上市公司业绩评价指标体系的设置原则

上市公司业绩评价指标体系的设置遵循以下几项原则：一是选定的指标应具有较强的横向、纵向可比性，尽可能排除偶然或异常事项的影响，如果不能完全剔除这些因素的干扰，则通过调整相关指标的权数以降低其对评价结果的影响程度；二是各项指标的设立在整体均衡的基础上应突出相互的制衡性，整个指标体系要具备“此消彼涨”的内在机制，提高操控整个指标体系的困难程度；三是指标体系的确定要充分考虑上市公司特点，而且所有财务指

标的计算、取值只局限在上市公司公告的数据资料内，不尝试获得每家上市公司进一步的内部信息资料，即在现行法规框架下，通过对部分必要信息的分析判断取得尽可能公平合理的评价结果。

（二）中国上市公司业绩评价指标体系的主要特点

第一，突出股东回报，企业的根本属性就是实现股东价值最大化，本评价体系以投入产出为核心，从股东价值和企业价值两个角度来反映企业的盈利能力，主要采用扣除非经常性损益后的净资产收益率和总资产报酬率两个财务指标来体现，占35%的权重，核心是突出股东回报，体现股东价值最大化。扣除非经常性损益后的净资产收益率剔除了企业盈利的偶然因素，反映企业持续盈利能力，总资产报酬率反映企业占用总资产创造的总价值，包括对股东的回报和对债权人的回报。当然，反映企业盈利能力的财务指标还有很多，我们重点从经营活动创造的利润、盈利是否有现金保障、投入资本获得的收益等多角度对企业的盈利能力进行修正，目的是更加全面、完整、真实地反映企业的盈利能力。

第二，关注公司成长。上市公司的发展不仅需要短期盈利，更需要长期持久的健康发展，本体系从规模增长的角度反映企业的成长性，采用的主要指标是销售增长率和资本扩张率，权重占20%。销售增长反映企业的市场占有和业务发展状况，资本扩张反映企业的盈利中用于扩大再生产的状况。同时，还采用三年营业收入增长、总资产增长、营业利润增长和盈余保留等项指标对成长性进行修正。

第三、体现资产质量。企业资产是创造财富的源泉，资产质量的高低间接反映企业盈利能力。本体系从资产效率的角度反映资产运营水平，采用的主要指标是总资产周转率和流动资产周转率，权重占15%。总资产周转率反映总资产创造产品和服务的能力，体现总资产的运营效率，流动资产周转率反映企业流动资产的运营效率。同时，还采用应收账款周转速度和存货周转速度进行修正。

第四，反映债务风险。企业在发展的同时要防范债务风险，防止出现债务危机，要做到收益和风险的平衡。本体系从负债和流动性角度反映企业的偿债能力，采用的主要指标是资产负债率和已获利息倍数，权重占15%。资产负债率是国际通行反映企业债务水平的指标，已获利息倍数反映企业的盈利中偿还债务利息的能力。同时，还采用带息负债、现金流和速动资产比率进行修正。

第五，重视市场表现。尽管目前中国资本市场的股票价与上市公司业绩的相关性不强，仅股价不能完全反映上市公司的真实业绩，但从我们多年的研究结果看，上市公司的市场表现与业绩的相关性逐年提高，本课题很重视企业在资本市场上的表现，将市场表现作为企业业绩的重要内容，采用的主要指标是市场投资回报率和股价波动率，占15%的权重。市场投资回报率反映股票投资人在资本市场上获得的收益，包括股价上涨、分红、送股等，股价波动率反映股价的稳定性，对股价大起大落的公司适当减分。

（三）中国上市公司业绩评价指标体系的基本框架

中国上市公司业绩评价指标体系由财务效益状况、资产质量状况、偿债风险状况、发展能力状况以及市场表现等五部分指标构成，包括基本指标和修正指标两个层次，共23项评价指标。

附表 1　　中国上市公司业绩评价指标体系与指标权数表

评价指标		基本指标		修正指标	
评价内容	权数 100	指标	权数 100	指标	权数 100
一、财务效益状况	35	净资产收益率（%） 总资产报酬率（%）	20 15	营业利润率（%） 盈利现金保障倍数 股本收益率（%） 资产规模系数	7 8 8 12
二、资产质量状况	15	总资产周转率（次） 流动资产周转率（次）	8 7	应收账款周转率（次） 存货周转率（次）	9 6
三、偿债风险状况	15	资产负债率（%） 获利倍数	8 7	速动比率（%） 现金流动负债比率（%） 带息负债比率（%）	5 5 5
四、发展能力状况	20	营业收入增长率（%） 资本扩张率（%）	10 10	累计保留盈余率（%） 三年营业收入增长率（%） 总资产增长率（%） 营业利润增长率（%） 资产规模系数	3 3 4 4 6
五、市场表现状况	15	市场投资回报率（%） 股价波动率（%）	10 5		

（四）基本指标的内涵

基本指标是评价上市公司业绩的主要计量指标，是整个评价指标体系的核心。基本指标由净资产收益率、总资产报酬率、总资产周转率、流动资产周转率、资产负债率、已获利息倍数、营业收入增长率、资本扩张率、市场投资回报率以及股价波动率共 10 项计量指标构成。

1. 净资产收益率

1）基本概念

净资产收益率是指企业一定时期内的净利润同平均净资产的比率。净平均净资产收益率充分体现了投资者投入企业的自有资本获取净收益的能力，突出反映了投资与报酬的关系，是评价企业资本经营效益的核心指标。

2）计算公式

净资产收益率＝（净利润－非经常性损益）/平均净资产 * 100%

3）内容解释

（1）净利润是指企业未作任何分配前的税后利润，为更好的评价企业业绩，反映上市公司的可持续盈利能力，本指标的净利润是指扣除非经常性损益后的净利润。

（2）平均净资产是企业年初所有者权益同本年所有者权益变动的平均数。净资产包括实收资本、资本公积、盈余公积和未分配利润等。

2. 总资产报酬率

1）基本概念

总资产报酬率是企业在报告期内获得的可供投资者和债权人分配的经营收益占总资产的百分比，反映资产利用的综合效果，本指标剔除了财务杠杆对收益率的影响。

2）计算公式

总资产报酬率＝息税前利润/年度平均资产总额 * 100％

3）内容解释

（1）息税前利润是指企业利润总额＋利息支出。数据取值于《利润及利润分配表》。由于很多上市公司没有披露利息支出，这里采用财务费用代替。

（2）年度平均资产总额指企业年平均占用的资产额，年度平均资产总额＝（资产总额年初数＋资产总额年末数）/2，数据取值于《资产负债表》。

3. 总资产周转率

1）基本概念

总资产周转率是指企业一定时期主营业务收入净额同平均资产总额的比值。总资产周转率是综合评价企业全部资产经营质量和利用效率的重要指标。

2）计算公式

$$总资产周转率（次）=\frac{主营业务收入净额}{平均资产总额}$$

3）内容解释

（1）主营业务收入净额同上。

（2）平均资产总额是指企业资产总额年初数与年末数的平均值，平均资产总额＝（资产总额年初数＋资产总额年末数）/2。数据取值于《资产负债表》。

4. 流动资产周转率

1）基本概念

流动资产周转率是指企业一定时期主营业务收入净额同平均流动资产总额的比值。流动资产周转率是评价企业资产利用效率的另一主要指标。

2）计算公式

$$流动资产周转率（次）=\frac{主营业务收入净额}{平均流动总额}$$

3）内容解释

（1）主营业务收入净额同上。

（2）平均流动资产总额是指企业流动资产总额的年初数与年末数的平均值，平均流动资产总额＝（流动资产年初数＋流动资产年末数）/2。数值取值于《资产负债表》。

5. 资产负债率

1）基本概念

资产负债率是指企业一定时期负债总额同资产总额的比率。资产负债率表示企业总资产中有多少是通过负债筹集的，该指标是评价企业负债水平和偿债能力的综合指标。该指标为逆向指标，实际值越低，得分越高。

2）计算公式

$$资产负债率=\frac{负债总额}{资产总额}\times 100\%$$

3）内容解释

(1）负债总额是指企业流动负债、长期负债和递延税款贷项的总和。少数股东权益不在负债总额中体现。数值取值于《资产负债表》。

(2）资产总额是指企业拥有各项资产价值的总和。数值取值于《资产负债表》。

6. 获利倍数

1）基本概念

获利倍数是指企业一定时期的盈利偿还利息的能力。从偿还利息的角度来反映企业当期偿付债务的能力，也叫利息保障倍数。

2）计算公式：

获利倍数=（利润总额+利息费用）/利息费用

3）内容解释

(1）由于相当多的上市公司没有披露利息支出，本体系采用利润表中的“财务费用”替代。

7. 营业收入增长率

1）基本概念

营业收入增长率是指企业本年营业收入增长额同上年营业收入的比率。营业收入增长率表示与上年相比，企业营业收入的增减变动情况，是评价企业成长状况和发展能力的重要指标。

2）计算公式

营业收入增长率（%）=本年营业收入增长额/上年营业收入＊100%

3）内容解释

(1）本年营业收入增长额是企业本年营业收入与上年营业收入的差额，本年营业收入增长额=本年营业收入－上年营业收入。如本年营业收入低于上年，本年营业收入增长额用“－”表示。有关数据取值于《利润及利润分配表》。

(2）上年营业收入指企业上年全年的主要经营活动所取得的收入减去折扣与折让后的数额。数据取值于《利润及利润分配表》。

8. 资本扩张率

1）基本概念

资本扩张率是指上市公司本年股东权益增长额同年初股东权益的比率。资本扩张率表示企业当年资本的积累能力，是评价企业发展潜力的重要指标。

2）计算公式

$$资产扩张率=\frac{本年股东权益增长额}{年初股东权益}\times 100\%$$

3）内容解释

(1）本年股东权益增长额是指企业本年股东权益与上年股东权益的差额，本年股东权益增长额＝股东权益年末数－股东权益年初数。数值取值于《资产负债表》。

(2) 年初股东权益指股东权益的年初数。数值取值于《资产负债表》。

9. 市场投资回报率

1) 基本概念

市场投资回报率是指上市公司本年在资本市场上投资股票所获的的收益同同年初股票投资成本的比率，反应上市公司股权在一年内的增值幅度。市场投资回报包括股票价格变动、企业分红派息、送配股等因素。市场投资回报率表示上市公司资本市场的增值能力，是评价上市公司市场表现的的重要指标。

2) 计算公式

$$\text{市场投资回报率}=\frac{\text{本年股票投资收益}}{\text{股票投资成本}}\times 100\%$$

3) 内容解释

(1) 本年股票投资收益是指在资本市场投资股票所获的的收益，本年股票投资收益＝股票年末复权价格－股票年初复权价格

(2) 股票投资成本是指年初投资股票时的复权价格。

10. 股价波动率

1) 基本概念

股价波动率是指上市公司每周股价同平均股价的标准平均方差，反映上市公司本年股票价格在股票市场上的波动情况。股价波动率主要体现上市公司的经营风险，以及稳定持续发展情况。该指标为逆向指标，实际值越低，得分越高。

2) 计算公式

$$\text{股价波动率}=\sqrt{\sum_{i=1}^{n}\left(\frac{xi}{\overline{x}}-1\right)^2}\times 100\%$$

其中：xi 表示每周股票的复权开盘价

$\overline{x}$ 表示一年股票的平均复权价

N 表示一年的股票开盘周数

3) 有关说明

(1) 为避免送配股、分红等对股价的影响，股价波动率采用股票的复权价格计算

(2) 考虑到股价对波动率的影响，在计算股价波动率时，对每周复权价和平均股价都除以平均股价。

(五) 修正指标的内涵

修正指标是从多方面调整完善基本指标评价结果的计量因素，是整个评价指标体系的重要辅助部分。通过修正指标的分析评价，实现对基本指标评价结果的全面调整和修正，形成定量指标评价结果。修正指标由营业利润率、盈利现金保障倍数、股本收益率、资产规模系数、应收账款周转率、存货周转率、速动比率、现金流动负债比率、带息负债比率、累计保留盈余率、三年营业收入增长率、总资产增长率以及营业利润增长率共13项计量指标构成。

1. 营业利润率

1）基本概念

营业利润率是指企业一定时期营业利润同营业收入的比率。它表明企业每单位营业收入能带来多少营业利润，反映了企业日常经营性业务的获利能力。

2）计算公式

$$营业利润率=本年营业利润/本年营业收入*100\%$$

3）内容解释

（1）营业利润是指日常经营业务获得的利润，不包括投资收益、营业外收支等因素。数据取值于《利润及利润分配表》。

（2）营业收入额是指企业当期销售产品、商品、提供劳务等主要经营活动所取得的收入减去折扣与折让后的数额。数据取值于《利润及利润分配表》。

2. 盈利现金保障倍数

1）基本概念

盈利现金保障倍数是企业一定时期经营现金净流量同净利润的比值。盈利现金保障倍数指标反映了企业当期净利润中现金收益的保障程度，真实地反映了企业盈余的质量。

2）计算公式

$$盈余现金保障倍数=\frac{经营现金净流量}{净利润}$$

3）内容解释

（1）经营现金净流量指一定时期内，由企业经营活动所产生的现金及其等价物的流入量与流出量的差额。数据取值于《现金流量表》。

（2）净利润同上。数据取值于《利润及利润分配表》。

3. 股本收益率

1）基本概念

股本收益率是指企业一定时期内获得的净利润与平均股本净额的比率。股本收益揭示了上市公司净资产中的股本获取净收益的能力。突出反映了股本与报酬的关系。

2）计算公式

$$股本收益率=\frac{净利润}{平均股本净额}\times100\%$$

3）内容解释

（1）净利润采用归属母公司的净利润

（2）平均股本净额是指企业股本净额年初数与年末数的平均值，平均股本净额=（股本净额年初数+股本净额年末数）/2。数据取值于《资产负债表》。

4. 资产规模系数

为准确反映不同规模企业的业绩增长难度，合理评价公司业绩，我们设置了资产规模系数。对于资产总额较大的企业，其盈利增长和发展能力增长增长空间较小，获得高速增长的难度较大，对于资产总额较小的企业，其盈利增长和发展能力增长空间较大，获得高速增幅相对容易。因此，我们用资产规模系数来修正盈利能力和发展能力状况的评价得分，以上市公司的平均资产总额为基准，依据上市公司的实际资产规模适当修正评价得分。原则上，上市公司的总资产规模越大，则其对基本得分的正方向修正力度就越大。

5. 应收账款周转率

1）基本概念

应收账款周转率是企业一定时期内主营业务收入净额同应收账款平均余额的比率。应收账款周转率是对流动资产周转率的补充说明。

2）计算公式

$$应收账款周转率（次）=\frac{主营业务收入净额}{应收账款平均余额}\times100\%$$

3）内容解释

(1) 主营业务收入净额同上。

(2) 应收账款是指企业因赊销产品、材料、物资和提供劳务而应向购买方收取的各种款项。应收账款是应收账款账面价值减坏账准备之后的净值。应收账款平均余额＝（应收账款余额年初数＋应收账款余额年末数）/2。数据取值于《资产负债表》。

6. 存货周转率

1）基本概念

存货周转率是企业一定时期主营业务成本与存货平均余额的比率。存货周转率是对流动资产周转率的补充说明。

2）计算公式

$$存货周转率（次）=\frac{主营业务成本}{存货平均余额}$$

3）内容解释

(1) 营业成本是指企业销售产品、商品或提供劳务等经营业务的实际成本。数据取值于《利润及利润分配表》。

(2) 存货余额是指企业存货账面价值与存货跌价准备之和，存货余额是存货账面价值减存货跌价准备之后的净值。存货账面价值指企业期末各种存货的历史成本。存货跌价准备指存货可变现净值低于存货成本的部分。存货平均余额是存货余额年初数与年末数的平均值，即存货平均余额＝（存货余额年初数＋存货余额年末数）/2。数据取值于《资产负债表》《资产减值表》。

7. 速动比率

1）基本概念

速动比率是企业一定时期的速动资产同流动负债的比率。速动比率衡量企业的短期偿债能力，评价企业流动资产变现能力的强弱。

2）计算公式

$$速动比率=\frac{速动资产}{流动负债}\times100\%$$

3）内容解释

(1) 速动资产是指扣除存货后流动资产的数额，速动资产＝流动资产－存货。数据取值于《资产负债表》。

(2) 流动负债同上。

8. 现金流动负债比率

1）基本概念

现金流动负债比率是企业一定时期的经营现金净流量同流动负债的比率。现金流动负债比率是从现金流动角度来反映企业当期偿付短期负债的能力。

2）计算公式：

$$现金流动负债比率=\frac{年经营现金净流量}{年末流动负债}\times 100\%$$

3）内容解释

（1）年现金净流量指一定时期内，由企业经营活动所产生的现金及其等价物的流入量与流出量的差额。数据取值于《现金流量表》。

（2）流动负债指企业所有偿还期在一年或一个经营周期以内债务。数据取值于《资产负债表》。

9. 带息负债比率

1）基本概念

带息负债比率是指带息负债与企业负债总额。带息负债包括短期借款＋一年内到期的非流动负债＋长期借款＋应付债券＋应付利息。该指标反映企业负债中承担利息负债的比率。该指标为逆向指标，实际值越低，得分越高。

2）计算公式

$$带息负债比率=带息负债/负债总额 * 100\%$$

其中：带息负债＝短期借款＋一年内到期的非流动负债＋长期借款＋应付债券＋应付利息

3）内容解释

（1）带息负债表示企业负债中需要承担利息的负债额度。数值取值于《资产负债表》。

（2）负债总额同上。数值取值于《资产负债表》。

10. 累计保留盈余率

1）基本概念

累计保留盈余率是指企业盈余公积与未分配利润之和同平均股东权益的比率。累计保留盈余率反映了企业靠自身经营积累的发展能力大小。

2）计算公式

$$累计保留盈余率=\frac{盈余公积+未分配利润}{平均股东权益}\times 100\%$$

3. 内容解释

（1）盈余公积是企业按照有关规定及程序从净利润中提取的。数据取值于《资产负债表》。

（2）未分配利润是企业净利润经过一系列利润分配程序之后的剩余额。数据取值于《资产负债表》。

（3）平均股东权益是指企业股东权益年初数与年末数的平均值，平均股东权益＝（股东权益年初数＋股东权益年末数）/2。数据取值于《资产负债表》。

11. 三年营业收入平均增长率

1）基本概念

三年营业收入平均增长率表明企业营业收入连续三年的增长情况，体现企业的持续发展态势和市场扩张能力。

2）计算公式

$$三年主营业务平均增长率=\left(\sqrt[3]{\frac{当年主营业务收入净额}{三年前主营业务收入净额}}-1\right)\times 100\%$$

3）内容解释

（1）当年营业收入同上。

（2）三年前营业收入指企业三年前的营业收入数。数据取值于三年前《利润及利润分配表》。

12. 总资产增长率

1）基本概念

总资产增长率是指企业资产规模的增长，反映企业的成长性。

2）计算公式

总资产增长率=本年资产总额增长额/上年资产总额＊100%

3）内容解释

（1）本年资产总额增长额=本年资产总额－上年资产总额。如本年资产总额低于上年，本年资产总额增长额用“－”表示。数据取值于《资产负债表表》。

13. 营业利润增长率

1）基本概念

营业利润增长率是指企业本年营业利润增加额同上年营业利润的比率。

2）计算公式

营业利润增长率=（本年营业利润－上年营业利润）/上年营业利润＊100%

3）内容解释

（1）本年营业利润增长额=本年营业利润－上年营业利润。如本年营业利润低于上年，本年营业利润增长额用“－”表示。数据取值于《利润及利润分配表》。

（2）上年营业利润数据取值于上年的《利润及利润分配表》。

（六）评价指标权数的确定方法

在一个指标集合中，指标权数是其中每项指标占有的比重。每项指标对上市公司业绩的影响程度不同，其占有的权重应有所差别。不同的评价目的，评价指标权数的设置也有所区别。上市公司的财务效益状况是整个业绩评价指标体系的重点，该部分的指标权重就应相应加大。在权数设置上进行了分层处理，根据不同层次指标评价的需要，同时采用了德尔菲法（专家意见法）和相关性权重法来确定每个指标的权数。

1. 总权数与分层次权数的设置

按照权重设计的习惯做法，将评价指标体系的总权数设定为100，即所有指标都是最好的企业可得满分100分。同时，为便于不同层次指标的评价计分，先将基本指标和修正指标的权重均设定为100，修正指标是对基本指标的评价结果的修正，再将不同层次的计分结果返回百分制。

2. 具体指标的权数设置

对具体指标的权数设置综合运用了相关性权重法与德尔菲法。首先，根据测算的各评价指标之间的相关系数，确定指标之间的关联度，根据关联度赋予每个指标的权数。然后，运用德尔菲法将测算初定的权数分配表，分别发送有关部门、专家，征求他们的意见，在此基础上进行意见综合，形成具体指标的权数分配。

三、中国上市公司业绩评价标准

评价标准是评价三要素之一，是上市公司业绩评价体系中重要组成部分，如果没有合适的评价对比标准，就无法进行具体评价。为取得客观、公正、准确的业绩评价结果，需要根据评价目的和上市公司的特点制定评价标准。为了客观、准确地评价上市公司经营业绩，我们利用全部上市公司的数据，结合全社会平均水平测算制定出一个统一的标准值，以适应所有上市公司跨行业评价的需要，其中上市公司的行业特性和规模大小分别通过所属行业的行业系数和企业规模系数进行修正。

本次业绩评价在考虑行业、规模影响因素的基础上，进一步将评价标准分类细化，分为优秀、良好、平均、较低、较差五个档次。下表是根据上述原则制定的的2010年度上市公司评价标准值：

附表2　　2010年度中国上市公司业绩评价标准值

项目	优秀值	良好值	平均值	较低值	较差值
一、财务效益状况					
净资产收益率（%）	18.9	16.7	12.4	3.4	−0.3
总资产报酬率（%）	13.8	12	7.9	3.9	2.4
营业利润率（%）	25.5	15.9	7.5	3.3	0.9
盈余现金保障倍数	2.5	1.9	1.2	−0.5	−2.2
总股本收益率（%）	73.5	61.2	40	13.3	−0.1
二、资产质量状况					
总资产周转率（次）	1.5	1.2	0.9	0.4	0.3
流动资产周转率（次）	3.2	2.4	1.7	0.6	0.4
存货周转率（次）	12.6	8.9	4.4	1.6	0.6
应收账款周转率（次）	45.7	24.3	13.7	5	3.2

续表

项目	优秀值	良好值	平均值	较低值	较差值
三、偿债风险状况					
资产负债率（%）[逆向指标]	16.4	33.7	57.4	66.5	74.3
已获利息倍数	25.5	18.5	7.5	2.4	1.4
速动比率（%）	365.5	168	73.7	55	36.1
现金流动负债比率（%）	55.2	38.8	16	−3.5	−16.9
带息负债比率［逆向指标］	3.3	22.1	44.4	59.6	73.8
四、发展能力状况					
营业收入增长率（%）	56	46.6	37.2	10.4	−3.5
资本扩张率（%）	130	41.3	21.8	5.7	−1.2
累计保留盈余率（%）	56.8	51.1	38.7	13	1.5
三年营业收入平均增长率（%）	38.9	26	19.3	4.1	−3.3
总资产增长率（%）	78.6	42.4	22.6	8.8	−1.3
营业利润增长率（%）	60.8	37.9	23.5	−16.6	−38.5
五、市场表现状况					
市场投资回报率（%）	68	42.7	12.4	−18.4	−31.7
股价波动率（%）[逆向指标]	50	64.6	95	126.2	152.6

四、中国上市公司的行业分类

本次业绩评价参照中国证监会颁布的《上市公司行业分类指引》，对被评价的上市公司进行行业分类，并针对不同行业确定了不同的行业系数。

附表 3　　上市公司业绩评价的行业分类情况表

序号	行业名称	行业代码
1	全国所有企业	
2	农林牧渔业	A
3	采掘业	B
4	其中：煤炭	B01
5	制造业	C
6	食品、饮料	C0
7	纺织、服装、毛皮	C1

续表

序号	行业名称	行业代码
8	造纸、印刷	C3
9	石油、化学、塑胶、塑料	C4
10	电子	C5
11	金属、非金属	C6
12	机械、设备、仪表	C7
13	医药、生物制品	C8
14	其他制造业	C9
15	电力煤气及水的生产和供应业	D
16	建筑业	E
17	交通运输、仓储业	F
18	信息技术业	G
19	批发和零售贸易业	H
20	房地产业	J
21	社会服务业	K
22	传播与文化产业	L
23	综合类	M

此外，我们根据上市公司的特点，分别依据上市地点、上市时间以及上市公司规模进行了分组。在本评价体系中，将各项分组汇总数据视同一户上市公司进行了业绩评价，目的是为了广大投资者在分析各上市公司业绩的同时，也能分辨不同行业的发展状况，从而更好地评判上市公司业绩状况。

五、中国上市公司业绩评价计分方法

上市公司业绩评价计分方法主要为功效系数法，分为基本指标计分方法、修正指标计分方法两种。

（一）基本指标计分方法

基本指标计分方法是指运用业绩评价的基本指标，将指标实际值对照相应的评价标准值，计算各项指标实际得分的方法。计算公式为：

基本指标总得分$=\sum$单项基本指标得分

单项基本指标得分＝本档基础分＋调整分

本档基础分＝指标权数×本档标准系数

调整分 ＝［（实际值－本档标准值）/（上档标准值－本档标准值）］×（上档基础分－本档基础分）

上档基础分＝指标权数×上档标准系数

对有关指标的分母为零或为负数时，作了相应的具体处理。

在每一部分指标评价分数计算出来后，要计算该部分指标的分析系数。分析系数是指企业财务效益、资产营运、偿债能力、发展能力四部分评价内容各自的评价分数与该部分权数的比率。基本指标分析系数的计算公式为：某部分基本指标分析系数＝该部分指标得分/该部分权数

（二）修正指标计分方法

修正指标计分方法是在基本指标计分结果的基础上，运用修正指标对企业效绩基本指标计分结果作进一步调整。修正指标的计分方法仍运用功效系数法原理，以各部分基本指标的评价得分为基础，计算各部分的综合修正系数，再据此计算出修正指标分数。计算公式为：

修正后总得分＝ $\sum$ 四部分修正后得分

各部分修正后得分＝该部分基本指标分数×该部分综合修正系数

综合修正系数＝ $\sum$ 该部分各指标加权修正系数

某指标加权修正系数＝（修正指标权数/该部分权数）×该指标单项修正系数

某指标单项修正系数＝1.0＋（本档标准系数＋功效系数×0.2－该部分基本指标分析系数）/2

功效系数＝（指标实际值－本档标准值）/（上档标准值－本档标准值）

该部分基本指标分析系数＝该部分基本指标得分/该部分权数

在计算修正指标的修正系数时，对有关指标的单项修正系数作如下特殊规定。

（三）特殊修正指标计分方法

1. 资产规模系数

由于上市公司的总资产规模差异较大，不同规模公司的盈利增长难度是不同的，大企业可以获得规模效益，但利润或资产的增长速度很难与小企业相比，为了客观、公正地评价上市公司业绩，因而在评价体系的财务效益状况部分设置资产规模系数修正指标，并制定相应的评价标准值。上市公司的总资产规模越大，则其修正系数也越大，具体方法如下：

1）当平均资产总额除以户均资产小于0.1，该指标修正系数为0.6；

2）当平均资产总额除以户均资产在0.1（含）～0.5之间，该指标的基本修正系数为0.6～0.8；

3）当平均资产总额除以户均资产0.5（含）～1.0之间，该指标的基本修正系数为0.8～1.0；

4）当平均资产总额除以户均资产在1（含）～5之间，该指标的基本修正系数为

1.0～1.2；

5）当平均资产总额除以户均资产在5（含）～10之间，该指标的基本修正系数为1.2～1.4；

6）当平均资产总额除以户均资产在10（含）～100之间，该指标的基本修正系数为1.4～1.6；

7）当平均资产总额除以户均资产大于100，该指标修正系数为1.6。

2. 行业系数

本次评价采用了所有企业统一的标准值，由于上市公司有本行业的资产营运特点，为客观、公正地评价上市公司业绩，就需要通过设置行业系数来修正上市公司的行业差异。

取得行业系数的具体办法是：首先，根据企业绩效评价方法，采用统一的评价标准计算出全国所有企业资产营运状况得分；然后，分行业对资产营运状况得分进行汇总统计，计算出各行业的资产营运状况的平均得分；最后，根据各行业的平均得分测算出各行业相应的行业修正系数。

六、 金融类上市公司业绩评价方法

近年来，银行、保险、证券等行业公司纷纷上市，自2006年中国银行、工商银行等国有大型银行A股上市开启了金融巨头上市的开端以来，交通银行、兴业银行、中信银行等大中型银行、中国人寿、中国平安等保险巨头，以及海通证券等证券公司也相继发行上市，金融类上市公司已成为证券市场中一个重要的不可忽视的组成部分。

金融类上市公司越来越多，在A股市场权重越来越大，如何对金融类上市公司业绩进行评价就成为一个重要课题。与其他企业不同，金融类公司是经营特殊业务的公司，这种特殊性决定了决定了不能采用一般行业企业的评价方法对之进行评价，主要表现在某些衡量指标差异较大，如资产负债率一般远高于其他企业，而总资产收益率相对较低，同时，金融类上市公司还有相对比较特殊的风险控制等指标，因此，不能将金融企业与其他企业简单等同起来一起进行评价，而必须单独设立一整套评价体系对之进行评价。同时，银行、证券尽管都属于金融类公司，但相互之间区别也比较大，必须对每一子类公司分别研究进行评价。

为此，我们在对金融类公司的特殊性进行研究的基础上，对金融类公司的业绩评价体系进行了初步探索，参考前述上市公司的评价方法，建立了一套上市银行、证券公司的业绩评价体系。

（一）上市银行、证券公司绩效评价体系

根据目前银行、证券公司的财务状况特点以及中国有关监管部门对银行、证券公司的监

管情况，我们在这两年对上市银行进行评价试点的基础上对评价方法进行了一定改进，并结合银行、证券公司各自不同的财务指标特点分别建立了银行、证券公司的评价指标体系，以更能反映银行业、证券业的整体财务状况。

参考前述上市公司的评价方法，经营效绩在流动性、安全性、盈利性、发展能力及股票市场表现上的要求，上市银行评价体系的设计仍然围绕这五个方面来选择指标。考虑到上市银行、证券公司在安全性和流动性方面比普通行业公司要求更高，同时相关财务指标也比较特殊，因此，我们着重对反映银行和证券公司安全性和流动性的指标进行了分析比较，并从一系列监管指标中选择了有代表性的财务指标加以应用。对于盈利能力、发展能力、市场表现等方面财务指标，我们尽量选择可以与普通行业公司相关指标对标的财务指标来衡量。

在比较了其他各个指标后，我们选取了十个指标用以衡量上述五个方面，同时考虑到指标的影响力，决定了其权重大小。

下表是上市银行业绩评价指标体系。

附表 4

评价内容	基本指标	指标权重（%）
安全性	资本充足率	8
	不良资产比率	7
流动性	短期资产流动性比例	8
	存贷款比例	7
盈利能力	净资产收益率	20
	总资产报酬率	15
发展能力	总资产增长率	8
	营业收入增长率	12
市场表现	投资回报率	10
	股价波动率	5

下表是证券公司业绩评价指标体系。

附表 5

评价内容	基本指标	指标权重（%）
安全性	证券自营规模比率	8
	风险准备覆盖率	7
流动性	净资本比率	8
	资本负债比率	7
盈利能力	净资产收益率	20
	总资产收益率	15
发展能力	总资产增长率	8
	营业收入增长率	12

续表

评价内容	基本指标	指标权重（%）
市场表现	投资回报率	10
	股价波动率	5

注：安全性及流动性指标均为证监会监管要求的风险控制指标。其中，证券自营规模比率＝自营权益类证券及证券衍生品/净资本；风险准备覆盖率＝净资本/各项风险准备之和；净资本比率＝净资本/净资产；净资本负债比率＝净资本/负债。

此外，考虑到上市银行和部分证券公司规模差异较大，不同规模的银行或证券公司的盈利能力和发展能力指标不能用统一标准衡量，因此，参考一般企业的评价方法，设置了规模系数对盈利能力和发展能力指标进行调整，使行业内不同规模的企业标准能够相符。考虑到银行和证券公司的资产规模普遍较大，不能简单地运用一般上市企业的规模系数，因此，仅针对银行业具体情况单独设置了规模系数。

（二）上市银行、证券公司业绩评价标准

本次上市银行和证券公司业绩评价考虑到行业特殊性、银行业或证券业监管要求及上市公司整体情况三个因素，将评价标准分为优秀值和平均值两个档次，但是对应不同的指标，标准值的选取有所不同。

对于银行业资本充足率指标，其平均值为银行业监管标准值8%。

对于净资产收益率、总资产增长率、主营业务收入增长率、投资回报率、股价波动率等指标，由于在这些指标上银行企业与其他企业具有可比性，因此，选择所有上市公司对应指标的优秀值、平均值为标准计算。

其他指标则选取所有上市银行或证券公司对应指标的优秀值和平均值为标准计算。

（三）上市银行、证券公司业绩评价计分方法

上市银行和证券公司业绩评价计分方法仍然采用功效系数法。

指标计分方法是指运用业绩评价的指标，将指标实际值对照相应的评价标准值，计算各项指标实际得分的方法。计算公式为：

指标总得分＝$\sum$单项基本指标得分

单项指标得分＝［0.6＋（实际值－平均值）/（优秀值－平均值）＊0.4］＊权重

对有关指标的分母为零或为负数时，作了相应的具体处理。

附录二

2010年度上市公司业绩评价排序（含金融）

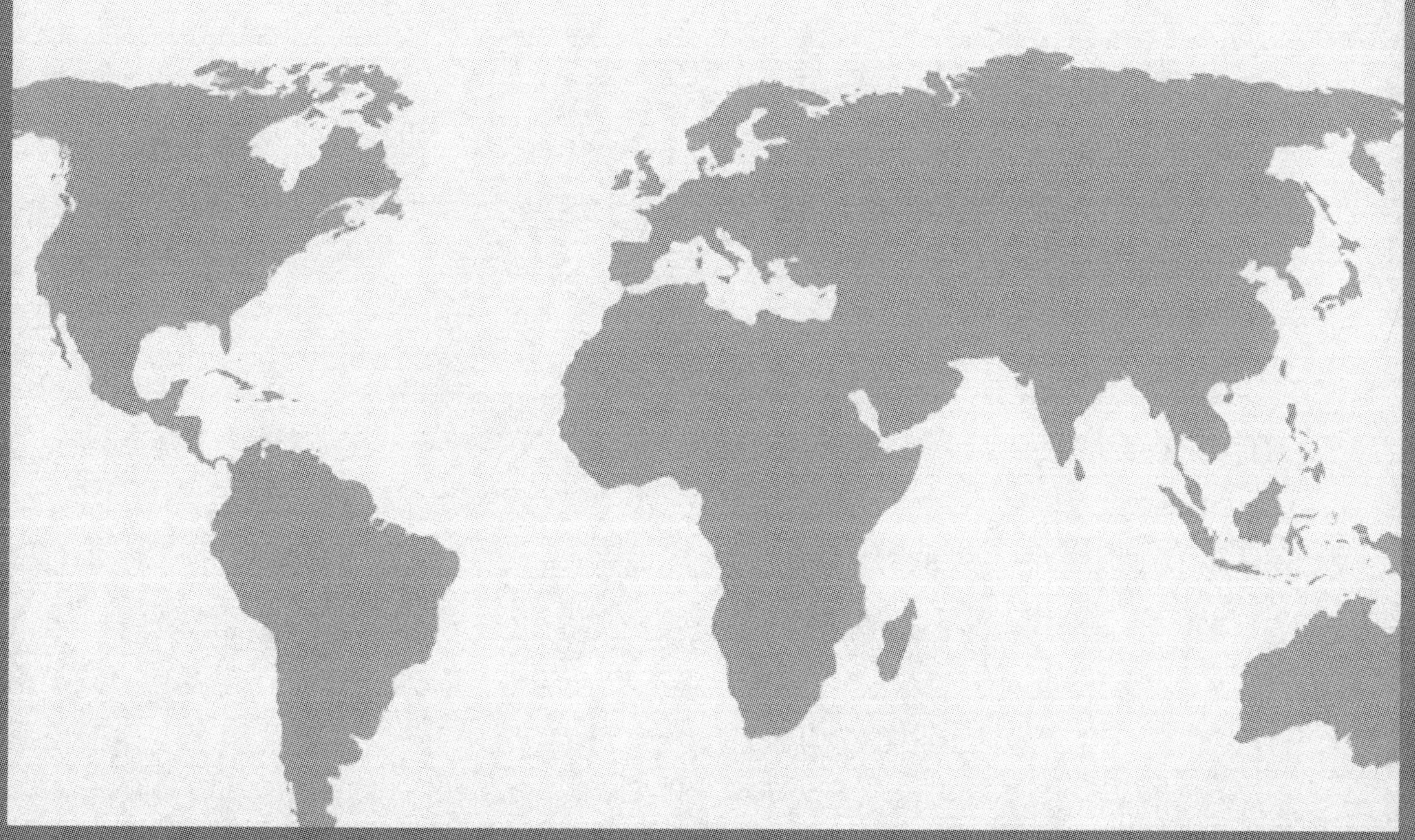

附表：

序号	评价单位代码	单位名称	分项得分						上年排名	年初股价（元）	年末股价（元）
			小计	财务效益	资产质量	偿债风险	发展能力	市场表现			
1	601111	中国国航	87.80	34.62	14.68	7.84	19.11	11.55	470	9.71	13.68
2	600104	上海汽车	86.90	34.13	14.94	10.76	20.00	7.07	4	26.13	14.68
3	002304	洋河股份	85.31	32.41	9.72	14.08	19.10	10.00	2	113.99	224.00
4	600690	青岛海尔	85.01	32.52	14.30	11.23	16.76	10.20	11	24.79	28.21
5	601006	大秦铁路	84.95	35.00	13.48	9.17	18.30	9.00	100	10.30	7.82
6	000338	潍柴动力	84.05	33.22	10.51	11.85	19.65	8.82	23	64.48	52.37
7	601939	建设银行	83.70						18	6.19	4.59
8	000550	江铃汽车	83.24	30.66	13.78	13.61	16.37	8.82	6	22.98	27.54
9	600188	兖州煤业	83.11	35.00	10.35	11.50	18.23	8.03	82	23.04	28.39
10	600029	南方航空	82.50	31.88	15.00	8.42	15.87	11.33	747	6.06	9.74
11	601398	工商银行	82.39						101	5.44	4.24
12	600348	国阳新能	82.07	33.29	12.84	11.08	15.98	8.88	5	48.37	28.68
13	600585	海螺水泥	81.91	34.47	13.04	10.11	14.94	9.35	52	49.86	29.68
14	000858	五粮液	81.86	35.00	8.65	13.91	15.29	9.01	7	31.66	34.63
15	000425	徐工机械	80.69	31.36	8.83	10.81	17.95	11.74	20	35.12	57.20
16	601166	兴业银行	80.46						75	40.31	24.05
17	601699	潞安环能	80.24	34.90	11.40	11.12	14.54	8.28	15	51.78	59.64
18	600741	华域汽车	79.78	32.20	11.12	12.04	17.22	7.20	96	11.58	10.21
19	002285	世联地产	79.42	27.27	15.00	14.79	14.27	8.09	10	56.47	31.18
20	002142	宁波银行	79.35						11	17.49	12.4
21	000012	南玻A	79.19	32.59	12.82	9.35	14.43	10.00	72	19.60	19.75
22	002063	远光软件	79.15	27.23	9.27	14.94	16.50	11.21	54	22.77	31.10
23	601857	中国石油	79.11	35.00	11.77	8.97	15.10	8.27	43	13.82	11.22
24	600030	中信证券	78.57						81	31.77	12.59
25	002202	金风科技	78.35	31.71	6.77	10.29	18.98	10.60	64	28.66	22.30
26	000528	柳工	78.11	29.70	8.96	10.12	19.33	10.00	37	21.73	37.00
27	600519	贵州茅台	77.73	34.27	7.07	14.22	12.96	9.21	29	169.82	183.92
28	600271	航天信息	77.67	27.90	14.07	14.56	11.96	9.18	51	20.28	27.51
29	600970	中材国际	77.61	29.44	14.10	8.83	15.24	10.00	98	37.17	40.71
30	002146	荣盛发展	77.59	28.20	15.00	6.53	18.57	9.29	50	20.71	13.59
31	600160	巨化股份	77.53	29.26	14.83	9.91	13.53	10.00	956	9.36	22.68
32	000527	美的电器	77.50	30.91	10.50	10.15	16.21	9.73	32	23.20	17.40
33	002041	登海种业	77.46	27.34	11.05	14.05	15.02	10.00	61	34.89	65.91
34	600971	恒源煤电	77.45	30.40	12.08	11.15	15.09	8.73	9	33.84	51.96
35	601899	紫金矿业	77.38	34.48	11.43	10.40	14.21	6.86	26	9.64	8.21
36	600166	福田汽车	77.33	28.12	13.38	9.73	15.93	10.17	3	19.05	24.28
37	600000	浦发银行	77.29						104	21.69	12.39
38	600794	保税科技	77.21	25.41	14.85	11.10	14.64	11.21	108	10.75	15.15
39	600418	江淮汽车	77.11	27.97	15.00	10.55	16.12	7.47	114	10.65	10.63
40	000983	西山煤电	77.08	33.99	10.40	10.59	14.34	7.76	45	39.89	26.69

续表

序号	评价单位代码	单位名称	分项得分						上年排名	年初股价（元）	年末股价（元）
			小计	财务效益	资产质量	偿债风险	发展能力	市场表现			
41	600115	东方航空	77.01	29.77	15.00	5.46	17.56	9.22	1 143	6.16	6.58
42	600362	江西铜业	77.00	29.95	11.77	8.43	18.45	8.40	160	40.21	45.17
43	000536	华映科技	76.92	27.79	11.40	9.29	18.42	10.02	1 308	19.70	24.30
44	000655	金岭矿业	76.82	27.20	10.47	14.99	15.27	8.89	152	18.88	23.41
45	000895	双汇发展	76.76	26.08	15.00	13.45	11.11	11.12	44	53.10	87.00
46	000157	中联重科	76.47	31.73	7.05	9.54	20.00	8.15	85	26.01	14.14
47	600600	青岛啤酒	76.10	30.55	12.53	12.77	10.22	10.03	13	37.61	34.68
48	600508	上海能源	75.92	29.96	13.53	12.27	12.13	8.03	27	25.15	28.29
49	600873	梅花集团	75.66	27.69	11.27	8.19	18.84	9.67	1 123	20.75	29.98
50	000800	一汽轿车	75.61	30.03	15.00	12.10	12.71	5.77	1	26.02	16.05
51	000680	山推股份	75.49	27.48	9.49	9.43	18.14	10.95	383	12.66	18.19
52	000581	威孚高科	75.48	29.09	8.63	11.51	16.25	10.00	227	18.85	37.15
53	601377	兴业证券	75.37								16.2
54	601666	平煤股份	75.31	31.05	13.95	10.83	12.34	7.14	109	32.00	21.09
55	002153	石基信息	75.22	26.74	7.61	14.99	14.15	11.73	361	32.98	56.50
56	000671	阳光城	75.12	26.53	15.00	7.71	16.62	9.26	111	23.90	8.45
57	600750	江中药业	74.98	25.27	13.00	11.54	13.61	11.56	135	23.18	36.03
58	600871	S仪化	74.88	23.37	14.40	14.26	10.77	12.08	356	8.75	13.72
59	600547	山东黄金	74.84	28.14	13.95	9.02	16.18	7.55	66	80.30	52.71
60	600763	通策医疗	74.82	23.87	15.00	14.99	10.96	10.00	115	10.53	19.98
61	600395	盘江股份	74.70	30.38	10.73	13.22	11.25	9.12	28	29.44	32.55
62	000596	古井贡酒	74.66	27.79	10.52	13.21	13.14	10.00	285	33.99	80.20
63	600563	法拉电子	74.65	26.88	7.72	14.59	14.23	11.23	200	16.46	27.50
64	000568	泸州老窖	74.64	29.82	9.32	13.58	13.01	8.91	57	39.04	40.90
65	000877	天山股份	74.61	28.93	11.59	8.31	15.79	9.99	225	21.23	31.57
66	600066	宇通客车	74.53	27.97	11.19	11.49	14.52	9.36	195	19.99	21.03
67	002294	信立泰	74.32	26.99	6.89	14.99	13.70	11.75	84	88.73	72.19
68	600369	西南证券	74.30						130	18.99	11.63
69	600489	中金黄金	74.27	30.07	13.07	9.60	12.26	9.27	89	58.28	40.34
70	002273	水晶光电	74.15	26.71	7.58	14.94	13.06	11.86	390	32.28	50.49
71	000625	长安汽车	74.11	29.04	13.92	10.84	14.41	5.90	24	14.03	9.51
72	600880	博瑞传播	74.07	26.46	12.57	13.69	10.48	10.87	39	26.93	19.58
73	002081	金螳螂	73.99	25.45	11.70	10.71	16.13	10.00	91	30.90	68.78
74	000880	潍柴重机	73.98	27.76	14.06	11.58	10.63	9.95	18	16.77	17.64
75	600111	包钢稀土	73.94	30.17	7.55	9.77	16.45	10.00	1 158	27.42	71.44
76	002024	苏宁电器	73.81	30.66	9.03	11.37	14.33	8.42	17	20.78	13.10
77	000538	云南白药	73.73	27.27	10.66	11.55	14.19	10.06	92	60.40	60.40
78	600809	山西汾酒	73.71	28.56	9.42	13.56	12.17	10.00	75	42.93	68.53
79	600028	中国石化	73.69	34.76	13.17	8.73	14.52	2.51	35	14.09	8.06

续表

序号	评价单位代码	单位名称	分项得分						上年排名	年初股价（元）	年末股价（元）
			小计	财务效益	资产质量	偿债风险	发展能力	市场表现			
80	601088	中国神华	73.67	35.00	8.75	11.24	12.13	6.55	49	34.82	24.71
81	600036	招商银行	73.66						136	18.05	12.81
82	000639	西王食品	73.65	20.49	11.82	13.28	16.84	11.22	1 443	15.75	33.24
83	601001	大同煤业	73.64	33.64	9.38	13.00	10.39	7.23	14	44.99	21.01
84	600216	浙江医药	73.09	28.95	8.70	14.90	11.28	9.26	69	35.57	32.57
85	000869	张裕A	72.99	29.47	9.29	13.69	11.50	9.04	58	76.02	95.96
86	000933	神火股份	72.71	31.58	11.71	3.81	18.16	7.45	346	36.88	25.05
87	000708	大冶特钢	72.71	25.69	13.13	10.54	13.26	10.09	276	12.16	15.36
88	000401	冀东水泥	72.71	30.43	9.16	6.04	17.41	9.67	67	19.30	23.63
89	000979	中弘地产	72.51	27.65	15.00	9.25	11.79	8.82	927	15.78	17.65
90	600276	恒瑞医药	72.49	27.41	7.13	14.91	11.94	11.10	94	52.50	59.56
91	000423	东阿阿胶	72.49	28.35	8.96	14.71	10.47	10.00	36	26.15	51.10
92	002050	三花股份	72.48	26.11	7.68	10.99	16.10	11.60	461	22.49	33.50
93	002223	鱼跃医疗	72.38	25.38	8.43	12.94	15.63	10.00	141	34.23	50.39
94	601988	中国银行	72.28						331	4.33	3.23
95	000848	承德露露	72.26	26.39	12.48	12.97	10.42	10.00	192	26.38	25.75
96	601918	国投新集	72.22	33.58	10.89	7.10	13.68	6.97	430	17.95	14.05
97	000651	格力电器	72.17	28.71	11.16	8.46	14.84	9.00	21	28.94	18.13
98	600375	星马汽车	72.11	24.78	10.18	10.87	14.71	11.57	310	14.90	24.66
99	000039	中集集团	72.06	26.84	8.84	7.81	17.29	11.28	1 127	13.10	22.99
100	002106	莱宝高科	72.05	28.04	7.52	12.15	14.34	10.00	377	24.40	66.25
101	600815	厦工股份	71.97	26.27	8.54	10.54	16.62	10.00	985	8.16	14.13
102	002128	露天煤业	71.78	30.56	10.85	9.94	10.74	9.69	25	27.65	25.52
103	000069	华侨城A	71.67	30.89	8.31	5.82	19.56	7.09	16	17.17	12.15
104	600173	卧龙地产	71.62	25.73	15.00	10.95	14.30	5.64	221	13.44	6.22
105	000686	东北证券	71.59						609	38.37	22.29
106	002267	陕天然气	71.58	28.25	15.00	10.04	9.83	8.46	118	22.17	20.93
107	600546	山煤国际	71.57	29.24	11.97	5.42	18.15	6.79	80	34.39	34.60
108	600754	锦江股份	71.56	22.04	14.97	13.12	13.22	8.21	472	23.57	23.23
109	601866	中海集运	71.55	25.39	14.45	10.36	12.80	8.55	1 563	4.63	4.48
110	600252	中恒集团	71.55	27.06	7.80	8.87	17.82	10.00	386	26.52	35.45
111	600742	一汽富维	71.50	24.92	12.32	11.19	16.52	6.55	240	28.01	30.21
112	601099	太平洋	71.50						131	18.19	10.86
113	600125	铁龙物流	71.47	24.19	9.95	14.70	11.24	11.39	178	11.01	14.42
114	000780	平庄能源	71.38	28.88	9.09	14.41	11.21	7.79	53	15.22	15.33
115	600897	厦门空港	71.34	27.75	10.45	14.90	9.65	8.59	105	18.25	15.12
116	002035	华帝股份	71.17	23.91	14.17	12.09	11.00	10.00	444	9.30	15.48
117	002241	歌尔声学	71.05	25.90	9.31	9.26	16.58	10.00	693	27.65	54.67
118	600761	安徽合力	70.99	25.07	9.58	12.32	14.35	9.67	732	14.21	17.89

续表

序号	评价单位代码	单位名称	分项得分						上年排名	年初股价（元）	年末股价（元）
			小计	财务效益	资产质量	偿债风险	发展能力	市场表现			
119	002293	罗莱家纺	70.93	24.32	9.50	13.24	12.77	11.10	93	41.06	72.88
120	000887	中鼎股份	70.90	25.48	7.94	9.34	15.49	12.65	147	15.16	24.40
121	002236	大华股份	70.89	25.24	7.39	11.51	16.75	10.00	422	72.38	83.88
122	002299	圣农发展	70.88	23.69	14.30	8.51	12.61	11.77	165	25.03	35.95
123	002069	獐子岛	70.79	26.39	10.82	8.07	15.51	10.00	348	37.55	42.85
124	600221	海南航空	70.75	32.80	10.45	3.61	15.43	8.46	1 334	6.65	8.97
125	000917	电广传媒	70.65	25.31	12.91	7.29	15.38	9.76	896	18.02	24.40
126	002007	华兰生物	70.64	27.48	6.40	14.99	10.67	11.10	97	55.42	48.39
127	002042	华孚色纺	70.62	24.42	8.73	8.64	16.25	12.58	130	19.22	29.84
128	600900	长江电力	70.61	29.52	11.12	5.62	14.80	9.55	426	13.36	7.57
129	600406	国电南瑞	70.55	26.64	5.71	11.81	16.39	10.00	337	48.96	72.06
130	002001	新和成	70.54	29.44	6.90	11.93	13.35	8.92	237	48.90	25.25
131	002242	九阳股份	70.44	27.09	13.45	13.46	9.10	7.34	95	28.72	15.07
132	600660	福耀玻璃	70.38	31.40	8.19	10.28	13.88	6.63	76	14.94	10.26
133	002096	南岭民爆	70.37	27.20	12.56	11.39	9.68	9.54	48	29.95	33.95
134	000417	合肥百货	70.33	26.38	9.90	11.53	11.09	11.43	217	14.67	19.40
135	000001	深发展 A	70.29						193	24.37	15.79
136	300015	爱尔眼科	70.26	22.16	11.47	14.13	10.89	11.61	102	48.80	44.24
137	002254	烟台氨纶	70.24	25.41	10.14	14.15	9.83	10.71	560	35.75	34.09
138	600688	S上石化	70.17	26.22	14.39	8.21	13.47	7.88	455	10.97	8.48
139	600208	新湖中宝	70.05	27.32	13.08	6.49	14.34	8.82	116	9.93	6.00
140	000650	仁和药业	70.04	24.54	10.58	12.38	10.90	11.64	19	20.90	22.90
141	002226	江南化工	70.01	26.35	8.55	14.99	10.72	9.40	110	47.99	25.68
142	600458	时代新材	69.88	24.56	8.28	10.51	16.53	10.00	365	21.40	63.82
143	600383	金地集团	69.88	27.44	7.46	8.11	17.89	8.98	569	13.88	6.18
144	600150	中国船舶	69.87	28.08	10.96	10.34	11.60	8.89	177	77.84	67.75
145	000792	盐湖钾肥	69.73	31.78	7.95	12.71	9.41	7.88	196	56.99	66.24
146	600620	天宸股份	69.71	27.69	8.86	11.77	11.62	9.77	1 588	7.69	7.26
147	002158	汉钟精机	69.70	26.01	8.24	12.42	13.03	10.00	469	18.89	36.00
148	600983	合肥三洋	69.68	26.09	9.77	11.16	15.65	7.01	142	25.21	12.33
149	000778	新兴铸管	69.67	23.83	13.41	9.08	15.73	7.62	70	12.43	8.93
150	002283	天润曲轴	69.66	25.65	7.56	13.33	13.13	9.99	572	21.39	32.50
151	600582	天地科技	69.56	30.24	7.09	11.71	12.44	8.08	34	34.75	25.99
152	002127	新民科技	69.54	23.21	12.68	9.79	13.86	10.00	601	12.66	14.55
153	600153	建发股份	69.43	26.39	8.05	5.74	19.15	10.10	325	12.96	6.55
154	600309	烟台万华	69.41	30.10	10.53	7.09	14.64	7.05	187	24.01	19.19
155	601888	中国国旅	69.36	21.42	14.40	12.56	12.32	8.66	63	20.94	30.97
156	600535	天士力	69.28	25.42	9.07	9.95	12.61	12.23	372	22.40	40.76
157	600256	广汇股份	69.14	25.02	15.00	6.84	12.28	10.00	22	22.90	41.93

续表

序号	评价单位代码	单位名称	分项得分						上年排名	年初股价（元）	年末股价（元）
			小计	财务效益	资产质量	偿债风险	发展能力	市场表现			
158	002250	联化科技	69.02	25.10	9.10	9.22	13.85	11.75	230	43.20	41.00
159	600664	哈药股份	69.00	28.08	8.62	11.86	10.26	10.18	146	18.47	22.57
160	002252	上海莱士	69.00	26.92	7.31	14.99	9.08	10.70	375	37.08	34.64
161	600195	中牧股份	68.94	27.13	8.64	11.51	10.82	10.84	368	20.27	23.85
162	002195	海隆软件	68.90	22.51	10.82	13.31	12.83	9.43	675	21.00	22.94
163	600258	首旅股份	68.80	25.97	15.00	9.92	8.95	8.96	283	23.13	22.36
164	600859	王府井	68.78	25.27	10.20	10.79	11.13	11.39	180	36.89	51.94
165	002003	伟星股份	68.76	26.18	9.66	11.85	11.44	9.63	370	21.38	26.48
166	300025	华星创业	68.72	23.29	7.64	12.74	14.29	10.76	447	46.07	33.28
167	600199	金种子酒	68.69	21.50	10.52	13.19	13.48	10.00	208	17.39	20.87
168	600703	三安光电	68.62	24.99	2.22	13.42	16.72	11.27	236	52.75	45.86
169	000608	阳光股份	68.62	25.03	15.00	6.66	13.20	8.73	805	11.16	7.17
170	601328	交通银行	68.60						356	9.35	5.48
171	600987	航民股份	68.58	24.08	12.94	13.07	9.60	8.89	189	8.99	8.67
172	600310	桂东电力	68.46	25.60	11.97	7.17	13.90	9.82	913	25.91	32.63
173	002048	宁波华翔	68.46	26.74	8.85	12.66	11.91	8.30	149	14.08	13.59
174	000888	峨眉山A	68.40	23.69	15.00	9.46	9.08	11.17	185	12.80	17.25
175	002126	银轮股份	68.37	24.69	7.92	9.18	14.90	11.68	822	20.30	32.70
176	002038	双鹭药业	68.33	26.74	5.98	14.99	10.66	9.96	351	44.40	59.00
177	000567	海德股份	68.32	23.43	14.77	13.99	8.88	7.25	1 067	8.54	9.12
178	002029	七匹狼	68.30	26.01	8.41	12.39	10.08	11.41	171	23.21	33.04
179	000999	华润三九	68.28	28.95	8.35	13.99	5.54	11.45	163	19.96	25.55
180	000987	广州友谊	68.28	26.39	9.70	12.69	10.42	9.08	122	27.75	26.23
181	600561	江西长运	68.23	24.00	15.00	10.00	9.86	9.37	144	11.92	13.07
182	600123	兰花科创	68.23	32.31	9.07	9.52	10.24	7.09	40	43.74	47.08
183	600837	海通证券	68.16						168	19.19	9.64
184	300003	乐普医疗	68.14	26.53	5.30	14.99	11.42	9.90	270	51.20	27.39
185	600350	山东高速	68.07	27.03	12.64	10.06	8.97	9.37	350	5.26	4.67
186	601998	中信银行	68.07						126	8.23	5.25
187	002056	横店东磁	68.02	24.28	8.78	10.76	14.20	10.00	628	14.78	39.26
188	002078	太阳纸业	67.99	29.60	11.36	6.06	11.48	9.49	210	20.67	11.20
189	600785	新华百货	67.93	25.10	10.15	11.97	10.62	10.09	148	28.39	29.04
190	300008	上海佳豪	67.90	24.53	6.71	14.99	12.44	9.23	232	50.91	31.36
191	600887	伊利股份	67.88	23.51	13.95	8.80	10.71	10.91	78	26.48	38.26
192	600315	上海家化	67.85	24.79	9.42	13.99	8.63	11.02	181	32.90	37.13
193	002032	苏泊尔	67.81	24.41	9.34	11.74	10.87	11.45	222	20.80	23.90
194	000513	丽珠集团	67.79	27.47	7.66	12.65	9.09	10.92	124	39.59	43.82
195	000728	国元证券	67.74						117	21.31	12.26
196	600233	大杨创世	67.65	25.75	8.96	14.99	9.61	8.34	175	16.66	14.15

续表

序号	评价单位代码	单位名称	分项得分						上年排名	年初股价（元）	年末股价（元）
			小计	财务效益	资产质量	偿债风险	发展能力	市场表现			
197	002104	恒宝股份	67.64	22.17	8.57	14.99	11.80	10.11	280	21.11	16.94
198	600380	健康元	67.57	28.32	7.54	12.29	10.65	8.77	219	11.68	11.07
199	002310	东方园林	67.53	24.99	8.82	9.08	14.64	10.00	567	110.88	137.99
200	000726	鲁泰 A	67.32	28.77	9.78	10.93	10.49	7.35	259	11.70	9.33
201	600658	电子城	67.28	29.40	7.13	12.87	9.52	8.36	41	12.01	10.68
202	000422	湖北宜化	67.20	28.80	10.27	5.22	15.45	7.46	293	21.35	18.85
203	600480	凌云股份	67.06	26.08	7.88	9.95	13.38	9.77	140	13.30	16.65
204	002152	广电运通	67.04	27.02	5.19	11.78	11.26	11.79	262	32.85	54.38
205	002155	辰州矿业	67.03	22.16	11.58	12.32	12.74	8.23	648	25.46	35.92
206	600157	永泰能源	67.02	25.26	14.57	4.14	12.98	10.07	443	19.37	23.22
207	600436	片仔癀	67.01	26.73	6.95	12.45	10.88	10.00	471	39.31	72.80
208	600109	国金证券	66.98						107	24.15	14.62
209	600460	士兰微	66.96	24.73	7.42	9.98	14.95	9.88	863	11.27	22.89
210	002147	方圆支承	66.96	20.32	6.96	13.73	15.08	10.87	987	11.88	15.63
211	600425	青松建化	66.89	25.04	8.70	10.30	14.14	8.71	169	22.56	20.25
212	002500	山西证券	66.88						12.16		
213	002064	华峰氨纶	66.86	24.47	8.98	12.62	11.54	9.25	516	19.08	11.21
214	002037	久联发展	66.78	24.47	10.03	8.63	11.55	12.10	315	18.48	23.51
215	002139	拓邦股份	66.61	21.15	10.52	11.48	14.26	9.20	429	16.09	21.14
216	600054	黄山旅游	66.60	24.58	10.75	10.14	11.16	9.97	565	18.59	17.54
217	002065	东华软件	66.54	25.48	7.64	10.67	11.68	11.07	266	23.24	30.77
218	600089	特变电工	66.51	27.22	8.29	10.94	13.73	6.33	55	23.80	18.66
219	002233	塔牌集团	66.50	26.88	12.05	8.12	10.89	8.56	427	16.43	16.25
220	002123	荣信股份	66.50	24.49	5.18	11.03	13.89	11.91	323	37.70	47.50
221	000572	海马股份	66.47	17.44	12.77	12.79	16.04	7.43	1 226	6.86	5.92
222	600298	安琪酵母	66.46	26.57	9.26	7.28	11.81	11.54	279	29.90	44.28
223	600594	益佰制药	66.42	24.22	8.91	10.02	11.07	12.20	424	17.89	19.71
224	600295	鄂尔多斯	66.38	28.70	7.28	6.26	14.99	9.15	876	12.90	19.44
225	600193	创兴置业	66.36	23.40	13.91	6.28	12.87	9.90	1 478	11.81	14.76
226	600997	开滦股份	66.34	25.19	13.08	8.44	13.32	6.31	86	25.21	20.13
227	002277	友阿股份	66.24	23.60	9.50	12.26	11.13	9.75	174	34.46	23.80
228	600449	赛马实业	66.22	28.98	9.00	8.08	13.80	6.36	88	37.27	35.96
229	600461	洪城水业	66.18	18.33	12.82	6.22	15.82	12.99	838	11.16	17.38
230	002154	报喜鸟	66.13	24.77	6.56	13.57	10.49	10.74	119	22.56	31.80
231	002170	芭田股份	66.11	20.34	13.22	13.43	9.37	9.75	904	10.27	17.51
232	002206	海利得	66.09	24.07	9.56	10.28	12.62	9.56	343	37.18	21.75
233	600377	宁沪高速	66.06	29.90	10.91	6.49	8.61	10.15	306	7.14	6.64
234	600720	祁连山	65.78	28.09	9.26	7.99	11.87	8.57	47	17.30	17.15
235	002014	永新股份	65.75	23.71	9.35	12.93	8.45	11.31	308	18.13	23.74

续表

序号	评价单位代码	单位名称	分项得分						上年排名	年初股价（元）	年末股价（元）
			小计	财务效益	资产质量	偿债风险	发展能力	市场表现			
236	000732	ST 三农	65.73	26.53	9.24	9.84	16.48	3.64	1 329	3.42	6.40
237	000918	嘉凯城	65.69	26.49	15.00	6.46	15.43	2.31	42	16.05	7.82
238	600048	保利地产	65.68	28.19	6.83	5.87	18.40	6.39	71	22.40	12.70
239	600960	渤海活塞	65.66	26.63	7.97	8.23	11.23	11.60	1 079	10.44	15.45
240	002261	拓维信息	65.66	25.68	7.26	13.52	10.03	9.17	203	40.00	39.79
241	600019	宝钢股份	65.65	26.76	11.71	8.26	12.54	6.38	647	9.66	6.39
242	600113	浙江东日	65.64	17.92	15.00	10.27	11.17	11.28	724	9.20	9.16
243	000552	靖远煤电	65.60	21.48	10.32	13.94	11.37	8.49	339	17.73	21.15
244	002148	北纬通信	65.55	21.92	8.97	14.99	10.46	9.21	445	34.50	44.77
245	002292	奥飞动漫	65.50	21.13	6.90	14.58	12.09	10.80	486	42.49	34.98
246	000876	新希望	65.49	25.20	13.21	6.68	10.40	10.00	289	13.78	20.95
247	000558	莱茵置业	65.45	20.58	15.00	6.26	13.74	9.87	355	7.95	7.40
248	002186	全聚德	65.37	23.35	15.00	9.88	7.87	9.27	172	34.51	33.40
249	600985	雷鸣科化	65.32	23.21	8.87	14.96	8.83	9.45	74	20.35	18.55
250	600739	辽宁成大	65.29	30.39	6.21	11.11	11.10	6.48	229	38.09	30.12
251	000786	北新建材	65.29	28.21	9.53	7.73	11.15	8.67	120	15.76	14.82
252	000789	江西水泥	65.18	22.90	11.73	6.82	11.49	12.24	573	7.46	12.38
253	601788	光大证券	65.13						144	25.52	14.95
254	002230	科大讯飞	65.10	23.31	6.14	14.12	11.53	10.00	494	36.19	79.00
255	002249	大洋电机	65.02	23.02	9.03	12.06	10.50	10.41	166	34.85	30.53
256	601898	中煤能源	65.00	24.81	8.74	12.77	11.61	7.07	167	13.58	10.86
257	000951	中国重汽	64.99	26.90	10.55	4.94	15.10	7.50	267	27.38	27.66
258	000022	深赤湾 A	64.98	29.79	8.79	7.86	9.62	8.92	515	15.13	14.03
259	600062	双鹤药业	64.97	24.02	8.98	12.50	8.58	10.89	387	23.55	28.49
260	002268	卫士通	64.94	23.11	5.64	14.81	12.53	8.85	643	36.12	26.67
261	000900	现代投资	64.94	30.42	7.72	12.32	9.10	5.38	73	29.99	20.55
262	000540	中天城投	64.94	27.46	3.31	6.88	18.60	8.69	202	18.53	13.73
263	002080	中材科技	64.93	24.21	7.03	9.04	16.17	8.48	405	35.90	41.40
264	000901	航天科技	64.89	17.89	9.04	11.75	16.32	9.89	1 139	13.70	16.65
265	600875	东方电气	64.85	28.19	5.20	7.95	13.07	10.44	268	45.09	34.90
266	600081	东风科技	64.84	21.95	10.13	9.28	14.43	9.05	902	8.51	12.64
267	600999	招商证券	64.78						38	29.39	18.96
268	600795	国电电力	64.74	21.39	12.34	2.61	19.07	9.33	592	7.38	3.06
269	002116	中国海诚	64.73	20.07	15.00	10.60	9.96	9.10	198	20.90	23.19
270	002089	新海宜	64.73	23.25	5.52	9.70	14.01	12.25	176	15.70	25.72
271	600710	常林股份	64.69	23.06	7.70	10.23	12.99	10.71	1 171	6.61	10.03
272	000926	福星股份	64.66	18.92	15.00	6.50	14.82	9.42	314	12.09	13.48
273	002185	华天科技	64.64	20.40	8.58	11.72	12.31	11.63	496	10.78	13.97
274	002022	科华生物	64.64	24.43	7.85	13.31	10.01	9.04	367	21.89	17.98

续表

序号	评价单位代码	单位名称	分项得分						上年排名	年初股价（元）	年末股价（元）
			小计	财务效益	资产质量	偿债风险	发展能力	市场表现			
275	601808	中海油服	64.57	31.42	5.40	8.94	9.32	9.49	129	16.26	25.54
276	000661	长春高新	64.57	27.66	6.41	11.71	8.79	10.00	228	26.72	60.80
277	600323	南海发展	64.54	24.33	6.58	9.30	13.25	11.08	684	12.13	16.48
278	601668	中国建筑	64.48	23.25	10.28	8.46	15.21	7.28	143	4.72	3.42
279	000559	万向钱潮	64.44	20.67	8.98	9.90	14.89	10.00	509	7.72	13.85
280	600502	安徽水利	64.39	24.53	10.31	4.47	16.44	8.64	1 102	12.81	13.50
281	600686	金龙汽车	64.34	24.92	9.89	8.91	12.73	7.89	483	10.97	9.09
282	600835	上海机电	64.32	25.53	8.83	11.92	10.31	7.73	260	13.68	10.59
283	600183	生益科技	64.30	24.71	7.94	9.12	13.93	8.60	655	10.35	11.39
284	001696	宗申动力	64.27	21.95	11.40	12.16	9.47	9.29	79	18.69	10.15
285	000819	岳阳兴长	64.23	16.63	15.00	14.99	8.55	9.06	653	19.02	20.49
286	000043	中航地产	64.23	20.78	15.00	6.52	14.15	7.78	989	15.13	12.34
287	600655	豫园商城	64.20	24.10	8.42	8.73	14.15	8.80	223	27.33	13.45
288	600012	皖通高速	64.16	28.21	7.69	10.05	9.16	9.05	353	5.94	5.91
289	600505	西昌电力	64.05	24.25	13.20	6.80	11.07	8.73	641	10.48	9.41
290	600141	兴发集团	63.98	21.67	11.91	6.04	17.03	7.33	574	20.81	20.06
291	600420	现代制药	63.97	20.71	9.58	12.47	10.52	10.69	307	14.04	19.17
292	600888	新疆众和	63.96	23.11	7.88	10.69	12.95	9.33	625	15.72	24.05
293	002131	利欧股份	63.95	21.67	8.74	10.06	11.64	11.84	336	18.67	16.30
294	601766	中国南车	63.94	21.86	8.24	8.75	14.68	10.41	553	5.69	7.55
295	600060	海信电器	63.92	23.77	12.12	11.09	11.08	5.86	83	25.79	11.55
296	000060	中金岭南	63.91	26.14	9.22	8.43	11.70	8.42	335	27.90	22.50
297	000501	鄂武商 A	63.90	26.66	10.20	5.71	11.52	9.81	300	14.86	18.39
298	002138	顺络电子	63.88	24.20	7.06	8.56	12.62	11.44	282	20.23	27.70
299	002213	特尔佳	63.84	20.88	7.43	13.03	12.50	10.00	652	13.78	17.15
300	600139	西部资源	63.83	24.15	5.18	11.00	13.30	10.20	290	25.96	35.95
301	600685	广船国际	63.72	26.32	8.60	9.90	9.95	8.95	564	26.49	25.90
302	002073	软控股份	63.72	24.27	4.69	10.94	12.60	11.22	138	22.45	26.69
303	600499	科达机电	63.71	20.76	8.25	11.18	12.70	10.82	154	21.83	23.84
304	600518	康美药业	63.67	25.45	6.66	8.95	12.61	10.00	257	10.63	19.71
305	601919	中国远洋	63.65	25.53	11.05	9.76	12.48	4.83	1 583	13.90	9.40
306	300005	探路者	63.56	20.76	6.45	14.67	11.68	10.00	153	43.17	34.27
307	002091	江苏国泰	63.56	21.57	7.71	11.12	12.06	11.10	473	21.79	27.20
308	600248	延长化建	63.50	21.45	10.98	10.22	10.18	10.67	296	13.11	11.88
309	002311	海大集团	63.46	18.68	15.00	8.39	11.60	9.79	304	37.54	30.72
310	002308	威创股份	63.42	22.10	5.87	14.99	9.69	10.77	330	31.83	19.89
311	002092	中泰化学	63.34	18.05	12.82	9.63	14.17	8.67	579	21.83	14.43
312	000089	深圳机场	63.34	24.81	8.30	14.00	9.70	6.53	272	7.51	5.53
313	601169	北京银行	63.34						46	19.34	11.44

续表

序号	评价单位代码	单位名称	分项得分						上年排名	年初股价（元）	年末股价（元）
			小计	财务效益	资产质量	偿债风险	发展能力	市场表现			
314	600829	三精制药	63.33	25.43	8.79	11.09	8.54	9.48	459	19.49	21.18
315	002117	东港股份	63.33	21.82	8.64	12.45	11.34	9.08	407	19.77	28.56
316	002082	栋梁新材	63.32	21.09	15.00	11.09	10.05	6.09	238	14.18	13.23
317	000666	经纬纺机	63.25	21.57	8.52	9.80	16.04	7.32	1487	12.32	12.10
318	000679	大连友谊	63.24	29.51	5.49	7.52	12.82	7.90	344	15.56	14.23
319	300012	华测检测	63.23	20.75	8.76	14.51	8.99	10.22	216	43.14	36.40
320	600303	曙光股份	63.20	20.87	9.59	8.41	15.05	9.28	538	14.38	14.79
321	600650	锦江投资	63.18	23.79	14.28	12.75	8.05	4.31	123	15.88	11.26
322	000637	茂化实华	63.18	17.59	15.00	14.99	6.83	8.77	385	9.72	8.80
323	600085	同仁堂	63.17	22.57	7.13	12.74	9.07	11.66	333	21.03	34.28
324	600197	伊力特	63.09	23.51	8.94	12.22	8.96	9.46	446	13.13	15.54
325	600866	星湖科技	63.08	24.43	8.64	9.03	11.21	9.77	162	12.84	14.14
326	300024	机器人	63.08	20.93	5.36	14.76	9.49	12.54	682	72.28	57.77
327	002121	科陆电子	63.06	20.74	5.13	9.57	16.70	10.92	476	20.38	30.45
328	002296	辉煌科技	63.05	23.80	2.53	13.17	11.68	11.87	127	64.89	68.83
329	002140	东华科技	63.04	23.53	9.13	10.11	10.27	10.00	249	41.80	41.10
330	000783	长江证券	63.02						187	19.29	11.3
331	600572	康恩贝	62.96	20.25	7.83	10.20	12.34	12.34	644	12.42	20.28
332	002215	诺普信	62.96	18.91	9.38	13.44	11.60	9.63	164	30.99	34.89
333	002144	宏达高科	62.96	17.43	8.45	13.21	13.67	10.20	898	13.24	17.29
334	002244	滨江集团	62.94	30.95	0.00	6.48	18.86	6.65	578	14.47	11.28
335	000826	桑德环境	62.92	23.48	7.37	8.72	11.93	11.42	779	15.45	33.37
336	600327	大东方	62.90	23.38	10.20	10.02	10.06	9.24	218	14.34	11.99
337	600169	太原重工	62.89	24.10	5.80	9.18	14.38	9.43	406	17.40	21.32
338	000049	德赛电池	62.89	21.14	9.57	9.36	12.82	10.00	1 567	10.69	26.31
339	600528	中铁二局	62.82	25.89	10.77	6.47	13.91	5.78	408	13.06	9.08
340	600231	凌钢股份	62.81	25.06	12.80	7.82	12.96	4.17	518	13.02	8.71
341	600339	天利高新	62.75	24.72	12.96	5.48	11.64	7.95	1 494	9.71	9.32
342	002118	紫鑫药业	62.75	24.34	5.85	6.06	16.50	10.00	853	19.67	32.10
343	600068	葛洲坝	62.74	22.08	10.25	3.96	15.13	11.32	186	11.71	11.60
344	600807	天业股份	62.72	20.26	15.00	4.27	14.91	8.28	1 654	18.44	13.84
345	600805	悦达投资	62.68	30.03	5.69	5.58	13.82	7.56	604	11.91	14.63
346	000063	中兴通讯	62.68	24.76	8.16	7.30	14.19	8.27	113	44.87	27.30
347	600098	广州控股	62.62	21.77	12.86	8.48	9.87	9.64	242	7.40	8.36
348	300027	华谊兄弟	62.61	19.65	7.61	13.06	12.95	9.34	475	55.43	29.33
349	002238	天威视讯	62.61	17.51	13.81	13.92	7.02	10.35	341	21.21	27.20
350	600525	长园集团	62.57	20.62	5.57	9.58	15.30	11.50	435	25.53	22.81
351	600667	太极实业	62.56	19.80	11.09	7.15	15.82	8.70	1 096	7.93	8.25
352	600372	ST 昌河	62.53	22.09	6.97	12.41	6.06	15.00	1 214	8.34	31.93

续表

序号	评价单位代码	单位名称	分项得分						上年排名	年初股价（元）	年末股价（元）
			小计	财务效益	资产质量	偿债风险	发展能力	市场表现			
353	000000	传化股份	62.53	21.13	9.32	8.80	12.53	10.75	241	14.38	18.43
354	600270	外运发展	62.52	18.54	10.29	12.09	12.93	8.67	1 092	8.79	8.86
355	601333	广深铁路	62.51	21.87	14.13	11.30	8.31	6.90	334	4.77	3.45
356	000636	风华高科	62.50	19.55	8.72	12.96	10.99	10.28	801	9.10	12.45
357	000006	深振业 A	62.41	31.17	4.55	6.64	12.12	7.93	718	11.33	6.97
358	002320	海峡股份	62.39	23.54	6.94	14.99	8.56	8.36	62	51.18	39.20
359	002108	沧州明珠	62.37	24.29	9.20	8.56	12.95	7.37	250	36.69	19.08
360	600071	凤凰光学	62.35	18.08	11.19	12.71	9.24	11.13	548	7.68	12.32
361	002220	天宝股份	62.35	24.02	7.59	8.04	12.28	10.42	868	25.49	19.76
362	002187	广百股份	62.35	22.82	10.20	9.97	9.87	9.49	248	31.50	27.05
363	000562	宏源证券	62.34						339	23.8	16.74
364	000729	燕京啤酒	62.34	22.67	10.69	8.93	9.35	10.70	258	18.77	18.99
365	002269	美邦服饰	62.31	26.01	5.63	6.34	13.95	10.38	466	22.65	34.83
366	002224	三力士	62.31	21.30	11.03	11.46	9.08	9.44	273	23.25	15.58
367	600522	中天科技	62.28	25.80	7.64	8.50	10.63	9.71	150	24.77	30.85
368	000936	华西村	62.26	19.87	10.91	9.98	12.34	9.16	830	10.38	8.72
369	002016	世荣兆业	62.21	21.50	15.00	9.61	9.40	6.70	599	12.01	8.82
370	002008	大族激光	62.21	21.95	6.26	8.37	14.07	11.56	1 286	10.82	22.40
371	000861	海印股份	62.19	24.71	5.69	8.05	14.86	8.88	382	12.94	16.60
372	600831	广电网络	62.16	18.57	15.00	7.50	9.51	11.58	570	8.85	10.30
373	002101	广东鸿图	62.11	19.98	7.88	8.93	15.58	9.74	501	26.78	32.63
374	600770	综艺股份	62.07	23.54	4.06	9.24	15.23	10.00	998	17.24	21.70
375	600067	冠城大通	62.05	26.55	7.59	6.83	14.05	7.03	301	13.99	8.70
376	000021	长城开发	61.98	15.75	13.25	10.16	13.76	9.06	319	12.89	11.74
377	600642	申能股份	61.97	21.73	13.01	10.20	11.42	5.61	117	11.38	7.63
378	000598	兴蓉投资	61.96	26.64	4.71	10.02	8.64	11.95	1 504	11.86	20.63
379	002157	正邦科技	61.92	13.94	14.42	7.29	15.16	11.11	571	12.03	17.15
380	600018	上港集团	61.91	28.28	7.33	11.03	10.09	5.18	547	5.80	3.81
381	600511	国药股份	61.90	23.82	6.55	11.17	11.09	9.27	374	25.60	24.80
382	300002	神州泰岳	61.90	25.01	2.79	14.99	9.22	9.89	173	105.20	55.89
383	000788	西南合成	61.89	22.20	8.07	8.68	14.08	8.86	526	15.33	14.20
384	600352	浙江龙盛	61.83	22.12	6.71	8.13	15.46	9.41	190	11.42	11.73
385	300026	红日药业	61.81	21.95	4.39	13.46	13.21	8.80	253	91.20	44.93
386	002156	通富微电	61.81	18.45	8.05	10.40	14.21	10.70	763	11.88	17.83
387	002136	安纳达	61.78	18.72	13.51	8.57	11.27	9.71	847	14.65	16.38
388	002216	三全食品	61.73	20.04	8.70	11.82	9.78	11.39	531	21.83	37.70
389	000066	长城电脑	61.73	15.29	10.59	9.46	16.88	9.51	252	16.10	9.65
390	002161	远望谷	61.72	23.75	5.04	12.24	11.28	9.41	973	21.85	34.91
391	600728	ST 新太	61.71	22.19	10.45	8.85	10.80	9.42	1 284	18.80	11.91

续表

序号	评价单位代码	单位名称	分项得分						上年排名	年初股价（元）	年末股价（元）
			小计	财务效益	资产质量	偿债风险	发展能力	市场表现			
392	000713	丰乐种业	61.65	16.75	11.35	9.10	13.54	10.91	748	14.76	19.77
393	600712	南宁百货	61.64	18.72	10.20	10.29	11.36	11.07	710	9.13	9.48
394	000810	华润锦华	61.59	22.91	10.58	7.91	10.11	10.08	813	10.74	13.60
395	600648	外高桥	61.53	23.17	15.00	4.14	11.52	7.70	479	16.20	13.93
396	000782	美达股份	61.50	19.03	14.31	8.54	12.08	7.54	840	6.24	6.19
397	000038	*ST 大通	61.42	17.31	15.00	5.89	13.03	10.19	1 315	12.33	12.33
398	600238	海南椰岛	61.36	20.07	10.60	9.55	8.66	12.48	352	15.93	16.72
399	601107	四川成渝	61.35	26.62	7.40	8.68	11.27	7.38	244	8.36	6.63
400	600138	中青旅	61.35	23.53	9.74	11.58	6.83	9.67	106	15.95	14.34
401	000801	四川九洲	61.33	14.91	9.74	8.89	17.06	10.73	1 323	11.73	16.35
402	600982	宁波热电	61.31	19.26	13.24	10.07	8.72	10.02	209	9.29	10.67
403	600517	置信电气	61.28	24.40	6.49	11.75	8.75	9.89	598	18.65	16.58
404	600697	欧亚集团	61.22	22.50	10.15	7.28	10.31	10.98	412	24.47	25.40
405	002079	苏州固锝	61.21	19.05	8.90	11.24	12.02	10.00	630	8.78	17.14
406	002245	澳洋顺昌	61.19	20.65	10.39	5.41	13.07	11.67	814	16.02	19.58
407	002095	生意宝	61.19	20.71	6.11	14.99	9.18	10.20	532	36.97	26.86
408	002122	天马股份	61.13	26.73	6.16	10.84	10.23	7.17	484	29.23	13.26
409	600551	时代出版	61.12	19.57	8.36	13.09	10.72	9.38	234	18.79	16.70
410	002093	国脉科技	61.12	19.10	7.43	10.87	12.04	11.68	442	18.55	18.08
411	002171	精诚铜业	61.11	17.30	14.27	8.42	10.32	10.80	854	15.35	22.60
412	000521	美菱电器	61.06	18.26	11.00	10.80	11.96	9.04	291	13.13	11.46
413	600570	恒生电子	61.04	22.61	7.15	12.22	8.98	10.08	125	21.01	20.25
414	600863	内蒙华电	60.98	29.99	10.44	4.68	6.08	9.79	451	7.57	9.48
415	002290	禾盛新材	60.98	20.44	7.96	12.18	11.89	8.51	400	48.06	35.97
416	600693	东百集团	60.97	22.70	10.18	9.16	9.82	9.11	530	11.65	11.74
417	002054	德美化工	60.88	24.87	7.77	7.63	11.95	8.66	233	21.59	12.27
418	600035	楚天高速	60.87	24.42	6.94	8.85	11.31	9.35	620	5.50	5.39
419	600759	正和股份	60.86	17.68	15.00	6.71	14.44	7.03	1 248	7.29	5.23
420	600587	新华医疗	60.84	17.16	7.81	11.37	13.15	11.35	659	16.23	28.03
421	000915	山大华特	60.81	24.33	7.26	10.22	9.00	10.00	609	8.62	17.69
422	000759	武汉中百	60.79	19.64	9.03	10.19	11.66	10.27	543	13.15	12.52
423	000939	凯迪电力	60.72	22.86	6.04	6.86	14.07	10.89	537	17.79	15.64
424	600827	友谊股份	60.71	25.68	9.29	8.80	8.03	8.91	309	18.64	18.42
425	000630	铜陵有色	60.71	18.82	12.38	4.07	15.72	9.72	552	22.15	35.05
426	002006	精功科技	60.70	25.47	7.02	4.58	13.63	10.00	1 421	14.29	45.05
427	002011	盾安环境	60.64	20.97	8.12	8.84	10.93	11.78	404	17.08	24.83
428	601958	金钼股份	60.62	18.80	7.85	14.96	11.80	7.21	1 057	19.06	24.24
429	600995	文山电力	60.60	19.92	15.00	7.50	8.46	9.72	519	8.50	11.66
430	600801	华新水泥	60.58	24.10	11.19	6.43	10.02	8.84	261	23.75	30.10

续表

序号	评价单位代码	单位名称	分项得分						上年排名	年初股价（元）	年末股价（元）
			小计	财务效益	资产质量	偿债风险	发展能力	市场表现			
431	002281	光迅科技	60.58	21.31	7.43	12.07	8.83	10.94	321	33.21	45.89
432	600580	卧龙电气	60.57	19.36	7.92	10.18	12.82	10.29	251	18.21	16.79
433	600004	白云机场	60.56	23.83	9.07	10.30	8.69	8.67	416	10.15	8.82
434	000652	泰达股份	60.55	21.40	10.41	6.02	12.96	9.76	544	8.25	7.78
435	000989	九芝堂	60.52	20.72	7.82	14.80	6.91	10.27	349	14.28	14.84
436	002271	东方雨虹	60.46	19.18	8.15	7.10	15.75	10.28	785	49.97	39.40
437	002243	通产丽星	60.41	21.32	9.12	11.04	9.54	9.39	477	12.54	14.28
438	002085	万丰奥威	60.41	22.01	9.86	11.45	10.00	7.09	657	11.84	12.10
439	002218	拓日新能	60.39	19.77	7.62	8.96	14.27	9.77	1 251	24.38	24.58
440	600845	宝信软件	60.38	23.77	6.92	11.46	9.78	8.45	392	31.56	26.43
441	600079	人福医药	60.38	21.24	6.80	8.85	13.49	10.00	297	14.16	25.48
442	000811	烟台冰轮	60.37	22.84	7.45	8.64	10.14	11.30	817	13.36	19.78
443	600581	八一钢铁	60.33	25.86	13.50	4.74	13.02	3.21	938	16.00	11.34
444	600557	康缘药业	60.27	21.89	7.36	10.11	10.98	9.93	793	20.95	18.68
445	600615	丰华股份	60.26	14.54	15.00	13.38	11.22	6.12	1 282	12.18	9.25
446	600828	成商集团	60.17	23.87	10.01	8.31	8.28	9.70	478	22.48	18.23
447	600266	北京城建	60.17	31.24	0.00	7.90	13.56	7.47	184	17.89	12.21
448	002302	西部建设	60.17	19.47	9.61	10.42	11.52	9.15	245	31.79	19.74
449	002313	日海通讯	60.05	20.33	6.22	12.19	10.75	10.56	324	40.82	57.70
450	600784	鲁银投资	60.00	17.87	14.01	6.74	11.68	9.70	834	8.87	11.14
451	000776	广发证券	59.99							10.55	53.14
452	002287	奇正藏药	59.96	21.62	6.96	14.99	7.44	8.95	292	24.15	24.87
453	600088	中视传媒	59.95	18.08	13.16	13.41	4.36	10.94	462	15.77	15.94
454	600143	金发科技	59.91	21.27	8.08	8.45	12.85	9.26	695	10.57	16.11
455	600101	明星电力	59.85	19.08	14.07	8.75	9.00	8.95	294	8.79	13.30
456	000407	胜利股份	59.84	22.92	8.40	7.61	12.92	7.99	745	8.73	8.11
457	000541	佛山照明	59.82	19.34	7.70	14.99	7.66	10.13	414	10.39	16.59
458	000698	沈阳化工	59.81	17.30	14.67	6.94	11.75	9.15	1 061	8.22	8.48
459	000970	中科三环	59.80	20.93	7.48	8.94	12.45	10.00	1 066	9.21	27.98
460	600267	海正药业	59.79	23.04	8.78	8.61	9.62	9.74	275	24.13	38.48
461	600015	华夏银行	59.78						1 371	12.42	10.9
462	002012	凯恩股份	59.77	23.32	7.22	7.98	12.90	8.35	502	12.25	15.09
463	002099	海翔药业	59.76	22.13	8.02	10.11	9.50	10.00	1 052	11.87	23.80
464	600187	国中水务	59.72	19.76	5.75	8.59	13.65	11.97	1 149	7.61	12.44
465	002004	华邦制药	59.71	23.58	6.71	10.32	7.94	11.16	362	44.28	52.74
466	600673	东阳光铝	59.69	19.85	7.90	7.35	14.59	10.00	1 046	8.16	18.33
467	002262	恩华药业	59.62	19.78	8.91	9.92	9.89	11.12	798	18.74	23.70
468	600210	紫江企业	59.55	26.76	7.66	8.00	9.85	7.28	256	7.86	5.78
469	600507	方大特钢	59.54	19.69	13.56	6.28	10.21	9.80	1 009	9.18	6.46

续表

序号	评价单位代码	单位名称	分项得分						上年排名	年初股价（元）	年末股价（元）
			小计	财务效益	资产质量	偿债风险	发展能力	市场表现			
470	601299	中国北车	59.52	17.89	7.55	7.95	15.82	10.31	690	6.13	7.09
471	600636	三爱富	59.52	20.05	9.55	7.36	12.14	10.42	1 054	9.65	14.67
472	002317	众生药业	59.52	21.09	6.52	14.99	8.19	8.73	311	70.77	44.93
473	000961	中南建设	59.43	23.28	5.68	5.48	17.91	7.08	104	22.39	11.43
474	300019	硅宝科技	59.42	20.04	7.00	14.99	8.61	8.78	235	43.74	21.75
475	000881	大连国际	59.41	23.80	6.73	8.68	9.59	10.61	963	8.55	10.64
476	600584	长电科技	59.38	18.88	9.16	9.20	12.74	9.40	1 074	8.75	11.08
477	000544	中原环保	59.29	22.12	7.62	10.82	8.13	10.60	717	10.31	12.55
478	600167	联美控股	59.28	19.02	11.65	11.41	9.18	8.02	305	10.53	9.63
479	600121	郑州煤电	59.27	15.94	15.00	7.42	13.12	7.79	508	12.74	12.40
480	600976	武汉健民	59.26	17.37	10.54	14.32	6.36	10.67	511	14.95	22.85
481	600500	中化国际	59.23	19.49	8.72	8.06	14.08	8.88	754	11.87	11.85
482	002306	湘鄂情	59.18	16.67	11.91	14.87	6.83	8.90	65	33.36	28.70
483	600386	北巴传媒	59.14	19.24	13.40	11.75	9.66	5.09	413	14.60	10.24
484	600548	深高速	59.09	22.40	7.71	6.72	14.23	8.03	860	5.94	4.95
485	600122	宏图高科	59.08	17.84	12.51	8.94	12.53	7.26	425	17.30	13.92
486	002280	新世纪	59.08	18.04	8.25	14.99	9.01	8.79	277	41.25	23.46
487	601002	晋亿实业	59.06	19.67	7.26	9.16	12.97	10.00	1 401	7.93	13.75
488	002150	江苏通润	59.06	19.05	8.88	10.65	9.53	10.95	453	16.55	15.52
489	600676	交运股份	59.05	18.15	11.02	10.41	12.49	6.98	452	8.35	7.05
490	600354	敦煌种业	59.05	23.60	8.50	6.27	10.68	10.00	535	18.15	36.30
491	002284	亚太股份	59.03	20.41	8.65	10.63	10.31	9.03	101	44.10	24.30
492	600009	上海机场	58.98	26.53	6.77	10.15	11.41	4.12	702	17.42	12.39
493	600529	山东药玻	58.96	20.63	6.88	11.90	9.18	10.37	533	14.94	16.97
494	600409	三友化工	58.96	18.30	13.42	7.33	11.78	8.13	1 176	8.62	8.26
495	000963	华东医药	58.91	23.91	6.25	8.08	8.51	12.16	329	18.40	32.87
496	000582	北海港	58.91	19.83	13.31	7.58	11.18	7.01	661	15.35	12.82
497	600498	烽火通信	58.89	20.36	7.01	10.49	9.72	11.31	326	26.72	41.36
498	002327	富安娜	58.87	21.18	9.37	9.26	10.09	8.97	211	39.66	39.49
499	002275	桂林三金	58.85	24.35	7.74	14.99	2.67	9.10	183	28.07	24.94
500	600196	复星医药	58.83	22.26	6.00	8.60	11.73	10.24	224	19.57	13.47
501	000850	华茂股份	58.81	19.96	7.76	7.16	14.57	9.36	988	8.35	8.94
502	000028	一致药业	58.80	24.66	6.85	5.03	12.05	10.21	498	27.68	33.00
503	600527	江南高纤	58.79	20.08	10.38	8.08	10.43	9.82	549	7.43	10.14
504	600325	华发股份	58.79	25.64	7.46	9.59	14.06	2.04	524	18.74	10.14
505	600329	中新药业	58.71	20.94	8.39	9.08	9.69	10.61	562	21.60	14.55
506	002222	福晶科技	58.71	20.45	3.14	14.99	10.55	9.58	1 108	11.38	18.40
507	002212	南洋股份	58.70	20.02	7.67	8.85	12.07	10.09	844	17.90	22.60
508	300014	亿纬锂能	58.68	19.74	5.25	14.36	11.00	8.33	656	39.55	25.68

续表

序号	评价单位代码	单位名称	分项得分						上年排名	年初股价（元）	年末股价（元）
			小计	财务效益	资产质量	偿债风险	发展能力	市场表现			
509	600516	方大炭素	58.64	20.83	6.48	8.77	13.51	9.05	1 472	10.21	14.01
510	002315	焦点科技	58.60	21.64	0.00	14.99	11.38	10.59	584	69.18	76.95
511	601139	深圳燃气	58.57	18.32	14.69	7.64	11.21	6.71	193	16.78	12.41
512	000522	白云山 A	58.55	21.68	9.60	7.35	10.25	9.67	894	13.40	17.12
513	600597	光明乳业	58.51	16.97	10.58	9.98	11.11	9.87	594	9.53	10.26
514	600105	永鼎股份	58.51	21.90	6.91	7.45	12.25	10.00	1 019	11.02	14.59
515	002232	启明信息	58.50	17.49	12.73	9.78	12.01	6.49	131	17.34	22.99
516	002303	美盈森	58.48	20.75	5.76	13.91	7.40	10.66	212	31.50	41.92
517	000798	中水渔业	58.46	15.29	10.44	14.99	7.99	9.75	1 093	8.01	9.66
518	600219	南山铝业	58.39	19.73	9.58	11.18	11.86	6.04	264	13.23	9.70
519	600533	栖霞建设	58.34	20.53	8.69	8.07	12.71	8.34	852	6.71	5.01
520	000985	大庆华科	58.28	15.71	13.94	13.70	6.48	8.45	504	14.86	14.30
521	601168	西部矿业	58.26	21.13	10.09	9.45	10.38	7.21	480	14.70	18.84
522	600592	龙溪股份	58.24	17.35	6.35	11.97	13.22	9.35	908	11.83	11.84
523	600269	赣粤高速	58.16	26.32	7.80	8.98	10.46	4.60	112	8.69	5.57
524	600332	广州药业	58.11	16.78	9.53	11.77	8.34	11.69	591	11.37	20.69
525	300001	特锐德	58.10	21.36	6.10	11.07	10.08	9.49	379	42.24	43.00
526	600017	日照港	58.08	20.63	11.60	7.40	10.53	7.92	194	6.91	4.08
527	600857	工大首创	58.07	14.28	15.00	11.56	8.33	8.90	646	9.75	9.07
528	000988	华工科技	58.05	20.87	5.28	9.52	10.85	11.53	583	14.81	19.24
529	600891	ST 秋林	58.02	19.91	6.04	10.35	10.29	11.43	1 435	8.85	15.23
530	000027	深圳能源	58.02	23.26	10.33	9.73	7.28	7.42	126	13.56	10.09
531	002028	思源电气	58.01	24.87	5.01	13.04	6.49	8.60	170	26.88	26.27
532	000833	贵糖股份	58.00	18.97	10.28	10.76	8.87	9.12	1 099	11.19	12.46
533	600626	申达股份	57.97	17.39	13.07	10.68	7.65	9.18	751	8.10	6.83
534	600783	鲁信创投	57.86	26.36	1.62	7.98	13.05	8.85	1 544	23.67	34.72
535	002324	普利特	57.86	19.44	7.94	9.92	10.49	10.07	59	34.62	40.36
536	600647	同达创业	57.85	22.75	7.58	10.73	5.86	10.93	103	18.97	13.53
537	002219	独一味	57.83	22.29	4.90	13.54	8.46	8.64	603	24.92	15.88
538	600366	宁波韵升	57.82	19.50	7.63	10.40	10.29	10.00	495	15.35	26.01
539	600606	金丰投资	57.76	18.47	15.00	5.49	11.62	7.18	629	10.15	7.23
540	600273	华芳纺织	57.75	19.70	11.17	6.83	10.74	9.31	1 481	13.41	13.36
541	600006	东风汽车	57.72	16.55	11.58	10.67	12.41	6.51	395	6.86	4.84
542	000978	桂林旅游	57.72	16.71	7.25	7.78	14.50	11.48	1 090	12.09	13.35
543	600841	上柴股份	57.68	13.48	12.39	12.02	11.35	8.44	731	19.27	15.86
544	600993	马应龙	57.66	19.86	8.27	11.05	8.17	10.31	158	38.34	45.63
545	600118	中国卫星	57.65	17.73	8.12	11.22	10.58	10.00	332	24.22	24.82
546	002097	山河智能	57.64	18.54	6.36	7.43	15.34	9.97	1 032	21.06	16.75
547	000590	紫光古汉	57.64	23.16	6.91	9.39	8.18	10.00	1 576	7.73	15.27

续表

序号	评价单位代码	单位名称	分项得分						上年排名	年初股价（元）	年末股价（元）
			小计	财务效益	资产质量	偿债风险	发展能力	市场表现			
548	002246	北化股份	57.57	12.82	12.36	14.02	11.62	6.75	800	18.35	17.29
549	002130	沃尔核材	57.55	21.00	7.85	8.90	9.80	10.00	485	19.33	23.13
550	600011	华能国际	57.54	20.17	12.99	3.80	12.80	7.78	369	8.01	5.76
551	600787	中储股份	57.53	15.62	15.00	10.34	8.72	7.85	402	9.69	7.90
552	600236	桂冠电力	57.53	27.78	9.85	3.62	7.64	8.64	856	7.87	4.40
553	601007	金陵饭店	57.51	18.85	6.74	12.55	9.21	10.16	596	8.47	9.60
554	600586	金晶科技	57.51	22.52	9.32	7.58	11.28	6.81	528	16.25	13.60
555	000919	金陵药业	57.51	19.38	8.43	12.90	7.92	8.88	318	12.20	11.13
556	600126	杭钢股份	57.46	17.75	15.00	8.56	9.42	6.73	885	6.71	4.86
557	000059	辽通化工	57.39	19.11	13.43	2.00	14.72	8.13	1 348	11.62	11.59
558	600120	浙江东方	57.38	19.75	5.74	10.70	12.87	8.32	512	9.64	8.64
559	002264	新华都	57.38	18.39	9.20	10.06	10.68	9.05	468	35.00	22.35
560	600131	岷江水电	57.37	20.94	11.93	4.87	10.18	9.45	1 529	6.30	7.91
561	300009	安科生物	57.36	19.63	6.17	14.55	8.06	8.95	345	42.67	21.82
562	600708	海博股份	57.33	20.38	14.55	5.52	9.80	7.08	432	9.55	7.50
563	000716	*ST南方	57.33	21.28	8.06	7.47	10.21	10.31	1 255	9.13	13.50
564	600578	京能热电	57.31	19.16	9.65	6.12	13.65	8.73	755	10.07	10.93
565	600814	杭州解百	57.27	18.53	10.20	10.06	8.47	10.01	658	8.93	8.46
566	600132	重庆啤酒	57.27	22.21	9.77	7.03	8.26	10.00	497	23.52	55.43
567	002100	天康生物	57.26	19.50	10.90	7.02	10.88	8.96	627	22.31	19.24
568	600969	郴电国际	57.24	21.91	12.06	4.38	9.22	9.67	458	11.90	16.04
569	002049	晶源电子	57.23	18.35	7.71	13.16	8.01	10.00	514	11.29	27.10
570	600422	昆明制药	57.19	17.68	8.64	10.61	9.59	10.67	742	10.62	13.88
571	600823	世茂股份	57.18	23.32	0.00	7.66	18.62	7.58	1 086	16.66	13.51
572	002163	中航三鑫	57.18	14.28	9.28	7.06	15.18	11.38	903	14.43	16.94
573	002325	洪涛股份	57.16	18.02	9.43	11.22	8.60	9.89	263	33.18	39.00
574	000551	创元科技	57.11	15.97	8.38	9.59	11.58	11.59	611	10.72	17.37
575	000529	广弘控股	57.10	15.47	12.97	12.32	7.90	8.44	651	7.41	6.59
576	000584	友利控股	57.05	19.68	8.70	10.64	12.72	5.31	1 397	11.29	8.76
577	002228	合兴包装	57.03	16.39	8.38	8.36	13.68	10.22	527	15.76	16.30
578	600261	阳光照明	57.02	21.20	7.55	9.37	8.90	10.00	623	18.49	42.31
579	000837	秦川发展	56.96	18.88	7.96	10.29	9.96	9.87	692	11.29	13.65
580	600979	广安爱众	56.95	16.40	10.98	7.16	12.46	9.95	520	7.97	10.70
581	002217	联合化工	56.93	19.79	11.89	11.40	11.38	2.47	878	15.35	10.38
582	600496	精工钢构	56.84	19.26	10.09	8.58	9.08	9.83	328	11.84	16.40
583	002282	博深工具	56.80	18.57	6.22	14.99	6.91	10.11	617	15.88	18.70
584	002229	鸿博股份	56.79	19.49	7.41	10.40	10.94	8.55	729	19.70	18.55
585	002190	成飞集成	56.78	17.15	6.53	11.29	11.81	10.00	820	15.72	30.40
586	600467	好当家	56.72	18.33	11.18	5.97	11.41	9.83	1 058	9.87	14.45

续表

序号	评价单位代码	单位名称	分项得分						上年排名	年初股价（元）	年末股价（元）
			小计	财务效益	资产质量	偿债风险	发展能力	市场表现			
587	002237	恒邦股份	56.68	19.76	10.81	2.66	15.58	7.87	529	52.49	54.38
588	002046	轴研科技	56.68	16.89	7.34	11.29	10.88	10.28	517	15.78	23.15
589	002203	海亮股份	56.67	18.14	10.22	7.55	11.70	9.06	1 113	14.62	18.15
590	000419	通程控股	56.64	18.76	9.33	6.21	11.02	11.32	954	7.35	10.54
591	002251	步步高	56.63	19.72	8.99	10.41	7.49	10.02	510	28.12	26.05
592	000823	超声电子	56.63	19.24	8.18	10.26	9.24	9.71	701	10.11	16.29
593	000004	ST 国农	56.63	19.03	8.07	8.74	10.84	9.95	1 001	10.00	12.04
594	000616	亿城股份	56.60	23.94	11.04	7.23	6.87	7.52	12	6.89	5.12
595	600161	天坛生物	56.57	23.10	6.49	8.41	9.12	9.45	312	26.60	22.90
596	600639	浦东金桥	56.49	22.32	8.78	5.40	13.61	6.38	783	13.68	9.12
597	600246	万通地产	56.46	21.76	8.69	8.01	12.80	5.20	1 204	10.02	5.79
598	000555	ST 太光	56.46	19.21	14.00	2.33	10.60	10.32	1 632	9.02	10.41
599	600588	用友软件	56.44	19.06	9.43	11.33	5.73	10.89	90	27.66	23.26
600	000701	厦门信达	56.43	14.98	15.00	6.92	9.25	10.28	403	10.92	14.25
601	002009	天奇股份	56.42	18.47	5.59	6.52	16.19	9.65	1 431	12.56	13.97
602	000638	万方地产	56.42	21.04	15.00	10.06	7.45	2.87	322	14.09	8.52
603	002211	宏达新材	56.41	16.01	7.21	9.76	14.26	9.17	1 055	15.10	16.85
604	600898	*ST 三联	56.33	17.51	10.03	11.36	7.24	10.19	1 483	5.68	6.62
605	002132	恒星科技	56.33	17.05	8.41	8.13	12.74	10.00	807	14.20	31.55
606	600619	海立股份	56.31	17.95	9.30	7.86	11.47	9.73	811	9.29	8.69
607	300020	银江股份	56.30	16.93	6.33	10.78	10.59	11.67	302	39.98	27.55
608	300011	鼎汉技术	56.30	20.81	4.34	12.23	8.83	10.09	378	70.00	40.16
609	000159	国际实业	56.27	22.35	2.16	8.41	13.61	9.74	1 202	18.77	15.14
610	002234	民和股份	56.25	17.62	15.00	6.88	9.62	7.13	1 512	16.78	22.37
611	600778	友好集团	56.21	18.02	7.79	9.68	12.06	8.66	741	8.89	13.32
612	000761	本钢板材	56.21	18.06	12.35	7.17	10.02	8.61	1 488	7.07	6.27
613	600644	乐山电力	56.18	16.97	15.00	4.33	12.43	7.45	950	10.51	13.86
614	002225	濮耐股份	56.17	19.45	5.64	9.36	12.83	8.89	566	10.86	10.47
615	000998	隆平高科	56.15	17.60	8.81	8.57	9.19	11.98	1 104	18.61	32.57
616	000665	武汉塑料	56.15	21.02	8.92	6.29	8.44	11.48	951	8.77	15.50
617	000516	开元控股	56.13	19.45	9.40	8.95	9.02	9.31	536	8.52	5.64
618	600718	东软集团	56.12	19.26	9.43	11.46	8.60	7.37	68	22.61	16.04
619	000002	万科 A	56.12	29.43	0.00	7.33	11.85	7.51	38	10.81	8.22
620	600090	啤酒花	56.08	20.09	11.73	8.65	5.74	9.87	706	9.19	10.88
621	002165	红宝丽	56.06	19.59	9.28	6.79	12.16	8.24	205	27.74	15.09
622	600277	亿利能源	55.96	17.67	9.82	7.07	12.24	9.16	780	14.91	13.08
623	300022	吉峰农机	55.91	14.99	6.46	8.98	15.86	9.62	81	60.75	32.00
624	600116	三峡水利	55.89	17.04	10.45	7.41	11.15	9.84	735	9.34	12.48
625	000623	吉林敖东	55.87	28.25	3.59	12.95	8.87	2.21	155	49.19	34.04

续表

序号	评价单位代码	单位名称	分项得分						上年排名	年初股价（元）	年末股价（元）
			小计	财务效益	资产质量	偿债风险	发展能力	市场表现			
626	000571	新大洲A	55.84	20.25	8.16	11.52	7.94	7.97	539	7.02	6.34
627	000885	同力水泥	55.78	20.65	10.72	7.20	9.35	7.86	357	14.15	11.65
628	600668	尖峰集团	55.77	18.95	9.65	7.69	8.30	11.18	900	6.61	11.89
629	000818	*ST化工	55.74	14.09	13.99	10.05	7.73	9.88	1 628	7.95	7.93
630	600410	华胜天成	55.70	18.36	9.07	10.73	9.24	8.30	464	16.98	17.83
631	000045	深纺织A	55.69	12.72	9.08	12.37	11.77	9.75	668	13.76	16.26
632	000011	深物业A	55.69	21.22	12.97	7.93	11.20	2.37	214	10.69	6.83
633	601727	上海电气	55.68	19.72	6.56	10.66	10.65	8.09	727	9.62	8.48
634	601009	南京银行	55.61						113	19.35	9.94
635	600026	中海发展	55.59	21.85	12.20	7.89	11.39	2.26	962	14.35	9.60
636	600967	北方创业	55.56	15.32	9.70	11.35	8.97	10.22	906	12.42	14.66
637	601991	大唐发电	55.52	22.22	11.80	2.29	13.09	6.12	736	9.05	6.09
638	600070	浙江富润	55.48	16.92	11.05	8.29	8.85	10.37	728	8.95	10.44
639	600531	豫光金铅	55.42	15.42	11.73	4.65	13.62	10.00	771	21.20	33.68
640	002247	帝龙新材	55.39	17.05	8.42	12.41	9.94	7.57	417	37.65	25.30
641	000564	西安民生	55.33	14.90	9.61	6.88	13.82	10.12	888	7.36	7.82
642	600616	金枫酒业	55.32	21.84	5.27	13.51	7.83	6.87	730	17.92	13.00
643	300010	立思辰	55.32	18.12	7.19	10.00	9.91	10.10	389	32.79	26.30
644	002279	久其软件	55.32	18.57	2.26	14.99	9.82	9.68	650	50.75	30.03
645	002266	浙富股份	55.28	20.92	5.20	9.67	9.86	9.63	804	32.70	47.00
646	002177	御银股份	55.28	18.02	5.90	12.58	9.27	9.51	265	15.49	18.19
647	000429	粤高速A	55.28	21.09	8.75	6.91	8.93	9.60	794	5.46	4.82
648	000973	佛塑科技	55.25	20.40	8.76	6.60	7.62	11.87	984	9.01	15.21
649	002109	兴化股份	55.24	17.44	12.18	8.80	8.37	8.45	541	10.93	10.14
650	000969	安泰科技	55.20	17.31	7.72	10.28	10.41	9.48	614	26.52	23.18
651	000488	晨鸣纸业	55.16	20.32	8.08	8.31	9.63	8.82	676	8.56	7.06
652	600470	六国化工	55.13	13.41	11.33	10.99	10.15	9.25	689	12.90	13.16
653	000690	宝新能源	55.09	21.41	9.80	8.37	7.56	7.95	77	9.66	5.53
654	600806	昆明机床	55.07	19.13	7.15	11.40	8.84	8.55	474	14.86	9.86
655	600242	中昌海运	55.05	17.64	11.51	5.46	10.80	9.64	1 238	7.43	6.83
656	600717	天津港	55.00	21.75	11.07	9.43	10.16	2.59	672	12.43	8.34
657	000960	锡业股份	55.00	18.72	10.29	5.60	14.57	5.82	890	30.84	32.70
658	600779	水井坊	54.96	22.15	8.65	10.57	3.86	9.73	161	22.91	22.20
659	002159	三特索道	54.92	19.74	9.13	6.61	9.02	10.42	662	14.28	18.22
660	601989	中国重工	54.91	17.76	6.18	10.21	9.91	10.85	492	7.81	11.79
661	600573	惠泉啤酒	54.91	15.86	10.72	14.40	2.65	11.28	331	11.29	12.46
662	000860	顺鑫农业	54.88	19.20	11.97	5.47	8.74	9.50	909	17.67	22.75
663	002055	得润电子	54.86	18.23	7.03	6.54	13.06	10.00	1 027	15.24	27.43
664	000906	南方建材	54.84	12.33	10.20	6.72	16.14	9.45	936	10.10	9.84

续表

序号	评价单位代码	单位名称	分项得分						上年排名	年初股价（元）	年末股价（元）
			小计	财务效益	资产质量	偿债风险	发展能力	市场表现			
665	600523	贵航股份	54.83	17.40	7.80	10.64	9.19	9.80	593	16.01	23.92
666	600684	珠江实业	54.81	23.07	5.41	8.06	10.60	7.67	705	13.20	11.38
667	600973	宝胜股份	54.80	16.92	10.67	7.05	11.17	8.99	590	19.90	21.22
668	600059	古越龙山	54.78	16.24	5.92	10.10	12.46	10.06	1166	9.75	13.65
669	002164	东力传动	54.78	17.74	5.31	9.93	12.24	9.56	694	18.09	19.06
670	600439	瑞贝卡	54.73	17.83	6.67	7.55	12.31	10.37	1 105	11.68	13.09
671	600503	华丽家族	54.71	21.88	0.00	6.43	17.61	8.79	1 368	13.48	14.87
672	002263	大东南	54.68	17.08	8.23	7.50	11.89	9.98	1 161	8.55	9.95
673	000893	东凌粮油	54.68	20.60	12.24	4.29	10.28	7.27	587	28.85	25.86
674	000920	南方汇通	54.66	15.78	9.14	12.87	6.22	10.65	1 186	7.26	9.72
675	002070	众和股份	54.63	17.00	7.09	7.83	12.25	10.46	660	8.42	8.82
676	002256	彩虹精化	54.53	12.59	9.56	13.41	7.19	11.78	440	14.49	16.09
677	002151	北斗星通	54.48	16.46	6.19	9.96	11.91	9.96	133	33.73	43.71
678	600218	全柴动力	54.44	14.58	9.99	10.65	9.22	10.00	463	9.56	16.94
679	002272	川润股份	54.40	16.53	6.51	10.54	11.58	9.24	708	27.25	26.92
680	600577	精达股份	54.39	15.10	10.46	6.14	12.28	10.41	761	8.05	10.49
681	002044	江苏三友	54.39	15.07	10.98	12.32	6.02	10.00	542	8.06	15.11
682	600674	川投能源	54.36	20.41	7.99	6.58	10.31	9.07	773	16.20	14.74
683	600288	大恒科技	54.34	16.07	10.34	9.41	9.67	8.85	678	10.76	12.61
684	002026	山东威达	54.34	16.56	7.04	12.44	8.98	9.32	636	12.88	14.78
685	600558	大西洋	54.32	15.30	10.60	9.35	8.99	10.08	642	18.81	18.82
686	600487	亨通光电	54.31	20.86	6.84	8.53	8.65	9.43	197	31.96	40.60
687	600765	中航重机	54.30	17.33	6.21	8.60	13.53	8.63	525	22.10	18.94
688	000828	东莞控股	54.27	21.84	7.14	8.26	8.69	8.34	839	7.71	6.61
689	600812	华北制药	54.26	16.19	10.87	3.29	14.25	9.66	1 601	11.70	15.71
690	600268	国电南自	54.24	16.55	5.45	7.27	13.02	11.95	941	19.80	27.08
691	600601	方正科技	54.22	12.61	12.30	9.56	10.39	9.36	823	5.15	4.09
692	600100	同方股份	54.19	16.31	8.14	8.39	10.88	10.47	696	18.73	26.51
693	000537	广宇发展	54.17	20.21	15.00	8.27	8.81	1.88	792	14.28	8.26
694	600428	中远航运	54.16	17.34	12.61	7.97	9.91	6.33	1 193	10.55	8.34
695	600382	广东明珠	54.13	21.16	6.22	11.99	5.98	8.78	1 173	8.88	9.63
696	000050	深天马 A	54.06	15.77	8.28	6.35	13.66	10.00	1 451	6.65	14.96
697	600416	湘电股份	54.03	17.11	5.86	6.70	13.86	10.50	505	24.10	29.74
698	600486	扬农化工	54.02	19.93	8.40	13.00	6.35	6.34	399	39.19	25.57
699	600345	长江通信	54.00	15.56	7.12	9.68	11.31	10.33	873	13.49	16.33
700	002176	江特电机	54.00	15.37	6.68	9.42	12.53	10.00	1 337	13.35	29.91
701	600176	中国玻纤	53.99	22.92	5.57	2.54	13.52	9.44	1 627	18.68	25.40
702	600991	广汽长丰	53.98	16.66	11.65	7.18	9.77	8.72	965	11.34	14.07
703	002210	飞马国际	53.98	11.75	9.75	7.40	14.78	10.30	1 331	12.00	10.85

续表

序号	评价单位代码	单位名称	分项得分						上年排名	年初股价（元）	年末股价（元）
			小计	财务效益	资产质量	偿债风险	发展能力	市场表现			
704	000976	春晖股份	53.98	15.59	13.41	7.64	7.86	9.48	1 490	4.90	4.50
705	000034	深信泰丰	53.98	14.81	13.76	11.40	4.20	9.81	756	8.80	8.28
706	300029	天龙光电	53.95	18.23	2.25	12.81	11.23	9.43	371	29.10	30.85
707	002255	海陆重工	53.95	19.91	5.67	11.23	7.86	9.28	284	55.36	43.90
708	002025	航天电器	53.93	18.36	4.29	14.72	8.76	7.80	738	13.34	12.91
709	000968	煤气化	53.91	19.24	7.78	9.81	8.05	9.03	487	21.35	25.97
710	002172	澳洋科技	53.90	14.72	12.31	7.13	10.92	8.82	243	13.07	9.18
711	000897	津滨发展	53.90	15.80	15.00	5.17	10.08	7.85	1 330	5.89	5.21
712	002179	中航光电	53.87	19.55	5.22	9.86	10.82	8.42	674	21.07	18.46
713	300016	北陆药业	53.86	20.03	5.37	14.99	4.23	9.24	281	34.80	19.11
714	600757	*ST源发	53.85	18.94	14.00	6.28	3.52	11.11	1 486	5.93	7.35
715	002058	威尔泰	53.85	16.58	6.19	13.91	6.82	10.35	972	15.69	18.70
716	002115	三维通信	53.83	19.57	6.07	9.83	9.41	8.95	384	25.80	18.48
717	002062	宏润建设	53.82	20.82	9.34	3.94	9.51	10.21	157	20.07	13.45
718	002045	广州国光	53.79	16.06	7.00	6.69	13.85	10.19	600	14.12	17.92
719	601390	中国中铁	53.75	18.57	10.55	5.72	13.18	5.73	465	6.30	4.33
720	002328	新朋股份	53.75	17.94	7.66	14.99	5.73	7.43	303	26.55	20.16
721	000629	攀钢钒钛	53.71	17.00	10.27	4.73	8.92	12.79	1 409	7.68	11.54
722	000721	西安饮食	53.69	13.50	15.00	8.56	4.97	11.66	490	7.93	11.87
723	600721	ST百花	53.67	20.47	3.93	5.38	15.06	8.83	1 249	13.59	14.06
724	600651	飞乐音响	53.66	16.40	8.45	9.08	9.79	9.94	917	9.48	11.91
725	600415	小商品城	53.63	23.93	4.49	7.99	5.69	11.53	247	44.73	35.04
726	600337	美克股份	53.61	15.36	7.33	9.17	12.75	9.00	864	9.42	10.63
727	600631	百联股份	53.58	22.44	9.67	7.99	6.13	7.35	460	18.02	15.25
728	002309	中利科技	53.58	18.36	7.52	8.77	11.93	7.00	764	61.21	28.65
729	000929	兰州黄河	53.57	20.28	8.22	9.35	6.22	9.50	1 111	9.46	11.94
730	600152	维科精华	53.56	15.75	9.13	7.50	12.28	8.90	1 241	7.18	7.17
731	600834	申通地铁	53.52	17.60	13.89	7.97	7.33	6.73	588	12.77	10.72
732	600789	鲁抗医药	53.52	17.70	8.28	8.99	9.05	9.50	935	6.82	8.51
733	002199	东晶电子	53.51	18.68	7.58	8.47	8.65	10.13	827	21.06	19.08
734	002098	浔兴股份	53.50	18.78	7.79	7.52	9.39	10.02	1 087	11.13	16.00
735	600791	京能置业	53.49	26.58	0.00	5.75	13.32	7.84	1 527	7.50	6.23
736	000852	江钻股份	53.49	18.92	7.33	10.51	8.27	8.46	810	12.61	11.50
737	002129	中环股份	53.46	15.81	6.93	7.24	13.48	10.00	1 615	9.10	27.93
738	002030	达安基因	53.45	18.52	5.47	11.83	8.51	9.12	772	15.98	13.87
739	600313	*ST中农	53.44	9.37	15.00	12.32	6.56	10.19	1 342	7.53	6.73
740	002198	嘉应制药	53.44	18.74	3.96	11.59	9.06	10.09	877	21.99	16.97
741	600037	歌华有线	53.42	15.45	6.66	13.05	10.11	8.15	608	14.19	12.50
742	002168	深圳惠程	53.41	18.02	3.60	10.12	11.67	10.00	428	20.50	38.71

续表

序号	评价单位代码	单位名称	分项得分						上年排名	年初股价（元）	年末股价（元）
			小计	财务效益	资产质量	偿债风险	发展能力	市场表现			
743	000507	珠海港	53.38	23.44	4.33	9.77	5.25	10.59	1 183	9.46	12.63
744	600493	凤竹纺织	53.35	18.00	7.93	6.70	10.73	9.99	1 028	8.56	8.88
745	000036	华联控股	53.35	24.96	7.46	12.73	6.04	2.16	191	6.54	3.93
746	600370	三房巷	53.32	15.87	8.68	13.11	7.71	7.95	893	7.54	6.31
747	600497	驰宏锌锗	53.30	20.88	8.72	7.34	9.15	7.21	401	26.45	25.69
748	600145	*ST 四维	53.28	16.97	7.05	12.14	8.14	8.98	1 660	7.91	8.33
749	600559	老白干酒	53.27	17.78	9.71	7.26	9.24	9.28	803	25.00	37.65
750	002276	万马电缆	53.26	16.05	8.40	8.73	10.68	9.40	1 020	29.70	15.24
751	000014	沙河股份	53.23	19.29	15.00	7.38	8.39	3.17	139	15.50	9.19
752	002300	太阳电缆	53.19	18.79	9.48	5.63	10.62	8.67	580	33.33	20.28
753	600398	凯诺科技	53.17	15.37	7.40	14.18	6.98	9.24	799	5.59	5.78
754	600318	巢东股份	53.16	15.29	12.91	4.99	9.33	10.64	1 360	8.14	11.67
755	600240	华业地产	53.11	18.68	5.45	6.16	15.12	7.70	1 184	8.14	7.45
756	600148	长春一东	53.06	16.04	7.62	9.24	11.83	8.33	1 569	11.73	13.81
757	600711	雄震矿业	53.03	12.05	4.62	9.90	15.00	11.46	1 585	11.29	21.38
758	600746	江苏索普	53.02	13.35	13.65	12.11	6.85	7.06	700	9.37	7.35
759	600137	浪莎股份	53.01	17.80	7.27	9.07	11.79	7.08	441	19.14	17.36
760	000868	安凯客车	52.99	14.98	9.74	8.55	11.76	7.96	1 022	13.65	11.36
761	000793	华闻传媒	52.97	22.27	0.00	12.63	10.32	7.75	421	7.02	5.88
762	000659	珠海中富	52.97	18.98	8.25	7.17	9.12	9.45	711	7.82	7.90
763	600061	中纺投资	52.95	11.23	11.94	9.41	11.11	9.26	1 119	10.20	13.25
764	600662	强生控股	52.91	18.52	10.63	9.86	6.64	7.26	681	8.59	7.20
765	600479	千金药业	52.91	17.25	9.67	13.32	3.64	9.03	394	26.88	18.37
766	600226	升华拜克	52.89	17.40	8.33	10.06	7.28	9.82	911	12.19	10.81
767	000626	如意集团	52.83	13.18	9.99	5.07	14.43	10.16	1 000	8.40	8.08
768	600990	四创电子	52.82	18.35	5.87	9.61	9.71	9.28	734	52.09	31.67
769	600477	杭萧钢构	52.81	16.55	9.50	6.09	10.53	10.14	784	9.72	9.03
770	000799	酒鬼酒	52.76	16.01	7.05	9.40	11.42	8.88	1 167	16.67	21.80
771	000400	许继电气	52.73	17.57	5.42	9.32	10.00	10.42	828	22.80	33.28
772	600446	金证股份	52.71	14.25	11.04	11.26	8.53	7.63	438	15.04	14.04
773	000949	新乡化纤	52.69	16.12	10.57	6.99	11.70	7.31	712	7.13	6.09
774	002183	怡亚通	52.68	15.64	12.74	5.90	9.34	9.06	1 408	17.28	11.86
775	000611	时代科技	52.64	15.41	6.83	12.10	9.04	9.26	1 024	6.43	6.67
776	002196	方正电机	52.63	15.26	7.26	8.47	11.66	9.98	1 312	22.70	32.55
777	300036	超图软件	52.62	17.62	3.19	12.88	9.74	9.19	188	38.31	32.20
778	600435	中兵光电	52.61	18.29	6.19	10.11	9.29	8.73	373	23.38	15.91
779	002119	康强电子	52.56	15.50	7.44	7.39	12.66	9.57	1 056	9.66	12.35
780	002039	黔源电力	52.56	18.82	7.47	0.00	16.21	10.06	1 219	18.40	21.09
781	600475	华光股份	52.54	18.51	6.94	7.26	10.09	9.74	1 031	18.69	23.89

续表

序号	评价单位代码	单位名称	分项得分						上年排名	年初股价（元）	年末股价（元）
			小计	财务效益	资产质量	偿债风险	发展能力	市场表现			
782	600466	迪康药业	52.52	14.40	7.81	14.99	6.68	8.64	720	10.64	9.76
783	002160	常铝股份	52.51	16.77	8.87	6.11	11.23	9.53	1 366	13.39	16.14
784	002043	兔宝宝	52.46	14.31	9.59	7.21	8.51	12.84	1 145	6.94	12.20
785	000506	中润投资	52.46	24.63	0.00	7.81	11.77	8.25	818	8.21	11.26
786	002111	威海广泰	52.41	18.67	4.78	8.64	11.24	9.08	976	23.98	25.20
787	600485	中创信测	52.40	16.79	4.37	12.60	10.14	8.50	1 205	17.29	18.66
788	600114	东睦股份	52.40	18.11	7.81	6.50	8.40	11.58	1 432	7.04	11.50
789	600075	新疆天业	52.39	16.68	11.26	6.30	7.59	10.56	1 154	9.44	12.35
790	300004	南风股份	52.39	18.79	4.15	9.73	8.71	11.01	499	39.16	53.00
791	300033	同花顺	52.37	20.67	0.00	14.99	8.39	8.32	391	70.86	35.50
792	000905	厦门港务	52.37	17.34	8.42	11.38	6.99	8.24	1 159	8.38	7.19
793	002258	利尔化学	52.36	17.33	6.94	14.99	6.52	6.58	433	24.60	18.10
794	000539	粤电力 A	52.35	18.59	11.52	5.47	8.28	8.49	320	7.83	5.88
795	600595	中孚实业	52.34	16.28	12.22	2.80	12.88	8.16	503	25.99	13.80
796	002253	川大智胜	52.32	19.37	3.55	12.80	7.66	8.94	955	36.41	39.87
797	000927	一汽夏利	52.31	13.87	14.71	7.56	9.07	7.10	631	11.90	8.15
798	600307	酒钢宏兴	52.29	19.13	12.83	6.99	10.91	2.43	246	15.17	9.45
799	002205	国统股份	52.26	15.97	4.92	7.90	12.28	11.19	409	20.00	31.25
800	002180	万力达	52.25	16.54	4.19	14.99	8.10	8.43	999	23.26	20.50
801	002066	瑞泰科技	52.24	16.37	6.17	7.86	14.08	7.76	815	19.31	17.34
802	600158	中体产业	52.22	18.40	6.95	10.63	9.47	6.77	1 261	8.25	7.47
803	600862	南通科技	52.20	13.98	5.70	8.87	16.54	7.11	825	12.90	11.78
804	600290	华仪电气	52.19	17.32	5.85	8.50	11.98	8.54	605	16.04	14.96
805	002031	巨轮股份	52.17	19.27	6.06	7.34	11.27	8.23	713	12.83	13.54
806	000685	中山公用	52.15	25.97	7.84	8.25	10.09	0.00	254	30.47	17.46
807	600255	鑫科材料	52.09	11.92	13.73	8.47	6.72	11.25	1 065	7.13	11.49
808	000428	华天酒店	52.07	18.13	8.46	6.87	8.80	9.81	481	8.70	9.41
809	601008	连云港	52.05	16.27	12.31	6.56	9.12	7.79	934	7.70	6.23
810	300007	汉威电子	52.05	18.29	2.30	14.42	9.40	7.64	397	44.01	19.86
811	600333	长春燃气	52.02	13.64	12.01	10.51	8.26	7.60	719	11.77	12.69
812	000026	飞亚达 A	52.02	15.88	5.17	6.33	13.70	10.94	974	13.07	17.69
813	600722	*ST 金化	51.93	18.86	13.71	5.16	5.47	8.73	1 179	6.25	6.96
814	600618	氯碱化工	51.90	14.38	13.58	8.41	7.00	8.53	1 485	8.64	8.12
815	000722	*ST 金果	51.87	6.75	12.87	13.26	8.80	10.19	1 561	9.03	7.72
816	600743	华远地产	51.85	24.26	0.00	6.41	15.35	5.83	940	10.06	5.72
817	300034	钢研高纳	51.81	15.94	5.66	14.99	7.33	7.89	151	34.53	35.40
818	600481	双良节能	51.79	17.57	9.19	8.32	8.22	8.49	255	21.19	16.60
819	000566	海南海药	51.79	16.58	6.68	6.81	8.98	12.74	723	15.56	29.68
820	600356	恒丰纸业	51.77	18.18	7.86	10.04	6.24	9.45	493	13.12	10.93

续表

序号	评价单位代码	单位名称	分项得分						上年排名	年初股价（元）	年末股价（元）
			小计	财务效益	资产质量	偿债风险	发展能力	市场表现			
821	600330	天通股份	51.76	14.82	7.88	8.52	10.54	10.00	1 591	6.02	17.29
822	000830	鲁西化工	51.75	17.32	12.36	3.26	10.43	8.38	892	6.16	6.14
823	002057	中钢天源	51.74	12.27	9.27	8.68	11.52	10.00	1 234	11.55	26.41
824	000099	中信海直	51.72	18.49	6.88	9.69	8.29	8.37	866	7.78	11.26
825	300017	网宿科技	51.66	14.25	8.68	14.99	8.29	5.45	359	42.71	16.84
826	601186	中国铁建	51.65	12.51	12.63	6.51	11.73	8.27	145	9.14	6.78
827	600426	华鲁恒升	51.64	17.58	12.18	8.36	11.57	1.95	87	23.49	13.83
828	600804	鹏博士	51.54	15.69	8.65	11.02	11.20	4.98	363	10.85	8.67
829	600635	大众公用	51.53	18.13	12.25	6.77	9.08	5.30	622	10.70	6.67
830	600005	武钢股份	51.52	18.92	13.00	6.27	11.47	1.86	880	8.28	4.28
831	002090	金智科技	51.52	14.72	7.37	8.87	10.69	9.87	767	20.61	13.56
832	000411	英特集团	51.49	18.15	7.22	4.35	10.80	10.97	995	7.21	10.36
833	000635	英力特	51.48	21.23	12.83	2.62	8.79	6.01	925	18.70	15.25
834	600117	西宁特钢	51.46	19.35	10.43	3.99	11.06	6.63	1 276	10.49	8.81
835	000777	中核科技	51.45	14.30	5.16	11.53	10.46	10.00	918	19.51	35.14
836	601003	柳钢股份	51.43	19.39	12.83	4.65	12.65	1.91	664	8.39	4.94
837	000712	锦龙股份	51.42	23.94	5.80	9.10	5.73	6.85	597	21.40	17.45
838	300006	莱美药业	51.41	17.07	6.30	10.00	8.67	9.37	489	33.43	36.68
839	000756	新华制药	51.41	15.74	10.19	9.77	7.03	8.68	534	8.42	7.67
840	600378	天科股份	51.40	16.38	7.46	12.78	5.97	8.81	775	11.28	17.20
841	000715	中兴商业	51.38	16.27	10.20	10.17	3.90	10.84	439	11.43	15.03
842	600388	龙净环保	51.35	19.28	6.31	10.42	6.13	9.21	207	34.34	33.83
843	000829	天音控股	51.35	18.83	7.29	7.59	9.70	7.94	457	13.39	11.76
844	600666	西南药业	51.27	17.63	7.55	7.46	8.94	9.69	850	11.69	11.27
845	600613	永生投资	51.27	13.16	6.94	14.76	7.28	9.13	1 516	13.07	12.34
846	002208	合肥城建	51.27	18.84	5.41	7.54	10.09	9.39	128	21.48	10.98
847	002191	劲嘉股份	51.22	23.59	6.92	10.37	3.26	7.08	360	14.44	11.38
848	600725	云维股份	51.21	17.39	10.98	2.82	14.40	5.62	802	21.33	9.45
849	600723	西单商场	51.18	14.17	9.51	11.22	7.33	8.95	832	10.87	12.65
850	002125	湘潭电化	51.18	17.82	8.29	7.49	9.74	7.84	905	18.15	25.76
851	002013	中航精机	51.17	15.51	6.96	10.34	8.36	10.00	821	13.72	32.54
852	000878	云南铜业	51.17	18.13	10.69	2.18	12.81	7.36	928	30.61	27.50
853	002087	新野纺织	51.16	13.35	8.66	5.93	13.56	9.66	1 151	6.91	5.67
854	000523	广州浪奇	51.16	10.12	10.39	9.66	8.22	12.77	879	8.27	14.70
855	000957	中通客车	51.14	14.01	8.54	9.27	10.43	8.89	1 181	10.62	8.64
856	600172	黄河旋风	51.13	17.47	5.49	7.69	9.39	11.09	1 300	8.75	14.99
857	600704	中大股份	51.12	22.23	8.22	5.16	12.39	3.12	121	26.56	16.13
858	600609	*ST 金杯	51.12	20.65	8.71	4.25	10.35	7.16	1 531	5.58	4.73
859	000886	海南高速	51.11	17.29	0.00	14.49	12.65	6.68	1 333	5.56	6.28

续表

序号	评价单位代码	单位名称	分项得分						上年排名	年初股价（元）	年末股价（元）
			小计	财务效益	资产质量	偿债风险	发展能力	市场表现			
860	000796	易食股份	51.10	17.49	7.64	11.30	6.21	8.46	1 147	6.98	6.97
861	600758	红阳能源	51.09	16.41	9.05	10.44	7.02	8.17	680	13.96	10.07
862	002141	蓉胜超微	51.09	12.39	9.75	7.08	12.21	9.66	1 321	10.90	12.15
863	600874	创业环保	51.02	20.03	4.78	8.46	8.96	8.79	715	7.60	6.87
864	600571	信雅达	50.99	16.12	7.78	9.20	8.11	9.78	829	9.83	11.11
865	600738	兰州民百	50.95	18.11	8.63	9.09	5.70	9.42	654	9.30	9.05
866	002105	信隆实业	50.94	15.33	9.40	8.36	8.03	9.82	980	7.47	7.95
867	600175	美都控股	50.89	13.64	15.00	6.15	9.21	6.89	286	13.26	5.29
868	600621	上海金陵	50.87	16.25	8.20	8.10	10.77	7.55	945	8.76	7.28
869	002083	孚日股份	50.86	18.35	7.91	5.14	10.06	9.40	1 101	9.07	9.74
870	600694	大商股份	50.84	16.40	10.20	6.39	9.17	8.68	1 083	43.79	47.39
871	600543	莫高股份	50.81	15.51	4.58	14.70	7.35	8.67	1 075	13.13	11.98
872	002248	华东数控	50.81	18.40	5.26	8.38	10.77	8.00	313	52.42	26.58
873	002133	广宇集团	50.81	21.15	8.08	6.56	12.29	2.73	870	9.76	6.31
874	600317	营口港	50.79	19.71	9.59	6.02	10.06	5.41	790	8.29	5.77
875	600808	马钢股份	50.65	15.24	12.06	7.33	10.19	5.83	919	5.05	3.41
876	600433	冠豪高新	50.65	12.80	7.54	8.13	10.41	11.77	1 004	8.40	10.13
877	002209	达意隆	50.65	15.67	5.80	10.69	8.05	10.44	766	17.79	14.02
878	600736	苏州高新	50.64	16.43	13.79	3.94	13.46	3.02	1 045	8.41	5.24
879	000930	丰原生化	50.59	16.28	11.75	4.96	8.58	9.02	769	8.64	8.26
880	000619	海螺型材	50.59	17.76	12.60	9.05	5.33	5.85	376	13.62	9.84
881	000785	武汉中商	50.55	17.59	9.56	6.26	8.88	8.26	843	11.10	11.47
882	000758	中色股份	50.55	16.29	6.99	8.02	9.25	10.00	872	15.51	31.54
883	002071	江苏宏宝	50.51	13.64	7.19	8.65	11.03	10.00	1 295	10.00	11.81
884	600201	金宇集团	50.47	19.07	5.78	7.19	7.15	11.28	1 072	9.74	13.99
885	600177	雅戈尔	50.46	25.78	4.85	6.27	6.23	7.33	137	14.51	10.92
886	000959	首钢股份	50.45	13.53	15.00	7.80	7.92	6.20	612	6.01	4.42
887	002184	海得控制	50.44	12.12	8.64	11.49	7.17	11.02	1 036	11.23	17.20
888	600975	新五丰	50.42	11.33	15.00	9.13	6.48	8.48	1 175	11.36	10.15
889	600963	岳阳纸业	50.41	14.24	6.93	6.32	15.09	7.83	1 239	10.00	10.09
890	002084	海鸥卫浴	50.34	16.82	8.46	8.26	8.92	7.88	1 221	11.46	9.36
891	000835	四川圣达	50.34	13.26	10.83	8.50	8.61	9.14	824	9.47	11.69
892	600819	耀皮玻璃	50.33	16.68	7.47	7.72	9.13	9.33	1 560	8.54	13.06
893	600223	鲁商置业	50.29	21.99	7.13	6.42	12.41	2.34	132	12.43	7.44
894	600652	爱使股份	50.23	15.00	12.46	8.53	6.52	7.72	1 131	6.76	5.97
895	000657	*ST 中钨	50.22	7.71	12.83	12.72	6.77	10.19	1 390	9.48	9.90
896	600521	华海药业	50.19	17.69	5.87	11.37	7.77	7.49	366	26.00	15.16
897	000916	华北高速	50.18	18.34	4.71	14.99	4.43	7.71	557	5.27	4.24
898	600701	工大高新	50.14	12.08	14.40	7.44	5.42	10.80	576	4.95	5.31

续表

序号	评价单位代码	单位名称	分项得分						上年排名	年初股价（元）	年末股价（元）
			小计	财务效益	资产质量	偿债风险	发展能力	市场表现			
899	600397	安源股份	50.13	17.47	9.14	5.79	8.58	9.15	1 138	14.69	17.63
900	002088	鲁阳股份	50.12	19.44	5.62	12.36	8.27	4.43	396	23.10	16.52
901	600598	北大荒	50.09	13.65	9.59	4.84	12.44	9.57	1 150	15.25	13.23
902	000153	丰原药业	50.09	13.87	8.31	8.78	8.63	10.50	1 029	7.55	10.01
903	000965	天保基建	50.05	19.96	0.00	9.78	13.89	6.42	757	15.10	10.74
904	000156	*ST 嘉瑞	50.05	15.87	14.40	5.51	4.08	10.19	1 059	1.25	1.25
905	000678	襄阳轴承	49.98	12.23	7.74	8.62	11.24	10.15	1 281	6.55	7.84
906	600567	山鹰纸业	49.97	16.67	9.17	6.31	12.16	5.66	1 006	6.00	5.11
907	600513	联环药业	49.95	15.28	6.61	10.55	7.51	10.00	874	13.98	17.72
908	600353	旭光股份	49.93	16.02	6.00	11.33	7.10	9.48	939	13.02	14.48
909	000762	西藏矿业	49.93	9.64	7.83	10.63	12.25	9.58	1 438	22.24	37.40
910	000530	大冷股份	49.93	15.05	6.55	11.35	6.81	10.17	991	9.56	11.88
911	000040	深鸿基	49.92	17.07	14.08	9.67	4.40	4.70	1 400	7.18	5.06
912	000009	中国宝安	49.92	18.37	5.76	6.90	9.34	9.55	434	10.98	16.77
913	000586	ST 汇源	49.90	17.31	6.37	8.58	8.43	9.21	1 393	6.77	6.56
914	600893	航空动力	49.88	16.69	6.79	8.74	8.65	9.01	602	25.99	31.28
915	600988	*ST 宝龙	49.87	19.59	7.02	7.93	8.60	6.73	1 508	12.88	10.67
916	002103	广博股份	49.86	15.59	8.77	9.68	7.99	7.83	744	9.91	8.33
917	600459	贵研铂业	49.80	13.53	10.25	5.45	12.49	8.08	1 115	26.47	38.20
918	600387	海越股份	49.79	13.55	14.97	4.88	8.48	7.91	848	14.09	10.16
919	600038	哈飞股份	49.79	15.98	6.24	10.42	7.89	9.26	1 034	21.13	28.48
920	000911	南宁糖业	49.79	17.88	10.25	6.17	7.60	7.89	575	23.49	23.85
921	000898	鞍钢股份	49.78	17.16	12.73	7.70	10.76	1.43	845	16.00	7.73
922	600336	澳柯玛	49.67	15.05	12.02	3.59	9.77	9.24	788	7.73	7.52
923	000531	穗恒运 A	49.67	20.89	9.30	5.68	7.44	6.36	182	17.46	12.37
924	600645	ST 中源	49.61	18.81	6.11	11.46	3.12	10.11	1 274	7.53	9.38
925	600483	福建南纺	49.61	14.03	10.63	10.96	4.98	9.01	948	6.41	7.48
926	002321	华英农业	49.61	13.75	10.76	6.99	9.94	8.17	665	26.61	25.30
927	000825	太钢不锈	49.60	18.58	12.88	5.46	10.44	2.24	726	9.54	5.34
928	600051	宁波联合	49.58	16.63	9.67	7.34	7.90	8.04	639	12.61	9.71
929	600545	新疆城建	49.54	16.23	7.68	7.30	10.03	8.30	506	8.30	9.56
930	002189	利达光电	49.53	11.52	8.02	10.41	8.00	11.58	1 365	8.73	14.82
931	600780	通宝能源	49.50	10.45	13.52	9.00	6.97	9.56	996	6.48	5.60
932	600867	通化东宝	49.42	18.07	3.01	11.05	7.96	9.33	1 227	13.19	14.54
933	600133	东湖高新	49.41	15.97	6.02	5.72	11.17	10.53	1 039	11.00	9.63
934	002067	景兴纸业	49.40	15.61	8.03	6.08	10.67	9.01	1 203	6.70	6.65
935	601618	中国中冶	49.38	17.56	8.96	4.08	12.06	6.72	568	5.42	3.91
936	002231	奥维通信	49.37	14.49	5.11	9.82	10.56	9.39	1 008	18.85	14.63
937	600550	天威保变	49.36	19.94	5.99	6.42	11.03	5.98	645	31.58	23.09

续表

序号	评价单位代码	单位名称	分项得分						上年排名	年初股价（元）	年末股价（元）
			小计	财务效益	资产质量	偿债风险	发展能力	市场表现			
938	600846	同济科技	49.34	13.79	8.15	7.56	11.09	8.75	431	10.03	6.18
939	600540	新赛股份	49.34	9.30	12.59	5.76	12.64	9.05	1 272	13.28	14.89
940	600008	首创股份	49.33	19.27	3.21	8.56	9.66	8.63	691	7.24	6.73
941	600039	四川路桥	49.32	17.96	10.98	3.14	9.17	8.07	899	8.94	8.02
942	601872	招商轮船	49.31	18.80	5.71	8.29	10.40	6.11	1 257	5.66	4.11
943	600872	中炬高新	49.31	14.89	8.44	9.12	9.19	7.67	1 015	10.44	7.38
944	600289	亿阳信通	49.30	14.41	7.40	9.56	8.74	9.19	884	16.50	12.59
945	600782	新钢股份	49.28	13.99	12.87	5.12	14.65	2.65	960	8.96	5.75
946	600755	厦门国贸	49.27	16.86	7.98	3.93	11.28	9.22	354	15.62	7.79
947	600190	锦州港	49.27	18.10	6.09	9.07	9.15	6.86	607	6.08	4.60
948	002295	精艺股份	49.26	16.00	9.99	6.45	9.30	7.52	559	24.00	18.08
949	002312	三泰电子	49.25	16.34	5.59	10.15	8.55	8.62	626	47.01	26.36
950	600230	沧州大化	49.24	17.08	11.45	6.86	11.42	2.43	978	19.95	13.44
951	600293	三峡新材	49.23	15.53	8.72	5.74	8.99	10.25	1 178	14.14	13.62
952	000910	大亚科技	49.23	20.30	8.51	6.07	8.54	5.81	722	11.36	8.61
953	600351	亚宝药业	49.22	18.83	7.33	8.14	4.96	9.96	295	16.69	9.90
954	000812	陕西金叶	49.22	17.54	6.98	10.55	5.77	8.38	777	6.76	6.29
955	600820	隧道股份	49.21	19.40	9.22	4.67	9.40	6.52	707	13.89	10.97
956	600136	道博股份	49.21	18.77	3.74	14.59	4.04	8.07	415	10.74	11.12
957	000612	焦作万方	49.20	15.59	14.44	6.96	6.63	5.58	411	28.00	21.80
958	600833	第一医药	49.13	14.79	6.42	10.99	7.28	9.65	789	11.24	12.50
959	000510	金路集团	49.10	13.48	12.82	8.11	6.80	7.89	932	9.49	8.51
960	600628	新世界	49.08	20.76	8.63	5.16	8.94	5.59	765	15.10	11.92
961	002023	海特高新	49.08	17.15	1.79	11.43	8.36	10.35	704	18.24	16.89
962	002204	华锐铸钢	49.06	18.13	5.56	8.70	8.13	8.54	347	26.39	24.72
963	600589	广东榕泰	49.03	16.54	7.08	7.40	8.61	9.40	975	7.71	8.66
964	601999	出版传媒	49.02	14.65	8.22	11.63	6.54	7.98	697	11.26	10.60
965	600263	路桥建设	48.96	11.78	9.14	4.17	12.17	11.70	640	10.97	13.16
966	002060	粤水电	48.95	15.26	10.29	3.68	9.32	10.40	709	9.10	11.46
967	600367	红星发展	48.89	10.95	7.07	12.62	8.25	10.00	1 220	9.71	17.47
968	600405	动力源	48.85	15.66	5.36	9.16	10.00	8.67	740	9.78	10.59
969	600463	空港股份	48.82	15.35	13.53	6.53	7.81	5.60	787	9.71	7.06
970	000982	中银绒业	48.82	18.21	5.62	2.19	12.80	10.00	1 289	11.36	14.85
971	000070	特发信息	48.80	12.20	7.58	10.84	8.95	9.23	831	9.80	11.13
972	002214	大立科技	48.72	19.58	4.18	5.54	8.60	10.82	861	29.79	40.80
973	600549	厦门钨业	48.67	21.41	5.92	7.73	3.61	10.00	278	18.93	47.59
974	000610	西安旅游	48.64	10.86	10.14	6.90	10.32	10.42	1 326	7.57	11.25
975	002260	伊立浦	48.59	12.89	9.17	10.26	6.71	9.56	1 537	9.93	11.37
976	600850	华东电脑	48.57	9.80	11.47	8.10	7.86	11.34	1 002	14.48	23.97

续表

序号	评价单位代码	单位名称	分项得分						上年排名	年初股价（元）	年末股价（元）
			小计	财务效益	资产质量	偿债风险	发展能力	市场表现			
977	600978	宜华木业	48.55	18.07	5.04	7.99	10.57	6.88	585	7.77	6.20
978	600376	首开股份	48.55	22.54	0.00	3.58	14.36	8.07	737	19.68	16.85
979	000962	东方钽业	48.52	14.50	6.33	6.97	10.72	10.00	1 318	12.92	25.50
980	300013	新宁物流	48.51	14.23	9.45	10.89	7.25	6.69	327	32.75	15.45
981	600259	广晟有色	48.50	15.03	7.10	3.83	12.54	10.00	1 242	15.66	64.97
982	600966	博汇纸业	48.49	15.69	9.37	6.01	10.45	6.97	670	10.22	7.86
983	600491	龙元建设	48.47	15.51	8.74	6.51	13.27	4.44	916	17.55	12.36
984	002040	南京港	48.46	15.24	8.07	7.52	7.70	9.93	1 091	10.74	9.58
985	002174	梅花伞	48.42	14.36	7.32	8.87	8.40	9.47	1 030	15.71	15.70
986	600469	风神股份	48.39	16.42	11.18	5.26	9.53	6.00	436	15.76	10.71
987	002322	理工监测	48.32	19.06	0.00	11.54	8.95	8.77	231	61.88	77.77
988	600211	西藏药业	48.31	13.25	9.65	8.79	6.51	10.11	1 035	14.58	17.57
989	002005	德豪润达	48.28	10.43	7.35	9.26	11.23	10.01	1 014	17.13	17.18
990	600360	华微电子	48.24	16.64	6.21	8.86	7.38	9.15	1 223	7.49	10.39
991	600832	东方明珠	48.19	19.92	4.76	12.42	6.29	4.80	714	11.36	8.51
992	300031	宝通带业	48.15	17.01	6.62	9.99	7.43	7.10	358	56.43	22.35
993	600326	西藏天路	48.14	16.27	7.48	9.70	7.24	7.45	618	14.56	16.19
994	600824	益民集团	48.13	17.72	8.26	8.31	9.27	4.57	698	9.31	6.91
995	600510	黑牡丹	48.13	18.34	4.75	9.05	9.95	6.04	30	12.42	9.11
996	000032	深桑达 A	48.13	13.11	8.44	10.69	6.44	9.45	1 007	8.63	9.79
997	600056	中国医药	48.10	18.76	5.39	8.83	7.90	7.22	271	27.85	16.32
998	600776	东方通信	48.08	13.35	10.38	13.65	2.91	7.79	1 230	6.24	5.21
999	002326	永太科技	48.08	15.76	6.24	8.43	5.59	12.06	586	31.27	57.00
1000	000731	四川美丰	48.08	14.45	14.29	8.13	5.46	5.75	746	9.30	6.56
1001	002149	西部材料	48.05	13.24	7.42	5.95	13.07	8.37	982	23.99	24.88
1002	000683	远兴能源	48.03	16.04	10.23	8.46	7.22	6.08	725	17.21	9.11
1003	002291	星期六	48.01	15.98	5.91	7.95	8.42	9.75	758	23.84	19.21
1004	600796	钱江生化	48.00	14.55	6.91	6.50	11.57	8.47	1 245	8.04	8.41
1005	600096	云天化	47.99	16.83	7.06	5.12	10.96	8.02	1 299	24.07	26.71
1006	000752	西藏发展	47.99	14.75	8.73	7.35	7.20	9.96	555	9.01	11.47
1007	600007	中国国贸	47.94	13.66	11.50	7.24	6.60	8.94	774	12.28	10.08
1008	000020	深华发 A	47.87	13.58	9.27	6.86	9.74	8.42	1 063	11.02	9.42
1009	000718	苏宁环球	47.86	24.01	0.00	5.29	13.13	5.43	201	13.71	9.35
1010	600237	铜峰电子	47.85	14.22	7.19	7.87	8.78	9.79	1 580	7.04	8.45
1011	600490	*ST 合臣	47.80	8.55	13.64	5.94	9.50	10.17	1 655	11.40	15.75
1012	000096	广聚能源	47.79	13.58	8.60	9.99	8.58	7.04	1 005	7.78	6.60
1013	000024	招商地产	47.78	23.90	0.00	7.68	13.71	2.49	449	26.63	15.95
1014	600575	芜湖港	47.77	5.27	9.68	4.76	16.88	11.18	1 391	15.20	21.06
1015	600677	航天通信	47.72	11.73	9.87	6.44	11.97	7.71	1 271	12.59	11.91

续表

序号	评价单位代码	单位名称	分项得分						上年排名	年初股价（元）	年末股价（元）
			小计	财务效益	资产质量	偿债风险	发展能力	市场表现			
1016	002094	青岛金王	47.69	12.98	7.95	6.03	10.73	10.00	1 170	11.03	13.79
1017	000058	深赛格	47.69	15.67	4.73	13.44	7.25	6.60	1 468	6.72	5.17
1018	002259	升达林业	47.67	14.54	6.94	6.34	9.37	10.48	1 207	9.65	8.01
1019	600714	ST金瑞	47.66	16.84	7.79	6.50	8.18	8.35	1 033	11.20	11.72
1020	002015	霞客环保	47.66	14.52	10.52	5.62	9.50	7.50	1 042	11.25	11.68
1021	000821	京山轻机	47.65	10.69	5.70	12.99	7.85	10.42	1 319	6.89	8.48
1022	000592	中福实业	47.63	14.69	5.61	5.99	12.89	8.45	946	7.25	8.83
1023	600235	民丰特纸	47.62	17.14	8.44	7.16	6.23	8.65	666	9.05	8.27
1024	000090	深天健	47.58	10.92	7.82	6.55	14.41	7.88	1 133	11.95	11.87
1025	600343	航天动力	47.54	10.72	4.74	9.61	12.47	10.00	1 236	14.32	25.10
1026	002169	智光电气	47.54	14.55	5.09	8.03	10.13	9.74	778	17.80	21.79
1027	600468	百利电气	47.49	12.95	7.33	9.98	7.23	10.00	1 316	17.35	35.96
1028	002167	东方锆业	47.46	15.37	4.92	6.37	10.80	10.00	819	34.43	46.68
1029	000570	苏常柴A	47.46	13.88	8.89	11.16	8.13	5.40	179	14.17	10.05
1030	600390	金瑞科技	47.45	14.95	9.09	7.57	7.75	8.09	1 545	13.56	20.68
1031	002289	宇顺电子	47.42	14.81	7.97	9.83	8.44	6.37	467	33.78	34.52
1032	000948	南天信息	47.42	13.83	8.78	8.93	8.33	7.55	857	15.66	15.20
1033	000816	江淮动力	47.42	13.72	8.41	10.02	7.51	7.76	889	7.56	7.77
1034	600653	申华控股	47.39	9.99	15.00	6.09	9.15	7.16	776	4.46	3.40
1035	600488	天药股份	47.39	15.05	6.99	7.78	9.11	8.46	964	9.47	8.84
1036	600371	万向德农	47.39	17.68	9.30	6.72	3.26	10.43	836	12.93	14.51
1037	000790	华神集团	47.39	11.86	6.09	9.89	9.55	10.00	1 264	9.17	21.25
1038	600705	S*ST北亚	47.38	14.33	0.00	14.36	8.50	10.19	1 559	4.44	4.44
1039	600611	大众交通	47.37	21.10	9.16	10.03	7.08	0.00	616	12.15	7.63
1040	600495	晋西车轴	47.37	11.31	7.82	11.52	7.58	9.14	1 037	20.47	16.61
1041	002137	实益达	47.34	7.45	8.96	8.15	11.83	10.95	1 406	9.91	12.15
1042	600016	民生银行	47.33								
1043	002286	保龄宝	47.32	15.45	8.70	8.16	8.11	6.90	554	45.00	26.30
1044	600300	维维股份	47.30	13.69	10.51	8.77	8.20	6.13	637	8.47	5.90
1045	600058	五矿发展	47.24	7.64	9.50	8.31	11.79	10.00	1 305	19.42	32.70
1046	600861	北京城乡	47.18	11.72	7.24	11.55	7.40	9.27	881	10.39	10.02
1047	300021	大禹节水	47.17	14.82	5.61	6.85	9.68	10.21	606	41.20	22.35
1048	600881	亚泰集团	47.16	16.15	7.62	5.43	11.07	6.89	199	9.08	6.70
1049	002318	久立特材	47.15	14.92	8.86	10.22	5.91	7.24	558	33.13	20.02
1050	300030	阳普医疗	47.11	14.90	0.00	14.96	7.69	9.56	419	35.10	30.51
1051	002314	雅致股份	47.10	17.97	7.19	10.99	7.97	2.98	545	27.07	17.10
1052	600810	神马股份	47.09	9.99	12.92	6.43	12.74	5.01	968	12.64	9.91
1053	000935	四川双马	47.07	16.17	11.46	7.11	3.94	8.39	288	11.39	10.49
1054	600033	福建高速	47.06	22.25	6.73	5.54	5.22	7.32	342	6.60	3.55

续表

序号	评价单位代码	单位名称	分项得分						上年排名	年初股价（元）	年末股价（元）
			小计	财务效益	资产质量	偿债风险	发展能力	市场表现			
1055	002086	东方海洋	47.06	15.81	7.73	6.18	9.26	8.08	1 237	13.44	18.45
1056	600020	中原高速	47.05	22.48	3.72	2.97	9.84	8.04	882	4.38	3.54
1057	600876	洛阳玻璃	47.03	15.33	10.97	4.45	7.92	8.36	1 577	7.90	6.63
1058	002077	大港股份	47.02	11.98	7.54	3.36	12.89	11.25	1 452	7.62	11.45
1059	002301	齐心文具	46.99	13.40	7.77	13.35	6.82	5.65	213	35.20	16.42
1060	600509	天富热电	46.98	17.97	4.38	6.16	9.17	9.30	1 060	9.47	10.99
1061	000055	方大集团	46.94	11.91	5.78	8.65	11.35	9.25	1 068	9.72	9.94
1062	600734	实达集团	46.91	18.30	7.64	6.82	9.21	4.94	610	7.55	5.54
1063	600086	东方金钰	46.91	13.98	8.08	2.69	12.16	10.00	1 196	9.73	23.69
1064	001896	豫能控股	46.88	15.54	13.91	0.00	15.88	1.55	1 592	8.42	5.01
1065	002020	京新药业	46.84	13.21	7.90	5.98	8.08	11.67	1 224	10.64	17.42
1066	000822	山东海化	46.84	12.01	13.31	6.74	7.06	7.72	1 558	7.91	6.84
1067	600284	浦东建设	46.83	21.59	1.83	6.21	7.15	10.05	1 117	13.89	19.80
1068	600992	贵绳股份	46.82	11.85	8.89	11.39	6.65	8.04	895	10.64	9.94
1069	002135	东南网架	46.81	15.72	6.80	6.22	8.59	9.48	958	12.90	16.59
1070	600884	杉杉股份	46.80	13.38	7.04	8.25	6.56	11.57	677	16.88	24.97
1071	600021	上海电力	46.80	16.89	13.72	3.98	7.52	4.69	500	5.80	3.98
1072	000938	紫光股份	46.68	11.16	12.35	8.89	5.92	8.36	997	15.02	14.69
1073	002178	延华智能	46.66	11.78	8.17	7.85	9.90	8.96	795	15.69	16.18
1074	000859	国风塑业	46.59	13.42	9.88	8.84	5.87	8.58	1 507	8.29	8.68
1075	000547	闽福发 A	46.59	14.51	3.18	9.85	8.32	10.73	1 122	9.58	14.11
1076	600217	*ST 秦岭	46.53	17.82	9.17	4.65	5.89	9.00	1 465	5.78	5.59
1077	600536	中国软件	46.46	13.65	9.68	9.60	4.83	8.70	1 335	23.59	22.70
1078	600379	宝光股份	46.46	12.96	8.19	10.33	6.94	8.04	679	12.85	13.13
1079	000632	三木集团	46.46	13.28	10.69	3.23	10.95	8.31	1 404	5.46	5.34
1080	000670	S*ST 天发	46.42	16.62	7.49	12.12	0.00	10.19	523	4.72	4.72
1081	000705	浙江震元	46.36	12.45	5.90	9.70	7.86	10.45	1 109	9.79	11.90
1082	000421	南京中北	46.35	13.14	9.73	8.39	7.55	7.54	1 126	6.54	5.66
1083	600623	双钱股份	46.31	13.81	10.48	5.46	8.58	7.98	759	18.26	16.85
1084	000902	中国服装	46.31	13.65	11.48	6.66	6.57	7.95	1 520	7.48	8.85
1085	600207	ST 安彩	46.29	15.99	8.81	2.56	8.80	10.13	1 652	5.83	6.83
1086	600316	洪都航空	46.27	11.51	4.50	11.99	11.24	7.03	624	33.31	26.76
1087	600478	科力远	46.23	8.39	9.59	8.84	10.97	8.44	1 064	16.95	16.05
1088	000710	天兴仪表	46.22	13.98	10.27	7.75	7.57	6.65	933	12.19	12.48
1089	000505	ST 珠江	46.22	13.99	15.00	8.17	7.48	1.58	1 399	7.48	4.96
1090	600391	成发科技	46.20	16.95	6.96	6.64	8.02	7.63	1 023	23.25	24.47
1091	600278	东方创业	46.18	13.71	8.16	10.30	5.88	8.13	969	12.12	11.60
1092	000416	民生投资	46.17	12.47	7.58	12.87	5.65	7.60	633	8.78	7.19
1093	000088	盐田港	46.17	20.82	0.00	13.08	5.90	6.37	816	8.31	6.13

续表

序号	评价单位代码	单位名称	分项得分						上年排名	年初股价（元）	年末股价（元）
			小计	财务效益	资产质量	偿债风险	发展能力	市场表现			
1094	000753	漳州发展	46.09	7.83	12.95	5.38	10.49	9.44	842	6.54	7.25
1095	002182	云海金属	46.08	9.47	9.36	6.05	12.71	8.49	1 369	16.08	18.82
1096	600614	鼎立股份	46.03	7.26	15.00	7.95	5.69	10.13	563	7.86	9.17
1097	600055	万东医疗	45.98	14.08	5.97	9.68	4.12	12.13	808	10.21	15.99
1098	600748	上实发展	45.96	24.82	0.00	5.28	14.62	1.24	1 216	13.95	8.07
1099	600482	风帆股份	45.96	13.50	8.65	6.53	7.74	9.54	1 078	11.98	15.47
1100	000709	河北钢铁	45.92	15.77	12.30	5.01	11.19	1.65	454	7.09	3.73
1101	601600	中国铝业	45.91	11.19	12.34	5.27	14.05	3.06	1 522	14.47	10.14
1102	002194	武汉凡谷	45.90	20.13	6.53	13.11	3.64	2.49	156	21.80	13.90
1103	600560	金自天正	45.88	14.99	4.01	8.30	7.76	10.82	994	15.10	21.83
1104	600423	柳化股份	45.81	13.30	9.02	4.76	9.54	9.19	1 199	14.17	9.78
1105	000738	中航动控	45.81	18.47	4.75	10.40	4.81	7.38	513	11.69	14.38
1106	000402	金融街	45.79	21.42	0.00	7.01	11.59	5.77	1 044	12.13	6.61
1107	600637	广电信息	45.77	13.21	10.50	7.73	4.04	10.29	1 422	6.83	8.38
1108	002110	三钢闽光	45.77	16.35	13.01	5.13	9.09	2.19	859	18.06	10.82
1109	600629	棱光实业	45.76	8.25	8.25	8.61	11.48	9.17	1 217	13.79	12.83
1110	600883	博闻科技	45.73	20.77	0.00	9.89	5.34	9.73	846	10.41	13.17
1111	600590	泰豪科技	45.72	13.74	5.74	8.82	8.21	9.21	806	15.43	11.88
1112	600879	航天电子	45.61	14.79	5.93	7.49	8.01	9.39	926	11.58	13.44
1113	600552	方兴科技	45.59	16.07	8.77	7.35	6.25	7.15	930	19.25	25.49
1114	002068	黑猫股份	45.55	16.36	9.51	2.64	10.74	6.30	797	17.95	10.89
1115	000889	渤海物流	45.55	13.66	7.08	7.86	7.70	9.25	1 539	8.07	10.64
1116	002319	乐通股份	45.53	14.06	6.70	8.80	9.44	6.53	551	31.28	21.99
1117	002201	九鼎新材	45.51	14.08	7.34	5.34	9.31	9.44	1 268	15.00	12.72
1118	000017	*ST中华A	45.51	14.18	15.00	2.55	3.78	10.00	1 476	3.49	5.01
1119	000977	浪潮信息	45.47	9.47	8.86	9.66	7.48	10.00	979	10.22	21.86
1120	600283	钱江水利	45.46	18.56	4.38	7.48	5.54	9.50	977	11.30	13.76
1121	600864	哈投股份	45.44	18.18	5.64	11.17	3.67	6.78	671	10.95	8.59
1122	600683	京投银泰	45.44	16.96	0.00	4.38	16.43	7.67	993	12.28	7.14
1123	600530	交大昂立	45.43	11.93	4.16	10.77	8.38	10.19	1 277	10.19	11.54
1124	600130	ST波导	45.43	10.74	13.78	8.97	3.34	8.60	1 363	4.84	4.18
1125	600400	红豆股份	45.35	12.22	5.87	4.89	13.97	8.40	1 367	6.58	7.11
1126	000723	美锦能源	45.34	6.40	9.50	10.01	9.83	9.60	1 386	17.48	16.24
1127	000404	华意压缩	45.34	14.74	9.21	4.05	8.39	8.95	556	8.46	9.09
1128	000524	东方宾馆	45.30	6.16	13.55	12.86	3.75	8.98	1 477	8.40	10.24
1129	000702	正虹科技	45.26	10.84	13.49	7.55	5.12	8.26	944	6.58	5.80
1130	600257	大湖股份	45.25	12.61	9.38	7.03	6.88	9.35	1 136	7.46	8.82
1131	600981	江苏开元	45.23	12.78	6.96	9.49	6.99	9.01	762	7.14	6.67
1132	600501	航天晨光	45.22	13.93	6.01	7.72	8.50	9.06	1 116	11.15	14.61

续表

序号	评价单位代码	单位名称	分项得分						上年排名	年初股价（元）	年末股价（元）
			小计	财务效益	资产质量	偿债风险	发展能力	市场表现			
1133	000627	天茂集团	45.18	9.86	9.78	9.10	6.19	10.25	1 120	7.46	5.01
1134	600241	时代万恒	45.16	13.54	9.10	6.74	7.83	7.95	1 200	13.01	14.13
1135	600182	S佳通	45.15	15.85	8.12	6.23	7.46	7.49	582	11.52	9.85
1136	600168	武汉控股	45.15	13.51	3.96	7.52	10.49	9.67	1 317	8.18	8.90
1137	000993	闽东电力	45.11	17.54	4.12	6.26	7.25	9.94	1 081	9.00	11.57
1138	600099	林海股份	45.01	5.49	9.92	13.67	5.47	10.46	1 244	7.80	10.17
1139	600781	上海辅仁	44.97	16.65	5.27	7.09	6.87	9.09	971	11.21	11.80
1140	600756	浪潮软件	44.94	11.34	5.44	11.92	7.53	8.71	1 011	14.19	15.88
1141	600103	青山纸业	44.90	10.97	8.35	8.87	8.96	7.75	1 506	4.52	3.60
1142	000554	泰山石油	44.86	5.76	10.20	14.34	5.11	9.45	1 189	8.22	8.60
1143	002034	美欣达	44.83	11.44	9.21	6.92	7.03	10.23	1 213	13.21	14.11
1144	600272	开开实业	44.81	13.94	8.98	6.95	7.18	7.76	1 229	9.25	9.22
1145	002192	路翔股份	44.80	11.63	9.20	5.14	11.28	7.55	760	21.83	28.32
1146	002278	神开股份	44.77	16.56	2.41	13.01	6.26	6.53	739	25.90	16.56
1147	000797	中国武夷	44.74	16.05	12.21	5.74	4.32	6.42	215	7.89	6.09
1148	002074	东源电器	44.71	14.26	5.35	8.57	7.62	8.91	1 141	14.06	17.31
1149	002036	宜科科技	44.67	10.97	6.96	9.28	5.66	11.80	1 258	7.73	14.30
1150	600222	太龙药业	44.63	11.81	8.13	7.78	7.76	9.15	869	9.81	7.34
1151	002124	天邦股份	44.62	10.91	11.77	5.88	7.03	9.03	743	15.71	10.36
1152	600825	新华传媒	44.61	17.44	5.03	9.47	6.06	6.61	1 041	11.77	7.76
1153	600886	国投电力	44.58	18.84	8.17	2.12	7.48	7.97	540	9.84	7.17
1154	002112	三变科技	44.58	17.48	5.25	8.41	4.51	8.93	1 077	14.76	15.23
1155	002297	博云新材	44.49	14.18	2.20	10.45	8.85	8.81	957	28.02	20.69
1156	000692	惠天热电	44.49	12.26	8.20	8.21	6.42	9.40	791	6.85	8.09
1157	600797	浙大网新	44.46	10.39	10.38	7.44	6.97	9.28	1 118	6.90	7.11
1158	600682	南京新百	44.45	15.49	6.32	5.74	6.72	10.18	1 107	11.30	10.98
1159	600622	嘉宝集团	44.43	23.07	0.00	8.71	5.86	6.79	418	12.27	10.19
1160	600200	江苏吴中	44.33	4.43	10.73	6.59	11.93	10.65	1 073	5.21	6.74
1161	002021	中捷股份	44.20	15.37	6.16	9.33	11.14	2.20	1 609	8.64	5.84
1162	600368	五洲交通	44.18	16.09	0.00	6.46	13.88	7.75	929	7.60	7.32
1163	000913	钱江摩托	44.15	10.95	8.70	8.88	6.95	8.67	683	8.62	7.96
1164	000078	海王生物	44.12	13.11	8.91	3.54	11.89	6.67	1 351	16.99	11.93
1165	600102	莱钢股份	44.10	12.79	15.00	4.45	9.55	2.31	887	13.07	7.85
1166	000980	金马股份	44.10	12.45	5.85	8.50	9.03	8.27	1 279	7.21	7.66
1167	600302	标准股份	44.07	5.89	6.75	12.01	10.33	9.09	1 416	8.06	7.17
1168	600220	江苏阳光	44.07	12.07	10.66	6.55	6.12	8.67	1 106	5.79	5.18
1169	600773	西藏城投	44.06	14.42	0.00	3.92	15.72	10.00	1 231	9.16	18.36
1170	002033	丽江旅游	44.04	13.21	6.44	7.56	6.83	10.00	667	17.98	34.50
1171	600438	通威股份	44.01	15.50	15.00	6.33	0.00	7.18	685	10.50	9.18

续表

序号	评价单位代码	单位名称	分项得分						上年排名	年初股价（元）	年末股价（元）
			小计	财务效益	资产质量	偿债风险	发展能力	市场表现			
1172	000967	上风高科	44.00	9.92	9.96	7.44	7.98	8.70	1 396	9.22	8.79
1173	002061	江山化工	43.98	12.85	10.91	5.78	7.13	7.31	688	14.04	11.72
1174	600189	吉林森工	43.97	9.88	12.65	5.62	7.36	8.46	1 162	10.01	9.67
1175	600198	大唐电信	43.95	15.39	8.55	4.05	7.53	8.43	1 047	18.43	19.63
1176	000997	新大陆	43.93	14.81	4.86	9.06	7.62	7.58	673	14.96	19.72
1177	600311	荣华实业	43.87	5.86	10.00	8.92	9.40	9.69	1 590	11.72	18.58
1178	600817	*ST 宏盛	43.77	16.01	6.75	7.05	3.77	10.19	1 568	7.27	7.06
1179	600448	华纺股份	43.77	11.47	10.58	5.28	8.25	8.19	1 551	6.75	5.70
1180	600830	香溢融通	43.69	12.45	5.63	7.48	8.95	9.18	1 140	11.35	11.00
1181	600328	兰太实业	43.62	13.34	6.48	4.93	10.75	8.12	1 180	10.57	13.28
1182	000065	北方国际	43.62	17.06	9.51	6.52	6.00	4.53	703	28.17	19.17
1183	600520	三佳科技	43.60	11.80	5.97	8.75	7.77	9.31	1 548	14.71	13.88
1184	600889	南京化纤	43.58	16.36	4.92	3.42	10.53	8.35	1 287	9.78	7.43
1185	600063	皖维高新	43.52	15.15	9.24	5.58	8.13	5.42	937	12.34	9.47
1186	002120	新海股份	43.52	14.03	8.09	6.32	6.30	8.78	961	11.10	10.52
1187	600322	天房发展	43.39	17.65	0.00	7.55	13.33	4.86	1 328	6.33	4.53
1188	600980	北矿磁材	43.37	6.25	7.57	10.59	8.96	10.00	1 530	11.18	30.14
1189	600749	西藏旅游	43.37	13.67	3.52	8.44	7.39	10.35	1 344	9.63	14.05
1190	002076	雪莱特	43.32	9.82	5.66	12.29	6.00	9.55	1 040	10.08	10.75
1191	600702	沱牌曲酒	43.31	15.10	4.09	8.50	8.55	7.07	1 327	16.57	21.26
1192	600253	天方药业	43.24	12.45	7.93	4.63	8.04	10.19	1 233	8.37	9.89
1193	002193	山东如意	43.22	15.14	3.62	6.44	6.76	11.26	959	12.07	15.82
1194	600868	ST 梅雁	43.17	10.89	10.35	5.78	6.86	9.29	1 482	3.73	3.13
1195	002316	键桥通讯	43.14	15.16	0.00	8.97	10.80	8.21	1 206	31.13	19.53
1196	600178	东安动力	43.11	15.00	6.11	11.14	6.36	4.50	635	16.81	11.68
1197	300018	中元华电	43.00	16.95	0.00	14.97	2.91	8.17	340	48.57	21.30
1198	000042	深长城	43.00	22.31	0.00	7.87	6.19	6.63	31	22.33	17.35
1199	600338	ST 珠峰	42.87	12.38	13.79	0.00	7.49	9.21	1 121	15.28	14.06
1200	000526	旭飞投资	42.87	7.20	6.72	9.98	10.96	8.01	1 283	13.22	12.31
1201	600822	上海物贸	42.82	11.46	10.20	3.20	9.48	8.48	841	13.59	8.12
1202	600151	航天机电	42.81	6.28	7.23	5.31	15.41	8.58	1 017	11.51	13.15
1203	002307	北新路桥	42.81	12.12	10.10	5.22	8.55	6.82	159	27.40	19.51
1204	000023	深天地 A	42.75	12.94	8.38	7.24	6.39	7.80	1 050	9.80	8.44
1205	600050	中国联通	42.74	8.58	12.63	7.83	7.17	6.53	482	7.29	5.35
1206	002053	云南盐化	42.74	10.47	12.75	5.27	6.35	7.90	912	15.11	12.43
1207	000601	韶能股份	42.71	14.51	8.59	5.87	8.49	5.25	1 169	6.57	5.20
1208	600077	*ST 百科	42.62	14.18	10.09	14.33	0.00	4.02	1 370	11.86	7.93
1209	600112	长征电气	42.59	14.54	4.16	9.80	8.82	5.27	749	20.09	11.41
1210	600262	北方股份	42.57	16.93	5.05	3.94	7.66	8.99	1 160	12.79	16.91

续表

序号	评价单位代码	单位名称	分项得分						上年排名	年初股价（元）	年末股价（元）
			小计	财务效益	资产质量	偿债风险	发展能力	市场表现			
1211	600624	复旦复华	42.53	13.11	7.13	6.84	7.54	7.91	1 263	10.08	8.73
1212	000631	顺发恒业	42.50	22.29	0.00	5.39	12.25	2.57	220	10.70	7.01
1213	000553	沙隆达 A	42.47	12.32	10.22	6.91	2.91	10.11	1 156	8.35	8.49
1214	600393	东华实业	42.45	13.81	15.00	6.51	4.72	2.41	456	11.56	6.66
1215	600097	开创国际	42.31	12.05	13.20	6.68	4.07	6.31	388	18.89	13.40
1216	000408	*ST 金谷	42.31	9.33	8.03	8.45	7.99	8.51	1 657	8.91	11.78
1217	002298	鑫龙电器	42.29	13.78	4.60	6.73	8.79	8.39	423	23.32	15.30
1218	600839	四川长虹	42.27	6.92	8.80	7.36	10.30	8.89	849	6.56	3.70
1219	000768	西飞国际	42.22	9.57	4.77	10.74	9.75	7.39	920	15.29	12.14
1220	600724	宁波富达	42.14	18.01	0.00	3.85	17.17	3.11	992	9.38	5.90
1221	000430	ST 张家界	42.05	14.24	12.61	3.29	2.68	9.23	1 376	7.07	7.86
1222	600171	上海贝岭	42.03	5.96	5.62	14.94	6.55	8.96	1 469	7.88	8.46
1223	600605	汇通能源	41.99	2.88	10.64	8.79	10.94	8.74	952	11.00	12.85
1224	000739	普洛股份	41.93	11.75	8.80	7.06	5.98	8.34	922	10.00	8.89
1225	600740	*ST 山焦	41.89	11.76	11.89	0.00	12.06	6.18	1 639	9.37	8.44
1226	002197	证通电子	41.77	17.90	5.14	8.55	5.65	4.53	1 018	24.84	16.77
1227	600699	*ST 得亨	41.62	16.38	9.52	4.12	0.00	11.60	1 631	6.95	9.23
1228	000682	东方电子	41.58	7.15	6.48	12.76	6.41	8.78	1 049	5.64	5.33
1229	600363	联创光电	41.56	12.23	6.60	8.61	6.40	7.72	1 103	11.09	11.88
1230	002227	奥特迅	41.56	13.50	0.00	9.99	7.30	10.77	1 347	21.89	31.11
1231	002173	山下湖	41.52	16.40	2.99	5.77	7.41	8.95	1 425	16.40	18.67
1232	000589	黔轮胎 A	41.51	14.31	9.14	5.53	8.44	4.09	298	17.87	11.64
1233	600285	羚锐制药	41.50	12.90	6.03	8.48	5.00	9.09	897	12.12	12.83
1234	600657	信达地产	41.41	16.75	6.38	7.69	8.42	2.17	46	11.22	6.12
1235	600661	新南洋	41.38	6.39	9.56	6.23	10.13	9.07	1 383	9.08	9.24
1236	600608	*ST 沪科	41.38	16.95	9.10	3.57	2.88	8.88	1 518	6.46	6.18
1237	600811	东方集团	41.35	10.75	4.99	5.26	11.56	8.79	1 265	7.06	7.84
1238	600596	新安股份	41.24	11.35	9.68	8.79	7.00	4.42	786	45.11	15.22
1239	002017	东信和平	41.17	11.11	7.36	8.34	4.71	9.65	613	18.38	25.40
1240	600106	重庆路桥	41.13	19.33	0.00	4.71	7.53	9.56	1 076	9.74	9.14
1241	000851	高鸿股份	41.12	7.46	9.68	8.81	8.00	7.17	687	11.00	12.79
1242	600260	凯乐科技	41.08	11.32	6.36	6.75	8.90	7.75	1 013	7.84	7.09
1243	600798	宁波海运	41.07	12.50	9.79	3.64	7.95	7.19	1 447	5.84	4.50
1244	000593	大通燃气	41.00	10.95	12.44	7.06	2.85	7.70	615	10.04	9.10
1245	000533	万家乐	40.95	8.93	8.06	8.70	5.42	9.84	632	11.17	10.22
1246	600110	中科英华	40.86	6.96	2.78	7.77	13.86	9.49	1 398	7.43	8.06
1247	000158	常山股份	40.86	9.71	10.18	7.52	7.53	5.92	1 085	9.32	6.67
1248	600768	宁波富邦	40.83	7.53	15.00	2.55	6.82	8.93	1 232	8.93	9.31
1249	000007	ST 零七	40.83	14.56	9.22	2.78	2.94	11.33	1 498	7.03	8.55

续表

序号	评价单位代码	单位名称	分项得分						上年排名	年初股价（元）	年末股价（元）
			小计	财务效益	资产质量	偿债风险	发展能力	市场表现			
1250	600892	＊ST 宝诚	40.70	12.38	10.85	0.00	8.66	8.81	1 340	15.79	16.23
1251	000862	银星能源	40.66	13.42	5.97	2.03	10.58	8.66	851	14.61	14.80
1252	600069	银鸽投资	40.63	8.71	9.00	5.62	8.61	8.69	826	9.43	5.64
1253	000736	重庆实业	40.61	15.61	0.00	5.93	12.99	6.08	1 215	14.30	10.24
1254	000748	长城信息	40.59	10.33	8.00	12.65	2.62	6.99	338	10.29	8.04
1255	600361	华联综超	40.57	10.45	9.35	5.88	7.12	7.77	1 003	9.57	10.49
1256	600108	亚盛集团	40.56	12.36	7.13	8.49	2.83	9.75	721	5.77	6.58
1257	600826	兰生股份	40.48	10.41	9.13	11.45	0.00	9.49	1 010	16.81	19.63
1258	600078	澄星股份	40.46	14.18	7.13	4.67	6.54	7.94	1 301	8.58	7.84
1259	000600	建投能源	40.43	10.97	12.92	3.76	6.78	6.00	862	6.93	5.44
1260	600641	万业企业	40.35	17.07	0.00	6.39	9.43	7.46	491	9.52	7.29
1261	000518	四环生物	40.34	6.54	2.30	14.99	6.51	10.00	1 135	4.14	7.00
1262	002239	金飞达	40.30	7.08	7.33	14.99	2.56	8.34	914	13.70	10.30
1263	000760	＊ST 博盈	40.25	10.42	7.64	9.33	5.71	7.15	1 352	8.52	7.19
1264	600403	大有能源	40.24	6.51	8.74	14.99	0.00	10.00	299	12.97	33.92
1265	000925	众合机电	40.23	14.13	5.60	5.70	4.98	9.82	1 185	22.03	24.37
1266	000707	双环科技	40.19	11.80	9.36	4.17	9.24	5.62	1 148	10.43	7.39
1267	000532	力合股份	40.19	10.70	4.14	11.25	8.69	5.41	1 089	12.33	9.18
1268	002175	广陆数测	40.17	11.76	4.30	7.50	6.47	10.14	1 405	13.36	15.48
1269	600576	万好万家	40.15	0.00	15.00	14.48	2.45	8.22	686	16.89	19.06
1270	300032	金龙机电	40.05	15.31	0.00	14.99	2.26	7.49	107	29.80	22.86
1271	600649	城投控股	40.00	19.45	0.00	6.64	11.64	2.27	1 080	12.63	7.95
1272	002188	新嘉联	39.98	8.77	7.12	11.34	4.50	8.25	1 137	13.32	10.90
1273	000903	云内动力	39.96	9.69	7.28	10.24	2.99	9.76	621	13.63	17.60
1274	000755	山西三维	39.94	8.66	9.07	3.80	9.04	9.37	1 191	9.80	12.86
1275	000548	湖南投资	39.89	16.46	0.00	9.37	8.94	5.12	1 208	9.99	7.15
1276	000620	S＊ST 圣方	39.81	10.18	0.00	14.50	4.94	10.19	1 417	1.17	1.17
1277	600243	青海华鼎	39.79	9.25	6.45	8.87	5.62	9.60	1 320	8.35	9.25
1278	002288	超华科技	39.75	13.08	4.11	7.52	6.43	8.61	550	27.22	15.88
1279	600774	汉商集团	39.65	8.41	9.25	5.47	6.92	9.60	1 225	7.90	9.37
1280	002027	七喜控股	39.60	5.66	11.97	10.32	2.75	8.90	1 458	6.52	6.45
1281	000700	模塑科技	39.51	15.65	7.07	2.76	4.72	9.31	796	7.05	7.22
1282	000514	渝开发	39.44	16.12	0.00	7.71	13.24	2.37	1 253	13.58	8.61
1283	000010	SST 华新	39.43	9.20	4.98	8.90	4.34	12.01	1 235	11.86	14.63
1284	600432	吉恩镍业	39.38	11.03	4.07	5.08	11.83	7.37	1 332	29.40	25.58
1285	600292	九龙电力	39.34	10.64	9.83	1.86	7.01	10.00	770	9.78	19.15
1286	300028	金亚科技	39.31	16.60	0.00	11.52	8.08	3.11	1 021	31.06	16.01
1287	600506	ST 香梨	39.28	6.08	7.09	11.08	6.58	8.45	1 419	11.90	10.96
1288	600305	恒顺醋业	39.24	16.26	6.46	2.44	2.61	11.47	1 112	13.45	18.78

续表

序号	评价单位代码	单位名称	分项得分						上年排名	年初股价（元）	年末股价（元）
			小计	财务效益	资产质量	偿债风险	发展能力	市场表现			
1289	002240	威华股份	39.19	7.42	8.10	5.46	11.18	7.03	1 450	11.51	10.14
1290	600562	*ST高陶	39.17	12.64	6.59	6.81	6.75	6.38	1 572	25.60	35.96
1291	000410	沈阳机床	39.17	10.41	6.51	2.39	10.30	9.56	1 358	11.32	12.10
1292	600731	湖南海利	39.16	10.92	8.13	3.48	6.93	9.70	1 218	8.08	9.11
1293	600689	上海三毛	39.14	3.11	12.43	7.61	6.53	9.46	1 302	9.69	12.26
1294	600355	*ST精伦	39.08	6.00	6.01	10.58	9.25	7.24	1 570	7.14	6.32
1295	000543	皖能电力	39.00	10.84	11.53	5.62	4.89	6.12	595	9.35	6.82
1296	000923	河北宣工	38.99	5.67	6.65	8.10	9.49	9.08	1 273	8.76	9.00
1297	600072	中船股份	38.90	10.52	6.42	9.88	3.12	8.96	1 012	17.73	18.27
1298	600654	飞乐股份	38.87	8.62	7.98	10.03	4.11	8.13	1 298	6.66	5.81
1299	002270	法因数控	38.82	12.91	5.71	11.61	2.22	6.37	507	21.77	16.60
1300	600679	金山开发	38.76	3.83	9.46	8.93	5.11	11.43	1 355	9.23	13.32
1301	000733	振华科技	38.68	5.84	8.04	9.59	8.07	7.14	947	13.80	11.22
1302	600599	熊猫烟花	38.62	14.15	5.00	8.04	4.59	6.84	1 314	24.04	19.92
1303	600192	长城电工	38.58	9.18	5.08	7.75	6.81	9.76	1 267	12.18	9.60
1304	000950	建峰化工	38.58	13.99	9.23	7.43	6.29	1.64	239	18.14	7.93
1305	002323	中联电气	38.44	17.46	0.00	12.62	2.60	5.76	450	40.57	29.61
1306	600093	禾嘉股份	38.43	7.97	9.83	7.32	5.88	7.43	1 278	7.64	6.39
1307	300035	中科电气	38.43	16.19	0.00	9.98	6.63	5.63	619	48.42	22.09
1308	000958	*ST东热	38.41	14.05	12.21	0.00	4.26	7.89	1 552	5.63	5.06
1309	600565	迪马股份	38.38	7.52	4.39	5.59	14.22	6.66	1 379	6.50	4.96
1310	000667	名流置业	38.38	13.93	0.00	7.99	10.57	5.89	1 306	8.19	3.01
1311	000839	中信国安	38.35	15.32	3.66	6.39	5.29	7.69	753	14.57	11.98
1312	600206	有研硅股	38.11	5.52	6.82	8.29	7.92	9.56	1 542	12.22	16.31
1313	002181	粤传媒	38.01	6.58	2.72	14.24	5.36	9.11	1 521	9.99	12.98
1314	000029	深深房A	37.95	13.74	6.83	5.58	8.84	2.96	1 461	7.18	4.70
1315	000609	绵世股份	37.89	12.66	0.00	9.71	9.31	6.21	1 456	12.01	8.96
1316	600896	中海海盛	37.87	9.20	9.22	7.77	7.01	4.67	1 097	8.94	6.61
1317	600745	中茵股份	37.86	15.95	0.00	7.16	6.06	8.69	663	9.30	9.00
1318	600119	长江投资	37.78	3.41	12.32	6.17	8.66	7.22	1 389	9.84	8.00
1319	600229	青岛碱业	37.77	3.92	10.59	7.22	8.58	7.46	1 479	7.02	6.03
1320	600730	中国高科	37.69	6.60	8.54	7.24	6.89	8.42	901	8.22	7.70
1321	600185	格力地产	37.62	15.36	0.00	7.23	13.55	1.48	875	12.89	7.32
1322	000890	法尔胜	37.60	9.82	5.51	5.92	6.41	9.94	1 402	5.92	6.43
1323	600429	三元股份	37.59	4.16	11.16	7.21	6.56	8.50	1 392	8.08	7.51
1324	600280	南京中商	37.57	12.79	6.87	2.28	5.69	9.94	1 062	23.67	27.60
1325	600128	弘业股份	37.54	11.53	6.87	8.22	8.63	2.29	1 172	18.00	11.35
1326	600010	包钢股份	37.50	7.69	11.20	3.33	7.91	7.37	1 546	4.64	3.79
1327	000672	*ST铜城	37.43	5.99	6.10	5.17	9.98	10.19	1 528	5.21	5.21

续表

序号	评价单位代码	单位名称	分项得分						上年排名	年初股价（元）	年末股价（元）
			小计	财务效益	资产质量	偿债风险	发展能力	市场表现			
1328	600630	龙头股份	37.29	5.75	9.64	8.93	6.09	6.88	1 387	10.21	8.27
1329	000061	农产品	37.26	9.26	0.00	9.01	9.38	9.61	1 114	13.88	17.61
1330	600665	天地源	37.23	14.46	0.00	6.57	9.67	6.53	381	6.66	4.87
1331	000030	*ST盛润A	37.22	17.17	0.00	8.59	0.00	11.46	1 453	7.74	9.07
1332	600865	百大集团	37.21	13.02	5.05	3.51	8.81	6.82	867	10.20	7.61
1333	600225	天津松江	37.19	16.07	0.00	3.62	10.63	6.87	226	11.08	7.96
1334	600212	江泉实业	37.17	8.49	9.28	8.85	2.79	7.76	1 153	5.35	4.56
1335	600299	*ST新材	37.08	9.19	9.53	2.00	9.03	7.33	1 525	13.58	13.08
1336	600227	赤天化	37.04	8.93	0.00	8.14	10.93	9.04	1 128	12.14	5.83
1337	600399	抚顺特钢	36.96	11.54	8.11	2.15	7.99	7.17	1 343	8.24	6.85
1338	000931	中关村	36.88	4.21	15.00	3.34	5.63	8.70	931	6.57	6.65
1339	600135	乐凯胶片	36.87	0.00	8.34	13.95	4.91	9.67	809	11.92	15.65
1340	002162	斯米克	36.77	8.45	7.11	6.11	6.22	8.88	1 247	12.60	12.28
1341	600716	凤凰股份	36.76	18.24	0.00	6.45	8.29	3.78	60	9.55	6.54
1342	600202	哈空调	36.75	15.23	5.16	6.45	8.81	1.10	1 110	18.84	12.14
1343	000719	S*ST鑫安	36.73	11.54	0.00	15.00	0.00	10.19	1 599	9.27	9.27
1344	600843	上工申贝	36.61	6.42	8.95	8.31	5.94	6.99	1 427	12.46	15.27
1345	000695	滨海能源	36.54	5.68	10.82	3.69	6.35	10.00	1 497	8.22	16.39
1346	000403	S*ST生化	36.53	5.68	8.74	4.22	7.70	10.19	1 604	5.06	5.06
1347	000606	青海明胶	36.50	0.00	8.06	8.25	10.30	9.89	1 410	6.24	8.01
1348	600082	海泰发展	36.49	11.53	6.38	8.71	5.48	4.39	1 324	7.72	5.31
1349	002221	东华能源	36.47	11.61	6.59	4.26	5.28	8.73	1 132	11.58	11.51
1350	000062	深圳华强	36.47	16.08	0.00	6.69	4.76	8.94	168	10.17	8.49
1351	600381	ST贤成	36.46	15.17	3.63	3.79	5.10	8.77	1 403	7.48	8.76
1352	600566	洪城股份	36.44	9.80	2.87	7.75	5.99	10.03	1 356	10.34	9.57
1353	002305	南国置业	36.36	18.34	0.00	5.72	9.59	2.71	1 243	19.57	11.66
1354	600633	*ST白猫	36.30	0.00	10.61	9.43	6.07	10.19	1 524	7.89	7.28
1355	000301	东方市场	36.28	10.65	3.39	9.09	6.97	6.18	1 228	7.00	5.10
1356	000668	荣丰控股	36.24	18.62	0.00	5.98	3.77	7.87	865	13.86	11.18
1357	600251	冠农股份	36.21	6.99	9.64	3.80	8.82	6.96	1 388	25.42	28.43
1358	000594	国恒铁路	36.21	3.77	6.77	7.63	11.47	6.57	1 070	5.92	3.62
1359	000591	桐君阁	36.16	5.88	7.11	4.06	8.78	10.33	1 100	10.28	12.40
1360	000802	北京旅游	36.09	3.94	10.38	8.87	4.31	8.59	1 187	15.14	13.69
1361	600675	中华企业	36.08	23.59	0.00	3.15	7.46	1.88	56	14.74	6.92
1362	600855	航天长峰	36.04	0.00	6.97	11.76	7.67	9.64	1 256	10.77	13.44
1363	600515	*ST筑信	36.04	12.62	9.34	3.31	5.00	5.77	1 564	8.19	7.40
1364	002235	安妮股份	36.04	4.24	7.60	7.75	6.47	9.98	983	15.90	14.33
1365	600419	ST天宏	35.97	5.01	9.76	8.10	3.57	9.53	1 589	10.71	11.84
1366	600663	陆家嘴	35.93	22.45	0.00	4.94	5.32	3.22	634	25.28	16.80

续表

序号	评价单位代码	单位名称	分项得分						上年排名	年初股价（元）	年末股价（元）
			小计	财务效益	资产质量	偿债风险	发展能力	市场表现			
1367	600707	彩虹股份	35.90	5.00	3.32	7.35	9.16	11.07	1 597	12.23	19.12
1368	000757	＊ST 方向	35.87	8.91	10.28	0.00	6.49	10.19	1 394	3.82	3.82
1369	600818	中路股份	35.86	6.45	10.23	7.25	4.83	7.10	1 246	20.08	15.93
1370	600895	张江高科	35.83	18.67	0.00	5.69	4.91	6.56	981	12.87	8.78
1371	600359	新农开发	35.77	11.06	9.47	5.30	3.18	6.76	750	20.87	15.97
1372	600793	ST 宜纸	35.74	4.36	11.23	2.80	9.17	8.18	1 574	11.46	10.85
1373	600080	＊ST 金花	35.70	7.54	6.76	5.79	5.73	9.88	1 480	5.94	7.42
1374	002274	华昌化工	35.69	3.56	13.46	4.81	8.40	5.46	1 566	19.89	11.66
1375	000676	＊ST 思达	35.62	10.15	5.19	7.91	5.58	6.79	1 581	7.02	5.69
1376	600691	＊ST 东碳	35.60	17.12	3.39	3.87	3.07	8.15	1 578	10.69	11.25
1377	600203	＊ST 福日	35.52	0.00	13.38	2.32	10.37	9.45	1 614	7.18	8.26
1378	600610	SST 中纺	35.50	2.97	5.77	8.52	6.10	12.14	1 437	14.35	24.44
1379	000519	江南红箭	35.46	4.25	7.21	8.48	7.58	7.94	1 313	17.02	15.91
1380	600803	威远生化	35.44	6.37	8.16	5.69	5.35	9.87	1 595	11.14	13.32
1381	600265	景谷林业	35.42	5.10	8.02	5.81	6.52	9.97	1 611	10.12	11.11
1382	000151	中成股份	35.32	4.61	7.57	9.82	4.62	8.70	970	10.58	12.32
1383	600870	ST 厦华	35.28	8.82	10.54	2.30	2.37	11.25	1 420	3.35	6.46
1384	600713	南京医药	35.15	3.97	10.35	0.00	10.22	10.61	953	9.66	11.96
1385	600444	＊ST 国通	35.07	8.98	8.50	0.00	9.09	8.50	1 646	15.24	16.34
1386	600634	＊ST 海鸟	34.92	0.00	15.00	5.89	5.32	8.71	1 650	12.20	12.21
1387	600986	科达股份	34.91	5.42	7.09	6.66	7.50	8.24	833	7.86	8.91
1388	600853	龙建股份	34.88	7.48	10.04	3.71	6.08	7.57	966	5.59	4.52
1389	600719	大连热电	34.86	6.23	6.93	6.39	5.48	9.83	1 266	8.58	11.73
1390	000560	昆百大 A	34.83	11.02	5.38	3.12	7.67	7.64	1 252	12.17	10.85
1391	000019	深深宝 A	34.80	4.51	6.48	7.77	7.19	8.85	1 429	10.43	10.69
1392	600681	S＊ST 万鸿	34.76	17.27	0.00	4.47	2.83	10.19	1 550	4.42	4.42
1393	600155	＊ST 宝硕	34.73	5.40	14.95	1.78	5.03	7.57	1 460	5.52	4.23
1394	000048	ST 康达尔	34.72	12.38	13.31	0.00	0.00	9.03	1 142	4.95	5.36
1395	000687	保定天鹅	34.70	6.29	9.86	9.93	2.98	5.64	1 071	7.84	5.71
1396	600452	涪陵电力	34.60	0.00	15.00	5.65	4.30	9.65	943	10.12	14.69
1397	000711	天伦置业	34.44	11.13	0.00	6.19	6.68	10.44	1 381	10.11	14.15
1398	600769	＊ST 祥龙	34.42	0.00	15.00	4.13	6.98	8.31	1 505	5.76	5.84
1399	600753	东方银星	34.29	7.09	0.00	10.22	8.18	8.80	1 489	8.61	9.39
1400	000673	＊ST 当代	34.28	17.13	0.00	8.44	0.00	8.71	1 659	9.15	10.10
1401	600064	南京高科	34.27	16.89	0.00	4.65	6.20	6.53	768	25.44	14.64
1402	002145	＊ST 钛白	34.26	5.92	7.83	5.45	7.64	7.42	1 640	10.42	7.72
1403	600156	华升股份	34.17	0.00	10.48	9.48	5.24	8.97	1 051	5.81	6.06
1404	002134	天津普林	34.11	0.00	8.73	9.74	6.48	9.16	1 163	8.10	8.62
1405	000807	云铝股份	34.09	4.31	10.68	4.31	8.50	6.29	812	13.59	11.94

续表

序号	评价单位代码	单位名称	分项得分						上年排名	年初股价（元）	年末股价（元）
			小计	财务效益	资产质量	偿债风险	发展能力	市场表现			
1406	600321	国栋建设	34.08	8.05	4.82	5.09	4.39	11.73	1 088	10.52	7.50
1407	600984	*ST 建机	34.05	6.47	5.60	6.98	6.17	8.83	1 538	9.77	8.27
1408	600602	广电电子	33.94	8.22	2.87	9.99	4.23	8.63	1 513	8.00	7.70
1409	600291	西水股份	33.77	10.45	4.36	7.24	4.30	7.42	316	16.54	11.16
1410	000703	ST 光华	33.53	0.00	10.39	7.09	6.05	10.00	1 523	9.53	45.40
1411	000735	罗牛山	33.51	0.00	9.56	8.97	5.89	9.09	923	6.16	8.08
1412	600775	南京熊猫	33.29	0.00	9.35	7.71	7.52	8.71	1 094	9.64	8.43
1413	600539	狮头股份	33.29	3.64	6.87	11.58	2.19	9.01	1 026	8.35	8.58
1414	600744	华银电力	33.28	7.24	12.16	0.00	6.33	7.55	1 210	5.75	4.74
1415	600094	*ST 华源	33.27	8.15	1.82	9.28	3.83	10.19	1 619	4.37	4.37
1416	600462	*ST 石岘	33.17	13.14	8.69	1.89	2.48	6.97	1 643	5.77	4.84
1417	600127	金健米业	33.03	4.29	9.12	5.86	4.18	9.58	1 294	8.45	7.60
1418	000779	三毛派神	33.02	0.00	6.90	12.26	2.57	11.29	1 446	8.10	10.75
1419	000809	中汇医药	32.88	9.19	6.42	6.51	5.49	5.27	1 449	22.62	15.54
1420	600247	成城股份	32.87	4.69	5.75	7.57	8.04	6.82	1 188	6.42	4.88
1421	000100	TCL 集团	32.84	0.00	9.39	8.84	12.48	2.13	589	5.13	3.43
1422	000016	深康佳 A	32.78	5.61	9.00	7.27	8.64	2.26	942	7.69	4.76
1423	600163	福建南纸	32.77	3.91	7.89	4.79	8.49	7.69	1 586	5.39	4.86
1424	600250	南纺股份	32.71	7.13	7.45	0.00	7.40	10.73	1 377	7.45	9.83
1425	000622	S*ST 恒立	32.67	12.38	5.66	0.00	4.44	10.19	1 430	1.12	1.12
1426	000628	高新发展	32.55	0.00	15.00	3.67	6.11	7.77	649	12.88	10.59
1427	600569	安阳钢铁	32.50	5.45	11.44	3.87	8.92	2.82	1 152	5.72	3.38
1428	000952	广济药业	32.44	5.19	6.89	8.30	5.87	6.19	1 338	14.39	11.36
1429	600107	美尔雅	32.33	9.83	0.00	9.88	7.38	5.24	1 262	15.36	10.92
1430	600340	ST 国祥	32.28	4.54	8.47	12.72	6.55	0.00	1 211	13.91	8.72
1431	600961	株冶集团	32.26	5.43	12.44	3.03	5.30	6.06	699	16.16	17.92
1432	000509	S*ST 华塑	32.24	15.45	8.12	0.00	0.00	8.67	1 454	9.47	10.81
1433	000603	*ST 威达	32.22	4.86	0.00	10.24	7.12	10.00	1 624	7.72	29.20
1434	000573	粤宏远 A	32.20	13.41	0.00	5.20	6.42	7.17	1 307	5.32	3.94
1435	600526	菲达环保	32.18	9.81	6.60	2.16	3.72	9.89	1 385	17.80	15.59
1436	002200	绿大地	32.16	10.79	6.69	6.70	3.06	4.92	1 428	28.69	26.53
1437	000882	华联股份	32.00	4.38	2.07	8.87	9.70	6.98	855	9.06	7.17
1438	600213	亚星客车	31.99	0.00	8.41	6.54	7.04	10.00	1 620	8.68	17.17
1439	002265	西仪股份	31.96	0.00	6.87	10.83	6.21	8.05	1 084	11.72	12.34
1440	000534	万泽股份	31.94	14.46	0.00	9.50	2.23	5.75	317	8.03	6.23
1441	600179	*ST 黑化	31.90	3.70	10.11	6.32	5.59	6.18	1 557	6.81	5.46
1442	600027	华电国际	31.90	5.86	13.19	0.00	9.70	3.15	398	5.37	3.26
1443	000656	ST 东源	31.89	11.80	0.00	14.99	3.94	1.16	1 260	15.80	9.25
1444	000409	ST 泰复	31.86	0.00	7.25	11.18	4.11	9.32	1 493	8.67	7.11

续表

序号	评价单位代码	单位名称	分项得分						上年排名	年初股价（元）	年末股价（元）
			小计	财务效益	资产质量	偿债风险	发展能力	市场表现			
1445	600396	金山股份	31.83	12.66	5.87	0.00	3.17	10.13	1 194	8.71	9.19
1446	002207	准油股份	31.77	3.40	6.51	6.81	5.75	9.30	1 157	23.11	22.44
1447	000805	＊ST 炎黄	31.70	16.35	0.00	5.16	0.00	10.19	1 623	1.88	1.88
1448	600319	亚星化学	31.68	6.29	9.29	2.86	4.44	8.80	1 555	7.00	6.64
1449	000813	天山纺织	31.68	3.52	6.33	5.83	6.00	10.00	1 565	6.57	13.42
1450	000008	ST 宝利来	31.38	5.79	0.00	11.40	5.32	8.87	1 285	12.28	11.97
1451	600538	＊ST 国发	31.37	6.86	7.27	5.10	7.50	4.64	1 651	8.11	6.08
1452	600604	＊ST 二纺	31.36	0.00	7.61	8.09	6.50	9.16	1 630	7.30	6.06
1453	600408	安泰集团	31.34	7.50	8.20	5.24	7.54	2.86	1 511	8.51	5.68
1454	000597	东北制药	31.22	11.70	8.31	6.49	2.71	2.01	204	26.33	17.14
1455	600771	ST 东盛	31.21	18.55	0.00	3.67	0.00	8.99	1 534	6.65	7.55
1456	600308	华泰股份	31.18	5.88	8.52	5.60	7.77	3.41	448	14.13	9.55
1457	000602	＊ST 金马	31.05	0.00	11.13	0.00	8.08	11.84	1 598	18.68	32.80
1458	600476	湘邮科技	31.02	4.98	6.62	8.22	2.44	8.76	1 269	11.71	12.48
1459	600802	福建水泥	31.00	4.66	9.61	3.40	4.02	9.31	1 440	7.89	7.93
1460	600297	美罗药业	30.84	4.19	8.06	6.91	2.61	9.07	1 069	9.24	10.81
1461	600726	华电能源	30.79	6.35	12.49	0.00	6.70	5.25	1 500	4.88	3.34
1462	600695	大江股份	30.78	6.96	9.05	4.55	4.96	5.26	1 582	7.42	5.35
1463	600456	宝钛股份	30.77	4.10	6.38	5.77	5.56	8.96	1 212	22.95	27.10
1464	600022	济南钢铁	30.70	7.01	12.39	0.00	8.33	2.97	1 374	5.27	3.55
1465	000836	鑫茂科技	30.63	3.66	5.65	5.80	5.91	9.61	581	9.65	10.17
1466	600792	＊ST 马龙	30.52	11.92	10.31	0.00	0.00	8.29	1 484	12.79	11.64
1467	600512	腾达建设	30.46	5.28	5.89	5.45	3.26	10.58	1 095	6.64	4.62
1468	600860	＊ST 北人	30.45	3.69	5.96	8.34	4.88	7.58	1 556	7.91	7.00
1469	000504	＊ST 传媒	30.37	0.00	9.00	8.18	3.68	9.51	1 549	8.17	9.48
1470	000766	通化金马	30.28	6.49	0.00	11.12	4.47	8.20	1 201	9.13	7.63
1471	600706	ST 长信	30.14	13.52	6.62	0.00	0.00	10.00	1 618	8.99	19.47
1472	000599	青岛双星	30.14	6.11	9.71	4.92	7.73	1.67	521	9.08	5.53
1473	000517	荣安地产	30.00	17.96	0.00	5.91	6.13	0.00	437	9.92	6.44
1474	000990	诚志股份	29.99	4.49	9.96	5.13	3.75	6.66	638	17.40	14.00
1475	000520	长航凤凰	29.98	4.38	8.89	0.00	7.96	8.75	1 658	5.66	5.02
1476	600593	大连圣亚	29.89	5.13	6.15	4.94	3.01	10.66	1 197	14.08	19.92
1477	600073	上海梅林	29.87	2.85	10.35	3.96	3.78	8.93	1 459	10.57	11.65
1478	000717	韶钢松山	29.87	5.97	12.00	0.00	9.40	2.50	1 198	6.69	3.76
1479	600275	ST 昌鱼	29.80	11.87	0.00	3.14	10.42	4.37	1 625	6.86	4.78
1480	600583	海油工程	29.75	6.76	5.61	8.24	3.04	6.10	420	11.40	8.10
1481	000420	吉林化纤	29.72	0.00	10.62	3.39	4.58	11.13	1 275	5.64	8.41
1482	600568	中珠控股	29.71	14.71	0.00	6.97	4.44	3.59	716	17.74	11.79
1483	000791	西北化工	29.59	0.00	6.95	7.38	6.31	8.95	1 378	8.46	7.52

续表

序号	评价单位代码	单位名称	分项得分						上年排名	年初股价（元）	年末股价（元）
			小计	财务效益	资产质量	偿债风险	发展能力	市场表现			
1484	002047	成霖股份	29.45	0.00	8.47	8.05	4.92	8.01	990	9.13	4.94
1485	600162	香江控股	29.25	19.05	0.00	4.78	3.07	2.35	136	8.82	4.95
1486	000587	S＊ST光明	29.24	7.89	6.87	0.00	4.29	10.19	1 492	12.46	12.46
1487	600851	海欣股份	29.19	5.48	4.27	7.51	2.88	9.05	1 174	5.87	6.49
1488	600727	＊ST鲁北	29.19	0.00	3.13	11.82	4.05	10.19	1 543	6.74	5.72
1489	000971	ST迈亚	29.11	4.98	4.75	3.38	6.96	9.04	1 607	5.81	5.73
1490	600638	新黄浦	29.07	15.26	0.00	6.55	7.26	0.00	1 124	17.25	9.02
1491	600401	＊ST申龙	28.84	6.45	6.93	0.00	5.27	10.19	1 519	2.78	2.78
1492	600239	云南城投	28.78	12.49	0.00	6.45	4.69	5.15	274	27.32	18.57
1493	000025	特力A	28.72	6.14	8.13	4.04	2.52	7.89	1 309	11.28	9.35
1494	000031	中粮地产	28.61	16.37	0.00	4.97	4.88	2.39	883	11.23	6.23
1495	600215	长春经开	28.50	6.17	0.00	9.52	3.93	8.88	1 168	8.12	8.49
1496	600617	＊ST联华	28.48	13.30	0.00	3.59	0.00	11.59	1 584	7.50	11.36
1497	002143	高金食品	28.48	0.00	12.47	3.53	6.45	6.03	1 144	13.69	10.27
1498	600057	＊ST夏新	28.41	10.61	0.00	7.61	0.00	10.19	1 495	3.98	3.98
1499	600838	上海九百	28.39	12.51	2.80	4.58	2.76	5.74	1 444	9.71	8.60
1500	000565	渝三峡A	28.32	5.01	5.45	6.92	5.91	5.03	1 025	17.10	12.82
1501	600751	SST天海	28.25	9.56	5.55	0.00	3.54	9.60	1 515	9.43	12.99
1502	600232	金鹰股份	28.15	0.00	6.24	6.97	6.27	8.67	1 474	6.26	5.84
1503	000693	S＊ST聚友	27.99	13.10	4.70	0.00	0.00	10.19	1 533	7.37	7.37
1504	000803	金宇车城	27.94	3.64	8.01	6.56	0.00	9.73	669	7.85	8.55
1505	600095	哈高科	27.57	0.00	5.41	6.88	5.84	9.44	1 606	6.81	10.78
1506	000613	ST东海A	27.54	0.00	5.52	9.88	5.39	6.75	1 433	5.69	5.38
1507	000413	宝石A	27.51	0.00	0.00	10.89	6.22	10.40	1 644	9.24	14.06
1508	601588	北辰实业	27.48	12.89	0.00	5.46	6.46	2.67	1 043	5.93	3.50
1509	600159	大龙地产	27.48	13.43	0.00	11.09	2.96	0.00	134	17.96	5.13
1510	000996	中国中期	27.41	8.12	0.00	11.25	3.03	5.01	1 357	40.13	26.18
1511	000928	中钢吉炭	27.41	3.90	6.62	3.98	3.42	9.49	1 470	8.72	14.12
1512	600358	国旅联合	27.38	4.96	3.59	5.71	5.68	7.44	1 270	6.41	5.46
1513	600790	轻纺城	27.37	10.15	0.00	5.33	3.84	8.05	1 418	9.12	9.98
1514	000720	ST能山	27.33	3.63	11.98	0.00	2.43	9.29	1 222	4.91	4.73
1515	000727	华东科技	27.30	0.00	7.66	6.59	3.84	9.21	1 442	8.60	11.16
1516	600084	＊ST中葡	27.20	7.27	0.00	5.56	6.48	7.89	1 636	10.51	9.72
1517	600234	ST天龙	27.13	14.87	3.01	0.00	0.00	9.25	1 297	7.10	7.68
1518	000875	吉电股份	27.08	0.00	8.49	1.82	8.19	8.58	910	5.34	4.44
1519	600186	莲花味精	27.07	0.00	7.94	6.80	5.28	7.05	1 038	6.15	4.85
1520	600678	＊ST金顶	27.00	12.12	7.44	0.00	0.00	7.44	1 629	6.73	6.14
1521	600764	中电广通	26.99	4.69	6.58	6.51	0.00	9.21	1 339	8.08	8.35
1522	600556	＊ST北生	26.96	10.72	0.00	6.05	0.00	10.19	1 382	4.09	4.09

续表

序号	评价单位代码	单位名称	分项得分						上年排名	年初股价（元）	年末股价（元）
			小计	财务效益	资产质量	偿债风险	发展能力	市场表现			
1523	300023	宝德股份	26.86	9.70	0.00	9.99	2.56	4.61	269	38.68	16.55
1524	600389	江山股份	26.72	6.61	11.20	3.69	0.00	5.22	1 594	15.93	12.09
1525	000966	长源电力	26.72	0.00	12.64	0.00	5.01	9.07	781	5.38	5.73
1526	600965	福成五丰	26.71	0.00	10.50	7.40	0.00	8.81	1 125	7.02	6.91
1527	000545	*ST吉药	26.69	12.38	4.30	0.00	1.94	8.07	1 649	10.65	9.28
1528	000546	光华控股	26.61	6.94	0.00	8.49	2.87	8.31	871	14.14	13.10
1529	000975	科学城	26.59	0.00	6.77	9.80	2.60	7.42	986	7.50	6.28
1530	000863	*ST商务	26.41	16.22	0.00	0.00	0.00	10.19	1 600	3.50	3.50
1531	600696	多伦股份	26.38	4.09	0.00	8.50	5.53	8.26	1 259	7.80	6.37
1532	000525	红太阳	26.36	2.85	10.95	0.00	3.50	9.06	1 325	16.94	15.55
1533	002102	冠福家用	26.33	0.00	5.67	4.25	7.50	8.91	1 292	8.48	10.01
1534	000795	太原刚玉	26.17	0.00	5.67	2.03	8.47	10.00	1 475	8.16	18.12
1535	000035	*ST科健	26.17	14.99	0.00	2.15	0.00	9.03	1 553	6.90	6.68
1536	600836	界龙实业	26.13	7.99	6.48	2.93	3.00	5.73	1 195	15.02	11.07
1537	002114	罗平锌电	26.10	0.00	10.86	3.05	3.36	8.83	886	17.95	16.68
1538	600885	*ST力阳	26.04	9.96	9.29	0.00	0.00	6.79	1 626	9.90	7.59
1539	600821	津劝业	25.92	0.00	7.01	4.70	4.99	9.22	1 457	5.95	6.14
1540	000068	ST三星	25.85	7.43	3.70	4.81	5.74	4.17	1 648	8.02	6.00
1541	000033	新都酒店	25.77	3.94	5.11	7.01	5.94	3.77	1 554	7.35	5.44
1542	600306	商业城	25.71	0.00	6.39	2.76	5.03	11.53	1 467	10.69	14.19
1543	000909	数源科技	25.70	7.24	4.12	4.06	3.84	6.44	1 146	13.80	10.09
1544	002072	*ST德棉	25.61	6.83	7.34	0.00	6.02	5.42	1 616	9.85	8.19
1545	000751	锌业股份	25.48	0.00	10.56	0.00	7.37	7.55	1 254	6.84	9.20
1546	000688	*ST朝华	25.45	8.43	0.00	6.83	0.00	10.19	1 610	3.78	3.78
1547	000697	*ST偏转	25.33	0.00	8.35	6.33	2.54	8.11	1 362	9.78	11.92
1548	600537	海通集团	25.31	0.00	7.48	4.19	4.51	9.13	1 240	26.34	40.18
1549	000669	领先科技	25.28	0.00	0.00	11.61	3.67	10.00	1 395	9.99	32.05
1550	000018	ST中冠A	25.27	6.61	0.00	10.65	0.00	8.01	1 296	8.60	7.75
1551	600854	ST春兰	25.25	0.00	6.14	8.42	3.84	6.85	1 499	7.98	6.62
1552	600165	宁夏恒力	25.24	0.00	7.99	2.37	5.18	9.70	1 192	8.11	8.47
1553	000633	ST合金	25.07	5.07	3.36	9.23	0.00	7.41	1 415	11.10	10.01
1554	601005	重庆钢铁	25.04	0.00	10.43	0.00	12.26	2.35	1 359	5.84	3.76
1555	002059	云南旅游	24.98	5.92	0.00	10.56	0.00	8.50	949	10.09	9.80
1556	600209	*ST罗顿	24.86	6.73	1.55	8.07	5.65	2.86	1 605	6.59	6.10
1557	600052	浙江广厦	24.86	14.56	0.00	4.24	3.95	2.11	206	8.30	4.87
1558	000662	索芙特	24.67	0.00	4.61	7.29	3.20	9.57	1 412	6.95	7.88
1559	600180	*ST九发	24.63	0.00	0.00	13.38	2.15	9.10	1 562	7.18	7.82
1560	000955	ST欣龙	24.48	0.00	7.26	4.81	5.06	7.35	1 464	6.06	5.16
1561	600087	长航油运	24.31	5.02	5.75	0.00	9.97	3.57	1 372	7.51	4.86

续表

序号	评价单位代码	单位名称	分项得分						上年排名	年初股价（元）	年末股价（元）
			小计	财务效益	资产质量	偿债风险	发展能力	市场表现			
1562	600844	丹化科技	24.27	0.00	2.32	6.24	7.03	8.68	1 473	28.23	15.17
1563	600228	*ST 昌九	24.24	0.00	10.28	0.00	4.15	9.81	1 573	8.65	10.09
1564	600129	太极集团	24.17	0.00	9.25	0.00	6.18	8.74	835	12.92	9.77
1565	600680	上海普天	24.15	0.00	5.81	7.01	2.49	8.84	1 350	11.46	11.49
1566	600800	ST 磁卡	24.05	0.00	3.00	7.68	3.99	9.38	1 656	5.90	6.21
1567	000831	*ST 关铝	23.90	0.00	13.75	0.00	7.00	3.15	1 621	9.62	7.37
1568	600074	*ST 中达	23.87	0.00	11.72	0.00	3.45	8.70	1 571	4.74	4.71
1569	600301	*ST 南化	23.70	0.00	11.31	4.58	1.73	6.08	1 532	9.20	7.40
1570	000691	*ST 亚太	23.67	4.67	0.00	5.73	3.89	9.38	1 541	5.77	5.23
1571	000155	川化股份	23.61	0.00	11.77	5.06	0.00	6.78	858	8.96	6.98
1572	000005	世纪星源	23.60	4.30	4.54	5.81	6.55	2.40	1 645	6.02	3.67
1573	000426	富龙热电	23.58	0.00	4.53	8.09	3.89	7.07	1 346	15.35	17.30
1574	600249	两面针	23.45	0.00	4.59	7.43	5.12	6.31	1 209	9.95	7.70
1575	000056	深国商	23.42	12.08	0.00	0.00	0.00	11.34	1 638	10.09	11.59
1576	600287	江苏舜天	23.41	0.00	6.84	2.11	5.28	9.18	1 414	8.57	9.78
1577	600671	天目药业	23.20	0.00	6.98	5.64	0.00	10.58	1 526	12.19	13.56
1578	600346	大橡塑	23.13	0.00	4.48	0.00	9.35	9.30	1 413	8.07	9.68
1579	000557	*ST 广夏	23.10	11.92	0.00	0.00	0.00	11.18	1 509	4.86	7.00
1580	600365	*ST 通葡	23.04	0.00	4.58	5.82	3.91	8.73	1 596	11.79	11.85
1581	000585	东北电气	22.89	0.00	5.18	8.64	0.00	9.07	1 310	4.25	3.99
1582	000576	ST 甘化	22.85	0.00	9.60	4.46	0.00	8.79	1 364	6.87	7.29
1583	600894	广钢股份	22.81	0.00	11.31	0.00	3.26	8.24	1 293	7.76	7.78
1584	000922	*ST 阿继	22.60	0.00	5.00	0.00	5.93	11.67	1 642	6.59	10.95
1585	600532	华阳科技	22.48	0.00	7.19	2.62	3.99	8.68	1 471	8.85	9.14
1586	000820	*ST 金城	22.46	12.08	4.01	0.00	0.00	6.37	1 612	5.89	4.69
1587	600640	中卫国脉	22.36	0.00	0.00	14.99	0.00	7.37	1 165	12.56	10.42
1588	000932	华菱钢铁	22.29	0.00	12.58	0.00	8.43	1.28	1 130	7.67	3.67
1589	000681	*ST 远东	22.27	0.00	0.00	9.99	2.09	10.19	1 575	3.30	3.30
1590	000892	*ST 星美	22.22	12.38	9.84	0.00	0.00	0.00	1 587	10.44	5.40
1591	000750	SST 集琦	22.16	0.00	6.93	5.04	0.00	10.19	1 448	4.39	4.39
1592	600962	国投中鲁	22.15	0.00	7.66	4.29	3.19	7.01	1 322	13.37	11.37
1593	600385	ST 金泰	22.13	7.12	3.39	0.00	3.39	8.23	1 349	6.94	6.06
1594	000899	赣能股份	22.07	4.55	10.47	0.00	0.00	7.05	921	8.94	5.93
1595	600053	中江地产	22.06	4.95	0.00	7.10	2.39	7.62	1 345	9.65	8.07
1596	000981	S*ST 兰光	22.06	0.00	0.00	9.99	1.88	10.19	915	5.55	5.55
1597	600687	刚泰控股	21.94	0.00	0.00	9.99	3.08	8.87	1 291	10.72	10.58
1598	600579	ST 黄海	21.75	0.00	9.47	0.00	4.12	8.16	1 371	7.28	6.83
1599	600656	ST 方源	21.65	11.29	0.00	0.00	0.00	10.36	1 635	6.22	6.88
1600	600735	新华锦	21.55	0.00	10.15	3.57	0.00	7.83	1 098	13.87	9.82

续表

序号	评价单位代码	单位名称	分项得分						上年排名	年初股价（元）	年末股价（元）
			小计	财务效益	资产质量	偿债风险	发展能力	市场表现			
1601	000617	石油济柴	21.48	0.00	5.55	5.79	3.07	7.07	1 053	15.70	19.54
1602	002052	同洲电子	21.31	0.00	6.80	4.88	4.28	5.35	1 182	12.93	9.60
1603	600312	平高电气	21.25	0.00	4.93	6.28	2.04	8.00	1 129	15.41	13.63
1604	000595	*ST 西轴	21.23	0.00	4.80	2.69	6.10	7.64	1 653	10.65	8.66
1605	000498	*ST 丹化	21.16	0.00	0.00	7.71	3.26	10.19	1 503	3.64	3.64
1606	000953	*ST 河化	21.11	4.04	7.91	0.00	2.87	6.29	1 579	8.54	6.65
1607	600733	S 前锋	21.00	0.00	2.46	11.42	0.00	7.12	1 082	26.16	20.76
1608	600149	*ST 建通	20.98	0.00	0.00	12.21	0.00	8.77	1 439	6.05	5.21
1609	600421	ST 国药	20.91	7.82	8.13	0.00	0.00	4.96	907	8.99	6.06
1610	000503	海虹控股	20.91	0.00	0.00	10.30	2.05	8.56	1 353	11.18	12.44
1611	600455	*ST 博通	20.88	2.49	7.35	0.00	4.35	6.69	1 622	15.66	13.65
1612	000725	京东方 A	20.80	0.00	0.00	8.28	12.52	0.00	1 426	5.20	3.16
1613	000737	*ST 南风	20.39	0.00	8.56	0.00	3.80	8.03	1 608	6.22	6.10
1614	600698	*ST 轻骑	20.29	0.00	11.28	0.00	0.00	9.01	1 593	6.45	6.36
1615	600281	*ST 太化	20.10	0.00	8.97	0.00	3.83	7.30	1 540	11.13	11.69
1616	600737	中粮屯河	19.67	0.00	5.82	2.85	3.00	8.00	1 190	16.75	15.85
1617	600856	长百集团	19.57	0.00	9.57	0.00	3.14	6.86	1 164	7.99	5.98
1618	000815	美利纸业	19.57	0.00	5.00	0.00	4.37	10.20	1 407	10.05	6.06
1619	600848	自仪股份	19.52	0.00	5.99	2.02	2.81	8.70	1 424	10.70	11.96
1620	600877	中国嘉陵	19.34	0.00	9.74	0.00	0.00	9.60	1 373	7.78	9.67
1621	600882	大成股份	19.26	0.00	7.80	0.00	2.70	8.76	1 411	7.95	8.23
1622	000605	ST 四环	19.23	0.00	4.34	5.78	0.00	9.11	1 336	13.09	13.44
1623	000415	ST 汇通	19.14	0.00	2.09	2.79	4.59	9.67	1 617	8.92	10.88
1624	600335	*ST 盛工	19.03	0.00	4.45	0.00	4.58	10.00	1 637	7.50	16.50
1625	002018	华星化工	18.56	0.00	6.44	5.61	2.15	4.36	1 380	12.68	7.31
1626	000908	*ST 天一	18.55	4.57	6.13	0.00	0.00	7.85	1 633	9.84	8.30
1627	000663	永安林业	18.44	2.98	2.57	3.16	0.00	9.73	1 441	9.30	10.02
1628	000615	湖北金环	18.43	0.00	7.78	5.95	3.43	1.27	410	12.76	7.98
1629	000767	漳泽电力	18.24	0.00	11.68	0.00	3.37	3.19	1 304	5.79	3.98
1630	600732	上海新梅	18.13	0.00	0.00	12.42	0.00	5.71	1 466	9.80	6.95
1631	000912	泸天化	18.09	0.00	9.11	4.29	0.00	4.69	1 155	10.56	7.24
1632	600091	*ST 明科	18.04	6.38	0.00	4.47	2.95	4.24	1 647	8.39	5.99
1633	000511	银基发展	17.90	6.40	0.00	5.99	2.82	2.69	1 375	5.35	3.27
1634	000607	*ST 华控	17.81	0.00	6.64	2.74	0.00	8.43	1 547	7.18	6.55
1635	600191	华资实业	17.80	0.00	0.00	7.47	4.34	5.99	1 423	9.24	6.90
1636	002002	ST 琼花	17.51	0.00	11.03	3.05	3.43	0.00	1 436	11.15	6.55
1637	600331	宏达股份	17.50	0.00	7.32	0.00	3.09	7.09	1 048	18.08	15.51
1638	600392	太工天成	16.91	0.00	3.85	5.06	0.00	8.00	1 361	25.85	27.37
1639	002019	鑫富药业	16.87	0.00	5.45	5.33	0.00	6.09	1 016	16.29	16.79

续表

序号	评价单位代码	单位名称	分项得分						上年排名	年初股价（元）	年末股价（元）
			小计	财务效益	资产质量	偿债风险	发展能力	市场表现			
1640	000995	ST 皇台	16.81	0.00	1.54	5.27	0.00	10.00	1 491	6.96	13.19
1641	000677	山东海龙	16.76	0.00	9.21	0.00	5.70	1.85	891	8.79	5.21
1642	000150	宜华地产	16.76	5.83	0.00	5.95	2.29	2.69	967	7.93	5.13
1643	000856	ST 唐陶	16.65	0.00	4.69	0.00	2.50	9.46	1 510	7.72	9.01
1644	600777	新潮实业	16.54	0.00	0.00	5.52	3.71	7.31	1 455	6.96	5.80
1645	600766	园城股份	16.42	0.00	0.00	0.00	6.53	9.89	1 634	7.90	7.54
1646	000838	国兴地产	16.29	0.00	0.00	7.92	0.00	8.37	1 462	10.61	8.94
1647	000806	银河科技	16.28	0.00	4.00	4.86	0.00	7.42	1 463	6.12	5.13
1648	600555	九龙山	15.90	0.00	0.00	8.57	0.00	7.33	1 341	9.01	4.73
1649	600146	大元股份	15.75	0.00	0.00	10.37	0.00	5.38	1 602	26.40	27.15
1650	000972	新中基	15.71	0.00	2.14	0.00	2.78	10.79	1 536	10.23	14.60
1651	600890	ST 中房	14.55	0.00	0.00	8.05	0.00	6.50	752	8.05	5.63
1652	000046	泛海建设	14.31	6.14	0.00	5.61	0.00	2.56	1 134	14.33	8.98
1653	000037	深南电 A	14.31	0.00	5.64	3.63	0.00	5.04	1 311	7.24	5.11
1654	600847	ST 渝万里	14.16	0.00	5.16	0.00	0.00	9.00	1 354	11.54	13.35
1655	600747	大连控股	13.26	0.00	2.02	3.95	0.00	7.29	924	7.54	5.71
1656	002113	*ST 天润	13.20	0.00	6.75	0.00	0.00	6.45	1 496	9.17	7.99
1657	002166	莱茵生物	12.97	0.00	0.00	4.94	0.00	8.03	1 288	37.85	25.90
1658	600076	ST 华光	12.14	0.00	0.00	6.18	5.96	0.00	1 502	8.72	5.48
1659	600767	运盛实业	11.45	0.00	0.00	5.22	0.00	6.23	1 517	6.06	4.71
1660	000502	绿景地产	11.34	0.00	0.00	4.70	0.00	6.64	733	9.96	8.49
1661	600320	振华重工	11.26	0.00	4.60	4.04	0.00	2.62	1 177	10.34	6.53
1662	600715	ST 松辽	10.55	0.00	0.00	0.00	0.00	10.55	1 613	7.75	9.91
1663	600692	亚通股份	10.41	0.00	0.00	4.84	0.00	5.57	1 250	9.69	7.67
1664	000787	*ST 创智	10.19	0.00	0.00	0.00	0.00	10.19	1 501	4.68	4.68
1665	600603	ST 兴业	10.18	3.36	0.00	0.00	0.00	6.82	1 535	8.61	6.79
1666	002107	沃华医药	8.04	0.00	0.00	8.04	0.00	0.00	1 290	24.50	13.81
1667	600083	*ST 博信	7.59	0.00	0.00	0.00	0.00	7.59	1 641	8.75	6.86
	002408	齐翔腾达	84.25	26.53	13.94	14.99	16.48	12.31	—	—	40.37
	600373	中文传媒	83.67	27.41	13.18	12.22	16.94	13.92	1 514	12.09	18.84
	002493	荣盛石化	83.42	30.45	14.94	10.81	18.5	8.72	—	—	63.96
	600031	三一重工	82.49	33.46	8.63	10.4	20	10	33	36.81	21.63
	601607	上海医药	80.35	29.74	9.53	9.55	20	11.53	522	14	21.84
	002482	广田股份	79.91	22.48	13.49	12.5	16.44	15	—	—	84.76
	002405	四维图新	79.51	26.54	8.85	14.99	16.28	12.85	—	—	54.46
	002415	海康威视	79.48	28.53	7.73	14.99	17.62	10.61	—	—	94.3
	601288	农业银行	79.46								
	601717	郑煤机	79.39	28.63	8	12.37	16.23	14.16	—	—	42.42
	300124	汇川技术	78.6	26.2	6.63	14.99	16.24	14.54	—	—	139.88

续表

序号	评价单位代码	单位名称	分项得分						上年排名	年初股价（元）	年末股价（元）
			小计	财务效益	资产质量	偿债风险	发展能力	市场表现			
	000937	冀中能源	78.27	32.38	11.91	10.21	16.22	7.55	8	41.6	40.05
	300134	大富科技	78.24	26.23	6.22	14.99	15.8	15	—	—	66
	002419	天虹商场	78.07	28.77	10.12	12.27	14.99	11.92	—	—	47.7
	002479	富春环保	77.75	22.59	11.41	14.83	13.92	15	—	—	34.39
	000418	小天鹅 A	77.35	25.78	11.83	11.42	17.66	10.66	488	14.63	19.75
	002410	广联达	76.85	26.58	9.57	14.99	15.71	10	—	—	71
	601101	昊华能源	76.84	29.79	9.88	12.78	15.22	9.17	—	—	47.06
	002497	雅化集团	75.84	25.55	9.13	14.99	13.11	13.06	—	—	42.3
	002444	巨星科技	75.68	25.25	9.11	14.7	12.69	13.93	—	—	38.58
	002399	海普瑞	75.19	28.46	7.96	14.99	17.22	6.56	—	—	139.13
	002454	松芝股份	74.97	25.97	6.73	12.55	14.72	15	—	—	30.5
	300136	信维通信	74.87	24.56	5.16	14.99	15.16	15	—	—	67.8
	002051	中工国际	74.74	24.34	11.27	11.09	18.04	10	99	26.98	39.06
	002437	誉衡药业	74.56	25.04	8.65	14.99	13.8	12.08	—	—	76.98
	300050	世纪鼎利	74.34	26.39	6.39	14.99	15.61	10.96	—	—	67.45
	002436	兴森科技	74.22	24.75	9.02	13.73	15.68	11.04	—	—	67.11
	002334	英威腾	74.2	24.77	8.22	14.99	16.22	10	—	—	64.77
	002406	远东传动	73.9	24.83	8.24	13.02	15.48	12.33	—	—	32.1
	000883	湖北能源	73.79	27.53	14.12	4.89	19.48	7.77	782	8.9	9.07
	300088	长信科技	73.68	25.19	7.38	13.53	16.36	11.22	—	—	51.1
	002474	榕基软件	73.55	22.74	6.94	14.99	15.4	13.48	—	—	49.5
	601818	光大银行	73.50								
	002447	壹桥苗业	72.82	23.91	10.28	13.13	12.63	12.87	—	—	78.92
	300133	华策影视	72.81	24.16	6.57	14.99	15.98	11.11	—	—	116
	300108	双龙股份	72.57	21.74	7.23	14.99	13.74	14.87	—	—	35.9
	601000	唐山港	72.55	23.31	15	11.73	13.18	9.33	—	—	7.58
	002483	润邦股份	72.41	24.65	9.65	12.87	13.29	11.95	—	—	29.95
	600729	重庆百货	72.36	23.75	10.2	10.14	18.96	9.31	287	40.15	44
	300043	星辉车模	72.25	24.35	8.79	14.4	14.73	9.98	—	—	36.7
	300101	国腾电子	72.21	25.06	5.43	14.99	13.31	13.42	—	—	108.06
	601877	正泰电器	72.19	26.15	10.43	13.62	13.42	8.57	—	—	23.95
	300046	台基股份	72.16	25.39	7.06	14.69	13.77	11.25	—	—	55.41
	002475	立讯精密	72.09	21.65	7.25	13.25	16.1	13.84	—	—	55.97
	300058	蓝色光标	72.06	22.45	9.54	14.99	13.64	11.44	—	—	35.3
	002344	海宁皮城	71.87	27.71	6.03	12.59	15.54	10	—	—	54.88
	002375	亚厦股份	71.81	23.29	10	11.56	16.96	10	—	—	91.98
	002449	国星光电	71.62	22.37	6.99	14.25	13.88	14.13	—	—	43.85
	300143	星河生物	71.28	20.99	7.82	11.57	15.9	15	—	—	56.24
	300125	易世达	71.25	19.94	8.06	12.44	15.81	15	—	—	83.49

续表

序号	评价单位代码	单位名称	分项得分						上年排名	年初股价（元）	年末股价（元）
			小计	财务效益	资产质量	偿债风险	发展能力	市场表现			
	300078	中瑞思创	71.08	24.09	7.02	14.99	13.92	11.06	—	—	74.31
	002416	爱施德	70.97	23.49	11.85	9.99	15.07	10.57	—	—	45.5
	300080	新大新材	70.84	22.44	8.3	11.12	15.64	13.34	—	—	56.72
	002430	杭氧股份	70.82	26.53	6.94	11.09	13.42	12.84	—	—	34.8
	002422	科伦药业	70.81	26.11	7.06	9.55	15.43	12.66	—	—	157.52
	002501	利源铝业	70.72	21.55	10.5	8.83	14.84	15	—	—	52.8
	601678	滨化股份	70.66	25.85	14.3	9.4	12.94	8.17	—	—	19.01
	300135	宝利沥青	70.64	22.19	9.67	12.96	14.37	11.45	—	—	45.84
	300104	乐视网	70.59	23.57	8.06	10.26	15.74	12.96	—	—	64.38
	002472	双环传动	70.55	25.58	7.13	13.14	15.56	9.14	—	—	42.6
	002376	新北洋	70.43	23.68	7.72	13.79	15.01	10.23	—	—	47.19
	002335	科华恒盛	70.36	24.35	7.7	12.92	14.99	10.4	—	—	58.37
	300100	双林股份	70.26	25.24	7.21	11.06	15.63	11.12	—	—	39.44
	002522	浙江众成	70.12	23.13	7.28	12.38	12.33	15	—	—	42.52
	002400	省广股份	70.09	17.61	15	11.21	14.43	11.84	—	—	51.75
	002369	卓翼科技	70.06	21.93	8.55	11.88	16.08	11.62	—	—	45.24
	002491	通鼎光电	70.03	22.17	8.59	10.57	15.54	13.16	—	—	20.81
	300107	建新股份	69.97	22.14	8.31	14.99	12.76	11.77	—	—	60.2
	300154	瑞凌股份	69.81	21.93	8.16	13.59	15.94	10.19	—	—	40.65
	002357	富临运业	69.77	25.31	9.01	13.43	11.51	10.51	—	—	22.07
	002075	沙钢股份	69.74	26.74	13.8	7.55	11.46	10.19	1 603	7.04	6.25
	601688	华泰证券	69.68								
	002448	中原内配	69.42	23.97	7.92	10.89	14.14	12.5	—	—	46.88
	300045	华力创通	69.33	23.29	7.67	13.37	14.37	10.63	—	—	41.3
	300128	锦富新材	69.23	22.85	7.91	7.39	16.08	15	—	—	47.19
	002450	康得新	69.1	20.76	8.89	11.3	15.36	12.79	—	—	31.9
	002353	杰瑞股份	68.8	26.04	6.41	9.89	15.34	11.12	—	—	142.88
	002431	棕榈园林	68.69	23.53	9.1	9.86	16.2	10	—	—	91
	002360	同德化工	68.67	23.97	8.22	14.99	12.73	8.76	—	—	37.99
	300126	锐奇股份	68.65	20.26	7.93	14.75	12.99	12.72	—	—	38.68
	002469	三维工程	68.27	23.23	4.57	14.24	13.52	12.71	—	—	78
	300083	劲胜股份	68.21	19.88	9.71	13.72	13.44	11.46	—	—	46
	002393	力生制药	68.11	25.5	6.78	13.82	13.51	8.5	—	—	50
	002372	伟星新材	68.1	24.99	8.96	13.06	13.33	7.76	—	—	22.86
	300099	尤洛卡	68.02	25.02	0	14.99	14.39	13.62	—	—	112.8
	002440	闰土股份	67.97	25.38	7.4	9.83	13.01	12.35	—	—	33.47
	300127	银河磁体	67.94	18.75	6.72	14.83	12.64	15	—	—	27.9
	300102	乾照光电	67.78	24.51	0	14.99	15.98	12.3	—	—	84.1
	600170	上海建工	67.7	18.38	13.16	8.18	20	7.98	364	15.46	14.59

续表

序号	评价单位代码	单位名称	分项得分						上年排名	年初股价（元）	年末股价（元）
			小计	财务效益	资产质量	偿债风险	发展能力	市场表现			
	002371	七星电子	67.64	24.05	6.12	12.78	14.69	10	—	—	108.8
	002477	雏鹰农牧	67.53	21.57	11.06	10.32	14.28	10.3	—	—	57.3
	002343	禾欣股份	67.5	22.23	9.5	14.33	12.28	9.16	—	—	33.16
	300131	英唐智控	67.48	19.42	8.47	10.33	14.26	15	—	—	56.88
	300054	鼎龙股份	67.4	20.47	8.18	14.54	11.63	12.58	—	—	65.06
	002385	大北农	67.38	23.49	12.61	14.16	13.91	3.21	—	—	40.41
	002412	汉森制药	67.32	21.82	7.33	14.39	12.97	10.81	—	—	50
	300109	新开源	67.31	21.55	7.84	13.75	12.75	11.42	—	—	63.99
	002503	搜于特	67.24	21.66	5.36	11.64	16	12.58	—	—	91.26
	300118	东方日升	67.15	22.5	9.36	8.44	16.46	10.39	—	—	60.7
	002484	江海股份	67.04	18.9	7.41	13.08	12.65	15	—	—	30.7
	601369	陕鼓动力	67.00	26.09	5.19	11.92	13.64	10.16	—	—	23.8
	002349	精华制药	66.97	21.54	7.32	14.99	11.61	11.51	—	—	37.8
	002455	百川股份	66.96	19.63	12.13	9.52	13.06	12.62	—	—	36
	002396	星网锐捷	66.79	22.06	8.33	11.43	12.53	12.44	—	—	42.21
	300148	天舟文化	66.71	20.44	10.7	14.99	15.58	5	—	—	27.39
	300103	达刚路机	66.68	24.62	4.55	14.99	12.43	10.09	—	—	43.28
	002457	青龙管业	66.48	21.58	5.88	11.64	13.08	14.3	—	—	42.09
	002519	银河电子	66.47	19.95	6.65	11.72	13.15	15	—	—	50.45
	300086	康芝药业	66.46	24.64	0	14.99	14.99	11.84	—	—	79.93
	002394	联发股份	66.44	24.77	9.79	10.86	14.21	6.81	—	—	48.26
	300132	青松股份	66.37	20.77	8.33	6.66	15.92	14.69	—	—	35.66
	300051	三五互联	66.33	21.03	8.94	14.99	12.32	9.05	—	—	26.85
	600612	老凤祥	66.32	23.56	12.39	6.55	14.19	9.63	380	25.88	29.6
	002351	漫步者	66.31	21.45	9.16	14.99	11.1	9.61	—	—	30.43
	002517	泰亚股份	66.15	19.38	7.14	13	11.63	15	—	—	26.78
	601117	中国化学	65.99	23.02	11.31	11.23	11.68	8.75	—	—	5.78
	300145	南方泵业	65.98	22.64	8.91	13.93	15.5	5	—	—	38.8
	300113	顺网科技	65.79	23.12	3.12	14.99	14.56	10	—	—	69.4
	002527	新时达	65.77	19.41	6.47	12.27	12.62	15	—	—	26.69
	300105	龙源技术	65.75	21.28	4.63	13.38	11.97	14.49	—	—	121.9
	002485	希努尔	65.74	22.33	7.55	12.3	12.75	10.81	—	—	27.6
	600869	三普药业	65.72	20.68	10.77	3.86	19	11.41	1 445	17.66	25.69
	300115	长盈精密	65.71	22.35	6.55	8.01	16.02	12.78	—	—	64.6
	002490	山东墨龙	65.69	22.38	7.32	9.89	12.84	13.26	—	—	23.14
	300064	豫金刚石	65.68	20.89	6.44	14.99	14.78	8.58	—	—	36.81
	300111	向日葵	65.63	22.84	8.94	7.8	15.88	10.17	—	—	24.02
	300077	国民技术	65.46	21.69	5.88	14.99	16.04	6.86	—	—	128.88
	002516	江苏旷达	65.46	21.42	7.25	13.44	14.01	9.34	—	—	21.08

续表

序号	评价单位代码	单位名称	分项得分						上年排名	年初股价（元）	年末股价（元）
			小计	财务效益	资产质量	偿债风险	发展能力	市场表现			
	002389	南洋科技	65.28	23.13	7.17	13.61	12.5	8.87	—	—	61.09
	300112	万讯自控	65.22	20.84	6.94	14.9	12.15	10.39	—	—	25.38
	300041	回天胶业	65.08	21.7	7.07	14.99	11.77	9.55	—	—	62.46
	300082	奥克股份	65.00	20.05	10.25	9.08	14.2	11.42	—	—	57.06
	002508	老板电器	64.74	23.41	8.55	13.9	13.88	5	—	—	37.35
	002532	新界泵业	64.63	21.16	9.09	11.83	12.36	10.19	—	—	37
	002458	益生股份	64.62	18.67	13.49	9.21	10.85	12.4	—	—	37.98
	002404	嘉欣丝绸	64.62	19.64	9.91	13.1	11.24	10.73	—	—	21
	300122	智飞生物	64.58	25.59	6.6	14.99	12.4	5	—	—	35.48
	601801	皖新传媒	64.51	19.58	11.87	13.45	11.53	8.08	—	—	15.13
	002367	康力电梯	64.41	22.22	7.22	12.27	14.05	8.65	—	—	28.39
	002453	天马精化	64.27	18.26	8.74	10.35	13.56	13.36	—	—	45
	300137	先河环保	63.88	19.17	1.72	13.89	14.1	15	—	—	38.21
	002464	金利科技	63.82	23.44	7.42	14.99	12.97	5	—	—	28.84
	002401	交技发展	63.74	19.67	9.51	12.71	12.55	9.3	—	—	48.54
	002514	宝馨科技	63.58	24.37	6.86	12.46	14.89	5	—	—	43.23
	002411	九九久	63.41	16.65	11.95	8.66	13.37	12.78	—	—	34
	002478	常宝股份	63.4	20.33	8.46	11.85	12.81	9.95	—	—	17.57
	300049	福瑞股份	63.34	21.65	5.15	12.57	13.15	10.82	—	—	26.55
	002409	雅克科技	63.34	18.98	9.98	9.08	13.58	11.72	—	—	41.42
	002434	万里扬	63.17	21.32	7.09	11.57	12.57	10.62	—	—	32.37
	002368	太极股份	63.15	19.47	11.01	11.9	13.19	7.58	—	—	54.2
	002425	凯撒股份	62.99	21.59	6.41	9.99	12.54	12.46	—	—	40.46
	002397	梦洁家纺	62.95	21.27	8.46	8.99	13.64	10.59	—	—	42
	300123	太阳鸟	62.92	16.69	5.9	11.85	13.48	15	—	—	42.5
	002520	日发数码	62.84	21.64	5.78	12.26	13.36	9.8	—	—	45.8
	002387	黑牛食品	62.82	20.52	10.06	13.25	12.42	6.57	—	—	38.85
	002486	嘉麟杰	62.8	18.51	8.33	11.64	14.36	9.96	—	—	14.9
	300141	和顺电气	62.72	22.37	7.2	14.99	13.16	5	—	—	47.28
	002345	潮宏基	62.68	19.21	8.04	9.99	14.14	11.3	—	—	34.78
	601098	中南传媒	62.64	20.56	10.65	13.19	13.24	5	—	—	11.98
	300114	中航电测	62.59	21.2	7.08	13.59	12.65	8.07	—	—	35.69
	002507	涪陵榨菜	62.59	19.9	10.28	14.75	12.66	5	—	—	27.14
	300047	天源迪科	62.29	20.93	6.03	14.99	11.45	8.89	—	—	29.16
	002441	众业达	62.22	18.18	8.31	9.46	13.06	13.21	—	—	52.98
	002489	浙江永强	62.16	22.73	7.8	12.03	14.6	5	—	—	37.91
	002439	启明星辰	62.06	17.42	5.81	13.59	12.27	12.97	—	—	42.55
	002341	新纶科技	62.02	19.93	7.13	9.21	15.26	10.49	—	—	41.47
	002463	沪电股份	62.00	22.13	9.05	13.06	12.76	5	—	—	17.06

续表

序号	评价单位代码	单位名称	分项得分						上年排名	年初股价（元）	年末股价（元）
			小计	财务效益	资产质量	偿债风险	发展能力	市场表现			
	300048	合康变频	61.94	21.76	4.14	9.99	14.02	12.03	—	—	60.53
	601177	杭齿前进	61.93	19.09	7.91	10.1	13.18	11.65	—	—	16.03
	002481	双塔食品	61.90	20.39	7.15	8.93	13.08	12.35	—	—	49.75
	300120	经纬电材	61.89	19.85	9.99	9.93	11.92	10.2	—	—	26.72
	300129	泰胜风能	61.78	22.95	6.5	9.99	12.97	9.37	—	—	39.92
	300130	新国都	61.69	21.1	3.21	11.87	15.09	10.42	—	—	45.25
	002533	金杯电工	61.47	18.72	9.36	10.42	12.78	10.19	—	—	34.66
	002429	兆驰股份	61.41	24.29	9.17	9.99	12.96	5	—	—	26.56
	300153	科泰电源	61.35	20.25	6.44	12.14	12.33	10.19	—	—	39.11
	002495	佳隆股份	61.34	20.81	6.13	13.16	13.07	8.17	—	—	31.57
	300151	昌红科技	61.32	20.86	6.97	12.8	15.69	5	—	—	36.83
	002530	丰东股份	61.29	18.82	6.41	11.67	14.2	10.19	—	—	22
	002413	常发股份	61.06	17.77	9.62	9.49	13.24	10.94	—	—	24.83
	002358	森源电气	60.90	21.92	5.61	8.37	12.72	12.28	—	—	44.83
	002468	艾迪西	60.85	20.87	9.08	11.01	14.89	5	—	—	25.55
	601933	永辉超市	60.76	20.97	9.41	10.2	15.18	5	—	—	31.24
	002384	东山精密	60.69	19.19	6.05	11.83	14.1	9.52	—	—	74.69
	002494	华斯股份	60.65	18.41	7.53	9.63	12.76	12.32	—	—	31.29
	300121	阳谷华泰	60.59	18.85	9.95	12.6	12.06	7.13	—	—	27.45
	300057	万顺股份	60.58	18.88	6.92	14.99	9.65	10.14	—	—	26.78
	002470	金正大	60.43	20.12	11.26	9.26	14.79	5	—	—	19.24
	300093	金刚玻璃	60.42	18.03	6.65	10.23	12.2	13.31	—	—	32.88
	300071	华谊嘉信	60.39	20.53	12.73	9.99	13.17	3.97	—	—	33.25
	300079	数码视讯	60.37	22.24	0	14.99	13.43	9.71	—	—	70.72
	002498	汉缆股份	60.18	24.28	7.48	11.21	12.21	5	—	—	44.87
	002336	人人乐	60.17	18.65	8.98	11.74	13.04	7.76	—	—	24.79
	002456	欧菲光	60.06	16.7	7.4	7.69	14.08	14.19	—	—	69.19
	002505	大康牧业	60.01	15.01	13.29	7.48	14.46	9.77	—	—	27.9
	601880	大连港	60.00	21.07	6.24	9.4	18.29	5	—	—	3.94
	002435	长江润发	59.98	18.4	10.49	10.14	11.5	9.45	—	—	16.68
	002446	盛路通信	59.95	17.18	6.22	10.01	11.54	15	—	—	27.1
	002496	辉丰股份	59.91	20.57	7.47	14.64	12.23	5	—	—	55.8
	300110	华仁药业	59.9	20.42	4.92	14.57	12.8	7.19	—	—	18.7
	002398	建研集团	59.86	16.49	8.45	12.02	11.84	11.06	—	—	32.35
	002443	金洲管道	59.85	16.4	10.5	9.46	11.3	12.19	—	—	24.81
	300037	新宙邦	59.80	20.7	6.12	12.14	11.56	9.28	—	—	42.65
	600760	中航黑豹	59.71	13.91	12.27	8.64	15.9	8.99	546	8.38	12.8
	000561	烽火电子	59.65	20.41	7.9	12.04	10.73	8.57	1 434	9.25	8.04
	002467	二六三	59.61	21.58	7.63	14.99	10.41	5	—	—	32.01

续表

序号	评价单位代码	单位名称	分项得分						上年排名	年初股价（元）	年末股价（元）
			小计	财务效益	资产质量	偿债风险	发展能力	市场表现			
	600184	光电股份	59.60	16.33	7.56	8.09	17.62	10	1 384	21.5	43.04
	601718	际华集团	59.54	17.16	11.52	11.28	14.58	5	—	—	4.23
	300039	上海凯宝	59.41	20.79	5.82	13.02	9.78	10	—	—	47.5
	002502	骅威股份	59.33	19.92	8.04	14.35	12.02	5	—	—	30.3
	300092	科新机电	59.26	17.7	4.9	12.23	11.63	12.8	—	—	33.07
	300087	荃银高科	59.26	19.17	7.86	9.99	12.24	10	—	—	66
	002355	兴民钢圈	59.21	18.3	9.56	7.87	12.75	10.73	—	—	16.49
	002395	双象股份	59.19	17.91	7.28	12.62	11.79	9.59	—	—	30.89
	002480	新筑股份	59.06	17.82	5.07	7.22	14.28	14.67	—	—	69
	002402	和而泰	58.95	17.7	6.94	9.99	13.03	11.29	—	—	42.09
	300075	数字政通	58.92	21.4	0	14.99	13.39	9.14	—	—	53.4
	002424	贵州百灵	58.85	20.33	6	7	13.57	11.95	—	—	34.9
	002518	科士达	58.74	20.51	7.51	12.82	12.9	5	—	—	37.15
	300062	中能电气	58.65	22.13	4.52	9.94	13.86	8.2	—	—	37.78
	300146	汤臣倍健	58.64	22.28	3.89	11.57	15.9	5	—	—	150
	300142	沃森生物	58.51	22.51	0	10.86	15.9	9.24	—	—	133.2
	002420	毅昌股份	58.49	17.75	7.67	9.89	12.87	10.31	—	—	13.28
	601018	宁波港	58.41	23.69	5.29	11.12	13.31	5	—	—	3.12
	300096	易联众	58.40	17.95	5.82	8.57	12.49	13.57	—	—	40.05
	000921	ST 科龙	58.40	20.46	11.85	5.59	11.24	9.26	1 303	8.45	7.68
	002391	长青股份	58.33	20.55	7.12	12.17	12.1	6.39	—	—	35.75
	002338	奥普光电	58.24	21.59	4.18	13.68	11.88	6.91	—	—	40.2
	002361	神剑股份	58.21	16.84	9.89	11.24	12.19	8.05	—	—	24.21
	002433	太安堂	58.15	19.6	6.4	9.99	11.9	10.26	—	—	32.97
	300119	瑞普生物	58.09	22.8	4.33	13.1	12.86	5	—	—	70.53
	002492	恒基达鑫	58.07	21.79	3.92	10.12	11.99	10.25	—	—	20.95
	300091	金通灵	58.01	18.98	5.68	10.17	10.6	12.58	—	—	47.59
	002421	达实智能	57.93	16.86	6.87	10.85	12.66	10.69	—	—	36.12
	002531	天顺风能	57.88	19.23	5.91	10.65	11.9	10.19	—	—	25.32
	002418	康盛股份	57.75	16.21	8.39	7.08	13.76	12.31	—	—	22
	002521	齐峰股份	57.64	21.79	8.4	9.71	12.74	5	—	—	40.9
	300149	量子高科	57.61	20.66	4.45	14.99	12.51	5	—	—	34.72
	002509	天广消防	57.57	19.38	7.43	12.03	13.73	5	—	—	31.25
	002473	圣莱达	57.32	19.24	7.56	12.78	12.74	5	—	—	31.61
	300085	银之杰	57.29	20.55	0	14.99	12.39	9.36	—	—	28.8
	300140	启源装备	57.28	20.6	6.27	13.17	12.24	5	—	—	45.5
	601158	重庆水务	57.11	25.18	5.34	11.15	12.63	2.81	—	—	8.27
	002445	中南重工	57.06	17.41	4.93	11.6	9.44	13.68	—	—	22.85
	002513	蓝丰生化	57.04	20.52	9.02	9.51	12.99	5	—	—	53.55

续表

序号	评价单位代码	单位名称	分项得分						上年排名	年初股价（元）	年末股价（元）
			小计	财务效益	资产质量	偿债风险	发展能力	市场表现			
	002365	永安药业	57.01	17.11	7.92	14.99	10.34	6.65	—	—	32.28
	300056	三维丝	56.97	17.36	5.3	11.02	13.07	10.22	—	—	38.1
	300053	欧比特	56.94	17.53	5.27	10.13	12.27	11.74	—	—	26.09
	002392	北京利尔	56.94	19.73	5.22	11.72	12.79	7.48	—	—	41.7
	600282	南钢股份	56.94	18.6	12.58	5.73	17.63	2.4	837	6.09	3.43
	002512	达华智能	56.92	18.86	6.47	14.99	11.6	5	—	—	35.5
	002438	江苏神通	56.88	17.48	4.85	10.04	11.61	12.9	—	—	36.45
	601126	四方股份	56.80	18.24	4.97	11.21	12.19	10.19	—	—	31.11
	300144	宋城股份	56.74	25.22	0	10.36	16.16	5	—	—	56.29
	300074	华平股份	56.65	21	0	14.99	11.26	9.4	—	—	74.55
	002428	云南锗业	56.60	21.51	0	14.99	9.6	10.5	—	—	72.57
	300066	三川股份	56.46	21.63	7.47	13.41	11.92	2.03	—	—	56.7
	300070	碧水源	56.43	22.71	0	14.99	16.06	2.67	—	—	125
	002506	超日太阳	56.37	20.24	9.12	6.39	15.62	5	—	—	44.51
	002426	胜利精密	56.20	19.78	8.17	10.48	12.77	5	—	—	14.9
	002340	格林美	56.07	17.83	6.27	5.12	14.8	12.05	—	—	63.47
	002488	金固股份	56.03	19.35	6.92	9.17	15.59	5	—	—	24.41
	002460	赣锋锂业	55.87	18.39	7.43	11.78	13.27	5	—	—	49
	002378	章源钨业	55.83	19.57	7.98	6.38	13.02	8.88	—	—	37.47
	002487	大金重工	55.64	21.16	6.27	9.53	13.68	5	—	—	39.7
	300147	香雪制药	55.55	19.4	7.34	9.69	14.12	5	—	—	36.4
	300065	海兰信	55.54	18.31	6.09	9.99	13.54	7.61	—	—	56.5
	300090	盛运股份	55.52	16.38	4.82	8.16	13.48	12.68	—	—	33.18
	601777	力帆股份	55.38	19.14	8.48	9.2	13.56	5	—	—	14.06
	002476	宝莫股份	55.27	19.36	8.37	10.37	12.17	5	—	—	27.95
	300097	智云股份	55.20	18.84	4.67	8.99	12.74	9.96	—	—	27.67
	002339	积成电子	55.18	18.31	5.43	8.4	13.09	9.95	—	—	38.03
	002342	巨力索具	55.16	19.55	6.65	9	11.35	8.61	—	—	18.28
	300089	长城集团	55.15	16.65	7.31	9.32	11.5	10.37	—	—	23.8
	002528	英飞拓	55.15	20.78	3.15	13.19	13.03	5	—	—	51.54
	601890	亚星锚链	55.11	17.4	6.75	9.73	11.04	10.19	—	—	21.5
	002526	山东矿机	54.91	19.3	6.48	9.99	14.14	5	—	—	25.77
	002442	龙星化工	54.88	15.92	8.84	6.78	12.88	10.46	—	—	14.3
	300152	燃控科技	54.48	19.57	0	12.99	11.73	10.19	—	—	51.49
	002350	北京科锐	54.48	17.22	5.45	12.17	10.8	8.84	—	—	22.65
	002417	三元达	54.42	15.76	5.07	9.31	13.72	10.56	—	—	23.18
	002414	高德红外	54.24	19.74	0	9.99	11.62	12.89	—	—	31.72
	002374	丽鹏股份	54.19	17.63	7.78	7.27	12.29	9.22	—	—	36.95
	600279	重庆港九	54.17	14.62	6.36	6.1	15.89	11.2	1 280	10.34	13.22

续表

序号	评价单位代码	单位名称	分项得分						上年排名	年初股价（元）	年末股价（元）
			小计	财务效益	资产质量	偿债风险	发展能力	市场表现			
	002499	科林环保	54.04	19.28	6.64	11.5	11.62	5	—	—	41.55
	002471	中超电缆	54.01	18.34	7.63	9.32	13.72	5	—	—	27.02
	300072	三聚环保	53.85	18.53	5.11	8.75	13.72	7.74	—	—	45
	002370	亚太药业	53.83	16.77	7.52	9.85	11.12	8.57	—	—	20.85
	002347	泰尔重工	53.74	18.69	3.98	11.37	9.59	10.11	—	—	26.24
	600858	银座股份	53.63	14.77	8.43	4.93	15.23	10.27	577	25.98	25.29
	300150	世纪瑞尔	53.46	18.93	0	14.16	15.37	5	—	—	47.8
	300094	国联水产	53.29	14.83	8.9	6.59	11.94	11.03	—	—	15.07
	002366	丹甫股份	53.16	18.43	8.93	10.09	12.17	3.54	—	—	19.48
	002452	长高集团	53.12	17.07	4.05	13.29	8.16	10.55	—	—	29.73
	002504	东光微电	52.93	16.72	4.22	13.99	13	5	—	—	26.85
	002459	天业通联	52.80	18.05	4.98	8.99	12.96	7.82	—	—	27.47
	002465	海格通信	52.77	20.66	2.19	13.44	11.48	5	—	—	40.76
	002427	尤夫股份	52.60	15.88	8.44	5.1	11.71	11.47	—	—	21.42
	002523	天桥起重	52.59	18.47	5.16	11.52	12.44	5	—	—	21.15
	300116	坚瑞消防	52.56	17.76	4.56	13.74	11.69	4.81	—	—	32.35
	300076	宁波GQY	52.47	19.52	4.47	9.9	11.73	6.85	—	—	27.69
	002362	汉王科技	52.45	15.31	9.57	7.82	13.32	6.43	—	—	86.57
	300117	嘉寓股份	52.38	18.91	6.14	10.22	12.11	5	—	—	30.21
	002511	中顺洁柔	52.33	19.21	7.65	8.7	11.77	5	—	—	40.1
	300106	西部牧业	52.00	16	9.46	8.78	12.76	5	—	—	22.38
	002329	皇氏乳业	51.94	16.33	7.41	10	8.2	10	—	—	49.31
	002407	多氟多	51.85	13.86	7.45	9.09	9.79	11.66	—	—	77.49
	002524	光正钢构	51.71	14.46	8.93	9.93	13.39	5	—	—	31.01
	002423	中原特钢	51.64	13.84	7.44	11.5	8.48	10.38	—	—	9.35
	300059	东方财富	51.59	17.28	0	14.99	12.5	6.82	—	—	53.25
	601179	中国西电	51.57	16.07	5.01	10.59	9.67	10.23	—	—	7.9
	002333	罗普斯金	51.47	15.29	10.47	14	5.04	6.67	—	—	14.75
	002462	嘉事堂	51.43	13.91	6.24	10.72	12.33	8.23	—	—	22.56
	002348	高乐股份	51.36	19.86	5.25	5	11.57	9.68	—	—	21.43
	002331	皖通科技	51.24	18.12	7.9	9.99	7.32	7.91	—	—	29.15
	002403	爱仕达	51.10	12.71	7.84	9.38	11.19	9.98	—	—	16.66
	300073	当升科技	50.99	13.67	9.74	8.26	12.86	6.46	—	—	46.33
	002510	天汽模	50.94	16.94	6.13	9.36	13.51	5	—	—	21.85
	002332	仙琚制药	50.90	18.81	7.74	9.28	6.88	8.19	—	—	19.95
	300081	恒信移动	50.46	11.67	11.76	9.99	9.61	7.43	—	—	31.06
	300138	晨光生物	50.33	18.19	7.31	5.99	13.84	5	—	—	34.44
	002529	海源机械	50.15	18.36	4.83	9.65	12.31	5	—	—	21.49
	002359	齐星铁塔	49.90	14.98	5.48	9.91	9.27	10.26	—	—	21.01

续表

序号	评价单位代码	单位名称	分项得分						上年排名	年初股价（元）	年末股价（元）
			小计	财务效益	资产质量	偿债风险	发展能力	市场表现			
	002356	浩宁达	49.77	13.03	4.6	12.75	10.98	8.41	—	—	32.58
	002364	中恒电气	49.72	18.88	4.73	13.41	9.62	3.08	—	—	33.48
	002515	金字火腿	49.67	20.79	2.06	9.63	12.19	5	—	—	46.06
	002363	隆基机械	49.56	15.85	7.7	7.94	11.38	6.69	—	—	20.84
	300139	福星晓程	49.47	20.25	2.25	9.99	11.98	5	—	—	72.8
	002432	九安医疗	49.41	12.96	6.64	9.99	8.75	11.07	—	—	32.88
	300069	金利华电	49.35	17.96	3.7	8.71	9.89	9.09	—	—	32.16
	002346	柘中建设	49.33	15.92	6.12	10.22	8.74	8.33	—	—	18.87
	601106	中国一重	49.27	15.87	3.74	8.69	10.23	10.74	—	—	5.94
	300052	中青宝	49.17	16.09	0	14.99	11.29	6.8	—	—	21.61
	002388	新亚制程	49.17	14.73	8.28	10.15	12.22	3.79	—	—	29.09
	002382	蓝帆股份	49.04	16.07	8.92	9.99	10.91	3.15	—	—	36.58
	600998	九州通	48.93	15.58	8.84	7.56	11.95	5	—	—	14.55
	300095	华伍股份	48.92	18.04	5.92	11.04	8.92	5	—	—	26.99
	300044	赛为智能	48.74	15.29	4.51	9.65	9.57	9.72	—	—	30.65
	002381	双箭股份	48.71	15.2	7.87	12.09	11.02	2.53	—	—	33.25
	002461	珠江啤酒	48.44	13.19	7.95	9.3	7.83	10.17	—	—	19
	002380	科远股份	48.04	19.3	4.02	9.99	11.65	3.08	—	—	49.23
	601518	吉林高速	47.80	14.41	7.73	11.27	6.57	7.82	—	—	3.67
	002352	鼎泰新材	47.71	12.63	7.42	7.72	10.98	8.96	—	—	30.95
	300098	高新兴	47.47	17.31	1.89	9.78	9.28	9.21	—	—	35.85
	002379	鲁丰股份	47.42	14.51	8.02	5.89	12.42	6.58	—	—	38.47
	002337	赛象科技	47.34	18.71	4.75	11.6	8.8	3.48	—	—	28.32
	300061	康耐特	47.17	15.57	5.78	9.36	9.92	6.54	—	—	23.38
	002466	天齐锂业	46.94	15.81	7.48	9.35	9.3	5	—	—	55.13
	300084	海默科技	46.78	14.67	0	13.62	8.64	9.85	—	—	35.79
	002451	摩恩电气	46.61	13.44	6.06	7.12	10.03	9.96	—	—	17.06
	300055	万邦达	46.52	16.58	0	9.99	9.95	10	—	—	135.3
	002386	天原集团	46.28	13.26	11.04	6.89	11.72	3.37	—	—	15.95
	002330	得利斯	45.82	11.64	10.34	9.99	5.76	8.09	—	—	17.58
	300040	九洲电气	45.64	14.45	4.71	9.98	8.23	8.27	—	—	19.86
	300063	天龙集团	45.46	15.66	5.34	9.99	11.38	3.09	—	—	26.72
	002354	科冕木业	45.21	11.35	6.43	6.55	10.55	10.33	—	—	20.79
	002390	信邦制药	43.91	15.54	5.11	7.25	9.52	6.49	—	—	42.35
	300067	安诺其	43.86	14.84	5.31	9.99	8.72	5	—	—	19.43
	601188	龙江交通	43.75	15.33	0	14.31	6.38	7.73	—	—	3.64
	300068	南都电源	43.59	13.69	5.97	9.45	10.74	3.74	—	—	29.6
	002377	国创高新	43.47	13.23	5.77	8.99	12.18	3.3	—	—	20
	601268	二重重装	42.97	12.95	3.95	5.47	9.74	10.86	—	—	12.51

续表

序号	评价单位代码	单位名称	分项得分						上年排名	年初股价（元）	年末股价（元）
			小计	财务效益	资产质量	偿债风险	发展能力	市场表现			
	002373	联信永益	42.32	12.33	9.16	9.84	9.9	1.09	—	—	27.34
	002383	合众思壮	39.97	14.45	5.64	9.99	8.11	1.78	—	—	52.45
	300038	梅泰诺	24.86	9.97	0	8.42	3.49	2.98	—	—	22.3
	300042	朗科科技	21.12	7.33	0	9.99	2.29	1.51	—	—	29.98

附录三

2010年度中国上市公司分类财务指标及评价得分

附表　　2010 年度中国非金融上市公司分类财务指标及评价得分

序号	单位名称	带息负债比率（%）	累计保留盈余率（%）	三年营业收入平均增长率（%）	总资产增长率（%）	营业利润增长率（%）	净资产收益率
1	全国 A 股上市公司	45.08	38.94	19.5	22.95	47	13.62
2	一、按行业划分						
3	农林牧渔业 A	60.06	23.73	14.68	24.28	62.04	8.92
4	采掘业 B	41.39	60.34	19.8	14.31	31.12	17.04
5	制造业 C	42.67	33.76	16.44	26	69.5	12.79
6	食品、饮料 C0	37.4	44.7	17.07	22.65	26.21	18.59
7	纺织、服装、毛皮 C1	51.91	28.21	13.33	19.82	45.36	11.81
8	造纸、印刷 C3	59.1	26.76	11.22	22.14	35.84	6.61
9	石油、化学、塑胶、塑料 C4	58.82	26.65	12.72	20.72	81.9	10.98
10	电子 C5	48.35	14.82	11.95	53.22	473.23	7.08
11	金属、非金属 C6	57.92	38.3	12.09	16.24	151.34	8.71
12	非金属矿物制品业（建筑材料）C61	63.27	36.1	21.18	26.65	77.94	16.11
13	机械、设备、仪表 C7	20.61	34.57	24.25	33.49	61.37	17.68
14	普通机械、专用设备（装备制造）,	33.49	34.48	20.63	31.36	44.29	13.01
15	交通运输设备制造业 C75	16.56	35.01	30.06	38.11	112.32	22.63
16	医药、生物制品 C8	43.37	39.59	18.5	38.35	17.3	15.52
17	医药制造业 C81	42.94	42.56	18.62	38.04	17.93	15.54
18	其他制造业 C9	52.49	23.97	14.7	33.47	45.86	13.35
19	电力煤气及水的生产和供应业 D	80.77	27.99	22.88	18.57	12.86	8.67
20	电力、蒸汽、热水的生产和供应业（D01）	81.36	26.93	23.18	18.04	13.45	8.32
21	自来水的生产和供应业（D05）	63.89	39.79	31.9	31.56	9.36	12.27
22	建筑业 E	26.95	22.89	32.92	29.15	27.99	12.86
23	交通运输、仓储业 F	61.78	29.36	9.46	22.66	233.08	15.7
24	铁路运输业（f01）	57.8	33.57	20.05	33.8	49.31	16.19
25	公路运输业（f03）	54.35	40.8	12.19	45.36	−4.26	11.24
26	管道运输业（f05）	0	0	0	0	0	0
27	水上运输业（f07）	73.42	26.14	−3.65	12.64	0	11.23
28	航空运输业（f09）	58.5	14.44	14.77	31.55	1653.55	34.85
29	信息技术业 G	28.37	18.27	22.53	16.01	−14.85	6.33
30	通信及相关设备制造业（G81）	26.27	27.17	14.9	27.08	20	12.2
31	计算机及相关设备制造业（G83）	19.12	30.63	50.47	22.31	51.3	11.12
32	计算机应用服务业（G87）	27.35	26.25	14.12	35.05	12.08	11.19
33	批发和零售贸易业 H	31.64	37.17	20.45	26.37	35.36	13.39
34	房地产业 J	44.94	35.84	22.38	34.6	29.3	13.96
35	社会服务业 K	38.54	31.41	20.93	19.05	50.94	12.72
36	传播与文化产业 L	31.18	24.47	23.02	43.29	63.3	11.86
37	综合类 M	53.02	24.73	8.97	25.49	32.1	11.56
38	二、按规模划分						
39	100 亿元以上	45.24	43.76	20.51	20.08	46.62	14.18
40	50—100 亿元	48.71	37.59	17.57	21.31	45.5	13.53

续表

序号	单位名称	带息负债比率（%）	累计保留盈余率（%）	三年营业收入平均增长率（%）	总资产增长率（%）	营业利润增长率（%）	净资产收益率
41	10—50 亿元	43.27	30.69	16.2	25.26	49.08	12.07
42	10 亿元以下	38.46	13.35	20.06	72.9	49.3	12.1
43	三、按地点划分						
44	沪市	49.16	38.28	17.54	19.9	49.98	13.19
45	深市	44.58	32.82	19.18	32.67	42.21	12.86
46	其中：深圳普通版（000）	46.04	32.44	17.92	25.22	46.27	12.29
47	中小企业板（002）	38.98	35.64	22.22	49	37.41	14.45
48	创业板（300）	28.28	22.15	35.43	132.09	28.41	11.09
49	四、按上市时间						
50	2010 年上市	29.31	26.74	21.16	87.82	25.14	12.83
51	2009 年上市	30.56	20.55	25.7	26.85	38.51	12.53
52	2008 年上市	19.93	28.12	29.22	22.07	20.5	11.95
53	2007 年上市	41.38	54.17	21.54	15.21	51.49	15.64
54	2006 年上市	61.7	36.98	22.53	30.89	63.27	17.59
55	2005 年以前上市	48.23	36.65	17.64	21.29	48.44	12.83
56	100 强	37.2	59.08	21.59	22.81	52.99	20.27
63	90 强（需要加上金融证券 10 户）	36.6	59.81	21.47	22.55	49.03	20.25
64	上年 100 强	35.07	60.06	22.83	23.83	38.66	19.7
65	中央企业控股 A 股上市公司	45.21	43.7	19.82	18.16	46.7	13.54
66	煤炭 B01	49.04	42.58	30.73	15.05	30.52	19.29
67	零售 H11	24.89	39.8	19.36	28.08	37.1	14.85
68	外贸 H21	41.12	37.53	20.87	20.8	38.02	12.18
69	钢铁（采掘＋制造）B05，C65	55.85	37.69	10.65	10.53	201.33	6.54
70	有色金属（采掘＋制造）B07，C67	62.94	38.61	13.94	20.57	146.27	10.55
71	石油石化（采掘＋制造）B03，C41，C43	42.22	62.29	17.73	15.06	34.26	15.55
72	建筑建材（建筑业＋建材）C61，E	30.36	26.23	31.91	28.81	38.43	13.68
73	按照申银行业代码分类						
74	建筑建材（申银）	31.28	26.94	31.55	27.18	31.04	13.28
75	汽车整车和零部件（申银）	18.43	42.88	31.88	47.64	125.8	26.54
76	纺织服装（申银）	48.24	28.27	14.06	22.14	38.09	11.87
77	轻工制造（申银）	59.99	25.77	12.32	25.25	26.38	8.89
78	医药生物（申银）	41.36	37.55	17.45	32.8	18.14	14.97
79	房地产（申银）	45.11	36.46	24.44	33.86	31.47	13.9
80	信息服务（申银）	29.69	17.22	19.78	15.37	−19.35	5.49
81	有色金属（申银）	62.58	36.83	13.61	22.59	145.32	10.38
82	黑色金属（申银）	56.17	37.16	11.59	10.39	182.95	6.73
83	机械设备（申银）	28.16	36.42	17.73	37.39	47.44	15.07
84	机械设备－不包括金属制品（申银）	28.16	36.42	17.73	37.39	47.44	15.07
85	化工（申银）	47.58	53.59	15.56	16.69	35.37	15.06
86	石油＋化工（申银）	42.89	60.67	17.33	15.44	34.17	15.43

续表

序号	单位名称	带息负债比率（%）	累计保留盈余率（%）	三年营业收入平均增长率（%）	总资产增长率（%）	营业利润增长率（%）	净资产收益率
87	煤炭（申银）	49.28	42.13	30.04	14.84	32.79	19.06
88	电力（申银）	81.58	26.53	22.53	16.08	9.39	8.15
89	家用电器（申银）	24.45	31.16	19.46	40.52	7.18	16.96
90	商业贸易（申银）	30.92	36.75	20.51	24.8	34.09	13.2
91	餐饮旅游（申银）	37.4	20.08	13.82	26.89	22.79	9.95
92	电子元器件（申银）	51.12	11.46	6.87	50.88	0	6.48
93	新兴产业（样本100）	29.58	38.75	24.65	22.78	39.29	17.78
94	新兴产业（中联样本200）	32.69	37.46	22.66	24.94	39.52	16.08

后　　记

2010年，在欧洲主权债务危机、美国经济存在二次探底担忧等并不乐观的外部环境下，中国经济依然领跑世界，经济总量超过日本，成为世界第二大经济体和第一大出口国。2010年也是国内经济运行不平凡的一年，部分主要经济指标超出年初市场预期，如较快的经济增速，节节攀升的物价水平，强劲的出口表现；部分宏观政策推出具有历史性意义，如重启汇率体制改革，刺激政策逐步退出，严厉的房地产打压政策等。然而与强劲的宏观经济走势形成强烈对比的是，全年沪指下跌469.06点，跌幅14.31%。在全球股票指数涨幅排名中列倒数第三位，仅略强于身陷欧洲债务主权危机的希腊和西班牙。

中联研究院、中联智汇投资基金、中联资产评估集团有限公司、中勤万信会计事务所、中联造价咨询有限公司、中联税务师事务所与国务院国资委有关专家共同组成上市公司业绩评价课题组，以财政部等五部委颁布的《企业绩效评价操作细则（修订）》为基础，结合中国上市公司的特点，构建了一套包含20多项财务指标的业绩评价体系，连续10年开展了上市公司业绩评价分析工作，并编写、出版了《中国上市公司业绩评价报告（2011）》。

课题组把上市公司的经营业绩放在中国经济转型的宏观背景下，通过跟踪市场特点，对上市公司财务数据的系统分析，从而发现未来成长亮点。本书首先系统分析了上市公司运行的国际国内宏观经济背景，对上市公司业绩进行了综合评价，并依据评价成果，深入征询了各界专家的意见，最终评选出中国资本市场最具权威、系统、科学的中联价值百强排名。课题组还深入煤炭、石油石化、有色等13个重点行业，进行了细致分析，所选行业覆盖产业规划重点扶持行业和投资者关注的市场特点板块。

全书共分16章，其中：第一章由徐文石撰写；第二章由邓艳芳、张志勇撰写；第三章由穆东升撰写，第四章由李朝林、宋成、韩浩宇撰写；第五章由鲁杰钢、腾飞、刘凯撰写；第六章由唐章奇、张国骊、刘辉撰写，第七章由潘明撰写；第八章由刘松、赵燕撰写；第九章由金阳撰写；第十章由陈志红、孟鸿鹄撰写；第十一章由程旭撰写；第十二章由吴晓光、郭叶东撰写；第十三章由王淑贤撰写；第十四章由李睿甲、夏方舟撰写；第十五章由吴梅、孙宇、韩浩宇撰写；第十六章由田祥雨、宋成撰写；附录中的“上市公司业绩评价体系说明“由孙庆红、刘志撰写。孙庆红、刘绍娓、徐文石、穆东升负责统稿工作。孙庆红、刘志负责本书数据采集、处理和统计分析工作。全书由王子林、沈莹审定。